हिन्दी आलोचना का विकास

हिन्दी आलोचना का विकास

नंदकिशोर नवल

राजकमल प्रकाशन

ISBN : 978-81-7178-958-0

मूल्य : ₹1295

पहला संस्करण : 1981
दसवाँ संस्करण : 2025

प्रकाशक : राजकमल प्रकाशन प्रा.लि.
1-बी, नेताजी सुभाष मार्ग, दरियागंज
नई दिल्ली-110 002
शाखाएँ : अशोक राजपथ, साइंस कॉलेज के सामने, पटना-800 006
पहली मंजिल, दरबारी बिल्डिंग, महात्मा गांधी मार्ग, प्रयागराज-211 001
1, अनमोल सोराबजी सन्तुक लेन, धोबी तलाव, मरीन लाइंस, मुम्बई-400 002
वेबसाइट : www.rajkamalprakashan.com
ई-मेल : info@rajkamalprakashan.com

मुद्रक : बी.के. ऑफसेट
नवीन शाहदरा, दिल्ली-110 032

HINDI AALOCHANA KA VIKAS
Criticism by Nand Kishor Nawal

श्रद्धेय गुरुदेव
प्रो. देवेन्द्रनाथ शर्मा
के
अमित स्नेह को

निवेदन

यह पुस्तक हिन्दी आलोचना का इतिहास नहीं है। इसमें हिन्दी आलोचना के विकास को निरूपित किया गया है, यानी इसमें यह देखने की चेष्टा की गयी है कि हिन्दी आलोचना किन मंजिलों को पार करती हुई आगे बढ़ रही है। अपने अध्ययन के उपरान्त मैं इस निष्कर्ष पर पहुँचा हूँ कि हिन्दी आलोचना की मुख्य धारा प्रगतिशील धारा है, जिसका निर्माण पं० बालकृष्ण भट्ट, पं० महावीर प्रसाद द्विवेदी, आचार्य रामचन्द्र शुक्ल, डॉ० रामविलास शर्मा और डॉ० नामवर सिंह ने किया है। जैसे साहित्य की अन्य विधाएं सामाजिक-आर्थिक परिस्थितियों से घनिष्ठ रूप से जुड़ी होती हैं, वैसे ही आलोचना भी। लेकिन हिन्दी आलोचना को सामाजिक-आर्थिक सन्दर्भों में रखकर देखने का प्रयास प्रायः न के बराबर हुआ है। इस पुस्तक में मेरा उद्देश्य हिन्दी आलोचना के विकास का समाजशास्त्रीय अध्ययन ही रहा है, यद्यपि मैं सामाजिक-आर्थिक परिस्थितियों का विस्तृत विवरण नहीं दे सका हूँ। मैंने उसे अनावश्यक मानकर छोड़ दिया है और अलग से सामाजिक-आर्थिक परिस्थितियों तथा उनके साथ हिन्दी आलोचना के सम्बन्ध का संकेत-भर किया है। मुझे उतना ही पर्याप्त मालूम पड़ा है।

आलोचकों के चुनाव को लेकर मतभेद की गुंजायश हो सकती है। मैंने हिन्दी आलोचना के विकास का अध्ययन करने के लिए उन्हीं आलोचकों को चुना है, जिनके पास साहित्य के सम्बन्ध में एक सुनिश्चित दृष्टिकोण है, या कम-से-कम जिनमें उसे उपलब्ध करने का प्रयास मिलता है और जिन्होंने हिन्दी साहित्य का समग्र या आंशिक रूप में आलोचनात्मक मूल्यांकन प्रस्तुत किया है। मैंने रचनाकार आलोचकों को छोड़ दिया है, क्योंकि उनकी आलोचना उनके अपने साहित्य को समझने में जितनी सहायक है, उतनी शेष साहित्य को समझने में नहीं। लेकिन इसका यह मतलब कतई नहीं है कि हिन्दी आलोचना के विकास में रचनाकार आलोचकों का कोई योगदान नहीं है। उनमें से कम-से-कम तीन रचनाकारों—निराला, अज्ञेय और मुक्तिबोध—की आलोचना तो अवश्य ही

सार्थक संकेतों से युक्त है। मैं यथास्थान इन रचनाकारों की आलोचना पर विचार करने की इच्छा रखता हूँ।

मेरे साहित्यिक दृष्टिकोण के निर्माण में हिन्दी के जिन आलोचकों का बहुत ज्यादा हाथ है, वे हैं शुक्लजी और डॉ० शर्मा। इन आलोचकों ने साहित्य और हिन्दी साहित्य, इन दोनों को समझने की दिशा में मेरा मार्ग-निर्देश किया है। शुक्लजी पर लिखी हुई डॉ० शर्मा की पुस्तक 'आचार्य रामचन्द्र शुक्ल और हिन्दी आलोचना' स्वयं शुक्लजी की आलोचना को आईने की तरह स्पष्ट कर देती है। ऐसी स्थिति में प्रस्तुत पुस्तक में शुक्लजी पर जो मेरा लेख है, उस पर उक्त पुस्तक की व्याख्याओं और निष्कर्षों का प्रभाव स्वाभाविक है। लेकिन अपने लेख में शुक्लजी की आलोचना को सामाजिक और आर्थिक सन्दर्भों में परखते हुए मैं जिस निष्कर्ष पर पहुँचा हूँ, वह यह है कि शुक्लजी की मूल चेतना स्वच्छन्दतावादी थी। यह जरूर है कि वे स्वच्छन्दतावाद की सीमाओं से वैसे ही अवगत थे, जैसे शास्त्रीयतावाद की विशेषताओं से। उन्होंने अपनी आलोचना में शास्त्रीय अनुशासन और तार्किकता का परिचय दिया है, पर उनकी आलोचना के जो आधारभूत मूल्य हैं, वे प्रगतिशील स्वच्छन्दतावादी मूल्य हैं। अपने लेख में मैंने अपने निष्कर्ष की स्थापना के लिए शुक्लजी के विचारों को उस क्रम से रखा है, जिस क्रम से ही उन्हें समझने की जरूरत है। इस प्रयत्न में मैंने अपनी ओर से जहाँ आवश्यक हुआ है, वहीं कोई टिप्पणी की है। शुक्लजी के विचार पहले भी कभी विस्तार से और कभी संक्षेप में प्रस्तुत किये जा चुके हैं। मेरा ख्याल है कि उनके विचारों की कड़ियाँ कई बार बीच से टूट जाती थीं या अदृश्य रह जाती थीं। मैंने उन टूटी हुई या अदृश्य कड़ियों को निश्चित प्रमाणों के आधार पर जोड़ दिया है, या उन्हें आँखों के सामने ला दिया है। मैं समझता हूँ, इतना-भर कर देने से मेरा निष्कर्ष स्थापित हो जाता है।

डॉ० शर्मा की आलोचना जितनी ही विस्तृत है, उतनी ही वैविध्यपूर्ण भी। उन पर लिखे गये लेख में भी मेरा उद्देश्य यही रहा है कि उनकी सैद्धान्तिक और व्यावहारिक आलोचना के पारस्परिक सम्बन्ध का निर्देश करते हुए उसे क्रमबद्ध रूप में प्रस्तुत कर दिया जाये। जिन आलोचकों के विचारों की आलोचना आवश्यक थी, उनकी आलोचना हर प्रकार का आग्रह छोड़कर की गयी है। उसके सम्बन्ध में अपनी ओर से मुझे इतना ही निवेदन करना है कि मैंने जो कुछ भी लिखा है, वह शुद्ध सैद्धान्तिक स्तर पर, किसी दुर्भावना से प्रेरित होकर नहीं, इसलिए उसे उसी रूप में देखना ठीक होगा। चौथे लेख में 'समन्वयवाद' शब्द का प्रयोग 'एक्लेक्टिसिज्म' के लिए किया गया है, क्योंकि उसमें परस्पर-विरोधी विचारधाराओं को मिलाने की चेष्टा की जाती है। ('डिक्शनरी ऑव फिलासफी', प्रोग्रेस पब्लिशर्स, मास्को, 1967)।

इस पुस्तक का आरम्भ श्रद्धेय गुरुदेव प्रो० देवेन्द्रनाथ शर्मा के आदेश से हुआ था, लेकिन यह पूरी हुई परमादरणीय डा० नामवर सिंह के आदेशों से जो पिछले वर्षों त्रैमासिक 'आलोचना' का सम्पादन कर रहे थे। उन्होंने हिन्दी आलोचना-सम्बन्धी मेरे लेखों के संग्रह का नामकरण कर कृपापूर्वक उन्हें लेखमाला के रूप में 'आलोचना' में छापना स्वीकार किया और प्रत्येक लेख को पूरा-पूरा पढ़कर मुझे उस पर अपनी खरी-खरी प्रतिक्रिया लिखते रहे। लेखमाला के रूप में प्रायः पूरी पुस्तक छप चुकी है। यदि लेखमाला को अटूट रूप से जारी रखने का बन्धन न होता तो सम्भव है, पुस्तक के पूरी होने में कुछ समय और लग जाता। नामवरजी ने लेखों के सम्बन्ध में मुझे जो सुझाव दिये, उनसे मैं प्रत्यक्ष और परोक्ष दोनों ही रूपों में अत्यधिक लाभान्वित हुआ हूँ। 'आलोचना' से उनके मुक्त होने के बाद उसकी प्रबन्ध-सम्पादिका श्रीमती शीला सन्धू ने लेखमाला को जारी रखा। इतना ही नहीं, नामवरजी के साथ उन्होंने भी उसके पुस्तकाकार प्रकाशन को उपयोगी समझा और राजकमल प्रकाशन-जैसी प्रतिष्ठित प्रकाशन-संस्था से उसके प्रकाशन की व्यवस्था की। एक सर्वथा नये लेखक के प्रति नामवरजी और शीलाजी, दोनों का ही यह भाव मेरे लिए एक विस्मयकारी अनुभव है। मैं प्रो० देवेन्द्रनाथ शर्मा के साथ-साथ इन दोनों ही के प्रति हृदय से कृतज्ञ हूँ। पुस्तक पूरी करने में मुझे अपने अनेक मित्रों और गुरुजनों से अनेकविध सहायता मिली है। मैं उन सबका आभार मानता हूँ।

अन्त में : हिन्दी के पाठकों और विद्वानों ने इस पुस्तक को कुछ भी उपयोगी पाया, तो मैं अपने श्रम को सार्थक समझूँगा।

8 मई, 1979 — **नन्दकिशोर नवल**

रानीघाट, पटना-6

अनुक्रम

हिन्दी आलोचना का विकास

आरम्भ

भारतेन्दु-युग में जैसे उपन्यास, निबन्ध और 'पद्यात्मक निबन्ध' की रचना का आरम्भ हुआ, वैसे ही आलोचना का भी। इस आरम्भ के पीछे नये युग की आवश्यकता भी थी और अंग्रेजी साहित्य की प्रत्यक्ष या अप्रत्यक्ष प्रेरणा भी।

पं० बालकृष्ण भट्ट (1844-1914) ने 'हिन्दी प्रदीप' (जुलाई, 1881) में 'साहित्य जनसमूह के हृदय का विकाश है' शीर्षक से एक लेख लिखा था। उसमें उन्होंने साहित्य को इस रूप में परिभाषित किया था : "साहित्य यदि Nation जनसमूह के चित्त का चित्रपट कहा जाय तो सङ्गत है, किसी देश का इतिहास पढ़ने से केवल बाहरी हाल हम उस देश का जान सकते हैं पर साहित्य के अनुशीलन से कौम के सब समय-समय के आभ्यन्तरिक भाव हमें परिस्फुट हो सकते हैं।" इस परिभाषा में साहित्य की दो विशेषताएँ बतलायी गयी हैं। एक तो यह कि साहित्य व्यक्ति-विशेष के नहीं, बल्कि सामान्य जनता के चित्त का प्रतिबिम्ब है और दूसरी यह कि इसके द्वारा हमें सामान्य जनता के परिवर्तनशील चित्त —'सब समय-समय के आभ्यन्तरिक भाव'—की दशा का पता चलता है। यह संयोग-मात्र नहीं है कि आचार्य रामचन्द्र शुक्ल साहित्य के सम्बन्ध में भट्टजी के विचारों की पुष्टि करते हुए ही अपने ग्रन्थ 'हिन्दी-साहित्य का इतिहास' का आरम्भ करते हैं। वे कहते हैं : "जबकि प्रत्येक देश का साहित्य वहाँ की जनता की चित्तवृत्ति का संचित प्रतिबिम्ब होता है तब यह निश्चित है कि जनता की चित्तवृत्ति के परिवर्तन के साथ-साथ साहित्य के स्वरूप में भी परिवर्तन होता चला जाता है।" साहित्य-सम्बन्धी इस चिन्तन का सम्बन्ध रीतिकाल की सामन्ती चेतना से नहीं, बल्कि भक्तिकाल की उस सामन्तवाद-विरोधी जनवादी चेतना से है जिसके फ़ल-स्वरूप भक्तिकाव्य जन-साधारण के जीवन का प्रतिबिम्ब बन गया और तुलसीदास ने घोषित किया कि अच्छी कविता वह है जो "सुरसरि सम सब कहँ हित होई।" **उपाध्याय पं० बदरीनारायण चौधरी 'प्रेमघन'** (1855-1923) ने हिन्दी साहित्य सम्मेलन के तृतीय अधिवेशन (कलकत्ता, 1912) के सभापति-पद से

'भारतीय नागरी भाषा' शीर्षक एक लम्बा भाषण पढ़ा था। उसमें उन्होंने रीति-काव्य की शृङ्गारिकता के लिए कवियों को दोषी ठहराते हुए कहा था : "यह दोष रस का नहीं है वरञ्च कवि का होता है।" (प्रेमघन-सर्वस्व, द्वितीय भाग)। रस के सम्बन्ध में यह अत्यन्त सुचिन्तित दृष्टिकोण है। शृङ्गाररस अपने आप में बुरा नहीं है, बुरा है रीतिकाल के कवियों द्वारा काव्य में किया गया उसका उपयोग। आगे 'प्रेमघन' ने साहित्य के सम्बन्ध में भट्टजी से मिलते-जुलते अपने विचार प्रकट करते हुए उसे नये युग की आवश्यकता की पूर्ति का साधन बनाने पर जोर दिया था : "साहित्य का संगठन समय के अनुसार हुआ करता है। उस समय जब के बने वे ग्रन्थ हैं उससे अधिक की लोगों को आवश्यकता न थी। रुचि भी ऐसी ही अधिकांश लोगों की हो रही थी, विशेषतः हमारे देश के राजा बाबू और अमीरों का शृङ्गार ही से काम था वही उनकी माता थी, उसी की अधिक संख्या कविता में पाई जाती है। आज समय दूसरा है, देश की दुर्दशा ने सबकी मुटाई झाड़ दी है, अक्ल ठिकाने आ गई है, अब वे बातें नहीं जँचती, इसी से आज की आवश्यकता को आजकल के सुलेखकों और ग्रन्थकारों को पूरी करनी चाहिये वे ही इसके उत्तरदाता हैं, उन्हें अब अपने साहित्य के शून्य स्थान को भरना चाहिए और लोग इसके लिए सचेष्ट भी हो रहे हैं।" इस कथन में शृङ्गाररस को 'सामन्तों की माता' बतलाकर उनकी साहित्यिक रुचि पर जो व्यंग्य किया गया है वह अत्यन्त स्पष्ट है। इसी प्रकार 'प्रेमघन' ने इसमें साहित्यकारों के नवीन दायित्व की ओर भी अत्यन्त स्पष्ट रूप में संकेत किया है।

भारतेन्दु-युग की साहित्य-सम्बन्धी उक्त मान्यताओं ने इस युग के लेखकों को नाटक-रचना की ओर प्रेरित किया। कारण यह कि नाटक में ही साहित्यकार और जनता का सर्वाधिक प्रत्यक्ष सम्बन्ध दिखलायी पड़ता है। लेकिन इसके लिए यह आवश्यक था कि बदली हुई परिस्थितियों में परम्परागत भारतीय नाटक को नया रूप प्रदान किया जाये। इसी आवश्यकता से प्रेरित होकर 'प्रेमघन' ने सन् 1881 ई० में 'आनन्द-कादम्बिनी' में प्रकाशित 'दृश्य, रूपक वा नाटक' शीर्षक अपनी लेखमाला में लिखा था : "हमारे भाषा के नाटक लिखने वालों के अर्थ भाषा दृश्य काव्य के निरूपण, और लक्षण तथा भेद, रीति, नियम और उदाहरण का बतलानेवाला कोई साहित्य का ग्रन्थ नहीं, और जो संस्कृत में 'षष्ठ परिच्छेद' साहित्य-दर्पण में श्री विश्वनाथ कविराज रचित, दश रूपक सूत्र इत्यादि हैं, अब उनमें बहुत से गड़बड़ समय और भाषा परिवर्तन के कारण हो गये और कितनी बातों का विरोध पड़ गया; अतएव मुख्य तो इनका आश्रय लेकर और उस समय से इधर के बने नाटक तथा अंग्रेजी, बंगला, इसी रीति से हमारी भाषा के भी (जो हैं) और गुजराती, महाराष्ट्री से भी जाँचकर नये तरह पर खास कर इस नागरी भाषा में कोई ग्रन्थ होना अत्यन्त आवश्यक है।"

(उपर्युक्त)। इसमें भाषा-नाटकों के लिए नये नाट्यशास्त्र की रचना की माँग की गयी है। कदाचित इसी माँग की पूर्ति के लिए **भारतेन्दु हरिश्चन्द्र** (1850-1885) ने सन् 1883 ई. में अपना 'नाटक अथवा दृश्यकाव्य' शीर्षक प्रसिद्ध निबन्ध (भारतेन्दु ग्रन्थावली, पहला भाग) लिखा।

जैसा कि भारतेन्दु ने अपने उक्त निबन्ध के उपक्रम में लिखा है, इस निबन्ध की सामग्री नाटक और रंगमंच से सम्बन्धित भारतीय और पाश्चात्य दोनों प्रकार के ग्रन्थों से ली गयी है। इससे उन्हें "आशा है कि हिंदी भाषा में नाटक बनानेवालों को यह ग्रन्थ बहुत ही उपयोगी हो।" निबन्ध के अन्त में हिन्दी नाटकों की तालिका देने के पहले उन्होंने लिखा है : "यद्यपि हिंदी भाषा में दस-बीस नाटक बन गए हैं किंतु हम यही कहेंगे कि अभी इस भाषा में नाटकों का बहुत ही अभाव है। आशा है कि काल की क्रमोन्नति के साथ ग्रंथ भी बनते जायेंगे और अपनी संपत्ति-शालिनी ज्ञान-वृद्धा बड़ी बहन वंगभाषा के अक्षय रत्नभांडागार की सहायता से हिंदीभाषा बड़ी उन्नति करे।" इससे यह संकेत मिलता है कि हिंदी के नाटक बंगला के नाटकों के माध्यम से अंग्रेजी नाटकों का प्रभाव ग्रहण कर रहे थे। लेकिन भारतेन्दु का नाटक-सम्बन्धी दृष्टिकोण जैसे प्राचीनतावादी नहीं था, वैसे ही एकदम नवीनतावादी भी नहीं था। वे आवश्यकतानुसार प्राचीन और नवीन अर्थात् भारतीय और पाश्चात्य नाट्य-तत्त्वों के योग से एक आधुनिक नाट्यशास्त्र रचना चाहते थे। उन्होंने इस सम्बन्ध में लिखा है : "नाटकादि दृश्यकाव्य प्रणयन करना हो तो प्राचीन समस्त रीति ही परित्याग करे, यह आवश्यक नहीं है, क्योंकि जो सब प्राचीन रीति वा पद्धति आधुनिक सामाजिक लोगों की मतपोषिका होगी वह सब अवश्य ग्रहण होंगी। नाट्यकला-कौशल दिखलाने को देश, काल और पात्रगण के प्रति विशेष रूप से दृष्टि रखनी उचित है। पूर्वकाल में लोकातीत असम्भव कार्य की अवतारणा सभ्यगण को जैसी हृदयहारिणी होती थी, वर्तमानकाल में नहीं होती।" तात्पर्य यह कि अब वे नाटकों में लोक से परे के असम्भव कार्यों की योजना को छोड़ने के पक्ष में हैं। संस्कृत नाटकों की इस विशेषता को वर्तमान काल में वे ग्राह्य नहीं समझते। आगे वे कहते हैं : "अब नाटकादि दृश्यकाव्य में अस्वाभाविक सामग्री-परिपोषक काव्य सहृदय सभ्य-मंडली को नितांत अरुचिकर है, इसलिए स्वाभाविकी रचना ही इस काल के सभ्यगण की हृदय-ग्राहिणी है, इससे अब अलौकिक विषय का आश्रय करके नाटकादि दृश्य काव्य प्रणयन करना उचित नहीं है।" 'स्वाभाविकी रचना' का अर्थ है यथार्थवादी विषय-वस्तु पर आधारित रचना, जो कि सामयिक रुचि के अनुकूल हो। यथार्थवादी विषय-वस्तु का आग्रह रखने के कारण ही भारतेन्दु ने नवीन नाटकों की रचना के जो पाँच उद्देश्य निरूपित किये, उनमें से उन्होंने अन्तिम दो उद्देश्य बतलाये—समाज-संस्कार और देशवत्सलता। उनके अनुसार "समाज-संस्कार नाटकों में देश

की कुरीतियों का दिखलाना मुख्य कर्त्तव्य कर्म है। यथा शिक्षा की उन्नति, विवाह-संबंधी कुरीति-निवारण, अथवा धर्म-संबंधी अन्यान्य विषयों में संशोधन इत्यादि। किसी प्राचीन कथा भाग का इस बुद्धि से संगठन कि देश की, उससे कुछ उन्नति हो इसी प्रकार के अंतर्गत है।" इसी प्रकार "देशवत्सल नाटकों का उद्देश्य पढ़नेवालों का देखनेवालों के हृदय में स्वदेशानुराग उत्पन्न करना है और ये प्रायः करुण और वीर-रस के होते हैं।" नाटक में सामाजिक अथवा राष्ट्रीय उद्देश्य—की योजना पर भारतेन्दु विशेष बल देते थे। अन्त में स्फुट विषयों की चर्चा करते हुए भी उन्होंने लिखा है : "आजकल की सभ्यता के अनुसार नाटक रचना में उद्देश्यफल उत्तम निकलना बहुत आवश्यक है। यह न होने से सभ्यशिष्टगण ग्रंथ का तादृश आदर नहीं करते, अर्थात् नाटक पढ़ने वा देखने से कोई शिक्षा मिले, जैसे सत्य हरिश्चंद्र देखने से आर्य जाति की सत्य प्रतिज्ञा, नीलदेवी से देशस्नेह इत्यादि शिक्षा निकलती है।"

अपने इस निबन्ध में भारतेन्दु ने स्पष्ट लिखा है : "अब नाटक में कहीं 'आशीः' प्रभृति नाट्यालंकार, कहीं 'प्रकरी', कहीं 'विलोमन', कहीं 'संफेट', कहीं 'पंचसंधि', वा ऐसे ही अन्य विषयों की कोई आवश्यकता नहीं रही। संस्कृत नाटक की भाँति हिंदी नाटक में इनका अनुसंधान करना, वा किसी नाटकांग में इनको यत्नपूर्वक रखकर हिंदी नाटक लिखना व्यर्थ है क्योंकि प्राचीन लक्षण रखकर आधुनिक नाटकादि की शोभा संपादन करने से उल्टा फल होता है और यत्न व्यर्थ हो जाता है।" नाटक के विभिन्न तत्त्वों के बारे में उन्होंने संक्षेप में बहुत ही महत्त्वपूर्ण बातें कही हैं। नाटकीय कथावस्तु के बारे में उनका कहना है : "जिस नाटक की उत्तरोत्तर कार्य-प्रणाली संदर्शन करके दर्शक लोग पूर्व-पूर्व कार्य विस्मृत होते जाते हैं वह नाटक कभी प्रशंसा-भाजन नहीं हो सकता। जिन लोगों ने केवल उत्तम-उत्तम वस्तु चुनकर एकत्र किया है उनकी गुंफित वस्तु की अपेक्षा जो उत्कृष्ट, मध्यम और अधम तीनों का यथास्थान निर्वचन करके प्रकृति की भावभंगी उत्तम रूप से चित्रित करने में समर्थ है वही काव्यामोदी रसज्ञ-मंडली को अपूर्व आनंद वितरण कर सकते हैं।" नाटक में जैसे कथावस्तु का महत्त्व है, वैसे ही पात्रों के चरित्र-चित्रण का भी। इसके लिए उन्होंने लिखा है कि "नाटक-रचयिता को सूक्ष्म रूप से ओतप्रोत भाव में मनुष्य की प्रकृति आलोचना करनी चाहिए।" चरित्र-चित्रण में जो 'चित्रण' शब्द है, उसके अभिप्राय को स्पष्ट करते हुए उन्होंने कहा है : "चित्रकार्य के निमित्त जिन-जिन उपकरणों का प्रयोजन और स्थान-विशेष की उच्चता-नीचता दिखलाने की जैसी आवश्यकता होती है वैसे ही वही उपकरण और उच्चता-नीचता प्रदानपूर्वक अति सुंदर रूप से मनुष्य के बाह्य भाव और कार्य-प्रणाली के चित्रण द्वारा सहज

भाव से उनका दिखलाना प्रशंसा का विषय है।" 'वाह्य भाव' और 'कार्य-प्रणाली' के चित्रण द्वारा पात्रों के आन्तरिक भावों का परिचय देने में समर्थ नाटककार ही सफल होते हैं : "जो इस भाँति दूसरे का अंतरभाव व्यक्त करने में समर्थ हैं, उन्हीं को नाटककार संबोधन दिया जा सकता है और उन्हीं के प्रणीत ग्रंथ नाटक में परिगणित होते हैं।" संस्कृत नाटक विभिन्न अंगों की मुद्राओं के द्वारा प्रस्तुत किये जाते थे। इनमें से मुख, नेत्र और भृकुटि की मुद्राएँ अत्यन्त सूक्ष्म होती थीं। भारतेन्दु इन मुद्राओं को हिन्दी नाटकों के लिए अनुपयोगी बतलाते हुए कहते हैं : "नृत्य की भाँति रंग-स्थल पर पात्रों को हस्तक भाव वा मुख, नेत्र, भ्रू के सूक्ष्मतर भाव दिखलाने की आवश्यकता नहीं, स्वर भाव और यथायोग्य स्थान पर अंगभंगी भाव ही दिखलाने चाहिएँ।" इसी प्रकार नाटकीय संवादों में अतिरिक्त काव्यात्मकता के समावेश का भी उन्होंने निषेध किया है : "पात्रगण आपस में जो वार्त्ता करें उसको कवि निरे काव्य की भाँति न ग्रथित करे। यथा नायिका से नायक साधारण काव्य की भाँति 'तुम्हारे नेत्र कमल हैं, कुच कलश हैं' इत्यादि न कहे। परस्पर वार्त्ता में हृदय के भावबोधक वाक्य ही कहने योग्य हैं। किसी मनुष्य वा स्थानादि के वर्णन में लंबी-चौड़ी काव्य-रचना नाटक के उपयोगी नहीं होती।"

'प्रेमघन' ने 'दृश्य, रूपक वा नाटक' शीर्षक अपनी लेखमाला में, जिसका हवाला ऊपर दिया गया है, इस प्रकार का विचार व्यक्त किया है कि नाटक छोटे-से-छोटे विषय को लेकर रचा जा सकता है, बशर्ते उसमें नाटकीय संभावनाएँ वर्तमान हों। उन्होंने लिखा है : "हमने भी अपने नगर में सुना है कि लड़के गोली और गुल्ली-डण्डे के खेल पर नाटक बनाते हैं, हम इसको स्वीकार करेंगे कि चाहे कल का लड़का नहीं आज का हो, और इससे भी छुद्र विषय पर कोई नाटक लिखे तो भी कोई दोष नहीं, पर नाटक हो तो।" इस प्रसंग में उन्होंने शेक्सपियर का उदाहरण सामने रखा है : "देखना चाहिए कि योरोप देश के बिद्या प्रभाकर महाकवि श्री शेक्सपीयर के कई नाटक बहुत ही छोटे-छोटे विषयों पर लिखे गये, और अत्यन्त छोटे और प्रसिद्ध प्रसिद्ध किस्से और कहावतों पर भी उसने अपने नाटक बनाये, पर पीपल के बीज से मानों बड़ा भारी वृक्ष कर सबकी बुद्धि चौकन्नी कर दिया।" छोटे विषयों को लेकर नाटक लिखने का मतलब नाटक को ग्राम्य बना देना नहीं है। 'प्रेमघन' नाटक के आभिजात्य को छोड़ने के पक्ष में नहीं थे। प्रहसन के नाम पर ग्राम्यता को छिपानेवाले नाटकों की कटु आलोचना करते हुए उन्होंने लिखा है : "क्या प्रहसन उस रूपक को कहते हैं कि जिसमें गाली हो? कभी नहीं? ऐसे भद्दे नाटक केवल फाड़कर फेंक देने के सिवा और किसी काम के नहीं; लोग कह बैठेंगे कि न सबकी कविता एक सी और न सबकी बुद्धि एक सी होती है, पर हम इसको कब नहीं मानते,

परन्तु सत् कवियों का अनुकरण तो करना चाहिए, गालि प्रदान, और ग्राम्य, ब्रीड़ा, अश्लील शब्दों के न रखने बिना कौन घाटा था।" हिन्दी में नाटकों की रचना के साथ निश्चय ही ग्राम्यता एक समस्या के रूप में सामने आयी होगी। 'प्रेमघन' ने आरम्भ में ही उसके प्रति कठोर रुख अपनाया और इस तरह भाषा-नाटकों में साहित्यिक स्तर को बनाये रखने पर बल दिया।

भारतेन्दु-युग के सभी लेखक नाटक को 'दृश्य-काव्य' मानते थे, इसलिए वे हमेशा उस पर अभिनय की दृष्टि से विचार करते थे। उनके लिए ऐसे नाटकों का कोई अर्थ नहीं था जिन्हें रंगमंच पर प्रस्तुत कर दर्शकों तक नहीं पहुँचाया जा सके। इस सम्बन्ध में 'प्रेमघन' के विचार उल्लेखनीय हैं। उन्होंने नाटक को अनुकरण-मात्र मानकर सन्तोष नहीं किया बल्कि रंगमंच पर उसकी ऐसी प्रस्तुति पर बल दिया जिसमें अनुकार्य और अनुकर्ता का भेद मिट जाये और दर्शक भी 'तनमय दशा' को प्राप्त हो जाये। उन्होंने उक्त निबन्ध में ही कहा है : "जानना चाहिए कि नाटक वहाँ तक नहीं है कि जहाँ तक उसमें नकलपन आवे, किन्तु नाटक और अभिनय वह वस्तु है कि जब देखनेवाले को इसका परिज्ञान न रह जाय कि हम नाटक देखतें हैं वा सत्य लीला; जिसके शब्द शब्द से रस चूता और पद पद पर नये आनन्द का मजा मिलता जाय और देखनेवाले उस रस में रंग कर तनमय दशा को प्राप्त हो जाँय, अवश्य उत्तम नाटक वही है परन्तु तब तक यह कैसे हो सकता है कि जब तक सत् कवि की कविता न हो, और चतुर नट नाट्य में प्रवीण न हो, निश्चय जानिये कि दोनों एक एक मिल तब इगारह की संख्या प्राप्त करते हैं, केवल बनानेवाला क्या करेगा जब खेलनेवाला ठीक नहीं।" लेकिन हिन्दी नाटकों के प्रस्तुतीकरण के लिए हिन्दी के अपने रंगमंच की आवश्यकता थी। इस दिशा में जो प्रयत्न आरम्भ हुआ था, उसमें पारसी थियेटर के प्रचार से बाधा पहुँची। 'प्रेमघन' ने पारसी थियेटर को तत्कालीन बंगला, मराठी और गुजराती रंगमंच से भी अधिक विकसित बतलाया है और उसकी प्रशंसा में कहा है : "इनके परदे और नाट्यालय के सजावट के साज, सुन्दर और सजीले, अभिनय के चारों गुण से युक्त पात्र और उनकी समस्त प्रकार की बनक, हाव, भाव, कटाक्ष, कहाँ तक गिनावें सभी अच्छा है।" उसकी त्रुटि उन्होंने केवल उसकी भाषा बतलायी है : "केवल भाषा अभी अच्छी तरह शुद्ध और साफ नहीं है।" इसके बावजूद उन्होंने पारसी थियेटर को हिन्दी का रंगमंच नहीं समझा और हिन्दी के अपने रंगमंच के विकास के सम्बन्ध में चिन्ता प्रकट की। पारसी थियेटर की एक विशेषता उसमें उर्दू का प्रयोग भी थी। उन्होंने लिखा है : "उन लोगों ने उर्दू बोली की जो इस देश में सदा हीन और दीन रही है, उसी से कार्य्य का साधन करना चाहा है—यह अवश्य कथनीय है।" पारसी थियेटर के प्रचार

से रंगमंच के विकास के मार्ग में आनेवाले अवरोध की चर्चा उन्होंने इन शब्दों में की है : "जब यहाँ के अर्धशिक्षितों को कुछ अंडबंड नाटकों के देखने और कुछ यों त्यों के अभिनय अर्थात नाटकों के खेल देखने में आये, तब कुछ उमंग का रंग मन पर चढ़ा, खेलनेवाले जो बिचारे निरे नये उत्साही मन के बहलाव या महज शौक से इस काम को उठाये थे कुछ २ हर्षित और उत्साहित हुए कि उसी समय पारसी नाट्य मंडलियों का यहाँ आ जाना मानो इसके काल का आ जाना हुआ; देखने वालों को तो एकदम से देखने का मजा, इसकी गौरव, इज्जत और मान अर्थात् आदर हुआ, पर लेखक और अभिनयकर्त्ताओं के उत्साह को तो यह कुल्हाड़ी हो गया, इनके आने से इधर न कोई नाटक बना देखने में आया न कहीं अभिनय होते सुना।" 'प्रेमघन' के विपरीत भारतेन्दु ने अपने पूर्वोक्त निबन्ध में पारसी थियेटर के अभिनय के प्रति अपना असन्तोष प्रकट किया है। उन्होंने इस सम्बन्ध में एक घटना का उल्लेख किया है : "काशी में पारसी नाटक वालों ने नाचघर में जब शकुन्तला नाटक खेला और उसमें धीरोदात्त नायक दुष्यंत खेमटे-वालियों की तरह कमर पर हाथ रखकर मटक-मटककर नाचने और 'पतली कमर बल खाय' यह गाने लगा तो डाक्टर थिबो, बाबू प्रमदादास मित्र प्रभृति विद्वान यह कहकर उठ आये कि अब देखा नहीं जाता।"

भारतेन्दु-युग में मौलिक नाटक भी लिखे गये और दूसरी भाषाओं से नाटकों का अनुवाद भी किया गया। स्वभावत: अनुदित नाटकों की परीक्षा के लिए इस युग के विद्वानों ने कुछ कसौटियों का निर्माण किया। नाटकों के अनुवाद में अनुवादक की मौलिक प्रतिभा का कितना योग होना चाहिए इस सम्बन्ध में 'प्रेमघन' ने 'दृश्य, रूपक वा नाटक' शीर्षक निबन्ध में ही एक बहुत ही सुन्दर उपमा का प्रयोग करते हुए लिखा है : "जिस ग्रन्थ का आप अनुवाद करना चाहते और वैसे ही रखते, अवश्य उस श्वेत स्वच्छ वस्तु को सुन्दर हल्के गुलाबी (प्याजा) रंग से रंग कर सुशोभित कीजिए, पर ऐसा अमौआ की बोर न बोरिये कि धुलाने पर भी हाय २ मच जाय।" उनका निश्चित मत है कि "योग्य कवि के कविता के अनुवाद का योग्य ही कवि का होना अत्यन्तावश्यक है।" इसी बात को भारतेन्दु ने अपने पूर्वोक्त निबन्ध में इस प्रकार कहा है : "बिना पूर्व-कवि के हृदय से हृदय मिलाए अनुवाद करना शुद्ध झख मारना ही नहीं, कवि की लोकान्तर स्थित आत्मा को नरक-कष्ट देना है।"

कविता के सम्बन्ध में भारतेन्दु के विचारों की झलक हमें उनके निबन्ध 'जातीय-संगीत' में मिलती है। इसमें उन्होंने लिखा है : "यह सब लोग जानते हैं कि जो बात साधारण लोगों में फैलेगी उसी का प्रचार सार्वदेशिक होगा और यह भी विदित है कि जितना ग्रामगीत शीघ्र फैलते हैं और जितना काव्य को संगीत द्वारा सुनकर चित्त पर प्रभाव होता है उतना साधारण

शिक्षा से नहीं होता। इससे साधारण लोगों के चित्त पर भी इन बातों का अंकुर जमाने को इस प्रकार से जो संगीत फैलाया जाय तो बहुत कुछ संस्कार बदल जाने की आशा है।" (भारतेन्दु ग्रन्थावाली, तीसरा भाग)। इससे तीन बातों का पता चलता है। एक तो यह कि भारतेन्दु कविता और संगीत के घनिष्ठ सम्बन्ध के पक्षपाती थे। वे ऐसा मानते थे कि संगीत का योग कविता की प्रभावोत्पादकता को बढ़ा देता है। दूसरे, संगीत-युक्त कविता का उपयोग जन-साधारण में नवीन संस्कार जगाने के लिए किया जाना चाहिए और तीसरे, कविता का व्यापक प्रचार हो इसके लिए जरूरी है कि वह ग्रामगीतों के आदर्श पर रची जाये। इस सम्बन्ध में उन्होंने इस प्रकार के सुझाव दिये थे: "ऐसे गीत बहुत छोटे छोटे छंदों में और साधारण भाषा में बनें, वरंच गवांरी भाषाओं में और स्त्रियों की भाषा में विशेष हों। कजली, ठुमरी, खेमटा, कहरवा, अद्धा, चैती, होली, साँझी, लंबे, लावनी, जाँते के गीत, बिरहा, चनैनी, गजल इत्यादि ग्रामगीतों में इनका प्रचार हो और सब देश की भाषाओं में इसी अनुसार हो।" (उपर्युक्त)। इन गीतों का विषय क्या हो यह बतलाने के लिए भारतेन्दु ने अपने निबन्ध में करीब दो दर्जन विषयों की एक सूची दी है। इनमें से कुछ विषय समाज सुधार से सम्बन्धित हैं और कुछ देशभक्ति से। भारतेन्दु ने न केवल बाल विवाह, भ्रूणहत्या और शिशुहत्या का विरोध करने की प्रेरणा दी है, बल्कि सामन्ती व्यवस्था की देन बहुजातित्व और बहुभक्तित्व के दोष दिखलाने तथा व्यापार की उन्नति एवं स्वदेशी के व्यवहार की आवश्यकता बतलाने पर भी जोर दिया है। इस प्रकार साधारण लोगों के 'संस्कार बदलने' से उनका तात्पर्य जनता में समाज-सुधार और राष्ट्रीयता की भावना उत्पन्न करना था।

पं. बालकृष्ण भट्ट ने 'सच्ची कविता' शीर्षक से 'हिन्दी प्रदीप' (अक्टूबर 1886) में एक निबन्ध लिखा था। इस निबन्ध में उन्होंने कविता का स्वच्छन्दतावादी दर्शन प्रस्तुत किया है। स्वच्छन्दतावादी कविता पाठकों के मन पर सीधा प्रभाव डालती है। इस दृष्टि से उसकी तुलना वक्तृत्व-कला से की जा सकती है। भट्टजी कहते हैं: "यही बात हम काव्य में भी पाते हैं किसी प्रसंग को अपने कबिता में ऐसे ढंग से बांधा कि पढ़ने या सुननेवाले भड़क उठे किसी चित्र को आपने ऐसा उत्तम खीचा कि देखनेवाले जितना डूबकर उस्को देखते हैं उतना ही अधिक असर उस्का उन पर होता है।" कविता को वे "मनुष्य के हृदगत भाव का सत्त 'एसन्स' "मानते हैं, इसलिए पूर्णतः प्रभावशाली होने के लिए उनके अनुसार सच्चा होना आवश्यक है। इस सच्चा होने का क्या मतलब है? भट्टजी का कहना है: "बहुत जल्द ऐसा समय आता है कि झूठा और नकली सोने को असिल कर दिखा देने का हुनर लोगों को मालूम हो जाता है—ठीक यही बात कविता में है निस्सन्देह पहले जिन लोगों ने कुछ कहा वह सच्ची और खरी

बात थी क्योंकि कविता का Art हुनर तब तक पैदा ही नहीं हुआ था—कविता झूठी और नकली होने की सम्भावना ही नहीं थी—इसको हम प्राथमिक अथवा वास्तविक कविता कहेंगे।" कविता हृदय को सीधे प्रभावित करे, इसके लिए जरूरी है कि वह नैसर्गिक हो और उसमें कलात्मकता न हो।

कलात्मकता के सम्बन्ध में भट्टजी के विचार हैं : "जबसे लेख सम्बन्धी भाषा में संस्कार करने की बुद्धि लोगों में आई तब से निस्सन्देह Art बनावट ने जो अपना काम है सो कर दिखाया अर्थात पहले से जो बात आप से आप पैदा होती थी उस्को इस बनावट के हुनर ने नियमबद्ध कर दिया।" कविता की शास्त्र-रचना ने क्लासिकल कविता को जन्म दिया। भट्टजी क्लासिकल कविता की गरिमा और सौन्दर्य को स्वीकार करते हैं, पर जहाँ तक नैसर्गिकता का प्रश्न है, वे इसमें उसका स्पष्ट अभाव देखते हैं : "यह हम मानते हैं कि इस दशा से कविता की अत्यन्त वृद्धि हुई और पहले की अपेक्षा सुगमता और सौन्दर्य भी उस्से अधिकतर होता गया परन्तु स्वाभाविक और बनावट में बड़ा अन्तर होता है—हमारे मन में जो भावना जिस समय जैसी उठी कह डाला यदि हमारे मन की उमङ्गें सच्ची हैं हमारी भावनायें सच्ची हैं तो जो बातें हमारे चित्त से निकलेंगी सच्ची होंगी और उनका असर भी सच्चा ही होगा।" आगे वे कहते हैं : "इस्के विरुद्ध जब हम किसी नियम से जकड़ दिये गये तब उस्के बाहर तो हम पैर रक्खी नहीं सकते इसलिए सुसंस्कृत कविता Classic poetry अवश्यमेव कृत्रिमतादोषपूरित रहेगी।" क्लासिकल कविता में नैसर्गिक कविता की प्रणाली छूट जाती है और उसकी जगह कृत्रिम प्रणालियाँ बन जाती हैं। इसका प्रभाव कविता के मूल्यांकन पर भी पड़ता है। अब कविता में उसी वस्तु को महत्त्व दिया जाता है जो निर्धारित नियमों के अधिकाधिक अनुरूप होती है। परिणामतः कविता में सामान्यता बढ़ जाती है और उसमें वैशिष्ट्य का ह्रास हो जाता है। भट्टजी का कहना है : "पहली प्रणाली कविता की अब बिल्कुल बदल गई—अब जो ढर्रा बंध गया उसके अनुसार जो बातें अच्छी गिनी जांयगी बंधी हुई होंगी तब इस प्रणाली के कवि भी सब एक ही ढंग के निकलेंगे और उन्हीं बंधी बातों को आदि से अन्त तक बड़ी खूबसूरती के साथ निबाह ले जांयगे पर बिल्कुल निराले ढंग पर उनके खयालात दौड़ें यह तो उनके लिए असंभव है।"

हिन्दी कविता के सम्बन्ध में भट्टजी ने इस प्रकार के विचार व्यक्त किये हैं : "हिंदी के कवि भी उन्हीं पुराने कवियों की शैली का अनुसरण कर आज तक चले आये और उस ढंग को छोड़ कोई दूसरे प्रकार की भी कविता हो सक्ती है यह बात उनके मन में धँसती ही नहीं जिस्की उपमा हम एक छोटे से तालाब की देंगे जिस्मे न कहीं से पानी का निकास है न नया ताजा पानी उस्मे आने की

कोई आशा है तब इसके अतिरिक्त और क्या हो सकता है कि उसका पानी दिन २ सड़ता ही जाय और गन्दगी बढ़ती जाय क्योंकि नियमबद्ध हो जाने से गिनी २ बातें उनके लिये बच रहीं उन्हीं का बार २ पिष्टपेषण किया करें।" यहाँ उनका तात्पर्य हिन्दी के सभी कवियों से नहीं, बल्कि रीतिकाल के कवियों से है। इसे उन्होंने इन शब्दों में स्पष्ट किया है : "प्रायः तो नायिका नायक का एक २ अंग का नख सिख वर्णन उनकी सम्पूर्ण कवित्वशक्ति का ओर छोर आ लगा है बहुत बढ़े षट ऋतु के बर्णन में जा फसे बसन्त हुआ तो वही सहकार मधुकर काम देव की सेना को अपने २ ढंग पर गा जाने के अतिरिक्त एक ही विषय पर नई बात और लावें कहां से पावस को कहने लगे तो मोर दादुर की टर २ वियोगिनी नायिका की स्मर दशा आदि इनी गिनी दस पांच बात हैं जिन पर कविता की अधिष्ठात्री देवी को सैकड़ों वर्ष से घसीट जीर्ण कलेवर कर डाला।" यह 'नियमबद्ध' कविता और नियमों में बँधकर चलनेवाले कवियों का हाल है। यह हाल लिखने के बाद भट्टजी 'अनियमबद्ध' कविता का लक्षण-निरूपण करते हैं : "अनियमबद्ध कविता जो कवि के हृद्गत भावनाओं का स्वच्छ विकाश और पूर्ण स्वच्छन्दतायुक्त है उसकी उपमा हम यदि एक झरने से दें तो कुछ अनुचित न होगा जिसका विमल जल पहाड़ी चट्टानों पर तीखेपन के साथ बहता सूर्य की किरणों में झिलमिलाता हुआ बेरोक टोक चला जाता है।" इस लक्षण में न केवल कविता के लिए प्रयुक्त प्रवहमान निर्झर की उपमा ध्यातव्य है, बल्कि 'कवि के हृद्गत भावनाओं का स्वच्छ विकाश' तथा 'पूर्ण स्वच्छन्दतायुक्त' जैसी नवीन शब्दावली भी ध्यातव्य है। यह पूर्णतः स्वच्छन्दतावादी कविता का लक्षण है।

भारतेन्दु ने समाज-सुधार और देशभक्ति की भावनाओं के प्रचार के लिए कवियों को ग्रामगीतों की रचना करने का परामर्श दिया था। भट्टजी 'ग्राम्य कविता' को सच्ची कविता के गुणों से युक्त बतलाते हैं : "उन्मे सच्ची कविता का लसरा पाया जाता है अर्थात् उन्मे चित्त की एक सच्ची और वास्तविक भावना की तसबीर खिंची हुई पाई जाती है और आपकी Classic उत्तम श्रेणी की भाषा कविता का जहर इस्मे कहीं नहीं पाया जाता जो यहां तक कृत्रिमता पूर्ण रहती है कि उसके जोड़ की एक निराली दुनिया केवल कवि जी के मस्तिष्क ही मात्र से स्थान पाये हुये है।" तात्पर्य यह है कि शास्त्रीय नियमों को मानकर चलनेवाली कविता में कवि कृत्रिम भावनाओं का एक संसार रचता है जिसका अस्तित्व उसके मस्तिष्क से बाहर कहीं नहीं होता। मानना होगा कि क्लासिकल कविता के प्रति ऐसा कठोर रुख स्वच्छन्दतावाद के बड़े-से-बड़े समर्थकों में भी कम ही देखने को मिलेगा। भट्टजी क्लासिकल कविता को 'नागरिक कविता' कहते हैं और यह मानते हैं कि "ग्राम्य कविता को मांजते २ वही नागरिक वा उच्च श्रेणी की कविता बन जाती है।" यह नागरिक कविता आरम्भ में तो 'सजीव

और ओजपूर्ण' रहती है, पर "उस प्रकार की कविता का एक ढर्रा चल जाने से अब वह आपकी नागरिक कविता फीकी और घिनौनी मालूम होती है।" नागरिक कविता के आरम्भिक दौर के कवि 'चांदकवि पद्मावत सूर तुलसी' आदि हैं और उसकी पतनशील अवस्था रीतिकालीन कविता में देखी जा सकती है। अन्त में भट्टजी ने जो कुछ कहा है उसे भारतीय कविता में स्वच्छन्दतावाद की प्रस्तावना समझना चाहिए : "एक बार यह नियम कर लिया जाय कि जिस समय जो भावना मन में उठै उसी पर काव्य किये जांय और नियमबद्ध होने की कैद उठा दी जाय देखिये कितनी स्वच्छंद अनूठी और नई कविता होती है बल्कि हमारे देश में कविता को एक नवीन जीवन मिलेगा और कृत्रिमता का कूड़ा जो सैकड़ों वर्ष से जमा है क्रम २ हटता जायगा।" करीब चार-पाँच दशकों के बाद आचार्य रामचन्द्र शुक्ल ने अपने 'इतिहास' में स्वच्छन्दतावाद के सम्बन्ध में लिखते हुए बहुत-कुछ इसी प्रकार के विचार व्यक्त किये : "जब जब शिष्टों का काव्य पंडितों द्वारा बँधकर निश्चेष्ट और संकुचित होगा तब तब उसे सजीव और चेतन प्रसार देश की सामान्य जनता के बीच स्वच्छंद बहती हुई प्राकृतिक भावधारा से जीवन तत्त्व ग्रहण करने से ही प्राप्त होगा।" (पृ. 523)। भट्टजी ने 'हिन्दी प्रदीप' में पं० श्रीधर पाठक की कविता-पुस्तक 'श्रांत पथिक' की समीक्षा करते हुए लिखा था : "खड़ी बोली में जहाँ तक लालित्य और माधुर्य आ सकता है उसमें किसी तरह त्रुटि नहीं इसमें की गई।" (अक्तूबर-नवम्बर-दिसम्बर, 1901)। यह आकस्मिक नहीं है कि शुक्लजी ने भी अपने 'इतिहास' में लिखा है : "पं० श्रीधर पाठक ही सच्चे स्वच्छंतावाद (romanticism) के प्रवर्तक ठहरते हैं।" (पृ. 525)।

भट्टजी जिस स्वच्छन्दतावाद के समर्थक थे, वह प्रगतिशील स्वच्छंदतावाद था क्योंकि उन्होंने हमेशा देश और समाज के कल्याण को ध्यान में रखकर काव्य-रचना की बात कही। पं० किशोरीलाल गोस्वामी की कविता-पुस्तक 'समस्या-पूर्ति-मंजरी' की 'हिन्दी प्रदीप' में समीक्षा करते हुए उन्होंने लिखा था : "इस्की सम्पूर्ण कबितें केवल शृङ्गार रस की न हो थोड़ी सी सामयिक देश भलाई के सम्बन्ध मे भी होतीं तो सोना और सुगन्धि कहा जाता।" (जून, 1888)। इसी प्रकार उन्होंने शंकर दीक्षित नामक एक कवि की कविता पुस्तक 'माधुरी-बिलास' की समीक्षा करते हुए 'हिन्दी प्रदीप' में ही यह लिखा था कि "देशोपकारी बातों पर यह कविता की जाती तो अधिक लाभ था।" (अक्तूबर-नवम्बर-दिसम्बर, 1887)। इसी अंक में उन्होंने 'खड़ी बोली का पद्य' नामक पुस्तक की भी समीक्षा लिखी थी और उसमें कविता की भाषा के सम्बन्ध में इस प्रकार के विचार प्रकट किये थे : "कविता के लिये उत्तम और उपयुक्त भाषा ओज माधुर्य गुण विशिष्ट बुन्देलखण्ड ही की मर्दानी बोली है—क्योंकि भाषा कवियों

के समूह के समूह उसी प्रान्त में हुये हैं खैर उसके अभाव मे मधुर पर जनानी ब्रज की भाषा भी उपयुक्त है—ठेठ बैंसवारे की बोली की कविता न जानिये क्यों मुझे बहुत ही भाती है—गोसाईं तुलसीदास की कविता में सब प्रकार की बोली पाई जाती है इसी से वह अधिक सर्व संमत और मधुर है।" कविता में खड़ी बोली के प्रयोग का विरोधी होते हुए भी भट्टजी ने पं० श्रीधर पाठक की खड़ी बोली की प्रशंसा की। दूसरी ओर उन्होंने ब्रजभाषा को जनानी भाषा बतलाते हुए अवधी को हिन्दी कविता के लिए सर्वाधिक उपयुक्त भाषा कहा। इससे स्पष्ट है कि उनका स्वच्छन्दतावाद भाषा की कोमलता और अतिशय परिष्कार का आग्रह रखनेवाला पतनशील स्वच्छन्दतावाद नहीं था। वे संस्कृत के पण्डित थे, लेकिन उनका संस्कृत-ज्ञान हिन्दी कविता-सम्बन्धी उनकी सही धारणा के निर्माण में बाधक नहीं हुआ। वे यह जानते थे कि हिन्दी कविता मात्रिक छादों में ही लोकप्रिय हो सकती है, इसीलिए उन्होंने पीछे की ओर न देखकर आगे की ओर देखा और हिन्दी के कवियों को संस्कृत के वर्णित छन्दों को छोड़ने की सलाह दी : "हमारी समझ में संस्कृत छन्दों से भाषा के छन्दों की शैली ही निराली है जिन छन्दो को भाषा के प्राचीन कवि अपने काम मे लाये हैं वही भाषा के काव्य के लिये उपयुक्त और सोहावने हैं और वे ही क्या कम हैं जो संस्कृत की नकल की जाय।" ('हिन्दी प्रदीप', मार्च, 1887)। इस उद्धरण में भट्टजी ने केवल हिन्दी में मात्रिक छन्दों की उपयुक्तता की बात नहीं कही है, बल्कि उन्होंने उनकी खूबसूरती और निरालेपन की ओर भी संकेत किया है, जो कि लक्ष्य करने योग्य है।

भारतेन्दु-युग में आलोचना का आरम्भ पुस्तक-समीक्षा के रूप में हुआ। इससे किस नयी आवश्यकता की पूर्त्ति होती थी, इसका संकेत 'प्रेमघन' ने अपने निबन्ध 'नागरी के समाचार पत्र और उनकी आलोचना' ('प्रेमघन-सर्वस्व', द्वितीय भाग) में किया है। वे लिखते हैं : "यद्यपि सभी विषयों की समालोचना करनी समाचार पत्रों का एक मुख्य धर्म्म वा अंग है, परन्तु साहित्य संबन्धी समालोचना उसमें भी एक विशेष आवश्यक वस्तु है। क्योंकि प्रथम तो इससे कि सामयिक पत्रों के द्वारा सामान्यत: सबी पत्र पाठकों को किसी नवीन पुस्तक वा पत्र के प्रकाशित होने की विज्ञप्ति हो जाती और बिना कौड़ी व्यय के पुस्तक-प्रणेता को एक बार विज्ञापन देने का लाभ हो जाता है।" लेकिन 'प्रेमघन' के अनुसार पुस्तक-समीक्षा की वास्तविक उपयोगिता साहित्यिक थी : "रिव्यू अर्थात् समालोचना का अर्थ है पक्षपात रहित होकर न्यायपूर्वक किसी पुस्तक के यथार्थ गुण दोष की विवेचना करना और उससे ग्रन्थकर्ता को विज्ञप्ति देना क्योंकि रचित ग्रन्थ के रचना के गुणों की प्रशंसा कर रचयिता के उत्साह को बढ़ाना एवम् दोषों को दिखला कर उसके सुधार का यत्न बताना कुछ न्यून उपकार का विषय नहीं है।" उन्होंने पुस्तक-प्राप्ति की सूचना-मात्र

और औपचारिक समीक्षा को "बहुत ही निकृष्ट परिपाटी" कहा है, क्योंकि "सम्पादकों के इस असावधानी वा त्रुटि से सर्वसाधारण वा पत्र-पाठकों की भी एक बड़ी हानि होती अर्थात् वे पत्रों की समालोचना से यह नहीं निश्चय कर सकते कि अमुक ग्रन्थ कैसा है, इसी भाँति वे कभी २ झूठी प्रशंसाओं से वंचित हो कुछ २ खो भी बैठते हैं एवम् अनेक सत्कवि और ग्रन्थकारों की भी हानि होती है क्योंकि इनके मीठे मुख की प्रशंसा भी शंकाजनक रहने से नवीन पुस्तक पाठक वा सामान्य स्वभाषा प्रेमियों की श्रद्धा पूर्णतः उत्तेजित नहीं होती।" लेकिन अनौपचारिक और साहित्यिक समीक्षा के लिए सुयोग्य समीक्षकों की आवश्यकता थी। समीक्षक की योग्यता 'प्रेमघन' ने इन शब्दों में बतलायी है : "यह एक कठिन वस्तु भी है, क्योंकि प्रथम तो किसी अच्छे ग्रन्थ की समालोचना करने के लिए समालोचक की योग्यता उसके ग्रन्थ कर्त्ता से अधिक अपेक्षित है, दूसरे उसे भी उतने ही सावधानी और परिश्रमपूर्वक उसे देखने की आवश्यकता है जितनी उसके ग्रन्थकर्त्ता को उसके संशोधन में होती है। इसी से बिना इतने के तो उसका सुसम्पन्न होना ही दुर्लभ है, रहा यह कि मत-भेद आग्रह, पक्षपात, ईर्ष्या, द्वेष, शुश्रूषा, संकोच और दबाव, यह कठिनता उसके दोष के कारण है, परन्तु पूर्वोक्त गुणयुक्त और इन दोषों से रहित जो समालोचना लिखी जाय यथार्थ समालोचना कहाने की योग्यता वही रखती है।" पत्र-सम्पादकों से हमेशा यह अपेक्षा नहीं की जा सकती कि उनमें समीक्ष्य ग्रन्थ के रचयिता से विषय का ज्ञान अधिक हो, इसलिए 'प्रेमघन' ने अंग्रेजी-पत्रों की तरह पारिश्रमिक देकर बाहर के विद्वानों से समीक्षा लिखाने की अभिलाषा की थी : "नित्य नवीन उन्नति-सम्पन्न अंगरेजी भाषा के प्रतिष्ठित समाचार पत्र सम्पादकों को बहुत सी भिन्न २ विद्या शास्त्रों के गूढ़ ग्रन्थों की समालोचना विशेष व्यय करके उसी विद्या और शास्त्र के महापण्डितों के द्वारा करानी पड़ती है। परन्तु वह दिन हमारी हिन्दी वा नागरी के कहाँ ?" इन बातों से यह स्पष्ट है कि वे पुस्तक-समीक्षा को एक गम्भीर कार्य मानते थे और इसके द्वारा हिन्दी में आलोचना की नयी विधा की स्थापना करना चाहते थे। उन्होंने 'सच्ची समालोचना' को इस रूप में परिभाषित किया है : "सच्ची समालोचना एक स्वच्छ दर्पण तुल्य है कि जो शृङ्गार की सजावट को दिखाती, और उसके दोषों तथा साहित्य की दुष्टाकृति को बतलाती। यह एक ऐसी कसौटी है कि जिस पर वर्ण सुवर्ण का खरा और खोटापन झलकता है, यह वह दीपक है कि जिसकी सहायता से अन्धेरी कोठरी में धरे अच्छे और निकृष्ट दोनों पदार्थ देख पड़ते अथवा वह उपनेत्र (चश्मा) है कि जिसके द्वारा अति सूक्ष्म पदार्थ हीन दृष्टिवाले जन को भी सहज में सुझाई पड़े।" जाहिर है कि ऐसी 'सच्ची समालोचना' के अपने खतरे होते हैं जिनका सामना 'प्रेमघन'-जैसे समीक्षकों को भी करना पड़ा था।

उन्होंने लिखा है कि "गुण की प्रशंसा करने में ठीक है, परन्तु दोष तो दिखाते ही ग्रन्थकार लोग अति अप्रसन्न होते, और वे उचित रीति से उत्तर देने के स्थान पर अनुचित साहस के करने पर भी तत्पर होते।" लेकिन इसके बाद भी उन्होंने योग्य समीक्षक के गुणों को नहीं छोड़ा और अपनी पुस्तक की समीक्षा चाहनेवाले लेखकों से 'अत्यन्त नम्रतापूर्वक' यह निवेदन किया कि "समालोचना करने में हमलोग यथामति उसके सच्चे गुण दोष के प्रकाशित करने में बाध्य हैं।"

'हिन्दी प्रदीप', 'आनन्दकादम्बिनी' और 'ब्राह्मण', जिनके सम्पादक क्रमशः भट्टजी, 'प्रेमघन' और पं० प्रतापनारायण मिश्र थे, भारतेन्दु-युग के प्रमुख साहित्यिक पत्र थे, जिनमें पुस्तक-समीक्षाएँ निकला करती थीं। ये पुस्तक-समीक्षाएँ प्रायः संक्षिप्त होती थीं और इनमें समीक्ष्य कृति का परिचय-मात्र दिया जाता था। इस दृष्टि से इन्हें पुस्तक-परिचय कहना ज्यादा ठीक होगा। ऐसी तीन पुस्तक-समीक्षाएँ नमूने के तौर पर नीचे दी जा रही हैं। इनमें से पहली समीक्षा 'नीलदेवी' की है, दूसरी 'एकान्तवासी योगी' की और तीसरी 'सती नाटक' की :

नीलदेवी हमारे प्रियवर श्रीयुत बाबू हरिश्चन्द्रजी रचित ऐतिहासिक दुखान्त गीत रूपक ! यह रूपक के राजा सूरजदेव की रानी नीलदेवी का अपने पति के प्राण के बदले में स्वयं गाय की भेष में दिल्ली के बादशाह के सेनापति अब्दुल शरीफ खाँ शूर की सभा में जाकर उक्त पति-प्राणहारक शत्रु का वध कर डालने के बीज पर लिखा गया है। यद्यपि इस रूपक के प्रबन्ध और रचना में कुछ दोष भी क्यों न आ गए हों, पर तो भी हम केवल गुण-गान का वर्णन करना उचित न जानते हों, इसमें सातवां दृश्य (विशेष लावनी) आठवां (इसके पागल का पाठ बहुत ही उत्तम है) अच्छे हैं और दसवां में तीनों दृश्य अच्छे हैं। हम इसके नववें दृश्य से उद्धृत कर कुमार सोमदेव के वीररस भरे उत्साहपूरित वाक्य अपने रसिकों को इसके कविता को परिचय दिलाने के अर्थ यहाँ लिखते हैं।

चलहु बीर उठि तुरत सबै जय ध्वजहिं उड़ाओ।
लेहु म्यान सों खड्ग खीच रण रंग जमाओ॥
परिकर कसि कटि उठो धनुष पै धरि सर साधो।
केसरिया बानो सजि सजि रन कङ्कन बाँधो॥
कहहु सबै भारत जय भारत जय भारत जय॥

आनन्दकादम्बिनी, पौष, सं० १९३८
(प्रेमघन-सर्वस्व, द्वितीय भाग)

पं० श्रीधर पाठक रचित गोल्डस्मिथ हरमिट का अनुवाद खड़ी बोली में—
विशेष प्रशंसा के योग्य यह नवीन रचना इसलिए है कि अंगरेजी में जो पद्य था

उसका अनुबाद भाषा के पद्यों में ही किया गया है—जहां २ जितना ग्रन्थकार ने अपनी ओर से मिलाया है वह भाग अधिक रसीला और माधुर्यपूर्ण है—हमारे मित्र पाठक महाशय ने अपने इस परिश्रम से हमें यह अच्छी तरह जता दिया कि कविता के पश्चिमी संस्कार (western idea) कभी हमारे लिये मनोरंजक और दिलचस्प नहीं हो सकते—इसमें सन्देह नहीं अंगरेजी अत्यन्त विस्त्टत (विस्तृत?) भाषा और उन्नति के शिखर पर चढ़ी हुई है परंतु कबिता के अंश में हमारी देशी भाषाओं से कभी होड़ नहीं सकी—ग्रिफिथ साहब का रामायण शकुन्तला प्रभृति नाटकों का अनुबाद आदि इस वात का पक्का सुबूत है कि हमारी भाषाओं के काब्यों का अनुबाद जो और २ भाषाओं में किया गया है वह कितना सर्बसंमत और विद्वज्जनादरणीय हुआ वही अंगरेजी में पहले तो इतने अनूठे कोई काब्य हैं नहीं जो अनुवाद के योग्य हों हैं भी तो हमारी भाषा में उनका सब्दार्थ अनुबाद कदापि चोखा रसीला सर्बसम्मत और सर्वग्राह्य न होगा।

'हिन्दी प्रदीप', मई, १८८६

सती नाटक यह हमारे प्रिय मित्र एवं ब्राह्मण के परम हितैषी श्रीयुत मुंशी उदितनारायण वकील कलेक्टरी गाजीपुर का अनुवाद है जब हम दूसरे कायस्थों को देखते कि नाम में भी फारसी ही अरबी का आदर शौक भी उरदू ही पर तो अफसोस होता हे कि यह कैसे हिन्दू हैं पर यह पुस्तक देखके इतना सन्तोष हुवा मानो किसी झाड़ झंखाड़ से भरे हुए वन में एक कल्पवृक्ष का पौधा देख रहे हैं। परमेश्वर करे ऐसी रुचि दूसरे लोगों को भी हो। इस पुस्तक की प्रशंसा हम इसलिए नहीं करते कि लोग हमें पक्षपाती ठहरावेंगे पर पाठकों को इतनी सूचना देते हैं कि यदि हिन्दी भाषा का माधुर्य, पातिव्रत की पराकाष्ठा, मातस्नेह का जीवित नमूना—प्रेम प्रमादियों के प्रत्यक्ष आचरण एवं हार्दिक शांति इत्यादि प्रत्यक्ष देखना हो आठ आने का लोभ न करके भारतजीवन आफिस अथवा मुंशीजी से मंगवा के सती नाटक देखिए यह तीनों ग्रंथ (इसके पहले रामकृष्ण वर्मा द्वारा अनूदित "वीर नारी नाटक" और "पद्मावती" की संक्षिप्ततर समीक्षाएँ दी गयी हैं। ले०) हमारी नागरी देवी के भूषण हैं पर हम अपने अनुवादक मित्रों को अदब के साथ अनुमति देते हैं कि स्त्रियों की बोली नेक सरल रक्खा करें तो सोने में सुगन्ध हो।

ब्राह्मण, मार्च, श्रीहरिश्चन्द्र स० ५

इन समीक्षाओं से यह स्पष्ट है कि भारतेन्दु-युग के समीक्षक संक्षिप्त पुस्तक समीक्षाओं में पाठकों को न केवल समीक्ष्य पुस्तक की विषय-वस्तु का परिचय देते थे, बल्कि वे यथासाध्य उस पर आलोचनात्मक टिप्पणी भी करते थे और उसके लेखक को आलोचकीय परामर्श भी देते थे। आलोचनात्मक टिप्पणी का उदाहरण 'एकान्तवासी योगी' के सम्बन्ध में 'हिन्दी प्रदीप' संपादक का यह कथन है कि

"जहाँ २ जितना ग्रंथकार ने अपनी ओर से मिलाया है वह भाग अधिक रसीला और माधुर्यपूर्ण है।" इस पूरी समीक्षा का निचोड़ यह है कि कवि ने अनुवाद को मूल से भी सुन्दर बना दिया है। इसी प्रसंग में समीक्षक ने यह कहा है कि अंग्रेजी "कविता के अंश में हमारी देशी भाषाओं से कभी होड़ नहीं सकती।" 'ब्राह्मण'-सम्पादक का यह कथन कि अनुवादक "स्त्रियों की बोली नेक सरल रक्खा करें तो सोने में सुगन्ध हो" आलोचकीय परामर्श का उदाहरण है।

इस युग में कुछ विस्तृत समीक्षाएँ भी लिखी गयीं। इनमें से जो दो सर्वाधिक प्रसिद्ध समीक्षाएँ हैं वे लाला श्रीनिवास दास के 'संयोगता स्वयम्वर' पर लिखी गयी हैं जिसे लेखक ने 'ऐतिहासिक नाटक' कहा था। पहली समीक्षा 'हिन्दी प्रदीप' (अप्रैल, 1886) में निकली थी और दूसरी 'आनन्द कादम्बिनी' (माला-2, मेघ 10-11-12, 1886) में। दोनों समीक्षाएँ एक ही वर्ष आगे-पीछे करके निकली थीं। इसका एक प्रमाण यह भी है कि 'आनन्द कादम्बिनी' में प्रकाशित समीक्षा में 'हिन्दी प्रदीप' में प्रकाशित समीक्षा का हवाला दिया गया है। दोनों समीक्षाओं में से किसी समीक्षा के साथ उसके लेखक के नाम का उल्लेख नहीं है जिससे यह अनुमान होता है कि ये समीक्षाएँ स्वयं सम्पादकों द्वारा लिखी गयी हैं।

'हिन्दी प्रदीप' में 'संयोगता स्वयम्वर' की समीक्षा 'सच्ची समालोचना' शीर्षक से की गयी है। इसमें भट्टजी ने इस नाटक के 'ऐतिहासिक' कहे जाने पर आपत्ति की है, क्योंकि इसकी कथावस्तु में उन्हें वस्तुनिष्ठता का अभाव प्रतीत हुआ है। निबन्ध के आरम्भ में ही वे लिखते हैं: "लालाजी यदि बुरा न मानिये तो एक बात आपसे धीरे से पूछें वह यह कि आप ऐतिहासिक नाटक किस्को कहेंगे क्या केवल किसी पुराने समय के ऐतिहासिक पुनरावृत्त की छाया लेकर नाटक लिख डालने ही से वह ऐतिहासिक हो गया—क्या किसी बिख्यात राजा या रानी के आने ही से वह लेख ऐतिहासिक हो जायगा यदि ऐसा है तो गप्प हाकनेवाले दास्तानगो और नाटक के ढङ्ग में कुछ भी भेद न रहा—किसी समय के लोगों के हृदय की क्या दशा थी उनके आभ्यान्तरिक भाव किस पहलू पर ढुलके हुये थे अर्थात उस समय मात्र के भाव spirit of the times क्या थे—इन सब बातों को ऐतिहासिक रीति पर पहले समझ लीजिये तब उस्के दरसाने का भी यत्न नाटकों द्वारा कीजिये।" तात्पर्य यह है कि 'संयोगता स्वयम्वर' ऐतिहासिक नामवाले पात्रों को लेकर लिखा गया एक किस्सा है, ऐतिहासिक नाटक नहीं, क्योंकि इसमें लेखक ने अपने ऐतिहासिक बोध का परिचय नहीं दिया है। कथावस्तु की समीक्षा करने के साथ-साथ भट्टजी ने इस नाटक के पात्रों की भी समीक्षा की है और उन्हें चारित्रिक वैशिष्ट्य से

रहित बतलाया है। उनका कहना है : "हमने जहाँ तक नाटक देखे उनमें पात्रों की व्यक्ति (characterization) के भिन्न २ होने ही से नाटक की शोभा देखा पर आपके पात्र सब के सब एक ही रस में सने उपदेश देने की हवस से लथर पथर पाये गये और उस रस मे आप ही की विद्या के प्रकाश का जहर भरा है।" नाटक में जैसे कथावस्तु और चरित्र-चित्रण का महत्त्व होता है वैसे ही कथोपकथन का भी। 'संयोगता स्वयम्वर' के कथोपकथन एक ओर आलंकारिक हैं और दूसरी ओर पाण्डित्यपूर्ण। भट्टजी ने उसकी आलंकारिकता पर आक्षेप करते हुए कहा है : "केवल क्लिष्ट श्लेष बोलने ही से तो ऐतिहासिक नाटक के पात्र क्या बरन एक प्राकृतिक मनुष्य की भी पदवी हम आपके पात्रों को नहीं दे सकते—बल्कि मनुष्य के बदले आपके नाटक पात्रों को नीरस और रुखे से रुखे अर्थान्तिरन्यास गढ़ने की कल कहें तो अनुचित न होगा।" आलंकारिकता के चलते इस नाटक के पात्रों की भाषा न केवल अस्वाभाविक हो गयी है, बल्कि वह नीरस भी हो गयी है। पाण्डित्य अथवा तार्किकता ने उसकी नीरसता को और अधिक बढ़ा दिया है। भट्टजी लिखते हैं : "हम देखते हैं आपके नाटक में राजा, मंत्री, कबि, यहाँ तक कि संयोगता बेचारी भी अपना पाण्डित्य ही प्रकाश करने के यत्न में हैरान हो रहे हैं—भला बतलाइए यह कौन सा ढंग भावों के दरसाने का है ? कबिता के मीठे रस के बदले नैयायिकों के सदृश कोरा तर्क बितर्क भरना भाव का गला ही घोटना है कि और कुछ ?" उन्होंने भवभूति के साक्ष्य से यह बतलाया है कि "नाटक में पाण्डित्य नहीं, बरन मनुष्य के हृदय से आपको कितना गाढ़ा परिचय है यह दरसाना चाहिये।" उन्हें 'संयोगता स्वयम्वर' के पात्रों के द्वारा विभिन्न विषयों पर उपदेश का दिया जाना इस हद तक बुरा लगा है कि उन्होंने चिढ़कर लिखा है : "आप एकता सच्ची प्रीति आदि विषयों पर अपने पात्रों के मुख से लेकचर दिया चाहते हैं तो एक सलाह मेरी है उसको सुनिये—इस नाटक को काट छांट इसमें से आठ दस (पैंफलेट) छोटे २ गुटके छपवा दीजिये।"

भारतेन्दु-युग की आलोचना के बारे में यह कहा जाता रहा है कि इसमें कृति पर उसकी समग्रता में विचार नहीं किया गया है और समीक्षकों ने अलग-अलग केवल उसके अंशों पर दृष्टि डाली है। यह बात पूर्णतः सही नहीं प्रतीत होती है, क्योंकि 'संयोगता स्वयम्वर' के बारे में भट्टजी के उपर्युक्त विचारों को देखने से ऐसा लगता है कि उन्होंने सम्पूर्ण नाटक को अपनी दृष्टि में रखकर उस पर टिप्पणियाँ की हैं। एक वाक्य में यदि उनकी समीक्षा का निष्कर्ष निकालें तो वह यह होगा : " 'संयोगता स्वयम्वर' वैशिष्ट्यरहित चरित्रों और अनुपयुक्त संवादों से युक्त एक अनैतिहासिक नाटक है।" यह निष्कर्ष बहुत-कुछ कृति को उसकी समग्रता में देखने का ही परिणाम है।

'मनुष्य के हृदय से गाढ़ा परिचय' प्रदर्शित करने का मतलब नाटक में जिस पात्र का अनुकरण किया जाता है उसको ठीक-ठीक चित्रित करने से है। भट्टजी ने 'संयोगता स्वयम्वर' पर 'सामान्य रीति पर' टिप्पणी करने के बाद उसके कुछ प्रसंगों पर ब्योरे में जाकर विचार किया है। इससे वे इस निष्कर्ष पर पहुँचते हैं कि इस नाटक में इसकी नायिका संयोगता का चित्रण बहुत ही गलत ढंग से किया गया है। वह "अपने प्रेम की प्रशंसा अपने ही मुँह से" गाकर शालीनता को ठुकराती है और पहली मुलाकात में पृथ्वीराज से इन शब्दों में मद्यपान के लिए कहती है : "साजन थोड़ा फुर्ती घणी जणाय—सूर चढ़ै अरु श्रम मिटै बार न खाली जाय।" भट्टजी ने उसके इस आचरण को भारतीय नारी की दृष्टि से एकदम अस्वाभाविक ठहराया है और कहा है : "हाय हाय संयोगता पर भरपूर शामत सवार हुई जो उस्के बारे में नाटक लिखने का हौसला आपके मन में बढ़ा।" बाद में उन्होंने लाला श्रीनिवास दास को यह आलोचकीय परामर्श दिया है : "लाला जी आपके नोवेल 'परीक्षागुरु' से तो मालूम होता है कि आपने अंगरेजी की भी कई किताबों की सैर की है तो जरा देख तो लिया होता कि ऐतिहासिक नोवेल या नाटकों का निबाह कैसे होता है।" इससे भारतेन्दु-युग के उपन्यासों और नाटकों के अंग्रेजी के उपन्यासों और नाटकों के साथ सम्बन्ध का भी संकेत मिलता है।

भट्टजी की 'संयोगता स्वयम्वर' की 'सच्ची समालोचना' की एक विशेषता इसकी शैली का चुटीलापन भी है। एक जगह उन्होंने नाटक की एक भूल दिखलाते हुए नाटककार से कहा है : "खैर कुछ हर्ज नहीं दूसरे बार जब इस पुस्तक को फिर छपवाइयेगा तब इस भूल को दुरुस्त कर दीजियेगा।" इसी तरह संयोगता को प्रेम का दर्शन बघारते देखकर उन्होंने उससे कहा है : "संयोगता जी आप जरा सा चूक गई—अभी आपकी उमर ही क्या होगी और बेशक ऐसी कच्ची उमर में आपसे किसी तरह के पक्के तजुरबे की आशा करना भी बृथा है।" इसी व्यंग्यात्मक शैली का विकास बाद में हमें शुक्लजी में दिखलायी पड़ता है।

'आनन्द कादम्बिनी' में प्रकाशित समीक्षा ('प्रेमघन-सर्वस्व', द्वितीय भाग) आकार में उपर्युक्त समीक्षा से भी बड़ी है। इसमें 'संयोगता स्वयम्वर' की समीक्षा 'संयोगता स्वयम्वर नाटक' के नाम से 'प्राप्ति स्वीकार वा समालोचना' स्तम्भ के अन्तर्गत की गयी है। 'प्रेमघन' ने इस पुस्तक को समीक्षा का विषय क्यों बनाया, यह उन्होंने अपनी समीक्षा के आरम्भ में ही बतलाया है : "यह ऐतिहासिक नाटक श्री लाला श्रीनिवास दास जी कृत, सारसुधानिधि यन्त्र में मुद्रित पंडित सदानन्द मिश्र द्वारा प्रकाशित जिसका मूल्य (छः आना) है भारतेन्दु द्वारा मुझे समालोचनार्थ मिला।" विस्तार से समीक्षा लिखने का कारण इस

पुस्तक की समीक्षकों द्वारा की जानेवाली गलत प्रशंसा थी : "जब हम इस नाटक की समालोचना अपने बहुतेरे सहयोगी और मित्रों को करते देखते हैं, तो अपनी ओर से जहाँ तक खुशामद और चापलूसी का कोई दरजा पाते हैं, शेष छोड़ते नहीं दिखाते। इसे यदि खुशामद न मानी जाय तो यह अनुमान हो कि न वे केवल नाटक विद्या और पुराने कवियों के काव्य ही से अनभिज्ञ हैं, किन्तु कदाचित् भाषा वा हिन्दी को भी भली भाँति नहीं जानते; क्योंकि वे इस क्षुद्र ग्रन्थ की रचना पर मोहित हो रचयिता को भाषा के वाल्मीकि, भाषा के कालिदास और भाषाचार्य्य कह डालते, और श्री हरिश्चन्द्र के तुल्य भारतेन्दु पद के योग्य ठहराते हैं।" 'प्रेमधन' ने 'हिन्दी प्रदीप' की समीक्षा पर अपना सन्तोष प्रकट करते हुए लिखा है : "नाट्य रचना के बहुतेरे दोष 'हिन्दी प्रदीप' ने अपनी 'सच्ची समालोचना' में दिखलाये हैं। अतएव उसमें हम विस्तार नहीं देते; हम केवल यहाँ अलग अलग उन दोषों को दिखलाना चाहते हैं कि जो प्रधान और विशेष हैं।" इस समीक्षा का ढंग भी बहुत-कुछ 'हिन्दी प्रदीप' वाला ही है। इसमें शुरू में नाटक की कथावस्तु और रस के सम्बन्ध में टिप्पणी की गयी है, फिर विस्तार से उसके विभिन्न पृष्ठों, अंकों और गर्भांकों में मिलनेवाली भूलें दिखलायी गयी हैं। इन भूलों को कैसे सुधारा जा सकता था, बहुत बार यह भी बतलाया गया है।

'संयोगता स्वयम्वर' की कथावस्तु की समीक्षा 'प्रेमघन' ने इन शब्दों में की है : "यदि यह संयोगता स्वयम्वर पर नाटक लिखा गया तो इसमें कोई दृश्य स्वयम्वर का न रखना मानों इस कविता का नाश कर डालना है, क्योंकि यही इसमें वर्णनीय विषय है; और अभिनय में मुख्य आनन्ददायी, एवम् कवि के कविता दिखाने का मौका है, न एतबार हो तो रघुवंश, अनेक रामायण, सीता स्वयम्वर आदि में देख लीजिये। फिर इसमें कथा की दो प्रणाली थी अर्थात मुख्य द्वेष दूसरी प्रीति सो प्रथम तो कवि ने निःशेष ही कर डाला और दूसरी का उचित रीति से निर्वाह न कर सका, पूर्वानुराग का तो नाम ही नहीं लिया, नायिका की प्रीति की कहीं झलक ही नहीं दिखाई, दिखाई भी तो बहुत ही बेहूदे तरह; करनाटकी का प्रवेश किया परन्तु आशय और उद्योग ऐसा गुप्त रहा कि नहीं के बराबर हुआ।" रस के सम्बन्ध में उन्होंने कहा है : "रस इसमें प्रधान दो थे, वीर और शृङ्गार, अंगी कौन है, यह कौन कहे ? सच तो यह है कि कोई रस कहीं पर उत्तमता से उदय नहीं हुआ, चित्त का चित्र किसी का ठीक नहीं उतारा गया और जहाँ इसका उद्योग भी किया। वीर को हिजड़े की पौशाक पिन्हाई और सती वा स्वकीया को वेश्याओं के शृङ्गार कर दिये, जहाँ शृङ्गार का काम पड़ा, आपने नीति और धर्म्म का उपदेश दिया, जहाँ वीर का मौका आया, वीभत्स किया।" नायक और नायिका के चरित्र-चित्रण पर 'प्रेमधन' ने अलग से विचार नहीं

किया है, पर कथोपकथनों के जो उद्धरण दिये हैं उससे यह उम्मीद की है कि "नायक नायिका के स्वभाव का परिचय मिल ही गया होगा।" उनका ध्यान नाटक के दृश्य-विधान पर भी गया है और इस सम्बन्ध में उन्होंने कहा है : "नाटक के प्रबन्ध का कुछ कहना ही नहीं, एक गँवार भी जानता होगा कि स्थान परिवर्तन के कारण गर्भाङ्क की आवश्यकता होती है, अर्थात् स्थान के बदलने में परदा बदला जाता है और इसी परदे के बदलने को दूसरा गर्भाङ्क मानते हैं; सो आपने एक ही गर्भाङ्क में तीन स्थान बदल डाले अर्थात महल जहाँ नायिका है, और दूसरा गंगातट जहाँ नायक है, और फिर महल।" कथावस्तु, रस और दृश्य-विधान की इस आलोचना से यह स्पष्ट है कि भट्टजी की तरह ही 'प्रेमघन' ने भी केवल नाटक के अंशों पर विचार नहीं किया, बल्कि उन्होंने बहुत कुछ उसके सम्पूर्ण स्वरूप को भी ध्यान में रखा है।

जैसा कि ऊपर संकेत किया गया है, 'प्रेमघन' की समीक्षा का अधिकांश भाग 'संयोगता स्वयम्वर' के त्रुटि निर्देश को समर्पित है। उन्होंने नाटक के दूसरे छन्द की पंक्ति "कर करुना ताको हरो पदनख चन्द्र देखाय" में 'कर' प्रयोग को अशुद्ध बतलाया है और ब्रजभाषा में उसकी जगह 'करि' लिखने का परामर्श दिया है। पृष्ठ 5 पर आयी पंक्ति "कामिन नैनन अँसुआ बरसैं धरक धरक हियरा अकुलाय" में भी उनके अनुसार 'कामिन' के बदले 'विरहिन' शब्द का प्रयोग होना चाहिए था। पृष्ठ 9 पर एक संवाद है जिसमें वर्षा-काल की वायु को 'शीतल मंद सुगंधित' कहा गया है। 'प्रेमघन' ने इसे वसन्त ऋतु की वायु का वर्णन कहा है। पृष्ठ 89 पर पृथ्वीराज चन्द से कहता है : "क्या तुम जयचन्द अथवा मृत्यु से हमको डराते हो हम मरने से जरा भी नहीं डरते।" इस पर चन्द कहता है : "यह तो पशु धर्म है···भला दीपक पर पतंग के भाँति मरने से क्या लाभ होगा ? क्रोध में बहुधा मनुष्य बृथा प्रलाप किया करते हैं।" इस पर 'प्रेमघन' ने टिप्पणी की है : "क्या सेवक और स्वामी की बातचीत है!" कदाचित 'संयोगता स्वयम्वर' के ऐसे ही त्रुटि निर्देश को देखकर शुक्लजी ने अपने 'इतिहास' में लिखा है कि उसमें "दोषों का उद्‌घाटन बड़ी बारीकी से किया गया था।" (पृ. 458)। इस समीक्षा की एक विशेषता यह भी है कि इसमें नाटक के संवादों और छन्दों पर कालिदास, भारतेन्दु और शेक्सपियर का जो प्रभाव है उसे भी सप्रमाण बतलाया गया है। आलोचना की शैली में व्यंग्य का वैसा ही पुट है, जैसा भट्टजी की शैली में। पृष्ठ 41 पर जब पृथ्वीराज काम भावना के आवेश में मूर्च्छित होकर गिरने लगता है, 'प्रेमघन' कहते हैं : "क्या मिरगी आती थी ?" इस समीक्षा में उन्होंने नाटक के रस पर विचार किया है, एक स्थल पर रंगमंच पर युद्ध का दृश्य प्रस्तुत करने को शास्त्रीय नियम के विरुद्ध कहा है और नाटक की समाप्ति में निर्वहण सन्धि की अनुपस्थिति बतलायी है, लेकिन इससे यह

निष्कर्ष नहीं निकाला जा सकता कि उन्होंने यह समीक्षा संस्कृत नाट्यशास्त्र को कसौटी बनाकर लिखी है। वस्तुत: 'हिन्दी प्रदीप' और 'आनन्द कादम्बिनी' दोनों की समीक्षाएँ उस व्यावहारिक और नवीन दृष्टि से लिखी गयी हैं जिसके विकास का प्रयत्न भारतेन्दु ने अपने 'नाटक अथवा दृश्य काव्य' शीर्षक निबन्ध में किया था।

'हिन्दी प्रदीप' में 'संयोगता स्वयम्वर' के अलावा 'रणधीर प्रेममोहिनी', 'नीलदेवी', 'भारत-दुर्दशा' आदि नाटकों पर भी भट्टजी ने समीक्षात्मक टिप्पणियाँ लिखी थीं। इनमें से 'नीलदेवी' की समीक्षा किंचित विस्तृत थी। 'रणधीर प्रेममोहिनी' लाला श्रीनिवास दास का 'संयोगता स्वयम्वर' से पहले का नाटक है। यह नाटक भट्टजी को पसन्द आया था। उनके अनुसार "ट्रेजेडी के किस्म का यह पहला नाटक है जो हिन्दी भाषा में रचा गया है।" (मार्च, 1878)। इसमें उन्हें शृङ्गार, हास्य और करुण, इन तीनों रसों का उत्तम रीति से निर्वाह देखने को मिला था। इसके साथ-साथ इस नाटक में सदुपदेश भी थे और पात्रों का आदर्श एवं यथार्थ रूप में चित्रण भी। 'नीलदेवी' भारतेन्दु का नाटक है। इसके 'विषय, छन्द या गान' को भट्टजी ने ऐसा 'उत्तेजक' बतलाया है जिसे पढ़कर कायरों का जी भी फड़क उठे। उन्होंने लिखा है: "अलबत्ता नाटक वा उपन्यास इस ढंग के लिखे जायँ तो रसिकों के लिए भरपूर विनोद तथा हिन्दी भाषा और देश को बड़ा लाभ पहुँचा सकते हैं जो बात केवल हरिश्चन्द्र ही की विचित्र लेखशक्ति में है।" (फरवरी, 1882)। लेकिन इस नाटक में उन्हें दो दोष भी दिखलायी पड़े हैं। एक तो यह कि इसके दृश्य बहुत छोटे-छोटे हैं और दूसरे यह कि इसमें नीलदेवी के पातिव्रत का विस्तार "और अधिक न कर बहुत थोड़े ही में समाप्त कर दिया है।" 'भारत दुर्दशा' भी भारतेन्दु का ही नाटक है। इसके बारे में भट्टजी ने कहा है: "यह नीलदेवी से भी बहुत बढ़-चढ़कर है इस्के छहो दृश्य उत्तमोत्तम हैं पर पाँचवाँ दृश्य तो इतना उत्तम है कि हम कहाँ तक इस्की सराहना करें।" (अप्रैल, 1883)।

भट्टजी ने नाटकों के साथ-साथ भारतेन्दु-युग के मौलिक और अनूदित उपन्यासों की भी समीक्षा की थी। 'हिन्दी प्रदीप' (जनवरी, 1882) में 'उपन्यास' शीर्षक से उनका एक निबन्ध प्रकाशित हुआ था। इस निबन्ध में उन्होंने स्पष्ट कहा है कि हमलोग जैसे और बातों में अंग्रेजों की नकल करते हैं, "वैसा ही उपन्यास का लिखना भी उन्हीं के दृष्टान्त पर सीख रहे हैं।" उपदेशात्मकता को जैसे उन्होंने नाटकों के लिए दोष माना है, वैसे ही उपन्यासों के लिए भी, क्योंकि उपन्यास "प्रौढ़ बुद्धिवालों के लिये लिखे जाते हैं न कि निरे स्कूलों में 'क' 'ख' सीखनेवालों के लिये।" इसी कसौटी पर भट्टजी ने लाला श्रीनिवास दास के उपन्यास 'परीक्षागुरु' की भी किंचित् विस्तृत समीक्षा की थी ('हिन्दी प्रदीप'

फरवरी, 1882)। इस उपन्यास की भाषा और कथानक ('प्लाट बंदिश') की प्रशंसा करते हुए भी उन्होंने इसमें पायी जानेवाली उपदेशात्मकता की कटु आलोचना की। उपदेशों से भट्टजी को परहेज नहीं था, लेकिन उपन्यास में वे उसका कलात्मक सन्निवेश चाहते थे। उपदेश उपन्यास की पूरी कथा में से निकलना चाहिए, उस पर बीच-बीच में ऊपर से आरोपित न हो। 'परीक्षागुरु' के बारे में उन्होंने कहा है : "अन्त में एक अपूर्व उपदेश निकालना उपन्यास ही में है सो बातें इसमें नहीं पाई जातीं।" 'परीक्षागुरु' के बाद भट्टजी ने 'हिन्दी प्रदीप' में दो और चर्चित उपन्यासों की समीक्षा लिखी। इनमें से पहला उपन्यास रमेशचन्द्रदत्त के बँगला उपन्यास का बाबू गदाधर सिंह कृत हिन्दी अनुवाद 'वंग बिजेता' है और दूसरा गोपालराम गहमरी कृत 'देवरानी जेठानी'। ये दोनों समीक्षाएँ संक्षिप्त हैं। 'वंग बिजेता' की प्रशंसा में भट्टजी ने लिखा है कि "लाला श्रीनिवास दास के संयोगता स्वयम्वर ऐतिहासिक नाटक के पक्षपातियों को चाहिए एक बार इस पुस्तक को ध्यान दे पढ़ें तो उन्हें सूझने लगे कि ऐतिहासिक लेख कैसे होने चाहिये।" (अगस्त, 1886)। 'देवरानी जेठानी' के बारे में उनका कहना है कि "पुस्तक आद्योपान्त अति अनुभविक तथा सबके पढ़ने योग्य है" क्योंकि "इसमें दोनों ही बातें दिखलाई गई हैं जैसा कुलच्छनी कर्कशा के घर में रहने से बना बनाया घर का चौपट होना तथा सुलच्छनी के होने से उसी के विपरीत होना।" (जनवरी-फरवरी, 1905)।

'हिन्दी प्रदीप' की तरह 'आनन्द कादम्बिनी' में भी दो प्रसिद्ध उपन्यासों की समीक्षा निकली। इनमें से एक उपन्यास तो बाबू गदाधर सिंह कृत अनुवाद 'वंग बिजेता' ही था और दूसरा पं. बालकृष्ण भट्ट का उपन्यास 'नूतन ब्रह्मचारी'। इन दोनों उपन्यासों की समीक्षा किंचित् विस्तृत थी। 'वंग बिजेता' के सम्बन्ध में लिखते हुए (माला 3, मेघ 1-2, 1886) 'प्रेमघन' ने भी उपन्यासों पर अंग्रेजी प्रभाव का उल्लेख किया है : "यह हिन्दी में मनोहर और अनूठा उपन्यास बना, और इसमें कोई सन्देह नहीं कि यह ग्रन्थ उपन्यास के समस्त गुणों से युक्त है विशेषता यह कि आर्य्य भाषा में भी होकर अंगरेज़ी प्रबन्ध और प्रणाली से युक्त है।" इसके बावजूद वे "इसके गुण दोष को भी साधारण रीति पर प्रकाश करना उचित समझते हैं।" गुण के प्रकाश का उदाहरण है : "(दूसरा परि.) महाश्वेता और सरला के प्रवेश के संग काल और समय एवं दशासंबन्ध और स्वभाव का सुन्दर चित्र उतरा है। चौथा परिच्छेद बहुत ही मनोहर है, विशेषता सरला और अमला के साँचे की ढली नवेली ललनाओं की स्वाभाविक रसीली और भोलीभाली बातें एवं इन्द्रनाथ का प्रवेश और सच्चे सरल स्नेही और प्रेमी की स्वाभाविक मर्य्यादा संपन्न शुद्ध प्रीति प्रदर्शन, और परस्पर सुमधुर प्रेमालाप और साथ ही वियोगसूचना अत्यन्त उत्तम रीति से वर्णित है।" दोष के प्रकाश

का उदाहरण यह है : "(तेइसवां परि.) यहां इन्द्रनाथ विषयक वार्ता होना मुझे नहीं पसन्द है, और महेश्वर के मन्दिर से यहां तक विमला को इन्द्रनाथ का प्रेम मेरी जान वर्णनीय नहीं है, और सरला द्वारा विमला को शोच होना भी अच्छा नहीं यदि छिपा प्रेम पीछे प्रगट होता तो भी अनुचित न होता। हमारी जान विमला और इन्द्रनाथ का मिलना मुंगेर में अच्छा होता जिसकी सूचना १५वें परिच्छेद में आती है एवं २५वें परिच्छेद में भी।" गुण-दोष का प्रकाश करने के बाद 'प्रेमघन' ने लिखा है : "सारांश यह कि ग्रन्थ निस्सन्देह उत्तम श्रेणी का है क्योंकि कथा अत्यन्त उत्तम है, प्रबन्ध भी मनोहर और मुख्य गुण स्वभाव के परिचय का अच्छा दिया प्राकृतिक स्वाभाविक दोनों सुन्दरता का वर्णन सुन्दरता से किया गया।" इस प्रकार उन्होंने 'वंग विजेता' की कहानी, कहानी प्रस्तुत करने के ढंग, पात्रों के चरित्र और वर्णन-क्षमता इन सभी बातों को यथासाध्य ध्यान में रखकर इस उपन्यास को 'उत्तम श्रेणी' का कहा है। इसके विपरीत उन्होंने 'नूतन ब्रह्मचारी' को उच्चकोटि का उपन्यास नहीं माना (माला 3, मेघ 1-2, 1887)। समीक्षा के आरम्भ में एक अनुच्छेद में उपन्यास का कथानक देकर उन्होंने उस पर टिप्पणी की है : "फिर भला इस्में तो किसी छोटी कहानी का भी आनन्द न आया, उपन्यास कि जिस्में केवल कथा, लेख और प्रबन्ध चातुरी ही की प्राधान्य है, उसकी यह कथा ?" यह उपन्यास आठ परिच्छेदों में विभक्त है। 'प्रेमघन' ने लिखा है कि "हमारी समझ में तो केवल सात वा छ परिच्छेद ही में कथा का विभाग उचित है।" उन्होंने "प्रति परिच्छेदों की पृथक् २ समालोचना" की है, फिर उपन्यास की 'लेख शैली' के बारे में कहा है : "यद्यपि कहीं २ सादी, अपुष्ट एवम् कुछ २ अशुद्ध है, परन्तु अच्छी है।" उन्होंने 'नूतन ब्रह्मचारी' की तीन प्रकार की शैलियों के नमूने भी उद्धृत किये हैं। उसके बाद उन्होंने "रचना की कसर वा अर्थ के दोष" दिखलाये हैं और उसमें परस्पर-विरोध और पुनरुक्ति बतलायी है। अन्त में उन्होंने यह निष्कर्ष दिया है : "परन्तु इससे यही नहीं समझ लेना चाहिए कि ग्रन्थ निरा निकम्मा है, किन्तु कहीं २ उस्में मधुर, सजीली और पक्की लिखावट भी है।"

भारतेन्दु-युग की आलोचना पुस्तक-समीक्षा के रूप में ही सामने आती है, लेकिन यह पुस्तक-समीक्षा आलोचनात्मक सम्भावनाओं से भरी हुई है। इसमें गुण-दोष-विवेचन प्रधान है, पर साथ ही इसका भी संकेत है कि कृति सम्पूर्ण रूप में कैसी है। इसी तरह इसमें कृति को सामाजिक और राष्ट्रीय सन्दर्भ से जोड़कर देखने की प्रवृत्ति है तो साहित्यिक कसौटी पर उसकी परीक्षा का भी प्रयत्न है। समीक्षक यदि कृति के सम्बन्ध में कोई निर्णय देता है तो वह भरसक उसका कारण भी बतलाता है। इस प्रकार इस आलोचना में व्याख्या के तत्त्व भी हैं। यह आलोचना लेखकों के लिए भी लिखी गयी है और पाठकों के लिए भी। इसकी

शैली गम्भीर भी है और व्यंग्य-विनोद से युक्त भी। इस युग में साहित्य के कई रूप अंग्रेजी साहित्य के प्रत्यक्ष-अप्रत्यक्ष प्रभाव से विकसित हुए। जहाँ तक आलोचना का प्रश्न है, वह न देशी प्रभाव का निषेध करती है, न विदेशी प्रभाव का, बल्कि इन दोनों के मेल से वह नये साहित्य की आवश्यकता की पूर्त्ति का प्रयत्न करती है। यह बात हम आलोचना की पद्धति और भाषा दोनों में देखते हैं।

आलोचना अपने युग के साहित्य से सर्वथा पृथक नहीं हो सकती। भारतेन्दु-युग के दोनों आलोचक—पं. बालकृष्ण भट्ट और उपाध्याय पं. बदरीनारायण चौधरी 'प्रेमघन'—मुख्य रूप से रचनाकार ही थे, अतः उनकी आलोचना के रचनात्मक भावधारा से सम्बद्ध होने की सम्भावना और अधिक है। इस युग का साहित्य आधुनिक चेतना का साहित्य है। इस साहित्य में यह आधुनिक चेतना कहाँ से आयी ? यह चेतना वस्तुतः उस राष्ट्रीय पूंजीवाद की देन थी जिसके तत्त्व मुगल काल में ही प्रकट होने लगे थे और जिसने भक्ति-आन्दोलन को जन्म दिया था। यूरोपीय व्यापारियों के आगमन से इस देश में राष्ट्रीय पूंजीवाद का विकास न हो सका और यह देश पराधीनता की बेड़ियों में जकड़ दिया गया। सन 1857 ई. के विद्रोह के बाद विदेशी पूंजीवाद ने देशी सामन्तवाद के साथ गठबन्धन कर इस देश को लूटना और तबाह करना शुरू किया। भारतेन्दु-युग का साहित्य इस स्थिति के प्रति तीव्र प्रतिवाद का साहित्य है। उसमें एक ओर उपनिवेशवाद का विरोध मिलता है और दूसरी ओर सामन्तवाद का। इस युग की आलोचना में भी हम एक ओर स्वच्छन्दता का आग्रह देखते हैं और दूसरी ओर साहित्य के सामन्ती मूल्यों का पूर्ण तिरस्कार। इस युग की आलोचना की अन्यतम विशेषता यह है कि यह इस युग के रचनात्मक साहित्य के अन्तर्विरोध से मुक्त है।

दो धाराएँ

भारतेन्दु हरिश्चन्द्र, पं. बालकृष्ण भट्ट और उपाध्याय पं. बदरीनारायण चौधरी 'प्रेमघन' के साहित्य सम्बन्धी चिन्तन का विकास हमें **पं. महावीर प्रसाद द्विवेदी** (1864-1938) के निबन्धों में देखने को मिलता है। द्विवेदीजी संस्कृत के विद्वान थे, इसलिए उन्होंने अपने आलोचनात्मक लेखन का आरम्भ संस्कृत के कवियों और उनकी कृतियों पर विचार करने से ही किया। पुस्तक-रूप में उनकी जो आलोचनाएँ प्रकाशित हैं वे श्रीहर्ष, बिल्हण और कालिदास की कृतियों से सम्बन्धित हैं। ये आलोचनाएँ परिचयात्मक हैं, या फिर दोष-दर्शनमूलक। सन 1903 ई. में द्विवेदीजी इण्डियन प्रेस, प्रयाग से निकलनेवाली मासिक पत्रिका 'सरस्वती' के सम्पादक नियुक्त हुए। उसके बाद से हिन्दी से उनका सम्बन्ध प्रगाढ़ होता गया और 'सरस्वती' तथा दूसरी पत्र-पत्रिकाओं के माध्यम से उनके साहित्य-सम्बन्धी विचार प्रकाश में आने लगे। उनके इन विचारों का तत्कालीन हिन्दी साहित्य पर अत्यन्त व्यापक प्रभाव पड़ा। इसे देखकर हिन्दी का अध्येता विस्मय में पड़ जाता है। आखिर उनके इस व्यापक प्रभाव का कारण क्या था? इसका कारण उनके विचारों की प्रगतिशीलता थी। वे हिन्दी के नवीन साहित्य को देश और समाज की परिस्थितियों से जोड़ना चाहते थे और उसकी परीक्षा किसी शुद्ध साहित्यिक कसौटी पर करने के पक्ष में नहीं थे।

आलोचना के क्षेत्र में द्विवेदीजी किस परम्परा के वाहक थे, इसका पता उनके 'नायिका-भेद' शीर्षक निबन्ध से चलता है जिसमें उन्होंने रीतिकालीन कविता पर इन शब्दों में वज्र-प्रहार किया है : "राजाश्रय मिलने की देरी, राजाजी को सब प्रकार की नायिकाओं के रसास्वादन का आनन्द चखाने के लिए कविजी को देरी नहीं। १० वर्ष की अज्ञात यौवना से लेकर ५० वर्ष की प्रौढ़ा तक के सूक्ष्म से सूक्ष्म भेद बतलाकर और उनके हाव, भाव, विलास आदि की सारी दिनचर्या वर्णन करके ही कविजन सन्तोष नहीं करते थे। दुराचार में सुकरता

होने के लिए दूती कैसी होनी चाहिए, मालिन, नाइन, धोबिन इत्यादि में से इस काम के लिए कौन सबसे अधिक प्रवीण होती है, इन बातों का भी वे निर्णय करते थे। नायक के सहायक विट और चेटक आदि का भी वर्णन करने से वे नहीं चूकते थे।" (रसज्ञ-रंजन, पृ. 69)। रीतिकालीन कविता का यह विरोध जन-विमुख सामन्ती काव्य-परम्परा का विरोध है, जो हमें रीतिकालीन कवियों पर की गयी आचार्य रामचन्द्र शुक्ल की इस टिप्पणी की याद दिलाता है : "हिंदी के रीतिकाल के कवि तो मानो राजाओं-महाराजाओं की कामवासना उत्तेजित करने के लिए ही रखे जाते थे। एक प्रकार के कविराज तो रईसों के मुँह में मकरध्वज रस झोंकते थे, दूसरे प्रकार के कविराज कान में मकरध्वज की पिचकारी देते थे।" (चिन्तामणि, प्रथम भाग, पृ. 164)। द्विवेदीजी हिन्दी कविता को सामन्तों की रुचि और आवश्यकता के घेरे से निकालकर उसे साधारण मनुष्यों और प्रकृति के मुक्त लोक में प्रतिष्ठित करना चाहते थे। अपने पूर्वोक्त निबन्ध में ही उन्होंने लिखा है : "इस विस्तृत विश्व में ईश्वर ने इतने प्रकार के मनुष्य, पशु, पक्षी, वन, निर्झर, नदी, तड़ाग आदि निर्माण किये हैं कि सैकड़ों कालिदास उत्पन्न होकर अनंतकाल तक उन सबका वर्णन करते रहें तो भी उनका अन्त न हो। फिर हम नहीं जानते और विषयों को छोड़कर नायिका-भेद सदृश अनुचित वर्णन क्यों करना चाहिए।" शुक्लजी भी कविता को केवल मनुष्य तक सीमित रखने के पक्ष में नहीं थे। उन्होंने उसे मनुष्य की भावात्मक सत्ता के प्रसार का साधन मानते हुए समस्त चराचर से सम्बन्ध रखनेवाली काव्य-दृष्टि को सर्वोत्तम कहा है : "नरक्षेत्र के भीतर बद्ध रहनेवाली काव्य-दृष्टि की अपेक्षा संपूर्ण जीवन-क्षेत्र और समस्त चराचर के क्षेत्र से मार्मिक तथ्यों का चयन करनेवाली दृष्टि उत्तरोत्तर अधिक व्यापक और गंभीर कही जायगी।" (चिन्तामणि, प्रथम भाग, पृ. 156)। कहने की आवश्यकता नहीं कि द्विवेदीजी और शुक्लजी, इन दोनों आलोचकों के कविता-सम्बन्धी विचार एक ही सामन्तवाद-विरोधी और जनवादी साहित्यिक चिन्तन की देन हैं।

द्विवेदीजी हिन्दी में नायिका-भेद और रीति-निरूपणवाली परम्परा को ध्वस्त कर किस नयी परम्परा का आरम्भ करना चाहते थे, यह उन्होंने अत्यन्त स्पष्ट शब्दों में अपने सन् 1903 ई. में लिखित 'हिन्दी भाषा और उसका साहित्य' शीर्षक निबन्ध में बतलाया है : "नायिका-भेद और रस तथा अलंकार के विवेचन से पूरित पुस्तकों की भी इस समय आवश्यकता नहीं। हम यह समझते हैं कि 'जसवन्त-जसो-भूषण' जैसे ग्रन्थों से भाषा को कुछ भी लाभ नहीं पहुँचा। यदि इन ग्रन्थों के बनाने (अथवा बनवाने) और छापने में जो धन व्यय किया गया वह जीवन चरित, इतिहास अथवा किसी वैज्ञानिक ग्रंथ के लिए व्यय किया जाता तो भाषा का भी उपकार होता और धन का भी सद्व्यय होता।"

('साहित्यालाप', संक्षिप्त संस्करण, पृ. 40-41) । उन्होंने आगे लिखा है: "इस समय अंगरेजी का साहित्य अत्यन्त उन्नत दशा को प्राप्त है । अतएव हमको चाहिए कि उस भाषा के अच्छे-अच्छे ग्रन्थों का अनुवाद करके हिन्दी के साहित्य की दशा को सुधारें । इस समय विज्ञान, इतिहास, यात्रा-वर्णन, जीवन चरित और समालोचनाओं की हिन्दी में बड़ी भारी न्यूनता है । इस न्यूनता को पूरा करना हिन्दी बोलनेवालों का परम धर्म है ।" (पृ. 41) । द्विवेदीजी के समय तक देश में ऐसे लोग वर्तमान थे जो अंग्रेजी में संचित आधुनिक ज्ञान को अस्पृश्य समझते थे । द्विवेदीजी ने उन लोगों के विपरीत हिन्दी भाषा के माध्यम से उस ज्ञान के व्यापक प्रचार पर बल दिया । यह उनके हिन्दी-प्रेम का नहीं, बल्कि उनके देश-प्रेम का सूचक है । हिन्दी अथवा देशी-भाषाओं के माध्यम से वे देश की प्रगति चाहते थे ।

द्विवेदीजी की सबसे बड़ी देन यह मानी गयी है कि उन्होंने व्याकरण की दृष्टि से खड़ी बोली को व्यवस्थित और परिष्कृत किया । शुक्लजी ने भी लिखा है : "व्याकरण की शुद्धता और भाषा की सफाई के प्रवर्त्तक द्विवेदीजी ही थे ।" ('हिंदी-साहित्य का इतिहास', पृ. 426) । यह एक स्वीकृत तथ्य है, लेकिन विद्वानों ने इस ओर ध्यान नहीं दिया है कि भाषा के सम्बन्ध में द्विवेदीजी के जो विचार थे, उनका आधार क्या था । उनका आधार निश्चय ही उनका जनवाद ही था जिसकी प्रेरणा से वे साहित्य को देश के साधारण नागरिकों के जीवन से जोड़ना चाहते थे । 'हिंदी की वर्त्तमान अवस्था' शीर्षक अपने व्याख्यान में द्विवेदीजी ने भाषा के सम्बन्ध में इन शब्दों में अपने विचार व्यक्त किये हैं : "मैं तो सरल भाषा के लेखक ही को बहुत बड़ा लेखक समझता हूँ । लिखने का मतलब औरों पर अपने मन के भाव प्रकट करना है । जिसका मनोभाव जितने ही अधिक लोग समझ सकेंगे उसका प्रयत्न और परिश्रम उतना ही अधिक सफल हुआ समझा जायगा । जितने बड़े-बड़े लेखक हो गये हैं प्रायः सभी सीधी-सादी और बहुजन-बोधगम्य भाषा के पक्षपाती थे ।" ('साहित्यालाप', सं. सं., पृ. 58) उन्होंने भाषा-संबन्धी एक निश्चित दृष्टिकोण के आधार पर लेखकों की भाषा का सुधार किया । उनका दृष्टिकोण किसी तरह शुद्धतावादी न था । उन्होंने आगे लिखा है : "मेरी राय में शब्द चाहे जिस भाषा के हों, यदि वे प्रचलित शब्द हैं और सब कहीं बोल-चाल में आते हैं तो उन्हें हिंदी के शब्द-समूह के बाहर समझना भूल है । उनके प्रयोग से हिंदी को कोई हानि नहीं, प्रत्युत लाभ है । अरबी-फारसी के सैकड़ों शब्द ऐसे हैं जिनको अपढ़ आदमी तक बोलते हैं । उनका बहिष्कार किसी प्रकार संभव नहीं ।" (पृ. 58) । आमतौर पर यह समझा जाता है कि द्विवेदीजी कठोरतापूर्वक व्याकरण के नियमों के पालन के पक्षपाती थे, लेकिन इसकी पुष्टि न तो उनकी भाषा से होती है और न व्याकरण-सम्बन्धी उनके विचारों से ।

सन् 1910-11 ई. में जब हिन्दी में कोश और व्याकरण के ग्रन्थ बनाने का आग्रह किया जा रहा था, उन्होंने साहित्य के दूसरे अंगों की समृद्धि पर बल दिया और यह लिखा कि "व्याकरण और कोश में उत्तमतापूर्वक पारंगत हुए बिना भी समझने लायक हिन्दी लिखी जा सकती है।" (उपर्युक्त, पृ. 51)। द्विवेदीजी वस्तुतः व्याकरण के नियमों के नहीं, बल्कि सजीव भाषा के पक्षपाती थे। उनकी दृष्टि में "दूसरी भाषाओं के शब्दों और भावों को ग्रहण कर लेने की शक्ति रखना ही सजीवता का लक्षण है" और "सजीव भाषाएँ नियंत्रण करनेवालों की शक्ति के बाहर हैं।" (उपर्युक्त, पृ. 102)। उन्होंने स्पष्ट लिखा है कि "व्याकरण तो वाग्धारा का दास है" और "उसे तो शिष्ट लेखकों और वक्ताओं की आज्ञा के पालन मात्र का काम सौंपा गया है।" (उपर्युक्त, पृ. 107)। विदेशी भाषा के मुहावरों के बारे में उनकी यह राय थी कि "अभी तो इस तरह के मुहावरे जरूर खटकते हैं, पर यदि इनका प्रचार बढ़ता ही गया तो किसी दिन यह खटक जाती रहेगी और ये भी हिंदी ही के मुहावरे हो जायँगे।" (उपर्युक्त, पृ. 103)। इसी तरह 'अपप्रयोग' के बारे में उनका यह विचार था : "अपप्रयोग तभी तक माना जा सकता है जबतक भ्रम या अज्ञान के वशवर्ती होकर कुछ ही जन किसी शब्द, वाक्य, मुहावरे आदि को प्रचलित रीति के प्रतिकूल बोलते या लिखते हैं परंतु यदि धीरे-धीरे सैकड़ों मनुष्य उसे उसी तरह लिखने लगते हैं तब वह अपप्रयोग नहीं रह जाता, तब तो वह भी साधु प्रयोग हो जाता है।" (उपर्युक्त, पृ. 107)।

भारतेन्दु-युग में नाटक पर विशेष विचार किया गया था। पं. बालकृष्ण भट्ट और 'प्रेमघन' ने 'संयोगता स्वयम्वर' की विस्तृत समीक्षाएँ लिखी थीं। इसका कारण यह था कि उस युग में नाटक ही सर्वाधिक शक्तिशाली साहित्यिक माध्यम था। द्विवेदीजी ने कविता के सम्बन्ध में अधिक विचार किया, क्योंकि उन्नीसवीं शती के अन्त के साथ हिन्दी में कविता का महत्त्व बढ़ने लगा था और कविता-सम्बन्धी समस्याएँ प्रमुख होने लगी थीं। इन समस्याओं में पहली समस्या यह थी कि कविता की भाषा खड़ी बोली होनी चाहिए, या ब्रजभाषा ही रहनी चाहिए। द्विवेदीजी ने कविता में खड़ी बोली के प्रयोग का न केवल समर्थन किया, बल्कि अपनी पत्रिका 'सरस्वती' के माध्यम से उन्होंने इसके लिए एक जोरदार आन्दोलन चलाया। कविता के भाषा-परिवर्तन के संघर्ष में उन्होंने खड़ी बोली का पक्ष लिया, इसका कारण भी कविता के क्षेत्र में उनका जनवादी आग्रह ही था। ब्रजभाषा को पुस्तकीय या क्षेत्र-विशेष तक सीमित भाषा बतलाते हुए उन्होंने खड़ी बोली को 'बोलचाल की भाषा' कहा है और इन शब्दों में खड़ी बोली में कविता रचने का सुझाव दिया है : "बोलचाल की भाषा में कविता अवश्य होनी चाहिए। कोई कारण नहीं कि हम लोग बोलें एक

भाषा और कविता करें दूसरी भाषा में। बातचीत के समय जो जिस भाषा में अपने विचार प्रकट करता है वह यदि उसी भाषा में कविता भी करे तो और भी उत्तम हो। ब्रजभाषा बहुत काल से कविता में प्रयुक्त होती आयी है। पर एक अथवा दो जिले की भाषा पर देश भर के निवासियों का प्रेम बहुत दिन तक नहीं रह सकता।" (उपर्युक्त, पृ. 41)। खड़ी बोली भी एक क्षेत्र की ही भाषा थी, लेकिन व्यापारिक पूंजीवाद के विकास के साथ वह अपने क्षेत्र से निकलकर धीरे-धीरे सम्पूर्ण हिन्दी-भाषी जाति के सामान्य व्यवहार की भाषा बन गयी। इस दृष्टि से खड़ी बोली के प्रसार का सम्बन्ध सामन्ती व्यवस्था के टूटने और समाज में पूंजीवादी सम्बन्धों के उदय से है। द्विवेदीजी ने खड़ी बोली के इस प्रगतिशील रूप को पहचाना था, इसीलिए उन्होंने उसे बोलचाल की भाषा' कहा था और उसका क्षेत्र ब्रजभाषा की तुलना में अत्यधिक व्यापक बतलाया था। कविता की भाषा के रूप में खड़ी बोली का प्रयोग किया जाये, उनके इस आग्रह का यह अर्थ लगाना ठीक नहीं है कि वे यह मानते थे कि खड़ी बोली के अलावा और किसी भाषा में अच्छी कविता लिखी ही नहीं जा सकती है। खड़ी बोली का पक्ष वे समाज की नयी स्थिति और नयी आवश्यकता को ध्यान में रखने के कारण ले रहे थे। उन्होंने 'कवि सम्मेलन' शीर्षक एक निबन्ध में लिखा है : ' कविता सभी भाषाओं और सभी बोलियों में हो सकती है। देहात में अपढ़, अशिक्षित और गँवार आदमियों के मुँह से, उनकी बोली में, कविता सुनने को मिलती है। कभी-कभी उनके गीतों में कवित्व की झलक और सुंदर भावों का सम्मिश्रण देख या सुनकर हृदय आनंद से पुलकित हो जाता है। जब सभी भाषाओं और बोलियों में कविता हो सकती है और होती भी है तब ब्रजभाषा अपवाद नहीं। जिसकी इच्छा हो वह उसी भाषा या बोली में कविता लिखे और ब्रजवासियों ही को विशेषतया प्रसन्न करे। पर जो कवि बोलचाल की हिंदी को व्यापक भाषा समझता होगा और जो यह चाहता होगा कि उसकी रचना बहुसंख्यक लोगों को पढ़ने को मिले और अन्यान्य प्रांतों के निवासी भी उससे लाभ उठावें वह उसी में अपने हृदयोद्गार प्रकट करेगा।" (उपर्युक्त, पृ. 68)। कविता में खड़ी बोली के प्रयोग का सम्बन्ध द्विवेदीजी की इच्छा से नहीं था। इसका निश्चित ऐतिहासिक आधार था, जिसके बल पर ही उन्होंने कहा था : ' यह निश्चित है कि किसी समय बोलचाल की हिंदी भाषा, ब्रजभाषा की कविता के स्थान को अवश्य छीन लेगी।" ('रसज्ञ-रंजन' पृ. 20)। कहने की आवश्यकता नहीं कि द्विवेदीजी की भविष्यवाणी आगे आनेवाले काल में पूर्णतः सत्य सिद्ध हुई।

एक ही भाषा के कई रूप होते हैं, इसलिए द्विवेदीजी कविता में केवल खड़ी बोली के प्रयोग के पक्ष में नहीं थे। वे खड़ी बोली के कई रूपों में से एक रूप को

पसन्द करते थे और कविता में उसी के प्रयोग की सलाह देते थे। उन्होंने लिखा है : "कवि को ऐसी भाषा लिखनी चाहिए जिसे सब कोई सहज में समझ ले और अर्थ को हृदयंगम कर सके।" (उपर्युक्त, पृ. 17)। उन्होंने इसका कारण इन शब्दों में बतलाया है : "पद्य पढ़ते ही उसका अर्थ बुद्धिस्थ हो जाने से विशेष आनंद प्राप्त होता है और पढ़ने में जी लगता है। परंतु, जिस काव्य का भावार्थ कठिनता से समझ में आता है, उसके आकलन में जी नहीं लगता और बराबर अर्थ का विचार करते-करते उससे विरक्ति हो जाती है।" (उपर्युक्त, पृ. 17)। द्विवेदीजी ने इन पंक्तियों में कविता पर एक साधारण पाठक की दृष्टि से विचार किया है लेकिन उन्होंने जो कुछ कहा है, वह कविता के विशिष्ट पाठकों पर भी लागू होता है। एक सच्ची बात उन्होंने सरल ढंग से कही है, इसलिए उसका मूल्य किसी तरह कम नहीं होना चाहिए। द्विवेदीजी कविता की भाषा सरल रखना चाहते थे, इसका कारण यह था कि बदली हुई परिस्थितियों में वे कविता को एक बड़े कार्य की सिद्धि का साधन बनाना चाहते थे। उन्होंने लिखा है : "काव्यों की रचना और उनका विषय ऐसा होना चाहिए जो देश और काल के अनुकूल हो।" ('साहित्यालाप', सं. सं., पृ. 54)। उन्होंने नायिका-भेद और रीतिनिरूपण की परम्परा का जो विरोध किया, उसकी चर्चा ऊपर की जा चुकी है। 'कवि-कर्त्तव्य' शीर्षक अपने प्रसिद्ध निबन्ध में उन्होंने उस सम्बन्ध में और भी कहा है : "यमुना के किनारे केलि-कौतूहल का अद्भुत-अद्भुत वर्णन बहुत हो चुका। न परकीयाओं पर प्रबंध लिखने की अब कोई आवश्यकता है और न स्वकीयाओं के 'गतागत' की पहेली बुझाने की।" ('रसज्ञ-रंजन', पृ. 23)। जाहिर है कि इन विषयों के बदले द्विवेदीजी कविता में जिन नैतिक, सामाजिक और राष्ट्रीय विषयों को लाना चाहते थे उन पर कविता लिखने की सफलता तभी थी जबकि वह सर्वथा बोधगम्य भाषा में लिखी जाती। यह भाषा और भाव की एकता है। लेकिन बोधगम्य भाषा का मतलब उसका काव्यभाषा के गुणों से रहित होना नहीं है। इसके सम्बन्ध में भी द्विवेदीजी ने विचार किया है। उक्त निबन्ध में ही उन्होंने लिखा है : "विषय के अनुकूल शब्द-स्थापना करनी चाहिए। कविता एक अपूर्व रसायन है। उसके रस की सिद्धि के लिए बड़ी सावधानी, बड़ी मनोयोगिता और बड़ी चतुराई आवश्यक होती है। रसायन सिद्ध करने में आँच के न्यूनाधिक होने से जैसे रस बिगड़ जाता है, वैसे ही यथोचित शब्दों का उपयोग न करने से काव्यरूपी रस भी बिगड़ जाता है।" (पृ. 18)। इस कथन से यह स्पष्ट है कि वे कविता की भाषा की सबसे बड़ी विशेषता उसमें उपयुक्त शब्दों का प्रयोग मानते थे। लेकिन यहीं पर उन्होंने यह भी लिखा है : "शब्द चुनने में अक्षर-मैत्री का विशेष विचार रखना चाहिए, क्योंकि "अच्छे अर्थ का द्योतक न होकर भी कोई-कोई पद्य केवल अपनी मधुरता ही

से पढ़ने वालों के अंतःकरण को द्रवीभूत कर देता है।" (पृ. 19)। इसका मतलब कविता में अर्थ की उपेक्षा करके मधुर ध्वनिवाले शब्दों की योजना को ही सर्वाधिक महत्त्व देना नहीं है। द्विवेदीजी कविता में अर्थ के महत्त्व को पहले स्वीकार करते हैं, 'कोमल-कांत-पदावली' के महत्त्व को पीछे। बोलचाल की भाषा में लिखी जानेवाली कविता के विरोधियों को उत्तर देते हुए उन्होंने लिखा है: "क्या 'कोमल-कांत-पदावली' ही का नाम कविता है? क्या जिस पद्य में कोई अच्छा भाव नहीं, सिर्फ लच्छेदार मीठे-मीठे शब्दों की भर-मार है, वही कविता है?" ('विचार-विमर्श', पृ. 27)। ब्रजभाषा की पुरानी कविता यानी सूर-तुलसी की कविता उन्हें पसन्द थी, क्योंकि उसमें मधुर शब्द-योजना के साथ-साथ उत्कृष्ट अर्थ भी मिलता है। इसके विपरीत रीतिकाल की कविता उन्हें नापसन्द थी, क्योंकि उसमें मधुर शब्द-योजना पर जितना बल है, उतना सुन्दर अर्थ अथवा भाव पर नहीं। इस सम्बन्ध में उनका कथन है: "ब्रजभाषा के मीठे-मीठे शब्दों के समुदाय और दो-दो तीन-तीन पृष्ठों तक व्यापक विशेषणावली से पूर्ण पद्य-रचना का नाम कविता हो भी नहीं सकता। ब्रजभाषा की पुरानी कविता की ललित पदावली में मनोहर भाव भी पाये जाते हैं। इसी से उसका अब भी आदर है।" (उपर्युक्त)।

कविता में 'विषय के अनुकूल शब्द-स्थापना' के साथ-साथ द्विवेदीजी ने इस बात पर भी बल दिया है कि उसमें "शब्दों को यथास्थान रखना चाहिए।" (रसज्ञ-रंजन, पृ. 19)। शुक्लजी ने उनकी इस तरह की उक्तियों का यह अर्थ लगाया है कि सम्भवतः वे भी वर्ड्सवर्थ की तरह यह मानते थे कि "गद्य और पद्य का पदविन्यास एक ही प्रकार का होना चाहिए।" ('हिन्दी-साहित्य का इतिहास', पृ. 531)। लेकिन द्विवेदीजी के कथन को यहाँ तक खींचने की आवश्यकता नहीं है। वे शब्दों को यथास्थान रखने के पक्ष में इसलिए थे कि इससे भाषा की बोधगम्यता बनी रहेगी और उसके अभाव में "अर्थांश में जो क्लिष्टता आ जाती है" उससे वह मुक्त रहेगी। काव्य-भाषा के सम्बन्ध में द्विवेदीजी की यह उक्ति अत्यन्त मार्मिक है: "मुहाविरे का भी विचार रखना चाहिए", क्योंकि "मुहाविरा ही भाषा का प्राण है।" ('रसज्ञ-रंजन', पृ. 18)। कविता की भाषा न केवल सरल हो, उसमें न केवल उपयुक्त शब्दों का प्रयोग हो और उसमें न केवल शब्द यथास्थान हों, बल्कि वह मुहावरेदार हो। किसी भी भाषा की शक्ति और वैशिष्ट्य उसके मुहावरों में ही निहित होता है। असली और नकली भाषा का फर्क उसमें मुहावरों के प्रयोग से ही मालूम पड़ता है। यदि भाषा असली हुई तो वह मुहावरेदार होती है और नकली हुई तो उसमें मुहावरे नहीं होते, या फिर वे गलत रूप में प्रयुक्त होते हैं। इस प्रकार कविता की भाषा को मुहावरेदार बतलाकर द्विवेदीजी ने उसके सम्बन्ध में एक बुनियादी

महत्त्व की बात कही है।

ऊपर कहा जा चुका है कि द्विवेदीजी केवल शब्द या नाद-योजना को कविता नहीं मानते। वे कविता में अर्थ का महत्त्व बतलाते हुए कहते हैं: "अर्थ-सौरस्य ही कविता का प्राण है। जिस पद्य में अर्थ का चमत्कार नहीं, वह कविता ही नहीं।" (उपर्युक्त, पृ. 20)। यह 'अर्थ-सौरस्य' कविता में कैसे आ सकता है? "कवि जिस विषय का वर्णन करे उस विषय से उसका तादात्म्य हो जाना चाहिए। ऐसा न होने से अर्थ-सौरस्य नहीं आ सकता।" (उपर्युक्त)। इस कथन से यह स्पष्ट है कि 'अर्थ-सौरस्य' से द्विवेदीजी का मतलब वही है जो 'भावुकता' से शुक्लजी का था। शुक्लजी ने लिखा है कि "कवि की पूर्ण भावुकता इसमें है कि वह प्रत्येक मानव-स्थिति में अपने को डालकर उसके अनुरूप भाव का अनुभव करे।" ('गोस्वामी तुलसीदास', पृ. 74)। उन्होंने इसे इस प्रकार और स्पष्ट किया है: "ज्ञान की जिस चरम सीमा पर जाकर ज्ञाता और ज्ञेय एक हो जाते हैं, भाव की उसी चरम सीमा पर जाकर आश्रय और आलंबन भी एक हो जाते हैं।" (उपर्युक्त, पृ. 79)। विभिन्न मानव-स्थितियों में अपने को डालकर उसके अनुरूप भाव का अनुभव करने का मतलब है आश्रय और आलम्बन की एकता। ऐसी स्थिति में ही कवि को सच्चे अर्थों में भावुक कहा जा सकता है। स्पष्टतः शुक्लजी की भावुकता 'रसात्मकता' है। कविता तब तक रसात्मक नहीं हो सकती जब तक कवि विषय-वस्तु के साथ तदात्म न हो। यह कविता में वस्तुनिष्ठता की प्रतिष्ठा करना है। द्विवेदीजी ने अपने उपर्युक्त उद्धरण में यही कार्य किया है। उन्होंने और भी लिखा है: "जब कवि की आत्मा का वर्ण्य विषयों से इस प्रकार निकट सम्बन्ध हो जाता है, तभी उसका किया हुआ वर्णन यथार्थ होता है और तभी उसकी कविता पढ़कर पढ़नेवालों के हृदय पर तद्वत् भावनाएँ उत्पन्न होती हैं।" ('रसज्ञ-रंजन', पृ. 20)। ऐसी स्थिति में आलोचक का रसवादी होना सर्वथा स्वाभाविक है। द्विवेदीजी ने कविता में रस का महत्त्व इन शब्दों में स्थापित किया है: "रस ही कविता का सबसे बड़ा गुण है।" (उपर्युक्त, पृ. 22)। रस अनेक हैं। द्विवेदीजी कहते हैं: "कविताओं में अनेक रसों की योजना हो सकती है।" ('साहित्यालाप', सं. सं., पृ. 69)। वे रीति-कालीन काव्य-परम्परा के विरोधी थे, लेकिन 'प्रेमघन' की तरह ही शृङ्गाररस को दोषी न मानकर उसके गलत उपयोग के लिए कवियों को दोषी मानते थे। उनका यह कथन इस बात का प्रमाण है: "शृङ्गार-रस होने ही से कविता अश्लील नहीं हो जाती। यदि ऐसा होता तो कालिदास की क्या गति होती? उनके तो प्रायः सभी काव्य और सभी नाटक पढ़ने योग्य न समझे जाते। उनमें तो बीच-बीच, वीर, शांत और करुण रस के प्रवाह में भी शृङ्गार-रस के भँवर उठा करते हैं।" (उपर्युक्त,

पृ. 70)। रस को कविता का सबसे बड़ा गुण माननेवाला आलोचक कविता में अलंकारों को जरूरत से ज्यादा महत्त्व नहीं दे सकता। द्विवेदीजी रसात्मकता की रक्षा के लिए कविता के सम्बन्ध में स्वच्छन्दतावादी मान्यता तक चल गये हैं। उन्होंने लिखा है : "कविता करने में, हमारी समझ में, अलंकारों को बलात् लाने का प्रयत्न न करना चाहिए। विषय-वर्णन के झोंके में जो कुछ मुख से निकले उसे ही रहने देना चाहिए। बलात् किसी अर्थ के लाने की चेष्टा करने की अपेक्षा प्रकृत भाव से जो कुछ आ जाय उसे ही पद्यबद्ध कर देना अधिक सरस और आह्लादकारक होता है।" ('रसज्ञ-रंजन', पृ. 20-21)।" उनकी ये बातें पं. बालकृष्ण भट्ट के इस कथन की याद दिलाती हैं : "हमारे मन में जो भावना जिस समय जैसी उठी कह डाला यदि हमारे मन की उमङ्गें सच्ची हैं हमारी भावनायें सच्ची हैं तो जो बातें हमारे चित्त से निकलेंगी सच्ची होंगी और उनका असर भी सच्चा ही होगा।" भट्टजी और द्विवेदीजी दोनों सामन्ती काव्य-परम्परा का विरोध करनेवाले आलोचक हैं, इसलिए स्वभावतः उन्होंने स्वच्छन्दतावादी काव्य-दर्शन की अनेक मान्यताओं को स्वीकार किया है। शुक्ल-जी ने रीतिकालीन कविता के बारे में कहा है कि उसमें "कवियों की व्यक्तिगत विशेषता की अभिव्यक्ति का अवसर बहुत ही कम रह गया।" ('हिन्दी-साहित्य का इतिहास', पृ. 205)। द्विवेदीजी में भी हमें इस 'व्यक्तिगत विशेषता' का आग्रह मिलता है। उन्होंने लिखा है कि "सुकवियों की रचनाओं में एक प्रकार की अदृश्य छाप-सी लगी रहती है", क्योंकि "उन्हें पढ़ते या सुनते ही सहृदय जन बहुधा ताड़ जाते हैं कि ये तो अमुक कवि या लेखक की लेखनी से निकली जान पड़ती है।" ('विचार-विमर्श', पृ. 78)। कविता में व्यक्तिगत विशेषता का यह आग्रह आधुनिक काल की सामन्तवाद-विरोधी चेतना की ही देन है। द्विवेदीजी ने नायिकाभेद और रीतिनिरूपण की परम्परा को ध्वस्त कर ऐसे विषयों पर कविता लिखने की बात कही जो 'मनोरंजक' के साथ-साथ 'उपदेश-जनक' हों। 'मनोरंजन' और 'उपदेश' ये दोनों उनके लिए गम्भीर अर्थ रखनेवाले शब्द थे। मनोरंजन' के भीतर वे सम्पूर्ण काव्यानन्द को समेटते थे और 'उपदेश' के भीतर केवल नैतिक आदर्शों को नहीं, बल्कि देश की शिक्षा और प्रगति से सम्बन्धित तमाम बातों को। श्री मैथिलीशरण गुप्त की 'भारत-भारती' के प्रकाशन पर उन्होंने लिखा था : "यह सोते हुओं को जगानेवाला है, भूले हुओं को ठीक राह पर लानेवाला है, निरुद्योगियों को उद्योगशील बनाने वाला है, आत्म-विस्मृतों को पूर्व-स्मृति दिलानेवाला है, निरुत्साहियों को उत्साहित करने-वाला है, उदासीनों के हृदयों में उत्तेजना उत्पन्न करनेवाला है। यह स्वदेश पर प्रेम उत्पन्न कर सकता है, यह पूर्व पुरुषों के विषय में भक्ति-भाव का उन्मेष कर सकता है, यह सुख, समृद्धि और कल्याण की प्राप्ति में हमारा सहायक हो

सकता है।" (उपर्युक्त, पृ. 185) । द्विवेदीजी ने इस काव्य को "वर्तमान और भावी कवियों के लिए आदर्श" कहा था। इसकी विषय-वस्तु का उन्होंने जो संकेत दिया है, उससे हम उनके द्वारा प्रयुक्त 'उपदेश' शब्द की अर्थगत व्यापकता का अनुमान कर सकते हैं।

द्विवेदीजी ने कविता की भाषा और विषय-वस्तु पर ही नहीं, छन्दों पर भी विचार किया है। पुराने छन्द चूँकि नयी विषय-वस्तु की अभिव्यक्ति में बाधक हो रहे थे, इसलिए उन्होंने उनका मोह त्यागने की बात कही और इस क्षेत्र में नये प्रयोग करने की प्रेरणा दी। उन्होंने नयापन का पक्ष लेते हुए कवियों से यह कहा : "किसी भी प्रचलित परिपाटी का क्रम-भंग होता देख प्राचीनता के पक्षपाती बिगड़ खड़े होते हैं और नयी चाल के विषय में नाना प्रकार की कुचेष्टाएँ और दोषाद्भावनाएँ करने लगते हैं, यह स्वाभाविक बात है। परन्तु यदि इस प्रकार की टीकाओं से लोग डरते, तो संसार में नवीनता का लोप ही हो जाता।" ('रसज्ञ-रंजन', पृ. 17)। हिन्दी की परम्परागत कविता में कुछ छन्दों का इतना अधिक प्रयोग हुआ था कि वे अत्यन्त रूढ़ काव्यरूप बन गये थे। द्विवेदीजी ने यह सुझाव दिया : "दोहा, चौपाई, सोरठा, घनाक्षरी, छप्पय और सवैया आदि का प्रयोग हिन्दी में बहुत हो चुका। कवियों को चाहिए कि यदि वे लिख सकते हैं, तो इनके अतिरिक्त और छंद भी लिखा करें।" (उपर्युक्त, पृ. 15)। वे इन छन्दों को एकदम छोड़ने के पक्ष में नहीं थे, क्योंकि ये हिन्दी के जातीय छन्द हैं, लेकिन वे इनके परिपाटीबद्ध प्रयोग के विरुद्ध थे। नये छन्दों में वे संस्कृत और उर्दू कविता में प्रयुक्त छन्दों में से कुछ का प्रयोग चाहते थे। संस्कृत छन्दों के सम्बन्ध में उन्होंने लिखा है : "हमारा अभिप्राय यह है कि इनके (हिन्दी के उपर्युक्त छन्दों) साथ-साथ संस्कृत काव्यों में प्रयोग किये गये वृत्तों में से दो-चार उत्तमोत्तम वृत्तों का भी प्रचार हिन्दी में किया जाय। इन वृत्तों में से द्रुत-विलंबित, वंशस्थ और वसंततिलका आदि वृत्त ऐसे हैं जिनका प्रचार हिंदी में होने से हिंदी काव्य की विशेष शोभा बढ़ेगी।" (उपर्युक्त)। उर्दू छन्दों के बारे में उनकी यह राय थी : "आजकल के बोलचाल की हिन्दी की कविता उर्दू के विशेष प्रकार के छन्दों में अधिक खुलती है, अतः ऐसी कविता लिखने में तदनुकूल छन्द प्रयुक्त होने चाहिए।" (उपर्युक्त)। द्विवेदीजी के छन्द प्रयोग-सम्बन्धी ये विचार उनके साहित्य-सम्बन्धी शेष विचारों के एकदम मेल में हैं। वे कविता सर्वसाधारण के लिए चाहते थे इसलिए वे मुक्तछन्द का समर्थन नहीं कर सकते थे। यदि छन्दों का चुनाव विषय या मनोभाव के अनुकूल हो तो उससे कविता की प्रभाववृद्धि में सहायता मिलती है। द्विवेदीजी ने यह बात बहुत ही सुन्दर ढंग से कही है : "जैसे समय-विशेष में राग-विशेष के गाये जाने से चित्त अधिक चमत्कृत होता है, वैसे ही वर्णन के अनुकूल वृत्त-प्रयोग करने से

कविता का आस्वादन करनेवालों को अधिक आनंद मिलता है।" (उपर्युक्त, पृ० 14)। साथ ही उन्होंने यह भी कहा है कि "जो सिद्ध कवि हैं वे चाहे जिस छंद का प्रयोग करें उनका पद्य अच्छा ही होता है।" (उपर्युक्त)। उन्होंने मुक्तछन्द का समर्थन तो नहीं किया, लेकिन कविता को अनुप्रास और तुकों के बन्धनों से मुक्त करने की चेष्टा अवश्य की। उन्होंने लिखा है: "पादांत में अनुप्रासहीन छंद भी हिंदी में लिखे जाने चाहिए। इस प्रकार के छंद जब संस्कृत, अंग्रेजी और बँगला में विद्यमान हैं तब, कोई कारण नहीं, कि हमारी भाषा में वे न लिखे जायँ।" (उपर्युक्त पृ० 16)। अतुकान्त छन्दों में लिखने की बात उन्होंने मात्र नवीनता की भावना से प्रेरित होकर नहीं लिखी है। उन्होंने इसका स्पष्ट कारण बतलाया है: "अनुप्रासों के ढूँढ़ने का प्रयास उठाने में समुचित शब्द न मिलने से अर्थांश की हानि हो जाया करती है, इससे कविता की चारुता नष्ट हो जाती है। अनुप्रासों का विचार न करने से कविता लिखने में सुगमता होती है और मनोऽभिलषित अर्थ व्यक्त करने में विशेष कठिनाई भी नहीं पड़ती।" (उपर्युक्त, पृ० 16-17)। कहने की आवश्यकता नहीं कि छाया-वाद-काल में मुक्तछन्द के समर्थन में जो तर्क दिये गये, उनमें द्विवेदीजी के इन तर्कों से बहुत मदद ली गयी थी। द्विवेदीजी काव्य-रुचि की गतिशीलता से परिचित थे, इसलिए इस सम्बन्ध में उन्होंने यह भी कहा: "अनुप्रास-युक्त पादांत सुनते-सुनते हमारे कान उस प्रकार की पंक्तियों के पक्षपाती हो गये हैं। इसलिए अनुप्रासहीन रचना अच्छी नहीं लगती। बिना तुकवाली कविता के लिखने अथवा सुनने का अभ्यास होते ही वह भी अच्छी लगने लगेगी, इसमें कोई संदेह नहीं।" (उपर्युक्त, पृ० 16)। छन्द कविता के लिए आवश्यक है, लेकिन इसका यह मतलब नहीं है कि जो कुछ भी छन्दोबद्ध है, वह कविता है। ऐसी वस्तु पद्य हो सकती है, कविता नहीं। द्विवेदीजी छन्द-शास्त्र की सीमाओं से पूर्णतः अवगत थे। उन्होंने लिखा है: "छंद-शास्त्र कवि को छंदों का लक्षण-मात्र बतलाता है। वह छंदोरचना की रीतिमात्र का प्रदर्शक है। बस। कवि होने के लिए अनेक बातें दरकार होती हैं।" ('समालोचना-समुच्चय,' पृ० 142)। इस सम्बन्ध में उन्होंने जो अपना अनुभव लिखा है, वह अत्यन्त मार्मिक है और उससे यह स्पष्ट हो जाता है कि वे कविता और पद्य को एक नहीं समझते थे: "हमने हिंदी और संस्कृत के, न मालूम कितने छंदोग्रन्थों की सैर कर डाली। यहाँ तक कि छंदों किंवा वृत्तों के समालोचनरूपी, क्षेमेंद्र आदिकृत, अनेक ग्रंथ भी पढ़ डाले। पर कवि न हुए। कविता के नाम से पद्यरचना करना एक बात है, कवि होना दूसरी बात है।" (उपर्युक्त)।

द्विवेदीजी ने कविता के अलावा नाटक और उपन्यास के सम्बन्ध में भी अपने विचार प्रकट किये हैं। अभिनय का महत्त्व स्वीकार करते हुए उन्होंने

लिखा है : "समाज की भिन्न-भिन्न अवस्थाओं और दृश्यों का जैसा अच्छा चित्र अभिनय द्वारा दिखाया जा सकता है वैसा अच्छा और किसी तरह नहीं।" ('साहित्यालाप,' सं० सं०, पृ० 54-55)। यह इस बात का सूचक है कि साहित्य और जन-साधारण के सम्बन्ध को सुदृढ़ करने में वे नाटक की भूमिका को भारतेन्दु-युग के आलोचकों की तरह ही सर्वोपरि मानते थे। बीसवीं शताब्दी के आरम्भिक दशकों में हिन्दी में जो नाटक लिखे गये, वे प्रायः अनभिनेय थे। दूसरी ओर पारसी थियेटर में जो नाटक खेले जा रहे थे, वे सामाजिक दृष्टि से अच्छे न थे। द्विवेदीजी ने तत्कालीन हिन्दी नाटकों की अभिनय की दृष्टि से आलोचना करते हुए कहा कि "हिन्दी में नाटक के नाम से इस समय जो अनेक पुस्तकें वर्तमान हैं उनमें अधिकांश का ठीक-ठीक अभिनय ही नहीं हो सकता।" (उपर्युक्त, पृ० 55)। पारसी थियेटर की आलोचना उन्होंने इन शब्दों में की : "जो नाटक आजकल इन प्रांतों में नाटक-कंपनियों के द्वारा खेले जाते हैं वे प्रायः उर्दू में हैं। उनमें दिखलाये जानेवाले सामाजिक चित्र बहुधा अच्छे नहीं।" (उपर्युक्त)। नाटक और अभिनय के बीच वे घनिष्ठ सम्बन्ध मानते थे। आगे चलकर हिन्दी में दो प्रकार के नाटकों की कल्पना की गयी—साहित्यिक और मंचोपयोगी। द्विवेदीजी को इस तरह का कोई विभाजन स्वीकार न था। वे साहित्यिक नाटकों का मंचोपयोगी और मंचोपयोगी नाटकों का साहित्यिक होना आवश्यक समझते थे। इसी कारण उन्होंने हिन्दी के नाटकों और पारसी थियेटर में खेले जानेवाले उर्दू के नाटकों, दोनों की आलोचना की। उन्होंने नाटक में कार्य-व्यापार अर्थात् अनुकरणीयता का महत्त्व बतलाते हुए लिखा है : "विषय अर्थात् सामग्री का कार्य में परिणत होना अर्थात् अनुकरण द्वारा भली-भाँति दिखलाया जाना, नाटककार के लिए सबसे अधिक आवश्यक काम है।" ('संचयन,' पृ० 136)। इसके लिए शास्त्र में जो नियम बतलाये गये हैं, वे आँख मूँदकर उन्हें मानने के पक्ष में न थे। भारतेन्दु ने प्राचीन नाट्यशास्त्र के प्रति आलोचनात्मक दृष्टिकोण अपनाने की बात कही थी। द्विवेदीजी भी कहते हैं : "भरत और धनंजय ने अपने-अपने ग्रंथों में अभिनय के नियमों का विस्तृत वर्णन किया है। इन नियमों में से भी कोई-कोई नियम बहुत ही सूक्ष्म है। वे ऐसे हैं कि नाटककार कवियों ने उनका बहुधा उल्लंघन किया है। स्थूल नियमों में से भी, देश-दशा और समय के परिवर्तन के कारण, बहुतेरे नियम यदि आजकल काम में न लाये जायँ तो कोई हानि नहीं।" (उपर्युक्त, पृ० 134-35)। नाट्य-शिल्प के सम्बन्ध में द्विवेदीजी ने जो संकेत दिया है, वह भी महत्त्वपूर्ण है : "जीवन की घटनाएँ, इतिहास में वर्णन की गयी बातें, नाटक के विषय से संबंध रखनेवाली कथाएँ, ये सब, एक प्रकार की प्रचंड लहरें हैं। इन सबको अस्त-व्यस्त न बहने देना चाहिए। इन्हें एक शृंखला से बाँधकर यथा-

स्थान रखना और अपेक्षानुसार, जिसका जब समय आवे, उठने देना चाहिए।" (उपर्युक्त, पृ० 137-38)।

कविता और नाटक साहित्य की प्राचीन विधाएँ हैं, लेकिन उपन्यास का विकास आधुनिक काल में हुआ है। यह नवीन विधा यूरोप में पूंजीवाद के उत्थान के साथ प्रकट हुई और समाज तथा प्रकृति के विरुद्ध व्यक्ति के संघर्ष के चित्रण को अपना लक्ष्य बनाकर चली। सामन्ती समाज में व्यक्ति को कोई महत्त्व प्राप्त न था। ऐसी स्थिति में व्यक्ति की प्रतिष्ठा करनेवाला उपन्यास साहित्य में सामन्ती मूल्यों का विरोधी बना। स्वभावत: द्विवेदीजी-जैसे आलोचकों ने हिन्दी में आगे बढ़कर इस नवीन विधा का स्वागत किया और इसे सही ढंग से अधिक-से-अधिक समृद्ध करने पर बल दिया। सन् 1911 ई० में उन्होंने यह लिखा था कि "उपन्यासों का अधिक प्रकाशित होना हिंदी के उत्थान का शुभ लक्षण है" और "योग्य लेखकों को चाहिए कि उपन्यास-रचना को ओछा काम न समझकर अच्छे उपन्यासों से समाज और साहित्य दोनों का कल्याण-साधन करें।" ('साहित्यालाप,' सं० सं०, पृ० 55-56)। सन् 1922 ई० में उन्होंने 'उपन्यास-रहस्य' शीर्षक निबन्ध लिखकर उपन्यास के सम्बन्ध में विस्तार से अपने विचार प्रकट किये। द्विवेदीजी को यह मानने में कोई दिक्कत नहीं हुई कि साहित्य के इस नये रूप का जन्म पश्चिम में हुआ है और वहीं यह फला-फूला है। उन्होंने लिखा है : "प्रकृत उपन्यास-साहित्य के जनन, उन्नयन और प्रचलन का श्रेय पश्चिमी देशों ही के लेखकों को है। उन्हीं ने साहित्य के इस अंग को कला की सीमा तक पहुँचा दिया है—उन्हीं ने इसे कला का रूप दिया है।"('साहित्य-संदर्भ,' पृ० 162)। उपन्यास साहित्य का जनवादी रूप है, क्योंकि "काव्यों और नाटकों की भी पहुँच जहाँ नहीं, वहाँ भी उपन्यास बेधड़क पहुँच सकते हैं।" (उपर्युक्त, पृ० 171)। लेकिन अंग्रेज़ी और हिन्दी में भी ऐसे उपन्यासों की रचना भारी संख्या में हुई, जिनका उद्देश्य मनोरंजन मात्र था। द्विवेदीजी ने इन उपन्यासों के बीच से सामाजिक यथार्थ का चित्रण करनेवाले उपन्यासों की धारा को निकलते देखा था। उन्होंने उन्हीं उपन्यासों का पक्ष लेते हुए लिखा : "वह समय गया जब उपन्यास दो घंटे दिल बहलाव-मात्र का साधन समझा जाता था। निकम्मे बैठे हुए हैं, लाओ कुछ पढ़ें। वक्त नहीं कटता, लाओ "चपला" या "चंचला" ही को देख जायँ। उपन्यास जातीय जीवन का मुकुट होना चाहिए।" (उपर्युक्त)। उन्होंने उपन्यास की कसौटी पर संस्कृत के कथा-साहित्य की भी परीक्षा की और उससे इस निष्कर्ष पर पहुँचे : "संस्कृत-भाषा में लिखी गयी कथासरित्सागर, कादंबरी, वासवदत्ता और दशकुमारचरित आदि पुस्तकों से कोई विशेष शिक्षा नहीं मिल सकती, मानसशास्त्र के आधार पर किये गये चरित्र-चित्रण की स्वाभाविकता भी सर्वत्र देखने को नहीं मिलती। हाँ, किसी

हद तक इनसे मनोरंजन जरूर होता है। बस।" (उपर्युक्त, पृ० 162)। इस उद्धरण में चरित्र-चित्रण की चर्चा है। वस्तुतः कथावस्तु का जबतक चरित्र से सम्बन्ध नहीं होता है, वह कहानी-मात्र रहती है जिसका मानवीय मूल्य कुछ भी नहीं होता। द्विवेदीजी ने औपन्यासिक कथावस्तु को चरित्र से जोड़ने पर विशेष बल दिया और उसके लिए मनोविज्ञान का ज्ञान आवश्यक बतलाया। उन्होंने लिखा है: "उपन्यासों में मनुष्यों ही के चरित्रों, और मनुष्यों ही के कार्यों तथा उनसे संबंध रखनेवाली घटनाओं का वर्णन रहता है। उनमें स्वाभाविकता लाने के लिए मनोविज्ञान का जानना जरूरी है।" (उपर्युक्त, पृ० 165)। लेकिन उपन्यास में मनोविज्ञान का समावेश अप्रत्यक्ष रूप में होना चाहिए, तभी औपन्यासिक चरित्र-चित्रण सुन्दर हो सकता है। द्विवेदीजी के शब्दों में, "शरीर के भीतर जैसे अस्थिपंजर छिपा रहकर शरीर-संगठन में सहायता देता है वैसे ही मनोविज्ञान के नियमों को भी कथा-भाग के भीतर अलक्षित रहना चाहिए।" (उपर्युक्त पृ० 167)। उपन्यास में कल्पना का बहुत महत्त्व है। द्विवेदीजी कहते हैं: "उपन्यास लिखनेवाला कल्पना से भी काम ले सकता है, और बिना ऐसा किये उसका काम चल ही नहीं सकता। पर उसकी भित्ति सत्य के आधार पर होनी चाहिए। उसके घटनानिवेश और चरित्र-चित्रण में अति-मानुषिकता और अतिरंजना न होनी चाहिए। इस दोष से तभी बचाव हो सकता है जब लेखक को मनःशास्त्र के नियमों से अभिज्ञान हो।" (उपर्युक्त, पृ० 166)। प्रेमचन्द के पूर्व हिन्दी में तिलिस्मी, जासूसी और सस्ते रोमाण्टिक उपन्यासों का जोर था। उस सन्दर्भ में द्विवेदीजी की इन बातों के महत्त्व को आसानी से समझा जा सकता है। वे जैसे कविता में साहित्य की प्रगतिशील परम्परा को आगे बढ़ाना चाहते थे, वैसे ही कथा-साहित्य में भी।

मनोविज्ञान और चरित्र-चित्रण के सम्बन्ध पर द्विवेदीजी ने बहुत सूक्ष्मता से विचार किया है। यह सही है कि मनोविज्ञान के कुछ सामान्य नियम होते हैं, पर उन्हें यान्त्रिक ढंग से चरित्रों पर लागू नहीं किया जा सकता। जो लेखक चरित्रों के वैशिष्ट्य को समझकर चरित्र-चित्रण नहीं करता, वह प्रायः उनके ऊपर अपना मनोविज्ञान आरोपित करता है। द्विवेदीजी ने वैसे लेखक के बारे में लिखा है: "बस वह समझता है कि सारी दुनिया उसी में अंतर्भुक्त है, अवस्था-विशेष में जो वह करेगा या कहेगा वही सबलोग करेंगे या कहेंगे।" (उपर्युक्त, पृ० 168)। ऐसी स्थिति में उनका कहना है कि "दूसरे के मनोगत भावों की विवृति करते समय अपने ही मन को उसके मन के स्थान पर न बिठा देना चाहिए।" (उपर्युक्त, पृ० 169)। द्विवेदीजी वस्तुतः मनोविज्ञान और भौतिक परिस्थिति, इन दोनों को परस्पर सम्बद्ध मानते हैं और किसी भी चरित्र का चित्रण उसके परिवेश और व्यवहार से उसे अलग करके करने के पक्ष

में नहीं हैं। इतना ही नहीं, वे मानवीय व्यवहारों के चित्रण को ही किसी चरित्र के मनोविज्ञान का परिचय देने के लिए आवश्यक मानते हैं। उन्होंने लिखा है : "दुनिया में दूसरे के मन के भाव जानने का और कोई उपाय ही नहीं। परिस्थिति और बहिर्दर्शन ही के द्वारा, अनुमान की सहायता से, दूसरे के मन का भाव जाना जा सकता है।" (उपर्युक्त)। शुक्लजी ने आगे चलकर यह भौतिकवादी मान्यता प्रस्तुत की : "सुंदर, मधुर, भीषण या क्रूर लगनेवाले रूप या व्यापारों से भिन्न सौंदर्य, माधुर्य, भीषणता या क्रूरता कोई पदार्थ नहीं।" ('चिंतामणि,' प्रथम भाग, पृ० 242)। तात्पर्य यह कि भौतिक रूपों से स्वतन्त्र भावना का अस्तित्व सम्भव नहीं है। द्विवेदीजी भी भावना को परिस्थिति और व्यवहार से सम्बद्ध मानते हैं। यह हमें उनके चिन्तन में निहित भौतिकवादी प्रवृत्ति की सूचना देता है। उपन्यास सामन्तवादविरोधी एक प्रगतिशील साहित्यिक विधा था, इसलिए उसमें समाज की विकासोन्मुख प्रवृत्तियों का चित्रण आवश्यक था। द्विवेदीजी ने इसे उपन्यास की सफलता का कारण बतलाते हुए लिखा : "जिनको मनुष्य-स्वभाव का ज्ञान है, जो अपने विचार मनोमोहक भाषा द्वारा प्रकट कर सकते हैं, जो यह जानते हैं कि समाज का रुख किस तरफ है और किस प्रकार की रचना से उसे लाभ और किस प्रकार की रचना से हानि पहुँच सकती है वे पश्चिमी पंडितों के तत्त्वनिरूपण का ज्ञान प्राप्त किये बिना भी अच्छे उपन्यास लिख सकते हैं।" (उपर्युक्त पृ० 162-63)। उपन्यासों में काफी दिनों तक प्रकृतवादी पद्धति से यथार्थचित्रण करने की प्रवृत्ति थी। द्विवेदीजी ने इसका विरोध कर आलोचनात्मक यथार्थवाद को अपनाने की सलाह दी : "कुछ लोगों का खयाल है कि सच्चा सामाजिक चित्र दिखाने में उपन्यासकार को संकोच न करना चाहिए। इस पर प्रार्थना है कि उपन्यास कोई इतिहास तो है नहीं और न वह कोई वैज्ञानिक रचना ही है जो उसके सभी अंशों या अंगों पर विचार करने की जरूरत हो। फिर उसमें चोरों, डाकुओं, व्यभिचारियों, दुराचारियों आदि के चित्र दिखाने की क्या जरूरत? प्रसंग आ ही जाय तो इस तरह के चित्रों की विवृति ऐसे शब्दों से करनी चाहिए जिससे उनका असर पढ़नेवालों पर बुरा न पड़े।" (उपर्युक्त, पृ० 172-73)। स्पष्टतः यह प्रकृतवादी दृष्टिकोण की जगह आलोचनात्मक यथार्थवादी दृष्टिकोण की स्थापना का प्रयत्न है, जिसका रचनात्मक प्रतिफलन हमें हिन्दी में प्रेमचन्द के उपन्यासों में देखने को मिलता है।

ऊपर जो कुछ लिखा गया है, उससे स्पष्ट है कि द्विवेदीजी पुनरुत्थानवादी नहीं थे और वे पश्चिमी देशों में ज्ञान-विज्ञान के क्षेत्र में जो प्रगति हुई थी, उससे इस देश को परिचित कराना चाहते थे। उपन्यास का जन्म और विकास पश्चिमी देशों में हुआ था। द्विवेदीजी ने हिन्दी के लेखकों को उपन्यास-रचना की

प्रेरणा दी। आलोचना के बारे में भी वे स्पष्ट शब्दों में कहते हैं : "समालोचना करने की नयी प्रणाली अँगरेजी शिक्षा की बदौलत हमलोगों ने सीखी है।" ('आलोचनांजलि,' पृ० 3)। अंग्रेजी में पुस्तक-समीक्षाएँ ही नहीं निकलती थीं, अलग-अलग साहित्यकारों और उनकी रचनाओं पर पुस्तकाकार आलोचनाएँ भी निकलती थीं। अंग्रेजी के प्रभाव से बँगला में भी यह बात देखने में आती थी। द्विवेदीजी नें बँगला के 'शकुंतला-रहस्य' और 'शकुंतला-तत्त्व' नामक पुस्तकों की चर्चा करने के बाद लिखा कि "दुःख है, ऐसी समालोचनात्मक पुस्तक हिंदी में मेरे देखने में नहीं आयी।" ('साहित्यालाप,' सं० सं०, पृ० 57)। लेकिन उनके सामने यह बात स्पष्ट थी कि आलोचना साधारण पाठकों के लिए होनी चाहिए। उनके अनुसार "योग्य समालोचक अपनी समालोचना में समालोचित ग्रंथ के ऐसे रहस्य प्रकट करते हैं जो साधारण विद्या-बुद्धि के पाठकों के ध्यान में नहीं आ सकते" और समालोचक "कवि के हृदय के भावों को खोलकर सर्वसाधारण के सामने रख देता है।" (उपर्युक्त, पृ० 56-57)। साथ ही उनके अनुसार आलोचक का काम केवल रचना का गुण दिखलाना नहीं है। "उसके गुणों को भी वह दिखाता है और दोषों को भी।" (उपर्युक्त पृ० 57)। बँगला की उपर्युक्त दोनों आलोचनात्मक पुस्तकें ऐसी ही थीं। द्विवेदीजी ने जब प्राचीन कवियों के दोष दिखलाये तो हिन्दी में चारों ओर से इसका विरोध हुआ। उन्होंने इसी से दुखी होकर लिखा है कि "हमारी हतभागिनी हिंदी के विलक्षण साहित्य-संसार में ऐसा करने की आज्ञा ही नहीं।" (उपर्युक्त)। उन्हें प्राचीन कवियों के दोष-निरूपण को आलोचना-कार्य के रूप में स्वीकृति दिलाने के लिए हिन्दी में संघर्ष करना पड़ा। इसका प्रमाण 'आलोचनांजलि' में संकलित 'प्राचीन कवियों के काव्यों में दोषोद्‌भावना' (1911) शीर्षक उनका बयालीस पृष्ठों का निबन्ध है जिसमें उन्होंने बँगला, मराठी, संस्कृत, अंग्रेजी और जर्मन भाषा के आलोचकों और आचार्यों के उदाहरण देकर यह बतलाया है कि प्राचीन कवियों के दोष दिखलाना उन कवियों के प्रति अनादर दिखलाना नहीं, बल्कि निष्पक्ष आलोचक के रूप में अपने धर्म का पालन करना है। लेकिन आलोचना गुण-दोष-निरूपण तक ही सीमित नहीं रहती है। वह उससे आगे जाकर कृति पर उसकी सम्पूर्णता में विचार करती है और उसके सम्बन्ध में किन्हीं प्रतिमानों के आधार पर निर्णय देती है। भारतेन्दुयुगीन आलोचना में आलोचना के जो ऐसे तत्त्व थे, द्विवेदीजी ने अपने आलोचना-सिद्धान्तों के द्वारा उन्हें विकसित करने का प्रयत्न किया। 'सरस्वती' (जुलाई, 1915) में बँगला मासिक 'प्रवासी' में निकली दो-तीन टिप्पणियों के आधार पर उन्होंने 'संपादकों, समालोचकों और लेखकों का कर्तव्य' शीर्षक एक लेख लिखा था, जो कि उनकी पुस्तक 'विचार-विमर्श' में संकलित है। इस लेख में उन्होंने आलोचना-सम्बन्धी जिन बातों को चिह्नित किया है,

वे बाते हैं : "एक प्रकार की और भी समालोचना होती है उसे पांडित्यसूचक या पंडिताई दिखानेवाली समालोचना कह सकते हैं। समालोचक ऐसी समालोचना में विशेषकर यही दिखाता है कि लेखक ने व्याकरण की भूलें की हैं, अलंकार शास्त्र की भूलें की हैं, छंदःशास्त्र की भूलें की हैं, मुहावरे की भूलें की हैं। वह यह नहीं देखता कि इन बातों के सिवा और भी कोई बात है या नहीं जिसकी समालोचना होनी चाहिए। छंद, अलंकार, व्याकरण आदि तो गौण बातें हुईं। इन्हीं पर जोर देना अविवेकता-प्रदर्शन के सिवा और कुछ नहीं।" (पृ० 45)। आलोचना के बारे में उनकी भी यही कल्पना थी : "किसी पुस्तक या प्रबंध में क्या लिखा गया है, किस ढंग से लिखा गया है, वह विषय उपयोगी है या नहीं, उससे किसी का मनोरंजन हो सकता है या नहीं, उससे किसी को लाभ पहुँच सकता है या नहीं, लेखक ने कोई नयी बात लिखी है या नहीं, यदि नहीं तो उसने पुरानी ही बात को नये ढंग से लिखा है या नहीं—यही विचारणीय विषय हैं। समालोचक को प्रधानतः इन्हीं बातों पर विचार करना चाहिए।" (उपर्युक्त)।

द्विवेदीजी ने हिन्दी के किसी साहित्यकार अथवा उसकी कृति पर कोई पुस्तकाकार आलोचना नहीं लिखी। व्यावहारिक आलोचना के क्षेत्र में उनके दो निबन्ध उल्लेखनीय हैं। पहला निबन्ध मिश्रबन्धुओं के 'हिंदी-नवरत्न' की विस्तृत समीक्षा है जो 'सरस्वती' के जनवरी और फरवरी, 1912 के अंकों में प्रकाशित हुई थी और दूसरा निबन्ध छायावादी कवियों पर लिखी गयी आलोचना है जो 'आजकल के हिंदी कवि और कविता' शीर्षक से 'सरस्वती' के ही मई, 1927 के अंक में निकली थी। अब यह आलोचना 'आजकल के कवि और कविता' शीर्षक से 'साहित्यालाप' में और 'आजकल की कविता' शीर्षक से 'संचयन' में संकलित है।

'हिंदी-नवरत्न' के लेखकों ने हिन्दी के नौ कवियों को चुनकर उन्हें तीन श्रेणियों में रखा था। पहली श्रेणी में उन्होंने तुलसीदास और सूरदास के साथ देव को भी रख दिया था और तीसरी श्रेणी में मतिराम के साथ चन्द और भारतेन्दु को भी। दूसरी श्रेणी में बिहारी, भूषण और केशवदास रखे गये थे। द्विवेदीजी ने कवियों के इस श्रेणी-विभाग की आलोचना की, क्योंकि इसके पीछे कोई युक्ति नहीं, बल्कि केवल व्यक्तिगत रुचि थी। उन्होंने कहा : "यह कवि साधारण श्रेणी का है, वह नीच श्रेणी का; इसकी कविता उससे उत्तम है, उसकी उससे; यह अमुक की श्रेणी का है, वह अमुक की। यह तो लेखकों का कथन-मात्र हुआ, यह कोई लक्षण नहीं। वे अपनी रुचि के अनुसार जिसको जैसा चाहें समझ सकते हैं। यदि किसी को रामायण से आल्हा अच्छा जँचे तो वह उसे ही रत्न समझ सकता है। पर यदि वह यह चाहता हो कि और लोग भी उससे इस विषय में सहमत हों तो उसे अपने मत की पुष्टि में कुछ कहना भी

चाहिए ।" ('समालोचना समुच्चय', पृ० 206) । इस व्यक्तिगत रुचि के ही परिणामस्वरूप मिश्रबन्धुओं ने देव-जैसे रीतिकालीन कवि को तुलसीदास और सूरदास के समकक्ष बतलाया । द्विवेदीजी सामन्ती कविता के विरोधी और जनवादी कविता के समर्थक थे, अतः उन्होंने इस पर आपत्ति करते हुए लिखा : "जिसने उच्च भावों का उद्बोधन नहीं किया, जिसने समाज, देश या धर्म्म को अपनी कविता द्वारा विशेष लाभ नहीं पहुँचाया, जिसने मानव-चरित्र को उन्नत करने योग्य सामग्री से अपने काव्य को अलंकृत नहीं किया—वह भी यदि महाकवि या कविरत्न माना जा सकेगा तो प्रत्येक देश क्या, प्रत्येक प्रांत में भी, सैकड़ों महाकवि और कविरत्न निकल आवेंगे ।" (उपर्युक्त, पृ० 208-09) । मिश्रबन्धुओं के पास साहित्य के सम्बन्ध में कोई व्यापक सामाजिक दृष्टिकोण नहीं था, जिससे वे हिन्दी के कवियों का आपसी फर्क न समझ सके । उन्होंने मतिराम को भी कविरत्न माना था । द्विवेदीजी ने इस पर भी आपत्ति की : "हिंदी में यदि कोई कविरत्न कहे जाने योग्य कवि या महाकवि हुए हैं तो वे सूर और तुलसी ही हैं । रस, भाव, अलंकार, छंदः शास्त्र और नायिका-भेद के परिज्ञान से मनुष्य जाति का बहुत ही कम उपकार हो सकता है । इन विषयों पर दो एक छोटी मोटी पुस्तकें लिखनेवाले मतिराम जैसे कवि भी यदि रत्न-श्रेणी में परिगणित हो सकेंगे तो यही कहना पड़ेगा कि 'रत्न' शब्द अपने ठीक अर्थ में नहीं व्यवहृत हुआ ।" (उपर्युक्त, पृ० 210-11) । इसी तरह बिहारी को महाकवि मानना भी उन्हें स्वीकार न था : "स्त्री को सबसे अधिक चित्ताकर्षक समझना, साठ बर्ष की उम्र तक उसी की 'रस रीति' में निमग्न रहना और उसी के हाव-भाव आदि का नाना भाव-भंगियों से वर्णन करना भी यदि महाकवि के लक्षणांतर्गत हो बिहारी अवश्य ही महाकवि थे ।" (उपर्युक्त, पृ० 231) । चूँकि मिश्रबन्धुओं के पास साहित्य के सम्बन्ध में कोई व्यापक दृष्टिकोण नहीं था, इसलिए उन्होंने 'हिंदी-नवरत्न' में परस्पर-विरोधी बातें कहीं । उदाहरण के लिए उन्होंने मतिराम के 'रसराज' के बारे में यह लिखा कि "रसराज मतिराम का बहुत उत्तम ग्रंथ है" और "नायका भेद के ग्रंथों में इसका बहुत ऊँचा पद है", जबकि तुलसीदास के बारे में वे यह पहले ही लिख चुके थे कि "इन्होंने नायक नायिकाओं के घृणित प्रेम को छोड़कर ऊँचे दर्जे के प्रेम का वर्णन किया है ।" इस पर द्विवेदीजी का कहना है : "यदि नायक नायिकाओं का प्रेम घृणित है तो मतिराम के—"केलि कै राति अघाने नहीं दिन हूँ मैं लला पुनि घात लगायी"—इत्यादि पद्य भी घृणित प्रेमपूर्ण हैं या नहीं ? यदि हैं तो फिर ये कैसे महाकवि और कैसे कविरत्न ।" (उपर्युक्त, पृ० 223) । इस प्रकार द्विवेदीजी ने आलोचकों से साहित्य की परीक्षा के लिए किसी सुनिश्चित मानदण्ड के प्रयोग की अपेक्षा की है । 'हिंदी-नवरत्न'' की समीक्षा करते हुए

उन्होंने एक महत्त्वपूर्ण बात यह कही है कि "समय के अनुसार भाषाओं में परिवर्तन होता है और समय के अनुसार ही मनुष्यों की रुचि भी बदलती है ।" (उपर्युक्त, पृ० 234) । ऐसी स्थिति में "चंद्र के समय का कवि-रत्न मतिराम के समय में कवि-रत्न नहीं माना जा सकता और मतिराम के समय का हरिश्चंद्र के समय में नहीं ।" (उपर्युक्त) । तात्पर्य यह कि समय के अनुसार कवियों का पुनर्मूल्यांकन होना चाहिए । प्रत्येक युग में कवि समान महत्त्व के अधिकारी नहीं होते । यह नियम यदि नहीं लागू होता है तो केवल तुलसी-सूर जैसे कालजयी कवियों पर । शेष कवि इसी नियम के अन्तर्गत आते हैं । मिश्रबन्धुओं की आलोचना युक्तिरहित भी थी और अतिरंजनापूर्ण भी । उन्होंने भारतेन्दु के नाटकों के सम्बन्ध में लिखा था : "(उनके) नाटकों की गणना संस्कृत के उत्तम नाटकों के साथ होगी । शेक्सपियर के सब नाटक इनकी बराबरी नहीं कर सकते ।" द्विवेदीजी ने उन्हें परामर्श दिया : "आपकी राय, संभव है, बहुत ठीक हो । परंतु आप इस तरह की बातें इस ढंग से न कहा कीजिए ।" (उपर्युक्त, पृ० 235) । वे आलोचना में केवल निर्णय नहीं, बल्कि युक्तियों पर आधारित निर्णय चाहते थे । इसी तरह मिश्रबन्धुओं ने तुलसीदास की कुछ चौपाइयों के बारे में लिखा था : "उनमें जितना साहित्य का सार कूट-कूटकर भरा है उतना शायद संसार-सागर के किसी भाषा के किसी पद्य में कहीं भी न पाया जायगा ।" इस पर द्विवेदीजी ने अपनी प्रतिक्रिया इन शब्दों में व्यक्त की : "किसी इतिहासकार या प्रतिष्ठित लेखक को ऐसी अर्गलारहित बातें लिखना और ऐसी अत्युक्तियाँ अपनी लेखनी से निकालना शोभा नहीं देता ।" (उपर्युक्त, पृ० 216) ।

छायावादी कवियों से सम्बन्धित द्विवेदीजी का निबन्ध 'आजकल के हिंदी कवि और कविता' बहुचर्चित रहा है । आलोचकों ने प्रायः इस निबन्ध को आधार बनाकर छायावाद के सम्बन्ध में प्रतिकूल विचार व्यक्त करने के लिए द्विवेदीजी को खरी-खोटी सुनायी है । उन्होंने यह देखने का कष्ट नहीं किया है कि द्विवेदीजी ने छायावाद की आलोचना किन बातों को लेकर की है । छायावाद की आलोचना आगे चलकर शुक्लजी ने उसकी दो कमजोरियों—रहस्यात्मकता और अतिशय लाक्षणिकता—के लिए की । शुक्लजी और उनकी छायावाद-सम्बन्धी आलोचना के सम्बन्ध में डा० रामविलास शर्मा ने अपनी पुस्तक 'आचार्य रामचन्द्र शुक्ल और हिन्दी आलोचना' में लिखा है : "उसकी जिन विशेषताओं पर उन्होंने आक्रमण किया है, वे विशेषताएँ कल्पित नहीं, वास्तविक थीं, यह मानना होगा और उनका यह आक्रमण सही था, यह भी मान लेने से ही कल्याण होगा ।" (पृ० 175) । द्विवेदीजी ने भी इन्हीं कमजोरियों के लिए छायावाद की आलोचना की है। उन्होंने कहा है : "छायावाद से लोगों

का क्या मतलब है, कुछ समझ में नहीं आता। शायद उनका मतलब है किसी कविता के भावों की छाया यदि कहीं अन्यत्र जाकर पड़े तो उसे छायावाद-कविता कहना चाहिए।" (संचयन, पृ० 86)। "भावों की छाया कहीं अन्यत्र जाकर पड़ने" से उनका मतलब 'रहस्यात्मकता' से है, क्योंकि वे वाच्य, लक्ष्य और व्यंग्य, इन तीन प्रकार के अर्थों की चर्चा करते हुए कहते हैं : "रहस्यमयी कविता को आप इन अर्थों से परे समझिए।" (उपर्युक्त, पृ० 87)। रहस्यवादी कविताएँ जिस शैली में लिखी जाती थीं, वह शैली कवि की भावनाओं को व्यक्त करने में असमर्थ थी। वह शैली लाक्षणिक शैली थी। द्विवेदीजी उसकी आलोचना करते हुए कहते हैं : "माली या कुम्हार की कारीगरी का वर्णन सुनकर प्रति वाक्य या प्रति पद्य में ब्रह्मदेव की कारीगरी का यदि भान न हुआ तो कवीश्वरजी अपनी कृति में कृतकार्य कैसे समझे जा सकेंगे?" (उपर्युक्त, पृ० 104)। ऐसे 'परोक्ष-वर्णन' वाली कविता से कहीं अच्छा उन्होंने प्रसाद-गुणयुक्त पद्यों को समझा है : "आजकल जो लोग रहस्यमयी या छायामूलक कविता लिखते हैं उनकी कविता से तो उन लोगों की पद्य-रचना अच्छी होती है जो देश प्रेम पर अपनी लेखनी चलाते या 'चलो वीर पटुआ खाली' की तरह की पंक्तियों की सृष्टि करते हैं। उनमें कविता के और गुण भले ही न हों, पर उनका मतलब तो समझ में आ जाता है।" (उपर्युक्त, पृ० 101-02)। छायावादी कविता की दुरूहता का एक बड़ा कारण उसकी भावगत और शैलीगत आत्मनिष्ठता थी। छायावादी कवियों ने पाठकों की पूरी तरह से उपेक्षा की, जिसका अनिवार्य परिणाम यह हुआ कि पाठकों ने न तो ठीक से उनके भावों को समझा और न उनकी भाषा को ही। छायावाद की आत्मनिष्ठता की चर्चा द्विवेदीजी ने इन शब्दों में की है : "छायावादी कवि दूसरों को प्रसन्न करने के लिए कविता-रचना नहीं करते। वे अपनी ही मनस्तुष्टि के लिए कविता लिखते हैं।" (उपर्युक्त, पृ० 89)। समाज और देश को कविता का विषय माननेवाले आलोचक के लिए यह सर्वथा स्वाभाविक था कि वह इस हद तक कविता को आत्माभिव्यक्ति बनाने का विरोध करे। इस रूप में द्विवेदीजी ने सम्पूर्ण छायावाद का नहीं, बल्कि उसकी पतनशील प्रवृत्तियों का विरोध किया है।

द्विवेदीजी ने आलोचना में जनवादी चेतना का प्रतिनिधित्व किया। इसके विपरीत उनके समकालीन अन्य आलोचक नये युग से थोड़ा-बहुत प्रभावित होते हुए भी साहित्य में सामन्ती प्रवृत्तियों का पोषण करते रहे। ऐसे आलोचकों में प्रमुख थे—मिश्रबन्धु, पं० पद्मसिंह शर्मा, पं० कृष्णबिहारी मिश्र और लाला भगवानदीन। **मिश्रबन्धु** पं० गणेशबिहारी मिश्र, श्यामबिहारी मिश्र और पं० शुकदेवबिहारी मिश्र—इन तीन सगे भाइयों का सम्मिलित नाम है। इनमें से पं० श्यामबिहारी मिश्र (1873-1947) और पं० शुकदेवबिहारी मिश्र

(1878-1951) ने ही आलोचना लिखना शुरू किया था। बाद में उनके साथ पं० गणेशविहारी मिश्र का नाम भी जुड़ गया।

पं० श्यामविहारी मिश्र और पं० शुकदेवविहारी मिश्र ने संयुक्त रूप से 'सरस्वती' (दिसम्बर, 1900) में 'हिंदी काव्य' शीर्षक से एक लम्बा निबन्ध लिखा था। उसमें उन्होंने ब्रजभाषा और खड़ी बोली के विवाद में खड़ी बोली का पक्ष लेते हुए कहा था : "ब्रजभाषा ललित अवश्य है, पर यह कदापि नहीं कहा जा सकता कि उसके अतिरिक्त खड़ी या अन्य किसी बोली में उतना लालित्य आ ही नहीं सकता है। हमारा तो यह मत है कि जैसी भाषा पठित समाज में बोली जाती हो उसी का व्यवहार काव्य में भी होना चाहिए और ऐसी भाषा विशेष रूप में खड़ी बोली ही कही जा सकती है। अत: किसी भाषा की अपेक्षा खड़ी बोली में कविता करना हम अच्छा समझते हैं।" 'हिंदी काव्य' शीर्षक निबन्ध के पहले 'सरस्वती' (सितम्बर, 1900) में ये मिश्रबन्धु रीतिकाल के कवि चन्द्रशेखर वाजपेयी के प्रबन्ध-काव्य 'हम्मीरहठ' की आलोचना लिख चुके थे। उस आलोचनात्मक निबन्ध में उन्होंने इस काव्य पर यत्र-तत्र नवीन ढंग से विचार किया था। उदाहरण के लिए 'हम्मीरहठ' के रचयिता के सम्बन्ध में उनके इस कथन को देखा जा सकता है : "ये इस ग्रंथ के पात्रों के शीलगुण(character)को भलीभाँति निबाहने में कृतकार्य नहीं हुए हैं। सच तो यों है कि सिवाय हम्मीरदेव के और किसी को ग्रंथ का पात्र कहना ही नहीं फबता है, और हम्मीरदेव के भी शीलगुण को यह आद्योपांत एकरस नहीं उतार सके हैं।" चारित्रिक गुणों का एकरस निर्वाह आदर्श चरित्र की विशेषता है। आगे चलकर शुक्लजी ने इस धारणा को तर्कपूर्ण ढंग से पल्लवित किया : "आदर्श चित्रण में हम या तो यहाँ से वहाँ तक सात्त्विक वृत्ति का निर्वाह पावेंगे या तामस का। प्रकृतिभेदसूचक अनेकरूपता उसमें न मिलेगी।" ('गोस्वामी तुलसीदास,' पृ० 111)। मिश्रबन्धुओं की आलोचना में इस नवीनता का कारण उनका अंग्रेजी की आलोचना-पद्धति से परिचित होना है। सन् 1910 ई० में पं० गणेशविहारी मिश्र को भी साथ लेकर उक्त दोनों मिश्रबन्धुओं ने 'हिंदी-नवरत्न' नामक पुस्तक प्रकाशित करायी, जिसकी चर्चा ऊपर हो चुकी है। यह पुस्तक-हिन्दी में आलोचना की पहली पुस्तक थी, इसलिए हिन्दी आलोचना के विकास से इसका घनिष्ठ सम्बन्ध है।

'हिंदी-नवरत्न' की भूमिका में मिश्रबन्धुओं ने आलोचना के सम्बन्ध में अपने जो विचार प्रकट किये थे उनसे उनके आलोचना-सम्बन्धी आदर्श का पता चलता है। उन्होंने कहा था : "अँगरेजी में यदि अकेले शेक्सपियर के समालोचकों के लेखों का परिमाण जोड़ा जाय, तो वह स्वयं इस कवि की रचनाओं के पंद्रह-गुना निकलेगा। इसी प्रकार अन्य-अन्य साधारण कवियों तक की रचनाओं के मर्म प्रकट करने और उनके गुण-दोष परखने में अँगरेजी के समालोचकों ने कुछ

उठा नहीं रक्खा। और, प्रायः सभी कवियों की रचनाओं के पढ़ने में साधारण पाठक एवं विद्यार्थी तक इन समालोचना-ग्रंथों से उनके गुण-दोष भलीभाँति समझने में समर्थ होते हैं।" इस प्रकार आलोचना "रचना का मर्म प्रकट करने-वाली और उसके गुण-दोष की परख करनेवाली" होनी चाहिए। ऐसी आलोचना पाठकों के लिए ही नहीं, रचनाकारों के लिए भी उपयोगी होती है। मिश्र-बन्धुओं ने इस प्रसंग में आगे लिखा है: "भविष्य के लेखकों और कवियों के लिए समालोचना गुरु का काम करती है, क्योंकि उन्हें वह यह सिखलाती है कि किस प्रकार की रचना अच्छी है, और सभ्य समाज में आदर पा सकती है।" साहित्य के सम्बन्ध में पाश्चात्य दृष्टि से प्रभावित होने के कारण ही उन्होंने यह भी लिखा: "अब ऐसा समय आ गया है कि प्राचीन प्रथा की पद्य रचना भी धीरे-धीरे उठती जाती है, लोग भक्ति एवं प्रेम को छोड़कर पाश्चात्य प्रकार के विषयों पर पद्य-रचना अधिक पसंद करते जाते हैं। यह बात उचित भी है। हिंदी के भूत-काल के कवियों ने प्रधानतः धर्म और शृङ्गार पर ही ध्यान रक्खा, और इन विषयों पर मान्य ग्रंथ भी बन चुके हैं। अब इन्हीं विषयों पर रचना करके एक तो भूतकाल के महाकवियों के सम्मुख यश प्राप्त करना बहुत कठिन है, दूसरे उसी चर्वित-चर्वण से कोई लाभ नहीं देख पड़ता। फिर वह समयानुकूल भी नहीं है।" (उपर्युक्त)।

मिश्रबन्धुओं ने तुलसीदास की आलोचना में यत्र-तत्र अपनी दृष्टि की नवीनता का परिचय दिया है। शील-निरूपण-सम्बन्धी उनकी धारणा का उल्लेख किया जा चुका है। 'हिंदी नवरत्न' में उन्होंने विस्तार से रामचरितमानस के चरित्रों के शील पर प्रकाश डाला। उन्होंने इस सम्बन्ध में लिखा है: "गोस्वामीजी ने अपने नायक तथा उपनायकों का शील-गुण आद्योपांत एक-रस निबाह दिया है। शील का कथन करने में इन महाकवि ने पूरा ध्यान दिया है और उसमें पूरी सफलता भी इन्हें प्राप्त हुई है।" (पृ० 74)। तुलसीदास के शील-निरूपण की एक विशेषता यह थी कि वे अपने नायक के चरित्र का महत्त्व दिखलाने के लिए अपने उपनायकों के चरित्र से उसका विरोध दिखलाते थे। मिश्रबन्धुओं ने कहा है: "गोस्वामीजी अपने नायकों के गुण दिखलाने के लिए उपनायकों की त्रुटियाँ खूब ही दिखला देते हैं। सतीमोह में लक्ष्मण की अज्ञता, राम-विवाह की श्रेष्ठता के लिए शिव-विवाह की त्रुटियाँ, रामचंद्र की योग्यता और शूरता दिखाने को लक्ष्मण एवं सब सेना का रावणादि की माया को न समझ सकना इत्यादि इस बात के उदाहरण हैं।" (उपर्युक्त, पृ० 114)। इसी प्रकार उन्होंने इसलिए तुलसीदास की प्रशंसा की है कि "इनकी दृष्टि इतनी पैनी थी कि कोई बात इनसे देखने और मनन करने से नहीं छूटती थी", जैसे "नौकारूढ़ मनुष्य को संसार चलता हुआ दिखायी देना, गरुड़ का प्रसन्नता में पंख फुलाना, स्त्रियों का दीपक को अंचल से बुझाना

इत्यादि।" (उपर्युक्त, पृ० 113-14)। एक स्थान पर तुलसीदास की पंक्ति "बिकसे सरनि बहु कंज, गुंजत पुंज मंजुल मधुकरा" उद्धृत करने के बाद उन्होंने लिखा है : "इसमें भौरों की गुंजार शब्दों में ही सुन लीजिए।" (उपर्युक्त, पृ० 118)। सूरदास के काव्य पर मिश्रबन्धुओं ने नवीन ढंग से विचार नहीं किया, लेकिन उनके सम्बन्ध में उन्होंने ऐसी बातें अवश्य कही हैं जिन्हें स्वीकार कर ही शुक्लजी आगे चले हैं। उदाहरण के लिए उनके ऐसे कथनों को देखा जा सकता है : "गोस्वामीजी की भक्ति दास-भाव की थी, परंतु इनकी सखा और सखी-भाव की" (उपर्युक्त, पृ० 174), "जैसा उत्तम और सच्चा बाल-चरित्र इन महाकवि ने लिखा है वैसा संसार-भर के किसी ग्रन्थ में हमलोगों ने अद्यावधि नहीं देखा" (उपर्युक्त, पृ० 178), "वियोग का वर्णन किसी दूसरे कवि ने ऐसा बढ़िया और स्वाभाविक नहीं किया" (उपर्युक्त, पृ० 183), "इनको यमक और अनुप्रास का इष्ट नहीं था" (उपर्युक्त, पृ० 176), आदि। शुक्लजी ने भी कहा है कि "प्रेमतत्त्व की पुष्टि में ही सूर की वाणी मुख्यतः प्रयुक्त जान पड़ती है।" ('भ्रमरगीत-सार' की भूमिका, पृ० 4)। इसी तरह सूरदास के वात्सल्य और शृङ्गार-वर्णन के सम्बन्ध में उनका कहना है : "वात्सल्य और शृङ्गार के क्षेत्रों का जितना अधिक उद्घाटन सूर ने अपनी बंद आँखों से किया उतना किसी और कवि ने नहीं।" (उपर्युक्त, पृ० 2)। सूरदास के वियोग-वर्णन को वे भी अत्यन्त श्रेष्ठ मानते थे : "गोपियों की वियोग-दशा का जो धारा-प्रवाह वर्णन है उसका तो कहना ही क्या है। न जाने कितनी मानसिक दशाओं का संचार उसके भीतर है। कौन गिना सकता है?" (उपर्युक्त, पृ० 24)। सूरदास की भाषा के सम्बन्ध में भी उनका मत बहुत कुछ मिश्रबन्धुओं से मिलता है : "सूर में चलती भाषा की कोमलता है, वृत्ति-विधान और अनुप्रास की ओर झुकाव कम है।" (उपर्युक्त, पृ० 35)।

लेकिन जैसा कि ऊपर संकेत किया गया है, चूँकि मिश्रबन्धुओं के पास साहित्य के सम्बन्ध में कोई सामाजिक दृष्टि नहीं थी, इसलिए वे तुलसीदास और सूरदास के काव्य पर समग्र रूप से विचारकर उसका मूल्य न आँक सके। इसी कारण उन्होंने रामचरितमानस के नायक राम को एक व्यक्ति-मात्र समझा। वे यह न देख सके कि तुलसीदास ने राम के चरित्र का निर्माण कर मध्ययुगीन सामन्ती व्यवस्था की किस प्रकार आलोचना की थी। उनकी दृष्टि इस बात पर भी नहीं गयी कि भक्ति तुलसीदास के लिए सामाजिक और सांस्कृतिक क्षेत्र में जनवादी मूल्यों की स्थापना का माध्यम थी। सूरदास को भी मिश्रबन्धुओं ने वात्सल्य और शृङ्गार का वर्णन करनेवाला एक श्रेष्ठ कवि मात्र माना। उन्होंने यह नहीं देखा कि सूरदास के वात्सल्य और शृङ्गार-वर्णन का वास्तविक महत्त्व इस बात में है कि उसका आधार जन-संस्कृति है और इस जन-संस्कृति का आधार

लेकर रचा गया काव्य सामन्ती काव्य-परम्परा पर भारी आघात करता है।

मिश्रबन्धु तुलसीदास और सूरदास का या कहें कि हिन्दी की भक्ति काव्य-परम्परा का सही मूल्यांकन नहीं कर सके, इसका कारण स्पष्टत: उनकी सामन्ती रुचि है। वे उस नवीन भारत की चेतना के प्रतिनिधि नहीं थे जो समाज और देश के सभी क्षेत्रों में सामन्तवाद और उपनिवेशवाद का विरोध करने के लिए उठ खड़ा हुआ था। इन आलोचकों का यह सामन्ती संस्कार ही था कि उन्होंने रीति-ग्रन्थकार कवि देव को हिन्दी कवियों की बृहत्त्रयी में गिनाया और उन्हें तुलसी-सूर के समकक्ष बतलाते हुए 'हिंदी-नवरत्न' की भूमिका में लिखा : "बहुत कुछ विचार करने पर भी उन तीनों कवियों में कोई भी न्यूनाधिक नहीं समझ पड़ा। पहले तो इस विषय में हम तीनों लेखकों में भी मतभेद था। कोई किसी को बड़ा समझता था कोई किसी को। पर पीछे हमारा मतभेद कुछ दूर-सा हो गया, और अब हम तीनों लेखकों का मत है कि ये कवि विशेष-विशेष गुणों में एक दूसरे से बढ़े हुए हैं, परंतु कुल मिलाकर तीनों बराबर हैं।" जब देव तुलसी और सूर के समकक्ष हैं, तो फिर उनसे पहले तुलसी और सूर का नाम क्यों लिखा ? वहीं पर मिश्रबन्धुओं ने इसका उत्तर दिया है : "तुलसी और सूर के महात्मा होने के कारण उनके नाम देव से प्रथम लिखे हैं।" उन्होंने रीतिकाल के कवियों को ही मानदण्ड के रूप में प्रयुक्त किया और जायसी को रीतिकाल के एक गौण कवि तोषनिधि की श्रेणी का कवि बतलाते हुए लिखा : "जायसी की कविता कई बार ध्यान से पढ़ने पर उसका चमत्कार कुछ फीका जँचा, और जायसी का स्थान तोष कवि की श्रेणी में समझ पड़ा। यह श्रेणी पद्माकर की श्रेणी के नीचे है। सबसे पहले मतिराम की श्रेणी थी, फिर दास की, और तब पद्माकर की।" (उपर्युक्त)। 'हिंदी-नवरत्न' के दूसरे संस्करण में मिश्रबन्धुओं ने कबीर को भी सम्मिलित किया, लेकिन उन पर भी रीतिकालीन मानदण्ड का ही प्रयोग करते हुए लिखा कि "काव्य की दृष्टि से इन महाकवि का स्थान केशवदास और मतिराम के बीच में समझ पड़ता है।" (पृ० 512)। कवियों की छोटाई और बड़ाई का निर्णय मिश्रबन्धुओं ने किसी साहित्यिक दृष्टि से नहीं, बल्कि यान्त्रिक तुलना के आधार पर किया था। 'हिंदी-नवरत्न' की भूमिका में इसका ब्योरा देते हुए उन्होंने अन्त में लिखा है: "तुलना केवल पद्य पढ़कर ही नहीं की गयी, वरन् प्रत्येक पद्य को नंबर देकर, मनोहर पद्यों की संख्या और फी-सैकड़े उनका औसत लगाकर, सब बातों पर कई दिन तक ध्यानपूर्वक विचार करने के उपरांत की गयी थी।" इस यान्त्रिक तुलना के मूल में भी उनकी व्यक्तिगत रुचि काम कर रही थी। उन्होंने तर्कपूर्वक यह नहीं बतलाया कि एक कवि का पद्य दूसरे कवि के पद्य से 'मनोहर' क्यों है।

सामन्ती रुचि ने मिश्रबन्धुओं को इसके लिए बाध्य किया कि वे कवियों की परीक्षा रीतिशास्त्र की कसौटी पर करें। इसका परिणाम हुआ कि उनकी आलोचना में नयी आलोचना-शैली के जो तत्त्व थे, उनका विकास न हो सका। रीतिकालीन कवियों में उन्होंने देव और बिहारी को विशेष महत्त्व दिया और इन दोनों में भी उन्होंने स्वभावत: देव को श्रेष्ठ माना, लेकिन देव की श्रेष्ठता दिखलाने में वे असमर्थ रहे। देव के बारे में उन्होंने कहा कि "इनकी भाषा में अनुप्रास और यमक भरे पड़े हैं।" ('हिंदी-नवरत्न,' पृ० 231)। बिहारी के सम्बन्ध में भी उनका विचार इसी तरह का था : "बिहारीलाल ने जमक और पद-मैत्री को बड़ा ही आदर दिया है, और इनका प्रयोग भी बड़ा मनोरंजक किया है।" (उपर्युक्त, पृ० 290)। "देव जी ने उपमाएँ बहुत खोज-खोजकर दी हैं" (उपर्युक्त, पृ० 238) कहने के बाद उन्होंने बिहारी की भी यही विशेषता बतलायी : "इन महाकवि ने उपमाएँ बड़ी ही अच्छी और अनोखी खोज-खोजकर दी हैं।" (उपर्युक्त, पृ० 293)। देव के सम्बन्ध में उन्होंने यहाँ तक कह दिया कि "जैसी सोहावनी भाषा यह कवि लिखने में समर्थ हुए हैं, उससे आधी सोहावनी भी कोई अन्य कवि नहीं लिख सका" (उपर्युक्त, पृ० 332), लेकिन फिर उन्होंने बिहारी की भाषा की भी प्रशंसा करते हुए इस तरह की बातें लिखीं कि "बिहारीलाल की भाषा बहुत मनोहर है" और उन्होंने "जैसा वर्णन किया है, उसी के अनुसार भाषा भी लिखकर उसका रूप खड़ा कर दिया है।" (उपर्युक्त, पृ० 291)। देव भी "प्रकृति (मानव-प्रकृति) के अच्छे निरीक्षक थे" (उपर्युक्त, पृ०233) और बिहारी के भी "प्राय: सभी दोहों में प्रकृति-पर्यवेक्षण देख पड़ता है।" (उपर्युक्त, पृ० 295)। "देव ने नायिकाओं का वर्णन ऐसा उत्कृष्ट किया है कि पूरी तसवीर खींच दी है" (उपर्युक्त, पृ० 234), तो बिहारी ने भी "स्त्रियों के तालाब में नहाने का ढंग, स्नान-समय की नजारेबाजी आदि का ऐसा वर्णन किया है कि वह आँखों देखा-सा समझ पड़ता है।" (उपर्युक्त, पृ० 297)। इसी प्रकार देव में स्वभावोक्ति पायी जाती है (उपर्युक्त, पृ० 241), तो बिहारी में भी (उपर्युक्त, पृ० 292), देव में 'ऊँचे खयालात' यानी ऊँची कल्पनाएँ हैं (उपर्युक्त, पृ० 236), तो बिहारी में भी (उपर्युक्त, पृ० 300) और देव ने "इशारों तथा ध्वनियों में कहीं-कहीं बड़े चमत्कारपूर्ण भाव रक्खे हैं" (उपर्युक्त, पृ० 241), तो बिहारी की कविता में भी "इशारेबाजी की कोई हद नहीं है।" (उपर्युक्त, पृ० 306)। ऐसी स्थिति में देव को बड़ा और बिहारी को उनसे छोटा कवि कैसे माना जा सकता है ? देव की श्रेष्ठता प्रतिपादित करने के लिए मिश्रबन्धुओं ने उनकी जो विशेषताएँ गिनायी हैं, वे न तो सत्य पर आधारित हैं, न सचमुच ऐसी विशेषताएँ हैं जिनके आधार पर उन्हें बिहारी से श्रेष्ठ और तुलसी-सूर के समकक्ष कहा जा सकता है। देव की भाषा को

'शुद्ध ब्रजभाषा' बतलाते हुए (उपर्युक्त, पृ० 230) उन्होंने बिहारी की भाषा की आलोचना यह कहकर की है कि "इन्होंने शब्दों को बहुत अधिक तोड़ा-मरोड़ा है।" (उपर्युक्त, पृ० 280)। शुक्लजी ने अपने ग्रन्थ 'हिन्दी-साहित्य का इतिहास' में इस बात को गलत ठहराते हुए देव के सम्बन्ध में ही लिखा है कि "तुकांत और अनुप्रास के लिए ये कहीं कहीं शब्दों को ही तोड़ते मरोड़ते न थे, वाक्य को भी अविन्यस्त कर देते थे।" (पृ० 231)। इसके विपरीत भाषा-प्रयोग की दृष्टि से उन्होंने बिहारी की खास तौर से प्रशंसा की है : "वाक्यरचना व्यवस्थित है और शब्दों के रूपों का व्यवहार एक निश्चित प्रणाली पर है। यह बात बहुत कम कवियों में पायी जाती है।" (उपर्युक्त, पृ० 216)। मिश्रबन्धुओं के अनुसार देव की अन्य विशेषताएँ ये हैं : "मुख्य करके आप आचार्य हैं" (हिंदी-नवरत्न,' पृ० 236), "प्रेम का वर्णन आपका अद्वितीयप्राय है"(उपर्युक्त, पृ० 236) और "देव की कविता में हृदय पर चोट करनेवाले चित्त के सच्चे भाव बहुत अधिकता से पाये जाते हैं।" (उपर्युक्त, पृ० 237)। जहाँ तक देव के आचार्य होने का प्रश्न है, इस सम्बन्ध में भी शुक्लजी का ही मत द्रष्टव्य है : "आचार्य के रूप में देव को भी कोई विशेष स्थान नहीं दिया जा सकता।" ('हिंदी-साहित्य का इतिहास,' पृ० 230)। प्रेम के वर्णन में देव सूरदास-जैसे कवियों से कितना आगे या पीछे थे, यह बात आसानी से समझी जा सकती है। उनके चित्त को प्रभावित करनेवाले 'सच्चे भाव' भी तुलसी, सूर, मीरा आदि भक्त कवियों के भावों से तुलनीय नहीं हैं।

मिश्रबन्धुओं ने 'हिंदी-नवरत्न' के शेष कवियों—भूषण, मतिराम, केशवदास, चन्द बरदाई और भारतेन्दु हरिश्चन्द्र—पर और सामान्य ढंग से विचार किया है। भूषण की प्रशंसा में उन्होंने कहा है कि "इन्होंने बहुत कम असाधारण एवं विकृत शब्द लिखे हैं" और "इनकी भाषा और शब्द-योजना की रीति बहुत प्रशंसनीय है।" ('हिंदी-नवरत्न,' पृ० 337-38)। इन आलोचकों को ब्रजभाषा और उसके शब्द-समूह का कितना ज्ञान था इसका पता भूषण की भाषा पर की गयी शुक्लजी की इस टिप्पणी से चलता है : "भूषण की भाषा में ओज की मात्रा तो पूरी है पर वह अधिकतर अव्यवस्थित है। व्याकरण का उल्लंघन प्रायः है और वाक्य-रचना भी कहीं-कहीं गड़बड़ है। इसके अतिरिक्त शब्दों के रूप भी बहुत बिगाड़े गये हैं और कहीं-कहीं बिल्कुल गढ़ंग के शब्द रखे गये हैं।" ('हिंदी-साहित्य का इतिहास,' पृ० 222)। मिश्रबन्धुओं ने भूषण के सम्बन्ध में जो अन्य बातें लिखी हैं वे इस तरह की अत्यन्त सामान्य बातें हैं कि "भूषण की कविता का ओज और उद्दंडता दर्शनीय है" ('हिंदी-नवरत्न', पृ० 338), "भूषण की कविता हिंदूमय हो रही है" (उपर्युक्त, पृ० 339) आदि। मतिराम के सम्बन्ध में उन्होंने कहा है कि "माधुर्य और प्रसाद मानो इन्हीं के वास्ते रचे गये

थे'' (उपर्युक्त, पृ० 368), ''मतिराम के सवैयों तथा घनाक्षरियों से देव का और दोहों से बिहारीलाल का स्मरण हो आता है'' (उपर्युक्त, पृ० 373) और ''ललितललाम में आपने भूषण का भाई होना सार्थक कर दिखाया है।'' (उपर्युक्त, पृ० 373-74)। केशवदास पर उन्होंने एकदम रीतिकालीन रुचि से विचार किया है। इसी कारण 'रामचंद्रिका' का छन्द-वैविध्य उन्हें उसके रुचिकर होने का कारण प्रतीत हुआ है : ''इस ग्रंथ में केशवदास छंद इतनी शीघ्रता से बदलते गये हैं कि वे कहीं अरुचिकर नहीं होते।'' (उपर्युक्त, पृ० 407)। 'रामचंद्रिका' में कथा की अपेक्षा काव्य अर्थात् छोटी वस्तुओं के भी कवित्वपूर्ण विस्तृत वर्णनों को विशेष महत्त्व दिया गया है। मिश्रबन्धुओं ने 'कथा-संबंधी प्रथा' और 'काव्य-संबंधी प्रथा' दोनों को बराबर समझते हुए लिखा है : ''महाकवि केशवदास ने इसी काव्य-प्रथा में रामचंद्रिका कही है। ये दोनों प्रथाएँ भाषा में भी स्थिर हैं, और अपने-अपने ढंग पर दोनों अच्छी हैं।'' (उपर्युक्त, पृ० 409)। शुक्लजी ने 'रामचंद्रिका' के संवादों के लिए ही केशवदास की प्रशंसा की है। उन संवादों में उन्होंने रावण-अंगद-संवाद को सर्वश्रेठ माना है और लिखा है : ''रावण-अंगद-संवाद तुलसी के संवाद से कहीं अधिक उपयुक्त और सुन्दर है।'' ('हिंदी-साहित्य का इतिहास', पृ०183) लेकिन मिश्र बन्धुओं ने इसी संवाद को नापसन्द किया है : ''केशवदास ने केवल रावणांगद-संवाद ऐसा कराया है, जैसा राजाओं की सभा में होना असम्भव है।'' ('हिंदी-नवरत्न', पृ० 413)। उन्होंने केशवदास के सम्बन्ध में यह भी लिखा है कि ''यह महाशय बड़े पंडित और बुद्धिमान थे, परंतु स्वभाव-कवि न थे'' (उपर्युक्त) और उन्हें महाकवि भी माना है। अन्त में उन्होंने उनके देव द्वारा महाकवि माने जाने का भी उल्लेख किया है : ''केशवदास भाषा-काव्य के एक बड़े भारी कवि थे, और देवजी आदि ने भी इनको महाकवि माना है।'' (उपर्युक्त, पृ० 420)। इससे स्पष्ट है कि मिश्रबन्धुओं के पास कविता और कवियों की परीक्षा के लिए कोई व्यापक और निश्चित दृष्टिकोण नहीं था। चन्द बरदाई और भारतेन्दु हरिश्चन्द्र को उन्होंने 'हिंदी-नवरत्न' में सबसे अन्त में स्थान दिया। उनके अनुसार ''काव्य-प्रौढ़ता में चंद का पद बहुत बढ़ा हुआ है, और जितने विषयों के इन महाकवि ने उत्कृष्ट तथा पूर्ण वर्णन किये हैं, उतने के प्रायः अन्य भाषा-कवियों ने नहीं किये।'' (उपर्युक्त, पृ० 542)। भारतेन्दु के सम्पूर्ण गद्य-पद्य-साहित्य का उन्होंने परिचय दिया है और कहा है कि ''इनके काव्य में सबसे अधिक और उत्तम वर्णन प्रेम का है'' (उपर्युक्त, पृ० 576) तथा ''स्वदेश-प्रेम से इन कविवर का हृदय परिपूर्ण था।'' (उपर्युक्त, पृ० 577)। इसके अलावा उन्होंने यह भी लिखा है कि ''इनके काव्य में जोरदारी (Force) भी बहुत अधिक है'' (उपर्युक्त) और ''इनमें विविध विषयों की यथावत् प्रकार से वर्णन करने की शक्ति बहुत प्रबल थी।'' (उप-

युक्त, पृ० 578)। मिश्रबन्धुओं ने भारतेन्दु को 'हिंदी-नवरत्न' के कवियों में सबसे छोटा समझा, इससे भी यही प्रमाणित होता है कि उनकी रुचि रीतिकालीन थी और वे भारतेन्दु की कविता के नवीन राष्ट्रीय स्वरों के महत्त्व को पहचानने में असमर्थ थे। उनके 'हिंदी-नवरत्न' में कवियों के चुनाव और उनके स्थान-निर्धारण के मूल में कवियों के बीच की जानेवाली तुलना थी। मिश्रबन्धुओं ने इस पुस्तक की भूमिका में लिखा है : "मतिराम और भूषण की तुलना करके हमने भूषण को श्रेष्ठ पाया। इसी प्रकार भूषण को केशवदास से मिलाया, तो भी भूषण ही की कविता में विशेष चमत्कार देख पड़ा। प्रथम तो हमें इस बात पर आश्चर्य-सा हुआ, क्योंकि हम पहले केशवदास को भूषण से बहुत अच्छा समझते थे, पर ज्यों-ज्यों अधिक मिलाते गये, त्यों-त्यों हमारी दृष्टि में भूषण का ही चमत्कार बढ़ता गया। तब हमने भूषण को बिहारीलाल से मिलाया, पर उन कविरत्न के सम्मुख भूषण के पद्य ठहर न सके।" जैसा कि ऊपर संकेत किया गया है, इन आलोचकों ने तुलना का यह कार्य अपनी रीतिकालीन रुचि के सहारे एक नितान्त यान्त्रिक पद्धति से किया। तुलना आलोचना का एक महत्त्वपूर्ण साधन है, लेकिन उसके दुरुपयोग से अत्यन्त गलत निष्कर्ष निकल सकते हैं। इससे कवियों का वैशिष्ट्य अनुद्घाटित रह जा सकता है और उनमें ऐसी त्रुटियाँ दिखलायी पड़ सकती हैं जो उनके काव्य में कतई त्रुटियाँ नहीं होतीं। 'हिंदी-नवरत्न' के कवियों की आलोचना में मिश्रबन्धुओं का ध्यान हमेशा तुलना पर रहा है, इसलिए उसमें कवियों के वैशिष्ट्य पर प्रकाश नहीं पड़ा है और उनमें वैसी त्रुटियाँ निकल आयी हैं, जो उनमें त्रुटियाँ नहीं हैं। इसके अलावा मिश्रबन्धुओं की आलोचना में परस्पर-विरोधी बातें बहुत मिलती हैं, जैसे किसी दृष्टि से एक कवि को अद्वितीय कहकर दूसरी जगह उसी दृष्टि से फिर दूसरे कवि को भी अद्वितीय कह देना, एक जगह नायिका-भेद की निन्दा कर दूसरी जगह उसके लिए कवि की प्रशंसा करना आदि। शैली में असंयम और अगम्भीरता के भी अनेक उदाहरण मिलते हैं। देव के बारे में उन्होंने लिखा है कि "ऐसे कलेजा निकाल कर सामने रख देनेवाले विशद पद्य बहुत कम कवियों की कविता में मिलते हैं।" (पृ० 237)। इसी तरह बिहारी के बारे में यह लिखा है कि "इन कवि ने अतिशयोक्ति में कलम तोड़ दी है, विशेष कर कोमलता, उज्ज्वलता और विरह के वर्णनों में" (पृ० 293)।

पं० पद्मसिंह शर्मा (1876-1932) भी नये युग से थोड़ा-बहुत प्रभावित थे, लेकिन मूलतः उनका झुकाव हिन्दी की रीतिकालीन कविता की ओर था। रीतिकालीन कविता के बारे में यह कहने की जरूरत नहीं है कि वह सामन्तों के दरबारों में रची गयी सामन्ती कविता थी, जिसकी विशेषता थी जीवन और समाज की समस्याओं की उपेक्षा कर काम-क्रीड़ा का चित्रण करना, नारी को

पूर्णतः पुरुष की भोग्य वस्तु समझना, कविता की विषय-वस्तु से अधिक उसमें कला को महत्त्व देना, काव्यगत रूढ़ियों को स्वीकार करके चलना और काव्यगत प्रयोग की चेतना का पूर्ण अभाव आदि। शर्माजी की साहित्यिक रुचि का पता उनके छायावादी कविता से सम्बन्धित विचारों से चलता है। छायावादी कविता द्विवेदी-युग की खड़ी बोली की कविता से भी आगे की कविता थी, जिससे संघर्ष करते हुए शर्माजी हिन्दी में रीतिकालीन काव्य-मूल्यों की पुनस्स्थापना का प्रयत्न कर रहे थे। उनमें छायावादी कविता के प्रति एक जिज्ञासा का भाव भी मिलता है। उन्होंने श्री पारसनाथ सिंह को एक पत्र में लिखा था : "मैं न छायावाद का विरोधी हूँ न खड़ी बोली का। पर दुर्भाग्य से छायावाद के नाम से जो कुछ आजकल निकल रहा है, वह मेरी समझ से बाहर है। अज्ञेय मीमांसा है। इसलिए मजबूर हूँ। दाद नहीं दे सकता। समझूँ तो दाद दूँ। छायावाद के रहस्य पर आप कुछ प्रकाश डालिए तो शायद कुछ तत्त्व समझ में आ जाए।" ('पद्मसिंह शर्मा के पत्र', पृ० 6)। जब पं० मोहनलाल महतो 'वियोगी' का 'निर्माल्य' नामक कविता-संग्रह प्रकाशित हुआ तब शर्माजी ने उस पर अपनी प्रतिक्रिया इन शब्दों में व्यक्त की : "छायावाद की कविता प्रायः पहेली के ढंग की होती है और इसलिए कभी-कभी नितांत दुर्बोध, 'गूँगे की सैन' हो जाती है। पर निर्माल्य की कविताओं का अधिकांश इसका अपवाद है।" (उपर्युक्त, पृ० 222)। 'निर्माल्य' के बाद जब 'वियोगी' जी का दूसरा कविता-संग्रह 'इकतारा' निकला, तब उन्होंने उसकी और भी प्रशंसा की और उन्हें लिखा : " 'इकतारा' मुझे 'निर्माल्य' से भी अधिक पसंद आया, आपकी रचना में उत्तरोत्तर चमत्कार बढ़ता जाता है। 'इकतारे' की कई कविताएँ तो बहुत ही सुन्दर हैं। यथा 'समय', 'रजकण', 'चित्रपट', 'आँसू', 'कवि' 'मोहन' और 'राम'। छायावादियों में आपके लिखने का ढंग अभिनंदनीय है।" (उपर्युक्त, पृ० 223)। शर्माजी के इन विचारों से ऐसा लगता है कि वे सम्पूर्ण छायावादी कविता का विरोध न करके केवल उसके उस अंश का विरोध कर रहे थे जो अस्पष्ट और दुरूह था। लेकिन यह बात एक हद तक ही सही है। शर्माजी ने नयी कविता को समझने के लिए शुक्लजी की तरह ईमानदारी से कोई प्रयास नहीं किया। इसी का यह परिणाम था कि उन्होंने नयी चेतना से युक्त नयी शैली में जो छायावादी कविता लिखी जा रही थी, उसे कतई पसन्द नहीं किया और उसकी अत्यन्त कठोर आलोचना की। पं० ज्वालादत्त शर्मा को उन्होंने एक पत्र में लिखा था : "ये छायावादी कवि बड़ा अन्धकार फैला रहे हैं।" (उपर्युक्त, पृ० 183)। छायावाद को समझने में शर्माजी की रीतिकालीन रुचि सबसे बड़ी बाधा थी। उन्होंने नये युग की नयी परिस्थिति से अपने को अभियोजित नहीं किया था, जिससे कविता में व्यक्त होनेवाली स्वातन्त्र्य-चेतना और उसके दबाव से निर्मित भावपूर्ण कल्पना-चित्रों

की प्रशंसा करने में वे असमर्थ थे। 'कविरत्न पं० श्री नवनीतलाल चतुर्वेदी' शीर्षक अपने निबन्ध में उन्होंने अपने प्राचीनता-प्रेम का परिचय इन शब्दों में दिया है : "आपके मुख से व्रजभाषा की रसभरी कविता सुनकर मन मस्त हो जाता है और आजकल के गुले-नौ-बहार (कविता-वसन्त-वाटिका के नये फूल) सचमुच 'निर्गन्धा इव किंशुका:' से प्रतीत होने लगते हैं। जब आप अपने देखे-भाले और परंपराश्रुत प्राचीन कवियों की कथा सुनाते हैं, तो आजकल की दशा से तुलना करके चित्त पर चोट-सी लगती है। बेअख्तियार मुँह से निकल पड़ता है—'दौड़ पीछे की तरफ ऐ गर्दिशे अय्याम ! तू' " ('पद्म-पराग,' प्रथम भाग, पृ० 130)। अतीत के साहित्य से मुँह मोड़ लेना ठीक नहीं है, लेकिन उसके सम्बन्ध में प्रत्येक रचनाकार और आलोचक के पास एक आलोचनात्मक दृष्टि अवश्य होनी चाहिए जिससे वह समझ सके कि अतीत के साहित्य का कौन-सा अंश आज भी उपयोगी और मूल्यवान् है। शर्माजी के पास कोई आलोचनात्मक दृष्टि नहीं थी, जिसके परिणामस्वरूप उन्होंने अतीत के साहित्य को पूरा स्वीकार किया और नये साहित्य को पूरा अस्वीकार कर दिया। संयुक्त प्रान्तीय षष्ठ हिन्दी-साहित्य सम्मेलन के मुरादाबाद में होनेवाले अधिवेशन में सभापति के पद से दिये गये भाषण में उन्होंने छायावादी कविता पर इन शब्दों में प्रहार किया : "आजकल हिंदी में जिस ढंग की कविता हो रही है (दो-चार अच्छे कवियों की कविता छोड़कर) उसका अधिकांश निकृष्ट कविता का सर्वोत्तम उदाहरण है। फिर भी वह आदर-पूर्वक प्रचार और प्रसार पा रही है, समाज में इससे अधिक आश्चर्य की बात और क्या होगी। कविता के लिए इससे बुरा समय शायद ही कभी आया हो।" (उपर्युक्त, पृ० 324-25)। शर्माजी ने अखिल भारतीय हिन्दी साहित्य सम्मेलन के मुजफ्फरपुर में सम्पन्न अठारहवें अधिवेशन का भी सभापतित्व किया था। इस पद से उन्होंने जो भाषण पढ़ा, वह नये साहित्य के विरोध के कारण ऐतिहासिक महत्त्व का अधिकारी बन गया है। इसमें उन्होंने उर्दू कविता और हिन्दी की नयी कविता की तुलना करते हुए कहा : "उर्दू वाले कविता में भावों की नवीनता भरते हैं, पर भाषा और रीति वही प्राचीन परिष्कृत है, उनकी गाड़ी की गति बदल गयी है—रफ्तार में फर्क आ गया है—पर धुरा और पहिये बदस्तूर वही हैं," जबकि "हमारे हिंदी के नवीन कवियों की मति गति बिलकुल निराली है, वह कविता की गाड़ी के धुरे और पहिये भी बदल रहे हैं।" (उपर्युक्त, पृ० 341)। शर्माजी ने हिन्दी कविता के रंग-ढंग में होनेवाले परिवर्तन में हिन्दी कविता के नाश की सूचना पायी और प्राचीन काव्य-रीति के तिरस्कार पर क्षोभ प्रकट करते हुए उक्त नवीन कवियों को लक्ष्य कर कहा : "अपने अद्भुत छकड़े में पीछे की ओर मरियल टट्टू जोतकर गंतव्य पथ पर पहुँचना चाहते हैं। प्राचीनों का कृतज्ञ होना तो दूर रहा, उन्हें कोसने में ही अपना गौरव समझा जाता है, प्राचीन शैली

का अनुसरण तो एक ओर, जान-बूझकर अनुचित रीति से उसका व्यर्थ विरोध किया जाता है। भाषा, भाव और रीति में एकदम अराजकता की घोषणा की जा रही है। यह उन्नति का नहीं, मरणोन्मुखता का लक्षण है। इससे कविता का सुधार नहीं, संहार हो रहा है।" (उपर्युक्त, पृ० 341-42)। ऊपर जो शर्माजी का एक उद्धरण दिया गया है उसमें उन्होंने 'दो-चार अच्छे कवियों' को बख्श दिया है। इससे भ्रम हो सकता है कि वे कवि छायावाद के प्रतिनिधि कवि प्रसाद-पन्त-निराला होंगे। लेकिन बात ऐसी नहीं है। शर्माजी की आलोचना का लक्ष्य यही कवि थे, इनमें से खासतौर से पन्तजी। उन्होंने इन कवियों को यह परामर्श दिया कि "साहित्य-क्षेत्र में कुत्सित कर्मनाशा की नयी नदी न बहानी चाहिए।" (उपर्युक्त, पृ० 344)। उन्होंने पन्तजी को "काव्य कानन के कल्पवृक्ष की महक के मतवाले मधुपों" पर इन शब्दों में दया दिखलाने के लिए कहा: " 'पल्लव' के नोकीले और जहरीले काँटे इनके दिल में न चुभाइए, 'वीणा' में सोहिनी के स्वर छेड़िए, 'मारू राग' न बजाइए।" (उपर्युक्त, पृ० 345)। शर्माजी के अनुसार 'पल्लव' और 'वीणा' के कवि पन्तजी काव्य कानन के कल्पवृक्ष की जड़ पर 'कुमति-कुठार' चला रहे थे। यह 'अत्याचार' उन्हें 'असह्य' प्रतीत हुआ। कहने की आवश्यकता नहीं कि उन्होंने जिन 'मतवाले मधुपों' की चर्चा की है वे काव्य-प्रेमी सामान्य जन नहीं, बल्कि रीति-काव्य के प्रेमी रूढ़िवादी विद्वान् थे जो सूर-तुलसी और कबीर से ज्यादा बिहारी, देव और मतिराम की कविता पर फिदा थे और हिन्दी कविता में उन्हीं की परम्परा का विकास चाहते थे। यह बात शर्माजी के इस कथन से पूर्णतः स्पष्ट हो जाती है: "नवाभ्यासी कवियों को सद्य: कविता के चक्कर में पड़कर पथभ्रष्ट न होना चाहिए, पहले कविता-संबंधी ग्रंथों का अभ्यास करें, प्राचीन उत्तम काव्यों का निरंतर अनुशीलन करें, किसी सत्कवि से परामर्श—इसलाह लेते रहें, अपनी रचना को बार-बार समालोचक दृष्टि से देखते रहें, उसमें आवश्यकतानुसार काट-छाँट और परिवर्तन करते रहें। इस प्रकार सतत अभ्यास से जब कविता में चमत्कार-चारुता और बंध-सौष्ठव आ जाय तब इस अखाड़े में उतरें।" (उपर्युक्त, पृ० 347-48)। यह काव्य-रचना-सम्बन्धी स्वच्छन्दतावादी दृष्टिकोण का पूर्णतः विरोधी दृष्टिकोण है। शुक्लजी ने छायावाद का विरोध किया था, स्वच्छन्दतावाद का नहीं। उन्होंने अपने 'इतिहास' में लिखा है: "पंडितों की बाँधी प्रणाली पर चलनेवाली काव्य-धारा के साथ-साथ सामान्य अपढ़ जनता के बीच एक स्वच्छंद और प्राकृतिक भावधारा भी गीतों के रूप में चलती रहती है—ठीक उसी प्रकार जैसे बहुत काल से स्थिर चली आती हुई पंडितों की साहित्य-भाषा के साथ-साथ लोक-भाषा की स्वाभाविक धारा भी बराबर चलती रहती है। जब पंडितों की काव्य-भाषा स्थिर होकर उत्तरोत्तर आगे बढ़ती हुई लोकभाषा से दूर पड़ जाती है और जनता

के हृदय पर प्रभाव डालने की उसकी शक्ति क्षीण होने लगती है तब शिष्ट समुदाय लोकभाषा का सहारा लेकर अपनी काव्य-परंपरा में नया जीवन डालता है।" (पृ० 522)। इससे यह स्पष्ट है कि शर्माजी और शुक्लजी द्वारा किये गये छायावाद के विरोध में मौलिक अन्तर था। शुक्लजी ने छायावाद का विरोध उसमें कलावादी और रहस्यवादी रुझान के कारण किया था, जो कि पतनशील कविता का लक्षण था, जबकि शर्माजी ने उसका विरोध उसमें कलात्मकता और रहस्यात्मकता के अभाव के कारण किया। छायावादी कविता में शर्माजी को कलात्मकता और 'चमत्कार-चारुता' की कमी मालूम पड़ती थी, यह उनके ऊपर के कथनों से स्पष्ट है। एक स्थल पर उन्होंने उसमें तसव्वुफ के रंग के रहस्यवाद की भी कमी बतलायी है : "मैं रहस्यवाद का परम प्रेमी हूँ, उसकी खोज में रहता हूँ, कहीं मिल जाता है तो भावावेश की सी दशा में पहुँच जाता हूँ— सिर धुनता हूँ और मजे ले-लेकर पढ़ता हूँ, जी खोलकर दाद देता हूँ, दूसरों को सुनाता हूँ। पर हिंदी की नवीन रचनाओं में ऐसा रहस्यवाद कम, पैसे में पाई से भी बहुत कम— सो कभी किसी की रचना में मिलता है, और वह भी उस दर्जे का नहीं जैसा उर्दू में तसव्वुफ का रंग है।" ('पद्म-पराग,' पृ० 345-46)।

शर्माजी की साहित्यिक विचार-धारा और आलोचनात्मक दृष्टि का चरम प्रतिफलन उनकी आलोचनात्मक कृति 'बिहारी सतसई : तुलनात्मक अध्ययन' (1918) में हुआ है। इसकी भूमिका में उन्होंने जो कुछ लिखा है उससे स्पष्ट हो जाता है कि प्राचीन साहित्य से वे केवल शृङ्गारिक साहित्य का अर्थ लेते थे और वर्तमान युग में वैसे साहित्य के ह्रास को साहित्य-मात्र के ह्रास के रूप में देखते थे। उन्होंने इसी प्रसंग में लिखा है : "हमारी भाषा की बहार बीत गयी, अब कभी खत्म न होनेवाली 'खिजाँ' के दिन हैं, भाषा के रसिक भौंरे कान देकर सुनें और आँख खोलकर देखें, कोई पुकार कर रहा है—"जिन दिन देखे वे कुसुम गयी सु बीत बहार। अब अलि ! रही गुलाब में अपत कटीली डार॥" (पृ० 22)। यहाँ फिर हिन्दी की नयी कविता पर उन्होंने इन शब्दों में प्रहार किया है : "जिस भावहीन निर्जीव भाषा में नीरस कर्णकटु काव्यों की आज दिन सृष्टि हो रही है इससे सुरुचि का संचार हो चुका ! यह सहृदय समाज के हृदयों में घर कर चुकी ! यह सूखी टहनी साहित्य-क्षेत्र में बहुत दिन खड़ी न रह सकेगी।" (उपर्युक्त)। जैसा कि संकेत किया जा चुका है, शर्माजी का युग अपने देश में जनवादी चेतना के प्रसार का युग था। इस युग में प्रगतिशील कवियों ने सामन्ती प्रवृत्तियों से छुटकारा पाकर समाज-सुधार और देशभक्ति की कविताएँ लिखीं। उनकी कविताओं की विषय-वस्तु ही नहीं, उनकी भाषा भी नयी यानी खड़ी बोली थी। ये कवि सामन्तवाद और उपनिवेशवाद-विरोधी संघर्ष में हिस्सा ले रहे थे और इस प्रकार नये भारत के निर्माण में लगे थे। रीतिकाव्य के

प्रशंसक और समर्थक शर्माजी-जैसे विद्वानों पर इस परिस्थिति का प्रभाव पड़ना स्वाभाविक था। वे आर्यसमाजी थे और आर्यसमाज के आदर्शों के प्रचार में उनकी गहरी दिलचस्पी थी। आर्यसमाज हिन्दू धर्म और हिन्दू राष्ट्रवाद के उत्थान में लगा हुआ था, तथापि उसमें कुछ प्रगतिशील तत्त्व थे, जैसे बहुदेव-वाद का अस्वीकार, निराकार ईश्वर की उपासना का समर्थन, परम्परागत पुरोहिती अन्धकट्टरता की आलोचना, मूर्त्तिपूजा और बाल-विवाह का विरोध, स्त्री-शिक्षा का प्रसार, आदि। इसका परिणाम यह हुआ कि नायक-नायिका-भेद-वाले रीतिकाव्य के प्रति उनके मन में जो अनुराग था, उसे लेकर उनके भीतर एक अपराध-भाव उत्पन्न हो गया। उनका यह अपराध-भाव हमें वहाँ दिखलायी पड़ता है, जहाँ वे शृङ्गारिक रीतिकाव्य की रक्षा नैतिक दृष्टि से करना चाहते हैं। इस क्रम में वे यह भोलेपन से भरा हुआ तर्क देते हैं : "शृङ्गार रस के काव्यों में परकीयादि का प्रसंग कुरुचि का उत्पादक होने से नितांत निंदनीय कहा जाता है, यह किसी अंश में ठीक हो सकता है, पर ऐसे वर्णनों से कवि का अभिप्राय समाज को नीतिभ्रष्ट और कुरुचिसंपन्न बनाना नहीं होता, ऐसे प्रसंग पढ़कर धूर्त विटों की गूढ़ लीलाओं के दाव घात से परिचय प्राप्त करके सभ्य समाज अपनी रक्षा कर सके—इस विषय में सतर्क रहे—यही ऐसे प्रसंगवर्णन का प्रयोजन है।" (उपर्युक्त, पृ० 20-21)। शर्माजी-जैसे आर्यसमाजी विद्वान् रीतिकालीन शृंगार-काव्य में जैसी तन्मयता दिखलाते हैं, उससे उनका यह तर्क कतई सार्थक नहीं प्रतीत होता है। उन्होंने रीतिकाव्य की रक्षा का प्रयत्न एक अन्य विधि से भी किया है। उन्होंने भाषा को साहित्य से अलग कर दिया है और भाषा अर्थात् भाषा में प्रकट होनेवाले कलात्मक चमत्कार की दृष्टि से प्राचीन शृङ्गारिक काव्य को उपयोगी बतलाया है : "विषय की दृष्टि से न सही, भाषा के महत्त्व की दृष्टि से भी देखिए तो शृङ्गार रस के प्राचीन काव्यों की उपयोगिता कुछ कम नहीं है। यदि अपनी भाषा को अलंकृत करना है तो इस पुरानी काव्य-वाटिका से—जिसे हजारों चतुर मालियों ने सैकड़ों वर्ष तक दिल के खून से सींचा है—सदाबहार फूल चुनने ही पड़ेंगे।" (उपर्युक्त, पृ० 22)। इस उद्धरण के दूसरे वाक्य में रीतिकाव्य के प्रति अपने आन्तरिक लगाव को शर्माजी व्यक्त होने से किसी तरह नहीं रोक सके हैं।

शर्माजी ने हिन्दी में तुलनात्मक आलोचना की पद्धति प्रचलित की। संस्कृत में यत्र-तत्र अपने ढंग की तुलनात्मक आलोचना देखने को मिलती है। अंग्रेजी में भी इसको महत्त्व दिया गया है। "उर्दू साहित्य में मौलाना 'आज़ाद' अपने 'आबे-हयात' और 'सखुन-दाने-फ़ारिस' में और 'हाली' 'दीवाने हाली के मुक-द्दमे,' 'हयाते-सादी' तथा 'यादगारे-ग़ालिब' में और मौलाना 'शिबली' 'मवाज़-नए अनीसोद-बीर' में इस रास्ते की दागबेल डाल गये हैं, और अब वहाँ यह

रास्ता चल पड़ा है । पर हमारी हिंदी में यह मार्ग अभी नहीं खुला ।" (उपर्युक्त, पृ० 25) । सम्भवतः उर्दू साहित्य की प्रेरणा से ही शर्माजी ने हिन्दी में तुलनात्मक आलोचना का आरम्भ किया। उन्होंने लिखा है कि "यह मार्ग लेखक को स्वयं ढूंढ़ भालकर निर्माण करना पड़ा है !" (उपर्युक्त) । सन् 1908-09 ई० की 'सरस्वती' में सर्वप्रथम शर्माजी ने संस्कृत, हिन्दी तथा अन्य भाषाओं की कविता का बिम्ब-प्रतिबिम्ब-भाव दिखलाने के लिए निबन्ध लिखे थे। उनकी तुलनात्मक आलोचना की चरम परिणति उनकी 'बिहारी सतसई : तुलनात्मक अध्ययन' नामक पुस्तक में हुई। इस पुस्तक के अंश भी 'सरस्वती' में प्रकाशित हुए थे। 'सतसई-संहार' नामक शर्माजी का प्रसिद्ध आलोचनात्मक निबन्ध सन् 1910 ई० की 'सरस्वती' में धारावाहिक रूप से निकला था।

शर्माजी ने तुलनात्मक आलोचना को बहुत अधिक महत्त्व दिया, लेकिन इससे हिन्दी आलोचना के विकास में कोई मदद नहीं मिली। इसका कारण यह था कि उन्होंने तुलना को आलोचना का साधन-मात्र न मानकर उसे साध्य मान लिया। वे अपनी आलोचना में तुलना के लिए तुलना करने लगे, जिससे वह तुलना कवियों के वैशिष्ट्य-निरूपण में सहायक नहीं हुई। प्रमाणस्वरूप उनकी 'सतसई' से दो-एक उदाहरण लिये जा सकते हैं। शर्माजी ने बिहारी के प्रसिद्ध दोहे "अनियारे दीरघ दृगनि, किती न तरुनि समान / वह चितवन औरै कछू, जिहि बस होत सुजान" की तुलना एक गाथा से की है, जिसका अर्थ यह है : "और सुंदरियों के चेहरों पर भी घनी पलकोंवाली—श्वेत श्याम रंग की, बड़ी-बड़ी आँखें हैं, तो भी देखना नहीं जानतीं (इतनी कसर है !)।" तुलना उन्होंने इन शब्दों में की है : "गाथाकार ने नेत्रों का 'नखसिख' लिखने में कोई कसर छोड़ी नहीं, 'पक्ष्मल', 'धवल', 'कृष्ण', 'दीर्घ' सबकुछ है, फिर 'सुंदरियों' के सहारे उनमें और भी बल आ गया है। इतने पर भी देखना न जानें तो दुर्भाग्य उनका। यहाँ 'द्रष्टु न जानन्ति' की असंलक्ष्य-क्रम व्यंग्य-ध्वनि ने गाथा के चमत्कार पर कुछ भारी-सा पर्दा डाल दिया है। देखना नहीं जानतीं, क्यों? कोई विचित्र बीमारी तो नहीं है? कहीं चित्रलिखित आँखें तो नहीं हैं? पर वाह जी बिहारीलाल ! धन्य तुम्हारी प्रतिभा ! यह प्रतिभा औरै कछू, जिहि बस होत सुजान।" (उपर्युक्त, पृ० 53)। शर्माजी ने बिहारी के दोहे की प्रशंसा में आगे भी बहुत-कुछ कहा है, पर उनकी तुलना की सार्थकता अथवा निरर्थकता इतने से ही स्पष्ट हो जाती है। बिहारी का यह दोहा और गाथा दोनों अपनी मार्मिकता में अद्वितीय हैं, पर शर्माजी ने 'देखना नहीं जानतीं' को अकारण दुर्बोध बतलाकर गाथा पर दोहे की श्रेष्ठता प्रमाणित करने की चेष्टा की है। उनकी इस तुलना से न तो सही ढंग से दोहे को समझने में मदद मिली है, न

गाथा को। गाथा के भाव में जो सहजता और स्वच्छन्दता है, उस तक शर्माजी की रीतिबद्ध दृष्टि किसी तरह नहीं पहुँच सकी है । वे उच्छ्वसित होकर बिहारी को दाद देने में ही लगे रहे हैं। दूसरे स्थान पर उन्होंने बिहारी के दोहे "किती न गोकुल कुलबधू, काहि न केहि सिख दीन / कौनै तजै न कुलगली ह्वै मुरलीसुर लीन" की तुलना रसखान के इस सवैये से की है :

कौन ठगोरीभरी हरि आज बजायी है बाँसुरिया रसभीनी,
तान सुनीं जिनहीं जितही तिनहीं तिन (त) लाज बिदा कर दीनी ।
घूमें खरी खरी (घरीघरी) नंद के बारे नवीनी–कहा अस बाल प्रवीनी,
या ब्रजमंडल में 'रसखान' सु कौन भटू जु लटू नहीं कीनी ।।

और लिखा है : "रसखान की पदावली बहुत मृदु और रचना मधुर है। पर दोहे की मुरली का स्वर ही मर्मस्पर्शी है। 'कौन भटू जु लटू नहीं कीनी' की अपेक्षा 'कौनैं तजै न कुलगली' में मुरली के स्वर का प्रभावाधिक्य कहीं बढ़ गया है। फिर कुलवधू और 'काहि न केहि सिख दीन' ये वाक्य इस भाव को और भी जोरदार सिद्ध कर रहे हैं।" (उपर्युक्त, पृ० 101)। दोहा और सवैया इन दोनों का सौन्दर्य अलग-अलग है, लेकिन शर्माजी की तुलनात्मक आलोचना उस सौन्दर्य का उद्-घाटन नहीं करती, बल्कि बलात् दोहे को सवैये से बढ़कर सिद्ध करने का प्रयास करती है। इस आलोचना से तुलना की व्यर्थता ही सिद्ध हुई है । कम-से-कम शर्माजी सार्थक रूप में उसका इस्तेमाल नहीं कर सके हैं। 'बिहारी का विरह-वर्णन' उपखण्ड में तो आगे उन्होंने केवल दूसरे कवियों के विरह-वर्णनवाले छन्द उद्धृत करके टीका-पद्धति से उनका अर्थ लिख दिया है । इस प्रकार सर्वत्र वे 'तुलनात्मक आलोचना' भी नहीं कर सके हैं। शर्माजी की आलोचना की एक विशेषता उसका अनेक स्थलों पर प्रभावाभिव्यंजक होना भी है। बिहारी के दोहे "छुटे छुटावै जगत तें सटकारे सुकुमार / मन बाँधत बेनी बँधे, नील छबीले बार" पर उन्होंने लिखा है : "इसका जवाब किसी को याद हो तो बतलावें ? क्या कहना है, क्या कही है। ये बाल क्या हैं, काली बला हैं। एक आफत हैं, कयामत हैं। छुटे हुए चैन लेने दें न बँधे हुए ! !" फिर उन्होंने एक संस्कृत कवि की उक्ति उद्धृत कर उसका अर्थ किया है : "आप कहते हैं कि जरा ठहरियो, अभी जूड़ा न बाँधो, मेरी आँखें केशपाश के सघन जाल में फँसी हैं, मैं जरा उन्हें आहिस्ता-आहिस्ता उभार लूँ, वहाँ से निकाल लूँ। कहीं वह बालों में बँधी न रह जाएँ।" इस पर उनकी यह आलोचनात्मक टिप्पणी है : "क्या अच्छी सूझी है, इन हजरत ने यदि बिहारी के केशों की करामात सुनी होती तो ऐसी फिजूल आरजू कभी न करते। अरे ! बाबा ! आँखें ज्यों त्यों करके निकाल भी लीं तो क्या हुआ ! इस नागन के मुँह में से मन तो नहीं निकाल सकोगे ?" (उपर्युक्त, पृ० 62)। इसी तरह बिहारी के एक दोहे की तुलना शर्माजी ने एक गाथा से की है,

जिसका अर्थ है : "हर्षोत्सुका और प्रेमावेश में काँपती हुई कामिनी की अबीर की मूठ, जिसे वह प्रियतम पर चलाना चाहती थी, (सात्त्विक प्रस्वेद से सनकर) हाथ में गंधोदक हो गयी ।" यहाँ उन्होंने आगे लिखा है : "खैर, कोई घबड़ाने की बात नहीं। अबीर की मूठ न मारी एक चुल्लू रंग डाल दिया। होली ही तो है !" (उपर्युक्त, पृ० 135) । एक अन्य स्थल पर जौक का यह शेर उद्धृत करके कि "न करता जब्त मैं नाला तो फिर ऐसा धुआँ होता/ कि नीचे आसमाँ के एक नया और आसमाँ होता" उन्होंने उसके बारे में कहा है : "आपने बड़ी कृपा की, जो नाला जब्त कर लिया, यह एक ही 'आसमान' चैन नहीं लेने देता । दो हो जाते तो न जाने क्या होता !" (उपर्युक्त, पृ० 141)। इन उदाहरणों से यह बात स्पष्ट है कि शर्माजी ने 'सतसई' में अनेक स्थलों पर अपने को विषय में एकदम मिला दिया है, जबकि उसके विश्लेषण और मूल्यांकन के लिए उससे थोड़ी दूरी बनाकर चलना आवश्यक था । इसके परिणामस्वरूप प्रभावाभिव्यंजक आलोचना ही तैयार हो सकती थी जिससे आलोचक को जानने में भले मदद मिले, आलोच्य विषय को जानने में कोई मदद नहीं मिलती है। कहीं-कहीं 'सतसई' में निर्णयात्मक आलोचना का भी उदाहरण मिलता है। ऐसे स्थलों पर शर्माजी ने केवल निर्णय दिये हैं, अपने निर्णय का कारण नहीं बतलाया है। ऊपर एक गाथा का अर्थ लिखा गया है । उसी गाथा को विक्रम ने दोहाबद्ध किया है। शर्माजी बिहारी से उसकी तुलना करते हुए यह निर्णय देते हैं : "बिहारी ने विरह-संताप में 'अरगजे' का 'अबीर' बनाया था। विक्रम ने उसे सात्त्विक प्रस्वेद में सानकर अरगजा बना डाला है। पर बिहारी के कलाम की गरमी के आगे विक्रम का यह उद्‌गार गारा मालूम होता है !" (उपर्युक्त, पृ० 114)। यहाँ शर्माजी ने यह नहीं बतलाया कि विरह का ताप सात्त्विक प्रस्वेद से बढ़कर क्यों है। उन्होंने अपनी पसन्द से केवल निर्णय दे दिया है।

संस्कृत में आचार्यों ने पद्य के दो भेद किये हैं : प्रबन्ध और मुक्तक। लेकिन मुक्तक को उन्होंने प्रबन्ध के आगे विशेष महत्त्व नहीं दिया । इसका एक कारण सम्भवतः यह भी था कि प्रबन्ध में जहाँ रस का प्रवाह होता था, वहाँ मुक्तकों में उसकी सम्भावना कम थी । मुक्तकों में काव्यत्व लाने के लिए प्रायः उक्तिवैचित्र्य का सहारा लेना पड़ता था। नौवीं शताब्दी में आनन्दवर्द्धन ने इस बात पर बल दिया कि मुक्तकों में भी रस का अभिनिवेश सम्भव है। शर्माजी ने आनन्दवर्द्धन से आगे जाकर मुक्तक को प्रबन्ध से श्रेष्ठ घोषित किया है : "मुक्तक की रचना कविताशक्ति की पराकाष्ठा है। महाकाव्य, खंडकाव्य या आख्यायिका आदि में यदि कथानक का क्रम अच्छी तरह बैठ गया तो बात निभ जाती है, कथानक की मनोहरता पाठक का ध्यान कविता के गुण-दोष पर प्रायः नहीं पड़ने देती। कथा-काव्य में हजार में दस-बीस पद्य भी मार्के के निकल आये

तो बहुत हैं। कथानक की सुंदर संघटना, वर्णनशैली की मनोहरता और सरसता आदि के कारण 'कुल मिलाकर' काव्य के अच्छेपन का प्रमाण मिल जाता है। परन्तु 'मुक्तक' की रचना में कवि को 'गागर में सागर' भरना पड़ता है। एक ही पद्य में अनेक भावों का समावेश और रस का सन्निवेश करके लोकोत्तर चमत्कार प्रकट करना पड़ता है। ऐसा करना साधारण कवि का काम नहीं है। इसके लिए कवि का सिद्धसरस्वतीक और वश्यवाक् होना आवश्यक है।" (उपर्युक्त, पृ० 29)। आनन्दवर्द्धन ने प्रबन्धकाव्य को स्पष्टतः 'रसादि का व्यंजक' माना है और विस्तार से उसकी रस-व्यंजना के हेतुओं पर विचार किया है। महाकाव्य उन्होंने दो प्रकार के बतलाये हैं—रसप्रधान और इतिवृत्तप्रधान, और इनमें से रसप्रधान महाकाव्य को श्रेष्ठ कहा है। शर्माजी ने इन सभी बातों को भुलाकर प्रबन्धकाव्य का अवमूल्यन कर दिया है और उसके स्थान पर मुक्तक काव्य को प्रतिष्ठित करने का प्रयास किया है। इसके मूल में निश्चिय ही उनका उक्ति-वैचित्र्य-प्रेम है। उनकी दृष्टि की संकीर्णता का पता तब अच्छी तरह से चलता है, जबकि हम प्रबन्धकाव्य के सम्बन्ध में शुक्लजी की धारणा से उनकी धारणा को मिलाकर देखते हैं। शुक्लजी ने लिखा है : "रससंचार से आगे बढ़ने पर हम काव्य की उस उच्च भूमि में पहुँचते हैं जहाँ मनोविकार अपने क्षणिक रूप में ही न दिखायी देकर जीवनव्यापी रूप में दिखायी पड़ते हैं। इसी स्थायित्व की प्रतिष्ठा द्वारा शीलनिरूपण और पात्रों का चरित्रचित्रण होता है। कहने की आवश्यकता नहीं कि इस उच्च भूमि में आने पर फुटकरिये कवि पीछे छूट जाते हैं, केवल प्रबन्धकुशल कवि ही दिखायी पड़ते हैं।" ('गोस्वामी तुलसीदास,' पृ० 100)। यह आकस्मिक नहीं है कि शर्माजी ने अपना आदर्श कवि बिहारी में पाया, जबकि शुक्लजी ने तुलसीदास में। शर्माजी उक्ति-वैचित्र्य को कविता मानते थे और 'मनोविकारों के क्षणिक रूप' से ही सन्तुष्ट थे, जबकि शुक्लजी उक्ति-वैचित्र्य को कविता नहीं, 'सूक्ति' मानते थे और श्रेष्ठ कविता में मनोविकारों का चित्रण जीवनव्यापी रूप में चाहते थे। शुक्लजी जीवन और समाज को गतिशील रूप में देखते थे, इसलिए उनकी दृष्टि में कविता में नयी-नयी बातों के चित्रण का भरपूर अवसर था। शर्माजी उनकी इस मान्यता के विपरीत यह विचार रखते थे : "वास्तव में कोई नयी बात संसार में होती ही नहीं, वही गिनी-चुनी जानी-पहचानी बातें हैं, जिन्हें अपनी-अपनी प्रतिभा से नया-नया रूप देकर कवि वर्णन करते हैं। पुरानी बातों में उक्ति-वैचित्र्य से नवीनता लाना ही कवि की कारीगरी है।" ('बिहारी सतसई : तुलनात्मक अध्ययन,' पृ० 33)। जैसे बिहारी ने अपने पूर्ववर्ती कवि के भावों को अपने अनेक दोहों में बाँधा है, बिहारी के परवर्ती कवियों ने भी उनके भावों को अपनाया है। कहीं-कहीं उन्होंने उनके भावों को सरल और स्वाभाविक कथन

के माध्यम से अधिक प्रभावोत्पादक बना दिया है। लेकिन शर्माजी ने ऐसी सरल और स्वाभाविक उक्तियों को पसन्द नहीं किया है, क्योंकि उनमें बिहारी की आलंकारिता और उक्ति-वैचित्र्य नहीं आ सके हैं। बिहारी के दोहे "नित संसौ हंसौ बचतु, मानो यहि अनुमान / बिरह अगनि लपटानि सकै, झपट न मीच सिचान" को रामसहाय दास ने अपनी 'शृङ्गार सतसई' में यह रूप दिया है : "चंदन कीच चढ़ाय हूँ, बीच पड़े नहीं राँच / मीच नगीच न आ सकै, लहि विरहानल आँच।" इस पर शर्माजी की टिप्पणी है : "विहारी ने जीव को हंस का फड़कता हुआ और मृत्यु (मीच) को श्येन (सियान) का उड़ता हुआ रूपक देकर और हेतूत्प्रेक्षा के परों पर चढ़ाकर, दोहे के मजमून को आसमान पर पहुँचा दिया है। शृङ्गार सतसई का दोहा इसके 'नगीच' नहीं पहुँच सका, मंजिलों नीचे परकटे कबूतर की तरह खाक पर (चंदन की कीच में) पड़ा लोट रहा है।" (उपर्युक्त, पृ० 106)। इसी तरह बिहारी के प्रसिद्ध दोहे 'दृग उरझत टूटत कुटुम, जुरत चतुर चित प्रीति / परति गाँठ दुर्जन हिये, दई नयी यह रीति" को रसनिधि ने इस रूप में सरल और स्वाभाविक बना दिया है : "उरझत दृग बँधि जात मन, कहौ कौन यह रीति / प्रेम नगर में आइ कै, देखी बड़ी अनीति।" लेकिन शर्माजी ने इसे भी पसन्द नहीं किया है और रसनिधि के बारे में कहा है कि वे "विहारी से बाजी नहीं ले सके।" (उपर्युक्त, पृ० 117)।

काव्यशास्त्र में स्वभावोक्ति और अतिशयोक्ति नाम के दो अलंकारों का निरूपण किया गया है। "जाति वा अवस्था के अनुसार जिसका जिस समय जैसा प्राकृतिक कृत्य हो वैसा ही कहना स्वभावोक्ति अलंकार है" और "जहाँ किसी की अतिशय सराहना करना मंजूर हो उस उक्ति के कथन में अतिशयोक्ति होती है।" स्वभावतः शर्माजी ने स्वभावोक्ति की अपेक्षा अतिशयोक्ति को महत्त्व दिया और उसे "कविता की जान और रस की खान" कहा। (उपर्युक्त, पृ० 121)। इतना ही नहीं, उन्होंने कविता में स्वभावोक्ति का आग्रह रखनेवाले लोगों की कटु आलोचना की : "आजकल का संभ्रांत शिक्षित समाज कोरी 'स्वभावोक्ति' पर फिदा है, अन्य अलंकारों की सत्ता उसकी परिष्कृत रुचि की आँख में काँटा-सी खटकती है, और विशेषकर 'अतिशयोक्ति' से तो उसे कुछ चिढ़-सी है। प्राचीन साहित्य विधाताओं के मत में तो जो चीज कविता कामिनी के लिए नितांत उपादेय थी, वही इसके मत में सर्वथा हेय है। यह भी एक रुचि-वैचित्र्य का 'दौरात्म्य' है!" (उपर्युक्त, पृ० 159-60)। इससे यह स्पष्ट हो जाता है कि शर्माजी जिस युग में आलोचना लिख रहे थे उसमें साहित्य के क्षेत्र में दो रुचियों का टकराव हो रहा था। उनमें से एक रुचि अलंकारवादी थी जो मध्ययुगीन सामन्ती रुचि थी, और दूसरी रुचि यथार्थवादी थी जो आधुनिक जनवादी रुचि थी। शर्माजी अलंकारवादी रुचि के ही

आलोचक थे और मध्ययुगीन साहित्य को उसी रुचि की कसौटी पर रखकर देखना चाहते थे; जिस रुचि से प्रेरित होकर वह साहित्य रचा गया था। उन्होंने लिखा है : "प्राचीन काव्य वर्तमान 'परिष्कृत सुरुचि' के आदर्श पर नहीं रचे गये, उन्हें इस नये गज से नहीं नापना चाहिए, प्राचीनता की दृष्टि से परखने पर ही उसकी खूबी समझ में आ सकती है। 'सतसई' भी एक ऐसा ही काव्य है, विहारी उस प्राचीन मत के अनुयायी थे जिसमें 'अतिशयोक्तिशून्य' अलंकार चमत्काररहित माना गया है। उपमा, उत्प्रेक्षा, पर्याय और निदर्शना आदि अलंकार अतिशयोक्ति से अनुप्राणित होकर ही जीवन लाभ करते हैं—अतिशयोक्ति ही उन्हें जिला देकर चमकाती है, मनमोहक बनाती है, उनमें चारुत्व लाती है—यह न हो तो वे कुछ भी नहीं, बिना नमक का भोजन,ताररहित सितार और लावण्यहीन रूप है।" (उपर्युक्त, पृ० 160)। इससे शर्माजी का अतिशयोक्ति-प्रेम ही सिद्ध नहीं होता है, यह भी सिद्ध हो जाता है कि आलोचक के रूप में उनके पास कोई अपनी दृष्टि नहीं थी और वे मध्ययुगीन कवि की कविता पर उस कवि की दृष्टि से ही विचार कर रहे थे। इस दृष्टि के कारण ही वे बिहारी के "इत आवत चलि जाति उत, चली छ सातिक हाथ / चढ़ी हिंडोरे से रहै, लगी उसासनि साथ" दोहे की प्रशंसा करने को बाध्य हुए। इस दोहे की तुलना संस्कृत कवि बिल्हण की एक उक्ति से करते हुए उन्होंने कहा है : "विहारी का वर्णन बिल्हण से बहुत बढ़िया है। इन्होंने गृह-स्तंभ से टकराकर लौटी हुई श्वासवायु से शरीर को कँपाया ही है। विहारी ने श्वासों के हिंडोले पर बिठलाकर छ-छ सात-सात हाथ लंबे झोंटे दिला दिये हैं।" फिर उन्होंने भावोच्छ्वसित होकर कहा है : "दया की जो आह की आँधी में जिस्म को पत्ते की मानिंद उड़ा न दिया !" (उपर्युक्त, पृ० 125)। यहाँ शुक्लजी का स्मरण आना स्वाभाविक है जिन्होंने बिहारी के ऐसे वर्णनों में 'औचित्य की सीमा का उल्लंघन' देखा है और उन्हें 'खेलवाड़' कहा है। शर्माजी ने 'सतसई संहार' की आलोचना के क्रम में विहारी के "औंधायी सीसी स लखि, विरहबरी बिललात / बीचैं सूख गुलाब गो, छीटो छुई न गात" दोहे की प्रशंसा की है और कहा है : "विरहताप का वर्णन विहारीलाल ने जिस अपूर्वता, अधिकता और अतिशयोक्ति से अपने काव्य में किया है, वह बड़ा ही विचित्र है। इस विषय में वह सबको मात कर गये हैं।" (उपर्युक्त, पृ० 235)। शुक्लजी ने विरह-वर्णन की श्रेष्ठता विरहिणी की 'सामान्य स्वाभाविक वृत्ति' में देखी है और कहा है कि "अपनी भावुकता का बड़ा भारी परिचय जायसी ने इस बात में दिया है कि रानी नागमती विरह-दशा में अपना रानीपन बिल्कुल भूल जाती है और अपने को केवल साधारण स्त्री के रूप में देखती है।" ('जायसी ग्रंथावली,' भूमिका, पृ० 44)। शर्माजी और शुक्लजी में अन्तर इस बात को लेकर है कि

शर्माजी जहाँ मध्ययुगीन कवि की दृष्टि-सीमा से बाहर नहीं हैं, वहाँ शुक्लजी आधुनिक युग की व्यापक दृष्टि से युक्त आलोचक हैं।

शर्माजी रीतिकाव्य के प्रेमी थे, इसलिए स्वभावतः उन्होंने उस रीतिशास्त्र के आधार पर बिहारी के काव्य पर विचार किया, जिसका आश्रय लेकर वह काव्य रचा गया था। कहीं-कहीं उनकी आलोचना अत्यन्त शास्त्रीय हो गयी है, जैसे बिहारी के 'तीज परब सौतिन सजे' वाले दोहे का सौन्दर्य-निरूपण करने के क्रम में उन्होंने लिखा है : "सपत्नियों के मलिन मुँह होने में विवर्णता अनुभाव से ईर्ष्या संचारी व्यंग्य का चमत्कार है और कविता में असंलक्ष्यक्रम व्यंग्य ध्वनि का जोर है। वर्णनवैचित्री के अतिरिक्त असंगति, विभावना, तुल्ययोगिता, आवृत्ति दीपक और लाटानुप्रास की भरमार है। अलंकारों की क्या खूब बहार है !" ('बिहारी सतसई : तुलनात्मक अध्ययन,' पृ० 42)। शर्माजी की आलोचना-शैली में गम्भीरता और हल्कापन का विचित्र मिश्रण है। एक स्थल पर वे कहते हैं : "बिहारीलाल भी तो एक ही, 'काइयाँ' ठहरे। वह कब चूकनेवाले हैं, पहलू बदलकर मजमून को साफ ले ही उड़े ! 'अज्यौं न आये सहज रंग, बिरह-दूबरे गात' वाह उस्ताद क्या कहने हैं ! क्या सफाई खेली है, काया ही पलट दी ! कोई पहचान सकता है ! वहाँ (गाथा में) केवल गुलफट पड़े केश ही थे यहाँ 'बिरह-दूबरे गात' है।" (उपर्युक्त)। रूपकात्मक भाषा का प्रयोग तो उन्होंने बराबर किया है, जैसे "बिहारी की बन्दिश कितनी चुस्त है ! पेच में कसी हुई रुई की गाँठ है। इसके मुकाबले में सेनापति का कवित्त ठीलमढाला फूला हुआ घास का गट्ठर है" (उपर्युक्त, पृ० 91), अथवा "रत्नजटित स्वर्ण के कटोरे में मिसरी का शर्बत, नहीं, अमृतरस भरा हुआ है, जिसका पान करते ही मन तन्मय हो जाता है।" (उपर्युक्त, पृ० 200)। 'सतसई-संहार' में अनावश्यक विस्तार बहुत अधिक है, जैसे "हा बिहारीलाल ! किस बुरे मुहूर्त में तुम यह कविता करने बैठे थे ! क्या तुमने भी किसी जन्म में किसी की कविता को इसी प्रकार भ्रष्ट किया था, जिसका यह बदला अब तुमसे लिया जा रहा है ! जरूर कुछ ऐसी ही बात है, अन्यथा तुम्हारी अमृतरस-निष्यंदिनी सूक्ति-लता पर इस प्रकार कुठार प्रहार करके उसे अनर्थाग्नि की ज्वाला में न झोंका जाता।" (उपर्युक्त, पृ० 239)।

पं० कृष्णबिहारी मिश्र (1890-1960) पर भी नये युग का थोड़ा बहुत प्रभाव पड़ा था। यह उनके इस कथन से मालूम होता है : "समग्र राष्ट्र के विचार से खड़ी बोली में कविता होनी चाहिए, परंतु परिचित हिन्दी-भाषी जनता एवं प्रादेशिक लोगों के हित का लक्ष्य रखकर व्रजभाषा में की जानेवाली कविता का गला घोंटना ठीक नहीं। व्रजभाषा में कविता होने से खड़ी बोली की कविता को किसी प्रकार की हानि नहीं पहुँच सकती। दोनों को मिल-जुलकर काम करना चाहिए। हमारी राय में खड़ी बोली व्रजभाषा में प्रचलित

कविता-संबंधी नियमों का अनुकरण करे, और व्रजभाषा खड़ीबोली में व्यक्त होनेवाले सामयिक विचारों से अपने कलेवर को विभूषित करे।" ('देव और विहारी,' 1920, पृ० 11)। लेकिन खड़ीबोली की कविता के साथ व्रजभाषा की कविता के सहअस्तित्व की आकांक्षा प्रकट करना व्रजभाषा की कविता के प्रति मिश्रजी के मन में जो कमजोरी थी, उसका सूचक है। उन्होंने खड़ी बोली में व्यक्त होनेवाले 'सामयिक विचारों' की बात कही है, लेकिन 'देव और विहारी' में उन्होंने कहीं-कहीं शीतल नामक कवि की खड़ीबोली की जो कविताएँ उद्धृत की हैं, उनमें 'सामयिक विचारों' की जगह रीतिकालीन शृंगार-वर्णन और आलंकारिक चमत्कार ही दिखलायी पड़ते हैं। मिश्रजी ने उन्हें इसी कारण पसन्द भी किया है। इस पुस्तक की भूमिका में शीतल कवि का एक छन्द उद्धृत करके, जिसका अन्तिम चरण है—"जानी, यह तद्‌गुण भूषण है पँचरंगा हार चमेली का," उन्होंने उस पर यह टिप्पणी की है : "कुछ लोगों की राय में खड़ी बोली में कविता नहीं हो सकती। हम यह बात नहीं मानते। प्रतिभावान् कवि किसी भी भाषा में कविता कर सकता है। शीतल कवि की भाषा व्रज-भाषा न होते हुए भी उक्ति-चमत्कार के कारण रमणीय है।" (पृ० 47)। इससे इसका संकेत मिलता है कि मिश्रजी खड़ी बोली में भी वस्तुतः रीतिकालीन कविता ही चाहते थे। शर्माजी की आलोचना पर विचार करने के क्रम में उनमें पाये जानेवाले अपराध-भाव की चर्चा की गयी है। यह नये युग के प्रभाव के कारण ही था जिसमें नारी को पुरुष की समकक्षता प्रदान करने की माँग की गयी थी और उसके सम्पूर्ण व्यक्तित्व की ओर लोगों का ध्यान गया था। इसके परिणामस्वरूप रीतिकालीन कविता के प्रेमी आलोचक उस कविता के बचाव के लिए तरह-तरह के तर्क देने लगे। मिश्रजी ने शृङ्गारिक कविताओं को 'दांपत्य प्रेम से परिपूर्ण कविताएँ' सिद्ध करने की कोशिश की है, जो हास्यास्पद है। (उपर्युक्त, पृ० 81)। सन् 1926 ई० में 'मतिराम-ग्रंथावली' का प्रकाशन हुआ। मिश्रजी ने करीब ढाई सौ पृष्ठों में उसकी भूमिका में मतिराम के काव्य पर विचार किया। इस भूमिका में उन्होंने रीतिकालीन कवियों को कविता को बचाकर रखने का श्रेय देते हुए लिखा है : "इन्हीं कवियों ने यदि प्रेम-भक्ति का दिव्य चित्र भी खींचा होता, तो क्या बात थी! वे ऐसा न कर सके, इसका खेद है, पर उन्होंने जो कुछ किया उसके लिए उनको शाप देने की आवश्यकता नहीं है। उन्होंने प्रतिकूल समय में कविता के दीपक को बुझने से तो बचाया। क्या हुआ, जो बुरे तेल के कारण दीपक से कुछ मलिन धुआँ भी निकला। यदि विषय-प्रेम पर कविता लिखनेवाले कवियों का भी अभाव हो गया होता तो संसार से काव्यालोक का सदा के लिए विच्छेद हो गया होता!" (पृ० 3)। मिश्रजी ने रीतिकाल को 'समाज की पतितावस्था' कहा है और उसमें रीतिकालीन कवियों को काव्यानन्द का रक्षक

बतलाया है। यह बात समझ में नहीं आती है कि 'समाज की पतितावस्था' में शृङ्गारिक कविता लिखने का अवसर ही कवियों को क्यों मिला और दूसरे प्रकार की कविता से काव्यानन्द की रक्षा क्यों नहीं हो सकती थी। वस्तुतः रीतिकाल में भी दूसरे प्रकार के कवियों द्वारा दूसरे प्रकार की कविता लिखी जा रही थी, लेकिन मिश्रजी ने उन कवियों की परम्परा को ढूंढ़ने और उसे समझने का प्रयास नहीं किया। रीतिकाव्य के पक्ष में एक और तर्क उन्होंने यह दिया है: "इसी प्रेम-कविता ने समय पाकर नारी-समाज के प्रति पुरुष-समाज के भावों पर बड़ा प्रभाव डाला।" (उपर्युक्त)। मिश्रजी ने यह स्पष्ट नहीं किया है कि नारी-अधिकारों के लिए किये जानेवाले आन्दोलन में रीतिकाव्य से कैसे मदद मिली; उससे पुरुषों पर नारी के सौन्दर्य का महत्त्व स्पष्ट हुआ या उसकी स्थिति के प्रति उनके मन में दया उत्पन्न हुई। जो शृङ्गारिक काव्य नारी के प्रति दया-भाव को जन्म देगा, वह काव्यानन्द की रक्षा कैसे करेगा, यह सोचने की बात है।

कविता के सम्बन्ध में मिश्रजी ने जो सूत्र दिया है, वह बहुत ही सरल है। "कविता का उद्देश्य, हमारी राय में आनन्द प्रदान करना है" (देव और विहारी', पृ० 73), "यह आनन्द-प्रदान रस के परिपाक से सिद्ध होता है" (उपर्युक्त, पृ० 74), "शृङ्गार सब रसों का राजा ठहरता है" (उपर्युक्त, पृ० 75), इसलिए शृङ्गार रस का कवि सर्वश्रेष्ठ है और "देव और विहारी इन शृङ्गारी कवियों के नेता से हैं।" (उपर्युक्त, पृ० 84)। पं० बालकृष्ण भट्ट ने पिछले युग में ही कहा था कि "साहित्य जनसमूह के हृदय का विकाश है", लेकिन मिश्रजी ने इस युग में भी बलपूर्वक यह स्थापित करने का प्रयास किया कि "कविता के सभी प्रयोजनों में आनन्द का ही बोलबाला है।" ('मतिराम-ग्रंथावली', भूमिका, पृ० 9)। यह आनन्द सम्पूर्ण जीवन को विषय मानकर चलनेवाली कविता में नहीं मिल सकता, क्योंकि "कविता को सुसज्जित करनेवाली विशिष्ट घटनाएँ संसार में थोड़ी ही मिलती हैं" और "व्रजभाषा के कवियों ने जिन विशेष घटनाओं को बार-बार दुहराया है, उनमें रमणीयता उत्पन्न करानेवाली सामग्री अत्यधिक भरी हुई है।" (उपर्युक्त, पृ० 13)। यहाँ मिश्रजी ने शृङ्गारिक कविता के पक्ष में एक पूरा शास्त्र रचने की कोशिश की है। शुक्लजी ने यह बतलाने के बाद कि काव्यदृष्टि कहीं तो नरक्षेत्र के भीतर रहती है, कहीं मनुष्येतर बाह्य सृष्टि के और कहीं समस्त चराचर के, समस्त चराचर से सम्बद्ध काव्यदृष्टि को ही सर्वश्रेष्ठ काव्यदृष्टि कहा है, जिसका उल्लेख पहले किया जा चुका है। इससे मिश्रजी और शुक्लजी और उनके माध्यम से काव्य-सम्बन्धी दो विचार-धाराओं का अन्तर स्पष्ट हो जाता है। मिश्रजी ने शृङ्गारिक कविता का पक्ष समर्थन करने से और आगे जाकर कविता के सम्बन्ध में कलावादी दृष्टिकोण को पूर्णतः स्वीकार करते हुए कहा है :

"कविता और नीति किसी भी प्रकार एक नहीं हैं। जैसे चित्रकार जाह्नवी का पवित्र चित्र खींचता है, वैसे ही वह श्मशान का भीषण दृश्य भी दिखलाता है। वेश्या और स्वकीया के चित्र खींचने में चित्रकार को समान स्वतंत्रता है। ठीक इसी प्रकार कवि प्रत्येक भाव का चाहे वह कितना ही घृणित अथवा पवित्र क्यों न हो, वर्णन करने के लिए स्वतंत्र है। कवि लोकोत्तर आनन्द-प्रदान करते हुए नीति भी कहता है, उपदेश भी देता है। पर उपदेश-हीन कविता कविता ही नहीं हो, यह बात नितांत भ्रम-पूर्ण है। कविता के लिए केवल रस-परिपाक चाहिए। उपयोगितावाद के चक्कर में डालकर ललित-कला का सौंदर्य नष्ट करना ठीक नहीं।" ('देव और विहारी,' पृ०82)। 'मतिराम-ग्रंथावली' की भूमिका में भी उन्होंने अपनी यह बात दुहराई, है: "विषय-रस में सराबोर कविता में रमणीयता है, इसलिए चाहे वह उपयोगिनी न हो और चाहे उसके द्वारा समाज में किसी प्रकार के कुरुचि के भावों को आश्रय मिला हो, परन्तु वह कविता अवश्य है। कविता-क्षेत्र से उसका बहिष्कार नहीं किया जा सकता।" (पृ०3)। आगे उन्होंने और स्पष्ट रूप में कहा है: "ऐसे वर्णनों में जो काव्य-सौंदर्य है, वह सराहनीय ही है, फिर उसका प्रभाव चाहे जैसा हो।" (पृ० 107)। यहाँ पुनः इस विषय से सम्बन्धित शुक्लजी के विचारों को देखना आवश्यक है जिससे मिश्रजी के विचारों के वास्तविक स्वरूप से ठीक से परिचय प्राप्त किया जा सके। मिश्रजी ने कविता के आनन्दप्रदायक गुण पर सबसे ज्यादा जोर दिया है। इस सम्बन्ध में शुक्लजी का कहना है: "मन को अनुरंजित करना, उसे सुख या आनन्द पहुँचाना ही यदि कविता का अंतिम लक्ष्य माना जाय तो कविता भी केवल विलास की एक सामग्री हुई। परंतु क्या कोई कह सकता है कि वाल्मीकि ऐसे मुनि और तुलसीदास ऐसे भक्त ने केवल इतना ही समझकर श्रम किया कि लोगों को समय काटने का एक अच्छा सहारा मिल जायगा? क्या इससे गंभीर कोई उद्देश्य उनका न था? खेद के साथ कहना पड़ता है कि बहुत दिनों से बहुत से लोग कविता को विलास की सामग्री समझते आ रहे हैं।" ('चिंतामणि,' प्रथम भाग, पृ०163-64)। उन्होंने रस-सम्बन्धी संकुचित दृष्टि का विस्तार करते हुए कहा कि "लोकहृदय में हृदय के लीन होने की दशा का नाम रस-दशा है।" (उपर्युक्त, पृ० 227)। उन्होंने कविता को कला मानने का विरोध किया और भली-बुरी, शुभ-अशुभ तथा उपयोगी-अनुपयोगी इन शब्दों को काव्य-क्षेत्र से बाहर के शब्द मानते हुए भी काव्य-सौन्दर्य की व्याख्या इस रूप में की: "जिसे धार्मिक शुभ या मंगल कहता है कवि उसके सौंदर्य-पक्ष पर आप ही मुग्ध रहता है और दूसरों को भी मुग्ध करता है। जिसे धर्मज्ञ अपनी दृष्टि के अनुसार शुभ या मंगल समझता है उसी को कवि अपनी दृष्टि के अनुसार सुंदर कहता है।" (उपर्युक्त, पृ० 167)। शुक्लजी के पास समाजशास्त्रीय नहीं, धर्मशास्त्र की

शब्दावली थी, इसलिए उन्होंने 'शुभ या मंगल' शब्दों का प्रयोग किया है; लेकिन इससे यह बात अस्पष्ट नहीं रहनी चाहिए कि यहाँ उनका लक्ष्य कविता की सामाजिक उपयोगिता की ओर संकेत करना रहा है। उन्होंने कविता का कलावादी नहीं, बल्कि जीवनवादी सौन्दर्यशास्त्र रचा है, जो मिश्रजी-जैसे आलोचकों से पूर्णत: भिन्न है। मिश्रजी की कविता सम्बन्धी उक्त धारणा उन्हें कहाँ ले जा सकती थी, वह उनके इन कथनों से स्पष्ट है : "लोक-प्रचार से काव्य की उत्तमता का कोई सरोकार नहीं है" और "उत्तमता की जाँच में लोक-प्रचार का मूल्य बहुत कम है। यथार्थ कवि के लिए पंडित-प्रियता ही सराहनीय है।" ('देव और विहारी,' पृ० 100-01)। मिश्रजी की आनन्द, रस और सौन्दर्य-सम्बन्धी संकुचित धारणा कविता के सम्बन्ध में उनके ह्रासोन्मुख दृष्टिकोण की सूचक है। स्वभावत: उन्होंने जैसे कविता के विषय के क्षेत्र में शृङ्गार-भाव पर अतिरिक्त बल दिया, उसकी शैली के क्षेत्र में पद-माधुर्य पर। उन्होंने कहा : "सब भाषाओं में शब्द-मधुरता काव्य की सहायता करनेवाली मानी गयी है। अतएव जिस भाषा में सहज माधुरी हो, वह कविता के लिए विशेष उपयुक्त होगी।" (उपर्युक्त, पृ० 20)। इस दृष्टि से ब्रजभाषा सर्वथा काव्योपयुक्त भाषा थी। उन्होंने खड़ी बोली के कवियों को यह परामर्श दिया : "खड़ी बोली में सचमुच ही शब्द-माधुर्य की कमी है। सो उक्त भाषा में कविता करनेवालों को अपनी कविता में यह शब्द-माधुरी लानी चाहिए।" (उपर्युक्त, पृ० 27)।

मिश्रजी ने 'मतिराम-ग्रंथावली' की भूमिका में मतिराम का एक सवैया उद्धृत किया है जिसका अन्तिम चरण है—"मूँदी न राखति प्रीति अली यह गूँदी गोपाल के हाथ की बेनी।" इससे सवैये में वर्णित प्रसंग स्पष्ट हो जाता है। नायिका की सखी उससे कहती है कि 'तुमने नायक से शृङ्गार कराया है जो अपनी विशेषता के कारण छिपाये नहीं छिप रहा है।' मिश्रजी इस सवैये की व्याख्या में कहते हैं : "सात्विक भाव से पैर में स्वेद का प्रादुर्भाव हुआ है, इसलिए नायक का लगाया महावर फैल गया है। नेत्रों में कज्जल की भी यही दशा हुई है, यहाँ तक कि नायिका के नेत्र श्यामता में हरिणी के नेत्रों से भी बढ़ गये हैं। उधर वेणी बाँधने में दूसरी ही बात हुई है। सखी या नाइन तो कसकर वेणी बाँधती—उसका लक्ष्य तो वेणी ठीक बँध जाय, इसी पर रहता, पर नायक महोदय प्रेमाधिक्य के कारण कसकर बाँधने से घबरा गये। उन्हें भय हुआ कि कहीं नायिका को पीड़ा न पहुँचे। बस, इसी विचार से उनकी बाँधी वेणी ढीली रह गयी। सखी इन सब बातों को समझ गयी, इसलिए नायिका के भौं चढ़ाने की परवा न करके उसने सब कुछ कह डाला।" (पृ० 108-09)। व्याख्या के बाद मिश्रजी ने इस सवैये पर यह आलोचनात्मक टिप्पणी की है : "मतिराम के छंद में सूक्ष्म दृष्टि और स्वाभाविकता का अपूर्व सम्मिलन हुआ

है। बुद्धि पर जरा-सा जोर देने से मतिराम की अनोखी काव्य-कला का परिचय होता है। माधुर्य तो छंद में लबालब भरा हुआ है। 'बात के बूझत ही मतिराम कहा करती भट्ट भौंह तनेनी' में स्वाभाविकता कूट-कूटकर भरी गयी है। मनुष्य प्रकृति के पारखी होने का सच्चा प्रमाण दिया गया है।" (उपर्युक्त, पृ० 109)। इस सवैये का नायक रीतिकालीन कविता का नायक है, जो मिश्रजी को अत्यधिक प्रिय है। नायिका के पाँवों में महावर और आँखों में काजल लगानेवाले तथा उसकी वेणी गूँथनेवाले नायक के ह्रासोन्मुख स्वरूप का पता तब अच्छी तरह से चल जाता है, जबकि हम इसका मिलान तुलसीदास के रामचरितमानस के लोकरक्षक और मर्यादापालक नायक राम से करते हैं। जिस तरह मिश्रजी ने रीतिकालीन कविता के नायक को पसन्द किया है, उसी तरह उसकी नायिका को भी। 'देव और विहारी' में उन्होंने देव का एक सवैया उद्धृत किया है जिसमें खण्डिता नायिका अपने पति के सिर में महावर और अधरों में अंजन लगा देखकर उससे कहती है : "संग ही संग बसौ उनके, अँग अंगन देव तिहारे लुरीये / साथ में राखिए नाथ उन्हें, हम हाथ में चाहती चारि चुरी ये", अर्थात् "हे नाथ, हमें हाथ में चार चूड़ियों के अतिरिक्त और कुछ न चाहिए, आप प्रसन्नतापूर्वक उन्हें (जिसके साथ रति-क्रीड़ा करके नायक अपनी पत्नी के पास पहुँचा है) अपने साथ रखिए।" इस पर मिश्रजी का कथन है : "आदर्श पतिव्रता स्वकीया को और क्या चाहिए ? पति का बाल बाँका न हो, तथा इसी से रमणी के सौभाग्य-चिह्न बने रहें, हिंदू ललना का अब भी यही आदर्श है। अंतिम पद का भाव कितना संयत और पवित्र है, एवं भाषा भी कैसी अनुप्रास-पूर्ण और हृदय-द्राविनी है, मानो सोने की अँगूठी में हीरे का नग जड़ दिया गया हो, अथवा पवित्र मंदाकिनी में निर्दोषनंदिनी स्नान कर रही हो।" (उपर्युक्त, पृ० 110-11)। इससे नारी-जाति के प्रति मिश्रजी का दृष्टिकोण अच्छी तरह से स्पष्ट हो जाता है। यह दृष्टिकोण पूर्णतः सामन्तवादी है, क्योंकि इसके अनुसार स्त्री पुरुष की दासी-मात्र है और उसके पास कोई अपना व्यक्तित्व नहीं है। स्वभावतः ऐसे दृष्टिकोणवाले आलोचक को सूर, तुलसी, बिहारी और देव इन कवियों में कौन बड़ा है और कौन छोटा, इसका पता नहीं चल सका और उन्होंने लिखा : "इसका निर्णय करना कि इनमें क्रमानुसार कौन श्रेष्ठ है, बहुत ही कठिन है।" (उपर्युक्त पृ० 36)। मिश्रजी अलंकारवादी आलोचक थे। उन्होंने उसी कविता को श्रेष्ठ माना है जिसमें सुन्दर अलंकारों का प्रयोग हुआ है। इस दृष्टि से शर्माजी में और उनमें कोई भेद नहीं है। 'लाज लगाम न मानहीं' वाले दोहे में आगे बिहारी ने 'लों' वाचक पद का प्रयोग किया है जिससे इस दोहे में रूपक अलंकार का निर्वाह नहीं हो सका है। इसके विपरीत इसी भाव को लेकर रचे गये मतिराम के दोहे में रूपक अलंकार का पूरा निर्वाह

हुआ है। मिश्रजी ने इसी को मतिराम के दोहे की 'मार्मिकता का रहस्य' बतलाया है। (उपर्युक्त, पृ० 38)। केशव, बिहारी और मतिराम ने विरहजनित कृशता का अतिशयोक्तिपूर्ण वर्णन किया है। केशव ने लिखा है कि सीता के विरह में राम मुद्रिका का व्यवहार कंकण के स्थान पर करते थे, बिहारी ने लिखा है कि नायिका को मृत्यु चश्मे से भी नहीं देख पाती और मतिराम ने लिखा है कि बिस्तर पर नायिका के होने का पता केवल उसके शरीर से निकलनेवाली लपट से चलता है। देव इस प्रसंग में केवल इतना लिखकर रह गये हैं कि "हाथ उठायो उड़ायबे को, उड़ि काग गरे परीं चारिक चूरी।" मिश्रजी ने इसके लिए इन शब्दों में अफसोस जाहिर किया है : "केशव, बिहारी और मतिराम ने कृशता की जो अवस्था दिखलायी है, उस तक देवजी नहीं पहुँचे हैं।" (उपर्युक्त, पृ० 40)। यह आकस्मिक नहीं है कि शर्माजी की तरह ही मिश्रजी को भी "देव और बिहारी-सदृश कवियों की कविता पढ़कर एवं वर्तमान भाषा-कविता की दुर्दशा देखकर" बिहारी का 'जिन दिन देखे वे कुसुम' वाला दोहा याद आता था। (उपर्युक्त, पृ० 138)।

'देव और बिहारी' नामक पुस्तक की रचना शर्माजी की पुस्तक 'बिहारी सतसई : तुलनात्मक अध्ययन' की प्रतिक्रिया में हुई, लेकिन इन दोनों आलोचकों का मतभेद वस्तुतः घरेलू मतभेद था। दोनों रीतिवादी आलोचक थे और इस बात को लेकर झगड़ रहे थे कि बिहारी बड़े कवि हैं, या देव। शर्माजी की पुस्तक में देव को भुलाकर बिहारी को शृंगार का सर्वश्रेष्ठ कवि सिद्ध किया गया था। मिश्रजी ने उनकी इस आलोचना को 'पक्षपातपूर्ण' कहा। उन्होंने लिखा है : "इस पक्षपात का चूड़ांत उदाहरण पाठकों को इसी बात से मिल जायगा कि देव-सदृश उच्च कोटि के शृंगारी कवि की कविता से बिहारी के दोहों की तुलना तो दूर रही, उस बेचारे का नाम तक। संजीवन-भाष्य के प्रथम भाग में नहीं आने पाया है। यदि देव और बिहारी की तुलना होती, और यह दिखलाया जाता कि बिहारीलाल देव से श्रेष्ठ हैं, तो बात ही दूसरी थी। ऐसी दशा में सर्वसाधारण के सामने उभय कविवरों के पद्य विशेष रहते और उन्हें अपनी राय भी कायम करने का मौका मिलता, चाहे वह राय बिहारी के अनुकूल ही क्यों न होती, पर भाष्यकार महोदय ने ऐसा अवसर ही नहीं आने दिया, मानो दास, पद्माकर, तोष और सुंदर आदि कवियों से भी देवजी को हीन मानकर उनकी कविता से तुलना करना भाष्यकार ने व्यर्थ समझा।" ('देव और बिहारी,' पृ० 51-52)। मिश्रबन्धुओं ने 'नवरत्न' में देव को बिहारी से श्रेष्ठ सिद्ध करने की कोशिश की थी। इसका उत्तर शर्माजी ने 'सतसई' में बिहारी को सर्वश्रेष्ठ सिद्ध करके दिया। मिश्रजी मिश्रबन्धुओं के अधिक निकट थे। उन्होंने पुनः देव को बिहारी के ऊपर स्थान देने के लिए जोर लगाया।

उन्होंने 'देव और बिहारी' में मिश्रबन्धुओं का एक लम्बा कथन उद्धृत किया है, जिसमें उन्होंने कहा है : "देखना तो यह चाहिए कि जो विषय कवि ने उठाया है, उसमें वह कहाँ तक कृतकार्य हुआ है। विषय की उत्तमता भी साहित्य की उत्तमता का एक कारण है, पर वही उसका एकमात्र कारण नहीं है। उत्तम से उत्तम विषय पर भी अधम रचना बन सकती है, और खराब से खराब विषय पर हृदयग्राहिणी कविता की जा सकती है।" (उपर्युक्त पृ० 140)। ऊपर से यह कथन पूर्णतः निर्दोष प्रतीत होता है, पर जरा रुककर विचार करने पर यह स्पष्ट हो जाता है कि इसमें कविता के विषय और वस्तु दोनों के महत्त्व को एकदम घटाकर उसके सम्बन्ध में कलावादी दृष्टिकोण की वकालत की गयी है। मिश्रजी का कविता-सम्बन्धी दृष्टिकोण पूरी तरह से मिश्रबन्धुओं के दृष्टिकोण के मेल में था।

जैसे शर्माजी ने तुलना के द्वारा बिहारी को श्रेष्ठ सिद्ध किया था, मिश्रजी ने भी तुलना के द्वारा ही देव की श्रेष्ठता दिखलाने की कोशिश की। लेकिन दोनों आलोचकों की तुलना करने का ढंग समान था। दोनों कविता के मूल सौन्दर्य की उपेक्षा कर अन्य अवयवों के मिलान से अपने-अपने प्रिय कवि को एक-दूसरे से बड़ा बतला रहे थे। शर्माजी के तुलना करने का ढंग हम देख चुके हैं। मिश्रजी का ढंग उनसे भिन्न नहीं है। उन्होंने बिहारी का यह दोहा 'बाल काहि लाली भई लोयन कोयन माँह ?/लाल, तिहारे दृगन की परी दृगन में छाँह' उद्धृत करके लिखा है : "इस दोहे के जवाब में देवजी का अकेला यह चतुर्थ पद कितना रोचक है—'काहू के रंग रँगे दृग रावरे, रावरे रंग रँगे दृग मेरे।' आपके नेत्र किसी और के रंग में रँगे हुए हैं, और मेरी आँखें आपके रंग में, इसी से दोनों की आँखें रंगीन हैं। 'रंग में रँगना' एक सुंदर मुहाविरा है। इस मुहाविरे के बल पर आँखों की सुर्खी का जो पता दिया गया है, वह खूब 'रंगीन' और 'सुकुमार' है। बिहारी के दोहे में नेत्रों में जो लालिमा आयी है, वह दूसरे नेत्रों की छाँह पड़ने से पैदा हुई है, पर देवजी के छंद में यह रंग छाँह पड़ने से नहीं आया है, वरन् सहज ही उत्पन्न हुआ है। अनुप्रास चमत्कार भी खासा है।" ('देव और बिहारी,' पृ० 183-84)। एक अन्य स्थान पर उन्होंने दोनों कवियों की इस प्रकार तुलना की है : "देव ने परकीया का वर्णन किया है, और अच्छा किया है, परंतु परकीया-प्रेम की उन्होंने निंदा भी खूब ही की है, और स्वकीया का वर्णन उससे भी बढ़कर किया है—मुग्धा स्वकीया के प्रेमानंद में देवजी मग्न दिखलायी पड़ते हैं। पर बिहारीलाल ने परकीया का वर्णन स्वकीया की अपेक्षा अधिक किया है, और अच्छा भी किया है। इस प्रकार के वर्णनों से कवि की साहित्य-मर्मज्ञता एवं रचना-चातुरी झलकती है, परंतु कवि के चरित्र के विषय में संदेह होता है।" उन्होंने देव के बारे में फिर आगे

लिखा है: "वह विहारीलाल से अधिक चरित्रवान् समझ पड़ते है", क्योंकि "उन्होंने तरुणियों के मनोविकारों का वर्णन ही अधिक किया है।" (उपर्युक्त, पृ० 167-68)। यह बात समझ में नहीं आती है कि जब दोनों कवियों ने परकीया का वर्णन 'अच्छा' किया है तब उस आधार पर एक दूसरे से श्रेष्ठ कैसे है। जहाँ तक चरित्र की बात है, ऐसा प्रतीत होता है कि मिश्रजी को मिश्रबन्धुओं की देव के सम्बन्ध में की गयी यह टिप्पणी सह्य नहीं हुई: "इन्होंने प्रत्येक जाति और प्रत्येक देश की स्त्रियों का बड़ा ही सच्चा वर्णन किया है। इनका देश-वर्णन देखकर कहीं-कहीं यह संदेह अवश्य उठता है कि संभवतः इनका चाल-चलन बहुत ठीक न था।" ('हिंदी-नवरत्न,' पृ० 230)। उन्होंने इस आक्षेप को देव की कविता पर आक्षेप समझकर अपनी पुस्तक में देव के चरित्र को आक्षेप से मुक्त करते हुए बिहारी के चरित्र को सन्दिग्ध घोषित कर दिया। मिश्रजी ने देव और बिहारी की भाषा की तुलना करते हुए कहा है कि "देवजी की भाषा विहारीलाल की भाषा से कहीं अच्छी है" ('देव और विहारी,' पृ० 146), लेकिन यह वे विश्लेषण के द्वारा नहीं दिखला सके हैं। देव और बिहारी की कविता के प्रभाव में जो अन्तर है, वह मुख्यतः इस कारण कि इन दोनों कवियों ने दो काव्य-रूपों का प्रयोग किया है, बिहारी ने केवल दोहे का और देव ने प्रायः कवित्त और सवैये का। लेकिन इन दोनों कवियों की तुलना के क्रम में मिश्रजी का ध्यान इस ओर नहीं गया। इस ओर ध्यान दिलाने का श्रेय शुक्लजी को है जिन्होंने अपने 'इतिहास' में कहा है: "बिहारी का काव्य हृदय में किसी ऐसी लय या संगीत का संचार नहीं करता जिसकी स्वरधारा कुछ काल तक गूँजती रहे। यदि घुले हुए भावों का आभ्यंतर प्रवाह बिहारी में होता तो वे एक एक दोहे पर ही संतोष न करते। मार्मिक प्रभाव का विचार करें तो देव और पद्माकर के कवित्त सवैयों का सा गूँजनेवाला प्रभाव बिहारी के दोहों का नहीं पड़ता।" (पृ० 217)।

मिश्रबन्धुओं में हमें अन्तर्विरोधपूर्ण कथन बराबर मिलते हैं। मिश्रजी के कथनों में भी कभी-कभी अन्तर्विरोध दिखलायी पड़ता है। 'मतिराम-ग्रंथावली' की भूमिका में उन्होंने व्रजभाषा के सम्बन्ध में यह टिप्पणी की है: "इस भाषा के कवियों में जहाँ तक भाषा-सौन्दर्य का सम्बन्ध है वहाँ तक कविवर मतिरामजी से बढ़कर अच्छी भाषा लिखने में कोई भी कवि समर्थ नहीं हुआ है।" (पृ० 66) 'देव और विहारी' में वे ठीक यही बात देव के सम्बन्ध में कह चुके थे: "देव कवि की भाषा अपूर्व है। हिंदी के किसी भी कवि की भाषा इनकी भाषा से अच्छी नहीं।" (पृ० 299)। इससे यह स्पष्ट है कि मिश्रजी ऐसे आलोचक न थे, जो आलोच्य कवि से अपनी तटस्थता बनाये रखकर उसका मूल्यांकन करता हो। वे जिस कवि को पसन्द करते हैं, उस पर मुग्ध हो

जाते हैं। उनका यह मोह उनकी आलोचनादृष्टि को आच्छादित कर देता है, जिससे वे उस कवि के सम्बन्ध में अतिवादी कथन करने लगते हैं। उनके प्रिय कवि देव ही नहीं, बिहारी भी थे। जब वे मतिराम पर लिखने लगे तब उन्होंने उनमें देव और बिहारी इन दोनों की विशेषताएँ पा लीं। उन्होंने लिखा है : "दोहे को देखकर बिहारी का और कवित्त को देखकर देव का स्मरण होता है। धन्य मतिराम ! तुममें बिहारी और देव, दोनों के ही वर्णन शैली संबंधी गुण वर्तमान हैं।" ('मतिराम-ग्रंथावली,' भूमिका, पृ० 102-03)। यदि मतिराम श्रेष्ठ कवि थे तो आलोचक को उनकी कविता के वैशिष्ट्य का निरूपण करना चाहिए था, लेकिन मिश्रजी ऐसा करने में असमर्थ रहे हैं। अन्यत्र भी उन्होने यही किया है : "केशवदासजी का ढंग परम गंभीर है। एक शब्द का भी व्यवहार व्यर्थ में नहीं होता। मतिरामजी ने अपने पूर्ववर्ती कविवर की इन दोनों ही विशेषताओं को अपनाया है। इतना ही नहीं, उन्होंने अपने काव्य में मधुरता की ऐसी सोहावनी पुट दे दी है कि बस, सोने में सुगंधि की कहावत चरितार्थ होती है।" (उपर्युक्त, पृ० 160)। यहाँ मतिराम में केशवदास की उक्त दोनों विशेषताओं का होना तो कहा ही गया है, उनमें मधुरता होने की बात कहकर उनके एक निजी गुण की ओर भी संकेत किया गया है। लेकिन आगे मिश्रजी मतिराम के इस निजी गुण पर कुछ भी प्रकाश नहीं डाल सके हैं, वे केवल केशव से मतिराम के छन्दों का भाव-साम्य दिखलाते रहे हैं। निराला ने 'कविवर बिहारी और कवींद्र रवींद्र' शीर्षक से एक लेख लिखा था जिसमें उन्होंने बिहारी और रवीन्द्रनाथ में तुलना करते हुए कहा था : "बिहारी जो कुछ कह जाते हैं उसमें कहने को कुछ बाकी नहीं रखते। परंतु रवीन्द्रनाथ जहाँ अपनी अक्षमता बतलाते हैं वहाँ पढ़नेवाले भी समझते हैं कि यह भाव का समुद्र शब्दों के बाँध से नहीं बँध सकता। बिहारी के दोहे के समाप्त होने के साथ ही उनका भाव भी समाप्त हो जाता है, पाठकों के लिए कुछ सोचने की बात नहीं रह जाती, कोई भाव कुछ देर के लिए अपना प्रभाव नहीं छोड़ जाता। परंतु रवींद्रनाथ का संगीत समाप्त हो जाने पर भी कुछ देर तक कानों में उसका स्वर बजता रहता है।" ('चाबुक,' पृ० 24)। बिहारी और रवीन्द्रनाथ की कविता का अन्तर वस्तुतः ह्रासोन्मुख क्लासिकल और विकासोन्मुख रोमाण्टिक कविता का अन्तर है। ह्रासोन्मुख क्लासिकल कविता में जहाँ रूढ़ि-पालन को प्रमुखता प्राप्त होती है, वहाँ विकासोन्मुख रोमाण्टिक कविता भावना के आवेग से युक्त होती है। निराला ने उक्त उद्धरण में इसी तथ्य की ओर संकेत किया है। जो बात बिहारी के दोहों के सम्बन्ध में सही है, वही कमोबेश मतिराम के कवित्तों और सवैयों के सम्बन्ध में भी। लेकिन मिश्रजी की आलोचक-दृष्टि चूंकि ह्रासोन्मुख क्लासिकल कविता की सीमाओं में बँधी हुई थी, उन्होंने

रवीन्द्रनाथ की एक कविता उद्धृत करके (जिसकी अन्तिम पंक्तियों का अर्थ है—"तुम कौन हो, जो भिखारी की तरह उसे दरवाजे-दरवाजे खोजते चलते हो ! तुम मेरे हृदय के पास आओ और मेरी आँखों के जल में उसका मुखमण्डल देखो ") उसकी तुलना मतिराम के उस कवित्त से की है जिसके अन्त में कवि का कथन है कि "ऊधो तुम कहत बियोग तजि जोग करौ / जोग तब करै जो बियोग होय स्याम को", और कहा है : "टैगोर महाशय ने प्रेम-तन्मयता का बड़ा ही सुंदर चित्र खींचा है, पर कविवर मतिराम का चित्र इससे सुंदर है।" ('मतिराम-ग्रंथावली,' भूमिका, पृ० 197)।

मिश्रजी ने 'देव और विहारी' की भूमिका में लिखा है कि "आजकल जिस प्रकार की समालोचना प्रचलित है, वह अँगरेजी चाल के आधार पर है।" (पृ० 29)। उन्होंने भूमिका में अँग्रेजी आलोचक हैजलिट के एक आलोचना-सम्बन्धी निबन्ध का सारांश भी प्रस्तुत किया है। इस तरह उनकी आलोचना पर पाश्चात्य आलोचना के प्रभाव की सम्भावना प्रतीत होती है। लेकिन मिश्रजी की आलोचना-पद्धति पूर्णतः भारतीय अथवा यों कहा जाये कि रीतिवादी है। वे जिस कविता के प्रशंसक थे, उसी के शास्त्र के अनुयायी भी। 'देव और विहारी' में उन्होंने सर्वत्र संक्षेप में या विस्तार में रीतिवादी पद्धति से ही देव अथवा अन्य कवियों की आलोचना की है। देव के प्रसिद्ध सवैये "माखन-सो मन, दूध-सो जोबन, है दधि ते अधिकै उर ईठी" का अर्थ लिखने के बाद उन्होंने सर्वप्रथम इस पर शब्दशक्तियों की दृष्टि से विचार किया है : "नवनीत की कोमलता, दुग्ध की तरलता, दधि की मधुरता और अम्लता, छाछ की निष्प्रभता एवं घृत की स्निग्धता सभी नायिका में उपस्थित हैं। इनमें से अधिकांश गुणों का आरोप लक्षणा से ही सिद्ध हुआ है, इस कारण 'सारोपा लक्षणा' का आभास स्पष्ट है। फिर भी वह 'गौणी' है, क्योंकि सम्पूर्ण छन्द में जातित्व का प्राबल्य है। अतएव वाच्यार्थ ही प्रधान है। षट्रसों में मिठाई सबसे प्रधान है। नायिका के अंगों में भी कहीं ऐसी मधुराई है, जिसके सामने 'समेत-सुधा बसुधा सब सीठी' है। वह मिठाई अधर-रस-पान के अतिरिक्त और कहाँ प्राप्त हो सकती है ? इस कारण छन्द में 'व्यंजक पात्र' स्पष्ट है।" (पृ० 155-56)। शब्द-शक्तियों की दृष्टि से विचार करने के बाद मिश्रजी ने उक्त सवैये पर मुख्यतः रस की दृष्टि से विचार किया है : "शृङ्गार-रस का चमत्कार आलंबन-विभाव रूप नायिका और उसके अंग-सौंदर्य-उद्दीपन से परिपक्व हो रहा है। इसमें प्रकाश शृङ्गार है। नायिका परकीया है, परन्तु मनमोहन को मीठी लगने के कारण वह स्वाधीनपतिका है। दुग्ध का दधि-रूप में जिस प्रकार परिपाक हुआ है, उसी प्रकार नायिका में दधित्व-गुण होने से वह 'मध्या' है। सुंदरी ग्रामीणा-वृन्दा-वन-वासिनी है। विलास-हाव से वह स्वतः विलसित हो रही है। जाति-दृष्टि से

वह 'चित्रिणी' है। 'नैनन नेह चुवौ' चित्रिणी का बोध करता है। 'समेत सुधा बसुधा सब सीठी' का अर्थ यह है कि सुधा के समेत वसुधा की सब मिठाई सीठी है। यहाँ 'उपादान लक्षणा' के प्रति हमारा लक्ष्य है। गुणों में माधुर्य, समाधि एवं अर्थ-व्यक्त प्रधान हैं। वृत्तिकी कैशिकी है।" (उपर्युक्त, पृ० 156)। अन्त में उन्होंने अलंकारों का विस्तृत निरूपण करते हुए कहा है : "शब्दालंकारों में वृत्त्यनुप्रास का चमत्कार ठौर-ठौर पर दिखलायी पड़ता है। अर्थालंकार अनेक हैं, परंतु पूर्ण अर्थ-समर्पण के कारण काव्यलिंग प्रधान है। 'माखन-सो मन', 'दूध-सो जोबन' में एकदेशीय लुप्तोपमा है, 'दधि ते अधिकै उर ईठी' में व्यतिरेक, 'जा छवि आगे छपाकर छाछ' में चतुर्थ प्रतीप, 'समेत सुधा बसुधा सब सीठी' में अतिशयोक्ति, 'बुझावति बैन बियोग-अँगीठी' में सम अभेद रूपक, 'नैनन नेह चुवौ' में स्वभावोक्ति, 'रसीली अहीरी' में साभिप्राय विशेष्य के विचार से परिकरांकुर, 'क्यों न लगै मन मोहनै मीठी ?' में काकु अलंकार हैं।" (उपर्युक्त, पृ० 156-57)। इस अलोचना से यह स्पष्ट है कि इससे आलोच्य कविता को समझने में कोई मदद नहीं मिलती है। यह वस्तुतः साधारण पाठकों के लिए लिखी भी नहीं गयी है। जिस तरह यह कविता चन्द 'रसिकों' के लिए थी, इसकी आलोचना भी रीतिशास्त्र के पण्डितों के लिए है। इसकी शास्त्रीयता कविता की सीमाओं पर पर्दा डाल देती है और पाठकों पर आलोचक की रसज्ञता की नहीं, उसके पाण्डित्य की धाक जमाने की कोशिश करती है। जिस शास्त्रीय यान्त्रिक पद्धति से मिश्रजी ने देव की कविता की आलोचना की है, उसी पद्धति से मतिराम की कविता की भी। उदाहरण के लिए मतिराम के प्रसिद्ध सवैये 'केलि कै राति अघाने नहीं दिन हूँ में लला पुनि घात लगायी' पर रस की दृष्टि से विचार करते हुए उन्होंने लिखा है : "नायिका (दुलही) आलंबन विभाव है। वह स्वकीया एवं विश्रब्ध नवोढ़ा है। उसका पति उसके वश हो रहा है इससे नायिका का स्वाधीनपतिकत्व और नायक का अनुकूलत्व भी झलकता है। निर्जन स्थान एवं द्वार तक पानी देने के लिए नायिका का जाना उद्दीपन विभाव की पूर्त्ति करते हैं। जेठी के आग्रह पर नायिका का जाना उसकी लज्जा दर्शाता है जिससे लज्जा संचारी का भी प्रस्फुटन हो जाता है। नायिका को देखकर हँसना और उसको अपने पास बुलाना कायिक अनुभाव हैं। लज्जावश नायिका नायक की मनस्तुष्टि नहीं कर सकी है इससे विहृत हाव भी हो जाता है। नायक की रति इच्छा ही स्थायी भाव है। इस प्रकार से आलंबन उद्दीपन विभावों द्वारा उत्थित एवं परिपुष्ट तथा संचारी भाव की सहायता-प्राप्त अनुभाव द्वारा पूर्णता तक पहुँचता हुआ रति स्थायी संयोग-शृंगार का समुचित रस-परिपाक करता है।" ('मतिराम-ग्रंथावली,' भूमिका, पृ० 132-33)। एक स्थल पर उन्होंने अंग्रेजी आलोचक ले हेंट का एक उद्धरण देकर उसके आधार पर

मतिराम के एक सवैये का सौन्दर्य दिखलाना चाहा है (उपर्युक्त, पृ० 145-50), पर इसमें वे सफल नहीं हुए हैं, क्योंकि उनका उद्देश्य मतिराम को भारतीय और पाश्चात्य दोनों दृष्टियों से श्रेष्ठ कवि सिद्ध करना रहा है, पाश्चात्य आलोचना-पद्धति को हिन्दी में व्यवहृत करना नहीं।

मिश्रजी की आलोचना की भाषा प्राय: सर्वत्र गम्भीर और व्यवस्थित है। मिश्रबन्धुओं की भाषा शिथिल थी और शर्माजी की भाषा में गम्भीरता के साथ-साथ हल्कापन भी मिला हुआ था। मिश्रजी की भाषा इन त्रुटियों से मुक्त है। उसमें भावोच्छ्वासपूर्ण स्थल बहुत कम हैं। एकाध स्थल पर उन्होंने ऐसी अन्त्यानुप्रास से युक्त भाषा लिखी है : "कितना पवित्र, सुकुमार और सूक्ष्म विचार है! प्रेम का कैसा अनोखा चमत्कार है ! रूपक का कैसा सुंदर सत्कार है ! लौकिक व्यवहार का कैसा अलौकिक उदार प्रसार है !" ('देव और विहारी,' पृ० 166)। इसे उनकी आलोचना की भाषा में अपवाद ही समझना चाहिए।

लाला भगवानदीन (1866-1930) भी मिश्रबन्धुओं, शेर्माजी और मिश्रजी की धारा के ही आलोचक थे। ये स्वयं भी खड़ी बोली में कविता लिखते थे, लेकिन उनकी रुचि हिन्दी के प्राचीन काव्य में ही थी। खड़ी बोली के प्रति उनका दृष्टिकोण वैयाकरण का दृष्टिकोण था, इसलिए वे उसमें छिपी काव्य-भाषा की सम्भावनाओं को ठीक से न देख सके। खड़ी बोली का कविता में प्रथम सशक्त प्रयोग श्री मैथिलीशरण गुप्त ने किया था। उन्होंने ही कविता में खड़ी बोली के प्रयोग को जनता से व्यापक स्वीकृति दिलायी। लेकिन दीनजी ने गुप्तजी की खड़ी बोली को पसन्द नहीं किया। जैसा कि हम देख चुके हैं, पं० महावीर-प्रसाद द्विवेदी ने गुप्तजी की प्रसिद्ध कविता-पुस्तक 'भारत-भारती' की भूरि-भूरि प्रशंसा की थी। दीनजी ने उस प्रशंसा को अनुचित समझकर अपनी पत्रिका 'लक्ष्मी' के पाँच अंकों (जनवरी, फरवरी, मार्च, मई और जून, 1915) में धारावाहिक रूप से 'भारत-भारती' की विस्तृत समीक्षा की। इस समीक्षा का शीर्षक था 'भारत-भारती की समालोचना' और उसका लेखक 'एक काव्यप्रेमी' को बतलाया गया था। मार्च के अंक में यह समीक्षा 'भारत-भारती की काट-छाँट' के नाम से निकली जिसका लेखक कहा गया—'गुप्तजी का एक गुप्त मित्र'। कहने की आवश्यकता नहीं कि अपना नाम छिपाकर दीनजी ही 'भारत-भारती' की समीक्षा कर रहे थे। इस समीक्षा में उन्होंने सबसे ज्यादा गुप्तजी की खड़ी बोली की आलोचना की। उन्होंने इस काव्य की भाषा को 'बिलकुल बनावटी' करार देते हुए कहा : "साधारण बोलचाल में और की तो बात ही क्या स्वयं गुप्तजी भी ऐसी भाषा नहीं बोलते। पुस्तक भर में जगह जगह पर व्याकरण का गला घोंटा गया है। मुहावरों की मट्टी पलीद की गयी है। इसकी भाषा 'खड़ी बोली' के बजाय पड़ी बोली, गड़ी बोली, कड़ी बोली,

वा खड़ी बोली कही जा सकती है।" ('लक्ष्मी,' जनवरी,'15)। उन्होंने 'भारत-भारती' की भाषा में उच्चारण-सम्बन्धी अनिश्चितता, श्रुतिकटुत्व, शब्दों के तत्सम रूप का प्रयोग, निरर्थक शब्द-प्रयोग, व्याकरण-विरुद्ध प्रयोग आदि अनेक दोष दिखलाये और इस पुस्तक को दुर्बोध बतलाते हुए यहाँ तक कह डाला कि "कोई नवयुवक पाठक इस पुस्तक का एक पन्ना भी बिना गुरु वा कोश की सहायता के नहीं पढ़ सकता।" (उपर्युक्त) । दीनजी ने ऐसा लिखते समय यह बात ध्यान में नहीं रखी कि केशव और बिहारी के जिस काव्य को वे अत्यन्त श्रेष्ठ काव्य मानते थे और जिसका वे अधिकाधिक प्रचार चाहते थे, उस काव्य को बोधगम्य बनाने के लिए उन्हें उसकी टीकाएँ लिखनी पड़ी थीं। गुप्तजी की काव्यभाषा में कई त्रुटियाँ थीं, लेकिन उसमें प्रसाद-गुण का वैसा अभाव नहीं था, जैसा अभाव दीनजी ने बतलाया। यह बात गुप्तजी की 'भारत-भारती' और दूसरे काव्य-ग्रन्थों की व्यापक लोकप्रियता से अच्छी तरह प्रमाणित हो गयी। दीनजी ने गुप्तजी की काव्य-भाषा में निहित उस शक्ति को देखने की चेष्टा नहीं की, जो इस व्यापक लोकप्रियता के मूल में थी। 'लक्ष्मी' के मार्च,' 15 के अंक में उन्होंने गुप्तजी को सम्बोधित कर तीव्र भर्त्सना के स्वर में कहा : "आप में अनधिकार चेष्टा करने की बड़ी बुरी लत है। आपका हिंदी भाषा पर बहुत ही कम अधिकार है। और आपने कवि का सा हृदय भी नहीं पाया। तिस पर भी आप हिंदी का कवि होने की—कम-से-कम कहलाने की—चेष्टा करते हुए लगभग १० वर्ष से हिंदी का गला क्यों घोंट रहे हैं ? हिंदी बेचारी ने आपका ऐसा क्या बिगाड़ा है कि आप उसे बदनाम करने के लिए उसके पीछे पड़ गये हैं ?" 'लक्ष्मी' के जुलाई, अगस्त और सितम्बर, 1915 के अंकों में दीनजी ने गुप्तजी की दूसरी कविता-पुस्तक 'जयद्रथ-वध' की धारावाहिक समीक्षा 'जयद्रथ-बध की आलोचना' शीर्षक से लिखी और इस बार भी उसका लेखक 'गुप्तजी का एक गुप्त मित्र' को ही बतलाया। 'भारत-भारती' की तरह ही 'जयद्रथ-वध' की भाषा भी उन्हें पसन्द नहीं आयी और उन्होंने कहा : "गुप्तजी की कविता को लोग 'खड़ी बोली की कविता' कहा करते हैं। परंतु हमारी समझ में गुप्त जी की कविता को खड़ी बोली की कविता कहना बड़ी भारी भूल है। गुप्तजी ने अपनी कविता के लिए एक विशेष मिश्रित भाषा तैयार की है, जिसे खिचड़ी बोली कह सकते हैं।" (जुलाई,'15)। इसे उन्होंने बहुत ही मनोरंजक ढंग से सिद्ध किया है : "इसमें संस्कृत भाषा के चावल, खड़ी बोली की दाल, संस्कृत और बँगला भाषा के मुहावरों की अदरख, उर्दू फारसी शब्दों की सोंठमिर्च, ब्रजभाषा और बुंदेलखंडी मुहावरों का नमक, और स्वेच्छापूर्वक नियमोल्लंघन का घृत मिलाया गया है। थोड़े से अँगरेजी शब्दों की हल्दी भी डाल दी गयी है। कुछ शब्द गुप्तजी के 'सखुन-तकिया' हैं। वे व्यर्थ वा पाद-

पूर्त्ति के लिए ठूँस दिये जाते हैं। यह पियाज की बघार का काम दे जाते हैं। शायद कोई पन्ना ऐसा न होगा जो हमारे इस कथन की पुष्टि न करता हो।" (उपर्युक्त)। दीनजी को गुप्तजी की कविता में छन्द-सम्बन्धी तथा अन्य भूलें भी दिखलायी पड़ीं। 'लक्ष्मी' के फरवरी, '15 के अंक में 'भारत-भारती' की भाषा और छन्द-सम्बन्धी त्रुटियों का निरूपण करने के बाद उन्होंने कहा: "वाचकवृन्द, यह मत समझ लेना कि पुस्तक भर में केवल इतनी ही गलतियाँ हैं। ये तो मोटी-मोटी गलतियों का नमूना मात्र हैं। इस तरह की गलतियों से तमाम पुस्तक लबालब भरी है। कोई पृष्ठ ऐसा नहीं जिसमें दो चार दस ऐसी मोटी गलतियाँ न हों। और यदि बारीक गलतियाँ—ध्वनि, भाव रस, अलंकार संबंधी त्रुटियाँ—दिखलायी जाएँ तो शायद कुछ ही छंद ऐसे बचेंगे जो शुद्ध काव्य तो नहीं (क्योंकि काव्य शक्ति तो गुप्तजी में है ही नहीं) हाँ शुद्ध पद्य कहे जा सकें।"

दीनजी को न केवल 'भारत-भारती' की भाषा ने आकर्षित नहीं किया, बल्कि उसमें व्यक्त किये गये विचार भी उन्हें रुचिकर नहीं प्रतीत हुए। उन्होंने इस सम्बन्ध में भी अपनी समीक्षा में राय प्रकट की और द्विवेदीजी पर भद्दा आक्षेप किया: "इसका प्रमाण देना आवश्यक नहीं जँचता कि जो विचार इस पुस्तक में प्रगट किये गये हैं वे सब पुराने ही हैं। इस बात को सभी पाठक जानते हैं कि यही विचार अनेक लेखकों ने अनेक पत्रों में इस पुस्तक की रचना से बहुत पहले प्रकट किये थे। हाँ, सब विचारों को एकत्र कर देने का श्रेय बेशक गुप्त जी पा सकते हैं, पर महावीरी शाबासी नहीं। दो वर्ष तक परिश्रम करके जो व्यक्ति कुछ नवीन विचार न प्रगट कर सके वह व्यक्ति कवि कहलाने का कहाँ तक उपयुक्त पात्र हो सकता है इस पर पाठक स्वयं विचार कर सकते हैं।" (उपर्युक्त)। दीनजी ने न केवल गुप्तजी की काव्यभाषा के रूप में खड़ी बोली के विकासोन्मुख रूप को नहीं पहचाना, बल्कि उन्होंने 'भारत-भारती' में व्यक्त उनके सामाजिक सुधार और राष्ट्रीयता से युक्त जनवादी विचारों का महत्त्व समझने से भी इनकार किया। ऐसा लगता है कि उक्ति-वैचित्र्य की तरह वे कविता से विचार-वैचित्र्य की भी अपेक्षा रखते थे। नायक-नायिका-भेदपरक रीतिकाव्य की एकरसता से जिस आलोचक का मन नहीं ऊबा, वह गुप्तजी की 'भारत-भारती' के विचारों के 'पुरानेपन' से इतना शीघ्र ऊब गया! गुप्तजी ने 'भारत-भारती' में हिन्दी कविता के बारे में कहा था: "श्रुति, शास्त्र, सूत्र, पुराण, रामायण महाभारत हटे, / वे नायिकाभेदादि उनके स्थान में हैं आ डटे।" फिर उन्होंने इन शब्दों में कवियों को उद्बोधित किया था: "करते रहोगे पिष्टपेषण और कब तक कविवरो, / कच, कुच, कटाक्षों पर अहो! अब तो न जीते जी मरो।" जाहिर है, यह रीतिकालीन काव्य-परम्परा की सबसे कटु आलोचना

थी। स्वभावतः उस काव्य-परम्परा के पक्षधर आलोचक को यह आलोचना बहुत कड़वी लगी और उसने एक भिन्न प्रकार से उस काव्य-परम्परा की रक्षा का प्रयास किया। दीनजी ने इस प्रयास में शर्माजी और मिश्रजी दोनों को मात दे दी और नायिका-भेद को वस्तुतः मनोविज्ञान का विषय बतलाया। देव की भर्त्सना करते हुए उन्होंने 'बिहारी और देव' (1926) नामक अपनी पुस्तिका में लिखा है : "देव हिंदी साहित्य को बदनाम करनेवाला प्रथम कवि है! धनलोलुप और विषय-वासनापूर्ण होने के कारण इसने मनोविज्ञान रूपी 'नायिका-भेद' जैसे उत्तम विषय को दिमाग खरोंच खरोंच कर लिखा हुआ 'जाति विलास' जैसा ग्रंथ लिखकर केवल स्त्री-भेद-निरूपक विषय बनाने की बहुत बुरी चेष्टा की है।" (पृ० 73)। शर्माजी कविता में अतिशयोक्ति को पसन्द करते थे, मिश्रजी भी स्वभावोक्ति का नाम लेकर अतिशयोक्ति की ही सराहना करते थे और दीनजी ने भी अतिशयोक्ति को ही 'कविता की जान' (उपर्युक्त) कहा है। दीनजी वस्तुतः 'काव्यकलाचातुरी' के प्रशंसक थे, इसलिए न तो भक्ति-काव्य से उनकी तुष्टि हो सकती थी, न पुनर्जागरण की पृष्ठभूमि में लिखे गये हिन्दी के आधुनिक काव्य से। यह बात 'केशव-पंचरत्न' नामक उनकी पुस्तक की 'आकाशिका' नामक भूमिका के उनके एक कथन से स्पष्ट हो जाती है। उन्होंनें हिन्दी कवियों के मध्य केशवदास का स्थान निर्धारण करते हुए कहा है : "राम और कृष्ण के भक्तों ने तुलसी और सूर का गुण गा-गाकर सर्वसाधारण के मन में आसन जमवा दिया है, पर काव्यकला चातुरी के विचार से देखा जाय तो केशव का स्थान उनसे ऊपर होगा। हाँ महात्मा और भक्त कवियों में सूर-तुलसी को ऊँचा स्थान मिल सकता है, पर काव्य-कलाधरों में तो हम केशव ही को सर्वोच्च स्थान देने की राय देंगे।" आगे उन्होंने यह भी कहा है : "हम जोर के साथ कहते हैं कि 'सूर सूर तुलसी ससी उड़गन केशवदास' कहनेवाला कोई कृष्णभक्त रहा होगा। उसने केशव को न तो पढ़ा है न समझा है।" दीनजी की इस केशवदास-सम्बन्धी धारणा की असलियत तब जाहिर होती है जब हम इसे शुक्लजी के केशवदास-सम्बन्धी विचारों से मिलाकर देखते हैं। शुक्लजी ने स्पष्ट कहा है : "केशव को कवि-हृदय नहीं मिला था। उनमें वह सहृदयता और भावुकता न थी जो एक कवि में होनी चाहिए।" ('हिंदी-साहित्य का इतिहास', पृ० 180)। उन्होंने केशवदास की वास्तविकता इन शब्दों में प्रकट की है : "केशव केवल उक्ति-वैचित्र्य और शब्द-क्रीड़ा के प्रेमी थे। जीवन के नाना गंभीर और मार्मिक पक्षों पर उनकी दृष्टि नहीं थी।" (उपर्युक्त, पृ० 181)।

केशवदास के बाद दीनजी को बिहारी प्रिय थे। यही कारण था कि उन्हें बिहारी की आलोचना सह्य नहीं हुई, खासकर बिहारी को देव से हीन कवि कहा

जाना। 'हिंदी-नवरत्न' के उत्तर में शर्माजी ने 'विहारी सतसई : तुलनात्मक अध्ययन' लिखा और 'विहारी सतसई : तुलनात्मक अध्ययन' के उत्तर में मिश्रजी ने 'देव और विहारी'। दीनजी की पुस्तिका 'बिहारी और देव' इस 'देव और विहारी' का उत्तर थी। उन्होंने इस पुस्तिका के निर्माण का कारण इसकी भूमिका में बतलाया है : "हाल में पं० कृष्णबिहारी मिश्र ने 'देव और बिहारी' नामक एक पुस्तक लिखकर प्रकाशित करायी है। यह पुस्तक बड़े अच्छे ढंग से लिखी गयी है। भाषा भी 'नवरत्न' की भाषा से अच्छी है। पर इसमें भी उक्त लेखक ने अंत में यही नतीजा निकाला है कि 'बिहारी' की अपेक्षा 'देव' श्रेष्ठतर कवि थे। हमने भी बिहारी और देव के ग्रंथों का अध्ययन किया है, अतः इस विषय पर हमें भी कुछ लिखने का अधिकार है।" देव की श्रेष्ठता 'नवरत्न' में मिश्रबन्धु पहले ही प्रतिपादित कर चुके थे। दीनजी उसका भी उत्तर देना चाहते थे। उन्होंने मिश्रबन्धुओं और पं० कृष्णविहारी मिश्र की आलोचना की त्रुटियाँ दिखलाते हुए 'श्रीशारदा' नामक पत्रिका में कई लेख लिखे। बाद में वही लेख 'बिहारी और देव' में संगृहीत हुए। जैसा कि ऊपर की बातों से स्पष्ट है, मिश्रबन्धुओं और पं० कृष्णविहारी मिश्र से दीनजी का मतभेद किसी भिन्न साहित्यिक विचारधारा के कारण न था। यह भी वस्तुतः घरेलू मतभेद ही था जिसके मूल में व्यक्तिगत रुचि थी।

'बिहारी और देव' तीन भागों में विभाजित कुल अट्ठानवे पृष्ठों की एक पुस्तिका है। इसके पहले भाग में मिश्रबन्धुओं और पं० कृष्णविहारी मिश्र द्वारा बिहारी पर लगाये गये दस दोषों का निराकरण किया गया है, और वे दोष देव में ही दिखलाये गये हैं, दूसरे भाग में पं० गणेशविहारी मिश्र और पं० कृष्णविहारी मिश्र के देव और बिहारी-सम्बन्धी ज्ञान की सीमाओं पर प्रकाश डालते हुए उनकी भूलें बतलायी गयी हैं और तीसरे भाग में देवकृत भावापहरण की चर्चा के साथ देव के सम्बन्ध में आलोचक ने अपने निर्णय दिये हैं। पहले भाग में जिन दोषों को बिहारी में अनुपस्थित और देव में उपस्थित बतलाया गया है, वे हैं : गढ़ंग शब्द, असमर्थ शब्द, विकृत शब्द, यतिभंग, दूरान्वय, अशिष्टता, अश्लीलता आदि। मिश्रबन्धुओं ने बिहारी पर यह आरोप लगाया था कि वे शब्दों को तोड़-मरोड़कर नये शब्द बना लेते हैं। इस आरोप का उत्तर दीनजी ने यह कहकर दिया : "बिहारी के बनाये हुए शब्दों का पता तो सरलता से चल जाता है और तुरंत अर्थ भी लग जाता है। देव ने तो ऐसे शब्द गढ़े हैं कि उनका पता और अर्थ लगाना बहुत कठिन हो जाता है।" (पृ० 3)। फिर उन्होंने देव द्वारा प्रयुक्त गढ़ंग शब्दों की एक सूची प्रस्तुत की है। पं० गणेशविहारी मिश्र ने नागरी प्रचारिणी सभा के लिए देव के तीन ग्रन्थों का सम्पादन किया था। उनमें से 'प्रेमचंद्रिका' के कवित्तों में आनेवाले 'चखक' शब्द का उन्होंने अर्थ बतलाया : "गजक—अर्थात् मद्य पीते समय जो चटपटी चीजें शराबी लोग खाते

हैं ।" दीनजी ने 'चखक' का अर्थ 'चषक' अर्थात् पान-पात्र बतलाया है और पं० गणेशबिहारी मिश्र के बारे में लिखा है : "देव की कविता के संपादक को इतनी शब्द-शक्ति अवश्य होनी चाहिए। अलावा इसके नागरी प्रचारिणी सभा का कोष भी तो मौजूद था ।" (पृ० 53)। इसी तरह उन्होंने पं० कृष्णविहारी मिश्र की इस जिज्ञासा पर कि 'छतो'का अर्थ 'था' कैसे हुआ, उन्हें उत्तर दिया है : "आपने बिहारी सतसई को गौर से नहीं पढ़ा। यदि इस प्रकार पढ़ा होता और बिहारी की कविता के 'मास्टर' होते तो ऐसा प्रश्न कदापि न करते। क्योंकि सतसई में यही 'छत' शब्द 'होने' के अर्थ में एक दूसरे दोहे में भी मौजूद है। और साथ ही 'न होने' के अर्थ में अछत भी प्रयुक्त है जिसमें कोई संदेह ही नहीं रह जाता। सुनिए—'गनती गनिबे ते रहे 'छत' हू 'अछत' समान।'" (पृ० 56)। इस तरह 'बिहारी और देव' के दूसरे भाग में दीनजी ने मिश्रबन्धुओं और पं० कृष्णविहारी मिश्र की भूलें दिखलायी हैं। तीसरे भाग में उन्होंने देवकृत भावापहरण के बारे में लिखा है : "बिहारी के भावों को देव ने कितनी अधिकता से चुराया है इसका तमाशा देखने ही योग्य है। हमें तो ऐसा ज्ञात होता है कि कृष्णदत्त की तरह देवदत्त भी बिहारी के भावों की टीका करते हैं। अंतर केवल इतना ही है कि कृष्णदत्तजी बिहारी के भावों को घटाते-बढ़ाते नहीं। पर देव उसमें बहुत कुछ हेरफेर करके अपनी चोरी छिपाने का उद्योग करते हैं।" (पृ० 62)। यहाँ उन्होंने देवकृत 'रस-बिलास' से खण्डिता के प्रसंग से एक कवित्त उद्धृत कर उसकी "**अंजन अधर** उर बीच नख रेख **लाल/जावक तिलक भाल** लाग्यो अधिमाँग के/ **भौंहैं अलसौहैं पल सोहैं पगे** पीक रंग/राति जगे रति **मैन** सदन सोहाग के" पंक्तियों को बिहारी के प्रसिद्ध दोहे "पलन पीक अंजन अधर धरे महावर भाल" के अपहरण के उदाहरण के रूप में प्रस्तुत किया है और इस सम्बन्ध में कहा है : "कोई कह सकता है कि खंडिता प्रसंग में ऐसे ही वर्णन प्रत्येक कवि करेगा। हम भी मानते हैं, करेगा सही, पर शब्दों की गढ़न एक न होगी। देव के इस कवित्त में 'पल सोहैं पगि पीक रंग' ठीक इस बात का पता दे रहे हैं कि देवजी केवल भाव ही नहीं वरन बिहारी के शब्द भी ज्यों के त्यों उड़ा लेते थे।" (पृ० 63)। बाद में बिहारी और देव के सम्बन्ध में दीनजी ने जो निर्णय दिये हैं, उनमें से कुछ हैं : "बिहारी की कविता बहुत ऊँचे दर्जे की है, देव उस ऊँचाई तक नहीं पहुँचे," "बिहारी प्राकृतिक कवि थे, देव ठुक पिटकर कवि बने थे," "बिहारी सच्चा और पवित्र बुद्धिवाला सरस्वती पुत्र था। देव गंदा कुपुत्र था (पर था जरूर सरस्वती का पुत्र)" और "हम बिहारी को एक महाकवि मानते हैं। और देव को तुक्कड़ कवि (पर तुक्कड़ों में अच्छा)।" (पृ० 72-75)। इन बातों से यह अच्छी तरह स्पष्ट हो जाता है कि मिश्रबन्धुओं

ग्रौर पं० कृष्णबिहारी मिश्र की ग्रालोचना की त्रुटियाँ दिखलाने में एक सीमा तक कृतकार्य होने के बावजूद दीनजी की ग्रालोचना गुण-दोष-विवेचनपरक ग्रौर तुलनात्मक ग्रालोचना का बहुत ही सतही रूप हमारे सामने रखती है। उनकी यह ग्रालोचना नितान्त पक्षपातपूर्ण ग्रालोचना है। इस पक्षपात के कारण ही दीनजी ने बिहारी ग्रौर देव इन दोनों के सम्बन्ध में ग्रतिवाद तक पहुँचकर टिप्पणियाँ की हैं ग्रौर निर्णय दिये हैं। उनकी ग्रालोचना-पद्धति पूर्णतः रूढ़िवादी है ग्रौर उनकी ग्रालोचना की भाषा ग्रनेक स्थलों पर ग्रत्यन्त फूहड़ है।

उपर्युक्त विवेचन से भारतेन्दुयुगीन ग्रालोचना के बाद की हिन्दी ग्रालोचना की दो धाराएँ स्पष्ट हो जाती हैं। इनमें से एक धारा वह थी जिसका प्रतिनिधित्व द्विवेदीजी कर रहे थे ग्रौर दूसरी धारा वह थी जिसके प्रतिनिधि मिश्रबन्धु, शर्माजी, मिश्रजी ग्रौर दीनजी-जैसे ग्रालोचक थे। द्विवेदीजी उदीयमान भारतीय मध्यवर्ग के ग्रालोचक थे, जो हिन्दी साहित्य को स्वाधीनताप्राप्ति ग्रौर राष्ट्रीय निर्माण के एक साधन के रूप में देखना चाहते थे ग्रौर उसी दृष्टि से उसकी ग्रालोचना कर रहे थे। द्विवेदीजी की ग्रालोचना उनके सम्पूर्ण जीवन ग्रौर विचारधारा का एक ग्रंग थी। उनके जीवन ग्रौर विचारधारा का ज्ञान हमें उनके उन भाषणों, निबन्धों ग्रौर सम्पादकीय टिप्पणियों से होता है जिनका विषय केवल साहित्य न होकर समाज, राष्ट्र ग्रौर विश्व की तमाम सामाजिक, राजनीतिक, ग्रार्थिक ग्रौर सांस्कृतिक समस्याएँ थीं। इसके विपरीत दूसरी धारा के ग्रालोचक ग्रपने समाज ग्रौर देश से पूरी तरह कटे हुए थे ग्रौर साहित्य को मात्र ग्रानन्दप्राप्ति का साधन मानकर उसकी ग्रालोचना कर रहे थे। जैसा कि ऊपर दिये गये विवरणों से स्पष्ट है, वे वस्तुतः मध्ययुगीन सामन्ती व्यवस्था ग्रौर संस्कृति के पक्षधर थे। उनकी ग्रालोचना जिन मूल्यों को स्वीकार कर चल रही थी, वे मूल्य सामन्ती साहित्य से ही प्राप्त किये गये थे। उन पर नये युग का जो थोड़ा-बहुत प्रभाव पड़ा था, उसका उनकी ग्रालोचना-दृष्टि के निर्माण में न के बराबर योगदान था।

आचार्य रामचन्द्र शुक्ल

भारतेन्दु-युग के आलोचकों ने आलोचना की जिस जनवादी परम्परा को जन्म दिया था और पं० महावीरप्रसाद द्विवेदी ने जिसका विकास किया, उसकी चरम परिणति आचार्य रामचन्द्र शुक्ल (1884-1941) की आलोचना में हुई। शुक्लजी के सम्बन्ध में आम तौर पर यह समझा जाता है कि वे द्विवेदी-युग के आलोचक थे, लेकिन वास्तविकता यह है कि वे स्वच्छन्दतावादी युग के आलोचक थे। स्वच्छन्दतावादी कविता द्विवेदी-युग से ही लिखी जाने लगी थी, लेकिन उसका विकास उस युग के बाद हुआ। शुक्लजी आलोचना में स्वच्छन्दतावादी धारा की ही देन थे। उनकी विशेषता यह थी कि वे शास्त्रीय तथा स्वच्छन्दतावादी दोनों प्रकार की कविता की सीमाओं से परिचित थे और अतीत तथा वर्तमान दोनों के प्रति आलोचनात्मक दृष्टि रखते थे। उन्होंने अपने ग्रन्थ 'हिंदी-साहित्य का इतिहास' में आधुनिक काल के तृतीय उत्थान के स्वच्छन्दतावादी कवियों की सामाजिक एवं राजनीतिक पृष्ठभूमि प्रस्तुत करते हुए लिखा है : "तृतीय उत्थान में आकर परिस्थिति बहुत बदल गयी। आंदोलनों ने सक्रिय रूप धारण किया और गाँव-गाँव राजनीतिक और आर्थिक परतंत्रता के विरोध की भावना जगायी गयी। सरकार से कुछ माँगने के स्थान पर अब कवियों की वाणी देशवासियों को ही स्वतंत्रता देवी की वेदी पर बलिदान होने को प्रोत्साहित करने में लगी। अब जो आंदोलन चले वे सामान्य जन समुदाय को भी साथ लेकर चले। इससे उनके भीतर अधिक आवेश और बल का संचार हुआ। सबसे बड़ी बात यह हुई कि ये आंदोलन संसार के और भागों में चलनेवाले आंदोलनों के मेल में लाये गये, जिससे ये क्षोभ की एक सार्वभौम धारा की शाखाओं से प्रतीत हुए। वर्तमान सभ्यता और लोक की घोर आर्थिक विषमता से जो असंतोष का ऊँचा स्वर पश्चिम में उठा उसकी गूंज यहाँ भी पहुँची। दूसरे देशों का धन खींचने के लिए योरप में महायंत्र-प्रवर्तन का जो क्रम चला उससे पूंजी लगानेवाले

थोड़े-से लोगों के पास तो अपार धन-राशि इकट्ठी होने लगी पर अधिकांश श्रमजीवी जनता के लिए भोजन-वस्त्र मिलना भी कठिन हो गया। अतः एक ओर तो योरप में मशीनों की सभ्यता के विरुद्ध टॉलस्टॉय की धर्मबुद्धि जगानेवाली वाणी सुनायी पड़ी जिसका भारतीय अनुवाद गाँधीजी ने किया; दूसरी ओर इस घोर आर्थिक विषमता की घोर प्रतिक्रिया के रूप में साम्यवाद और समाजवाद नामक सिद्धान्त चले जिन्होंने रूस में अत्यन्त उग्र रूप धारण करके भारी उलट-फेर कर दिया।" (पृ० 561-62)। यह पृष्ठभूमि स्वयं शुक्लजी की आलोचना की पृष्ठभूमि है, क्योंकि इसमें हमें उनकी सामन्तवाद-विरोधी चेतना के साथ-साथ उपनिवेशवाद-विरोधी चेतना भी अत्यन्त प्रखर रूप में देखने को मिलती है। 'चिंतामणि' (प्रथम भाग) में भी साम्राज्यवाद के शोषक रूप पर उन्होंने इन शब्दों में प्रकाश डाला है : "योरप के देश के देश इस धुन में लगे कि व्यापार के बहाने दूसरे देशों से जहाँ तक धन खींचा जा सके बराबर खींचा जाता रहे। पुरानी चढ़ाइयों की लूटपाट का सिलसिला आक्रमण-काल तक ही—जो बहुत दीर्घ नहीं हुआ करता था, रहता था। पर योरप के अर्थोन्मादियों ने ऐसी गूढ़, जटिल और स्थायी प्रणालियाँ प्रतिष्ठित कीं जिनके द्वारा भूमंडल की न जाने कितनी जनता का क्रम-क्रम से रक्त चुसता चला जा रहा है—न जाने कितने देश चलते-फिरते कंकालों के कारागार हो रहे हैं।" (पृ० 129)। इसके साथ-साथ उन्होंने अत्यन्त स्पष्टता से यह भी घोषित किया है कि "जब तक यह व्यापारोन्माद दूर न होगा तब तक इस पृथ्वी पर सुख-शांति न होगी।" (उपर्युक्त, पृ० 74)। शुक्लजी के उपर्युक्त उद्धरणों से यह स्पष्ट हो जाता है कि वे साम्राज्यवाद के शोषक रूप से अच्छी तरह परिचित थे। इसके विरुद्ध संघर्ष का एक रास्ता, जैसा कि उन्होंने संकेत किया है, तॉल्स्तॉय के निष्क्रिय प्रतिरोध का था और दूसरा रास्ता समाजवाद का था। शुक्लजी ने 'काव्य में लोकमंगल की साधनावस्था' शीर्षक अपने प्रसिद्ध निबन्ध में कविता पर विचार करने के क्रम में तॉल्स्तॉय के रास्ते को एकमात्र रास्ते के रूप में अस्वीकृत कर संघर्ष के दूसरे रूपों को भी स्वीकार करने पर बल दिया है : "कर्म-सौंदर्य के जिस स्वरूप पर मुग्ध होना मनुष्य के लिए स्वाभाविक है और जिसका विधान कवि-परंपरा बराबर करती चली आ रही है, उसके प्रति उपेक्षा प्रकट करने और कर्म-सौंदर्य के एक दूसरे पक्ष में ही—केवल प्रेम और भ्रातृभाव के प्रदर्शन और आचरण में ही—काव्य का उत्कर्ष मानने का जो एक नया फैशन टॉल्स्टाय के समय से चला आ रहा है वह एकदेशीय है। दीन और असहाय जनता को निरंतर पीड़ा पहुँचाते चले जानेवाले क्रूर आततायियों को उपदेश देने, उनसे दया की भिक्षा माँगने और प्रेम जताने तथा उनकी सेवा-शुश्रूषा में ही कर्त्तव्य की सीमा नहीं मानी जा सकती, कर्मक्षेत्र का एकमात्र सौंदर्य नहीं

कहा जा सकता। मनुष्य के शरीर के जैसे दक्षिण और वाम दो पक्ष हैं वैसे ही उसके हृदय के भी कोमल और कठोर, मधुर और तीक्ष्ण, दो पक्ष हैं और बराबर रहेंगे। काव्य-कला की पूरी रमणीयता इन दोनों पक्षों के समन्वय के बीच मंगल या सौंदर्य के विकास में दिखायी पड़ती है।" ('चिंतामणि', प्रथम भाग, पृ० 220-21)। देशी सामन्तवाद और विदेशी उपनिवेशवाद का विरोध और उसके लिए सक्रिय प्रतिरोध के रास्ते की भी स्वीकृति—शुक्लजी की यही प्रखर जनवादी चेतना उनकी आलोचना में प्रतिफलित हुई है। जैसा कि ऊपर उनके 'इतिहास' से दिये गये किंचित् बृहत् उद्धरण से संकेत मिलता है, द्विवेदी-युग में अपने देश में जनवादी चेतना उतने उग्र रूप में प्रकट नहीं हुई थी जितने उग्र रूप में वह उस युग के बाद की हिन्दी कविता में दिखलायी पड़ी। द्विवेदी-युग के बाद का युग स्वच्छन्दतावाद का युग था। इसी युग ने कथा-साहित्य में प्रेमचन्द को, कविता में निराला को और आलोचना में शुक्लजी को उत्पन्न किया।

अपने देश में पुनर्जागरण-काल से ही इस बात को लेकर संघर्ष चलता रहा है कि हमें यूरोप के विकसित राष्ट्रों की उन्नत विचारधारा और वैज्ञानिक उपलब्धियों को स्वीकार करना चाहिए या नहीं। इस देश की प्रतिक्रियावादी शक्तियाँ आरम्भ से ही इस बात के पक्ष में रही हैं कि हमारा देश अपना विकास करने में हर तरह से समर्थ है, इसलिए हमें पश्चिम का प्रभाव ग्रहण करने की आवश्यकता नहीं है। इसके विपरीत इस देश की प्रगतिशील शक्तियाँ यूरोप की उपलब्धियों पर आलोचनात्मक ढंग से विचार कर उनकी सहायता से भारत को एक आधुनिक राष्ट्र बनाने के पक्ष में रही हैं। इन परस्पर-विरोधी शक्तियों का संघर्ष हमें जैसे समाज के अन्य क्षेत्रों में दिखलायी पड़ता है, वैसे ही साहित्य में भी। शुक्लजी यूरोप का अन्धानुकरण करने के पक्ष में नहीं थे, लेकिन यूरोप की उन्नत विचारधारा की सहायता से अपना विकास करने के पक्ष में अवश्य थे। 'चिंतामणि' (द्वितीय भाग) में एक स्थान पर उन्होंने कहा है: "शब्द-शक्ति, रस, रीति और अलंकार अपने यहाँ की ये बातें काव्य की स्पष्ट और स्वच्छ मीमांसा में कितने काम की हैं, मैं समझता हूँ, इसके संबंध में अब और अधिक कहने की आवश्यकता नहीं। देशी-विदेशी, नयी-पुरानी सब प्रकार की कविताओं की समीक्षा का मार्ग इनका सहारा लेने से सुगम होगा। आवश्यकता इस बात की है कि उत्तरोत्तर नवीन विचार-परम्परा द्वारा इन पद्धतियों की परिष्कृति, उन्नति और समृद्धि होती रहे। पर यह हो कैसे? वर्तमान हिन्दी-साहित्य के क्षेत्र में कुछ लोग तो ऐसे हैं जो लक्षणों की पुरानी लकीर से जरा भी इधर-उधर होने की कल्पना ही नहीं कर सकते।" (पृ० 246)। उपन्यास पर विचार करने के क्रम में शुक्लजी ने जो कुछ कहा है,

उससे उनका आशय एकदम स्पष्ट हो जाता है : "हमारे आधुनिक हिंदी-साहित्य में 'उपन्यास' का नाम भी बँगला से आया और उपन्यास का अंगरेजी ढाँचा भी। कथात्मक गद्य-प्रबंध के लिए वास्तव में यह ढाँचा बहुत ही उत्कृष्ट है।" (उपर्युक्त, पृ० 256)। हिन्दी के रीतिकाव्य का शुक्लजी द्वारा किया गया विरोध प्रसिद्ध है। यह वस्तुतः सामन्ती काव्य-परम्परा का विरोध था जिसमें कविता को सामन्तों के 'दिलबहलाव' की सामग्री बनाकर छोड़ दिया गया था। इस कविता का जीवन और समाज के यथार्थ से कोई सम्बन्ध नहीं था। 'रस-मीमांसा' में शुक्लजी ने इस कविता का मिथ्यात्व इन शब्दों में प्रकट किया है : "इसी हलकेपन के कारण बहुत से लोग काव्य को विलास की सामग्री और अमीरों के शौक की चीज समझने लगे। भाटों और कवियों में भी कोई भेद ही न रह गया। भोज ऐसे राजा बात बनानेवाले खुशामदियों को कवि कहकर लाखों का पुरस्कार देने लगे। उसी भोज की तारीफों के पुल बाँधनेवाले, उसके प्रताप को सूर्य से भी बढ़कर बतानेवाले चारों ओर से आते थे जिसके सामने ही विदेशी इस देश में आकर भारतीयों की इतनी दुर्दशा करने लगे थे।" (पृ० 78)। पुरुष और स्त्री की समानता एक जनवादी मूल्य है। शुक्लजी ने सामन्ती काव्य की आलोचना करते हुए 'जायसी ग्रंथावली' की भूमिका में स्त्रियों का पक्ष समर्थन इन शब्दों में किया है : "पुरुषों ने अपनी जबरदस्ती से स्त्रियों के कुछ दुःखात्मक भावों को भी अपने विलास और मनोरंजन की सामग्री बना रखा है। जिस दिलचस्पी के साथ वे मेढ़ों की लड़ाई देखते हैं उसी दिलचस्पी के साथ अपनी कई स्त्रियों के परस्पर कलह को। नवोढ़ा का 'भय और कष्ट' भी नायिका-भेद के रसिकों के आनंद के प्रसंग हैं। इसी परिपाटी के अनुसार स्त्रियों की प्रेम-संबंधिनी ईर्ष्या का भी शृंगार-रस में एक विशेष स्थान है। यदि स्त्रियाँ भी इसी प्रकार पुरुषों की प्रेम-संबंधिनी ईर्ष्या को अपने खेलवाड़ की चीज बनावें तो कैसा ?" (पृ० 120-21)। पुरुष और स्त्री की समानता की तरह साम्प्रदायिक एकता भी एक जनवादी मूल्य है। शुक्लजी ने अपने 'इतिहास' में नाथपन्थी योगियों, नामदेव और सन्त कवियों द्वारा हिन्दुओं और मुसलमानों के लिए एक 'सामान्य भक्तिमार्ग' निकालने की चेष्टा की प्रशंसा की है और कबीर को इस बात के लिए श्रेय दिया है कि "देशाचार और उपासना-विधि के कारण मनुष्य मनुष्य में जो भेद-भाव उत्पन्न हो जाता है उसे दूर करने का प्रयत्न उनकी वाणी बराबर करती रही।" (पृ० 68)। सूफी कवियों को उन्होंने साम्प्रदायिक भावनाओं से ऊपर मनुष्यत्व का कवि कहा है और लिखा है : "इसी मनुष्यत्व को ऊपर करने से हिन्दूपन, मुसलमानपन, ईसाईपन आदि के उस स्वरूप का प्रतिरोध होता है जो विरोध की ओर ले जाता है।" ('जायसी ग्रंथावली', भूमिका, पृ० 3)। यह ध्यान देने लायक बात है कि हिन्दी के अनेक विद्वान् जहाँ यह

कहते हैं कि सूफी कवियों ने हिन्दुओं की प्रेम-कहानियों के माध्यम से इस्लाम का प्रचार किया, वहाँ उनके सम्बन्ध में शुक्लजी का यह विचार है कि "इन भावुक और उदार मुसलमानों ने इनके द्वारा मानों हिन्दू-जीवन के साथ अपनी सहानुभूति प्रकट की।" (उपर्युक्त, पृ० 4)। भक्ति-आन्दोलन ने भक्ति के क्षेत्र में वर्ण और आश्रम की सीमाओं को तोड़कर मनुष्य-मात्र की समानता प्रतिपादित की थी। अष्टछाप के कवि कृष्णदास "शूद्र थे पर आचार्यजी (वल्लभाचार्य) के बड़े कृपा-पात्र थे और मंदिर के प्रधान मुखिया हो गये थे।" ('हिंदी-साहित्य का इतिहास', पृ० 152)। इसी भक्ति-आन्दोलन की देन हिन्दी का भक्ति-काव्य है। शुक्लजी ने स्वभावत: इस भक्तिकाव्य को हिन्दी का सर्वश्रेष्ठ काव्य बतलाया। इन चन्द उदाहरणों से यह अच्छी तरह प्रमाणित हो जाता है कि शुक्लजी सामन्तवाद और उपनिवेशवाद-विरोधी जनवादी परम्परा के आलोचक थे और वे उस उग्रतापूर्ण दौर में अपनी आलोचना लिख रहे थे, जो द्विवेदी-युग के बाद आरम्भ हुआ था। उनके विचारों में जो दृढ़ता और प्रखरता तथा उनके विरोध में जो तीक्ष्णता पायी जाती है, उसका यही कारण है।

हिन्दी आलोचना को शुक्लजी की सबसे बड़ी देन यह है कि उन्होंने साहित्य के सम्बन्ध में एक सुसंगत दृष्टिकोण के निर्माण का प्रयत्न किया। उनके इस दृष्टिकोण का आधार ज्ञान का भौतिकवादी सिद्धान्त है, जिसके अनुसार ज्ञान और भाव का आधार यह भौतिक जगत् ही है, कुछ और नहीं। अपने 'कविता क्या है' शीर्षक प्रसिद्ध निबन्ध में वे कहते हैं: "जो तथ्य हमारे किसी भाव को उत्पन्न करे उसे उस भाव का आलबन कहना चाहिए। ऐसे रसात्मक तथ्य आरंभ में ज्ञानेंद्रियाँ उपस्थित करती हैं। फिर ज्ञानेंद्रियों द्वारा प्राप्त सामग्री से भावना या कल्पना उनकी योजना करती है। अत: यह कहा जा सकता है कि ज्ञान ही भाव-प्रसार के संचार के लिए मार्ग खोलता है। ज्ञान-प्रसार के भीतर ही भाव-प्रसार होता है। आरंभ में मनुष्य की चेतन सत्ता अधिकतर इंद्रियज ज्ञान की समष्टि के रूप में ही रही। फिर ज्यों-त्यों अंत:करण का विकास होता गया और सभ्यता बढ़ती गयी त्यों-त्यों मनुष्य का ज्ञान बुद्धि-व्यवसायात्मक होता गया।" ('चिंतामणि', प्रथम भाग, पृ० 156)। इस उद्धरण से यह स्पष्ट है कि वे इन्द्रिय-बोध को ही भाव और विचार का आधार मानते हैं। भाव का उनके लिए विशेष महत्त्व है, क्योंकि भाव के बिना कविता सम्भव नहीं है। आधुनिक काल में भाव के विरोध में एक आन्दोलन ही चल पड़ा है। शुक्लजी इस आन्दोलन के विरुद्ध हैं, क्योंकि उनके अनुसार "मनुष्य को कर्म में प्रवृत्त करनेवाली मूल-वृत्ति भावात्मिका है" और "कविता तो भावप्रसार द्वारा कर्मण्य के लिए कर्म-क्षेत्र का और विस्तार कर देती है।" (उपर्युक्त, पृ० 157-58)। भाव को नीति और धर्मशास्त्र के द्वारा भी एक निकृष्ट कोटि की वस्तु बतलाया जाता है।

शुक्लजी चूँकि भाव को विचार-निरपेक्ष नहीं मानते, इसलिए वे भाव के निषेध के पक्ष में नहीं, बल्कि कविता द्वारा उसके परिष्कार के पक्ष में हैं। उन्होंने लिखा है : "मनुष्य की सजीवता मनोवेग या प्रवृत्ति में, भावों की तत्परता में है। नीतिज्ञों और धार्मिकों का मनोविकारों को दूर करने का उपदेश घोर पाषंड है। इस विषय में कवियों का प्रयत्न ही सच्चा है जो मनोविकारों पर सान ही नहीं चढ़ाते, बल्कि उन्हें परिमार्जित करते हुए सृष्टि के पदार्थों के साथ उनके उपर्युक्त संबंध निर्वाह पर जोर देते हैं।" (उपर्युक्त, पृ० 53)। कविता का कार्य शुक्लजी ने मनुष्य के हृदय को स्वार्थ की सीमाओं से मुक्त करना बतलाया है और कहा है : "इस साधना को हम भावयोग कहते हैं और कर्मयोग और ज्ञानयोग का समकक्ष मानते हैं।" (उपर्युक्त, पृ० 141)। कहने की आवश्यकता नहीं कि शुक्लजी के पहले इतना बलपूर्वक कविता के महत्त्व की स्थापना का प्रयत्न नहीं किया गया था। शुक्लजी भाव को कविता का मूल उपादान बतलाते हुए यह कभी नहीं भूलते कि इस भाव का आधार यह गोचर जगत् ही है।

जैसा कि हम पहले से जानते हैं, शुक्लजी का साहित्यिक सिद्धान्त रसवाद है, लेकिन यह रसवाद संस्कृत के आचार्यों के रसवाद की पुनरावृत्ति नहीं है। शुक्लजी ने इसे वैज्ञानिक आधार प्रदान कर साहित्य के एक पूर्ण और प्रगतिशील सिद्धान्त के रूप में हमारे सामने रखने की चेष्टा की है। 'काव्य में रहस्यवाद' शीर्षक निबन्ध में अगोचर सत्ता को आलम्बन बनाकर काव्य-रचना करने से साहित्य के क्षेत्र में जो गड़बड़ी पैदा हुई है, उसका जिक्र करने के बाद वे कहते हैं : "हमारे हृदय का सीधा लगाव गोचर जगत् से है। इसी बात के आधार पर सारे संसार में रस-पद्धति चली है और सच्चे स्वाभाविक रूप में चल सकती है। मजहबी सुबीते के लिए अनुभूति के स्वाभाविक क्रम का विपर्यय करने से मूल आलंबनों को छाया और छाया को मूल आलंबन बनाने से कला के क्षेत्र में कितना आडंबर खड़ा हुआ है, इसका अन्दाजा ऊपर के ब्योरे से लग सकता है।" ('चिंतामणि', द्वितीय भाग, पृ० 129)। इस कथन से यह तो पता चलता ही है कि अनुभूति का आधार यह भौतिक जगत् ही है, यह भी पता चलता है कि भाव को वस्तु के स्थान में प्रतिष्ठित कर वस्तु को ही भाव पर अवलम्बित बतलाना "अनुभूति के स्वाभाविक क्रम का विपर्यय" है। वस्तु के ऊपर भाव को भाववाद महत्त्व देता है। शुक्लजी इस भाववाद को ठुकराकर भौतिकवादी दर्शन की सहायता से रस का आधार स्पष्ट करते हैं। परम्परागत मान्यता यह थी कि रस की अनुभूति एक अलौकिक वस्तु है। रस के आधार को भौतिक माननेवाले विचारक के लिए इसे स्वीकार करना संभव न था। शुक्लजी ने रसानुभूति के स्वरूप पर गहराई से विचार कर 'रसात्मक बोध के विविध रूप' शीर्षक अपने निबन्ध में यह निष्कर्ष प्रतिपादित किया : "रसानुभूति प्रत्यक्ष या वास्तविक अनुभूति से सर्वथा पृथक् कोई अंतर्वृत्ति नहीं है बल्कि उसी का

एक उदात्त और अवदात्त रूप है। हमारे यहाँ के आचार्यों ने स्पष्ट सूचित कर दिया है कि वासना रूप में स्थित भाव ही रस रूप में जगा करते हैं। यह वासना या संस्कार वंशानुक्रम से चलती आती हुई दीर्घ भाव-परंपरा का मनुष्य जाति की अंतः प्रकृति में निहित संचय है।" ('चिंतामणि', प्रथम भाग, पृ० 253)। रसानुभूति की विशेषता यह है कि वह ममत्व और परत्व से परे अर्थात् साधारणीकृत होती है। शुक्लजी ने यह दिखलाया है कि कैसे ऐसी अनुभूति हम व्यावहारिक जीवन में भी करते हैं। व्यावहारिक जीवन में यह अनुभूति दो प्रकार की होती है—प्रत्यक्ष और स्मृति पर आधारित। "स्वदेश-प्रेम के गीत गाते हुए नवयुवकों के दल जिस साहसभरी उमंग के साथ कोई कठिन या दुष्कर कार्य्य करने के लिए निकलते हैं, वह वीरत्व की रसात्मक अनुभूति है।" (उपर्युक्त, पृ० 250)। यह प्रत्यक्ष रसात्मक अनुभूति का उदाहरण है। "जब हम जन्मभूमि या स्वदेश का, बाल-सखाओं का, कुमार-अवस्था के अतीत दृश्यों और परिचित स्थानों आदि का स्मरण करते हैं, तब हमारी मनोवृत्ति स्वार्थ या शरीरयात्रा के सूखे विधानों से हटकर शुद्ध भाव-क्षेत्र में स्थित हो जाती है।" (उपर्युक्त पृ० 253)। शुक्लजी के अनुसार "ऐसा 'स्मरण' वास्तविक होने पर भी रसात्मक होता है।" (उपर्युक्त)। रसानुभूति को लौकिक मानने में एक बाधा यह है कि उसे आनन्दस्वरूप माना गया है। इस सम्बन्ध में शुक्लजी का कहना है: "रसास्वाद आनन्दस्वरूप कहा गया है, अतः दुःखस्वरूप अनुभूति रस के अन्तर्गत कैसे ली जाती है, यह प्रश्न कुछ गड़बड़ डालता दिखायी पड़ेगा। पर 'आनंद' शब्द को व्यक्तिगत सुखभोग के स्थूल अर्थ में ग्रहण करना मुझे ठीक नहीं जँचता। उसका अर्थ मैं हृदय का व्यक्तिबद्ध दशा से मुक्त और हलका होकर अपनी क्रिया में तत्पर होना ही उपयुक्त समझता हूँ। इस दशा की प्राप्ति के लिए समय-समय पर प्रवृत्ति होना कोई आश्चर्य की बात नहीं।" (उपर्युक्त, पृ० 251)। जब हम रस से प्राप्त होनेवाले आनन्द को व्यक्तिगत सुख-भोग से भिन्न मान लेते हैं तब सुखात्मक और दुःखात्मक लौकिक अनुभूतियों के 'रसात्मक' होने में कोई बाधा नहीं रह जाती। करुणरस का आस्वाद आरम्भ से ही विवाद का विषय रहा है। शुक्लजी कहते हैं: "करुणरस-प्रधान नाटक के दर्शकों के आँसुओं के सम्बन्ध में यह कहना कि 'आनन्द में भी तो आँसू आते हैं' केवल बात टालना है। दर्शक वास्तव में दुःख ही का अनुभव करते हैं। हृदय की मुक्त दशा में होने के कारण वह दुःख भी रसात्मक होता है।" (उपर्युक्त)।

ऊपर यह संकेत किया गया है कि शुक्लजी कविता का कार्य मनुष्य के हृदय को स्वार्थमुक्त करना मानते थे। यह कार्य कविता सफलतापूर्वक तभी कर सकती है, जबकि वह मनुष्य के हृदय को रस की अवस्था तक पहुँचाये। उन्होंने

अत्यन्त स्पष्ट शब्दों में लिखा है कि "जिस प्रकार आत्मा की मुक्तावस्था ज्ञान-दशा कहलाती है उसी प्रकार हृदय की यह मुक्तावस्था रसदशा कहलाती है।" (उपर्युक्त, पृ० 241)। यह 'मुक्तावस्था' उनके लिए एक ठोस अर्थ रखती थी। उन्होंने आगे लिखा है कि "कविता ही मनुष्य के हृदय को स्वार्थ-सम्बन्धों के संकुचित मंडल से ऊपर उठाकर लोक-सामान्य भाव-भूमि पर ले जाती है जहाँ जगत् की नाना गतियों के मार्मिक स्वरूप का साक्षात्कार और शुद्ध अनुभूतियों का संचार होता है। इस भूमि पर पहुँचे हुए मनुष्य को कुछ काल के लिए अपना पता नहीं रहता। वह अपनी सत्ता को लोकसत्ता में लीन किये रहता है।" (उपर्युक्त)। शुक्लजी के अनुसार रसानुभूति की अवस्था में हम अपनी अनुभूति को लोक की अनुभूति से मिला देते हैं। उनके शब्दों में, "इस अनुभूति-योग के अभ्यास से हमारे मनोविकारों का परिष्कार तथा शेष सृष्टि के साथ हमारे रागात्मक सम्बन्ध की रक्षा और निर्वाह होता है।" (उपर्युक्त)। शुक्लजी ने रस-दशा की कोई सीमा नहीं बनायी है। उन्होंने लिखा है: "अब मनुष्य का ज्ञान क्षेत्र बुद्धि-व्यवसायात्मक या विचारात्मक होकर बहुत ही विस्तृत हो गया है। अतः उसके विस्तार के साथ हमें अपने हृदय का विस्तार भी बढ़ाना पड़ेगा। विचारों की क्रिया से, वैज्ञानिक विवेचन और अनुसंधान द्वारा उद्घाटित परिस्थितियों और तथ्यों के मर्मस्पर्शी पक्ष का मूर्त और सजीव चित्रण भी—उसका इस रूप में प्रत्यक्षीकरण भी कि वह हमारे किसी भाव का आलंबन हो सके—कवियों का काम और उच्च काव्य का एक लक्षण होगा।" (उपर्युक्त, पृ० 156-57)। कवि की भावुकता के सम्बन्ध में शुक्लजी के विचार प्रसिद्ध हैं। उन्होंने भावुकता के माध्यम से वस्तुतः रस पर ही विचार किया है और रस की सीमा केवल श्रृङ्गार या वीर तक नहीं मानी है। उन्होंने कहा है: "जो केवल दांपत्य रति ही में अपनी भावुकता प्रकट कर सकें, या वीरोचित ही का अच्छा चित्रण कर सकें, वे पूर्ण भावुक नहीं कहे जा सकते। पूर्ण भावुक वे ही हैं जो जीवन की प्रत्येक स्थिति के मर्मस्पर्शी अंश का साक्षात्कार कर सकें और उसे श्रोता या पाठक के सम्मुख अपनी शब्द-शक्ति द्वारा प्रत्यक्ष कर सकें।" ('गोस्वामी तुलसीदास', पृ० 74-75)। कविता मनुष्य को जिस प्रक्रिया से व्यक्तिगत सम्बन्धों से ऊपर उठाकर सामान्य सम्बन्धों की भूमि पर ले जाती है, उसे साधारणीकरण कहा गया है। शुक्लजी ने 'साधारणीकरण और व्यक्ति-वैचित्र्यवाद' शीर्षक अपने निबन्ध में इस प्रक्रिया पर बहुत ही व्यावहारिक ढंग से विचार किया है और वे इस निष्कर्ष पर पहुँचे हैं कि साधारणीकरण आलम्बनत्व-धर्म का होता है। इस प्रसंग में एक महत्त्वपूर्ण प्रश्न उन्होंने यह उठाया कि जब कविता का विषय हमेशा 'विशेष' ही होता है, 'सामान्य' नहीं और 'व्यक्ति' ही होता है, 'जाति' नहीं, तब 'विशेष' अथवा 'व्यक्ति' का साधारणीकरण कैसे

संभव है ? उन्होंने स्वयं ही इस प्रश्न का उत्तर दिया और बतलाया कि 'विशेष' अथवा 'व्यक्ति' और साधारणीकरण में कोई विरोध नहीं है । उनके शब्द ध्यातव्य हैं : "(साधारणीकरण में) व्यक्ति तो विशेष ही रहता है, पर उसमें प्रतिष्ठा ऐसे सामान्य धर्म की रहती है जिसके साक्षात्कार से सब श्रोताओं या पाठकों के मन में एक ही भाव का उदय थोड़ा या बहुत होता है।" ('चिंतामणि', प्रथम भाग, पृ० 230) । इसी कारण उन्होंने 'आलम्बनत्व-धर्म' के साधारणीकरण की बात कही है। कहने की आवश्यकता नहीं कि शुक्लजी की यह स्थापना किसी शास्त्रीय ग्रंथ पर नहीं, बल्कि उनके निजी पर्यवेक्षण पर आधारित है। साधारणीकरण का पक्षपाती होने के कारण उन्होंने कविता में व्यक्ति-वैचित्र्य को प्रमुखता देनेवाले पश्चिमी काव्य-सिद्धान्त का विरोध किया और कहा : "भारतीय काव्य-दृष्टि भिन्न-भिन्न विशेषों के भीतर से 'सामान्य' के उद्घाटन की ओर बराबर रही है। किसी न किसी 'सामान्य' के प्रतिनिधि होकर ही 'विशेष' हमारे यहाँ के काव्यों में आते रहे हैं। पर यूरोपीय काव्य-दृष्टि इधर बहुत दिनों से विरल विशेष के विधान की ओर रही है। हमारे यहाँ के कवि उस सच्चे तार की झंकार सुनाने में संतुष्ट रहे जो मनुष्य-मात्र के हृदय के भीतर से होता हुआ गया है। पर उन्नीसवीं शताब्दी के बहुत-से विलायती कवि ऐसे हृदयों के प्रदर्शन में लगे जो न कहीं होते हैं और न हो सकते हैं।" (उपर्युक्त, पृ० 238) । साधारणीकरण के लिए यह आवश्यक है कि कविता में उन्हीं वस्तुओं का चित्रण किया जाये जो असाधारण न होकर साधारण हों। शुक्लजी कविता में असाधारण और विचित्र वस्तुओं के चित्रण पर बल देनेवाली विचारधारा के विरोधी थे। उन्होंने लिखा है कि "काव्य-क्षेत्र अजायबखाना या नुमाइशगाह नहीं है।" ('चिंतामणि,' द्वितीय भाग, पृ० 10) । उनके अनुसार "भावों का उत्कर्ष दिखाने के लिए काव्य में कहीं-कहीं असाधारणत्व अपेक्षित होता है, पर उतनी ही मात्रा में जितनी से प्रकृत भाव दबने न पावे।" (उपर्युक्त पृ० 9-10) रस-सिद्धान्त की शब्दावली में कहा जाये तो कविता में दो वस्तुएँ होती हैं—विभाव और भाव। "काव्य में ये दोनों अन्योन्याश्रित हैं, अत: दोनों रहते हैं। जहाँ एक ही पक्ष का वर्णन रहता है वहाँ भी दूसरा पक्ष अव्यक्त रूप में रहता है।" ('रस-मीमांसा', पृ० 87) । इसे शुक्लजी ने इस प्रकार और भी स्पष्ट किया है : "भाव-प्रधान कविता में—ऐसी कविता में जिसमें संवेदना की विवृति ही रहती है—आलंबन का आक्षेप पाठक के ऊपर छोड़ दिया जाता है। विभाव-प्रधान कविता में—ऐसी कविता में जिसमें आलंबन का ही विस्तृत रमणीय चित्रण रहता है—संवेदना पाठक के ऊपर छोड़ दी जाती है।" ('चिंतामणि,' द्वितीय भाग, पृ० 111) । इस प्रकार कविता भाव-प्रधान और विभाव-प्रधान दोनों प्रकार की होती है । शुक्लजी

के अनुसार "भाव और विभाव दोनों पक्षों के सामंजस्य के बिना पूरी और सच्ची रसानुभूति हो नहीं सकती।" ('चिंतामणि,' प्रथम भाग, पृ० 227)। भाव और विभाव अर्थात् वस्तु और संवेदना के बीच जब प्रधानता का प्रश्न उठता है तब वे निस्संकोच कहते हैं कि "हम विभाव-पक्ष को कविता में प्रधान स्थान देते हैं" ('चिंतामणि,' द्वितीय भाग, पृ० 111), क्योंकि विभाव ही भाव का आधार है और अनेक बार विभाव का कविता में कल्पना द्वारा प्रत्यक्ष करा देना ही रस-संचार की दृष्टि से काफी होता है। उन्होंने लिखा है : "अपनी अनुभूति या संवेदना का लम्बा-चौड़ा ब्यौरा पेश करने की अपेक्षा उन तथ्यों या वस्तुओं को पाठक की कल्पना में ठीक-ठीक पहुँचा देना जिन्होंने वह अनुभूति या संवेदना जगायी है, कवि के लिए हम अधिक आवश्यक समझते हैं। सहृदय या भावुक पाठक अपनी अनुभूति का पथ बहुत कुछ आपसे आप निकाल लेते हैं। इसी प्रकार सच्चे कवियों की अनुभूति का आभास बहुत कुछ उनकी वस्तु-योजना की शब्दभंगी में ही मिल जाता है।" (उपर्युक्त, पृ० 111-12)।

विभाव भाव जागृत करता है और ये भाव प्रचलित कथनानुसार अच्छे और बुरे दोनों प्रकार के होते हैं। शुक्लजी के बारे में ऊपर कहा जा चुका है कि वे भाव को अनुपयोगी समझकर त्याज्य बतलानेवाले आलोचक न थे। उन्होंने उक्त दोनों प्रकार के भावों को जीवन के सन्दर्भ में जाँचकर देखा और वे इस निष्कर्ष पर पहुँचे कि कुछ भाव आनन्द की सिद्धावस्था के भाव होते हैं और कुछ आनन्द की साधनावस्था के। 'काव्य में लोकमंगल की साधनावस्था' शीर्षक अपने निबन्ध में उन्होंने इस सम्बन्ध में कहा है : "कुछ कवि और भक्त तो जिस प्रकार आनंद-मंगल के सिद्ध या आविर्भूत स्वरूप को लेकर सुख-सौंदर्यमय माधुर्य, सुषमा, विभूति, उल्लास, प्रेम-व्यापार इत्यादि उपभोग-पक्ष की ओर आकर्षित होते हैं उसी प्रकार आनंद-मंगल की साधनावस्था या प्रयत्न-पक्ष को लेकर पीड़ा, बाधा, अन्याय, अत्याचार आदि के दमन में तत्पर शक्ति के संचरण में भी--उत्साह, क्रोध, करुणा, भय, घृणा इत्यादि की गतिविधि में भी—पूरी रमणीयता देखते हैं। वे जिस प्रकार प्रकाश को फैला हुआ देखकर मुग्ध होते हैं उसी प्रकार फैलने के पूर्व उसका अंधकार को हटाना देखकर भी। ये ही पूर्ण कवि हैं, क्योंकि जीवन की अनेक परिस्थितियों के भीतर ये सौंदर्य का साक्षात्कार करते हैं।" ('चिंतामणि,' प्रथम भाग, पृ० 214)। सिद्धावस्था और साधनावस्था के भावों के सम्बन्ध में उन्होंने अन्यत्र भी कहा है : "इन दो पक्षों के बिना क्रियात्मक या गत्यात्मक (dynamic) सौंदर्य का प्रकाश नहीं हो सकता। जहाँ इन दोनों पक्षों में साध्य-साधक-संबंध रहता है, जहाँ इनमें सामंजस्य दिखायी पड़ता है, वहाँ की उग्रता और प्रचंडता में भी सौंदर्य का दर्शन होता है।" ('चिंतामणि,' द्वितीय भाग, पृ० 51)। आनन्द की सिद्धावस्था का मूल भाव है प्रेम, जबकि उसकी साधनावस्था का मूलभाव

है करुणा। शुक्लजी का कहना है : "करुणा की गति रक्षा की ओर होती है और प्रेम की रंजन की ओर। लोक में प्रथम साध्य रक्षा है। रंजन का अवसर उसके पीछे आता है। साधनावस्था या प्रयत्नपक्ष को लेकर चलनेवाले काव्यों का बीजभाव करुणा ही ठहरता है।" ('चिंतामणि,' प्रथम भाग, पृ० 223)। इस करुणा को उन्होंने विशेष महत्त्व दिया है, क्योंकि "समस्त चराचर में एक सामान्य हृदय की अनुभूति का जैसा तीव्र और पूर्ण उन्मेष करुणा में होता है वैसा किसी और भाव में नहीं।" ('चिंतामणि', द्वितीय भाग, पृ० 62)। करुणा पर शुक्लजी के इस आग्रह को रीतिकालीन कवियों और रीतिवादी आलोचकों के शृंगार-भाव से मिलाकर देखना चाहिए। शुक्लजी ने करुणा पर इसलिए बल दिया कि वह आनन्द के प्रयत्न-पक्ष का बीजभाव है। शुक्लजी का काल विदेशी उपनिवेशवाद और देशी सामन्तवाद के विरुद्ध उग्र संघर्ष का काल था। प्रयत्न-पक्ष की कविता को उनके द्वारा श्रेष्ठ कविता बतलाये जाने का कारण हम उनके समाज में ही ढूँढ़ सकते हैं। इसकी पुष्टि तब अच्छी तरह से हो जाती है जब हम उन्हें अत्यन्त दृढ़ शब्दों में तॉल्स्तॉय के आदर्शवाद का विरोध करते हुए पाते हैं।

रस-सिद्धान्त का विरोध हिन्दी में छायावाद-काल से आरम्भ हुआ और तब से यह लगातार बढ़ता ही जा रहा है। यह विरोध बहुत-कुछ अज्ञान पर आधारित है, इसका संकेत शुक्लजी ने 'काव्य में अभिव्यंजनावाद' शीर्षक से प्रकाशित अपने व्याख्यान में अत्यन्त स्पष्ट शब्दों में किया था। उन्होंने कहा था : "आज-कल इस प्रकार के लटके कि 'रस-अलंकार तो पुरानी चीजें हैं, उनका जमाना गया' इधर उधर से नोचकर ही दुहराये जाते हैं। वे कहाँ से आये हैं, उनका पूरा मतलब क्या है, यह सब जानने या समझने की कोई जरूरत नहीं समझी जाती। इन वाक्यों को बात-बात में दुहरानेवालों में से अधिकांश तो इतना ही जानते हैं कि रस-अलंकार आदि हमारे साहित्य के बहुत काल से व्यवहृत शब्द हैं, अंगरेजी शब्दों के अनुवाद नहीं। इससे इनका नाम लेना फैशन के खिलाफ है। दिन में सैकड़ों बार 'हृदय की अनुभूति, हृदय की अनुभूति' चिल्लाएँगे, पर 'रस' का नाम सुनकर ऐसा मुँह बनाएँगे मानों उसे न जाने कितना पीछे छोड़ आये हैं। भलेमानुस इतना भी नहीं जानते कि हृदय की अनुभूति ही साहित्य में 'रस' और 'भाव' कहलाती है।" (उपर्युक्त, पृ० 206)। जहाँ रस के सम्बन्ध में कोई अज्ञान नहीं है, वहाँ उसका विरोध इस आधार पर किया गया है कि उसमें केवल भाव को महत्त्व दिया गया है, ज्ञान अथवा विचार को नहीं। शुक्लजी की रस-सम्बन्धी मान्यता इस सम्बन्ध में अत्यन्त स्पष्ट है। वे ज्ञान को साथ लेकर चलने के पक्ष में हैं, उसे छोड़कर चलने के पक्ष में नहीं। उन्होंने लिखा है : "ज्ञान ही काव्य के संचरण के लिए रास्ता

खोलता है। ज्ञान-प्रसार के भीतर ही हृदय-प्रसार होता है और हृदय-प्रसार ही काव्य का सच्चा लक्ष्य है। अतः ज्ञान के साथ लगकर ही जब हमारा हृदय परिचालित होगा तभी काव्य की नयी-नयी मार्मिक अर्थ-भूमियों की ओर वह बढ़ेगा। ज्ञान को किनारे रखकर, उसके द्वारा सामने लाये हुए जगत् और जीवन के नाना पक्षों की ओर न बढ़कर, यदि काव्य प्रवृत्त होगा तो किसी एक भाव को लेकर अभिव्यजंना के वैचित्र्य-प्रदर्शन में ही लगा रह जायगा। इस दशा में काव्य का विभाव-पक्ष शून्य होता जायगा, उसकी अनेकरूपता सामने न आएगी।" ('हिन्दी-साहित्य का इतिहास', पृ० 578)। 'ज्ञान' से शुक्लजी का मतलब आधुनिक ज्ञान-विज्ञान से था, किसी अध्यात्म-विद्या से नहीं, इसे उन्होंने अपने इस कथन से और स्पष्ट किया है : "जगत् के इतिहास, विज्ञान आदि द्वारा हमारा ज्ञान जहाँ तक पहुँचा है वहाँ तक हृदय को भी ले जाना आधुनिक कवियों का एक काम होना चाहिए।" (उपर्युक्त, पृ० 578)। शुक्लजी ने ज्ञान और विचार का महत्त्व स्वीकार करने के कारण ही आधुनिक काल में पश्चिमी जगत् में जो अबुद्धिवाद का आन्दोलन उठा था, उसका अत्यन्त कठोरता के साथ विरोध किया और कविता में मात्र विस्मय और कुतूहल के भावों की अभिव्यक्ति का आग्रह रखनेवालों को लक्ष्य कर कहा कि " 'विस्मय' और 'कुतूहल' बालकों और जंगली जातियों का लक्षण अवश्य है।" ('चिंतामणि,' द्वितीय भाग, पृ० 249)। वे "ज्ञान-विज्ञान के साथ काव्य का कोई विरोध" मानने को तैयार न थे। (उपर्युक्त, पृ० 216)। हिन्दी के परवर्ती आलोचक डॉ० नामवर सिंह ने अपनी पुस्तक 'कविता के नये प्रतिमान' में छायावाद से नयी कविता का वैशिष्ट्य बतलाते हुए कहा है : "नये कवि अनुभूति से अधिक अनुभूतियों के परिवर्तित सन्दर्भ पर विशेष बल देते हैं। स्पष्टतः उनका बल रागात्मकता से अधिक रागात्मक सम्बन्धों पर है।" (पृ० 25)। 'रागात्मकता' पर बल देने का अर्थ है भाव की प्रधानता और 'रागात्मक सम्बन्धों' पर बल देने का अर्थ है विभाव की प्रधानता। शुक्लजी का यह कथन ऊपर उद्धृत किया जा चुका है कि "हम विभाव-पक्ष को कविता में प्रधान स्थान देते हैं।" इससे उनके रस-सिद्धान्त की पूर्णता स्पष्ट है।

शुक्लजी कविता में साध्य और साधन के भेद को स्वीकार कर चले हैं। उनके अनुसार इन दोनों के भेद का ज्ञान संस्कृत काव्यशास्त्र की सबसे महत्त्वपूर्ण उपलब्धि है। इस प्रसंग में उन्होंने 'कविता क्या है' शीर्षक निबन्ध में ही लिखा है: "भरतमुनि ने रस की प्रधानता की ओर ही संकेत किया था, पर भामह, उद्भट आदि कुछ प्राचीन आचार्यों ने वैचित्र्य का पल्ला पकड़ अलंकारों को प्रधानता दी। इनमें बहुतेरे आचार्यों ने अलंकार शब्द का प्रयोग व्यापक अर्थ में—रस, रीति, गुण आदि काव्य में प्रयुक्त होनेवाली सारी सामग्री के अर्थ में—किया

है। पर ज्यों-ज्यों शास्त्रीय विचार गंभीर और सूक्ष्म होता गया त्यों-त्यों साध्य और साधनों को विविक्त करके काव्य के नित्य स्वरूप या मर्म-शरीर को अलग निकालने का प्रयास बढ़ता गया। रुद्रट और मम्मट के समय से ही काव्य का प्रकृत स्वरूप उभरते-उभरते विश्वनाथ महापात्र के साहित्य-दर्पण में साफ ऊपर आ गया।'' ('चिंतामणि,' प्रथम भाग, पृ० 182)। रस शुक्लजी के अनुसार कविता का साध्य है, जबकि अलंकार उसका साधन। शुक्लजी द्वारा स्वीकृत इस भेद की परवर्ती काल में तीखी आलोचना की गयी है। पं० नन्ददुलारे वाजपेयी ने लिखा है : ''भाव-पक्ष और शैली-पक्ष का पृथक्करण और आत्यन्तिक विच्छेद शुक्लजी का दूसरा सिद्धान्त है। विभाव-पक्ष और अलंकार-पक्ष, काव्य-भावना और अभिव्यंजना को दो पृथक् प्रक्रियाएँ मानने के कारण शुक्लजी उनके समन्वय की कल्पना भी नहीं कर सके। ('आधुनिक साहित्य,' पृ० 313)। यह आलोचना कितनी सही है, इसका अनुमान हम इससे लगा सकते हैं कि साध्य और साधन के समन्वित रूप को ही शुक्लजी ने भी कविता माना है। उन्होंने कहा है : ''आधार वस्तु या तथ्य का बोध रसानुभूति नहीं है, उसके मार्मिक पक्ष की अनुभूति का स्वरूप ही काव्यानुभूति तथा उस अनुभूति को उत्पन्न करनेवाला शब्द-विधान ही काव्य है।'' ('रस-मीमांसा,' पृ० 274)। स्पष्टत: यहाँ 'शब्द-विधान' को ही काव्य कहा गया है जिसमें आधार-वस्तु या तथ्य के मार्मिक पक्ष की अनुभूति उत्पन्न करने की क्षमता होती है। अन्यत्र शुक्लजी ने और स्पष्टता से कहा है : ''उक्ति ही काव्य होती है, यह तो सिद्ध बात है। हमारे यहाँ भी व्यंजक वाक्य ही काव्य माना जाता है। अब प्रश्न यह है कि कैसी उक्ति, किस प्रकार की व्यंजना करने वाला वाक्य।'' ('चिंतामणि,' प्रथम भाग, पृ० 174)। ''उक्ति ही काव्य होती है''—इस कथन की व्याख्या उन्होंने इस प्रकार की है : ''काव्य की रमणीयता किसमें रहती है ? वाच्यार्थ में अथवा लक्ष्यार्थ या व्यंग्यार्थ में ? इसका बेधड़क उत्तर यही है कि वाच्यार्थ में, चाहे वह योग्य और उपपन्न हो, अथवा अयोग्य और अनुपपन्न। मेरा यह कथन विरोधाभास का चमत्कार दिखाने के लिए नहीं है, सोलह आने ठीक है। कोई रसात्मक या चमत्कार-विधायक उक्ति लीजिए। उस उक्ति ही में अर्थात् उसके वाच्यार्थ ही में, काव्यत्व या रमणीयता होगी, उसके लक्ष्यार्थ या व्यंग्यार्थ में नहीं। जैसे, यह लक्षणायुक्त वाक्य लीजिए—'जीकर, हाय ! पतंग मरे क्या ?' इसमें भी यही बात है। जो कुछ वैचित्र्य या चमत्कार है वह इस अयोग्य और अनुपपन्न वाक्य या उसके वाच्यार्थ में ही है। इसके स्थान पर यदि इसका यह लक्ष्यार्थ कहा जाय कि 'जीकर पतंग क्यों कष्ट भोगे ?' तो कोई वैचित्र्य या चमत्कार न रहेगा।'' ('चिंतामणि,' द्वितीय भाग, पृ० 182)। शुक्लजी की विशेषता यह है कि कविता में वे 'उक्ति' तक ही नहीं रुकते

हैं, बल्कि वे उससे आगे भी जाते हैं और यह पता लगाने की कोशिश करते हैं कि उससे व्यक्त होनेवाला 'अर्थ' किस कोटि का है। उन्होंने लिखा है: "अब पूछिए कि जो योग्य और बुद्धिग्राह्य अर्थ खोदकर निकाला जाता है उसका काव्य में प्रयोजन क्या है, वह किस काम आता है। काव्य तो वह है नहीं; काव्य तो है अयोग्य, अनुपपन्न, बुद्धि को अग्राह्य उक्ति। सुनिए, वह काव्य नहीं, काव्य को धारण करनेवाला सत्य है जिसकी देखरेख में काव्य मनमानी क्रीड़ा कर सकता है। व्यंजना करनेवाली उक्ति की साधुता और सचाई की परख के लिए उसको सामने रखने की आवश्यकता होती है। यह आवश्यकता अधिकतर समीक्षकों और आलोचकों को पड़ती है। वे उस सत्य के साथ किसी उक्ति का संबंध देखकर यह निर्णय करते हैं कि उस उक्ति का स्वरूप ठीक-ठिकाने का है या ऊटपटाँग।" (उपर्युक्त, पृ० 183-84)। इस प्रकार शुक्लजी 'उक्ति' को कविता मानते हुए भी उक्ति-मात्र को कविता नहीं मानते हैं। अपनी इसी मान्यता के आधार पर उन्होंने प्रसिद्ध यूरोपीय सौन्दर्यशास्त्री क्रोचे के अभिव्यंजनावाद का खण्डन किया है। क्रोचे के अनुसार कविता में अभिव्यंजना अर्थात् 'उक्ति' ही सबकुछ है और उसमें उसके 'अर्थ' का कोई मूल्य नहीं है। इस सम्बन्ध में शुक्लजी कहते हैं: " 'अभिव्यंजना ही कला या काव्य है' इसका अर्थ यहाँ तक कभी नहीं घसीटा जा सकता कि व्यंजना या व्यंजक उक्ति से भिन्न काव्यानुभूति कोई वस्तु ही नहीं। काव्यानुभूति ही वह प्रधान वृत्ति है जो व्यंजना की प्रेरणा करती है। बात यह है कि पाठक या श्रोता के पास कवि की अन्तर्वृत्ति तक पहुँचने का कोई अचूक साधन नहीं होता जिससे वह यह देख सके कि अनुभूति के अनुरूप व्यंजना हुई है या नहीं। इससे वह व्यंजना या उक्ति से ही प्रयोजन रखता है। पर जब हम पूरे कवि-कर्म पर विचार करते हैं—केवल उसके फल पर ही नहीं—तब उसके मूल में काव्यानुभूति की सत्ता माननी पड़ती है।" (उपर्युक्त, पृ० 115)। क्रोचे ने अभिव्यंजना को ही सबकुछ माना और उसमें निहित अर्थ की उपयोगिता को महत्त्व नहीं दिया, इसका कारण उनका भाववादी होना है। शुक्लजी आत्मा को नहीं, बल्कि ज्ञान को अनुभूति का आधार मानते थे। यह ज्ञान वस्तुजगत् से निरपेक्ष नहीं होता। शुक्लजी ने क्रोचे के अभिव्यंजनावाद से प्रबल असहमति जताते हुए कहा है: "यदि काव्य की तह में जीवन का कोई सच्चा मार्मिक तथ्य, सच्ची भावानुभूति नहीं तो उसका मूल्य मनोरंजन करनेवाली सजावट या खेल-तमाशे के मूल्य से कुछ भी अधिक नहीं। पर उक्त वाद के प्रतिपादक ने उसका मूल्य दूसरी दुनिया में ढूँढ़ निकालने की चेष्टा की है। उसने कला की अभिव्यंजना के इस व्यवसाय को बाह्य प्रकृति और अन्त:प्रकृति दोनों से परे जो आत्मा है, उसकी अपनी निज की क्रिया कहा है—इस जगत् और जीवन से स्वतंत्र।" (उपर्युक्त, पृ० 186-87)।

अलंकार के सम्बन्ध में शुक्लजी की धारणा बहुत ऊँची है, लेकिन उसको लेकर उन्हें कोई गलतफहमी नहीं है। 'कविता क्या है' शीर्षक निबन्ध में उन्होंने अलंकार के सम्बन्ध में अत्यन्त सुलझा हुआ चिन्तन प्रस्तुत किया है : "कविता में भाषा की सब शक्तियों से काम लेना पड़ता है। वस्तु या व्यापार की भावना चटकीली करने और भाव को अधिक उत्कर्ष पर पहुँचाने के लिए कभी किसी वस्तु का आकार या गुण बहुत बढ़ाकर दिखाना पड़ता है, कभी उसके रूप-रंग या गुण की भावना को उसी प्रकार के रूप-रंग से मिलाकर तीव्र करने के लिए समान रूप और धर्मवाली और और वस्तुओं को सामने लाकर रखना पड़ता है। कभी-कभी बात को घुमा-फिराकर कहना पड़ता है। इस तरह के भिन्न-भिन्न विधान और कथन के ढंग अलंकार कहलाते हैं। इनके सहारे से कविता अपना प्रभाव बहुत कुछ बढ़ाती है। कहीं-कहीं तो इनके बिना काम ही नहीं चल सकता। पर साथ ही यह भी स्पष्ट है कि ये साधन हैं, साध्य नहीं, साध्य को भुलाकर इन्हीं को साध्य मान लेने से कविता का रूप कभी-कभी इतना विकृत हो जाता है कि वह कविता ही नहीं रह जाती।" ('चिंतामणि,' प्रथम भाग, पृ० 181)। यहीं उन्होंने यह भी कहा है : "अलंकार-चाहे अप्रस्तुत वस्तु-योजना के रूप में हों (जैसे, उपमा, रूपक, उत्प्रेक्षा इत्यादि में), चाहे वाक्य-वक्रता के रूप में (जैसे, अप्रस्तुत प्रशंसा, परिसंख्या, व्याजस्तुति, विरोध इत्यादि में), चाहे वर्ण-विन्यास के रूप में (जैसे, अनुप्रास में), लाये जाते हैं वे प्रस्तुत भाव या भावना के उत्कर्ष-साधन के लिए ही। मुख के वर्णन में जो कमल, चन्द्र आदि सामने रखे जाते हैं वह इसीलिए जिनमें इनकी वर्णरुचिरता, कोमलता, दीप्ति इत्यादि के योग से सौंदर्य की भावना और बढ़े। सादृश्य या साधर्म्य दिखाना उपमा, उत्प्रेक्षा इत्यादि का प्रकृत लक्ष्य नहीं है। इस बात को भूलकर कवि-परंपरा में बहुत से ऐसे उपमान चला दिये गये हैं जो प्रस्तुत भावना में सहायता पहुँचाने के स्थान पर बाधा डालते हैं।" (उपर्युक्त, पृ० 181-82)। इससे अलंकार की व्यापकता, उसकी शक्ति और कविता में होनेवाला उसका दुरुपयोग ये तीनों ही बातें स्पष्ट हैं। शुक्लजी के अनुसार "कविता में कही गयी बात चित्र-रूप में हमारे सामने आनी चाहिए" (उपर्युक्त, पृ० 175), यानी काव्य-भाषा का बिम्बात्मक होना आवश्यक है। "बिंब-ग्रहण वहीं होता है जहाँ कवि अपने सूक्ष्म निरीक्षण द्वारा वस्तुओं के अंग-प्रत्यंग, वर्ण, आकृति तथा उनके आस-पास की परिस्थिति का परस्पर संश्लिष्ट विवरण देता है।" (उपर्युक्त, पृ० 148)। काव्य-भाषा को बिम्बात्मक बनाने में अलंकार भी सहायक होते हैं। शुक्लजी ने लिखा है : "जहाँ वस्तु या व्यापार अगोचर होता है वहाँ अलंकार उसके अनुभव में सहायता गोचर रूप प्रदान करके करता है, अर्थात् वह पहले गोचर प्रत्यक्षीकरण करके बोधवृत्ति की कुछ सहायता करता है, तब

फिर रागात्मिका वृत्ति को उत्तेजित करता है। जैसे, यदि कोई आनेवाली विपत्ति या अनिष्ट का कुछ भी ध्यान न करके अपने रंग में मस्त रहता हो और कोई उसको देखकर कहे कि—'चरै हरित तृन बलिपसु जैसे' तो इस कथन से उसकी दशा का प्रत्यक्षीकरण कुछ अधिक हो जायेगा जिससे उसमें भय का संचार पहले से कुछ अधिक हो सकता है।" ('गोस्वामी तुलसीदास,' पृ० 136)। काव्य-भाषा को बिम्बात्मक बनाने में जैसे अलंकार सहायक होते हैं, वैसे ही लक्षणा भी। शुक्लजी के शब्दों में, "अगोचर बातों या भावनाओं को भी, जहाँ तक हो सकता है, कविता स्थूल गोचर रूप में रखने का प्रयास करती है। इस मूर्ति-विधान के लिए वह भाषा की लक्षणा-शक्ति से काम लेती है। जैसे, 'समय बीता जाता है' कहने की अपेक्षा 'समय भागा जाता है' कहना वह अधिक पसंद करेगी।" ('चिंतामणि,' प्रथम भाग, पृ० 175)। शुक्लजी की बिम्ब-सम्बन्धी धारणा के सम्बन्ध में यह ज्ञातव्य है कि वे कविता में बिम्बवादियों की हद तक बिम्ब-योजना के पक्षपाती न थे। बिम्बवादियों की आलोचना में उन्होंने लिखा है : "अपने सिद्धांत के अनुसार ये मूर्त भावना खड़ी करने वाले (Concrete) शब्द ही कविता के लिए उपयुक्त समझते थे, भाववाचक (Abstract) शब्दों को दूर रखने की सलाह देते थे। इनका कहना था कि मूर्त भावनावाले शब्द कल्पना में स्पष्ट और स्थायी रूपविधान भी करते हैं और सबको समान रूप से बोधगम्य भी होते हैं। वर्णनात्मक (Descriptive) और विचारात्मक (Philosophical) कविता का ये विरोध करते थे। इनके सिद्धांत में सत्य का बहुत कुछ आधार था, पर ये उसे बहुत दूर तक घसीट ले गये।" ('रस-मीमांसा'), पृ० 265)। इस प्रसंग में शुक्लजी का यह कथन विशेष रूप से ध्यातव्य है "सूक्ष्म को मूर्त जिस प्रकार कवि लोग करते हैं उसी प्रकार कभी-कभी मूर्त को सूक्ष्म भी करते हैं। जब उन्हें किसी गोचर तथ्य के सम्बन्ध में अपने पाठकों की दृष्टि का अत्यन्त प्रसार करके उन्हें विचारोन्मुख और उनकी मनोवृत्ति को गंभीर करना वांछित होता है तब वे उस तथ्य की स्थूलता या गोचरता हटाकर उसे सूक्ष्म भावना (Abstract) के रूप में रखते हैं। ये दोनों विधान उच्चकोटि की कविता में, जिसमें सूक्ष्म विचारों का गूढ़ अन्तर्न्यास रहता है, बहुत ही प्रभाववर्द्धक होते हैं।" ('चिंतामणि,' द्वितीय भाग, पृ० 72-73)। बिम्ब के लिए शुक्लजी ने 'दृश्य' शब्द का भी प्रयोग किया है और लिखा है : " 'दृश्य' शब्द के अन्तर्गत केवल नेत्रों के विषय का ही नहीं अन्य ज्ञानेन्द्रियों के विषयों (जैसे शब्द, गन्ध, रस) का भी ग्रहण समझना चाहिए।" (उपर्युक्त, पृ० 1)। 'कविता क्या है, शीर्षक निबन्ध में वे कहते हैं : "जिस प्रकार मूर्त विधान के लिए कविता चित्र-विद्या की प्रणाली का अनुसरण करती है उसी प्रकार नाद-सौष्ठव के लिए वह संगीत का कुछ-कुछ सहारा लेती है। श्रुति-कटु मानकर कुछ वर्णों का त्याग,

वृत्तविधान, लय, अंत्यानुप्रास आदि नाद-सौंदर्य-साधन के लिए ही हैं।" ('चिंतामणि,' प्रथम भाग, पृ० 179)। लेकिन जिस प्रकार दृश्य-बिम्ब को शुक्लजी स्वतन्त्र महत्त्व नहीं देते, उसी प्रकार श्रव्य-बिम्ब को भी नहीं : "नाद-सौष्ठव के निमित्त निरूपित वर्ण-विशिष्टता को हिन्दी के हमारे कुछ पुराने कवि इतनी दूर तक घसीट ले गये कि उनकी बहुत-सी रचना बेडौल और भावशून्य हो गयी। उसमें अनुप्रास की लम्बी लड़ी—वर्ण-विशेष की निरन्तर आवृत्ति—के सिवा और किसी बात पर ध्यान नहीं जाता। जो बात भाव या रस की धारा का मन के भीतर अधिक प्रसार करने के लिए थी, वह अलग चमत्कार या तमाशा खड़ा करने के लिए काम में लायी गयी।" (उपर्युक्त)। फ्रांस में संवेदनावाद (impressionism) का जो आन्दोलन आया था, उसमें शब्दों के अर्थ की अपेक्षा उनकी नाद-शक्ति पर अधिक बल दिया जाता था। शुक्लजी ने इसका विरोध इन शब्दों में किया था : "नये पुराने सब कवियों ने व्यापार चित्रण करते समय कहीं-कहीं शब्दों के प्रयोग में नाद की अनुकृति का प्रयत्न किया है। भवभूति के वर्णनों में यह बात कई जगह मिलती है। अँगरेजी कवियों की भी कई पंक्तियाँ इसके लिए प्रसिद्ध हैं। गोस्वामी तुलसीदासजी के 'कंकन किंकिनि नूपुरधुनि सुनि' में भी झंकार का नाद-चित्र है। पर असल कवियों ने इसका समावेश बड़े कौशल और सफाई के साथ बहुत कम जगह किया है। इसके लिए वे अर्थशक्ति-शून्य शब्द नहीं लाये हैं।" ('रस मीमांसा,' पृ० 266-67)। नाद का कविता की सौन्दर्य-वृद्धि में निश्चित योगदान होता है। शुक्लजी के अनुसार कविता में इससे पूर्ण मुक्ति न तो सम्भव है और न वह अपेक्षित ही है। उन्होंने लिखा है : "जो अंत्यानुप्रास को फालतू समझते हैं वे छंद को पकड़े रहते हैं, जो छंद को भी फालतू समझते हैं वे लय में ही लीन होने का प्रयास करते हैं।" (उपर्युक्त, पृ० 180)। इधर यूरोपीय भाषाओं की कविता के प्रभाव से हिन्दी कविता में नाद-योजना को एकदम छोड़कर चलने की प्रवृत्ति देखने में आती है। इस सम्बन्ध में शुक्लजी का यह कथन बहुत महत्त्वपूर्ण है : " संस्कृत से संबंध रखनेवाली भाषाओं में नादसौंदर्य के समावेश के लिए बहुत अवकाश रहता है। अत: अँगरेजी आदि अन्य भाषाओं की देखादेखी, जिनमें इसके लिए कम जगह है, अपनी कविता को हम इस विशेषता से वंचित कैसे कर सकते हैं ?" (उपर्युक्त)। छन्द और लय के सम्बन्ध में उन्होंने कहा है : "छन्द वास्तव में बँधी हुई लय के भिन्न-भिन्न ढाँचों (patterns) का योग है जो निर्दिष्ट लम्बाई का होता है। लय स्वर के चढ़ाव-उतार के छोटे-छोटे ढाँचे ही हैं जो किसी छन्द के चरण के भीतर न्यस्त रहते हैं।" ('चिंतामणि,' द्वितीय भाग, पृ० 159)। छन्द का प्रभाव उन्होंने इन शब्दों में बतलाया है : "छन्द द्वारा होता यह है कि इन ढाँचों की मिति और इनके योग की मिति दोनों श्रोता को ज्ञात हो जाती हैं जिससे वह भीतर ही भीतर पढ़ने

वाले के साथ ही साथ उसकी नाद की गति में योग देता चलता है।" (उपर्युक्त)। आगे वे कहते हैं : "लय तथा लय के योग की मिति बिल्कुल अज्ञात रहने से यह बात नहीं हो सकती—अतः छन्द के बंधन के सर्वथा त्याग में हमें तो अनुभूत नाद-सौंदर्य की प्रेषणीयता (communicability of sound impulse) का प्रत्यक्ष ह्रास दिखाई पड़ता है।" (उपर्युक्त)। उन्होंने आगे और स्पष्ट शब्दों में कहा है : "जो कविता में उतने ही नाद सौंदर्य की जरूरत समझते हैं जितना केवल लय (rhythim) के द्वारा सिद्ध हो जाता है उनसे हमें कुछ कहना नहीं है। हम अधिक जरूरत समझते हैं और शायद बहुत से लोग ऐसा ही समझते हों। रही यह बात कि छन्द के बंधन से विचार के पैर बँध जाते हैं और कल्पना के पर सिमट जाते हैं। इसकी जाँच के लिए कवियों की रचना का इतना बड़ा मैदान खुला हुआ है।" (उपर्युक्त, पृ० 161-62)। पं० बालकृष्ण भट्ट ने हिन्दी के कवियों को संस्कृत के वर्णिक छन्दों को छोड़कर भाषा के मात्रिक छन्दों के प्रयोग की सलाह दी थी। शुक्लजी ने मात्रिक छन्दों के प्रयोग के पक्ष में तर्कपूर्ण ढंग से कहा है: "इसमें तो कोई संदेह नहीं कि संस्कृत के वर्णवृत्तों का-सा माधुर्य अन्यत्र दुर्लभ है। पर उनमें भाषा इतनी जकड़ जाती है कि वह भावधारा के मेल में पूरी तरह से स्वच्छन्द होकर नहीं चल सकती। इसी से संस्कृत के लम्बे समासों का बहुत कुछ सहारा लेना पड़ता है। पर संस्कृत पदावली के अधिक समावेश से खड़ी बोली की स्वाभाविक गति के प्रसार के लिए अवकाश कम रहता है। अतः वर्णवृत्तों का थोड़ा बहुत उपयोग किसी बड़े प्रबन्ध के भीतर बीच-बीच में ही उपयुक्त हो सकता है।" ('हिंदी-साहित्य का इतिहास,' पृ०-556)। उनके अनुसार "मात्रिक छन्दों में तो कोई अड़चन ही नहीं है। प्रचलित मात्रिक छन्दों के अतिरिक्त कविजन इच्छानुसार नये-नये छन्दों का विधान भी बहुत अच्छी तरह कर सकते हैं।" (उपर्युक्त)। शुक्लजी ने तुक को कोई अनिवार्य वस्तु नहीं माना है और कविता में भिन्न-भिन्न छन्दों के चरणों के मेल को भी ठीक बतलाया है (उपर्युक्त, पृ० 557), लेकिन अरुद्ध चरणान्त वाक्य के सम्बन्ध में उनका कहना है : "चरण के बीच में एक वाक्य का अन्त और दूसरे का आरम्भ होने से कविता चुपचाप बाँचने के ही अधिक उपयुक्त होती है, लय के साथ जोर से सुनाने के उपयुक्त नहीं होती," जबकि "किसी कविता का पूर्ण सौंदर्य उसके जोर से पढ़े जाने पर ही प्रकट होता है।" ('चिंतामणि,' द्वितीय भाग, पृ० 160)। अलंकार, बिम्ब, नाद-सौन्दर्य और छन्द के सम्बन्ध में यह चिन्तन शुक्लजी ने अतीत और वर्तमान दोनों को ध्यान में रखकर प्रस्तुत किया है। मतलब यह कि इसके द्वारा उन्होंने अतीत की रीतिकालीन कविता का भी विरोध किया है और यूरोप की आधुनिकतावादी कविता का भी!

रस-सिद्धान्त के आधार पर ही शुक्लजी ने 'सौंदर्य' की व्याख्या की है।

सौन्दर्य को उन्होंने वस्तुनिरपेक्ष भाव-मात्र नहीं माना है और कहा है : "जैसे वीर-कर्म से पृथक् वीरत्व कोई पदार्थ नहीं, वैसे ही सुंदर वस्तु से पृथक् सौंदर्य कोई पदार्थ नहीं।" ('चिंतामणि,' प्रथम भाग, पृ० 164) उनके इस कथन को ठीक से समझने के लिए उनके इस दूसरे कथन पर ध्यान देना जरूरी है : "यही बाहर हँसता-खेलता, रोता-गाता, खिलता-मुरझाता जगत् भीतर भी है जिसे हम मन कहते हैं। जिस प्रकार यह जगत् रूपमय और गतिमय है उसी प्रकार मन भी। मन भी रूप-गति का संघात ही है। रूप मन और इन्द्रियों द्वारा संघटित है या मन और इन्द्रियाँ रूपों द्वारा, इससे यहाँ प्रयोजन नहीं। हमें तो केवल यही कहना है कि हमें अपने मन का और अपनी सत्ता का बोध रूपात्मक ही होता है।" (उपर्युक्त, पृ० 165)। इसी कारण सौन्दर्य भी रूप से स्वतन्त्र नहीं होता। कविता रसात्मक तभी समझी जाती है, जबकि पाठक का मन अपने स्वार्थ की सीमाओं से मुक्त होकर उसमें लीन हो जाये। यही अवस्था सौन्दर्य की अवस्था है। शुक्लजी के अनुसार "किसी वस्तु के प्रत्यक्ष ज्ञान या भावना से हमारी अपनी सत्ता के बोध का जितना ही अधिक तिरोभाव और हमारे मन की उस वस्तु के रूप में जितनी ही पूर्ण परिणति होगी उतनी ही बढ़ी हुई हमारी सौंदर्य की अनुभूति कही जायगी।" (उपर्युक्त)। उन्होंने आगे कहा है : "कविता केवल वस्तुओं के ही रंग-रूप के सौंदर्य की छटा नहीं दिखाती, प्रत्युत कर्म और मनोवृत्ति के सौंदर्य के भी अत्यन्त मार्मिक दृश्य सामने रखती है" तथा "जिन मनोवृत्तियों का अधिकतर बुरा रूप हम संसार में देखा करते हैं उनका भी सुंदर रूप कविता ढूँढ़कर दिखाती है। दशवदननिधनकारी राम के क्रोध के सौंदर्य पर कौन मोहित न होगा ?" (उपर्युक्त, पृ० 166)। इस 'सौन्दर्य' को शुक्लजी ने कविता की कसौटी बतलाया है : "सुंदर और कुरूप—काव्य में बस ये ही दो पक्ष हैं। भला-बुरा, शुभ-अशुभ, पाप-पुण्य, मंगल-अमंगल, उपयोगी-अनुपयोगी—ये सब शब्द काव्य-क्षेत्र के बाहर के हैं। ये नीति, धर्म, व्यवहार, अर्थशास्त्र आदि के शब्द हैं। शुद्ध काव्यक्षेत्र में न कोई बात भली कही जाती है न बुरी, न शुभ न अशुभ, न उपयोगी न अनुपयोगी। सब बातें केवल दो रूपों में दिखायी जाती हैं—सुंदर और असुंदर।" (उपर्युक्त, पृ० 167)। लेकिन शुक्लजी का 'सौन्दर्य' 'मंगल' का काव्यात्मक पर्याय है। उन्होंने कहा है : "जिसे धार्मिक शुभ या मंगल कहता है, कवि उसके सौंदर्य-पक्ष पर आप ही मुग्ध रहता है और दूसरों को भी मुग्ध करता है। जिसे धर्मज्ञ अपनी दृष्टि के अनुसार शुभ या मंगल समझता है उसी को कवि अपनी दृष्टि के अनुसार सुंदर कहता है।" (उपर्युक्त)। इन दोनों में शुक्लजी दृष्टि-भेद मानते हैं : "धार्मिक की दृष्टि जीव के कल्याण, परलोक में सुख, भव-बंधन से मोक्ष आदि की ओर रहती है। पर कवि की दृष्टि इन सब बातों की ओर नहीं रहती। वह उधर देखता है जिधर सौंदर्य दिखायी पड़ता है।" (उप-

युक्त)। तात्पर्य यह कि एक का मार्ग जहाँ नीरस होता है, वहाँ दूसरे का मार्ग रसात्मक होता है। पहले कहा जा चुका है कि सौन्दर्य इस रसात्मकता में ही होता है। यह रसात्मकता व्यक्ति को नीति और उपदेश की दुनिया में न ले जाकर उन सुन्दर वस्तुओं तक ले जाती है, "जो हमारे मन में आते ही थोड़ी देर के लिए हमारी सत्ता पर ऐसा अधिकार कर लेती हैं कि उसका ज्ञान ही हवा हो जाता है और हम उन वस्तुओं की भावना के रूप में ही परिणत हो जाते हैं।" तॉल्स्तॉय ने सौन्दर्य और मंगल के इस फर्क को भुलाकर साहित्य की आलोचना की थी। शुक्लजी ने इसके लिए इन शब्दों में उनकी आलोचना की है: "टाल्स्टाय इस प्रवृत्ति-भेद को न पहचानकर काव्यक्षेत्र में लोकमंगल को एकांत उद्देश्य रखकर चले इससे उनकी समीक्षाएँ गिरजाघर के उपदेशक के रूप में हो गयीं।" ('चिंतामणि,' द्वितीय भाग, पृ० 58)। शुक्लजी की रस और सौन्दर्य-विषयक धारणा को ठीक से न समझने के कारण ही वाजपेयीजी ने पुन: उनकी आलोचना यह कहकर की है कि "रस-सम्बन्धी उनकी व्याख्या भाव-व्यंजना या अनुभूति पर आश्रित न होकर एक नैतिक और लोकवादी आधार का अवलम्बन लेती है।" ('आधुनिक साहित्य,' पृ० 313)। शुक्लजी की रस-सम्बन्धी व्याख्या नैतिकता से परे नहीं है, लेकिन यह कहना गलत है कि उसका आधार भाव नहीं है। यह भाव व्यवहार-निरपेक्ष शुद्ध भाव अवश्य नहीं है, जिसकी कल्पना वाजपेयीजी करते हैं।

शुक्लजी ने प्रबन्ध और मुक्तक इन काव्य-रूपों पर भी रस की दृष्टि से ही विचार किया है और इन दोनों की परस्पर तुलना करते हुए कहा है: "मुक्तक में प्रबंध के समान रस की धारा नहीं रहती जिसमें कथा-प्रसंग की परिस्थिति में अपने को भूला हुआ पाठक मग्न हो जाता है और हृदय में एक स्थायी प्रभाव ग्रहण करता है। इसमें तो रस के ऐसे छींटे पड़ते हैं जिनसे हृदय-कलिका थोड़ी देर के लिए खिल उठती है। यदि प्रबंधकाव्य एक विस्तृत वनस्थली है तो मुक्तक एक चुना हुआ गुलदस्ता है। इसी से वह सभा-समाजों के लिए अधिक उपयुक्त होता है। उसमें उत्तरोत्तर अनेक दृश्यों द्वारा संघटित पूर्ण जीवन या उसके किसी एक पूर्ण अंग का प्रदर्शन नहीं होता, बल्कि कोई एक रमणीय खण्ड-दृश्य इस प्रकार सहसा सामने ला दिया जाता है कि पाठक या श्रोता कुछ क्षणों के लिए मंत्रमुग्ध सा हो जाता है। इसके लिए कवि को मनोरम वस्तुओं और व्यापारों का एक छोटा-सा स्तवक कल्पित करके उन्हें अत्यन्त संक्षिप्त और सशक्त भाषा में प्रदर्शित करना पड़ता है। अत: जिस कवि में कल्पना की समाहार-शक्ति के साथ भाषा की समास-शक्ति जितनी ही अधिक होगी उतना ही वह मुक्तक की रचना में सफल होगा।" ('हिंदी-साहित्य का इतिहास,' पृ० 214-15)। शुक्लजी के आलोचकों ने प्राय: उन पर प्रबन्धकाव्य के प्रति पक्षपात का

आरोप लगाया है और यह कहा है कि मुक्तक-काव्य को उन्होंने उचित महत्त्व नहीं दिया है। उपर्युक्त उद्धरण इस बात का प्रमाण है कि शुक्लजी ने मुक्तक-काव्य की उपेक्षा नहीं की है और वे उसके महत्त्व से अच्छी तरह परिचित थे। जहाँ तक रस की पूर्णता का प्रश्न है, उस दृष्टि से मुक्तक की अपेक्षा प्रबन्ध को अधिक महत्त्व देकर शुक्लजी ने किसी पक्षपात का परिचय नहीं दिया है, बल्कि एक वस्तु-स्थिति को स्वीकार-मात्र किया है। भक्तिकालीन मुक्तक-काव्य की प्रशंसा उन्होंने अत्यन्त ऊँचे शब्दों में की है : "जयदेव की देववाणी की स्निग्ध पीयूषधारा जो काल की कठोरता में दब गयी थी, अवकाश पाते ही लोकभाषा की सरलता में परिणत होकर मिथिला की अमराइयों में कोकिल कंठ से प्रकट हुई और आगे चलकर ब्रज के करील कुंजों के बीच फैल मुरझाये मनों को सींचने लगी। आचार्यों की छाप लगी हुई आठ वीणाएँ श्रीकृष्ण की प्रेमलीला का कीर्तन करने उठीं, जिनमें सबसे ऊँची, सुरीली और मधुर झनकार अंधे कवि सूरदास की वीणा की थी।" ('सूरदास,' पृ० 92)। अष्टछाप के आठों कवि प्रायः मुक्तककार ही थे। तुलसीदास के मुक्तक-काव्य की भी शुक्लजी ने प्रशंसा की है और कहा है कि "गीतावली गीतकाव्य है पर उसमें भी भावों की व्यंजना उसी रूप में हुई है जिस रूप में मनुष्यों को उनकी अनुभूति हुआ करती है या हो सकती है।" ('गोस्वामी तुलसीदास,' पृ० 61)। इसी तरह उन्होंने 'विनय-पत्रिका' के बारे में भी कहा है : "तुलसी की अनुभूति ऐसी नहीं जो एकदम सबसे न्यारी हो।" (उपर्युक्त, पृ० 68)। तात्पर्य यह है कि मुक्तक या गीति-काव्य भी तभी श्रेष्ठ होता है, जबकि उसमें साधारणीकरण की अधिक से अधिक सम्भावनाएँ रहती हैं। भक्तिकालीन मुक्तकों के विपरीत शुक्लजी ने दर-बारी मुक्तकों की आलोचना की है : "राजाओं की सभा में जाकर जब से कवि लोग उनके मनबहलाव का काम करने लगे तबसे हमारे साहित्य में उक्ति-वैचित्र्यपूर्ण मुक्तकों का प्रचार बढ़ने लगा। भोज ऐसे राजाओं के सामने बात बनानेवाले पद्यकार बातों की फुलझड़ी छोड़कर लाखों रुपये पाने लगे। जब क्षणिक मनोरंजन या दिलबहलाव मात्र उद्देश्य रह गया तब कुछ अधिक कुतूहल-वर्द्धक सामग्री अपेक्षित हुई। फारस की महफिली शायरी का सा ढंग यहाँ की कविता ने भी पकड़ा, पर फारस की शायरी अत्युक्तिपूर्ण होने पर भी संवेदनात्मक रही, उसमें भाव पक्ष की प्रधानता रही। किंतु यहाँ बाहरी आडंबरों की अधिकता हुई, हृदय-पक्ष बहुत कुछ दब गया। फुटकल कविता अधिकतर सूक्ति के रूप में आ गयी।" ('चिंतामणि,' द्वितीय भाग, पृ० 100)। हिन्दी में दरबारी कविता रीतिकाल में हुई है। शुक्लजी ने यहाँ मुख्यतः रीतिकालीन मुक्तकों की ही आलोचना की है। जिस तरह उन्होंने भावपूर्ण मुक्तकों को ही पसन्द किया है, उसी तरह उन्हीं प्रबन्धकाव्यों को, जो पूर्णतः रसात्मक रहे हैं। प्रबन्धकाव्य के

सम्बन्ध में अपने आदर्शों की चर्चा उन्होंने 'जायसी ग्रंथावली' की भूमिका में की है : "प्रबन्ध-काव्य में मानव जीवन का एक पूर्ण दृश्य होता है। उसमें घटनाओं की संबद्ध शृंखला और स्वाभाविक क्रम के ठीक-ठीक निर्वाह के साथ-साथ हृदय को स्पर्श करनेवाले—उसे नाना भावों का रसात्मक अनुभव करानेवाले—प्रसंगों का समावेश होना चाहिए। इतिवृत्त मात्र के निर्वाह से रसानुभव नहीं कराया जा सकता। उसके लिए घटना-चक्र के अन्तर्गत ऐसी वस्तुओं और व्यापारों का प्रतिबिंबवत् चित्रण होना चाहिए जो श्रोता के हृदय में रसात्मक तरंगें उठाने में समर्थ हों।" (पृ० 66-67)। इसके अनुसार प्रबंधकाव्य की सफलता के लिए उसमें सम्बन्ध-निर्वाह और कथा के मार्मिक स्थलों की पहचान दोनों का होना आवश्यक है। सम्बन्ध-निर्वाह के बिना "उन परिस्थितियों का ठीक परिज्ञान नहीं हो सकता जिनके बीच पात्रों को देखकर श्रोता उनके हृदय की अवस्था का अपनी सहृदयता के अनुसार अनुमान करते हैं।" (उपर्युक्त, पृ० 67)। शुक्लजी ने केशवदास की 'रामचन्द्रिका' को सफल प्रबन्धकाव्य नहीं माना, क्योंकि "संबंध-निर्वाह की क्षमता केशव में न थी" और "कथा के भीतर जो मार्मिक स्थल हैं उनकी ओर केशव का ध्यान बहुत कम गया है।" ('हिंदी-साहित्य का इतिहास,' पृ० 181)। इससे यह स्पष्ट है कि शुक्लजी रस की दृष्टि से ही प्रबन्धकाव्य को मुक्तक-काव्य से श्रेष्ठ समझते थे। यह रस जहाँ उन्हें प्रबन्धकाव्य में नहीं मिला है, वहाँ उन्होंने उसे श्रेष्ठ नहीं माना है। इसी तरह जहाँ मुक्तक-काव्य उन्हें रसात्मक प्रतीत हुआ है, वहाँ उन्होंने खुलकर उसकी प्रशंसा की है। रूप-विधान की दृष्टि से रसात्मकता की अधिक सम्भावना प्रबन्धकाव्य में रहती है—शुक्लजी की यह निश्चित धारणा है, जिसके औचित्य में सन्देह नहीं किया जा सकता।

रस का आधार भौतिक है, शुक्लजी की इस मान्यता का उल्लेख पहले किया जा चुका है। वे इससे चलकर स्वभावतः इस निष्कर्ष पर पहुँचे हैं कि कविता का विषय यह भौतिक जगत् ही है, कोई आध्यात्मिक जगत् नहीं। उन्होंने स्पष्ट लिखा है कि "जो आँख मूँदकर काव्य का पता जगत् और जीवन से बाहर लगाने निकलते हैं वे काव्य के धोखे में, या उसके बहाने से किसी और ही चीज के फेर में रहते हैं।" ('चिंतामणि,' द्वितीय भाग, पृ० 55)। इससे भी आगे बढ़कर उन्होंने यहाँ तक कहा है कि " 'अध्यात्म' शब्द की, मेरी समझ में, काव्य या कला के क्षेत्र में कहीं कोई जरूरत नहीं है।" ('चिंतामणि,' प्रथम भाग, पृ० 225)। भौतिक जगत् और जीवन को कविता में कवि कई प्रकार से झुठलाने की कोशिश करते हैं। कभी वे इन्हें असत्य मानते हैं, कभी इनसे परे एक कल्पना-लोक का निर्माण कर उसमें अपनी इच्छाओं की पूर्त्ति किया करते हैं और कभी कल्पित या वास्तविक प्रेम तक ही इनका विस्तार समझते हैं। शुक्लजी कल्पना-लोक का

निर्माण करनेवाली कविता के सम्बन्ध में कहते हैं : "जो कविता मंगल को सिद्ध रूप में देखने के लिए किसी अज्ञात लोक की ओर ही इशारा किया करती है, वह आलस्य, अकर्मण्यता और नैराश्य की वाणी है। वह जगत् और जीवन के संघर्ष से कल्पना को भगाकर केवल मनोमोदक बाँधने और खयाली पुलाव पकाने में लगाती है। ऐसी कायर कल्पना ही से सच्चे काव्य का काम नहीं चल सकता जो जगत् और जीवन से सौंदर्य और मंगल की कुछ सामग्री ले भागे और अलग एक कोने में इकट्ठी करके उछला-कूदा करे।" ('चिंतामणि,' द्वितीय भाग, पृ० 58-59)। इसी तरह कल्पित या वास्तविक प्रेम तक ही कविता को सीमित समझनेवाले कवियों के सम्बन्ध में उनका कहना है : "जो लोग ज्ञात या अज्ञात के प्रेम, अभिलाष, लालसा या वियोग के नीरव सरव क्रंदन अथवा वीणा के तार झंकार तक ही काव्यभूमि समझते हैं उन्हें जगत् की अनेकरूपता और हृदय की अनेकभावात्मकता के सहारे अंधकूपता से बाहर निकलने की फिक्र करना चाहिए। निकलने पर वे देखेंगे कि काव्यभूमि कितनी विस्तृत है। जितना विस्तार जगत् और जीवन का है उतना ही विस्तार उसका है।" (उपर्युक्त, पृ० 55)। कविता को शुक्लजी हर तरह से लोक से सम्बद्ध मानते थे। यहाँ उनका यह प्रसिद्ध कथन द्रष्टव्य है : "मनुष्य लोकबद्ध प्राणी है। उसका अपनी सत्ता का ज्ञान तक लोकबद्ध है। लोक के भीतर ही कविता क्या किसी कला का प्रयोजन और विकास होता है।" (उपर्युक्त, पृ० 134)। 'लोक' शब्द का प्रयोग शुक्लजी ने 'समाज' के अर्थ में किया है। 'गोस्वामी तुलसीदास' नामक अपनी पुस्तक में एक स्थल पर उन्होंने 'लोकवाद' को 'सोशलिज्म' के पर्याय रूप में व्यवहृत किया है। (पृ० 42)। मनुष्य एक सामाजिक प्राणी है। उसके पास जो भी ज्ञान है, वह उसके सामाजिक परिवेश की देन है। इस समाज की उपेक्षा कर कविता नहीं चल सकती है। यह समाज से ही रूप ग्रहण करती है और समाज को ही समर्पित होती है। यही कारण है कि कविता में अनुभूति की सामान्यता और अभिव्यक्ति की सम्प्रेषणीयता दोनों बातें महत्त्वपूर्ण होती हैं।

कविता में रस का आग्रह ही शुक्लजी को रहस्यवाद के विरोध तक ले गया। उन्होंने लिखा है : "रहस्यवाद की कविताओं में सबसे अधिक विरक्ति-जनक दो बातें होती हैं—भावों में सचाई का अभाव (insincerity) और व्यंजना की कृत्रिमता (artificiality)। उनमें व्यंजित अधिकांश भावों को कोई हृदय के सच्चे भाव नहीं कह सकता। अतः उनकी व्यंजना की उछल-कूद भी एक भद्दी नकल-सी जान पड़ती है। भावों की झूठी नकल का पता जल्दी लग जाता है। प्रत्येक सहृदय सच्ची कविता पढ़ते समय कवि या आश्रय के साथ तादात्म्य का अनुभव करता है। जहाँ अधिकांश पाठकों में इस प्रकार के तादात्म्य का अभाव देखा गया कि बनावट का निश्चय स्वभावतः हो जाता है।" ('चिंतामणि',

द्वितीय भाग, पृ० 133)। रहस्यवादी कविता में रसोद्रेक की क्षमता नहीं होती, क्योंकि उसमें व्यक्त भावों का आधार वास्तविक नहीं होता। शुक्लजी का कहना है कि जो ब्रह्म अज्ञात अर्थात् इन्द्रियातीत है, उसकी किसी प्रकार की अनुभूति नहीं की जा सकती : "अज्ञात की 'जिज्ञासा' ही का कुछ अर्थ होता है, उसकी लालसा या प्रेम का नहीं।" (उपर्युक्त, पृ० 62)। यहाँ से वे रहस्यवादी अनुभूति करनेवाले कवियों पर अत्यन्त कठोर शब्दों में आक्रमण करते हैं : "जिस तथ्य का हमें ज्ञान नहीं, जिसकी अनुभूति से. वास्तव में कभी हमारे हृदय में स्पंदन नहीं हुआ, उसकी व्यंजना का आडम्बर रचकर दूसरों का समय नष्ट करने का हमें कोई अधिकार नहीं। जो कोई यह कहे कि अज्ञात और अव्यक्त की अनुभूति से हम मतवाले हो रहे हैं, उसे काव्यक्षेत्र से निकलकर मतवालों (सांप्रदायिकों) के बीच अपना हाव-भाव और नृत्य दिखाना चाहिए। वहीं ऐसी अनुभूति पर विश्वास करनेवाले मिलेंगे।" (उपर्युक्त, पृ० 69)। अज्ञात को शुक्लजी दार्शनिक चिन्तन या साम्प्रदायिक साधना का विषय मानते हैं, लेकिन भावानुभूति का विषय नहीं। रहस्यवादी कवि ज्ञानातीत दशा की बात करते रहे हैं। शुक्लजी स्पष्ट शब्दों में यह घोषणा करते हैं कि "ज्ञानातीत (transcendental) दशा से—चाहे वह कोई दशा हो या न हो—काव्य का कोई सम्बन्ध नहीं है।" (उपर्युक्त, पृ० 79)। तैत्तिरीय उपनिषद् में अन्नमय कोश से लेकर आनंदमय कोश तक की कल्पना की गयी है। आनन्दमय कोश को आत्मा का निवास-स्थान बतलाया गया है। आनन्दमय कोश के पहले विज्ञानमय कोश और उसके पहले मनोमय कोश की स्थिति है। मनोमय कोश की अवस्था में जीव इस संसार और इसके कर्म से सम्बन्धित होता है। रहस्यवादी कविता आनन्दमय कोश में पहुँचे हुए कवियों की कविता कही गयी है। शुक्लजी कहते हैं : "मनोमय कोश ही प्रकृत काव्यभूमि है, यही हमारा पक्ष है। इसके भीतर की वस्तुओं की कोई मनमानी योजना खड़ी करके उसे इससे बाहर के किसी तथ्य का—जिसका कुछ ठिकाना नहीं—सूचक बताना हम सच्चे कवि का क्या, सच्चे आदमी का काम नहीं समझते।" (उपर्युक्त, पृ० 80)। उनके अनुसार रहस्यवादी कविता भी वस्तुत: इसी जगत् की कविता होती है : "भौतिक जगत् की रूप-योजना लेकर जिस प्रेम की व्यंजना होगी वह भाव की दृष्टि से वास्तव में भौतिक जगत् की उसी रूपयोजना के प्रति होगा। जगह-जगह जिज्ञासा-वाचक शब्द रखकर उसे किसी और के प्रति बताना या तो प्रिय असत्य या सांप्रदायिक रूढ़ि ही माना जायगा।" (उपर्युक्त, पृ० 62)। यही बात शुक्लजी ने दूसरे शब्दों में इस प्रकार कही है : "तत्त्वदृष्टि से, मनोविज्ञान की दृष्टि से, साहित्य की दृष्टि से 'अज्ञात की लालसा' कोई भाव ही नहीं है। यह केवल 'ज्ञात की लालसा' है जो भाषा की छिपानेवाली वृत्ति के सहारे 'अज्ञात की लालसा' कही जाती

है।" (उपर्युक्त, पृ० 85)। रहस्यवाद का इस आलोचना के द्वारा वस्तुतः उन्होंने उस भाववादी दर्शन पर चोट की है जो ज्ञान का कोई भौतिक आधार मानने से इनकार करता है। वे भाव को ज्ञान पर आधारित मानते हैं और कहते हैं: "मनोविज्ञान की दृष्टि से यदि 'भाव' (emotion) के स्वरूप पर विचार किया जाय, तो उसके अन्तर्गत ज्ञानात्मक अवयव का विशिष्ट विन्यास पाया जायगा।" (उपर्युक्त, पृ० 123)। यही कारण है कि रहस्यवादी भावधारा के भीतर कोई-न-कोई विचारधारा स्थित होती है। एक पाश्चात्य विद्वान् का आधार लेकर शुक्लजी ने कहा है: "रहस्यवादी जो बातें कहते हैं वे तत्त्वज्ञ दार्शनिकों द्वारा निश्चित की हुई होती हैं, आसमान से टपकी या आत्मा से उठी नहीं होतीं। उन्हीं बातों को सुनकर या इधर-उधर से लेकर वे उन पर कल्पना का रंग चढ़ाते और उन्हें अनूठे रूपकों और अन्योक्तियों में कहा करते हैं। कोई कह सकता है कि आज तक किसी पहुँचे हुए रहस्यवादी ने कोई एक भी बात ऐसी कही है जो पहले से प्रचलित न आती हो ? कबीर की बानी में ज्ञान की कोई एक नूतन कणिका भी कोई दिखा सकता है ? ज्ञान के क्षेत्र में रहस्यवाद का कोई मूल्य नहीं है।" (उपर्युक्त, पृ० 221-22)। इस प्रकार अपने-आप में रहस्यवाद एक पूर्णतः अबौद्धिक वस्तु है। चूँकि रहस्यवादी कविता भी मूलतः इसी जगत् से सम्बन्धित होती है और इसके भीतर कोई-न-कोई विचार या सिद्धान्त स्थित होता है, इसलिए कभी-कभी इसने भी समाज और साहित्य में प्रगतिशील भूमिका निभायी है। शुक्लजी इस बात से अनजान नहीं थे, इसे हम उनकी कबीर और जायसी-सम्बन्धी आलोचना के प्रसंग में देखेंगे। जहाँ तक रहस्यवादी कविता को स्वतंत्र रूप से स्वीकार करने का प्रश्न है, वे उसे वहीं तक स्वीकार करते हैं जहाँ तक वह परोक्ष सत्ता के प्रति 'जिज्ञासा' के भाव की अभिव्यक्ति करती है। भाव के क्षेत्र में परोक्ष सत्ता के प्रति 'जिज्ञासा' का क्या उपयोग हो सकता है, इस पर विचार करते हुए उन्होंने कहा है: "स्वाभाविक रहस्यभावना में—जिसका किसी वाद के साथ कोई सम्बन्ध नहीं—इसका कभी-कभी बहुत सुन्दर उपयोग होता है। वहाँ पर यह प्रकृति के क्षेत्र के किसी अभिव्यक्त सौंदर्य या माधुर्य से उठे हुए आह्लाद की अनुभूति की व्यंजना करता है। जैसे, शिशु की मधुर मुसकान पर मुग्ध होकर यदि कोई कवि कहे कि 'इसके अधरों पर किस आनंद-लोक की मधुर स्मृति संचरित हो रही है ?' सौरभपूर्ण कुसुम-विकास देख यदि कहा जाय कि 'यह किस सुख-सौंदर्य की अनंत राशि से चोरी करके भाग आया है', तो प्रस्तुत माधुर्य या सुख-सौंदर्य के प्राचुर्य के निमित्त बड़ा सुन्दर औत्सुक्य व्यंजित होगा। यह औत्सुक्य या अभिलाष अव्यक्त या अज्ञात के प्रति कभी नहीं कहा जा सकता; यह व्यक्त या अज्ञात के प्रति ही होगा।" (उपर्युक्त, पृ० 91-92)।

इससे यह स्पष्ट है कि शुक्लजी के इस कथन का कि "हिन्दी-काव्यक्षेत्र में हम 'रहस्यवाद' की भी एक शाखा चलने के विरोधी कभी नहीं हैं," यह अर्थ नहीं है कि वे रहस्यवाद को एकमात्र कविता मानने का ही विरोध कर रहे थे और उसे कविता का एक प्रकार मानने से उन्हें कोई विरोध न था। उक्त वाक्य के बाद ही उन्होंने जो वाक्य लिखा है, उससे भ्रांति का निराकरण अच्छी तरह हो जाता है : "हमारा कहना केवल यही है कि वह वाद के रूप में न चले, स्वाभाविक रहस्यभावना का आश्रय लेकर चले।" (उपर्युक्त, पृ० 166)। 'स्वाभाविक रहस्यभावना' के स्वरूप पर शुक्लजी का ऊपर उद्धृत किंचित् बृहत् उद्धरण पूरा प्रकाश डालता है, तथापि उसे और अधिक स्पष्टता से समझने के लिए उनके इस कथन को भी देखा जा सकता है : "रहस्यभावना का यदि कहीं कोई मूल्य हो सकता है तो भाव के क्षेत्र में—पर यदि वह उसी क्षत्र के प्रकृत विधान के भीतर रहे और उसमें भी उपयुक्त अवसर पर योग दे।" ('सूरदास,' पृ० 26)।

रहस्यवादी कविता का विरोधी होते हुए भी शुक्लजी ने भक्ति-काव्य को क्यों पसन्द किया, इसका उत्तर उन्होंने स्वयं दिया है : "यदि यह कहा जाय कि ईश्वर को किसी ने नहीं देखा है, पर ईश्वर-भक्ति बराबर होती आई है और उसकी सचाई में कोई संदेह नहीं हुआ है, तो इसका उत्तर यह है कि ईश्वर को ज्ञेय बनाकर ही उसकी उपासना और भक्ति का आरंभ हुआ है। ईश्वर को प्रेम-पूर्ण, दयालु पिता या स्वामी के रूप में अंतःकरण के सामने रखकर ही प्रेम या भक्ति का चरम आलंबन मनुष्य जाति ने खड़ा किया है।" ('चिंतामणि,' द्वितीय भाग, पृ० 123-24)। भारतीय परम्परा के भक्त के बारे में बतलाते हुए उन्होंने कहा है : "उसका उपास्य ज्ञात होता है। उसके निकट ईश्वर ज्ञात और अज्ञात दोनों है। जितना अज्ञात है उसे तो वह परमार्थान्वेषी दार्शनिकों के चिंतन के लिए छोड़ देता है और जितना ज्ञात है उसी को लेकर वह प्रेम में लीन रहता है। ज्ञात-पक्ष में यह सारा जगत् ब्रह्म का व्यक्त प्रसार है जिसके भीतर रक्षण और रंजन की नित्य कला भासमान रहती है। बाहर जगत् के बीच इस कला का दर्शन भक्ति का पक्ष है।" (उपर्युक्त, पृ० 226)। अपनी पुस्तक 'गोस्वामी तुलसीदास' में शुक्लजी ने भक्ति-सम्बन्धी अपनी धारणा इन शब्दों में व्यक्त की है : "भक्ति रागात्मिका वृत्ति है, हृदय का एक भाव है। प्रेमभाव उसी स्वरूप और उसी गुण-समूह पर टिक सकता है जो दृश्य जगत् में हमें आकर्षित करता है। इसी जगत् के बीच भासित होता हुआ स्वरूप ही प्रेम या भक्ति का आलंबन हो सकता है। इस जगत् से सर्वथा असंबद्ध किसी अव्यक्त सत्ता से प्रेम करना मनोविज्ञान के अनुसार सर्वथा असंभव है। भक्ति केवल ज्ञाता या द्रष्टा के रूप में ही ईश्वर की भावना लेकर संतुष्ट नहीं हो सकती। यह ज्ञातृपक्ष और ज्ञेयपक्ष दोनों को लेकर चलती है।"(पृ० 8)। 'सूरदास' नामक अपनी पुस्तक में उन्होंने कहा है : "भक्तिमार्ग अपने

विशुद्ध रूप में धर्म-भावना का भावात्मक या रसात्मक विकास है। यह विकास उपास्य ईश्वर के स्वरूप की प्रतिष्ठा के उपरान्त ही होता है। स्वरूप की यह प्रतिष्ठा तत्त्व-चिंतन या ज्ञान की प्रकृत पद्धति के द्वारा ही हो सकती है और सर्वत्र हुई है।" (पृ० 24)। भक्ति-काव्य में कभी-कभी रहस्यात्मक संकेत भी मिलते हैं। शुक्लजी ने इसी पुस्तक में उसके बारे में भी कहा है : "भारतीय भक्तिमार्ग (सगुण) के भक्त भगवान् को मनुष्य के जीवनक्षेत्र में रखकर उनकी प्राकृत नर-लीला में—उनकी शैशव क्रीड़ा में, उनके गोचारण में, उनके वेणु-वादन में—अपना हृदय रमाया करते हैं। यही उनके हृदय की स्थायी वृत्ति है; रहस्यभावना नहीं। हाँ, उनकी वृत्ति बीच-बीच में कभी रहस्योन्मुख भी हो जाती है, जैसे बालकृष्ण के मिट्टी खाने पर जब यशोदा उनका मुँह खुलवाती है तब उसके भीतर अखिल विश्व का प्रसार देख वे स्तंभित हो जाती हैं। इसी प्रकार रहस्योन्मुख होकर वे प्राकृत नरलीला का वर्णन करते-करते इस बात की ओर भी संकेत कर देते हैं कि ये वही हैं जो अव्यक्त, अनादि, अप्रमेय और त्रिगुणातीत हैं। इस त्रिगुणातीत की भावना भी जोड़ लेने से उनकी सगुण भावना में कुछ भी बाधा नहीं पड़ती।" (पृ० 34-35)। "सारांश यह कि भारतीय भक्ति-काव्य अनुभूति की स्वाभाविक और वास्तविक पद्धति को लेकर ही चला है, उसमें किसी 'वाद' के द्वारा विपर्यय करके नहीं।" ('चिंतामणि,' द्वितीय भाग, पृ० 141)। अनुभूति की स्वाभाविक और वास्तविक पद्धति क्या है ?आरम्भ में शुक्लजी का यह मत उद्धृत किया जा चुका है कि भाव वस्तु पर अवलम्बित होते हैं, न कि वस्तु भाव पर। किसी गलत विचारधारा के फेरे में पड़कर इसका उलटा मानना ही अनुभूति की स्वाभाविक और वास्तविक पद्धति में विपर्यय लाना है। भक्ति-काव्य इस वस्तु-जगत् को ही आलम्बन बनाकर चला है, इसलिए उसमें व्यक्त भावों में सच्चाई है। भक्ति-काव्य के भौतिक आधार पर शुक्लजी ने बहुत अधिक बल दिया है, जिससे कि "सूर, तुलसी आदि भक्त कवियों की रचनाएँ भी रहस्यात्मक स्वप्न, आभास आदि की दृष्टि से न देखी जायँ, उनके द्वारा गाये हुए चरित्र भी अन्योक्ति, रूपक आदि न बताये जायँ और उनसे तरह-तरह के आध्यात्मिक अर्थ निकालने की बेजा हरकत न की जाय।"(उपर्युक्त, पृ०227)।

अपने उपर्युक्त साहित्यिक सिद्धान्तों के आधार पर शुक्लजी ने विशेषतः हिन्दी के भक्तकवि तुलसी, सूर और जायसी के काव्य का और सामान्यतः हिन्दी साहित्य के सम्पूर्ण इतिहास का मूल्यांकन किया और आश्चर्यजनक रूप में सैद्धान्तिक आलोचना के साथ-साथ हिन्दी की व्यावहारिक आलोचना को भी विकसित किया। द्विवेदीयुगीन आलोचना की सीमाओं का संकेत करते हुए उन्होंने अपने 'इतिहास' में लिखा है : "स्थायी साहित्य में परिगणित होनेवाली समालोचना जिसमें किसी कवि की अन्तर्वृत्ति का सूक्ष्म व्यवच्छेद होता है, उसकी मानसिक प्रवृत्ति की विशेषताएँ

दिखायी जाती हैं, बहुत ही कम दिखायी पड़ी।'' (पृ० 428)। 'कवि की अन्तर्वृत्ति के सूक्ष्म व्यवच्छेद' और 'उसकी मानसिक प्रवृत्ति की विशेषताएँ दिखलाने' को शुक्लजी विकसित आलोचना की शर्त्तें मानते हैं। इन दोनों बातों को उन्होंने अपने 'इतिहास' में कई बार दुहराया है और इन्हें और भी स्पष्ट शब्दों में कवियों की 'अन्तःप्रकृति की छानबीन' तथा उनकी 'विशेषताओं का अन्वेषण' (पृ० 461) कहा है। 'अन्तःप्रकृति की छानबीन' का अर्थ है भाव-निरूपण और 'विशेषताएँ बतलाने' का अर्थ है वैशिष्ट्य-निरूपण। अपनी आलोचना में कवियों का भाव-निरूपण और वैशिष्ट्य-निरूपण ही शुक्लजी का उद्देश्य रहा है, जिसकी सिद्धि उन्होंने विद्वत्ता और सहृदयता अथवा शास्त्रीयता और स्वच्छन्दता इन दोनों के योग से की है। 'चिंतामणि' (द्वितीय भाग) में उन्होंने लिखा है: ''समालोचना के लिए विद्वत्ता और प्रशान्त रुचि दोनों अपेक्षित हैं, न रुचि के स्थान पर विद्वत्ता काम कर सकती है और न विद्वत्ता के स्थान पर रुचि। अतः विद्वत्ता से सम्बन्ध रखनेवाली निर्णयात्मक आलोचना (judicial criticism) और रुचि से संबंध रखनेवाली प्रभावात्मक समीक्षा दोनों आवश्यक हैं।'' (पृ० 102)। यहाँ निर्णयात्मक आलोचना से शुक्लजी का मतलब कविता के शास्त्र-पक्ष से है और प्रभावाभिव्यंजक आलोचना से उसके भाव-पक्ष से, जिससे पाठक का सम्बन्ध होता है। उन्होंने लिखा है कि हद से बाहर चले जाने पर ये दोनों आलोचनाएँ एक-दूसरे के विरुद्ध पड़ जाती हैं, इसलिए आलोचना में इन दोनों पद्धतियों का सामंजस्य होना चाहिए। उनके अनुसार, ''हृदय और बुद्धि दोनों के साथ-साथ चलने से ही इन दोनों का सामंजस्य हो सकता है।'' (उपर्युक्त, पृ० 103)। इससे यह अच्छी तरह समझा जा सकता है कि शुक्लजी शास्त्रीयता की रूढ़ियों में बँधे हुए आलोचक नहीं थे। उनका विवेचन शास्त्रीय है, पर उसके भीतर सहृदयता की स्वच्छन्द धारा बहती है। यह धारा प्रायः शास्त्रीयता के पुराने नियमों को तोड़कर शुक्लजी को कविता के नये नियम बनाने की प्रेरणा देती है। नियमहीनता उनमें नहीं है, पर प्राचीन नियमबद्धता भी उनमें नहीं है। उन्होंने लिखा है: ''हम सारा काव्यक्षेत्र देव, मतिराम और बिहारी आदि के घेरे के भीतर देखनेवाले पुरानी लकीर के फकीर न कभी रहे हैं और न हैं। हम अपने हिन्दी-काव्य को विश्व की नित्य और अनन्त विभूति में स्वच्छन्दतापूर्वक, अपनी स्वाभाविक प्रेरणा के अनुसार, अपनी आँख खोलकर, विचरण करते देखना चाहते हैं।'' (उपर्युक्त, पृ० 171)। यह उद्धरण हमें शुक्लजी की वैचारिक स्वच्छन्दता के स्रोत का पता देता है। शुक्लजी की इस स्वच्छन्दता के मूल में उनका सामन्तवाद-विरोधी जन वादी दृष्टिकोण है। इसी ने उन्हें रीति-काव्य का कटु आलोचक और भक्ति-काव्य का प्रबल समर्थक बनाया।

के० दामोदरन ने अपनी पुस्तक 'भारतीय चिन्तन-परम्परा' में लिखा है:

"भक्ति-आन्दोलन का मूल आधार भगवान विष्णु अथवा उनके अवतारों, राम और कृष्ण, की भक्ति थी। किन्तु, यह शुद्धतः एक धार्मिक आन्दोलन नहीं था। वैष्णवों के सिद्धान्त मूलतः उस समय व्याप्त सामाजिक-आर्थिक यथार्थ की आदर्शवादी अभिव्यक्ति थे। सांस्कृतिक क्षेत्र में उन्होंने राष्ट्रीय नवजागरण का रूप धारण किया; सामाजिक विषय-वस्तु में वे जाति-प्रथा के आधिपत्य और अन्यायों के विरुद्ध अत्यन्त महत्त्वपूर्ण विद्रोह के द्योतक थे। इस आन्दोलन ने भारत में विभिन्न राष्ट्रीय इकाइयों के उदय को नया बल प्रदान किया, साथ ही राष्ट्रीय भाषाओं और उनके साहित्य की अभिवृद्धि का मार्ग भी प्रशस्त किया। व्यापारी और दस्तकार, सामन्ती अवशोषण का मुकाबला करने के लिए, इस आन्दोलन से प्रेरणा प्राप्त करते थे। यह सिद्धान्त कि ईश्वर के सामने सभी मनुष्य—फिर वे ऊँची जाति के हों अथवा नीची जाति के— समान हैं, इस आन्दोलन का ऐसा केन्द्रबिन्दु बन गया जिसने पुरोहितवर्ग और जातिप्रथा के आतंक के विरुद्ध संघर्ष करनेवाले आम जनता के व्यापक हिस्सों को अपने चारों ओर एकजुट किया। इस प्रकार मध्ययुग के इस महान आंदोलन ने न केवल विभिन्न भाषाओं और विभिन्न धर्मोंवाले जन-समुदायों की एक सुसम्बद्ध भारतीय संस्कृति के विकास में मदद की, बल्कि सामन्ती दमन और उत्पीड़न के विरुद्ध संयुक्त संघर्ष चलाने का मार्ग भी प्रशस्त किया।" (पृ० 327)। शुक्लजी भक्ति-आन्दोलन के स्वरूप से इतनी अच्छी तरह परिचित नहीं थे, तथापि वे यह समझ रहे थे कि 'भक्ति का काव्य-प्रवाह' जनता के बीच से फूटा था, सामन्तों के बीच से नहीं। उन्होंने अपने 'इतिहास' में लिखा है: "वह प्रवाह राजाओं या शासकों के प्रोत्साहन आदि पर अवलम्बित न था। वह जनता की प्रवृत्ति का प्रवाह था जिसका प्रवर्तक काल था। न तो उसको पुरस्कार या यश के लोभ ने उत्पन्न किया था और न भय रोक सकता था।" (पृ० 169)। यह भक्ति-काव्य के सामन्तवाद-विरोधी जनवादी रूप की ओर अत्यन्त स्पष्ट संकेत है। इसके विपरीत शुक्लजी ने रीतिकाव्य को सामन्ती काव्य बतलाते हुए हिन्दी कविता के इस पतनशील रूप पर गहरा क्षोभ प्रकट किया है: "सूर और तुलसी आदि स्वच्छंद कवियों ने हिन्दी कविता को उठाकर खड़ा ही किया था कि रीतिकाल के शृङ्गारी कवियों ने उसके पैर छानकर उसे गंदी नालियों में भटकने के लिए छोड़ दिया।" ('चिंतामणि,' प्रथम भाग, पृ० 187)। इस कथन में भक्तकवियों के लिए 'स्वच्छन्द' शब्द जितना ध्यान देने योग्य है, उतना ही यह भी कि रीति-कवियों ने कविता के पैर छानकर उसे परतन्त्र बना डाला था। 'इतिहास' में शुक्लजी ने स्पष्ट लिखा है: "शृङ्गार के वर्णन को बहुतेरे कवियों ने अश्लीलता की सीमा तक पहुँचा दिया था। इसका कारण जनता की रुचि नहीं, आश्रयदाता राजा-महाराजाओं की रुचि थी जिनके

लिए कर्मण्यता और वीरता का जीवन बहुत कम रह गया था ।" (पृ० 209)।

'गोस्वामी तुलसीदास' शुक्लजी की पहली आलोचनात्मक पुस्तक है, जो वस्तुतः 'तुलसी ग्रंथावली' (नागरी प्रचारिणी सभा, काशी) की भूमिका है। सन् 1922 ई० में यह भूमिका-रूप में उक्त ग्रन्थावली के साथ तो निकली ही, स्वतन्त्र पुस्तक के रूप में भी निकली। दस वर्षों के बाद इसका जो संस्करण हुआ उसमें शुक्लजी ने जीवन-खण्डवाले अंश को निकालकर 'तुलसी की भक्ति-पद्धति' और 'तुलसी की काव्य-पद्धति' शीर्षक निबन्धों में किंचित परिवर्धन किया। विद्वानों ने यह प्रचारित किया है कि शुक्लजी हिन्दी के भक्ति-काव्य को निराशा की देन मानते थे। यह बात पूरी तरह से सही नहीं है, क्योंकि शुक्लजी ने भक्ति की दोनों धाराओं—निर्गुण और सगुण भक्ति—को देखा था और एक को लोकविमुख तथा दूसरी को लोकोन्मुख पाया था। लोकविमुखता निराशा की देन थी, जबकि लोकोन्मुखता आशा की। उन्होंने सगुण भक्ति के बारे में लिखा है : "इस भक्ति का स्वरूप नैराश्यमय नहीं है, इसमें उस शक्ति का बीज है जो किसी जाति को फिर उठाकर खड़ा कर सकता है। सूर और तुलसी ने इसी भक्ति के सुधारस से सींचकर मुरझाते हुए हिंदू जीवन को फिर से हरा किया। पहले भगवान् का हँसता-खेलता रूप दिखाकर सूरदास ने हिंदू जाति की नैराश्यजनित खिन्नता हटायी जिससे जीवन में प्रफुल्लता आ गयी। पीछे तुलसीदास ने भगवान् का लोकव्यापारव्यापी मंगलमय रूप दिखाकर आशा और शक्ति का अपूर्व संचार किया।" ('गोस्वामी तुलसीदास,' पृ० 2)। शुक्लजी ने तुलसीदास को आनन्द के उपभोग-पक्ष का कवि न मानकर उसके प्रयत्न-पक्ष का कवि माना है, क्योंकि ऐसे कवि "जिस प्रकार प्रकाश को फैला हुआ देखकर मुग्ध होते हैं उसी प्रकार फैलने के पूर्ण उसका अंधकार को हटाना देखकर भी।" ऐसे कवि ही उनके अनुसार 'पूर्ण कवि' होते हैं। तुलसीदास की एक अन्य विशेषता उन्होंने यह बतलायी है कि उन्होंने अपने काव्य में लोकधर्म की प्रतिष्ठा की है। लोकधर्म का अर्थ है वह धर्म, जिसका सम्बन्ध जनसाधारण के विचार और आचरण से हो। शुक्लजी के शब्दों में, "संसार जैसा है, वैसा मानकर उसके बीच से एक-एक कोने को स्पर्श करता हुआ जो धर्म निकलेगा वही धर्म लोकधर्म होगा। जीवन के किसी एक अंग मात्र को स्पर्श करनेवाला धर्म लोकधर्म नहीं। जो धर्म उपदेश द्वारा न सुधरनेवाले दुष्टों और अत्याचारियों को दुष्टता के लिए छोड़ दे, उनके लिए कोई व्यवस्था न कर दे, वह लोकधर्म नहीं, व्यक्तिगत साधना है। यह साधना मनुष्य की वृत्ति को ऊँचे से ऊँचे ले जा सकती है जहाँ वह लोकधर्म से परे हो जाती है। पर सारा समाज इसका अधिकारी नहीं। जनता की प्रवृत्तियों का औसत निकालने पर धर्म का जो मान निर्धारित होता है, वही लोकधर्म होता है।"(उपर्युक्त, पृ० 21)। लोकधर्म की प्रतिष्ठा के लिए जनसाधारण

के जीवन के यथार्थ को जानना बुनियादी शर्त है। उसके बाद ही उस रास्ते की खोज की जा सकती है जिस पर सारा समाज चल सके। यदि ऐसा नहीं किया गया और व्यक्ति को प्रमुखता दी गयी तो उससे समाज की प्रगति नहीं हो सकती। यहाँ स्पष्टतः शुक्लजी ने तुलसी-काव्य के साक्ष्य से गाँधीवादी मार्ग से अपनी असहमति प्रकट की है। अगले अनुच्छेद में ही उन्होंने कहा है कि एक गाल में चपत खाकर शत्रु के आगे दूसरा गाल फेर देना लोकधर्म नहीं है।

शुक्लजी ने सन्त कवियों के बारे में लिखा है : ' "भक्ति' के नाम पर ही वे वेद और शास्त्रों की निन्दा करते थे, पंडितों को गालियाँ देते थे और आर्यधर्म के सामाजिक तत्त्व को न समझकर लोगों में वर्णाश्रम के प्रति अश्रद्धा उत्पन्न कर रहे थे। यह उपेक्षा लोक के लिए कल्याणकर नहीं।" (उपर्युक्त, पृ० 19-20)। पुनः उन्होंने तुलसीदास के बारे में लिखा है: "गोस्वामीजी का समाज का आदर्श वही है जिसका निरूपण वेद, पुराण, स्मृति आदि में है; अर्थात् वर्णाश्रम की पूर्ण प्रतिष्ठा।" (उपर्युक्त, पृ० 34)। इस तरह उन्होंने सन्त कवियों और तुलसीदास को एक-दूसरे के विरुद्ध खड़ा कर दिया है। इतना ही नहीं, उन्होंने वर्णाश्रम व्यवस्था की प्रतिष्ठा के पक्ष में अपना मत भी दे दिया है। शुक्लजी जनवादी आलोचक थे, फिर उन्होंने वर्णाश्रम की सामन्ती व्यवस्था का समर्थन क्यों किया ? इसका कारण यह है कि उनके सामने सामन्ती व्यवस्था का स्वरूप और उसके टूटने की प्रक्रिया पूरी तरह से स्पष्ट नहीं थी। इस व्यवस्था को सन्त कवि ही नहीं, तुलसीदास भी तोड़ रहे थे। शुक्लजी की दृष्टि से यह बात छिपी नहीं थी, इसलिए उन्होंने सन्त-काव्य को निराशा में उत्पन्न और लोकविमुख बतलाने के बाद भी अपने 'इतिहास' में सन्त कवियों के सिरमौर कबीरदास के बारे में कहा है : "इसमें कोई संदेह नहीं कि कबीर ने ठीक मौके पर जनता के उस बड़े भाग को सँभाला जो नाथपंथियों के प्रभाव से प्रेमभाव और भक्तिरस से शून्य और शुष्क पड़ता जा रहा था। उनके द्वारा यह बहुत ही आवश्यक कार्य्य हुआ। इसके साथ ही मनुष्यत्व की सामान्य भावना को आगे करके निम्न श्रेणी की जनता में उन्होंने आत्मगौरव का भाव जगाया और उसे भक्ति के ऊँचे से ऊँचे सोपान की ओर बढ़ने के लिए बढ़ावा दिया।" (पृ० 56)। इस उद्धरण में 'मनुष्यत्व की सामान्य भावना' और निम्न श्रेणी की जनता में जगाया जानेवाला 'आत्मगौरव का भाव' ये ध्यान देने योग्य वाक्य-खण्ड हैं। ये दोनों बातें वर्णाश्रम-व्यवस्था के विरुद्ध थीं, जिनका शुक्लजी स्वागत करते हैं। इसी तरह तुलसीदास में एक ओर जहाँ शूद्रों और स्त्रियों का विरोध है, वहाँ दूसरी ओर इनके सम्बन्ध में बदला हुआ दृष्टिकोण भी है। "पूजिय बिप्र सील गुन हीना / सूद्र न गुन गन ग्यान प्रबीना" और "प्रेमपुलकि केवट कहि नामू / कीन्ह दूरि तें दंड प्रनामू ।। रामसखा ऋषि बरबस भेंटा /

जनु महि लुठत सनेह समेटा।" इन दोनों कथनों में प्रवाहित विचारधारा एक ही नहीं है। तुलसीदास के दूसरे कथन पर शुक्लजी की टिप्पणी द्रष्टव्य है: "केवट अपनी छोटाई के विचार से वशिष्ठ ऐसे ऋषीश्वर को दूर ही से प्रणाम करता है, पर ऋषि अपने हृदय की उच्चता का परिचय देकर उसे बार-बार गले लगाते हैं। वह हटता जाता है, वे उसे 'बरबस' भेंटते हैं। इस उच्चता से किस नीच को द्वेष हो सकता है ?" ('गोस्वामी तुलसीदास,' पृ० 41)। इसमें वसिष्ठ जिस 'हृदय की उच्चता' से प्रेरित बतलाये गये हैं, उसके मूल में 'मनुष्यत्व की सामान्य भावना' ही है, कुछ और नहीं। अन्तिम वाक्यमें शुक्लजी ने बहुत जोरदार ढंग से उसका समर्थन किया है। इसके अलावा उन्होंने तुलसीदास के बचाव के लिए 'शूद्र' शब्द के प्रयोग के सम्बन्ध में यह नयी बात भी कही है: "शूद्र शब्द को नीची श्रेणी के मनुष्य का—कुल, शील, विद्या, बुद्धि, शक्ति आदि सबमें अत्यंत न्यून का—बोधक मानना चाहिए। इतनी न्यूनताओं को अलग-अलग न लिखकर वर्ण विभाग के आधार पर उन सबके लिए एक शब्द का व्यवहार कर दिया है।" (उपर्युक्त, पृ० 45)। यह भी सामन्ती दृष्टिकोण के प्रति उनके तिरस्कार-भाव का ही सूचक है। स्त्रियों की तुलसीदास ने निन्दा भी की है और उनकी अत्यन्त भव्य मूर्त्तियाँ भी निर्मित की हैं। शुक्लजी ने तुलसी द्वारा की गयी स्त्री-निन्दा को तरह-तरह से उचित ठहराने का प्रयत्न करते-करते उनसे अपना विरोध प्रकट कर दिया है: "स्त्रियों को जो स्थान-स्थान पर बुरा कहा है उसका ठीक तात्पर्य यह नहीं कि वे सचमुच वैसी ही होती हैं, बल्कि यह मतलब है कि उनमें आसक्त होने से बचने के लिए उन्हें वैसा ही मान लेना चाहिए। किसी वस्तु से विरक्त करना जिसका उद्देश्य है वह अपने उद्देश्य का साधन उसे बुरा कहकर ही कर सकता है। अतः स्त्रियों के संबंध में गोस्वामीजी ने जो कहा है, वह सिद्धांत वाक्य नहीं है, अर्थवाद मात्र है। पर उद्दिष्ट प्रभाव उत्पन्न करने के लिए इस युक्ति का अवलंबन गोस्वामी-जी ऐसे उदार और सरल प्रकृति के महात्मा के लिए सर्वथा उचित था, यह नहीं कहा जा सकता; क्योंकि स्त्रियाँ भी मनुष्य हैं—निंदा से उनका जी दुख सकता है।" (उपर्युक्त, पृ० 43-44)। स्त्रियों को भी मनुष्य समझने की भावना और उनके जी दुखने की परवाह—ये जनवादी युग की चीजें हैं। शुक्लजी ने इसी युग के प्रभाव से तुलसीदास का विरोध किया है। तात्पर्य यह कि जिस तरह भक्तिकाल के कवियों में हम अन्तर्विरोध पाते हैं, उसी तरह शुक्लजी में भी। यह मुख्य दिशा का विचार करके ही कहा गया है कि भक्ति-आन्दोलन सामन्तवाद-विरोधी जनवादी आन्दोलन था और शुक्लजी सामन्त-वाद-विरोधी जनवादी आलोचक थे।

भक्ति की सार्थकता शुक्लजी भक्त के हृदय की उच्चता के विकास में मानते

हैं। यह तभी सम्भव होता है, जबकि भक्ति का आलम्बन सौन्दर्य, शक्ति और शील इन तीनों से युक्त हो। उन्होंने लिखा है : "भगवान का जो प्रतीक तुलसीदास ने लोक के सम्मुख रखा है, भक्ति का जो प्रकृत आलम्बन उन्होंने खड़ा किया है, उसमें सौंदर्य, शक्ति और शील, तीनों विभूतियों की पराकाष्ठा है। सगुणोपासना के ये तीन सोपान हैं जिन पर हृदय क्रमशः टिकता हुआ उच्चता की ओर बढ़ता है।" (उपर्युक्त, पृ० 47)। आगे इस कथन की व्याख्या उन्होंने इस प्रकार की है : " 'शील' तक आने का कैसा सुगम और मनोहर मार्ग बाबाजी ने तैयार किया है! सौंदर्य के प्रभाव से हृदय को वशीभूत करके शक्ति के अलौकिक प्रदर्शन से उसे चकित करते हुए अंत में वे उसे 'शील' या 'धर्म' के रमणीय रूप की ओर आप से आप आकर्षित होने के लिए छोड़ देते हैं।" (उपर्युक्त, पृ० 49)। शील का आधार शुक्लजी स्थायी मनोविकारों को मानते हैं : "रस-संचार मात्र के लिए किसी मनोविकार की एक अवसर पर पूर्ण व्यंजना ही काफी होती है, पर किसी पात्र में उसे शीलरूप में प्रतिष्ठित करने के लिए कई अवसरों पर उसकी अभिव्यक्ति दिखानी पड़ती है।" (उपर्युक्त, पृ० 100)। उनके अनुसार और कवियों में जहाँ शीलनिरूपण और चरित्रचित्रण का अभाव है, वहाँ "रामचरितमानस के भीतर राम, भरत, लक्ष्मण, दशरथ और रावण, ये कई पात्र ऐसे हैं जिनके स्वभाव और मानसिक प्रवृत्ति की विशेषता गोस्वामीजी ने कई अवसरों पर प्रदर्शित भावों और आचरणों की एकरूपता दिखाकर प्रत्यक्ष की है।" (उपर्युक्त)। शील को आधार बनाकर ही शुक्लजी ने चरित्र पर विचार किया है। यह वस्तुतः रस-सिद्धान्त का विस्तार है जिसके मनोवैज्ञानिक आधार की ओर उन्होंने अपनी पुस्तक 'सूरदास' में संकेत किया है : "प्रसिद्ध मनोविज्ञानवेत्ता शैंड ने अपनी पुस्तक 'शील का आधार'(फाउन्डेशन अव कैरेक्टर) में यह अच्छी तरह सिद्ध कर दिया है कि शील का मूल स्थान भावात्मक हृदय है, निश्चयात्मिका बुद्धि नहीं।" (पृ० 42)। 'गोस्वामी तुलसीदास' में उन्होंने लिखा है : "सात्त्विक, राजस और तामस इन तीन प्रकृतियों के अनुसार चरित्रविभाग करने से दो प्रकार के चित्रण हम गोस्वामीजी में पाते हैं— आदर्श और सामान्य। आदर्श चित्रण के भीतर सात्त्विक और तामस दोनों आते हैं। राजस को हम सामान्य चित्रण के भीतर ले सकते हैं। इस दृष्टि से सीता, राम, भरत, हनुमान् और रावण आदर्श चित्रण के भीतर आवेंगे, तथा दशरथ, लक्ष्मण, विभीषण, सुग्रीव, कैकेयी सामान्य चित्रण के भीतर। आदर्श चित्रण में हम या तो यहाँ से वहाँ तक सात्त्विक वृत्ति का निर्वाह पावेंगे या तामस का। प्रकृति-भेद-सूचक अनेकरूपता उसमें न मिलेगी। सीता, राम, भरत, हनुमान् ये सात्त्विक आदर्श हैं; रावण तामस आदर्श है।"(पृ० 111)। जिस प्रकार व्यक्ति-चरित्र का चित्रण होता है, उसी प्रकार समुदाय-विशेष की प्रकृति का भी, जैसे स्त्रियों और

बालकों की प्रकृति का। शुक्लजी ने लिखा है कि "स्त्रियों की प्रकृति की जैसी तद्रूप छाया हम 'मानस' के अयोध्याकांड में देखते हैं, वैसी छाया के प्रदर्शन का प्रयत्न तक हम और किसी हिंदी कवि में नहीं पाते।" (उपर्युक्त, पृ०115)। उनका संकेत मन्थरा के चरित्र की ओर है। इसी तरह "बालकों की प्रवृत्ति का चित्रण हम परशुराम और लक्ष्मण के संवाद में पाते हैं।" (उपर्युक्त, पृ० 119)।

कवि के लिए भावुक होना जरूरी है। वीरगाथा-काल और रीतिकाल के कवियों से तुलसीदास का वैशिष्ट्य बतलाते हुए शुक्लजी कहते हैं: "जो केवल दांपत्य रति ही में अपनी भावुकता प्रकट कर सकें, या वीरोत्साह ही का अच्छा चित्रण कर सकें, वे पूर्ण भावुक नहीं कहे जा सकते। पूर्ण भावुक वे ही हैं जो जीवन की प्रत्येक स्थिति के मर्मस्पर्शी अंश का साक्षात्कार कर सकें और उसे श्रोता या पाठक के सम्मुख अपनी शब्द-शक्ति द्वारा प्रत्यक्ष कर सकें। हिन्दी के कवियों में इस प्रकार की सर्वांगपूर्ण भावुकता हमारे गोस्वामीजी में ही है जिसके प्रभाव से रामचरितमानस उत्तरी भारत की सारी जनता के गले का हार हो रहा है।" (उपर्युक्त, पृ० 74-75)। तुलसीदास की भावुकता उन्होंने इन शब्दों में पूरी तरह प्रकट कर दी है जिनमें स्थितियों के अनुरूप तुलसीदास के मन में उत्पन्न होनेवाले भावों का उल्लेख है: "यदि कहीं सौंदर्य है तो प्रफुल्लता, शक्ति है तो हर्षपुलक, गुण है तो आदर, पाप है तो घृणा, अत्याचार है तो क्रोध, अलौकिकता है तो विस्मय, पाषंड है तो कुढ़न, शोक है तो करुणा, आनंदोत्सव है तो उल्लास, उपकार है तो कृतज्ञता, महत्त्व है तो दीनता तुलसीदास जी के हृदय में बिंब-प्रतिबिंब भाव से विद्यमान है।" (उपर्युक्त, पृ० 76)। जितनी वैविध्यपूर्ण रामकथा है, उतनी ही हार्दिक विशालता के साथ तुलसीदास ने उसे प्रस्तुत किया है। 'चिंतामणि' (प्रथम भाग) के आरम्भ में शुक्लजी ने बारह मनोविकारों का अत्यन्त सूक्ष्मता और विस्तार के साथ निरूपण किया है। इसी के आधार पर अपनी आलोचना में वे भावों का विश्लेषण करते हैं और उनकी विशेषता बतलाते हैं। तुलसीदास के काव्य में व्यक्त भावों पर भी उन्होंने विस्तार से विचार किया है। जिस तरह तुलसीदास ने शास्त्रों का अनुगमन करके भावों की अभिव्यक्ति नहीं की, उसी तरह शुक्लजी ने भी शास्त्रों की बँधी हुई लीक पर उन पर विचार नहीं किया है। एक स्थल पर यह कहते हुए कि तुलसीदास ने ऐसे-ऐसे संचारी भावों का चित्रण किया है जिनकी ओर अन्य कवियों का ध्यान तक नहीं गया है, उन्होंने कहा है कि "संचारियों के भीतर वे गिनाये तो गये नहीं हैं, फिर ध्यान जाता कैसे?" (उपर्युक्त, पृ० 94)। इससे शास्त्रों के अनुगमन और उनका अनुगमन करनेवाले गीति-कवि इन दोनों के प्रति उनका रुख स्पष्ट हो जाता है। जिस

तरह उन्होंने तुलसीदास के भावों पर विचार किया है, उसी तरह उनके द्वारा प्रयुक्त अलंकारों पर भी। तुलसीदास के अलंकार उनकी दृष्टि में भावों को उत्कर्ष प्रदान करनेवाले और वस्तु के रूप, गुण और क्रिया को तीव्र करनेवाले हैं। यहाँ भी वे रीतिकालीन कवियों से भिन्न हैं। रीतिकालीन कवि विषय की अपेक्षा अलंकारों को महत्त्व देते थे, जिससे उनकी कविता का सौन्दर्य अलंकारों पर ही निर्भर होता था। तुलसीदास के साथ ऐसी बात नहीं है, क्योंकि उनके अलंकार प्रसंगों से सम्बन्धित हैं : "सब अलंकार आने पर भी गोस्वामी जी की रचना कहीं ऐसी नहीं है कि पहले अलंकार का पता लगाया जाय तब अर्थ खुले। जो अलंकार का नाम तक नहीं जानते, वे भी अर्थ ग्रहण करके पूरा आनंद उठाते हैं। एक बिहारी हैं कि पहले नायिका का पता लगाइए, फिर अलंकार निश्चित कीजिए, और तब दोनों की सहायता से प्रसंग की ऊहा कीजिये, तब जाकर कहीं अर्थ से भेंट हो।" (उपर्युक्त, पृ० 143)। तुलसीदास की भाषा की जिस विशेषता की ओर शुक्लजी ने ध्यान दिलाया है, वह है उनकी "भाषा की सफाई और वाक्यरचना की निर्दोषिता।" (उपर्युक्त, पृ० 148)। शुक्लजी के अनुसार वाक्य ऐसे होने चाहिए जो 'विचारधारा को आगे बढ़ाने में योग' दें। यह बात हमें तुलसीदास के अलावा और किसी कवि में नहीं मिलती, सूरदास की भाषा में भी नहीं। अपने 'इतिहास' में उन्होंने सूरदास की भाषा से तुलसीदास की भाषा की तुलना करते हुए कहा है : "सूरदासजी की रचना में संस्कृत की 'कोमल कांत पदावली' और अनुप्रासों की वह विचित्र योजना नहीं है जो गोस्वामीजी की रचना में है। दोनों भक्त-शिरोमणियों की रचना में यह भेद ध्यान देने योग्य है और इस पर ध्यान अवश्य जाता है। गोस्वामीजी की रचना अधिक संस्कृत-गर्भित है। पर इसका यह अभिप्राय नहीं है कि इनके पदों में शुद्ध देशभाषा का माधुर्य्य नहीं है। इन्होंने दोनों प्रकार की मधुरता का बहुत ही अनूठा मिश्रण किया है।" (पृ० 116)। तुलसीदास और जायसी की भाषा में भी पद-विन्यास को लेकर ही फर्क है : "जायसी में ठेठ अवधी का माधुर्य्य है, पर गोस्वामीजी की रचना में संस्कृत की कोमल पदावली का भी बहुत ही मनोहर मिश्रण है।" (उपर्युक्त, पृ० 118-19)। भाषा की दृष्टि से तुलसीदास के सम्बन्ध में शुक्लजी का यह मत है कि "हिंदी काव्य की शक्ति का पूर्ण प्रसार इनकी रचनाओं में ही पहले पहल दिखायी पड़ा।" (उपर्युक्त, पृ० 114)। 'गोस्वामी तुलसीदास' के अन्त में उन्होंने तुलसीदास की सबसे बड़ी विशेषता उनकी प्रबन्ध-पटुता बतलायी है, "जिसके बल से आज 'रामचरितमानस' हिंदी समझनेवाली हिन्दू जनता के जीवन का साथी हो रहा है।" (पृ० 152)। अन्य कवियों का अधिकार जहाँ मनुष्य की दो-एक वृत्तियों पर ही था, वहाँ तुलसीदास का अधिकार 'मनुष्य की सम्पूर्ण भावात्मक सत्ता' पर था। इस कारण,

शुक्लजी के अनुसार, "केशव, बिहारी आदि के साथ ऐसे कवि को मिलान के लिए रखना उसका अपमान करना है।" (उपर्युक्त, पृ० 153)।

शुक्लजी को शास्त्रीय रुचि का आलोचक कहा जाता है, पर यह बात भी पूरी तरह से सही नहीं है। यदि ऐसा होता तो वे सूफी कवि मलिक मुहम्मद जायसी के काव्य को पसन्द न करते और उनके प्रबन्ध-काव्य 'पदमावत' को हिन्दी के सर्वोत्तम प्रबन्ध-काव्यों में से न मानते। 'पदमावत' की कथा मूलतः एक लोककथा है जिसे राम की पौराणिक कथा की तरह ही पसन्द कर उन्होंने लोक-संस्कृति के प्रति अपने आकर्षण का परिचय दिया है। उनके पहले की हिन्दी आलोचना में हिन्दी के श्रेष्ठ कवियों में जायसी की कहीं कोई चर्चा नहीं थी। शुक्लजी ने उन्हें तुलसी और सूर के साथ हिन्दी का तीसरा श्रेष्ठ कवि बतलाकर पहली बार उनके महत्त्व पर प्रकाश डाला। 'पदमावत' को उन्होंने 'रामचरितमानस' के बाद ही स्थान दिया है। यह उनकी शास्त्र-मुक्त दृष्टि और स्वच्छन्दतावादी रुचि का परिचायक है। स्वच्छन्दतावादी तत्त्व को वे श्रेष्ठ काव्य के लिए वर्जित तत्त्व न मानते थे। उनके अनुसार तुलसीदास ने भी राम-कथा को 'प्रेमाख्यानी रंग' (रोमेंटिक टर्न) देने के लिए रामचरितमानस में विवाह के पहले ही पुष्पवाटिका में राम और सीता का साक्षात्कार कराकर उनके हृदय में प्रेम का उदय दिखलाया है। (उपर्युक्त, पृ० 66)। 'पदमावत' जैसे लोककथा पर आधारित काव्य है, वैसे ही उसका रूप-विधान भी भारतीय चरित-काव्योंवाला न होकर फारसी की मसनवियोंवाला है। शुक्लजी ने प्रबन्ध-काव्य के भारतीय रूप-विधान का भी कोई आग्रह नहीं रखा और एक विदेशी शैली में लिखे गये काव्य को पसन्द किया। सन् 1924 ई० में नागरी प्रचारिणी सभा, काशी से उनके सम्पादन में 'जायसी ग्रंथावली' प्रकाशित हुई। उसी की भूमिका में उन्होंने काफी विस्तार से जायसी के काव्य के विभिन्न पक्षों पर विचार किया है। यह भूमिका वस्तुतः एक स्वतन्त्र पुस्तक है जिसे विद्वानों ने शुक्लजी की सर्वश्रेष्ठ आलोचनात्मक कृति माना है।

सूफीमत इस्लामिक एकेश्वरवाद की अपेक्षा भारतीय अद्वैतवाद के अधिक निकट था। इन दोनों का अन्तर बतलाते हुए शुक्लजी ने ठीक लिखा है : "एकेश्वर-वाद का मतलब यह है कि एक सर्वशक्तिमान सबसे बड़ा देवता है जो सृष्टि की रचना, पालन और नाश करता है। अद्वैतवाद का मतलब है कि दृश्य जगत् की तह में उसका आधार-स्वरूप एक ही अखण्ड नित्य तत्त्व है और वही सत्य है। उससे स्वतंत्र और कोई अलग सत्ता नहीं है और न आत्मा परमात्मा में कोई भेद है।" ('जायसी ग्रंथावली', भूमिका, पृ० 130)। एकेश्वरवाद में आत्मा, परमात्मा और जड़ जगत्, इन तीनों को अलग-अलग तत्त्व माना जाता है, इसलिए आत्मा और परमात्मा को तत्त्वतः एक बतलानेवाले सूफियों को

कट्टर मुसलमान एक तरह के काफिर समझते थे। सूफी मजहबी दस्तूर (कर्मकाण्ड और संस्कार) को लेकर भी कुछ आजाद थे और मोक्ष के लिए किसी पैगम्बर आदि मध्यस्थ की जरूरत नहीं बतलाते थे। इससे दूसरे धर्मों के प्रति उनमें उदारता का भाव था। पूर्वनियतिवाद इस्लाम का एक स्वीकृत सिद्धान्त है जिससे उसमें सामाजिक विषमता को उचित समझा जाता है। आत्मा और परमात्मा में अभेद मानने के कारण सूफियों का सिद्धान्त सामाजिक विषमता के विरुद्ध जाता था। के० दामोदरन ने लिखा है कि "सूफीमत बढ़ते हुए सामाजिक टकरावों का एक आध्यात्मिक प्रतिबिंब था।" ('भारतीय चिन्तन-परम्परा', पृ० 317)। यह टकराव सामन्ती जीवन-प्रणाली और जनवादी चेतना का टकराव था। भारत में इस्लाम के साथ-साथ सूफीमत भी तेजी से फैला और यहाँ उसने महत्त्वपूर्ण प्रगतिशील भूमिका निभायी। शुक्लजी ने हिन्दी के सूफी कवियों की सबसे बड़ी देन यह मानी है कि उन्होंने हिन्दू और मुसलमान जनता के बीच एकता स्थापित करने का प्रयत्न किया। भक्ति-आन्दोलन की चर्चा के प्रसंग में उन्होंने कहा है : "ऐसे समय में कुछ भावुक मुसलमान 'प्रेम की पीर' की कहानियाँ लेकर साहित्य-क्षेत्र में उतरे। ये कहानियाँ हिन्दुओं के ही घर की थीं। इनकी मधुरता और कोमलता का अनुभव करके इन कवियों ने यह दिखला दिया कि एक ही गुप्त तार मनुष्यमात्र के हृदयों से होता हुआ गया है जिसे छूते ही मनुष्य सारे बाहरी रूपरंग के भेदों की ओर से ध्यान हटा एकत्व का अनुभव करने लगता है।" ('जा०ग्रं०', भूमिका, पृ० 1-2)। इन कवियों के बारे में उन्होंने और भी कहा है : "अपनी कहानियों द्वारा इन्होंने प्रेम का शुद्ध मार्ग दिखाते हुए उन सामान्य जीवन-दशाओं को सामने रखा जिनका मनुष्य मात्र के हृदय पर एक-सा प्रभाव दिखायी पड़ता है। हिन्दू-हृदय और मुसलमान-हृदय आमने-सामने करके अजनबीपन मिटानेवालों में इन्हीं का नाम लेना पड़ेगा। इन्होंने मुसलमान होकर हिन्दुओं की कहानियाँ हिन्दुओं की ही बोली में पूरी सहृदयता से कहकर उनके जीवन की मर्मस्पर्शिनी अवस्थाओं के साथ अपने उदार हृदय का पूर्ण सामंजस्य दिखा दिया। कबीर ने केवल भिन्न प्रतीत होती हुई परोक्ष सत्ता की एकता का आभास दिया था। प्रत्यक्ष जीवन की एकता का दृश्य सामने रखने की आवश्यकता बनी थी। वह जायसी द्वारा पूरी हुई।" (उपर्युक्त, पृ० 2)।

ऊपर शुक्लजी के रहस्यवाद-विरोधी विचारों की चर्चा की गयी है। यहाँ पूछा जा सकता है कि उन्होंने जायसी को, उनके रहस्यवादी होने के बावजूद, क्यों पसन्द किया। इसका उत्तर उन्होंने इस रूप में दिया है : "अद्वैतवाद के दो पक्ष हैं—आत्मा और परमात्मा की एकता तथा ब्रह्म और जगत की एकता। दोनों मिलकर सर्ववाद की प्रतिष्ठा करते हैं—सर्वं खल्विद ब्रह्म। यद्यपि साधना के क्षेत्र में सूफियों और पुराने ईसाई भक्तों दोनों की दृष्टि प्रथम पक्ष पर ही

दिखायी देती है पर भाव क्षेत्र में जाकर सूफी प्रकृति की नाना विभूतियों से भी उसकी छवि का अनुभव करते आये हैं।" (उपर्युक्त, पृ० 152)। तात्पर्य यह कि सर्ववाद के प्रभाव से सूफी कवि इस जगत् को भी सत्य मानते थे और उसी को विषय बनाकर भावाभिव्यक्ति करते थे। यह सर्ववादी दर्शन, वैष्णव भक्तों के दर्शन से मेल खाता है जो संसार को सत्य मानने के पक्ष में थे, माया नहीं। संसार की वास्तविकता की स्वीकृति उस सामन्ती दर्शन के विरुद्ध थी जो इसे अवास्तविक बतलाकर लोगों को इससे विमुख करने का प्रयत्न करता था। शुक्लजी ने 'पदमावत' की कथा पर इस दृष्टि से विचार किया है कि वह अन्योक्ति प्रधान है, या समासोक्तिप्रधान। अन्योक्ति में अप्रस्तुत से प्रस्तुत की व्यंजना होती है और समासोक्ति में प्रस्तुत से अप्रस्तुत की। शुक्लजी के अनुसार 'पदमावत' की कथा समासोक्तिप्रधान है, क्योंकि "पढ़ते समय कथा के अप्रस्तुत होने की धारणा किसी पाठक को हो नहीं सकती।" (उपर्युक्त, पृ० 55)। इस कारण 'पदमावत' में लोकपक्ष का बहुत अधिक महत्त्व है। "'पदमावत' को पढ़ने से यह प्रकट हो जायगा कि जायसी का हृदय कैसा कोमल और 'प्रेम की पीर' से भरा हुआ था। क्या लोकपक्ष में और क्या भगवत्पक्ष में, दोनों ओर उसकी गूढ़ता और गम्भीरता विलक्षण दिखायी देती है।" (उपर्युक्त, पृ० 12)। 'पदमावत' में पद्मावती के सती होने को ही उन्होंने उसका 'कार्य' माना है (उपर्युक्त, पृ० 71) और नागमती-वियोग, गोरा-बादल-प्रतिज्ञा, कुँवर बादल का घर से निकलकर युद्ध के लिए प्रस्थान, दूती के निकट पद्मावती द्वारा सतीत्व-गौरव की व्यंजना और सहगमन—इन पाँच कथात्मक स्थलों को लौकिक दृष्टि से ही 'बहुत ही अगाध और गम्भीर' कहा है। (उपर्युक्त, पृ० 68)। 'पदमावत' की कथा पर अलौकिक दृष्टि से विचार करने पर नागमती ईश्वरीय साधना के मार्ग में बाधा ठहरती है, लेकिन जायसी ने उसके विरह का इतना मार्मिक वर्णन किया है कि हम किसी तरह उसकी उपेक्षा नहीं कर सकते हैं। शुक्लजी ने लिखा है : "जायसी के भावुक हृदय ने स्वकीया के पुनीत प्रेम के सौंदर्य को पहचाना। नागमती का वियोग हिंदी साहित्य में विप्रलंभ शृङ्गार का अत्यंत उत्कृष्ट निरूपण है।" (उपर्युक्त, पृ० 34)। इससे जायसी की दृष्टि में लोकपक्ष का महत्त्व अच्छी तरह प्रकट हो जाता है। शुक्लजी ने जायसी का जो भावनिरूपण किया है, उसकी गम्भीरता का पता भी इसी प्रसंग से लिये गये एक उदाहरण से चल जायेगा : "अपनी भावुकता का बड़ा भारी परिचय जायसी ने इस बात में दिया है कि रानी नागमती विरह-दशा में अपना रानीपन बिल्कुल भूल जाती है और अपने को केवल साधारण स्त्री के रूप में देखती है। इसी सामान्य स्वाभाविक वृत्ति के बल पर उसके विरह-वाक्य छोटे-बड़े सबके हृदय को समान रूप में स्पर्श करते हैं।" (उपर्युक्त, पृ० 44)। शुक्लजी कवि के भावों

पर दो दृष्टियों से विचार करते हैं—भावों की विविधता की दृष्टि से और उनके उत्कर्ष की दृष्टि से। उन्होंने स्पष्ट शब्दों में लिखा है : "पहली बात में हम जायसी को बढ़ा-चढ़ा नहीं पाते। इनमें गोस्वामी तुलसीदासजी की सी वह सूक्ष्म अंतर्दृष्टि नहीं है जो भिन्न-भिन्न परिस्थितियों के बीच संघटित होनेवाली अनेक मानसिक अवस्थाओं का विश्लेषण करती है।" (उपर्युक्त, पृ० 91)। लेकिन विप्रलम्भ शृङ्गार के उत्कर्ष में वे जायसी को बहुत बढ़ा-चढ़ा बतलाते हैं (उपर्युक्त, पृ० 92)। रामचरितमानस को उन्होंने 'जीवन-गाथा' कहा है, जबकि 'पदमावत' उनकी दृष्टि में मात्र 'प्रेमगाथा' है। जायसी का महत्त्व इस बात में है कि "प्रेमगाथा की परंपरा के भीतर (जिसमें कुतुबन, उसमान, नूरमुहम्मद आदि हैं) जायसी का नंबर सबसे ऊँचा ठहरता है।" (उपर्युक्त, पृ० 201)। शुक्लजी ने जैसे 'पदमावत' की लोककथा को पसन्द किया है, वैसे ही उसकी लोकभाषा को भी। यह भी उनकी स्वच्छन्दतावादी रुचि का ही परिचायक है। उन्होंने लिखा है : "जायसी की भाषा बहुत ही मधुर है, पर उसका माधुर्य्य निराला है। वह माधुर्य्य 'भाषा' का माधुर्य्य है, संस्कृत का माधुर्य्य नहीं। वह संस्कृत की कोमल-कान्त-पदावली पर अवलंबित नहीं। उसमें अवधी अपनी निज की स्वाभाविक मिठास लिये है।" (उपर्युक्त, पृ० 196-97)। जैसा कि पहले उल्लेख किया जा चुका है, तुलसीदास में संस्कृत और अवधी दोनों का माधुर्य है, जबकि "अवधी की खालिस, बे-मेल मिठास के लिए 'पदमावत' का नाम बराबर लिया जायगा।" (उपर्युक्त पृ० 197)।

अपनी पुस्तक 'गोस्वामी तुलसीदास' के अन्त में शुक्लजी ने कहा है : "केवल एक ही महात्मा और हैं जिनका नाम गोस्वामीजी के साथ लिया जा सकता है और लिया जाता है। वे हैं प्रेमस्रोतस्वरूप भक्तवर सूरदासजी। जब तक हिंदी साहित्य और हिंदी भाषा है, तब तक सूर और तुलसी का जोड़ा अमर है।" (पृ० 153)। स्वभावतः उन्होंने तुलसीदास के काव्य के बाद सूरदास के काव्य पर भी आलोचनात्मक ढंग से विचार किया। सूरदास के काव्य पर उनकी आलोचना भी भूमिका रूप में ही लिखी गयी है। यह 'भ्रमरगीत-सार' की भूमिका है जो पुस्तक के साथ पहली बार सन् 1925 ई० में प्रकाशित हुई थी। इस भूमिका के अन्त में शुक्लजी ने लिखा है : " 'भ्रमरगीत' की भूमिका के रूप में ही यहाँ सूर के संबंध में कुछ विचार संक्षेप में प्रकट किये गये हैं। आशा है विस्तृत आलोचना का अवसर भी कभी मिलेगा।" बाद में उन्होंने योजनाबद्ध ढंग से सूरदास पर एक पुस्तक लिखना शुरू भी किया, लेकिन दुर्भाग्यवश वे उसके दो अध्याय ही लिख पाये थे कि उनका देहान्त हो गया। 'भक्ति का विकास' और 'श्रीवल्लभाचार्य' शीर्षक उन दोनों अध्यायों के साथ-साथ 'काव्य में लोक-मंगल' शीर्षक से शुक्लजी का सुपरिचित निबन्ध तथा उनके 'इतिहास' से सूरदास

का जीवन वृत्त लेकर पं० विश्वनाथप्रसाद मिश्र द्वारा सम्पादित 'सूरदास' नामक पुस्तक नागरी प्रचारिणी सभा, काशी से सन् 1943 ई० में प्रकाशित हुई। शुक्लजी की सूरदास-सम्बन्धी आलोचना इसी पुस्तक के रूप में प्राप्त है।

अपने 'इतिहास' में शुक्लजी ने लिखा है : "जीवन के कैसे-कैसे योग सामान्य जनता का मर्म स्पर्श करते आये हैं और भाषा की किन-किन पद्धतियों पर वे अपने गहरे भावों की व्यंजना करते आये हैं, इसका ठीक पता हमें बहुत काल से चले आते हुए मौखिक गीतों से ही लग सकता है।" (पृ० 143)। 'मौखिक गीतों' से मतलब लोकगीतों से है। लोकगीतों की इसी परम्परा से 'सूरदास' में शुक्लजी ने 'सूरसागर' का सम्बन्ध जोड़ा है : "सूरसागर किसी चली आती हुई परंपरा का—चाहे वह मौखिक ही रही हो—पूर्ण विकास-सा जान पड़ता है, आगे चलनेवाली परंपरा का मूल रूप नहीं।" (पृ० 97)। लोकगीतों की परम्परा का साहित्यिक रूप जयदेव और विद्यापति में मिलता है। शुक्लजी सूरदास का सम्बन्ध इस परम्परा से भी बतलाते हैं और कहते हैं कि यह परम्परा शृङ्गारिक गीतों की परम्परा थी : "सूर को 'गीतकाव्य' की जो परंपरा (जयदेव और विद्यापति की) मिली, वह शृङ्गार की ही थी।" (उपर्युक्त, पृ० 93)। यह सूरदास के काव्य का स्रोतानुसन्धान-मात्र नहीं है। यह लोक-संस्कृति से उसके गहरे सम्बन्ध का सूचक है।

शुक्लजी सूरदास को वात्सल्य और शृङ्गार का कवि मानते हैं और कहते हैं : "उक्त दोनों रसों के प्रवर्त्तक रति भाव के भीतर की जितनी मानसिक वृत्तियों और दशाओं का अनुभव और प्रत्यक्षीकरण सूर कर सके, उतनी का और कोई नहीं। हिंदी साहित्य में शृङ्गार का रसराजत्व यदि किसी ने पूर्ण रूप से दिखाया, तो सूर ने।" (उपर्युक्त, पृ० 93)। इसका कारण उनकी दृष्टि में यह था कि "उनकी उमड़ती हुई वाग्धारा उदाहरण रचनेवाले कवियों के समान गिनाये हुए संचारियों से बँधकर चलनेवाली न थी।" (उपर्युक्त)। द्विवेदीयुग के रीतिवादी आलोचक देव, बिहारी और केशव को शृङ्गाररस का बड़ा कवि मानते थे। शुक्लजी ने उनके विपरीत जाकर घोषित किया कि शृङ्गाररस के सबसे बड़े कवि सूरदास हैं, जो कि स्वच्छन्द थे; रीतिकाल के कवि नहीं, जो कि रीति की लीक पीटनेवाले थे। सूरदास ने कृष्ण और गोपियों के जिस प्रेम का विस्तृत वर्णन किया है, वह प्रेम उनके बीच वृन्दावन में गोचारण करते हुए उत्पन्न हुआ था। यह प्रेम जीवन की स्वाभाविक घटना थी। यह रीतिकालीन कवियों के प्रेम से तो भिन्न था ही, यह सूफी कवियों के प्रेम से भी भिन्न था, जिसमें अस्वाभाविक रूप में नायक के साहसिक अभियानों का वर्णन किया जाता है। शुक्लजी ने लिखा है : "वृन्दावन के उसी सुखमय जीवन के हास-परिहास के बीच गोपियों के प्रेम का उदय होता है। गोपियाँ

कृष्ण के दिन-दिन खिलते हुए सौंदर्य और मनोहर चेष्टाओं को देख मुग्ध होती चली आती हैं, और कृष्ण कौमार अवस्था की स्वाभाविक चपलतावश उनसे छेड़छाड़ करना आरंभ करते हैं। हास-परिहास और छेड़छाड़ के साथ-साथ प्रेमव्यापार का अत्यंत स्वाभाविक आरंभ सूर ने दिखाया है। किसी की रूप चर्चा सुन, या अकस्मात् किसी की एक झलक पाकर हाय-हाय करते हुए इस प्रेम का आरंभ नहीं हुआ है। नित्य अपने बीच चलते-फिरते, हँसते-बोलते, वन में गाय चराते देखते-देखते गोपियाँ कृष्ण में अनुरक्त होती हैं और कृष्ण गोपियों में। इस प्रेम को हम जीवनोत्सव के रूप में पाते हैं; सहसा उठ खड़े हुए तूफान या मानसिक विप्लव के रूप में नहीं, जिसमें अनेक प्रकार के प्रतिबंधों और विघ्न-बाधाओं को पार करने की लंबी-चौड़ी कथा खड़ी होती है।।" (उपर्युक्त, पृ० 99)। तात्पर्य यह कि "सूर के प्रेम की उत्पत्ति में रूपलिप्सा और साहचर्य दोनों का योग है" और "बालक्रीड़ा के सखा-सखी आगे चलकर यौवनक्रीड़ा के सखासखी हो जाते हैं।"(उपर्युक्त, पृ० 100)। रूपलिप्सा और साहचर्य ये दोनों प्राकृतिक शक्तियाँ हैं जिनके प्रभाव से सूरदास के प्रेम का उदय हुआ है। "बालक्रीड़ा इस प्रकार क्रमशः यौवन-क्रीड़ा के रूप में परिणत होती गयी है कि संधि का पता ही नहीं चलता।" (उपर्युक्त)। शृङ्गार के दो पक्ष हैं—संयोग और वियोग। शुक्लजी कहते हैं: "शृंगार के संयोग और वियोग दोनों पक्षों का इतना प्रचुर विस्तार और किसी कवि में नहीं मिलता। वृन्दावन में कृष्ण और गोपियों का संपूर्ण जीवन क्रीड़ामय है और वह संपूर्ण क्रीड़ा संयोग-पक्ष है। उसके अंतर्गत विभावों की परिपूर्णता कृष्ण और राधा के अंग-प्रत्यंग की शोभा के अत्यंत प्रचुर और चमत्कारपूर्ण वर्णन में तथा वृंदावन के करील कुंजों, लोनी लताओं, हरे-भरे कछारों, खिली हुई चाँदनी, कोकिलकूजन आदि में देखी जाती है। अनुभावों और संचारियों का इतना बाहुल्य कहाँ मिलेगा? सारांश यह कि संयोगसुख के जितने प्रकार के क्रीड़ाविधान हो सकते हैं, वे सब सूर ने लाकर इकट्ठे कर दिये हैं।" (उपर्युक्त)। यहीं उन्होंने यह प्रसिद्ध वाक्य लिखा है: "सूर का संयोगवर्णन एक क्षणिक घटना नहीं है, प्रेमसंगीत-मय जीवन की एक गहरी चलती धारा है, जिसमें अवगाहन करनेवाले को दिव्य माधुर्य के अतिरिक्त और कहीं कुछ नहीं दिखायी पड़ता।" (उपर्युक्त, पृ० 101)। प्रेम की इस आप्लावित कर देनेवाली धारा का उद्गम-स्थल लोक-संस्कृति थी, इसका उल्लेख किया जा चुका है शुक्लजी रीतिकालीन शृङ्गार से सूरदास के शृङ्गार की विशिष्टता बतलाते हैं: "प्रेम नाम की मनो-वृत्ति का जैसा विस्तृत और पूर्ण परिज्ञान सूर को था, वैसा और किसी कवि को नहीं। इनका सारा संयोगवर्णन लंबी-चौड़ी प्रेमचर्या है जिसमें आनंदो-ल्लास के न जाने कितने स्वरूपों का विधान है। रासलीला, दानलीला, मानलीला

इत्यादि सब उसी के अंतर्भूत हैं। पीछे देव कवि ने एक 'अष्टयाम' रचकर प्रेमचर्या दिखाने का प्रयत्न किया, पर वह अधिकतर एक घर के भीतर के भोग-विलास की कृत्रिम दिनचर्या के रूप में है। उसमें न तो अनेकरूपता है न प्राकृतिक जीवन की वह उमंग।" (उपर्युक्त)। जो बात सूरदास के संयोग-शृङ्गार के बारे में सही है, वही उनके वियोग-शृङ्गार के बारे में भी : "सूरदासजी का विहार-स्थल जिस प्रकार घर की चहारदीवारी के भीतर तक ही न रहकर यमुना के हरे-भरे कछारों, करील कुंजों और वनस्थलियों तक फैला है उसी प्रकार उनका विरहवर्णन भी 'बैरिन भइँ रतियाँ' और 'साँपिन भइ सेजिया' तक ही न रहकर प्रकृति के खुले क्षेत्र के बीच दूर-दूर तक पहुँचता है।" (उपर्युक्त, पृ० 106)। लाला भगवानदीन ने कहा था : "महात्मा और भक्त कवियों में सूर-तुलसी को ऊँचा स्थान मिल सकता है, पर काव्य-कलाधरों में तो हम केशव ही को सर्वोच्च स्थान देने की राय देंगे।" शुक्लजी जैसे रीतिवादी आलोचकों की ऐसी ही मान्यताओं का मूलोच्छेद करने के लिए तुलसी और सूर के भाव-पक्ष और कला-पक्ष का विस्तृत निरूपण करते हैं। यह निरूपण जितना शास्त्रीय है, उतना ही शास्त्र-मुक्त भी। सूरदास के वियोग-वर्णन के बारे में यह कहने के बाद कि "वियोग की जितनी अंतर्दशाएँ हो सकती हैं, जितने ढंगों से उन दशाओं का साहित्य में वर्णन हुआ है और सामान्यतः हो सकता है, वे उसके भीतर मौजूद हैं" (उपर्युक्त, पृ० 104), उन्होंने विस्तार से उस पर भाव और रस की दृष्टि से विचार किया है और उसकी विशिष्टता दिखलायी है। लेकिन उसके साथ ही उन्होंने सूरदास के शृङ्गार-वर्णन की आलोचना भी की है। उन्होंने कहा है कि "सूर का प्रेम-पक्ष लोक से न्यारा है" (उपर्युक्त, पृ० 96) और "सूर का वियोगवर्णन वियोगवर्णन के लिए ही है, परिस्थिति के अनुरोध में नहीं।" (उपर्युक्त, पृ० 95)। लेकिन इन बातों का उत्तर शुक्लजी ने स्वयं ही दे दिया है। उन्होंने लिखा है : "सूर के कृष्ण और गोपियाँ पक्षियों के समान स्वच्छंद हैं। वे लोक-बंधनों से जकड़े हुए नहीं दिखाये गये हैं। जिस प्रकार स्वच्छंद समाज का स्वप्न अँगरेज कवि शेली देखा करते थे, उसी प्रकार का यह समाज सूर ने चित्रित किया।" (उपर्युक्त, पृ० 99)। सूरदास के प्रेमी-प्रेमिका चिरस्वच्छन्द हैं। यह स्वच्छन्दता उन्होंने लोक के बन्धनों को तोड़कर प्राप्त की है। शेली की तुलना से यह बात स्पष्ट है कि सूरदास के प्रेमी-प्रेमिका की स्वतन्त्रता जनवादी भावना की देन है और यह पुराने सामन्ती समाज से विद्रोह करके प्राप्त की गयी है। ऐसा प्रेम नयी सामाजिक चेतना से गहराई से जुड़ा हुआ है, अतः हम इसे 'लोक से न्यारा' नहीं कह सकते। सूरदास के वियोग-वर्णन के बारे में भी शुक्लजी ने लिखा है : "यदि परिस्थिति का विचार करें, तो ऐसा विरहवर्णन असंगत प्रतीत होगा;

पर जैसा कहा जा चुका है, सूरसागर प्रबंधकाव्य नहीं है, जिसमें वर्णन की उपयुक्तता या अनुपयुक्तता के निर्णय में घटना या परिस्थिति के विचार का बहुत कुछ योग रहता है।" (उपर्युक्त, पृ० 95)। प्रबंधकाव्य के भीतर इतिवृत्त से स्वतन्त्र प्रसंग आपत्तिजनक हो सकते हैं, लेकिन चूँकि मुक्तककाव्य में इतिवृत्त नहीं होता, इसलिए उसको लेकर ऐसी आपत्ति नहीं की जा सकती है। सूरदास के बाल-वर्णन की प्रशंसा में शुक्लजी ने कहा है: "कृष्णजन्म की आनंदबधाई के उपरांत ही बाललीला का आरंभ हो जाता है। जितने विस्तृत और विशद रूप में बाल्यजीवन का चित्रण उन्होंने किया है, उतने विस्तृत रूप में और किसी कवि ने नहीं किया। शैशव से लेकर कौमार अवस्था तक के क्रम से लगे हुए न जाने कितने चित्र मौजूद हैं। उनमें केवल बाहरी रूपों और चेष्टाओं का ही विस्तृत और सूक्ष्म वर्णन नहीं है, कवि ने बालकों की अंतःप्रकृति में भी पूरा प्रवेश किया है और अनेक बाल्य भावों की सुंदर स्वाभाविक व्यंजना की है।" (उपर्युक्त, पृ० 98)। जिस तरह की आपत्ति उन्होंने सूरदास के शृङ्गार-वर्णन पर की है, उस तरह की आपत्ति उनके बाल-वर्णन पर नहीं। उनके अनुसार सूर का बालवर्णन पारिवारिक और कमोबेश सामाजिक जीवन से सम्बद्ध है: "कृष्ण के छोटे-छोटे पैरों से चलने, मुँह में मक्खन लिपटाकर भागने या इधर-उधर नटखटी करने पर नंदबाबा और यशोदा मैया का पुलकित होना, कभी खीझना, कभी पड़ोसियों का प्रेम से उलाहना देना आदि बातें एक छोटे से जनसमूह के भीतर आनंद का सचार करती दिखायी गयी हैं। इसी बाललीला के भीतर कृष्णचरित का लोकपक्ष अधिकतर आया है, जैसे कंस के भेजे हुए असुरों के उत्पात से गोपों को बचाना, काली नाग को नाथकर लोगों का भय छुड़ाना।" (उपर्युक्त, पृ० 95)। बाललीला के बाद सूरदास उस गोचारण के मनोहर दृश्य सामने लाये हैं, "जो मनुष्य जाति की अत्यंत प्राचीन वृत्ति होने के कारण अनेक देशों में काव्य का प्रिय विषय रहा है।" शुक्लजी के अनुसार "कवियों को आकर्षित करनेवाली गोपजीवन की सबसे बड़ी विशेषता है—प्रकृति के विस्तृत क्षेत्र में विचरने के लिए सबसे अधिक अवकाश। कृषि, वाणिज्य आदि और व्यवसाय जो आगे चलकर निकले, वे अधिक जटिल हुए—उनमें उतनी स्वच्छंदता न रही।" (उपर्युक्त, पृ० 99)। यहाँ भी उन्होंने स्वच्छन्द जीवन की चर्चा की है और स्वच्छन्दतावादी मनोवृत्ति से ही सूरदास के गोचारण-काव्य को पसन्द किया है।

शुक्लजी ने कवि के रूप में सूरदास की दो विशेषताओं का खास तौर से उल्लेख किया है। ये दोनों विशेषताएँ हैं: वाग्विदग्धता और नवीन प्रसंगों की उद्भावना की क्षमता। उन्होंने लिखा है कि सूरदास में जितनी सहृदयता थी, उतनी ही वाग्विदग्धता भी थी। "किसी बात को कहने के न जाने कितने

टेढ़े-सीधे ढंग उन्हें मालूम थे।" (उपर्युक्त, पृ० 113)। "सूर की प्रकृति कुछ क्रीड़ाशील थी," तथापि उनकी वाग्विदग्धता प्राय: भावप्रेरित है। इसका सबसे सुन्दर उदाहरण उनका 'भ्रमरगीत' है जिसमें गोपिकाएँ अपनी वाग्विदग्धता के बल पर ही उद्धव को निरुत्तर कर देती हैं। यह वाग्विदग्धता रसात्मक है, कोरी वचनचातुरी नहीं। इसी से उसमें उत्कृष्ट कोटि की काव्यात्मकता है। सूरदास की नवीन प्रसंगोद्‌भावना की क्षमता के बारे में शुक्लजी ने अपने 'इतिहास' में कहा है : "सूर की बड़ी भारी विशेषता है नवीन प्रसंगों की उद्‌भावना। प्रसंगोद्‌भावना करनेवाली ऐसी प्रतिभा हम तुलसी में नहीं पाते। बाललीला और प्रेमलीला दोनों के अंतर्गत कुछ दूर तक चलनेवाले न जाने कितने छोटे-छोटे मनोरंजक वृत्तों की कल्पना सूर ने की है। जीवन के एक क्षेत्र के भीतर कथावस्तु की यह रमणीय कल्पना ध्यान देने योग्य है।" (पृ० 148)। भ्रमरगीत में जो सगुण-निर्गुण का प्रसंग है, वह सूरदास की कल्पना की ही देन है। श्रीमद्‌भागवतपुराण में यह प्रसंग नहीं है। सूरदास ने हृदय की अनुभूति के आधार पर सगुणोपासना का निरूपण कर भ्रमरगीत का महत्त्व बढ़ा दिया है। सूरदास की काव्यभाषा के सम्बन्ध में शुक्लजी के विचार हम तुलसीदास की काव्य-भाषा की चर्चा के प्रसंग में देख चुके हैं। 'सूरदास' में भी उन्होंने कहा है : "सूर में चलती भाषा की कोमलता है, वृत्ति-विधान और अनुप्रास की ओर झुकाव कम है। इससे भाषा की स्वाभाविकता में बाधा नहीं पड़ने पायी है। भावुक सूर ने अपना 'शब्द-शोधन' दूसरी ओर दिखाया है। उन्होंने चलते हुए वाक्यों, मुहावरों और कहीं-कहीं कहावतों का बहुत अच्छा प्रयोग किया है। कहने का तात्पर्य यह है कि सूर की भाषा बहुत चलती हुई और स्वाभाविक है। काव्यभाषा होने से यद्यपि उसमें कहीं कहीं संस्कृत के पद, कवि के समय से पूर्व के परंपरागत प्रयोग तथा ब्रज से दूर-दूर के प्रदेशों के शब्द भी आ मिले हैं, पर उनकी मात्रा इतनी नहीं है कि भाषा के स्वरूप में कुछ अंतर पड़े या कृत्रिमता आवे।" (पृ० 111)। तुलसीदास की तुलना में सूर की काव्य-भाषा में कहीं-कहीं जो शिथिलता दिखलायी पड़ती है, उसके बारे में शुक्लजी ने लिखा है कि "अंधे होने के कारण लिखे पदों को सामने रखकर काटने-छाँटने या हरताल लगाने का उन्हें वैसा मौका न था जैसा तुलसीदास को।" (उपर्युक्त, पृ० 116)। इस प्रकार उन्होंने सूरदास की काव्य-भाषा पर विचार करते समय उनकी जीवनगत परिस्थितियों को भी ध्यान में रखा है।

ऊपर अनेक बार शुक्लजी के 'हिन्दी-साहित्य का इतिहास' का हवाला दिया गया है। यह ग्रन्थ इतिहास का ग्रन्थ तो है ही, यह आलोचना का ग्रन्थ भी है। इसमें शुक्लजी ने हिन्दी साहित्य के सम्पूर्ण इतिहास का मूल्यांकन किया है।

जिस तरह उनकी आलोचना ऐतिहासिक बोध से युक्त है, उसी तरह उनका इतिहास आलोचनात्मक बोध से। उन्होंने 'इतिहास' के आरम्भ में ही कहा है : "जबकि प्रत्येक देश का साहित्य वहाँ की जनता की चित्तवृत्ति का संचित प्रतिबिंब होता है तब यह निश्चित है कि जनता की चित्तवृत्ति के परिवर्तन के साथ-साथ साहित्य के स्वरूप में भी परिवर्तन होता चला जाता है।" (पृ० 1)। इस कथन में पहली मान्यता का सम्बन्ध आलोचना से है और दूसरी मान्यता का सम्बन्ध इतिहास से। जिस तरह इसमें दोनों मान्यताएँ परस्पर सम्बद्ध हैं, उसी तरह शुक्लजी में आलोचना और इतिहास परस्पर सम्बद्ध हैं। 'चित्तवृत्ति' शब्द का अर्थ है 'भाव'। शुक्लजी ने अपने 'इतिहास' में आलोचना भाव अथवा रस के आधार पर ही की है। 'हिन्दी-साहित्य का इतिहास' प्रथम बार सन् 1929 ई० में नागरी प्रचारिणी सभा, काशी से 'हिन्दी-शब्दसागर' की भूमिका के रूप में 'हिन्दी साहित्य का विकास' शीर्षक से प्रकाशित हुआ था। उसी वर्ष यह परिवर्द्धित रूप में अलग से भी पुस्तकाकार निकला। उसके बाद से दो बार और शुक्लजी ने इसे संशोधित और परिवर्धित किया। अन्तिम बार वे कुछ आधुनिक कवियों पर विस्तार से लिखना चाहते थे, लेकिन 'प्रसाद' और पंत तक ही पहुँचे थे कि उनका निधन हो गया। लिहाजा शेष अंश 'इतिहास' के पंजाब संस्करण से ही लेना पड़ा, जोकि अत्यन्त संक्षिप्त था। इसका स्पष्ट उल्लेख इस ग्रन्थ के प्रकाशकीय वक्तव्य में है, जिस पर ध्यान न जाने के कारण ही प्रो० नलिनविलोचन शर्मा ने लिखा है : "एतत्-सम्बन्धी किसी पुस्तक में निराला पर एक पृष्ठ भी पर्याप्त से अधिक माना जा सकता है। पर उस दशा में पंत पर 20 पृष्ठ आनुपातिक नहीं जँचेंगे।" ('दृष्टि-कोण', पृ० 23)।

शुक्लजी ने बौद्ध सिद्धों और नाथपन्थी योगियों के साहित्य के बारे में लिखा है : "उनकी रचनाएँ तांत्रिक विधान, योग-साधना, आत्मनिग्रह, श्वास-निरोध, भीतरी चक्रों और नाड़ियों की स्थिति, अतर्मुख साधना के महत्त्व इत्यादि की सांप्रदायिक शिक्षा-मात्र हैं; जीवन की स्वाभाविक अनुभूतियों और दशाओं से उनका कोई संबंध नहीं। अतः वे शुद्ध साहित्य के अंतर्गत नहीं आतीं। उनको उसी रूप में ग्रहण करना चाहिए जिस रूप में ज्योतिष, आयुर्वेद आदि के ग्रंथ।" ('हि० सा० इ०', पृ० 17)। डा० हजारीप्रसाद द्विवेदी एक हद तक साहित्य की दृष्टि से भी सिद्धों और नाथों की रचनाओं का महत्त्व स्वीकार करते हैं, तथापि उन्होंने लिखा है : "इनका उद्देश्य रससृष्टि नहीं था।" ('हिन्दी साहित्य', पृ० 80)। नाथ-साहित्य के बारे में उन्होंने लिखा है : "इस साहित्य की सबसे बड़ी कमजोरी इसका रूखापन और गृहस्थ के प्रति अनादर का भाव है। इसी ने इस साहित्य को नीरस, लोकविद्विष्ट और क्षयिष्णु बना दिया था।" (उपर्युक्त, पृ०

37)। यह शुक्लजी की धारणा को ही दूसरे शब्दों में दुहराना है। शुक्लजी के अनुसार नाथपन्थी योगी हिन्दू और मुसलमान जनता के लिए साधना का एक 'सामान्य मार्ग' निकालने की ओर भी उन्मुख थे। ('हि० सा० इ०', पृ० 14)। लेकिन चूँकि उसमें तन्त्र और योग की प्रधानता थी, इसलिए उन्होंने उनकी प्रगतिशील भूमिका को विशेष महत्त्व नहीं दिया। सन्त कवियों की प्रगतिशील भूमिका उन योगियों से काफी आगे बढ़ी हुई थी। इसका कारण यह था कि उनमें सूफियों का प्रेमतत्त्व भी था। शुक्लजी ने लिखा है: "नाथपंथियों की अंतःसाधना हृदय-पक्ष शून्य थी, उसमें प्रेमतत्त्व का अभाव था। कबीर ने यद्यपि नाथ-पंथ की बहुत सी बातों को अपनी बानी में जगह दी, पर यह बात उन्हें खटकी।" (उपर्युक्त, पृ० 55)। उनके अनुसार उक्त कारण से ही "कबीर ने जिस प्रकार एक निराकार ईश्वर के लिए भारतीय वेदांत का पल्ला पकड़ा उसी प्रकार उस निराकार ईश्वर की भक्ति के लिए सूफियों का प्रेमतत्त्व लिया और अपना 'निर्गुण-पंथ' बड़ी धूम-धाम से निकाला।" (उपर्युक्त, पृ० 55-56)। इसका परिणाम यह हुआ कि सन्त कवियों का प्रभाव जनता पर नाथपन्थी योगियों से अधिक पड़ा। यह जनता हिन्दू भी थी और मुसलमान भी। सन्त-कवियों ने न केवल हिन्दुओं और मुसलमानों के लिए एक सामान्य धर्ममार्ग निकाला, बल्कि ईश्वर और सभी जीवों में एकता प्रतिपादित कर नीची जाति की जनता में आत्मगौरव का भाव भी जगाया, जिसकी चर्चा ऊपर भी हो चुकी है। शुक्लजी ने पुनः कहा है: "अशिक्षित और निम्न श्रेणी की जनता पर इन संत महात्माओं का बड़ा भारी उपकार है। उच्च विषयों का कुछ आभास देकर, आचरण की शुद्धता पर जोर देकर, आडंबरों का तिरस्कार करके, आत्मगौरव का भाव उत्पन्न करके, इन्होंने उसे ऊपर उठाने का स्तुत्य प्रयत्न किया।" (उप-र्युक्त, पृ० 61)। इससे पं० नन्ददुलारे वाजपेयी द्वारा की गयी शुक्लजी की यह आलोचना कमजोर पड़ जाती है कि उन्होंने वर्णाश्रम-व्यवस्था में कवि की आस्था को 'काव्य-वैशिष्ट्य का हेतु' मान लिया है। ('आधुनिक साहित्य,' पृ० 313)। जहाँ तक सन्तकाव्य के काव्यत्व का प्रश्न है, शुक्लजी की राय इस सम्बन्ध में दो टूक है: "निर्गुणमार्गी संत कवियों की परंपरा में थोड़े ही ऐसे हुए हैं जिनकी रचना साहित्य के अंतर्गत आ सकती है। शिक्षितों का समावेश कम होने से इनकी बानी अधिकतर सांप्रदायिकों के ही काम की है। उसमें मानव-जीवन की भावनाओं की वह विस्तृत व्यंजना नहीं है जो साधारण जनसमाज को आकर्षित कर सके।" ('हि० सा० इ०', पृ० 78-80)।

शुक्लजी जैसे भक्तिकाव्य के प्रशंसक थे, वैसे ही रीतिकाव्य के कटु आलो-चक। इसका कारण स्पष्ट है। भक्तिकाव्य जहाँ मध्ययुग का विकासोन्मुख

काव्य था, वहाँ रीतिकाव्य मध्ययुग का ह्रासोन्मुख काव्य। एक काव्य जनता के बीच सामन्ती व्यवस्था से संघर्ष करते हुए रचा जा रहा था, जबकि दूसरा काव्य सामन्तों के दरबार में सामन्ती व्यवस्था में निष्ठा रखते हुए रचा जा रहा था। रीति-काल के कवियों में से अधिकांश कवि रीति-ग्रन्थकार थे। शुक्लजी ने उनके द्वारा बनाये हुए रीतिग्रन्थों की आलोचना में कहा है: "इन रीतिग्रंथों पर ही निर्भर रहनेवाले व्यक्ति का साहित्य-ज्ञान कच्चा ही समझना चाहिए।" (उपर्युक्त, पृ० 203)। उन्होंने इन रीति-ग्रन्थों की सीमाएँ बतलायीं और रीति-ग्रन्थकार कवियों को आचार्य मानने का विरोध किया। उनके ऐसा करने का तात्कालिक सन्दर्भ यह था कि उनके पहले के रीतिवादी आलोचक प्रायः रीति-ग्रन्थकार कवियों को आचार्य मान बैठे थे। इससे आलोचना में गलत विश्लेषण भी होता था और गलत निष्कर्ष भी निकलते थे। रीति-ग्रन्थों की परम्परा साहित्य के विकास में जो बाधा डाल रही थी उसके बारे में शुक्लजी ने कहा है: "प्रकृति की अनेकरूपता, जीवन की भिन्न-भिन्न चिंत्य बातों तथा जगत् के नाना रहस्यों की ओर कवियों की दृष्टि नहीं जाने पायी। वह एक प्रकार से बद्ध और परिमित-सी हो गयी। उसका क्षेत्र संकुचित हो गया। वाग्धारा बँधी हुई नालियों में ही प्रवाहित होने लगी जिससे अनुभव के बहुत से गोचर और अगोचर विषय रस-सिक्त होकर सामने आने से रह गये। दूसरी बात यह हुई कि कवियों की व्यक्तिगत विशेषता की अभिव्यक्ति का अवसर बहुत ही कम रह गया। कुछ कवियों के बीच भाषा-शैली, पद-विन्यास, अलंकार-विधान आदि बाहरी बातों का भेद हम थोड़ा-बहुत दिखा सकें तो दिखा सकें, पर उनकी आभ्यंतर प्रकृति के अन्वीक्षण में समर्थ उच्चकोटि की आलोचना की सामग्री बहुत कम पा सकते हैं।" (उपर्युक्त, पृ० 205)। रीति की परिपाटी ने कवियों की दृष्टि को सीमित और उनके व्यक्तित्व को कुण्ठित कर दिया। ह्रासोन्मुख सामन्ती वातावरण में पलनेवाले कवि में दृष्टि का विस्तार और व्यक्तित्व का विकास कभी सम्भव न था। इस प्रकार रीतिकाव्य के प्रति शुक्लजी का विरोधी रुख अत्यंत स्पष्ट है। लेकिन इसका यह मतलब नहीं है कि उन्होंने अपनी सीमाओं के भीतर रीति-काव्य का महत्त्व नहीं स्वीकार किया है और रीति-कवियों की विशेषताओं का अलग-अलग निरूपण नहीं किया है। इस प्रसंग में रीति-ग्रन्थकार कवियों के सम्बन्ध में उनका यह कथन देखा जा सकता है: "उनके द्वारा बड़ा भारी कार्य यह हुआ कि रसों (विशेषतः शृंगार रस) और अलंकारों के बहुत ही सरस और हृदयग्राही उदाहरण अत्यंत प्रचुर परिमाण में प्रस्तुत हुए।" (उपर्युक्त)। शुक्लजी की केशवदास की आलोचना बहुत प्रसिद्ध है। केशवदास के काव्य में यत्र-तत्र सुन्दर छन्द पा जानेवाले पाठक और विद्वान् शुक्लजी की इस टिप्पणी पर चौंकते हैं कि "केशव को कविहृदय नहीं मिला था।" (उप-

र्युक्त, पृ० 180)। शुक्लजी की केशव सम्बन्धी आलोचना के सम्बन्ध में दो बातें ज्ञातव्य हैं। एक तो यह है कि यह आलोचना उस सन्दर्भ में की गयी है जिसमें लाला भगवानदीन जैसे आलोचक 'काव्य कलाधरों में केशव को ही सर्वोच्च स्थान' का अधिकारी बतलाते थे और दूसरी यह कि यह आलोचना केशव के काव्य का उसकी समग्रता में मूल्यांकन करती है। समग्रता में देखने पर केशव मुक्तककार और प्रबन्धकार दोनों में से किसी रूप में भावुक कवि नहीं दीख पड़ते। केशव के काव्य में जो महत्त्व 'उक्ति-वैचित्र्य और शब्द-क्रीड़ा' को प्राप्त है, वह 'जीवन के नाना गंभीर और मार्मिक पक्षों पर जानेवाली दृष्टि' को नहीं! प्रबन्धकार के रूप में केशव की सीमाएँ अत्यन्त उजागर हैं। इसके बावजूद शुक्लजी ने 'रामचंद्रिका' के संवादों की प्रशंसा की, उसके रावण-अंगद-संवाद को तुलसी के संवाद से कहीं अधिक उपयुक्त और सुन्दर बतलाया, 'रसिकप्रिया' को एक प्रौढ़ रचना माना और 'रतनबावनी' के बारे में कहा कि "यह वीररस का अच्छा काव्य है।" (उपर्युक्त, पृ० 183)। केशव के काव्य के सम्बन्ध में कही गयी शुक्लजी की इन बातों में और उनकी इस बात में कि "केशव को कवि-हृदय नहीं मिला था" कोई विरोध नहीं है। इनमें विरोध तभी दिखलायी पड़ता है, जबकि हम उस गम्भीर और व्यापक अर्थ में 'कविहृदय' शब्द को नहीं लेते, जिस गम्भीर और व्यापक अर्थ में शुक्लजी ने इसका प्रयोग किया है। सेनापति के बारे में उन्होंने कहा है : "इनकी कविता बहुत ही मर्मस्पर्शिनी और रचना बहुत ही प्रौढ़ और प्रांजल है। जैसे एक ओर इनमें पूरी भावुकता थी वैसे ही दूसरी ओर चमत्कार लाने की पूरी निपुणता भी।" (उपर्युक्त, पृ० 194)। बिहारी उन्हें कवि से अधिक कलाकार प्रतीत हुए। उनका दोहों में ही काव्य-रचना करना इस बात का प्रमाण है कि उनमें 'धुले हुए भावों का आभ्यंतर प्रवाह' नहीं था। उनके भाव का निरूपण करते हुए शुक्लजी ने स्पष्ट शब्दों में कहा है : "भावों का बहुत उत्कृष्ट और उदात्त स्वरूप बिहारी में नहीं मिलता। कविता उनकी शृंगारी है, पर प्रेम की उच्च भूमि पर नहीं पहुँचती, नीचे ही रह जाती है।" (उपर्युक्त, पृ० 217-18)। बिहारी से ज्यादा उन्होंने मतिराम को पसन्द किया है, क्योंकि उनकी कविता की "सरसता अत्यंत स्वाभाविक है, न तो उसमें भावों की कृत्रिमता है, न भाषा की।" (उपर्युक्त, पृ० 218) वीररस के कवि भूषण की आलोचना शुक्लजी ने यह कहकर की है कि "भाषा में ओज की मात्रा तो पूरी है पर वह अधिकतर अव्यवस्थित है।" (उपर्युक्त, पृ० 222)। देव का शब्दालंकार-प्रेम उनकी कवित्व-शक्ति के स्फुरण में बाधक था, फिर भी "इनका-सा अर्थसौष्ठव और नवोन्मेष बिरले ही कवियों में मिलता है।" (उपर्युक्त, पृ० 231)। पद्माकर रीति-ग्रन्थकार कवियों में अन्तिम प्रसिद्ध कवि हैं। शुक्लजी ने इनकी प्रशंसा ऊँचे शब्दों में की है और इनका वैशिष्ट्य इन शब्दों में बतलाया

है : "इनकी मधुर कल्पना ऐसी स्वाभाविक और हावभावपूर्ण मूर्तिविधान करती है कि पाठक मानों प्रत्यक्ष अनुभूति में मग्न हो जाता है" और "इनकी भाषा में वह अनेकरूपता है जो एक बड़े कवि में होनी चाहिए।" (उपर्युक्त, पृ० 269)। आज जिन्हें रीतिमुक्त कवि कहा जाता है, उनके बारे में उनका कहना है : "इस प्रकार के अच्छे कवियों की रचना में प्राय: मार्मिक और मनोहर पद्यों की संख्या कुछ अधिक पायी जाती है। बात यह है कि इन्हें कोई बंधन नहीं था। जिस भाव की कविता जिस समय सूझी ये लिख गये।" (उपर्युक्त, पृ० 280)। 'प्रेम की तन्मयता की दृष्टि से' उन्होंने आलम को रसखान और घनानन्द की कोटि का कवि बतलाया है। उनकी दृष्टि में घनानन्द रीतिमुक्त कवियों में सर्व-श्रेष्ठ थे। उनकी विशेषता यह है कि "कविता इनकी भावपक्षप्रधान है" और "कोरे विभावपक्ष का चित्रण इनमें कम मिलता है।" (उपर्युक्त, पृ० 293)। घनानन्द की भाषा को शुक्लजी ने सर्वाधिक मधुर और प्रौढ़ माना है और कहा है कि "भाषा की पूर्वअर्जित शक्ति से ही काम न चलाकर इन्होंने उसे अपनी ओर से नयी शक्ति प्रदान की है।" (उपर्युक्त, पृ० 295)। "बोधा एक रसोन्मत्त कवि थे" और उनकी "चलती और मुहावरेदार" भाषा से "प्रेम की उमंग छलकी पड़ती है।" (उपर्युक्त, पृ० 323)। ठाकुर पर उनकी टिप्पणी है : "बोलचाल की चलती भाषा में भाव को ज्यों-का-त्यों सामने रख देना इस कवि का लक्ष्य रहा है।" (उपर्युक्त, पृ० 334)। ठाकुर को उन्होंने स्पष्टत: 'स्वच्छन्द' कवि कहा है। द्विजदेव रीतिमुक्त कवियों में ही अन्तिम नहीं थे, बल्कि वे सम्पूर्ण रीतिकाल के कवियों में अन्तिम थे। शुक्लजी ने लिखा है कि "इनमें बड़ा भारी गुण है भाषा की स्वच्छता" और "इनकी सी सरस और भावमयी फुटकल शृङ्गारी कविता फिर दुर्लभ हो गयी।" (उपर्युक्त, पृ० 384)। इस ब्योरे से यह स्पष्ट है कि शुक्लजी ने रीति की परिपाटी में बँधकर काव्य-रचना करनेवाले कवियों से अधिक उन कवियों को पसन्द किया है जो स्वच्छन्द भाव से काव्य-रचना कर रहे थे। उन्होंने रीति-ग्रंथकार कवियों की भी वहीं प्रशंसा की है जहाँ उनमें भाव की प्रधानता है, या भाव और कला में समतुल्यता है। शृङ्गार से उन्हें उतना विरोध नहीं है, जितना लोकजीवन से उसे विच्छिन्न करके चित्रित करने से। इसी तरह शास्त्रज्ञान और उसके उपयोग से भी उन्हें विरोध नहीं है। उन्हें विरोध है शास्त्र में बँधकर चलने और हृदय की स्वच्छन्द भावधारा की उपेक्षा करने से।

शुक्लजी ने अपने 'इतिहास' में आधुनिक-युग के साहित्य की भी आलोचना की है। भारतेन्दु-युग की कविता के बारे में उन्होंने कहा है : "भारतेंदु हरिश्चंद्र ने जिस प्रकार गद्य की भाषा का स्वरूप स्थिर करके गद्य-साहित्य को देश-काल के अनुसार नये-नये विषयों की ओर लगाया, उसी प्रकार कविता की धारा को

भी नये क्षेत्रों की ओर मोड़ा। इस नये रंग में सबसे ऊँचा स्वर देशभक्ति की वाणी का था। उसी से लगे हुए विषय लोक-हित, समाज-सुधार, मातृभाषा का उद्धार आदि थे।" (उपर्युक्त, पृ० 511)। उनका ध्यान उक्त युग की कविता में जो रूपगत परिवर्तन हुआ था, उसकी ओर भी था : "विषयों की अनेकरूपता के साथ-साथ उनके विधान का ढंग भी बदल चला। प्राचीन धारा में 'मुक्तक' और 'प्रबन्ध' की जो प्रणाली चली आती थी, उससे कुछ भिन्न प्रणाली का भी अनुसरण करना पड़ा।" (उपर्युक्त, पृ० 512)। वह भिन्न प्रणाली 'छोटे-छोटे प्रबंधों या निबंधों' की प्रणाली थी : "नवीन धारा के आरंभ में छोटे-छोटे पद्यात्मक निबंधों की परंपरा भी चली जो प्रथम उत्थानकाल के भीतर तो बहुत कुछ भाव-प्रधान रही, पर आगे चलकर शुष्क और इतिवृत्तात्मक (matter of fact) होने लगी।" (उपर्युक्त, पृ० 512)। यहाँ 'आगे चलकर' से मतलब आधुनिक हिन्दी कविता के द्वितीय उत्थान अर्थात् द्विवेदीयुग से है। द्विवेदीयुग के बारे में उन्होंने लिखा है : "स्वदेश-गौरव और स्वदेश-प्रेम की जो भावना प्रथम उत्थान में जगायी गयी थी उसका अधिक प्रसार द्वितीय उत्थान-काल में हुआ और 'भारत-भारती' ऐसी पुस्तक निकली। इस भावना का प्रसार तो हुआ, पर इसकी अभिव्यंजना में प्रातिभ प्रगल्भता न दिखायी पड़ी।" (उपर्युक्त, पृ० 559)। उन्होंने पुनः लिखा है : "शैली में प्रगल्भता और विचित्रता चाहे न आयी हो, पर काव्य-भूमि का प्रसार अवश्य हुआ" (उपर्युक्त) तथा "द्वितीय उत्थान-काल का अधिकांश भाग खड़ी बोली को भिन्न-भिन्न प्रकार के पद्यों में ढालने में ही लगा।" (उपर्युक्त, पृ० 560)। द्विवेदीयुग की कविता पर सामान्य रूप से विचार करने के साथ-साथ शुक्लजी ने इस युग के प्रमुख कवियों और उनकी कृतियों पर भी महत्त्वपूर्ण टिप्पणियाँ की हैं। हरिऔधजी के 'प्रिय-प्रवास' के बारे में उनका कहना है कि इसमें "विरह-वेदना से क्षुब्ध वचनावली प्रेम की अनेक अंतर्दशाओं की व्यंजना करती हुई बहुत दूर तक चली चलती है," पर "इसकी कथा-वस्तु एक महाकाव्य क्या अच्छे प्रबंध-काव्य के लिए भी अपर्याप्त है।" (उपर्युक्त, पृ० 529)। गुप्तजी की 'भारत-भारती' की लाला भगवानदीन ने अत्यन्त कटु आलोचना की थी और उसकी खड़ी बोली को 'सड़ी बोली' तक कहा था। शुक्लजी 'भारत-भारती' में प्रयुक्त नयी काव्य-भाषा की सार्थकता का परिचय इन शब्दों में देते हैं : "यद्यपि काव्य की विशिष्ट पदावली, रसात्मक चित्रण, वाग्वैचित्र्य इत्यादि का विधान इसमें न था, पर बीच-बीच में मार्मिक तथ्यों का समावेश बहुत साफ और सीधी-सादी भाषा में होने से यह पुस्तक स्वदेशी की ममता से पूर्ण नवयुवकों को बहुत प्रिय हुई। प्रस्तुत विषय को काव्य का पूर्ण स्वरूप न दे सकने पर भी इसने हिंदी कविता के लिए खड़ी बोली की उपयुक्तता अच्छी तरह सिद्ध कर दी।" (उपर्युक्त, पृ०

533)। 'साकेत' और 'यशोधरा' इन दोनों काव्यों में उन्होंने प्रबन्धत्व की कमी पायी है और उसका कारण यह बतलाया है कि "इनकी रचना उस समय हुई जब गुप्तजी की प्रवृत्ति गीतकाव्य या नये ढंग के प्रगीत मुक्तकों (lyrics) की ओर हो चुकी थी।" (उपर्युक्त, पृ० 534)। गुप्तजी के काव्य-विकास के तीन स्तर उन्होंने निरूपित किये हैं—भाषा की सफाई का स्तर ('सरस्वती' में प्रकाशित कविताएँ तथा 'भारत-भारती'), सरस और कोमल पदावली के प्रयोग का स्तर ('भारत-भारती' और 'वैतालिक' के बीच की रचनाएँ) और प्रगीत मुक्तकों और लाक्षणिक वैचित्र्य की ओर झुकाव का स्तर, जिसका आभास 'साकेत' और 'यशोधरा' में भी पाया जाता है। शुक्लजी ने इस महत्त्वपूर्ण तथ्य की ओर संकेत किया है कि दूसरे स्तर की उपलब्धि गुप्तजी को बंगभाषा की कविताओं के अनुशीलन तथा मधुसूदन दत्त की कृतियों के अनुवाद के फलस्वरूप हुई थी। प्रगीत मुक्तकों और लाक्षणिक वैचित्र्य की ओर झुकाव स्पष्टतः छायावाद के प्रभाव का परिणाम था। शुक्लजी के शब्दों में "गुप्तजी की प्रतिभा की सबसे बड़ी विशेषता है कालानुसरण की क्षमता अर्थात् उत्तरोत्तर बदलती हुई भावनाओं और काव्य-प्रणालियों को ग्रहण करते चलने की शक्ति।" (उपर्युक्त, पृ० 535)। इसे उन्होंने यों स्पष्ट किया है : "भारतेंदु के समय से स्वदेश-प्रेम की भावना जिस रूप में चली आ रही थी उसका विकास 'भारत-भारती' में मिलता है। इधर के राजनीतिक आंदोलनों ने जो रूप धारण किया उसका पूरा आभास पिछली रचनाओं में मिलता है। सत्याग्रह, अहिंसा, मनुष्यत्ववाद, विश्वप्रेम, किसानों और श्रमजीवियों के प्रति प्रेम और सम्मान, सबकी झलक हम पाते हैं।" (उपर्युक्त, पृ० 536)। द्विवेदीयुगीन काव्य-धारा के कवि ऐसे वाक्यों का प्रयोग करते थे, जो लम्बे होने पर भी सफाई के साथ कविता में बैठते चले जाते थे। शुक्लजी के अनुसार कविता में ऐसे ही वाक्यों से स्थायी प्रभाव की सृष्टि होती है। द्विवेदीयुगीन काव्य-धारा ऐसे प्रभाव की सृष्टि को ही लक्ष्य बनाकर चल रही थी। इस प्रसंग में उन्होंने लिखा है : "एक संबंध-सूत्र में बद्ध कई अर्थसमूहों की एक समन्वित भावना व्यक्त करने के लिए ही ऐसी भाषा अपेक्षित होती है। जहाँ एक दूसरे से असंबद्ध छोटी-छोटी भावनाओं को लेकर वाग्वैशिष्ट्य की झलक या चलचित्र की-सी छाया दिखाने की प्रवृत्ति प्रधान होगी वहाँ भाषा की समन्वय-शक्ति का परिचय न मिलेगा। व्यापक समन्वय के बिना कोई ऐसा समन्वित प्रभाव भी नहीं पड़ सकता जो कुछ काल तक स्थायी रहे।" (उपर्युक्त, पृ० 576)। निश्चय ही कविता में भाषा और भाव के सम्बन्ध का यह निरूपण अत्यन्त अर्थपूर्ण है।

आधुनिक हिन्दी कविता में शुक्लजी ने छायावाद के साथ एक अन्य काव्य-धारा की भी कल्पना की है। वह है स्वच्छन्दतावादी काव्य-धारा। स्वच्छन्दता-

वाद का परिचय उन्होंने इन शब्दों में दिया है : "पंडितों की बाँधी प्रणाली पर चलनेवाली काव्यधारा के साथ-साथ सामान्य अपढ़ जनता के बीच एक स्वच्छंद और प्राकृतिक भावधारा भी गीतों के रूप में चलती रहती है—ठीक उसी प्रकार जैसे बहुत काल से स्थिर चली आती हुई पंडितों की साहित्य-भाषा के साथ-साथ लोकभाषा की स्वाभाविक धारा भी बराबर चलती रहती है। जब पंडितों की काव्य-भाषा स्थिर होकर उत्तरोत्तर आगे बढ़ती हुई लोकभाषा से दूर पड़ जाती है और जनता के हृदय पर प्रभाव डालने की उसकी शक्ति क्षीण होने लगती है तब शिष्ट समुदाय लोकभाषा का सहारा लेकर अपनी काव्य-परंपरा में नया जीवन डालता है।" (उपर्युक्त, पृ० 522)। उक्त स्वच्छन्द और प्राकृतिक धारा के सम्बन्ध में उन्होंने पुनः कहा है : "इस भाव-धारा की अभिव्यंजन-प्रणालियाँ वे ही होती हैं जिन पर जनता का हृदय इस जीवन में अपने भाव स्वभावतः ढालता आया है" और "हमारी भाव-प्रवर्त्तिनी शक्ति का असली भंडार इसी स्वाभाविक भावधारा के भीतर निहित समझना चाहिए।" (उपर्युक्त, पृ० 523)। शुक्लजी 'अभिव्यंजन-प्रणाली' और 'जनता के हृदय' का घनिष्ठतम सम्बन्ध लोकगीतों में देखते हैं। जहाँ तक भावोद्रेक की बात है, उसकी सामग्री भी सर्वाधिक मात्रा में लोकगीतों में ही होती है। शुक्लजी के अनुसार, "जब पंडितों की काव्यधारा इस स्वाभाविक भाव-धारा से विच्छिन्न पड़कर रूढ़ हो जाती है तब वह कृत्रिम होने लगती है और उसकी शक्ति भी क्षीण होने लगती है। ऐसी परिस्थिति में इसी भावधारा की ओर दृष्टि ले जाने की आवश्यकता होती है। दृष्टि ले जाने का अभिप्राय है उस स्वा-भाविक भाव-धारा के ढलाव की नाना अंतर्भूमियों को परखकर शिष्ट काव्य के स्वरूप का पुनर्विधान करना।" (उपर्युक्त)। शिष्ट-काव्य के पुनर्विधान के क्रम में कुछ कवि इतनी दूर चले जाते हैं कि उनसे कविता की स्वाभाविक भूमि बिल्कुल छूट जाती है। शुक्लजी इस तरफ से सावधान करते हुए कहते हैं : "यह पुनर्विधान सामंजस्य के रूप में हो, अंध प्रतिक्रिया के रूप में नहीं, जो विपरीतता की हद तक जा पहुँचती है। इस प्रकार के परिवर्तन को ही अनुभूति की नैसर्गिक स्वच्छन्दता (true romanticism) कहना चाहिए, क्योंकि यह मूल प्राकृतिक आधार पर होता है।" (उपर्युक्त)। इस कथन से यह पता चलता है कि शुक्लजी सच्चा स्वच्छन्दतावाद उसी को मानते हैं जो परम्परागत शास्त्रीय कविता की रूढ़ियों से भी मुक्त हो और जिसका सम्बन्ध हृदय की स्वाभाविक अनुभूति से भी हो। इस स्वच्छन्दतावाद का प्रवर्तक उन्होंने पं० श्रीधर पाठक को माना है और कहा है : "रीतिकाल के भीतर हम दिखा चुके हैं कि किस प्रकार रसों और अलंकारों के उदाहरणों के रूप में रचना होने से और कुछ छन्दों की परिपाटी बँध जाने से हिंदी-कविता जकड़-सी उठी थी। हरिश्चंद्र के सहयोगियों

में काव्यधारा को नये-नये विषयों की ओर मोड़ने की प्रवृत्ति तो दिखायी पड़ी, पर भाषा व्रज ही रहने दी गयी और पद्य के ढाँचों, अभिव्यंजना के ढंग तथा प्रकृति के स्वरूप-निरीक्षण आदि में स्वच्छंदता के दर्शन न हुए। इस प्रकार की स्वच्छंदता का आभास पहले पहले पं० श्रीधर पाठक ने ही दिया।" (उपर्युक्त, पृ० 525)। पाठकजी की कविता की विशेषताएँ शुक्लजी ने इस प्रकार बतलायी हैं: "उन्होंने प्रकृति के रूढ़िबद्ध रूपों तक ही न रहकर अपनी आँखों से भी उसके रूपों को देखा", "उन्होंने खड़ी बोली पद्य के लिए सुंदर लय और चढ़ाव-उतार के कई नये ढाँचे भी निकाले", "ख्याल या लावनी की लय पर जैसे 'एकांतवासी योगी' लिखा गया वैसे ही सुथरे-साँइयों के सधुक्कड़ी ढंग पर 'जगत-सचाई-सार', 'स्वर्गीय वीणा' में उन्होंने उस परोक्ष दिव्य संगीत की ओर रहस्यपूर्ण संकेत किया जिसके ताल-सुर पर यह सारा विश्व नाच रहा है" (उपर्युक्त), "अंत्यानुप्रास-रहित बेठिकाने समाप्त होनेवाले गद्य के-से लंबे वाक्यों के छंद भी (जैसे अँगरेजी में होते हैं) इन्होंने लिखे हैं", "पाठकजी कविता के लिए हर एक विषय ले लेते थे" और "समाजसुधार के वे बड़े आकांक्षी थे।" (उपर्युक्त, पृ० 527)। ये सारी विशेषताएँ एक सच्चे स्वच्छन्दतावादी कवि की विशेषताएँ हैं। पं० रामनरेश त्रिपाठी भी ऐसे ही कवि थे: "काव्यक्षेत्र में जिस स्वाभाविक स्वच्छंदता (romanticism) का आभास पं० श्रीधर पाठक ने दिया था उसके पथ पर चलनेवाले द्वितीय उत्थान में त्रिपाठीजी ही दिखायी पड़े।" (उपर्युक्त, पृ० 546)। पुनः शुक्लजी ने द्विवेदीयुगीन कविता की इतिवृत्तात्मकता की ओर संकेत करते हुए लिखा है: "खड़ी बोली की कविता जिस रूप में चल रही थी उससे संतुष्ट न रहकर द्वितीय उत्थान के समाप्त होने के कुछ पहले ही कई कवि खड़ी बोली काव्य को कल्पना का नया रूप-रंग देने और अधिक अंतर्भावव्यंजक बनाने में प्रवृत्त हुए जिनमें प्रधान थे सर्वश्री मैथिलीशरण गुप्त, मुकुटधर पांडेय और बदरीनाथ भट्ट।" (उपर्युक्त, पृ० 564)। यहाँ एक ध्यान देने योग्य बात उन्होंने यह लिखी है कि इनकी कविताओं पर भी अंग्रेजी कविता से प्रभावित बँगला कविता का प्रभाव था और इनकी भी कुछ कविताएँ रहस्यात्मक थीं: "कुछ अँगरेजी ढर्रा लिये हुए जिस प्रकार की फुटकल कविताएँ और प्रगीत मुक्तक (lyrics) बँगला में निकल रहे थे उनके प्रभाव से कुछ विशृंखल वस्तुविन्यास और अनूठे शीर्षकों के साथ चित्रमयी, कोमल और व्यंजक भाषा में इनकी नये ढंग की रचनाएँ संवत् १९७०-७१ से ही निकलने लगी थीं जिनमें से कुछ के भीतर रहस्यभावना भी रहती थी।" (उपर्युक्त)। इस काव्यधारा में मिलनेवाले अंग्रेजी अथवा बँगला कविता के प्रभाव और रहस्यात्मकता पर शुक्लजी ने आपत्ति नहीं की है, क्योंकि इसमें यह सब अत्यन्त स्वाभाविक रूप में देखने को मिलता था। द्विवेदी-युग

के बाद आधुनिक हिन्दी कविता के तृतीय उत्थान में स्वच्छन्दतावादी काव्य-धारा का विकास पं० माखनलाल चतुर्वेदी, पं० बालकृष्ण शर्मा 'नवीन' और श्री रामधारी सिंह 'दिनकर' ने किया। (उपर्युक्त पृ० 562)। शुक्लजी ने इन कवियों की सामाजिक और राजनीतिक पृष्ठभूमि का किंचित् विस्तार से उल्लेख किया है। उसे आरम्भ में ही उद्धृत किया जा चुका है, क्योंकि वह स्वयं शुक्लजी की आलोचना की पृष्ठभूमि है। शुक्लजी ने आगे लिखा है: "शोषक साम्राज्यवाद के विरुद्ध राजनीतिक आंदोलन के अतिरिक्त यहाँ भी किसान-आंदोलन, मजदूर-आंदोलन, अछूत-आंदोलन इत्यादि कई आंदोलन एक विराट् परिवर्तनवाद के नाना व्यावहारिक अंगों के रूप में चले। श्री रामधारी सिंह दिनकर, बालकृष्ण शर्मा 'नवीन', माखनलाल चतुर्वेदी आदि कई कवियों की वाणी द्वारा ये भिन्न-भिन्न प्रकार के आंदोलन प्रतिध्वनित हुए।" (उपर्युक्त)। इससे यह स्पष्ट है कि तृतीय दौर के स्वच्छन्दतावादी कवियों का लक्ष्य था साम्राज्यवाद-विरोध और सामन्तवाद-विरोध। ये कवि स्वच्छन्दतावादी कवि ही थे, क्योंकि तृतीय उत्थान की "स्वाभाविक स्वच्छन्दता को लेकर चलती हुई धारा" शुक्लजी के अनुसार वह धारा है, "जिसके अंतर्गत राज-नीतिक और सामाजिक परिवर्तन की लालसा व्यक्त करनेवाली शाखा भी हम ले सकते हैं।" (उपर्युक्त, पृ० 573)। इसके अलावा अपने 'इतिहास' के अन्तिम पृष्ठ पर इन कवियों की गिनती उन्होंने 'स्वच्छंद-धारा' के कवियों में ही की है।

शुक्लजी के छायावाद-सम्बन्धी विचारों की बहुत अधिक आलोचना की गयी है। इसका मुख्य कारण यह है कि उनके विचारों को समग्र रूप में देखने की चेष्टा प्रायः नहीं की गयी। पूर्वोक्त स्वच्छन्दतावादी काव्य-धारा की ओर संकेत करते हुए शुक्लजी कहते हैं: "यह स्वच्छंद नूतन पद्धति अपना रास्ता निकाल ही रही थी कि श्री रवींद्रनाथ की रहस्यात्मक कविताओं की धूम हुई और कई कवि एक साथ 'रहस्यवाद' और 'प्रतीकवाद' या 'चित्रभाषावाद' को ही एकांत ध्येय बनाकर चल पड़े।" (उपर्युक्त, पृ० 582)। इसके बाद उनका कहना है: " 'चित्रभाषा' या अभिव्यंजन-पद्धति पर ही जब लक्ष्य टिक गया तब उसके प्रदर्शन के लिए लौकिक या अलौकिक प्रेम का क्षेत्र ही काफी समझा गया। इस बँधे हुए क्षेत्र के भीतर चलनेवाले काव्य ने 'छायावाद' का नाम ग्रहण किया।" (उपर्युक्त)। इन उद्धरणों पर विचार करने से यह पता चलता है कि शुक्लजी छायावाद को रवीन्द्रनाथ के प्रभाव की देन मानते हुए उसकी जो सबसे बड़ी विशेषता बतलाते हैं, वह है 'प्रतीकवाद' या 'चित्रभाषा-वाद,' जो और कुछ नहीं, अप्रस्तुत-योजना है। इस अप्रस्तुत-शैली में लिखी गयी कविता छायावाद की कविता समझी जायेगी—उसका विषय लौकिक प्रेम हो, या अलौकिक प्रेम। इसे उन्होंने आगे एकदम स्पष्ट कर दिया है: "छायावाद का

सामान्यत: अर्थ हुआ प्रस्तुत के स्थान पर उसकी व्यंजना करनेवाली छाया के रूप में अप्रस्तुत का कथन। इस शैली के भीतर किसी वस्तु या विषय का वर्णन किया जा सकता है।'' (उपर्युक्त, पृ० 583)। ऐसी बात नहीं है कि छायावाद का यह अर्थ-विस्तार शुक्लजी ने बाद में आकर किया। वास्तविकता यह है कि वे पहले से ही यह मानते आ रहे थे कि छायावाद रहस्यवाद तक ही सीमित नहीं है। 'हिंदी-शब्दसागर' (1929) की भूमिका के रूप में प्रकाशित 'हिंदी साहित्य का विकास' में ही उन्होंने कहा था : "लाक्षणिकता लाने के लिए कुछ लोगों ने अंगरेजी-कविता का पल्ला पकड़ा है और उसकी लाक्षणिक पदावलियों का ज्यों का त्यों अनुवाद करके हिंदीवालों को चमत्कृत करने का प्रयत्न करने लगे हैं। कहीं 'अतीत का स्वप्न अनिल' है, कहीं 'स्वप्निल आभा'। कहीं 'स्वर्ण स्वप्न' है, कहीं 'कनक-छाया'। इसी प्रकार अंगरेजी के विशेषण विपर्यय अलंकार की भी बड़ी खींच है। इन विलक्षणताओं से युक्त जो कविता होती है, वह छाया-वाद की कविता कहलाती है; और साधारणत: लोग ऐसी सब कविताओं को 'रहस्यवाद' के अंतर्गत समझा करते हैं। पर असल में अधिकतर का प्रकृत 'रहस्यवाद' से कोई संबंध नहीं।'' (पृ० 268-69)। छायावाद का विरोध शुक्लजी ने दो बातों को लेकर किया—उसकी रहस्यात्मकता और उसकी अप्रस्तुत योजना को लेकर। रहस्यवाद के सम्बन्ध में उनके विचारों का परिचय दिया जा चुका है। स्वाभाविक रहस्यवाद से उन्हें विरोध नहीं था, इसलिए छायावाद में भी जहाँ उन्हें यह चीज दिखलायी पड़ी, उन्होंने उसे पसन्द किया। उदाहरण के लिए पंतजी पर उनकी यह टिप्पणी देखी जा सकती है : "रहस्य-वाद की रूढ़ियों के रमणीय उदाहरण प्रस्तुत करने के लिए उनकी प्रतिभा बहुत कम प्रवृत्त हुई है। रहस्यभावना जहाँ है वहाँ अधिकतर स्वाभाविक है।'' (उपर्युक्त, पृ० 609)। छायावाद की अप्रस्तुत-योजना का विरोध उन्होंने इसलिए किया कि वह अनुभूति से स्वतन्त्र कल्पना की देन थी। लाक्षणिकता के विकास को शुक्लजी भाषा के विकास के लिए आवश्यक मानते थे, बशर्ते वह 'सम्यक् और स्वाभाविक' हो : "लाक्षणिकता के सम्यक् और स्वाभाविक विकास द्वारा भाषा भावक्षेत्र और विचारक्षेत्र दोनों में बहुत दूर तक, बहुत ऊँचाई तक प्रकाश फेंक सकती है।'' ('चिंतामणि,' द्वितीय भाग, पृ० 167)। छायावाद में समग्र रूप से काव्य-शैली का जो विकास हुआ था, उसे उन्होंने इन शब्दों में स्वीकार किया है : "छायावाद की शाखा के भीतर धीरे-धीरे काव्यशैली का बहुत अच्छा विकास हुआ, इसमें संदेह नहीं। इसमें भावावेश की आकुल व्यंजना, लाक्षणिक वैचित्र्य, मूर्त्त प्रत्यक्षीकरण, भाषा की वक्रता, विरोध-चमत्कार, कोमल पद-विन्यास इत्यादि काव्य का स्वरूप संघटित करनेवाली प्रचुर सामग्री दिखायी पड़ी।'' ('हिं० सा० इ०', पृ० 570)। 'लहर' (प्रसाद), 'गुंजन' (पंत),

'युगान्त' (पंत) और 'अनामिका' (निराला) के प्रकाशन के बाद शुक्लजी ने छायावाद के अलौकिक और लौकिक प्रेम-क्षेत्र का हवाला देते हुए लिखा : "हर्ष की बात है कि अब कई कवि उस संकीर्ण क्षेत्र से बाहर निकलकर जगत् और जीवन के और-और मार्मिक पक्षों की ओर भी बढ़ते दिखायी दे रहे हैं" तथा "अब अपनी शाखा की विशिष्टता को विभिन्नता की हद पर ले जाकर दिखाने की प्रवृत्ति का वेग क्रमशः कम तथा रचनाओं को सुव्यवस्थित और अर्थ-गर्भित रूप देने की रुचि क्रमशः अधिक होती दिखायी पड़ती है।" (उपर्युक्त, पृ० 571)। सच्चाई यह है कि छायावादी कवि आरम्भ से ही 'जीवन के और-और मार्मिक पक्षों' का भी चित्रण करते आ रहे थे और वे ऐसी भाषा भी लिखते थे जिसमें 'भाषा और अर्थ की स्वाभाविक गति में बाधा' डालनेवाली अप्रस्तुत-योजना नहीं होती थी। शुक्लजी ने पंतजी में स्वच्छन्दतावादी तत्त्वों की स्थिति स्वीकार की है (उपर्युक्त, पृ० 609)। इसी तरह उन्होंने निराला के बारे में लिखा है कि "निराला की रचना का क्षेत्र तो पहले से ही कुछ विस्तृत रहा।" (उपर्युक्त, पृ० 572)। फिर उन्होंने स्वच्छन्दतावाद से अलग छायावाद की कल्पना क्यों की ? शुक्लजी का स्वच्छन्दतावाद और छायावाद वस्तुतः एक ही स्वच्छन्दतावाद के अंग हैं। उन्होंने प्रसादजी का सम्बन्ध अपनी स्वच्छन्दतावादी धारा से दिखलाया भी है : "पीछे उस नूतन पद्धति पर प्रसादजी ने कुछ छोटी-छोटी कविताएँ लिखीं जो सं० १९७५ (सन् 1918) में 'झरना' के भीतर संगृहीत हुईं।" (उपर्युक्त, पृ० 592)। वे वस्तुतः स्वच्छन्दतावाद और छायावाद इन दो काव्य-धाराओं की अलग-अलग कल्पना करके स्वच्छन्दतावाद की दो प्रवृत्तियों—प्रगतिशील और प्रतिक्रियावादी— के निरूपण की चेष्टा कर रहे थे। उनके निरूपण की त्रुटि यह है कि आरम्भ में उनकी दृष्टि छायावाद के प्रतिक्रियावादी तत्त्वों—रहस्यात्मकता और अप्रस्तुत-योजना—पर ही केन्द्रित रही और वे उसके प्रगतिशील तत्त्वों को देखकर भी न देख सके। शुक्लजी ने छायावादी काव्य-भाषा का गहराई से विश्लेषण किया है और प्रमुख छायावादी कवियों की आलोचना में महत्त्वपूर्ण बातें कही हैं। उदाहरण के लिए प्रसाद और निराला के सम्बन्ध में कही गयी उनकी बातों को देखा जा सकता है। प्रसादजी के रहस्यवाद के सम्बन्ध में उन्होंने यह टिप्पणी की : "इनकी मधुचर्य्या के मानसप्रसार के लिए रहस्यवाद का परदा मिल गया अथवा यों कहें कि इनकी सारी प्रणयानुभूति ससीम पर से कूदकर असीम पर जा रही।" (उपर्युक्त, पृ० 592-93)। 'आँसू' के सम्बन्ध में उन्होंने कहा कि "वेदना की कोई एक निर्दिष्ट भूमि न होने से सारी पुस्तक का कोई एक समन्वित प्रभाव नहीं निष्पन्न होता।" (उपर्युक्त, पृ० 593)। 'कामायनी' का लक्ष्य हृदय, बुद्धि और कर्म के बीच सामंजस्य स्थापित करना रहा है, पर बुद्धि का विरोध उसमें शुरू से

लेकर अन्त तक किया गया है। शुक्लजी इसका कारण रहस्यवाद को बतलाते हैं और कहते हैं : "यदि मधुचर्य्या का अतिरेक और रहस्य की प्रवृत्ति बाधक न होती तो इस काव्य के भीतर मानवता की योजना शायद अधिक पूर्ण और सुव्यवस्थित रूप में चित्रित होती।" (उपर्युक्त, पृ० 604)। 'आँसू' की तरह ही 'कामायनी' के बारे में भी उनकी यही राय है कि "यदि हम इस विशद काव्य की अंतर्योजना पर न ध्यान दें, समष्टि रूप में कोई समन्वित प्रभाव न ढूँढ़ें श्रद्धा, काम, लज्जा, इड़ा इत्यादि को अलग-अलग लें तो हमारे सामने बड़ी ही रमणीय चित्रमयी कल्पना, अभिव्यंजना की अत्यंत मनोरम पद्धति आती है।" (उपर्युक्त, पृ० 605)। निराला की काव्य-शैली के बारे में शुक्लजी ने कहा कि "उसमें लाक्षणिक वैचित्र्य का उतना आग्रह नहीं पाया जाता जितना पदावली की तड़क-भड़क और पूरे वाक्य के वैलक्षण्य का।" (उपर्युक्त, पृ० 509)। इसी तरह उन्होंने यह भी लक्षित किया कि "बहु-वस्तु-स्पर्शिनी प्रतिभा निरालाजी में है।" (उपर्युक्त, पृ० 625)। इन तमाम बातों को ध्यान में रखकर ही शुक्लजी की छायावाद-सम्बन्धी आलोचना के बारे में सही टिप्पणी की जा सकती है, वर्ना इस प्रकार का निष्कर्ष निकालने की सम्भावना बनी रहेगी कि वे "रचनात्मक साहित्य में नवीनता के विरोधी" थे। (प्रो० न० वि० श०, 'साहित्य का इतिहास-दर्शन,' पृ० 88)।

शुक्लजी ने जिस तरह अपने 'इतिहास' में आधुनिक हिन्दी कविता पर आलोचनात्मक ढंग से विचार किया है, उसी तरह आधुनिक हिन्दी गद्य-साहित्य पर भी। भारतेन्दु की भावावेश की शैली और तथ्य-निरूपण की शैली को अलग-अलग बतलाते हुए उन्होंने लिखा है : "भावावेश के कथनों में वाक्य प्रायः बहुत छोटे-छोटे होते हैं और पदावली सरल बोलचाल की होती है", किन्तु "तथ्य-निरूपण या सिद्धांत-कथन के भीतर संस्कृत शब्दों का कुछ अधिक मेल दिखायी पड़ता है।" ('हिं० सा० इ०', पृ० 391)। उन्होंने भारतेन्दु-युग के लेखकों की यह सामान्य विशेषता बतलायी है कि उनमें "अपनी भाषा की प्रकृति की पूरी परख थी" (उपर्युक्त, पृ० 392) और "उन पुराने लेखकों के हृदय का मार्मिक संबंध भारतीय जीवन के विविध रूपों के साथ पूरा-पूरा बना था।" (उपर्युक्त, पृ० 393)। "वर्तमान जगत् में उपन्यासों की बड़ी शक्ति है" (उपर्युक्त, पृ० 465), ऐसा मानते हुए शुक्लजी ने प्रेमचन्द के उपन्यासों में पाये जानेवाले "निम्न और मध्य श्रेणी के गृहस्थों के जीवन के बहुत सच्चे स्वरूप" पर सन्तोष प्रकट किया है और लिखा है : "इधर बहुत-से ऐसे उपन्यास सामने आ रहे हैं जो देश के सामान्य भारतीय जीवन से हटकर बिल्कुल योरपीय रहन-सहन के साँचे में ढले हुए बहुत छोटे-से वर्ग का जीवन-चित्र ही यहाँ से वहाँ तक अंकित करते हैं। उनमें मिस्टर, मिसेज, मिस, प्रोफेसर, होस्टल, क्लब,

ड्राइंग रूम, टेनिस, मैच, सिनेमा, मोटर पर हवाखोरी, कॉलेज की छात्रावस्था के बीच के प्रणय-व्यवहार इत्यादि ही सामने आते हैं। यह ठीक है कि अँगरेजी शिक्षा के दिन-दिन बढ़ते हुए प्रचार से देश के आधुनिक जीवन का यह भी एक पक्ष हो गया है, पर यह सामान्य पक्ष नहीं है। भारतीय रहन-सहन, खान-पान, रीति-व्यवहार प्राय: सारी जनता के बीच बने हुए हैं। देश के असली सामाजिक और घरेलू जीवन को दृष्टि से ओझल करना हम अच्छा नहीं समझते।" (उपर्युक्त, पृ० 466)। प्रेमचन्द के पात्रों में 'स्वाभाविक ढाँचे की व्यक्तिगत विशेषताएँ' देखकर उन्होंने यह महत्त्वपूर्ण टिप्पणी की है: "ऐसी व्यक्तिगत विशेषता ही सच्ची विशेषता है, जिसे झूठी विशेषता और वर्गगत विशेषता दोनों से अलग समझना चाहिए।" (उपर्युक्त, पृ० 468)। उपन्यास और कहानी दोनों को पश्चिम की देन स्वीकार करते हुए शुक्लजी कहते हैं: "उपन्यासों और छोटी कहानियों का हमारे वर्तमान हिंदी साहित्य में इतनी अनेकरूपता के साथ विकास हुआ है कि उनके संबंध में हम अपने कुछ स्वतंत्र सिद्धांत स्थिर कर सकते हैं, अपने ढंग पर उनके भेद-उपभेद निरूपित कर सकते हैं।" (उपर्युक्त)। संस्कृत नाटकों का लक्ष्य 'निर्दिष्ट शील स्वभाव के पात्रों' के द्वारा दर्शक में रस-संचार करना था। शुक्लजी हिन्दी नाटकों के लिए यह सुझाव देते हैं: "हमारे यहाँ के पुराने ढाँचों के भीतर शील-वैचित्र्य का वैसा विकास नहीं हो सकता था, अत: उनका बंधन हटाकर वैचित्र्य के लिए मार्ग खोलना तो ठीक ही है, पर यह आवश्यक नहीं कि उसके साथ ही रसात्मकता भी हम निकाल दें।" (उपर्युक्त, पृ० 477)। प्रसादजी के नाटकों की आलोचना उन्होंने बहुत बेबाकी से की है: "प्रसादजी में प्राचीन काल की परिस्थितियों के स्वरूप की मधुर भावना के अतिरिक्त भाषा को रँगनेवाली चित्रमयी कल्पना और भावुकता की अधिकता भी विशेष परिमाण में पायी जाती है। इससे कथोपकथन कई स्थलों पर नाटकीय न होकर वर्त्तमान गद्य-काव्य के खंड हो गये हैं। बीच-बीच में जो गान रखे गये हैं वे न तो प्रकरण के अनुकूल हैं, न प्राचीन काल की भाव-पद्धति के। वे तो वर्त्तमान काव्य की एक शाखा के प्रगीत मुक्तक (lyrics) मात्र हैं।" (उपर्युक्त, पृ० 479)। 'चन्द्रगुप्त' और 'ध्रुवस्वामिनी' को उन्होंने "इन दोषों से प्राय: मुक्त" कहा है, पर 'चन्द्रगुप्त' में दूसरे कई दोष बतलाये हैं। निबन्ध पर विचार करने के सिलसिले में शुक्लजी कहते हैं: "आधुनिक पाश्चात्य लक्षणों के अनुसार निबंध उसी को कहना चाहिए जिसमें व्यक्तित्व अर्थात् व्यक्तिगत विशेषता हो। बात तो ठीक है, यदि ठीक तरह से समझी जाय। व्यक्तिगत विशेषता का यह मतलब नहीं कि उसके प्रदर्शन के लिए विचारों की शृंखला रखी ही न जाय या जान-बूझकर जगह-जगह से तोड़ दी जाय, भावों की विचित्रता दिखाने के लिए ऐसी अर्थ-योजना की जाय

जो उनकी अनुभूति के प्रकृत या लोकसामान्य स्वरूप से कोई संबंध ही न रखे अथवा भाषा से सरकसवालों की-सी कसरतें या हठयोगियों के-से आसन कराये जायँ जिनका लक्ष्य तमाशा दिखाने के सिवा और कुछ न हो।" (उपर्युक्त, पृ० 439-40)। उनके अनुसार, "तत्त्व-चिंतक या दार्शनिक केवल अपने व्यापक सिद्धांतों के प्रतिपादन के लिए उपयोगी कुछ संबंध-सूत्रों को पकड़कर किसी ओर सीधा चलता है और बीच के ब्योरों में कहीं नहीं फँसता। पर निबंध-लेखक अपने मन की प्रवृत्ति के अनुसार स्वच्छंद गति से इधर-उधर फूटी हुई सूत्र-शाखाओं पर विचरता चलता है। यही उसकी अर्थ-संबंधी व्यक्तिगत विशेषता है।" (उपर्युक्त, पृ० 440)। तात्पर्य यह कि दोनों के पास एक कथ्य होता है, लेकिन दोनों उसे दो तरह से प्रस्तुत करते हैं। "तत्त्वचिंतक या वैज्ञानिक से निबंध-लेखक की भिन्नता इस बात में भी है कि निबंध-लेखक जिधर चलता है उधर अपनी संपूर्ण मानसिक सत्ता के साथ अर्थात् बुद्धि और भावात्मक हृदय दोनों लिये हुए।" (उपर्युक्त)। इस दृष्टि से शुक्लजी को भारतेन्दु-युग के लेखकों के निबन्ध विशेष सफल मालूम पड़े थे। द्विवेदीयुगीन आलोचना के बारे में उनके विचार ऊपर उद्धृत किये जा चुके हैं। उनके अपने युग में जो रचना से सर्वथा असम्बद्ध प्रभावाभिव्यंजक और आतंक उत्पन्न करनेवाली आलोचना दिखलायी पड़ती थी, उसका उन्होंने तीखा विरोध किया : "कहीं-कहीं तो किसी अँगरेजी कवि के संबंध में की हुई समीक्षा का कोई खंड ज्यों का त्यों उठाकर किसी हिंदी-कवि पर भिड़ा दिया जाता है। ऊपरी रंग-ढंग से तो ऐसा जान पड़ेगा कि कवि के हृदय के भीतर सेंध लगाकर घुसे हैं और बड़े-बड़े गूढ़ कोने झाँक रहे हैं, पर कवि के उद्धृत पद्यों से मिलान कीजिए तो पता चलेगा कि कवि के विवक्षित भावों से उनके वाग्विलास का कोई लगाव नहीं।" (उपर्युक्त, पृ० 489)। प्रभावाभिव्यंजक आलोचना के बारे में उन्होंने साफ-साफ कहा : "प्रभावाभिव्यंजक समीक्षा कोई ठीक-ठिकाने की वस्तु ही नहीं। न ज्ञान के क्षेत्र में उसका कोई मूल्य है, न भाव के क्षेत्र में। उसे समीक्षा या आलोचना कहना ही व्यर्थ है। किसी कवि की आलोचना कोई इसलिए पढ़ने बैठता है कि उस कवि के लक्ष्य को, उसके भाव को, ठीक-ठीक हृदयंगम करने में सहारा मिले, इसलिए नहीं कि आलोचक की भाव-भंगी और सजीले पद-विन्यास द्वारा अपना मनोरंजन करे।" (उपर्युक्त, पृ० 490)। जो आलोचक विदेशी लेखकों के नाम गिनाकर और उनके उद्धरण देकर पाठकों को आतंकित किया करते थे, उनकी आलोचना के बारे में शुक्लजी ने लिखा : "लेखों को यहाँ से वहाँ तक पढ़ जाइए, लेखकों के अपने किसी विचार का कहीं पता न लगेगा। उद्धृत मतों की व्याप्ति कहाँ तक है, भारतीय सिद्धांतों के साथ उनका कहाँ सामंजस्य है और कहाँ विरोध, इन सब बातों के विवेचन का सर्वथा अभाव

पाया जायगा। साहित्यिक विवेचन से संबंध रखनेवाले जिन भावों और विचारों के द्योतन के लिए हमारे यहाँ के साहित्य-ग्रंथों में बराबर से शब्द प्रचलित चले आते हैं उनके स्थान पर भी भद्दे गढ़े हुए शब्द देखकर लेखकों की अनभिज्ञता की ओर बिना ध्यान गये नहीं रहता।" (उपर्युक्त, पृ० 492)।

शुक्लजी का साहित्य-सिद्धन्त मूलत: भारतीय है। इसे दुहराने की जरूरत नहीं है कि वह सिद्धान्त रस-सिद्धान्त है। शुक्लजी के लिए रस कोई व्यवहार-निरपेक्ष स्थिर वस्तु नहीं है। उन्होंने रस को बदलते हुए जीवन के साथ सामंजस्य स्थापित करने का माध्यम कहा है। रस का आधार रागात्मक वृत्ति होती है। अपने 'इतिहास' में एक स्थल पर वे कहते हैं: "कालचक्र के फेर से जिस नयी परिस्थिति के बीच हम पड़ जाते हैं. उसका सामना करने योग्य अपनी बुद्धि को बनाये बिना जैसे काम नहीं चलता, वैसे ही उसकी ओर अपनी रागात्मिका वृत्ति को उन्मुख किये बिना हमारा जीवन फीका, नीरस, शिथिल और अशक्त रहता है।" (पृ० 511)। इस रस-सिद्धान्त को शुक्लजी ने पाश्चात्य मनोविज्ञान और आलोचना के ज्ञान से पुष्ट और संवर्धित किया है। पाश्चात्य आलोचना के साथ उनमें जो संघर्ष मिलता है, उससे उन्होंने रस-सिद्धान्त की क्षमता भी प्रमाणित की है। लेकिन शुक्लजी की आलोचनात्मक पद्धति पाश्चात्य है। यह वही पद्धति है जिसका प्रयोग हिन्दी आलोचना में सर्वप्रथम मिश्रबन्धुओं ने किया था। मिश्रबन्धुओं ने जहाँ उसे बीजरूप में ही रहने दिया और स्वयं रूढ़ रीतिशास्त्रीय निरूपण की दिशा में बढ़ गये, वहाँ शुक्लजी ने रस-सिद्धान्त की भूमि पर उसे आश्चर्यजनक रूप में विकसित किया। इसका मतलब यह है कि एक स्थल पर हम शुक्लजी में द्विवेदीयुगीन आलोचना की दोनों धाराओं को मिलते हुए देखते हैं। शुक्लजी में जो यत्र-तत्र विस्तार से रस और अलंकारों का निरूपण मिलता है, वह भी उन्होंने रीतिवादी आलोचकों से ही लिया है, पर रीतिवादी आलोचकों में जहाँ वह निरूपण आलोच्य कृति के सौन्दर्य को आच्छादित कर लेता है, वहाँ शुक्लजी में वह प्राय: उसके स्तरों को खोलकर दिखला देता है। इससे पाठकों की आस्वादन-क्षमता में वृद्धि होती है। शुक्लजी ने जैसे हिन्दी आलोचना में एक सुसंगत दृष्टिकोण का निर्माण किया, वैसे ही आलोचना की भाषा भी तैयार की। उन्होंने भारतीय काव्यशास्त्र के शब्दों का सुस्पष्ट और सार्थक प्रयोग तो किया ही, पाश्चात्य आलोचना के शब्दों के सटीक हिन्दी पर्याय भी गढ़े। उनकी भाषा जितनी ही शास्त्रीय है, उतनी ही व्यावहारिक भी। जहाँ कहीं शास्त्र ने उनका साथ नहीं दिया है, उन्होंने अपने अनुभव और विचारों की अभिव्यक्ति के लिए एक नयी भाषा गढ़ ली है। उनकी भाषा पाण्डित्यपूर्ण है, तो हास्य-व्यंग्य से युक्त भी; गम्भीर विवेचन करनेवाली है, तो विरोधियों और विरोधी विचार-धाराओं पर सीधा आक्रमण करनेवाली

भी। आलोचना की यह भाषा उन्होंने आलोचना की भाषा के सम्बन्ध में सिद्धान्त बनाकर नहीं, बल्कि आलोचना के निरन्तर प्रयोग के द्वारा तैयार की थी।

शुक्लजी भारतीय स्वाधीनता-आन्दोलन के उस आगे बढ़े हुए दौर के आलोचक हैं जिसमें यह आन्दोलन गाँवों तक फैल गया था। उस समय उसमें साम्राज्यवाद और सामन्तवाद के विरुद्ध ऊँची-ऊँची लहरें उठ रही थीं। इसी कारण शुक्लजी की आलोचना तीव्र स्वच्छन्दतावादी चेतना से अनुप्राणित है। वे शास्त्रज्ञ थे, लेकिन शास्त्रीयतावादी नहीं, यह उनके कथन से भी प्रमाणित है : "साहित्य के शास्त्र-पक्ष की प्रतिष्ठा काव्य-चर्चा की सुगमता के लिए माननी चाहिए, रचना के प्रतिबंध के लिए नहीं।" ('चिंतामणि,' द्वितीय भाग, पृ० 103)। यह शुक्लजी की श्रेष्ठता का प्रमाण है कि वे शास्त्रीयतावाद के साथ-साथ स्वच्छन्दतावाद की विकृतियों से भी परिचित थे। इसी से एक ओर जहाँ उन्होंने शास्त्रीयतावाद की रूढ़ियाँ तोड़ीं, वहाँ दूसरी ओर स्वच्छन्दतावाद को भी व्यक्ति-वैचित्र्यवाद से बचाने की चेष्टा की।

समन्वयवाद

आचार्य रामचन्द्र शुक्ल की आलोचना में भी असंगतियाँ हैं, लेकिन उनकी मुख्य दिशा प्रगतिशील थी। वे भारतीय मध्यवर्ग के उस हिस्से के प्रतिनिधि थे, जो शोषित-पीड़ित जनता का पक्ष लेता है। उनका मार्ग विरोध का मार्ग था, समन्वय का नहीं। साहित्य-सम्बन्धी उनके विचार और उनकी आलोचना उनके सामाजिक और राजनीतिक विचारों के ही अनुरूप है। इसके विपरीत **पं० नन्ददुलारे वाजपेयी** (1906-67) का मार्ग समन्वय का मार्ग है जो कि मध्यवर्ग की सामान्य विशेषता है। उन्होंने 'आधुनिक साहित्य' में संकलित एक निबन्ध में लिखा है : "हमारा साहित्य नयी विचार-धाराओं और नयी परिस्थितियों से प्रभावित होकर नये कला स्वरूपों में प्रकट होता और नयी शैलियों में ढला करता है। उसके क्रम-विकास में विरोध के स्थान पर समन्वय का तत्त्व प्रमुख रहता है। विवादी स्वरों की अपेक्षा संवादी स्वरों की प्रधानता रहती है।" (पृ० 377)। इस समन्वय का आधार भौतिकवाद और भाववाद का समन्वय है, जिसकी ओर वाजपेयीजी ने उक्त निबन्ध में ही संकेत किया है : "मैं मानता हूँ कि मार्क्सवादी दर्शन में कोई ऐसी बात नहीं है, जो हमारी नैतिक उन्नति में रुकावट डाले और न हमारे आध्यात्मिक दर्शन में ही कोई ऐसी बात है, जो नवीन समाजवादी व्यवस्था के लिए घातक हो।" (पृ० 376)। अन्यत्र उन्होंने स्पष्ट कहा है : "व्यक्ति के असीम आध्यात्मिक मूल्य को स्वीकार करते हुए भी हम व्यक्तिवादी नहीं हैं। सामाजिक अर्थनीति के क्षेत्र में समाजवादी व्यवस्था को स्वीकार करते हुए भी हम 'वैज्ञानिक' या 'अवैज्ञानिक' किसी प्रकार के भूतवादी नहीं हैं।" ('नया साहित्य : नये प्रश्न,' भूमिका, पृ० 8)। तात्पर्य यह कि वाजपेयीजी न भाववादी हैं, न भौतिकवादी; न व्यक्तिवादी हैं, न समाजवादी; वे वस्तुतः समन्वयवादी हैं। उन्होंने इस सम्बन्ध में और भी लिखा है : "साम्यवाद यंत्र की भाँति मनुष्यों का नियमन कर सार्वजनिक सुख की व्यवस्था तो करता है, पर मानसिक परतंत्रता की बेड़ी भी साथ ही पहना देता है।" (उपर्युक्त, पृ० 241)। वाजपेयीजी

को 'स्वतंत्रता' के साथ समाजवाद चाहिए। समाजवाद से निस्तार नहीं है, क्योंकि वही 'सार्वजनिक सुख की व्यवस्था' करता है, लेकिन यह समाजवाद पूँजीवादी स्वतन्त्रता के साथ ही स्वीकार्य हो सकता है। पूँजीवादी स्वतन्त्रता का अर्थ है किसान-मजदूर जनता के हितों की चिन्ता छोड़कर अपनी विचारधारा के प्रचार की स्वतन्त्रता। वाजपेयीजी स्वतन्त्रता की वैज्ञानिक और समाजवादी धारणा से परिचित होने की जरूरत नहीं समझते और समाजवादी अर्थ-व्यवस्था तथा पूँजीवादी स्वतन्त्रता इनके अन्तर्विरोध को भुलाकर इन्हें मिलाने की कल्पना करते हैं। लेकिन उनके इस समन्वयवाद के पीछे वस्तुतः उनका प्रतिक्रियावाद स्थित है जो अनेक बार स्पष्ट हो उठा है। भारतीय चिन्तन-पद्धति को ही स्वीकार कर प्रगति की बात कहना और विदेशी वैज्ञानिक चिन्तन-पद्धति को अस्वीकार करना आधुनिक काल में इस देश के प्रतिक्रियावादियों का मुख्य अस्त्र रहा है। वाजपेयीजी साफ शब्दों में कहते हैं: "यह समझना निरी भ्रांति है कि मार्क्स-दर्शन या मार्क्सीय विचार-पद्धति हमें जीवन की कोई अनुपम दृष्टि देती है और सत्य का सीधा साक्षात्कार कराती है। भारतीय तत्त्व-चिन्तन और विचार-विधियों को अपसारित कर उनके स्थान पर इस नयी पद्धति को प्रतिष्ठित करना, भारतीय जन-गण की सांस्कृतिक परम्परा का अपमान करना भी है।" (उपर्युक्त, पृ० 45)। वे मार्क्सवाद को वैज्ञानिक विचारधारा नहीं, बल्कि ईसाई धर्म की तरह एक धर्म मानते हैं और उसे पश्चिम का पूर्व-विजय के लिए किया गया एक 'गुप्त षड्यंत्र' बतलाते हैं: "यह भी दर्शन या विज्ञान के नाम पर एक धर्म ही है जो हमारी जनता को भेंट किया जा रहा है! विशेषता यह है कि इस बार गुप्त या प्रच्छन्न रूप से यह हमारे सामने लाया गया है। पर यह भी पश्चिम की ओर से पूर्व-विजय की सांस्कृतिक योजना ही है।" (उपर्युक्त)। यह प्रतिक्रियावाद स्वभावतः वाजपेयीजी को सर्वोदय तक या उससे भी आगे ले गया। महात्मा गाँधी भारतीय समाज में वर्गों की स्थिति मानते थे, भले वे 'वर्ग-विग्रह' की जगह वर्ग-सहयोग की बात कहते थे। वाजपेयीजी स्पष्ट घोषणा करते हैं कि "भारतीय समाज को वर्गों में विभाजित करने की पद्धति ही गलत और निराधार है" ('आधुनिक साहित्य', भूमिका, पृ० 49) और उसके बाद मार्क्सवाद की अपेक्षा सर्वोदय को इस देश के अधिक अनुकूल पाते हैं: "मार्क्सवादी शिक्षाएँ और उपचार मुझे तो अधूरे दिखायी देते हैं। उनसे तो गाँधीजी का सर्वोदय सिद्धांत मुझे भारतीय जीवन के अधिक अनुरूप जान पड़ता है।" ('नया-साहित्य : नये प्रश्न,' पृ० 218)। मार्क्सवाद उन्हें इसलिए अधूरा मालूम पड़ता है कि "हम जिस जनवादी राष्ट्र या मानव-समूह की कल्पना करते हैं, वह केवल आर्थिक दृष्टि से सुखी नहीं होगा, उसे पूर्णतः सांस्कृतिक और नैतिक मानव भी होना चाहिए।" (उपर्युक्त)। बिना 'आर्थिक दृष्टि से सुखी' हुए किसी भी राष्ट्र

का सांस्कृतिक और नैतिक विकास सम्भव नहीं है, वाजपेयीजी इस बात को नहीं समझते और राष्ट्र के पूर्ण विकास के लिए उस सर्वोदय-सिद्धान्त को अधिक उपयुक्त समझते हैं, जिसमें वर्ग-संघर्ष के द्वारा वर्ग-भेद को समाप्त करने की जगह हृदय-परिवर्तन और ट्रस्टीशिप के सिद्धान्त का धोखा खड़ा किया गया है।

'हंस' के आत्मकथांक को लेकर प्रेमचन्द के साथ वाजपेयीजी का विवाद चला था। उस विवाद में वाजपेयीजी ने साहित्य के सम्बन्ध में अपने जो विचार प्रकट किये थे वे प्रेमचन्द के विचारों के एकदम विपरीत थे। प्रेमचन्द का कहना था : "साहित्य का जन्म उपयोगिता की भावना का ऋणी है। जो चतुर कलाकार है, वह उपयोगिता को गुप्त रखने में सफल होता है, जो इतना चतुर नहीं है, वह उपदेशक बन जाता है और अपनी हँसी उड़वाता है। उपयोगिता मानसिक, दार्शनिक, व्यावहारिक या केवल विनोदात्मक हो सकती है। मुख्य करके भावों की संस्कृति ही उसका गौरव है। जिस वाणी, पुस्तक या लेख में उपयोगिता का तत्त्व नहीं है, वह साहित्य नहीं, कुछ भी नहीं।" ('हिन्दी साहित्य : बीसवीं शताब्दी,' पृ० 139)। इसके विपरीत साहित्य के सम्बन्ध में वाजपेयीजी की धारणा यह थी : "लौकिक उपकार ही साहित्य की कसौटी नहीं है और न वह साहित्यकार के विकास में सहायक बनती है। नीति के दोहे लिखनेवाले दिन गये। इस समय हिन्दी के रचनाकारों को अपने संस्कार और अपनी साधना की आवश्यकता है। दूसरों की भलाई का बीड़ा वे आगे कभी उठावेंगे।" (उपर्युक्त, पृ० 133)। यह आत्मकथा-विवाद 1932 ई० में चला था। वाजपेयीजी के अनुसार 1932 ई० का काल ऐसा काल था जिसमें हिन्दी के रचनाकारों को समाज की चिन्ता छोड़कर केवल अपनी रचना को अधिकाधिक परिष्कृत करने की जरूरत थी। क्या किसी भी साहित्य में कभी ऐसी स्थिति आती है कि समाज के प्रति उसके दायित्व से उसे पूर्णतः मुक्त कर दिया जाये? उक्त काल निश्चित रूप से नीति के दोहे लिखने का काल नहीं था, लेकिन इसका यह मतलब तो नहीं है कि सामाजिक अभिप्राय से युक्त श्रेष्ठ कलात्मक कविताएँ भी न लिखी जायें! वाजपेयीजी ने साहित्य की सामाजिक उपयोगिता को पूर्णतः अस्वीकार किया और यहाँ तक लिखा कि इसको दृष्टि में रखकर चलने से साहित्यकार के विकास में कोई सहायता नहीं मिलती। जब साहित्य में सामाजिक उपयोगिता का ही कोई महत्त्व नहीं रहा, तब उसमें संघर्ष का क्या महत्त्व हो सकता है! वाजपेयीजी ने लिखा है कि "विकसित साहित्य में अब 'संघर्ष' को कोई विशेष स्थान नहीं दिया जाता।" (उपर्युक्त, पृ० 142)। इसका कारण उन्होंने इन शब्दों में बतलाया है : "यहाँ कोई पुण्यात्मा नहीं है। कोई पूर्ण पापी नहीं है; यहाँ पापी पुण्यात्मा बनने

के योग्य है और बनाने के भी योग्य है। गाली देकर बात करना ठीक नहीं। पापी भी मनुष्य है। ईश्वर की वह भी एक सृष्टि है। यहाँ संघर्ष कहाँ है? सब एक ही बटेलियन के सिपाही हैं; कौन किससे लड़ेगा?" (उपर्युक्त)। यह साहित्य को वर्गों से ऊपर स्थापित करना है। 'आधुनिक साहित्य' में वाजपेयीजी ने स्पष्ट लिखा है कि "कल्पना की भूमि में रमनेवाले स्वतन्त्र कवियों और साहित्यिकों को वर्गवाद की खूँटी में बाँधने का प्रयत्न करना बुद्धिमानी की बात नहीं है।" (पृ० 343)। चूँकि वे साहित्य के वर्गीय आधार को अनदेखा करते हैं, इसलिए वे समाज और साहित्य में से किसी के विकास की प्रक्रिया को ठीक-ठीक समझ नहीं पाते। उनका कहना है कि "मेरे लिए समाज और साहित्य की प्रगति द्वन्द्वात्मक नहीं, धारावाहिक है।" ('नया साहित्य : नये प्रश्न,' भूमिका, पृ० 15)। हिन्दी में 'सत्यं शिवं सुन्दरम्' का प्रचलन है। वाजपेयीजी ने इसे 'लतीफा' कहा है और आगे लिखा है: " 'शिव' शब्द को हम व्यर्थ समझकर निकाल देना चाहते हैं। सत्य और सुन्दर पर्याप्त हैं। जो सत्य और सुन्दर है, वह शिव होगा ही। 'शिव' को बाहर से लाने की आवश्यकता नहीं।" ('हिन्दी साहित्य : बीसवीं शताब्दी,' पृ० 146)। 'जो सत्य और सुन्दर है, वह शिव होगा ही'—इसका सीधा अर्थ यह है कि साहित्य में सामाजिक दायित्व का कोई प्रश्न नहीं उठता और 'सफल' साहित्य कभी समाज के लिए अहितकर नहीं होता। 'सत्य' को वाजपेयीजी क्या समझते हैं, इसे उनके इस कथन से समझा जा सकता है: "जगत् की व्यक्त द्विधात्मकता, उसके सुख-दुःख, मान-अपमान, सफलता-असफलता की तह में एक अडिग, अजेय आत्मशक्ति के प्रदर्शन को मैं कल्पना के राज्य में रहना या जीवन से भागना (escapism) नहीं मानता। शर्त यह है कि आत्मशक्ति का प्रदर्शन वास्तविक हो। दूसरों के अनुभव में भी वह आ सके। यदि किसी ने उस सत्ता की सुदृढ़ प्रतिष्ठा कर दी है, तो मेरे लिए यह भी कोई विशेष बात नहीं है कि वह सत्ता प्रवृत्तिमुखी है या निवृत्तिमुखी, सांसारिक धर्मों या संघर्षों के बीच दिखायी देती है अथवा उनसे खिंची हुई। मेरे लिए इतना ही जान लेना पर्याप्त है कि उस आदर्श की स्वस्थ अनुभूति लेखक को हुई है और वह पाठक तक पहुँच सकी है या नहीं!"(उपर्युक्त, पृ० 223)। यह वही चीज है जिसे बाद में 'अनुभूति की प्रामाणिकता' कहा गया है। अनुभूति सच्ची होनी चाहिए, वह प्रवृत्तिमुखी है या निवृत्तिमुखी, वह सांसारिक संघर्षों के बीच की अनुभूति है या उनसे परे की, यह देखना व्यर्थ है। लेकिन वाजपेयीजी के साहित्य-सम्बन्धी विचारों का यह एक छोर है। दूसरे छोर पर वे साहित्य की सामाजिक उपयोगिता और सामाजिक दायित्व को अस्वीकार नहीं करते, बल्कि उसका आग्रह करते हैं। 'आधुनिक साहित्य' में अपने-आपको ही काटते हुए उन्होंने लिखा है: "मेरी समझ में साहित्य केवल व्यक्तिगत भावों के प्रदर्शन की भूमि नहीं हो सकता।

व्यक्तिगत भाव भी आखिर क्या हैं ? उस व्यक्ति-विशेष पर पड़े हुए विभिन्न ज्ञात-अज्ञात उपकरणों का प्रभाव ही तो। वे उपकरण उसे कहाँ से मिले ? अपने समय के समाज, और सामाजिक चेष्टाओं से। तब प्रश्न यह है कि वह उस समाज और उन चेष्टाओं को आँख मूंदकर क्यों ले ? आँखें खुली क्यों न रक्खे, और क्यों न अपने सामूहिक उत्तरदायित्व को समझे ?" (पृ० 359)। 'नया साहित्य : नये प्रश्न' में उन्होंने प्रयोगवादी आलोचकों और रचनाकारों की आलोचना के क्रम में अपने इन विचारों का और खुलासा किया है : "ये रचयिता और समीक्षक यह कहते हैं कि साहित्य का सम्बन्ध व्यक्तिगत अनुभूति से है। इनका यह भी आरोप है कि प्रचारार्थ प्रस्तुत की गयी समाजवादी रचनाएँ अपने उद्देश्य से आप ही वंचित हो जाती हैं। उनकी पहुँच पाठकों के अन्तस्तल तक होती ही नहीं। परन्तु प्रतिपक्षी पर आरोप करते हुए यह न भूल जाना चाहिए कि निरी वैयक्तिक अनुभूति किसी भी स्थिति में साहित्यिक प्रतिमान नहीं मानी जा सकेगी। साहित्य की मूलवर्ती सामाजिक और सांस्कृतिक सत्ता को किसी प्रकार भुलाया नहीं जा सकेगा।" (पृ० 30)। इस पुस्तक में वाजपेयीजी ने 'साहित्य में उच्च कोटि की नैतिक चेतना के सन्निवेश' को अपना साहित्य-सम्बन्धी महत्त्वपूर्ण सिद्धान्त बतलाया है। (पृ० 9)। लेकिन जैसा कि ऊपर कहा गया है, वाजपेयीजी की मूल प्रवृत्ति समन्वयवादी है। वे साहित्य और साहित्यकार के सामाजिक दायित्व और 'स्वतन्त्रता' की बात एक साथ करते हैं और दोनों को मिलाने की चेष्टा में लगे रहते हैं। उन्होंने लिखा है : "आज हिन्दी में श्रेष्ठ साहित्य के सृजन के कौन-से क्षेत्र हैं ? निश्चय ही समाजवादी विचारों के क्षेत्र। क्यों ? क्योंकि उन्हीं क्षेत्रों ने इस समय नवीन प्रतिभा को आकर्षित कर रखा है...।" ('आधुनिक साहित्य,' पृ० 367)। लेकिन यह लिखने के बाद वे तुरत कहते हैं : "फिर प्रश्न यह भी है कि केवल समाजवाद ही क्यों ? क्या यह जीवन के सब विभागों को पूरा कर लेता है ? क्या मनुष्य समाज के सामने और कोई सवाल नहीं रहा, विकास की कोई दिशा नहीं रही ? क्या समाजवाद से ही मनुष्यता अपने आदर्श विकास पर पहुँच जायगी, और उसके प्रतिष्ठित होने पर प्रगति का मार्ग बन्द हो जायगा ? ऐसा दावा कोई नहीं कर सकता। मानव-विकास की अनेक समस्याएँ उसके पहले हैं और उसके पीछे भी रहेंगी। अनेक नवीन प्रश्न उठेंगे। सतत विकास ही प्रगति का ध्येय है। ऐसी अवस्था में कलाकार का रचना-स्वातन्त्र्य छीना नहीं जा सकता।" (उपर्युक्त)। ऊपर से ये विचार बहुत ही निर्दोष प्रतीत होते हैं, लेकिन इनके भीतर समाजवाद की आलोचना—उसकी अपूर्णता की ओर संकेत—छिपी हुई है और इनके द्वारा समाजवाद से साहित्यकार की प्रतिबद्धता को अनावश्यक बतलाते हुए उसकी पूँजीवादी स्वतन्त्रता की वकालत की गयी है। वाजपेयीजी के मार्क्सवाद-विरोधी विचार

उद्धृत किये जा चुके हैं। यह भी दिखलाया जा चुका है कि उनके अनुसार न साहित्य का कोई वर्गीय आधार होता है, न साहित्यकार की कोई वर्गीय पक्षधरता। वाजपेयीजी अपने इन विचारों पर ठीक से कायम नहीं रहते और उक्त पुस्तक में ही लिखते हैं : "हम यह भी मानते हैं कि मार्क्स के सिद्धान्त बड़ी हद तक वैज्ञानिक हैं और भारतीय स्थिति पर भी लागू होते हैं। हम यहाँ तक मानने को तैयार हैं कि आज के साहित्यिक का प्रधान कर्त्तव्य मार्क्स के सुझाये हुए वर्ग-संघर्ष में अपने पक्ष का ज्ञान और निर्णय कर लेना है, किन्तु यह सब होते हुए भी हम नहीं मान सकते कि साहित्य की अपनी स्वतन्त्र सत्ता नहीं है, वह किसी सामाजिक मत-विशेष का अनुचर मात्र है।" (पृ० 431)। साहित्य किसी सामाजिक मत-विशेष का 'अनुचर-मात्र' नहीं होता, यह सही है, पर यह सही नहीं है कि उसकी सत्ता निरपेक्ष रूप से स्वतन्त्र होती है। ऐसी स्थिति में वाजपेयीजी पुनः साहित्य की समाज और विचार-सापेक्षता तथा उसकी पूर्ण निरपेक्षता के बीच समन्वय स्थापित करने का प्रयत्न करते हैं।

आरम्भ में एक तरफ वाजपेयीजी ने यह कहा कि "काव्य में सर्वत्र 'क्या' के स्थान पर 'कैसा' प्रश्न ही उपयुक्त होता है" ('हिन्दी साहित्य : बीसवीं-शताब्दी,' पृ० 266) और दूसरी तरफ यह कि "अभिव्यंजना काव्य नहीं है," क्योंकि "उसका (काव्य का) सीधा सम्बन्ध मानव-जगत् और मानव-वृत्तियों से है।" (उपर्युक्त, पृ० 93)। 'मानव-जगत्' और 'मानव-वृत्तियाँ' इनका विस्तार बहुत ज्यादा है और इनमें मनुष्य का समाज तथा उसमें पायी जानेवाली प्रगतिशील चेतना भी आ जाती है। वाजपेयीजी ने अपनी 'मानव-वृत्ति' को स्पष्ट करते हुए लिखा है : "प्रगतिशीलता मनुष्य का गुण हो सकती है, काव्य का गुण तो है उसमें व्यक्त अनुभूतियों की सच्चाई, मर्मस्पर्शिता और सौन्दर्य।" (उपर्युक्त, पृ० 263)। इस कथन का यही तात्पर्य हो सकता है कि कविता की अनुभूति मनुष्य की अनुभूति से गुणात्मक रूप से भिन्न होती है और कविता में महत्त्व किसी खास प्रकार की अनुभूति का नहीं, बल्कि 'सच्ची' अनुभूति का है। यह 'सच्ची' अनुभूति क्या है? वाजपेयीजी के अनुसार यह वस्तुतः वह अनुभूति है जो देश और काल के प्रभावों से मुक्त होती है : "यह ठीक है कि कवि भी एक सामाजिक प्राणी है, इतिहास की एक इकाई है। वह भी समय और उसकी सामूहिक प्रेरणा द्वारा संचालित होता है। कवि के व्यक्तिगत और सामाजिक जीवन के संस्कार उसके काव्य पर भी पड़ते हैं; किन्तु कविता उन संस्कारों का संग्रह मात्र नहीं है। कविता समय और समाज के घेरे में बँधे हुए कवि की स्वतन्त्र जीवन-कल्पना है। वह उसकी असाधारण अनुभूति है। साधारण जीवन वस्तु से उसकी तुलना नहीं की जा सकती। कवि जितना ही महान् होगा, उसकी कल्पना समय के स्थूल प्रभावों से उतनी ही निरपेक्ष होगी।" ('आधुनिक

साहित्य,' पृ० 432)। वाजपेयीजी कवि को भौतिक जगत् और इन्द्रिय-बोध से विच्छिन्न कर 'आत्मानुभूति' की कल्पना करते हैं और कहते हैं : "स्थूल इन्द्रियता पर आधारित अनुभूति भी श्रेष्ठ काव्यत्व में परिणत नहीं हो सकती, क्योंकि वहाँ आत्मानुभूति के प्रकाशन में विकारी कारण मौजूद रहेंगे। कवि के पूर्ण व्यक्तित्व का उत्सर्जन करनेवाली आत्म-प्रेरणा ही काव्यानुभूति बनकर उस कल्पना-व्यापार का संचालन करती है, जिससे काव्य बनता है।" (उपर्युक्त, पृ० 444)। इस कथन में 'पूर्ण व्यक्तित्व का उत्सर्जन' का अर्थ है 'पूर्ण सामाजिक व्यक्तित्व का उत्सर्जन।' वाजपेयीजी उसके बिना आत्मा की प्रेरणा की प्राप्ति सम्भव नहीं मानते। आत्मा की प्रेरणा से उत्पन्न अनुभूतिवाली कविता जाति, वर्ग और विचारधारा से परे और शाश्वत होती है। वाजपेयीजी ने आगे लिखा है : "काव्य और कला की मुखर वर्णमयता में, समस्त वर्णभेद, वर्गभेद और वाद-भेद तिरोहित हो जाते हैं। मानव-कल्पना का यह अनुभूतिलोक नित्य और शाश्वत है।" (उपर्युक्त)। नैतिक मूल्यों के साथ कविता के सम्बन्ध के प्रश्न पर वाजपेयीजी की राय दो-टूक है : "यदि काव्य में नैतिक आदर्शों का निरूपण किया जाय, तो उसमें सौन्दर्य आ सकता है, किन्तु तब वह सौन्दर्य नैतिकता का होगा, काव्य का नहीं।" ('नया साहित्य : नये प्रश्न,' पृ० 66)। मतलब यह कि काव्य-सौन्दर्य और नैतिक मूल्य एक-दूसरे से सर्वथा पृथक् हैं और इन दोनों में एक विरोध की स्थिति है। हिन्दी आलोचना में प्रबन्ध और मुक्तक-काव्य को लेकर एक विवाद चला आ रहा था। वाजपेयीजी ने वस्तु की अपेक्षा भाव को अधिक महत्त्व देने के कारण मुक्तक-काव्य—प्रगीत—का पक्ष लिया और लिखा : "प्रगीत-काव्य में कवि की भावना की पूर्ण अभिव्यक्ति होती है, उसमें किसी प्रकार के विजातीय द्रव्य के लिए स्थान नहीं रहता। प्रगीतों में ही कवि का व्यक्तित्व पूरी तरह प्रतिबिम्बित होता है। वह कवि की सच्ची आत्मा-भिव्यंजना होती है। कथानक-काव्यों में जीवन के भावात्मक संघर्ष और चरित्रों की रूपरेखा रहा करती है; पर कवि के अन्तस्तल का उद्घाटन प्रगीत में ही सम्भव है। प्रबन्ध-काव्य में दृश्य-चित्रण और वस्तु-चित्रण के साथ बहुत-सा इतिवृत्त भी लगा रहता है; परन्तु प्रगीत-रचना में कविता इन समस्त उपचारों से विरत होकर केवल कविता या भाव-प्रतिमा बनकर आती है।" ('आधुनिक साहित्य,' पृ. 24)। इससे स्पष्ट है कि वाजपेयीजी के मन में 'शुद्ध' कविता की एक कल्पना है, यानी ऐसी कविता की, जो वस्तुगत सन्दर्भ के 'विजातीय द्रव्य' से पूर्णतः मुक्त हो। लेकिन कविता-सम्बन्धी विचार वाजपेयीजी के विचारों के एक पक्ष को ही उपस्थित करते हैं। उनमें हमें कविता-सम्बन्धी विचारों का दूसरा पक्ष भी मिलता है। 'आधुनिक साहित्य' में ही उन्होंने लिखा है : "काव्य की अपनी सत्ता पर चोट करनेवाले···सभी वस्तु-व्यापारों से हमें सावधान

रहना होगा; किन्तु इसका यह मतलब नहीं कि हम धर्म, दर्शन, अध्यात्म, विज्ञान अथवा किसी भी मानव-विद्या का तिरस्कार करते हैं, और काव्य में उसका प्रवेश-निषेध चाहते हैं। इन्हीं विद्याओं के आधार पर जीवन-तत्त्व का निर्माण होता है। इनकी उपेक्षा कवि कर ही कैसे सकता है! यदि वह इनकी उपेक्षा करेगा, तो उसकी कविता में रह ही क्या जायगा—जीवन-निरपेक्ष रस, कोरा अलंकार और शब्दाडम्बर। कविता के लिए कविता और कला के लिए कला। इससे बढ़-कर भ्रामक वस्तु और क्या होगी !" (पृ० 432-33)। अब वे मात्र भाव अथवा अनुभूति के संचार को श्रेष्ठ कविता की विशेषता नहीं मानते और कहते हैं : "भावोत्तेजना के लिए सम्यक् दृष्टिकोण भी चाहिए।" (उपर्युक्त, पृ० 142)। कविता में विचारों से मुक्ति अन्ततः वाजपेयीजी को असम्भव मालूम पड़ती है : "यों तो कवि का व्यक्तित्व जीवन-सम्बन्धी अनुभवों और विचारों से रिक्त नहीं हो सकता, जब कोई कवि विशुद्ध रूप से अपने मनोभावों को अथवा किसी लौकिक वस्तु या विषय को अपने काव्य में प्रस्तुत करता है तब भी वह किसी-न-किसी जीवन दृष्टि से प्रेरित और प्रभावित रहता है।" ('कवि-निराला,' पृ० 139)। कविता को "समय और समाज में बँधे हुए कवि की स्वतन्त्र जीवन-कल्पना" बतलाने के विपरीत 'महाकवि सूरदास' में उन्होंने यह कहा है कि "जिस देश और काल की जैसी अभिरुचि होगी, उस देश की कविता भी वैसा ही वेश धारण करेगी।" (पृ० 82)। हमें वाजपेयीजी में इन दोनों प्रकार के विचारों में भी समन्वय स्थापित करने की चेष्टा दिखलायी पड़ती है। 'आधुनिक साहित्य' में कविता के प्रसंग में ही वे कहते हैं : "हम साहित्य से समाज का, सामाजिक जीवन का, सामाजिक विचार-धाराओं का—वादों का, सम्बन्ध मानते हैं; किन्तु अनुवर्ती रूप में। साहित्य की अपनी सत्ता के अन्तर्गत उसके निर्माण में इनका स्थान है। ये उसके उपादान और हेतु हुआ करते हैं, नियामक और अधिकारी नहीं।" (पृ० 433)। यह समाज और साहित्य दोनों का महत्त्व स्वीकार करना है, यद्यपि गलत ढंग से। समाज साहित्य का उपादान और हेतु ही नहीं होता, बल्कि एक हद तक उसके सौन्दर्य का विधायक भी होता है।

'बीसवीं शताब्दी' की भूमिका (पृ० 35) में वाजपेयीजी ने बतलाया है कि आलोचना में वे सबसे अधिक महत्त्वपूर्ण 'रचना में कवि की अन्तर्वृत्तियों (मानसिक उत्कर्ष-अपकर्ष) के अध्ययन' को और सबसे कम महत्त्वपूर्ण 'काव्य के जीवन-सम्बन्धी सामंजस्य और सन्देश के अध्ययन' को मानते हैं। 'कवि के दार्शनिक, सामाजिक और राजनीतिक विचारों आदि के अध्ययन' को उन्होंने जीवन-सम्बन्धी सामंजस्य और सन्देश के अध्ययन से थोड़ा ही अधिक महत्त्व दिया है। इससे यह स्पष्ट है कि उनकी दृष्टि में अनुभूति ही कविता का सर्वप्रथम तत्त्व है।

यह अनुभूति वही 'सच्ची' अनुभूति है जिसकी चर्चा ऊपर की जा चुकी है। इस 'अनुभूति' की परीक्षा किसी दृष्टिकोण के आधार पर नहीं, बल्कि शुद्ध सौन्दर्य के आधार पर की जानी चाहिए। उक्त पुस्तक में ही आगे वाजपेयीजी कहते हैं: "साहित्य, काव्य अथवा किसी भी कलाकृति की समीक्षा में जो बात हमें सदैव स्मरण रखनी चाहिए, किन्तु जिसे शुक्लजी ने बार-बार भुला दिया है, यह है कि हम किसी पूर्वनिश्चित दार्शनिक अथवा साहित्यिक सिद्धान्त को लेकर उसके आधार पर कला की परख नहीं कर सकते। सभी सिद्धान्त सीमित हैं, किन्तु कला के लिए कोई भी सीमा नहीं है, कोई बन्धन नहीं है, जिसके अन्तर्गत आप उसे बाँधने की चेष्टा करें। (सिर्फ सौन्दर्य ही उसकी सीमा या बन्धन है, किन्तु उस सौन्दर्य की परख किन्हीं सुनिश्चित सीमाओं में नहीं की जा सकती।)" (पृ० 118)। यह सौन्दर्य वाजपेयीजी के लिए एक निरपेक्ष वस्तु है, क्योंकि "किसी भी सिद्धान्त के सम्बन्ध में कभी मतैक्य नहीं हो सकता, किन्तु (कलाकृति के) सौन्दर्य के सम्बन्ध में कभी दो रायें नहीं हो सकतीं।" (उपर्युक्त, पृ० 119)। इस कारण उन्होंने आलोचना में पूरी तरह से सिद्धान्तहीनता का पक्ष लिया है और आलोचक के बारे में कहा है: "उसका पहला और प्रमुख कार्य है कला का अध्ययन और सौन्दर्यानुसन्धान। इस कार्य में उसका व्यापक अध्ययन, उसकी सूक्ष्म सौन्दर्य-दृष्टि और उसकी सिद्धान्त-निरपेक्षता ही उसका साथ दे सकती है।" (उपर्युक्त, पृ० 118)। आलोचक जब किसी सिद्धान्त के साथ कविता की आलोचना करता है तब उसे अपने सिद्धान्त के प्रकाश में ही देखता है। इस तरह उस कविता की अपनी विशेषताएँ प्रकट नहीं हो पातीं: "हमारा काम यह नहीं है कि अपनी अलग रुचि और अलग मत बनाकर काव्य-समीक्षा में प्रवृत्त हों, क्योंकि तब तो हम उसका सौन्दर्य न देखकर अपने मन की छाया उसमें देखने लगेंगे।" (उपर्युक्त, पृ० 118-19)। इसका मतलब यह है कि वाजपेयीजी आलोचना को कृति-विशेष की व्याख्या मात्र समझते हैं, उसका मूल्यांकन नहीं, क्योंकि मूल्यांकन का प्रत्येक प्रयास उनकी दृष्टि में आत्मनिष्ठ होगा। आलोचना को वे हमेशा रचना का अनुगामी बनाकर रखना चाहते हैं। 'राष्ट्रीय साहित्य तथा अन्य निबन्ध' उनके निबन्धों का अन्तिम प्रतिनिधि संग्रह है। उसकी भूमिका के आरम्भ में ही उन्होंने कहा है: "रचना और समीक्षा के बीच उचित सन्तुलन आवश्यक है, किन्तु इस सन्तुलन में भी रचना को सदैव प्राथमिकता प्राप्त रहनी चाहिए। जब समीक्षा साहित्य-सृष्टि का नियन्त्रण करने लगती है, तब निर्माण-कारी प्रतिभा कुण्ठित हुए बिना नहीं रहती।" इसमें रचना को 'सदैव प्राथमिकता' देने की जो बात कही गयी है उससे 'सन्तुलन' की बात निरर्थक सिद्ध होती है। वाजपेयीजी की मुख्य चिन्ता साहित्य की शुद्ध और शाश्वत कसौटी के निर्माण की चिन्ता है। वे आलोचना को हर प्रकार की साहित्येतर विचार-

धारा से मुक्त कर 'साहित्यिक विवेचन की एक स्वतन्त्र परम्परा' का विकास चाहते हैं : "साहित्य की कोई अपनी कसौटी क्यों नहीं बन रही ? क्यों हम अपनी विशेष दृष्टियों से साहित्यिक कृतियों की समीक्षा करते हैं ? इसका कारण केवल हमारे संस्कार नहीं हैं, वे अनेक मतवाद भी हैं, जो नयी समीक्षा में प्रवेश कर चुके हैं। इन मतवादों में अत्यधिक उलझ जाने के कारण साहित्यिक विवेचन की कोई स्वतन्त्र परम्परा नहीं बन पा रही।" ('आधुनिक साहित्य,' पृ० 310)। लेकिन जैसा कि हम देखते आ रहे हैं, यह सिक्के का एक पहलू है। 'राष्ट्रीय साहित्य तथा अन्य निबन्ध' में वाजपेयीजी ने आलोचना सम्बन्धी अपनी उपर्युक्त मान्यता का खण्डन करते हुए कहा है : "आज हिन्दी के कुछ कवि-विवेचकों ने यह आन्दोलन उठाया है कि नयी कविता का विवेचन मूल्य की धारणा को लेकर न किया जाय। केवल कविता की वस्तुमुखी (ऐनालिटिकल) व्याख्या कर दी जाय और उसके रचना-सौन्दर्य को प्रदर्शित कर दिया जाय," लेकिन "काव्य की मूल्य-सम्बन्धी धारणा से एकदम निर्लिप्त होकर समीक्षा की ही नहीं जा सकती, और यदि वह की जाय तो केवल काव्य के कला-पक्ष से उसका सम्बन्ध होगा।" (पृ० 88)। 'नया साहित्य : नये प्रश्न' में उन्होंने प्रभावाभिव्यंजक आलोचना-शैली की आलोचना इसी आधार पर की है कि वह आलोचना-शैली दृष्टिकोणविहीन होती है : "इस शैली का एकमात्र गुण यह है कि यह समीक्षक की निष्पक्ष भावना या रुचि का उद्‌घाटन करती है और किसी भी सैद्धान्तिक उलझन में पाठक को नहीं डालती ! परन्तु यह पद्धति, सबकुछ होने पर भी, एक नकारात्मक पद्धति ही ठहरती है। यह पाठक के सामने कोई दृष्टिकोण या आधारभूत तथ्य नहीं रखती।" (पृ० 48)। 'आधुनिक साहित्य' में तो उन्होंने साफ शब्दों में कहा है कि आलोचना रचना की अनुगामी-मात्र नहीं होती और वह स्वस्थ विचारधारा से रचना का नियन्त्रण भी करती है : "समीक्षा की सार्थकता बदलते हुए साहित्यिक प्रयोगों और प्रणालियों के पीछे-पीछे चलने में ही नहीं है। हमें साहित्य का नेतृत्व और नियन्त्रण भी करना होगा। स्वस्थ विचार-पद्धति, स्वस्थ मनोविज्ञान, स्वस्थ सामाजिकता तथा सुव्यवस्थित कलात्मक अभिरुचि ही हमारी साहित्य-समीक्षा के आवश्यक गुण हो सकते हैं।" (पृ० 331)। यहाँ भी वाजपेयीजी समन्वयवादी ही हैं। अन्ततः वे किसी भी आलोचना-शैली को पूर्ण न पाकर सभी आलोचना-शैलियों—'विशुद्ध साहित्यिक,' मार्क्सवादी, मनोवैज्ञानिक और प्रभावाभिव्यंजक—में समन्वय स्थापित करना चाहते हैं, किन्तु उनमें संघर्ष की बढ़ती हुई स्थिति देखकर खेदपूर्वक कहते हैं : "वर्त्तमान समय में इनके बीच विरोधी प्रवृत्तियों का प्राबल्य हो रहा है। मिलन की सम्भावना दूर दिखायी देती है।" ('नया साहित्य : नये प्रश्न,' पृ० 38)।

वाजपेयीजी ने हिन्दी के जिन साहित्यकारों को अपनी आलोचना का विषय बनाया है, उनमें प्रमुख हैं—आचार्य रामचन्द्र शुक्ल, प्रेमचन्द, प्रसाद और निराला। शुक्लजी की आलोचना उन्होंने इसलिए की है कि उनके पास एक सुनिश्चित और सुसंगत दृष्टिकोण था, जिससे वे कवियों और लेखकों पर विचार किया करते थे। इसे वाजपेयीजी ने आत्मनिष्ठ होना बतलाया है। उनकी दृष्टि में वस्तुनिष्ठ आलोचना वह है जो दृष्टिकोणविहीन होती है, यानी जो आलोचक की दृष्टि से नहीं, रचनाकार और उसके परिवेश की दृष्टि से लिखी जाती है। शुक्लजी की आलोचना के बारे में वे कहते हैं : "उन्होंने अपने पूर्व-निरूपित सिद्धान्तों के आधार पर प्रत्येक कवि को परखना चाहा है, जिससे उनकी समीक्षा और उनका विश्लेषण सर्वत्र वस्तून्मुखी नहीं हो सका है। कवि की प्रवृत्ति और परिस्थिति के साथ उसके काव्य की परख नहीं की गयी है। इस कारण शुक्लजी की समीक्षा में एक-से ही पैमाने दिखायी देते हैं और बार-बार एक-से ही शब्दों का प्रयोग होने लगा है। देश-काल के प्रभावों से उत्पन्न कला की विविधता की वे उपेक्षा कर गये हैं।" ('आधुनिक साहित्य,' पृ० 306)। हम देख चुके हैं कि कैसे शुक्लजी ने साहित्य की व्याख्या समाज से जोड़कर करने की कोशिश की है, कैसे उनके भीतर नये युग की स्वच्छन्दतावादी चेतना प्रवाहित थी और कैसे उन्होंने भक्तिकाल और रीतिकाल के कवियों तक का वैशिष्ट्य निरूपण किया है। यह जरूर है कि अपनी सारी आलोचना उन्होंने एक दृष्टिकोण के साथ लिखी है। लेकिन इसके लिए जहाँ उन्हें श्रेय देना चाहिए, वाजपेयीजी अपनी सीमाओं में कैद रहने के कारण उनकी आलोचना करते हैं! शुक्लजी का दृष्टिकोण रसवादी दृष्टिकोण था। रसवाद की उन्होंने लौकिकता-परक व्याख्या की थी और कहा था कि रस मनुष्य को उसकी व्यक्तिगत सीमाओं से ऊपर उठाकर लोक-सामान्य भावभूमि पर पहुँचा देता है। वाजपेयीजी को रसवाद की यह व्याख्या ठीक ही एक नैतिक व्याख्या प्रतीत हुई। उन्होंने इस पर आपत्ति करते हुए लिखा कि "काव्य की सार्वजनीन रसानुभूति जो सब वादों से ऊपर है, शुक्लजी के नीति-चक्र के फेर में पड़ गयी है" और "काव्य के ऊपर नीति का स्थूल शासन शुक्लजी नहीं छोड़ सके और भारतीय काव्यशास्त्रियों के रसतत्त्व की ऊँचाई को नहीं छू सके।" ('हिन्दी साहित्य : बीसवीं शताब्दी,' पृ० 109)। इससे स्पष्ट है कि वाजपेयीजी के लिए रस नैतिकता से मुक्त एक सर्वथा शुद्ध और लोकातीत वस्तु है, जैसा कि वह संस्कृत के आचार्यों के लिए था। शुक्लजी रसानुभूति का लोक से अनिवार्य सम्बन्ध मानते थे, इसलिए उन्होंने कहा था कि "जबतक किसी भाव का कोई विषय इस रूप में नहीं लाया जाता कि वह सामान्यतः सबके उसी भाव का आलम्बन हो सके तबतक उसमें रसोद्बोधन की पूर्ण शक्ति नहीं आती।" ('चिंतामणि,' प्रथम भाग, पृ० 226)। वाजपेयीजी

रसानुभूति का सम्बन्ध लोक से नहीं मानते, इसलिए उन्होंने साधारणीकरण के इस सिद्धान्त पर आधारित शुक्लजी की मान्यता की यह कहकर आलोचना की है कि "उन्होंने राम के निरूपण में ही रस की सत्ता मानी है, रावण के निरूपण में नहीं।" ('हिन्दी साहित्य : बीसवीं शताब्दी,' पृ० 109)। 'रावण के निरूपण' से यहाँ मतलब आदर्श रूप में रावण के निरूपण से है। विस्तृत लौकिक जीवन और उसके क्रिया-कलाप को ही शुक्लजी ने कविता का विषय बतलाया था। वाजपेयीजी ने इसे 'स्थूल व्यवहारवाद' की संज्ञा दी और कहा : "स्थूल व्यवहारवाद को निस्सीम बतलाकर विद्वान् शुक्लजी ने नवीन कविता के साथ अन्याय किया है। छायावाद अथवा रहस्यवाद का क्षेत्र विस्तीर्ण है। मनुष्य के अध्यात्म-पक्ष का सम्पूर्ण निरूपण इस प्रकार की कविता की सीमा के अन्तर्गत है और आत्मपक्ष के अन्तर्गत समस्त जीवन की व्याख्या की जा चुकी है।" (उपर्युक्त, पृ० 101)। यह शुक्लजी के रहस्यवाद-विरोध का विरोध है। वाजपेयीजी ने व्यवहार को स्थूल बतलाकर उससे पृथक् भाव की कल्पना की और उसकी सूक्ष्मता को ही कविता की वस्तु माना। शुक्लजी ने कहा था कि "सुन्दर, मधुर, भीषण या क्रूर लगनेवाले रूप या व्यापारों से भिन्न सौन्दर्य, माधुर्य, भीषणता या क्रूरता कोई पदार्थ नहीं।" ('चिंतामणि,' प्रथम भाग, पृ० 242)। उन्होंने रूप-व्यापार से भाव को अपृथक् माना था और कविता के भाव की सफलता के लिए उसमें रूप-व्यापार के चित्रण को आवश्यक ठहराया था। वाजपेयीजी ने इस बात के लिए इन शब्दों में शुक्लजी की आलोचना की : "काव्य में भाव की सत्ता व्यवहार-निरपेक्ष भी हो सकती है, शुक्लजी इसे स्वीकार नहीं कर सके" और "विशुद्ध काव्यात्मक भाव-संवेदन की अपेक्षा नैतिक भाव-सत्ता की ओर शुक्लजी का झुकाव कहीं अधिक था, यह उनके समीक्षा कार्य से लक्षित होता है।" ('आधुनिक साहित्य,' पृ० 312)। यहाँ भाव-संवेदन की 'विशुद्धता' ध्यातव्य है! लेकिन वाजपेयीजी के ये विचार भी उनकी शुक्लजी की आलोचना का एक ही पक्ष प्रस्तुत करते हैं। दूसरा पक्ष वह है, जो उनके द्वारा शुक्लजी के समर्थन से सम्बन्धित है। उन्होंने शुक्लजी की आलोचना इसलिए की है कि वे एक दृष्टिकोण अथवा मानदण्ड के साथ आलोचना लिखते थे, जो कि एक ओर आत्मनिष्ठ था और दूसरी ओर देश-काल के प्रभाव से उत्पन्न कला की विविधता की उपेक्षा करनेवाला। यहाँ वे इसके एकदम विरुद्ध जाकर कहते हैं : "समीक्षा के क्षेत्र में रामचन्द्र शुक्ल ने भारतीय काव्यशास्त्र पर पुनर्चिन्तन कर हिन्दी कविता के भावी विकास के लिए न केवल नये मानदण्ड ही निर्धारित किये, नये तत्त्वों से समाविष्ट होकर सामने आनेवाले उसके नये-नये रूपों को उपयुक्त आधार भी प्रदान किया। काव्य को लोकमंगल की कसौटी पर कसकर वस्तुतः उन्होंने भी विश्व-साहित्य की मानवतावादी परम्परा को

भारतीय चिन्तन की स्वस्थ गतिविधि से ही परिचित कराया है।" ('राष्ट्रीय साहित्य तथा अन्य निबन्ध,' पृ० 9-10)। शुक्लजी के जिस रसवाद की आलोचना वाजपेयीजी ने यह कहकर की है कि वह संस्कृत के आचार्यों की रस-धारणा से हटी हुई और नीति-चक्र के फेर में पड़ी हुई है, उसी की प्रशंसा यहाँ वे यह कहकर करते हैं : "यह ध्यान देने योग्य है कि नये युग की आवश्यकताओं की ओर ध्यान देते हुए भी शुक्लजी ने रस-सिद्धान्त को नहीं छोड़ा और न अपने रूढ़िबद्ध स्वरूप में उसे ग्रहण ही कर लिया। रस का नया विवेचन करते हुए उन्होंने यह प्रयत्न किया कि साहित्यिक वैशिष्ट्य और सामाजिकता के तत्त्व एक साथ उसमें समाहित हो जायँ।" ('प्रकीर्णिका,' पृ० 52)। शुक्लजी से वाजपेयीजी को एक ओर यह शिकायत है कि उन्होंने काव्य के ऊपर नीतिवाद को महत्त्व दिया है और दूसरी ओर वे यह कहते हैं कि "उनकी दृष्टि मुख्यतः भावात्मक और साहित्यिक थी, अतएव वे अन्य दृष्टियों से महत्त्वपूर्ण कार्य करने-वाले लोगों का स्वागत करने को तैयार न थे।" ('नया साहित्य : नये प्रश्न,' पृ० 51)। और तो और, उन्होंने अन्यत्र शुक्लजी की इस मान्यता से भी सह-मति प्रकट की है कि रहस्यवाद में कविता का विषय सीमित होता है : "रहस्य-वाद में विषय-वस्तु सीमित होने से काव्य-क्षेत्र भी सीमित हो जाता है।" ('राष्ट्रीय साहित्य तथा अन्य निबन्ध', पृ० 106)। ऐसी बात नहीं है कि शुक्लजी के सम्बन्ध में वाजपेयीजी का ख़याल आगे चलकर बदला और उन्होंने आलो-चना में शुक्लजी की परम्पराओं को पूर्णतः स्वीकार कर लिया। वे शुक्लजी की परम्परा से अपने को जोड़ने की महत्त्वाकांक्षा रखते हैं, लेकिन उनकी परम्परा को अपूर्ण बतलाते हुए उसे अपनी आलोचना से पूर्णता प्रदान करना चाहते हैं। वे अपने को जिस धारा का आलोचक मानते थे, उसका जिक्र करते हुए उन्होंने लिखा है : "कतिपय नये इतिहास-लेखकों ने शुक्ल-धारा के पश्चात् समीक्षा की एक स्वच्छन्दतावादी, सौष्ठववादी या सांस्कृतिक धारा का भी नामोल्लेख किया है, पर इसे भी शुक्ल-धारा का ही एक नया प्रवर्तन या विकास मानना अधिक उपयुक्त होगा। शुक्लजी ने साहित्य के जिन अंगों और समीक्षा के जिन अवयवों को अधूरा या उपेक्षित छोड़ दिया था, उन्हें अधिक पुष्ट करने की चेष्टा की गयी है।" ('नया साहित्य : नये प्रश्न,' पृ० 41)। कहने की आवश्यकता नहीं कि वाजपेयीजी जिन अवयवों से शुक्लजी की परम्परा को पूर्णता प्रदान करने की बात कहते हैं, वे अवयव सौन्दर्यवादी और कलावादी अवयव हैं जिनके विरुद्ध संघर्ष करते हुए ही शुक्लजी की आलोचना विकसित हुई है।

वाजपेयीजी ने जिन कारणों से शुक्लजी की आलोचना की है, बहुत-कुछ उन्हीं कारणों से प्रेमचन्द की भी। प्रेमचन्द में भी उन्हें स्थूलता और अन्तरंगता की कमी दिखलायी पड़ी है। उन्हें वे स्थायी महत्त्ववाले कथाकार नहीं, बल्कि

सामयिक घटनाओं पर कलम चलानेवाले लेखक प्रतीत हुए है और उनकी सोद्देश्यता उन्हें प्रचारात्मक मालूम पड़ी है। 'बीसवीं शताब्दी' में उन्होंने लिखा है: "हमतो रचयिता की सम्पूर्ण कृतियों में एक अन्तर्निहित चेतनाधारा देखना चाहते हैं। वह धारा हमें प्रेमचन्द में नहीं मिलती। घटना-बाहुल्य और वर्णनों का अनावश्यक विस्तार उनमें बहुत अधिक है। इससे उनकी कला में स्थूलता आ गयी है।" (पृ० 127)। 'अन्तर्निहित चेतनाधारा' का स्पष्ट अर्थ है व्यवहार से पृथक् भाव, जिसका आग्रह न शुक्लजी की आलोचना में है, न प्रेमचन्द के कथा साहित्य में। प्रेमचन्द के चरित्र प्रतिनिधि चरित्र हैं, यानी वे वर्गीय विशेषताओं से युक्त हैं। यह हिन्दी कथा-साहित्य को प्रेमचन्द की देन है, लेकिन वाजपेयीजी इसके लिए उनकी आलोचना करते हैं: "वे आधुनिक जीवन तक ही सीमित हैं और उनमें वर्गगत या जातिगत चित्रण की प्रधानता है, वैयक्तिक चित्रण की नहीं।" (उपर्युक्त, पृ० 18)। प्रेमचन्द के चरित्र प्रतिनिधि अथवा सामान्य चरित्र हैं, लेकिन वे वैयक्तिक विशेषताओं से शून्य नहीं हैं। वाजपेयीजी नितान्त वैयक्तिक चरित्र चाहते हैं और ऐसे चरित्र, जिनमें वे स्थूलता से मुक्त अन्तरंग जीवन का सूक्ष्म चित्रण पा सकें। 'प्रेमाश्रम' के चरित्रों की प्रतिनिधिमूलकता की आलोचना के प्रसंग में उन्होंने लिखा है: "प्रतिनिधि पात्रों के रहने से उपन्यास का आकर्षण घट जाता है। इसमें मार्मिक परिस्थितियों और सूक्ष्म मानसिक तथ्यों आदि का चित्रण नहीं हो पाता। केवल मोटे-मोटे चारित्रिक पहलू ही उभर पाते हैं।" ('प्रेमचन्द : साहित्यिक विवेचन,' पृ० 65-66)। उनकी कहानियों के चरित्रों पर उनकी टिप्पणी है: "असामान्य और विशिष्ट जीवन-चित्रों की विवेचना, जो मनोविज्ञान तथा अन्य सम्बन्धित विज्ञानों के गहरे और विशिष्ट अनुभावों से सम्बद्ध है, प्रेमचन्दजी की कहानियों की सीमा में नहीं आती।" (उपर्युक्त, पृ० 164)। शुक्लजी की तरह वे प्रेमचन्द को भी 'आत्मनिष्ठ' कहते हैं, क्योंकि वे तटस्थ होकर अपनी कहानियों में चरित्र-चित्रण नहीं करते, बल्कि एक दृष्टिकोण से उन्हें विकृत कर देते हैं: "प्रेमचन्दजी की कहानियाँ इसीलिए सब्जेक्टिव या भावनात्मक श्रेणी में आती हैं।" (उपर्युक्त)। प्रेमचन्द पर सामयिकता का आरोप वाजपेयीजी ने काफी व्यंग्यात्मक ढंग से किया है: "प्रेमचन्दजी सामयिक आँधी के साथ उड़ते देखे जा सकते हैं। यह आत्मसमर्पण इतना प्रभावशाली है कि यह हममें प्रेमचन्दजी के प्रति श्रद्धा उत्पन्न करता है।" ('हिन्दी साहित्य : बीसवीं शताब्दी,' पृ० 125)। इसका विस्तार हमें उनकी आगे की इन पंक्तियों में मिलता है: "आज आप सामयिक पत्रों में जो चर्चा पढ़ चुके हैं, कल प्रेमचन्दजी की कहानियों में उसे दुबारा पढ़िए। उपस्थित प्रसंगों पर जो भावमय निबन्ध लिखे जाते हैं अथवा जो सम्पादकीय लेख छपते रहते हैं, प्रेमचन्दजी की कहानियाँ उन्हीं का दूसरा रूप हैं।"(उपर्युक्त, पृ. 125-26)। प्रेमचन्द

अपने समय के प्रति प्रतिबद्ध थे, लेकिन उन्होंने सामयिकता के आगे आत्म-समर्पण नहीं कर दिया था। उनकी दृष्टि पत्रकार की नहीं, बल्कि एक रचनाकार की थी। वे एक निश्चित दृष्टिकोण के साथ अपने समय के भारतीय जीवन की घटनाओं को देख रहे थे और उन्हें उपन्यासों और कहानियों के रूप में पुनस्सृजित कर रहे थे। सामयिकता-मात्र से परहेज होने के कारण वाजपेयीजी ने इसे नहीं देखा। प्रेमचन्द की सोद्देश्यता को उन्होंने 'प्रोपेगेण्डा' कहा है और उसे उनकी कला का सबसे बड़ा दोष माना है : "उनका सबसे बड़ा दोष—जो उनकी साहित्य-कला को कलुषित करने में समर्थ हुआ है—यही प्रोपेगेण्डा है।"(उपर्युक्त, पृ. 131)। लेकिन जिस दृष्टि से वाजपेयीजी ने प्रेमचन्द की यह आलोचना की है, वह उनकी पूरी दृष्टि नहीं है। दूसरी दृष्टि से वे प्रेमचन्द की प्रशंसा करते हुए कहते हैं : "प्रेमचन्द में पात्रों का जो बाहुल्य है; जीवन के क्षेत्रों की जो विविधता है, राष्ट्रीय इतिहास का जो प्रतिबिम्ब है; वह किसी सतही लेखक के लिए सम्भव नहीं था।" ('नया साहित्य : नये प्रश्न,' पृ० 256)। कथा-साहित्य के सम्बन्ध में वाजपेयीजी की दूसरी दृष्टि का पता स्पष्टता से उनकी जैनेन्द्र कुमार और अज्ञेय ('शेखर : एक जीवनी')-सम्बन्धी आलोचना से चलता है। "जैनेन्द्र-जैसे लेखकों की दृष्टि अत्यन्त व्यक्तिवादी है, तर्कप्रधान और अनिर्दिष्ट है" ('आधुनिक साहित्य,' पृ० 206) कहने के बाद उन्होंने कहा है : "वे नवीन सामाजिक मूल्यों का निर्धारण नहीं करते; वे तो अपने पात्रों के समाज-विरोधी स्वरूप का एक रहस्यवादी दार्शनिकता के आधार पर समर्थन करते जाते हैं।" (उपर्युक्त, पृ० 208)। जैनेन्द्र का मनोविज्ञान भी उन्हें स्वीकार नहीं है : "हम रूढ़िबद्ध सामाजिक नैतिकता के हामी नहीं हैं, परन्तु हम उस मनोविज्ञान को अवश्य समझना चाहते हैं, जो समस्त सामाजिक व्यवहारों पर एक प्रश्न-चिन्ह लगाकर रह जाता है और बदले में कोई नया निर्देश या रचनात्मक सुझाव नहीं देता।" (उपर्युक्त, पृ० 207)। अज्ञेय की 'शेखर : एक जीवनी' की आलोचना वाजपेयीजी ने जिस मानदण्ड पर की है, उसकी ओर उन्होंने इन पंक्तियों में संकेत किया है : "मेरे सामने प्रमुख प्रश्न यह रहा है कि कला और निरीक्षण-सम्बन्धी लेखक की मार्मिकता और मनोविज्ञान की गहरी पैठ हमें ले कहाँ जाती है ? केवल मनोरंजक और चमत्कारी कथा ही पर्याप्त है या उस कथा की प्रेरणा और उसके सामाजिक प्रभाव का आकलन करना भी हमारा कर्त्तव्य है ?" (उपर्युक्त, पृ० 219)। अन्त में उपन्यास के नायक को उन्होंने इसलिए नापसन्द किया है कि "किसी स्वस्थ केन्द्र से उसका लगाव नहीं रहा, किसी उच्च उद्देश्य के प्रति उसकी आस्था नहीं रही।" (उपर्युक्त, पृ० 230)। ये बातें दिखलाती हैं कि वाजपेयीजी आलोचना में कलावादी दृष्टि को पूर्ण नहीं समझते और सोद्देश्यतावादी दृष्टि का भी प्रयोग करते हैं। वस्तुतः वे

इन दोनों के बीच एक समन्वय की खोज करते हैं।

छायावाद वाजपेयीजी को बहुत अधिक पसन्द आया, क्योंकि उसमें मानवीयता और आध्यात्मिकता इन दोनों का संगम हुआ है ! उन्होंने उसके अन्तर्विरोध को न समझकर उसकी जो परिभाषा दी, वह प्रसिद्ध है : "मानव अथवा प्रकृति के सूक्ष्म किन्तु व्यक्त सौन्दर्य में आध्यात्मिक छाया का भान मेरे विचार से छायावाद की सर्वमान्य व्याख्या हो सकती है।" ('हिन्दी साहित्य : बीसवीं शताब्दी,' पृ० 187)। केवल मनुष्य अथवा केवल प्रकृति की कविता को वाजपेयीजी ने छायावादी कविता नहीं माना। छायावादी कविता के लिए कविता का आध्यात्मिक अनुभूति से किसी-न-किसी प्रकार सम्बन्धित होना उन्होंने आवश्यक बतलाया। इससे छायावादी कविता का क्षेत्र अत्यन्त सीमित हो जाता है, इसलिए उन्होंने अलग से एक स्वच्छन्दतावाद की कल्पना की और यह मानते हुए भी कि "आधुनिक छायावादी और रहस्यवादी काव्य-रचनाएँ स्वच्छन्दतावाद की ही विभिन्न शैलियाँ हैं" ('राष्ट्रीय साहित्य तथा अन्य निबन्ध,' पृ० 101), यह लिखा है कि "स्वच्छन्दतावादी काव्य इहलौकिक और मानवीय भूमिका का काव्य है।" (उपर्युक्त, पृ० 102) 'आधुनिक साहित्य' में वाजपेयीजी ने छायावाद की व्याख्या में एक ओर यह कहा है कि "उसकी मुख्य प्रेरणा धार्मिक न होकर मानवीय और सांस्कृतिक है" और दूसरी ओर यह कि "उसे हम बीसवीं शताब्दी की वैज्ञानिक और भौतिक प्रगति की प्रतिक्रिया भी कह सकते हैं" तथा "भारतीय परम्परागत आध्यात्मिक दर्शन की नवप्रतिष्ठा का वर्तमान अनिश्चित परिस्थितियों में यह एक सक्रिय प्रयत्न है।" (पृ० 351)। इन दोनों कथनों में स्पष्ट असंगति है, लेकिन वाजपेयीजी की छायावाद की यही व्याख्या है। जयशंकर प्रसाद में उन्होंने अपना आदर्श कवि प्राप्त किया है। उनके जीवन-दर्शन को स्पष्ट करते हुए वे कहते हैं : "प्रसाद का वह जीवन-दर्शन क्या है ? वह जीवन-दर्शन है विशाल और बहुमुखी जीवनानुभूति का स्वाभाविक परिणाम, रहस्यवाद।" ('हिन्दी साहित्य : बीसवीं शताब्दी,' पृ० 19)। वाजपेयीजी के अनुसार प्रसादजी मूलतः प्रेम के कवि हैं, लेकिन उनका प्रेम मनुष्य तक ही नहीं रुकता, रहस्यात्मक धरातल तक उठ जाता है : "प्रसादजी मूलतः प्रेम-रहस्य के कवि हैं।"('जयशंकर प्रसाद' पृ० 59)। शुक्लजी ने प्रसादजी को मधुचर्या यानी शृङ्गार-रस का कवि कहा था और उनके रहस्यवाद को उसके 'मानस-प्रसाद के लिए' एक आवरण-मात्र बतलाया था। वाजपेयीजी ने ऐसा मानने से इन्कार किया : "उनको मधुचर्या का कवि कहना उचित नहीं। इन्द्रिय-संवेदना को स्थान देते हुए भी प्रसाद वहाँ ठहर नहीं गये। वह उनका भावनात्मक स्थल अवश्य है, किन्तु उनकी परिणति वहाँ नहीं होती। वह परिणति समरसता के तत्त्व-दर्शन में होती है।" ('राष्ट्रीय साहित्य तथा

अन्य निबन्ध,' पृ० 109-10)। शुक्लजी को प्रसादजी के 'आँसू' में 'वेदना की कोई निर्दिष्ट भूमि' नहीं मिली थी, जिससे उन्होंने उसे ऐसी कृति कहा था, जिसका मन पर कोई समन्वित प्रभाव नहीं पड़ता, लेकिन वाजपेयीजी को उसमें कोई ऐसी त्रुटि नहीं दिखलायी पड़ी : " 'आँसू' काव्य में वियोग शृङ्गार की अनुभूतियाँ विलक्षण मोहकता रखती हैं; परन्तु जिस स्थल से प्रसादजी इस भाव-धारा को एक नयी दिशा में मोड़ते हैं और अपने शृङ्गारिक कवि को एक दार्श-निक सज्जा देते हैं, उस स्थल से एक अतिशय उदात्त रसानुभूति आरम्भ होती है और समस्त कविता द्विगुणित आभा से आलोकित हो उठती है।" ('नया साहित्य : नये प्रश्न,' भूमिका, पृ० 10)। वाजपेयीजी का आकांक्षित समन्वय उन्हें अन्ततः 'कामायनी' में मिला : " 'कामायनी' में दो नारी-चरित्र भी हैं, एक 'श्रद्धा', भारतीय भावना और दर्शन की प्रतिनिधि, दूसरी 'इडा', नये वैज्ञा-निक विकास की प्रतीक। इन दोनों का सन्तुलन और समन्वय नवीन भारतीय संस्कृति को 'कामायनी' के कवि की नयी देन है।" ('जयशंकर प्रसाद,' पृ० 26)। 'कामायनी' में प्रसादजी ने दर्शन का समावेश किस रूप में किया है, वह काव्य की विषय-वस्तु से अभिन्न है, या भिन्न, इस सम्बन्ध में शुक्लजी की दो-टूक राय है : "इसमें उन्होंने अपने प्रिय 'आनन्दवाद' की प्रतिष्ठा दार्शनिकता के ऊपरी आभास के साथ कल्पना की मधुमती भूमिका बनाकर की है।" ('हिन्दी साहित्य का इतिहास,' पृ० 597)। लेकिन वाजपेयीजी 'कामायनी' की पद्धति को 'प्रकृत काव्य-पद्धति' बतलाते हुए कहते हैं : "कामायनी काव्य अन्योक्ति तो है ही नहीं, उसे समासोक्ति भी नहीं कहा जा सकता। उसमें एक दार्शनिक अन्तर्धारा मिलती है; परन्तु वह काव्य की स्वाभाविक भाव-व्यंजना से अभिन्न और तद्रूप होकर आयी है।" ('आधुनिक साहित्य,' पृ० 123)। स्वयं प्रसादजी ने भी 'कामायनी' की भूमिका में लिखा है : "यह आख्यान इतना प्राचीन है कि इतिहास में रूपक का भी अद्भुत मिश्रण हो गया है। इसीलिए मनु, श्रद्धा और इडा इत्यादि अपना ऐतिहासिक अस्तित्व रखते हुए, सांकेतिक अर्थ की भी अभिव्यक्ति करें तो मुझे कोई आपत्ति नहीं।" लेकिन वास्तविकता यह है कि 'कामायनी' में कवि ने दर्शन को काव्य पर आरोपित किया है और उसके चरित्रों को बलात् प्रतीक बनाना चाहा है, जिससे न उसमें पुष्ट कथानक मिलता है, न सजीव चरित्र मिलते हैं। इससे वाजपेयीजी की प्रसाद-सम्बन्धी आलोचना के स्तर का अनुमान किया जा सकता है। उन्होंने प्रसादजी को इसलिए पसन्द किया है कि "सामाजिक विचारणा में वे मिल की भाँति व्यक्ति-वादी हैं और सामूहिक प्रगति-सम्बन्धी उन आदर्शों से अनुप्रेरित हैं, जो मध्य-वर्ग के बौद्धिक और औद्योगिक उत्थान के फलस्वरूप उत्पन्न हुए थे," किन्तु "कोरा भौतिक दर्शन और वैज्ञानिक प्रगति से आक्रान्त मनोभाव प्रसादजी

में हम नहीं पाते।" ('जयशंकर प्रसाद,' पृ० 59-60)।

प्रसादजी के बाद वाजपेयीजी ने निराला को पसन्द किया है। निराला के काव्य को पसन्द करने का कारण हम उनके इस कथन में पा सकते हैं: "निराला के काव्य का मेरुदण्ड ही रहस्यवाद है। उनके अधिकांश पदों में मानवीय जीवन के ही चित्र हैं सही; किन्तु वे सब-के-सब रहस्यानुभूति से रंजित हैं।" ('हिन्दी साहित्य : बीसवीं शताब्दी,' पृ० 181)। 'रहस्यानुभूति से रंजित मानव-जीवन के चित्र' वाजपेयीजी के लिए आदर्श कविता का रूप है। बीच में निराला आध्यात्मिकता से हटे थे, लेकिन वाजपेयीजी के अनुसार वे पुनः अपने प्रकृत मार्ग पर आ गये। निराला के यथार्थवादी काव्य के मुकाबले उन्होंने उनकी 'सेवाप्रारम्भ'-जैसी कविताओं और 'अणिमा' तथा 'अर्चना' के गीतों को उनकी मूल प्रकृति की रचनाएँ माना है: "कहने की आवश्यकता नहीं कि ये ही निराला-जी की मूल और वास्तविक प्रवृत्तियों की परिचायक रचनाएँ हैं।" ('कवि निराला,' पृ० 171)। यह बात और है कि अन्यत्र वाजपेयीजी ने निराला की मुख्य भावभूमि उनकी मानवीयता को बतलाया है: "उनकी दार्शनिकता और उनका अध्यात्म औदात्त्य के उपकरण बने हैं, परन्तु उनकी कविता की मुख्य भूमि मानवीय धरातल के समीप रही है।" (उपर्युक्त, पृ० 208)। 'राष्ट्रीय साहित्य तथा अन्य निबन्ध' में तो उन्होंने निराला की 'सन्ध्या सुन्दरी', 'यमुना के प्रति', 'जुही की कली', 'भिक्षुक', 'विधवा' आदि कविताओं का हवाला देते हुए यहां तक कह दिया है कि "उनके काव्य में स्वतन्त्र वस्तु-वर्णन की अधिक प्रवृत्ति है" और "वे वर्ण्य वस्तु का उपयोग किसी अपर उद्देश्य से नहीं करते इसलिए उनकी काव्य-रचना अधिक स्वच्छन्द है।" (पृ० 106)। लेकिन निराला के काव्य के सम्बन्ध में वाजपेयीजी की मूल धारणा वही है जिसका उल्लेख ऊपर किया गया है। 'अनामिका' की नयी कविताओं, जिनमें 'प्रेयसी', 'मित्र के प्रति', 'सम्राट अष्टम एडवर्ड के प्रति', 'तोड़ती पत्थर', 'वन-बेला, 'सरोज-स्मृति', 'खुला आसमान', 'वे किसान की नयी बहू की आँखें', 'राम की शक्तिपूजा', 'नर्गिस' आदि कविताएँ मुख्य हैं, और 'तुलसीदास' में निराला की स्वच्छन्दता-वादी काव्य-शैली का यथार्थवाद की दिशा में विकास प्रत्यक्ष होता है। वाजपेयी-जी ने अपनी मान्यताओं के अनुरूप निराला के काव्य के इस विकास-स्तर को पसन्द नहीं किया और उसे निराला के विघटन का संकेत माना। 'सरोज-स्मृति' को अपवाद मानते हुए बाकी रचनाओं के बारे में उन्होंने लिखा है: "ये नये दीर्घ प्रगीत आयास-साध्य कविता के उदाहरण हैं जबकि पूर्ववर्ती गीत और प्रगीत अव्याहत प्रवाह, गति के सूचक हैं। इन नयी रचनाओं में एक प्रयत्नसाध्य आलं-कारिक भाषा की कृत्रिम सामासिकता के माध्यम से औदात्त्य की सृष्टि की गयी है। यह सच्चा औदात्त्य है या नहीं, यह प्रश्न विचारणीय है। दूसरी ओर

यह भी देखना चाहिए कि इस युग में निरालाजी ने जो व्यंग्यात्मक काव्य लिखे और जिनके द्वारा उन्होंने अपने युग के प्रति अनास्था व्यक्त की, वह भी उनके व्यक्तित्व का रचनात्मक संगठन है अथवा और कुछ है ? यह भी टूटा हुआ नजर आता है। इस प्रकार व्यंग्य और औदात्य दोनों ही दृष्टियों से विघटन का स्वरूप सामने आने लगता है।" ('कवि निराला,' पृ० 48-49)। 'राम की शक्ति-पूजा' और 'तुलसीदास' को वे निराला की सर्वश्रेष्ठ कृतियाँ मानने से इनकार करते हैं और कहते हैं : "उक्त दोनों पाण्डित्यपूर्ण निर्मितियाँ भाव-संवेदन और मार्मिकता की दृष्टि से 'बादल राग' और 'यमुना के प्रति' जैसी रचनाओं की तुलना में कमजोर पड़ती हैं।" (उपर्युक्त, पृ० 49)। अन्ततः निराला के सम्पूर्ण काव्य पर विचार करने के बाद वाजपेयीजी जिस निष्कर्ष पर पहुँचते हैं, वह यह है : "उनका काव्य-पटल सामयिक स्थूल प्रभावों से प्रायः रिक्त रहा है।" (उपर्युक्त, पृ० 203)। कहने की आवश्यकता नहीं कि वाजपेयीजी का निराला के काव्य का यह मूल्यांकन वस्तुनिष्ठ मूल्यांकन नहीं है। शुक्लजी ने एक दृष्टिकोण के साथ कवियों का मूल्यांकन किया था तो उन्होंने उन्हें आत्मनिष्ठ कहा था, जबकि शुक्लजी ने कवियों के वैशिष्ट्य का पूर्ण निरूपण किया था। वाजपेयीजी अपने मूल्यांकन को वस्तुनिष्ठ समझते हैं, जबकि वास्तविकता यह है कि वे अपने संकीर्ण छायावादी दृष्टिकोण से कवियों पर विचार करते हैं और उनके वैशिष्ट्य को कभी भी ठीक से नहीं देखते। 'कवि निराला' के 'काव्य-भाषा' शीर्षक निबन्ध में वाजपेयीजी ने किसी हद तक निराला की काव्य-भाषा के वैशिष्ट्य का ठीक से निरूपण किया है। " 'शक्ति-पूजा' के आरम्भ की पंक्तियों में, भाषा की एक ऐसी कवायद है जिसका समर्थन केवल यह कहकर किया जा सकता है कि हिन्दी में भी ऐसी भाषा लिखी जा सकती है।" (पृ० 111)। वाजपेयीजी की ऐसी उक्तियों को छोड़ दें तो सामान्यतः उन्होंने निराला की काव्य-भाषा का सुन्दर विश्लेषण किया है। एक उद्धरण पर्याप्त होगा : "भाषा के सम्बन्ध में पवित्रतावादी दृष्टि निराला की नहीं है। वे किसी शब्द को काव्य के लिए परित्यजनीय नहीं मानते। वे परस्पर-विरोधी प्रतीत होनेवाले शब्दों को विवेकपूर्वक अपनी कविता में रखते चले जाते हैं। पंतजी का मार्ग इससे पूर्णतया भिन्न है। उनकी कविता में इस प्रकार का मिश्रण नहीं देखा जाता। कदाचित यही कारण है कि जो वैविध्य और विस्तार, जो अनेकरूपता और अनेकरसता, निरालाजी के काव्य में है वह पंतजी के काव्य में नहीं आ पायी है। पंतजी की कविता अधिक परिष्कृत और कलाप्राण हो सकती है, परन्तु निराला की कविता में जीवन के जिन बहुरूपी पक्षों का समाहार हो सका है उसी के अनुरूप उनकी काव्य-भाषा भी बहुरंगी है।" (पृ० 90)।

प्रसाद और निराला के बाद वाजपेयीजी ने दो अन्य प्रमुख छायावादी

कवियों—पंत और महादेवी—पर भी विचार किया है। पंत को मुख्यतः 'छायावादी' कवि मानते हुए उन्होंने लिखा है: "पंत छायावादी कहे जा सकते हैं। वे प्रकृति-प्रेमी हैं—उसमें अध्यात्म सत्ता का अनुभव करते हैं। सूक्ष्म सौन्दर्य की वायवीय कल्पनाओं के उद्भावक हैं। छायावादी सांसारिक, लौकिक और वस्तु-जगत् को प्राथमिक महत्त्व नहीं देता, कल्पना-जगत् में वह अधिक विहार करता है। उसमें अध्यात्म के तत्त्व मौजूद रहते हैं। पंत के 'ज्योत्सना' नाटक में प्रतीक-रूप में स्वर्गीय ज्योत्स्ना का पृथ्वी पर अवतरण दिखाया गया है। यह छायावादी दर्शन की ही भूमिका है। 'पल्लव' या 'गुंजन' में ऐसा ही दर्शन है। पिछली रचनाओं में अरविन्द-दर्शन का प्रभाव है।" ('राष्ट्रीय साहित्य तथा अन्य निबन्ध', पृ० 106)। वाजपेयीजी के इस कथन से स्पष्ट है कि उन्हें पंतजी का छायावादी काव्य ही सबसे अधिक प्रिय है, क्योंकि उसमें 'स्वर्गीय ज्योत्स्ना का पृथ्वी पर अवतरण' हुआ है, अर्थात् मनुष्य और प्रकृति का अध्यात्म से संयोग कराया गया है। स्वभावतः पंतजी के प्रगतिवादी कहे जानेवाले काव्य को वाजपेयीजी ने एकदम रद्द कर दिया: "'ज्योत्सना' और 'गुंजन' तक हम किसी प्रकार धैर्य धारण कर सकते थे, पर इसके पश्चात नहीं! पर इसके पश्चात ही पंतजी ऐसे बिछले कि हमारी सारी आशाओं पर पानी फिर गया।" ('आधुनिक साहित्य,' पृ० 32)। उन्होंने इसके आगे लिखा है: "पर, आश्चर्य तो यह है कि अपने इस अकाव्यत्व का ज्ञान स्वयं पंतजी को तो था, पर उनके किसी भी प्रशंसक या समीक्षक को नहीं। आचार्य रामचन्द्र शुक्ल से लेकर प्रकाशचन्द्र गुप्त और शिवदान सिंह चौहान, सभी इस भयंकर दुर्घटना से ग्रस्त हो गये और हिन्दी-साहित्य को भी इसी दुर्घटना का शिकार बना गये।" (उपर्युक्त)। प्रकाशचन्द्र गुप्त और शिवदान सिंह चौहान की बात छोड़ दें और केवल शुक्लजी की बात लें तो हम यह पाते हैं कि शुक्लजी ने न केवल 'युगवाणी' की विशेषताएँ बतलायी हैं, बल्कि उसकी त्रुटियों का भी संकेत किया है। 'युगवाणी' में भी दो प्रकार की रचनाएँ हैं—विचारात्मक और भावात्मक। शुक्लजी ने विचारात्मक रचनाओं की आलोचना की है और उनके उद्धरण केवल पंतजी में होनेवाले वैचारिक परिवर्तन को दिखलाने के लिए दिये हैं। भावात्मक रचनाओं की उन्होंने प्रशंसा की है और उन्हीं को ध्यान में रखकर लिखा है: "पंतजी को 'छायावाद' और 'रहस्यवाद' से निकलकर स्वाभाविक स्वच्छन्दता (true-romanticism) की ओर बढ़ते देखकर हमें अवश्य सन्तोष होता है।" ('हिन्दी साहित्य का इतिहास', पृ० 623)। आगे चलकर पंतजी के यथार्थवादी काव्य के सम्बन्ध में वाजपेयीजी के विचारों में परिवर्तन दिखलायी पड़ता है, क्योंकि उन्होंने लिखा है: "'ग्राम्या' में कवित्व अधिक है। कदाचित् यह 'युगान्त' और 'युगवाणी' की सक्रिय पूरक है। 'युगवाणी' में जो कवि की दृष्टि का प्रति-

वर्तन दिखायी दिया है, उसे साकारता और काव्यात्मक साकारता देने में 'ग्राम्या' एक हद तक सफल हुई है। इसका सारा रूप-विन्यास साहित्यिक है, केवल विचार-प्रधान नहीं।" ('आधुनिक काव्य : रचना और विचार,' पृ० 167)। लेकिन अभी भी वाजपेयीजी 'अध्यात्म' को छोड़ने के पक्ष में नहीं हैं और विचार से कविता को स्वतन्त्र रखने के पक्ष में तर्क देते हुए भी अरविन्द-दर्शन के प्रसंग में पंतजी से यही चाहते हैं कि "वे दर्शन और कविता के दृश्यमान द्वन्द्व को अपने व्यक्तित्व में उपशमित कर लें, और दोनों की पृथक सरणियों को मिलकर एक हो जाने दें···।"(उपर्युक्त, पृ० 173)। महादेवीजी के काव्य से वाजपेयीजी को यह शिकायत है कि चूँकि उसमें एक 'मधुरतम व्यक्तित्व' की योजना की गयी है इसलिए उसमें शुद्ध रहस्यवाद की कमी हो गयी है। ('हिन्दी साहित्य : बीसवीं शताब्दी,' पृ० 202-3)। लेकिन तुरन्त वे उनके बारे में यह भी कहते हैं : "बाह्य निरपेक्षता और अंतरंगता जो महादेवीजी में एक सीमा तक बढ़ी हुई है, उनकी काव्य-शक्ति को पूर्ण विकास नहीं दे रही है।" (उपर्युक्त, पृ० 215)। आखिर वाजपेयीजी चाहते क्या हैं ? वे वस्तुतः अध्यात्म भावना और मानवीय भावना का समन्वय चाहते हैं, जैसा कि उन्होंने 'नया साहित्य : नये प्रश्न' की भूमिका में संकेत किया है : "महादेवीजी ने स्वच्छन्दतावाद की दार्शनिक अथवा आध्यात्मिक भावना को ही विशेष रूप से अपनाया तथा उसके राष्ट्रीय, मानवतावादी और अन्य बहिर्मुख पक्षों को छोड़ बैठीं। प्रेम और वियोग की भूमिका पर इन आध्यात्मिक अनुभूतियों के प्रकाशन का कार्य करती हुई महादेवीजी बहुत कुछ ऐकांतिक हो गयी हैं।" (पृ० 15-16)।

वाजपेयीजी ने प्रयोगवाद पर भी, जो आगे चलकर नयी कविता कहलाया विचार किया है। उनके अनुसार प्रयोगवाद हिन्दी की अपनी काव्य-परम्परा से विच्छिन्न था। उन्होंने पं० पद्मसिंह शर्मा के लहजे में प्रयोगवादी कवियों को निर्देश दिया : "नवीनता लाइए, पर अपनी विरासत से मुँह न मोड़िए। उत्तराधिकार न छोड़िए। अन्वेषण के लिए—अन्वेषण ही नहीं, जीवन सम्बन्धी धारणा और साधना के लिए प्रचुर स्थान है, उस ओर आगे बढ़िए। अपने प्रति (अपनी अनुभूतियों के प्रति), काव्य के प्रति और समय और समाज के प्रति उत्तरदायित्व को भूलकर प्रयोग नहीं किये जा सकते। उन प्रयोगों का अर्थ होगा शून्य पर दीवाल खड़ी करना।" ('आधुनिक साहित्य', पृ० 94)। प्रयोगवाद को उन्होंने मध्यवर्ग के निराश किन्तु क्रीड़ाप्रिय कवियों की कविता कहा : "यह वाद हिंदी में आरम्भ से ही मध्यवर्ग के हार खाये और फिर भी शौकीन तबियत वाले व्यक्तियों के हाथ में रहा है।"('नया साहित्य : नये प्रश्न' भूमिका, पृ० 21)। वाजपेयीजी के अनुसार प्रयोगवादी कवियों ने हिन्दी साहित्य को अँधेरी गलियों में पहुँचा दिया, क्योंकि वे साहित्य के सामाजिक और नैतिक

दायित्व से पूर्णत: स्वतन्त्र थे : "साहित्य को इन अँधेरी गलियों में ले जाने का श्रेय किन महानुभावों को है ? उनको, जो कहते हैं कि साहित्य हमारी अतश्चेतना के 'स्वातंत्र्य' का प्रतीक है।" (उपर्युक्त, भूमिका, पृ० 27)। चूँकि प्रयोगवादी कवियों की कोई दिशा नहीं थी और किसी मूल्य में उनकी आस्था नहीं थी, इसलिए वाजपेयीजी ने उनकी तुलना 'निहिलिस्टों' से की। (उपर्युक्त, पृ० 144)। नयी कविता में कभी संत्रास की चर्चा जोरों पर थी और उसे नयी कविता की मुख्य विषय-वस्तु बतलाया जा रहा था। इस पर वाजपेयीजी ने यह टिप्पणी की : "कुछ रचनाएँ कवि के समाज अथवा राज्य द्वारा सन्त्रस्त होने की सूचना देती हैं। सामाजिक व्यवस्था और राष्ट्रीय दायित्व के प्रति इन रचनाओं में व्यंग्य हुआ करता है। युग-जीवन के प्रति विरक्ति इन रचनाओं का प्रधान स्वर है। प्रतिक्रिया में कुछ कवि समाज और राज्य को घोर अपराधी ठहराकर अपने लिए अथवा अपने जैसे अन्यों के लिए हर प्रकार की छूट चाहते हैं— नैतिक, वैचारिक और क्रिया सम्बन्धी। एक कृत्रिम विषाद की आड़ में यह छूट माँगी जाती है। जिस प्रकार यह विषाद निजी और अयथास्थान है उसी प्रकार यह छूट भी अनधिकृत है।" ('राष्ट्रीय साहित्य तथा अन्य निबन्ध,' पृ० 71)। जहाँ तक नयी कविता के रूप-शिल्प का प्रश्न है, इस सम्बन्ध में भी वाजपेयीजी की धारणा प्रतिकूल ही थी : "आगे बढ़ने पर ऐसी रचनाओं से सामना पड़ता है जिसमें अर्थ-परम्परा टूट-टूट जाती है और पूरी रचना पढ़ लेने पर किसी भावान्विति का बोध नहीं होता।" (उपर्युक्त)। सन् 1967 ई० में वाजपेयीजी ने 'धर्मयुग' में नयी कविता पर एक लेखमाला लिखी। उसके आरम्भ में भी उन्होंने प्रयोगवाद और नयी कविता की आलोचना यह कहकर की कि यह प्रकृतिवादी काव्य-धारा है। प्रगतिवाद और प्रयोगवाद की तुलना करते हुए उन्होंने लिखा : "प्रगतिवादी और प्रयोगवादी कवि—दोनों ही यथार्थवाद का नाम लेते हैं और दोनों ही छायावाद की कल्पनाप्रधान आदर्शवादी भावधारा की अनुपयोगिता बताते हैं। परन्तु जिस यथार्थवाद की सरणि में ये दोनों धाराएँ प्रवाहित हो रही हैं उनके स्रोतों में काफी अन्तर है। प्रगतिवादी काव्य-धारा सामाजिक यथार्थ के अधिक समीप है और उसका लक्ष्य भी अधिकाधिक समीपता की ओर जाने का है। इससे भिन्न प्रयोगवादी यथार्थ मनोवैज्ञानिक और वैयक्तिक परिवेशों को प्रमुखता देता है, नियति, कुण्ठा, अतृप्ति आदि के तत्त्वों को प्रदर्शित करता है तथा कुल मिलाकर उस प्रकृतिवाद के अधिक समीप है जिसका प्रवर्त्तन जोला, फ्लाबेयर आदि ने उपन्यास-क्षेत्र में किया था। इस प्रकार प्रयोगवादी और नयी कविता प्रकृतिवादी यथार्थवाद की भूमिका पर आकलित की जा सकती है जबकि प्रगतिवादी काव्य समाजवादी यथार्थवाद के विवेचन-क्रम के अधिक समीप है।" (6 अगस्त, 1967)। लेकिन लेखमाला के

अन्त में वाजपेयीजी इस निष्कर्ष पर पहुँचे : "जिस यथार्थवादी प्रवृत्ति और शैली का निबन्ध के आरम्भ में उल्लेख किया गया है, प्रयोगशील कवि उसको साधन बनाकर ही चले हैं—अर्थात् उन्होंने शैली और चित्रण में उसका उपयोग किया है। परन्तु भाव-भूमिका पर इनमें से अधिकांश कवि अन्तरंग चेतना और रहस्यवाद के उपकरणों से समन्वित हैं। विशुद्ध यथार्थवादी कवि इन नये कवियों में शायद एक भी नहीं।" (27 अगस्त, 1967)। जब प्रयोगवाद और नयी कविता के कवियों में उन्हें 'अन्तरंग चेतना' और 'रहस्यवाद के उपकरण' मिलने लगे तो उन्होंने उन पर से विदेशी होने का आरोप भी वापस ले लिया : "ये नये कवि विचारों की भूमिका पर बड़े-बड़े विदेशी नाम लेते हैं, आधुनिक दर्शनों का हवाला देते हैं और काव्य के स्वरूप आदि पर भी नये मतों की स्थापना करते हैं। परन्तु अपनी रचनाओं में वे अधिकतर स्वदेशी भूमिका पर ही बने रहे हैं।" (उपर्युक्त)। जब तक प्रयोगवाद में वाजपेयीजी को कोरा यथार्थवाद मिला, उन्होंने उसे स्वीकार नहीं किया, पर ज्यों ही उन्हें उसमें यथार्थवाद के साथ-साथ आध्यात्मिक तत्त्व दिखलायी पड़ने लगे, उन्होंने अपने पिछले सभी वक्तव्यों को काटकर उसे स्वीकृति दे दी।

वाजपेयीजी की आलोचना के इस विवरण से यह स्पष्ट है कि उनकी आलोचना असंगतियों से भरी हुई है और उनकी संकीर्ण मान्यताओं में कैद है। उनमें आलोचनात्मक क्षमता का विकसित रूप देखने को नहीं मिलता। उनकी आलोचना-शैली अशास्त्रीय है, पर वह उनमें कोई रूप नहीं ले पाती।

वाजपेयीजी के बाद जिस दूसरे आलोचक ने समन्वयवादी दृष्टिकोण के साथ आलोचना लिखी है, वे हैं **डॉ० नगेन्द्र** (1915)। 'कामायनी के अध्ययन की समस्याएँ' नामक अपनी पुस्तक में एक स्थल पर वे कहते हैं: "व्यक्तिवादी मनु आधुनिक जीवन के व्यक्तिपरक भौतिक सुखवाद का प्रतीक है जिसका व्यक्त रूप पूँजीवाद में मिलता है। वह इड़ा अर्थात् विज्ञान की सहायता से जीवन के सम्पूर्ण सुखों को अपने में केन्द्रित करने का असफल प्रयत्न करता है। अन्त में वह अनुभव करता है कि श्रद्धा के बिना जीवन की विडम्बना का अन्त नहीं। यह श्रद्धा अर्थात् रागात्मिका वृत्ति गाँधीजी की अहिंसा और पाश्चात्य दार्शनिकों की मानव-भावना की पर्याय है। आज इसी मानव-भावना की प्रेरणा से ही इच्छा, ज्ञान, क्रिया अथवा संस्कृति, विज्ञान और राजनीति में सामंजस्य स्थापित हो सकता है। जब इन तीनों के पीछे मानव-भावना की सद्प्रेरणा रहेगी, तो इनका समन्वय स्वतः ही हो जायेगा। आज के पूँजीवाद से पीड़ित समाज की विडम्बना का समाधान यही मानववाद है जिसका भौतिक रूप समाजवाद और आध्यात्मिक रूप गाँधीवाद है।" (पृ० 51)। इसी प्रसंग में उन्होंने अन्यत्र कहा है : "आज के भौतिक जीवन का भी सबसे बड़ा अभिशाप यह है कि हमारे धर्म

और संस्कृति की दिशा एक है, राजनीति की दूसरी और विज्ञान की तीसरी—क्रमशः भाव, क्रिया और ज्ञान के ये प्रतिरूप एक-दूसरे से असम्बद्ध हैं। इसका परिणाम है वर्तमान अशान्ति—जो वास्तविक युद्ध अथवा शीतयुद्ध आदि के रूप में व्यक्त हो रही है।" (उपर्युक्त, पृ० 18-19)। यहाँ यह ज्ञातव्य है कि नगेन्द्र 'भौतिक जीवन' में जिस असम्बद्धता, सामंजस्य अथवा समन्वय की कमी की ओर संकेत करते हैं वह उसमें पूरी तरह से मौजूद है। इसे साम्राज्यवादी और समाजवादी विश्व में अच्छी तरह देखा जा सकता है। साम्राज्यवादी विश्व की धर्म और संस्कृति, उसकी राजनीति और उसके दर्शन-विज्ञान में अपूर्व सामंजस्य है। साम्राज्यवाद की विचारधारा है पूंजीवाद, उसकी राजनीति सर्वथा उसी के अनुरूप है और वह वैसा ही धर्म और संस्कृति विकसित करके अपने हितों की रक्षा और सिद्धि के लिए इस्तेमाल करता है। ऐसी स्थिति में उसके भाव, क्रिया और ज्ञान को एक दूसरे से 'असम्बद्ध' बतलाना किसी तरह ठीक नहीं है। यही बात समाजवादी विश्व के साथ भी है। उसकी संस्कृति, राजनीति और विचारधारा में उच्चकोटि की संगति है। यदि ऐसा न होता तो न समाजवाद की स्थापना सम्भव थी, न उसे स्थायित्व प्रदान किया जा सकता था। फिर समन्वय का प्रश्न कहाँ उठता है ? नगेन्द्र ने जिस 'मानव-भावना की सद्प्रेरणा' और 'मानववाद' की बात कही है, वह उनकी दृष्टि में एक वर्गातीत वस्तु है। वास्तविकता यह है कि ऐसी कोई वस्तु नहीं होती। सामन्तवाद और पूंजीवाद न कृषक-मजदूरवर्ग का हित चाह सकता है, न समाजवाद जमींदार-पूंजीपतिवर्ग का हित। ऐसी स्थिति में उक्त वस्तुओं का अस्तित्व कहीं हो सकता है तो सिर्फ कल्पना में। 'मानववाद' के भीतर भौतिकवाद और अध्यात्मवाद तथा समाजवाद और गाँधीवाद को मिलाने की बात सोचना समस्या को ठीक से समझने से कतराना और इसीलिए उसका गलत समाधान प्रस्तुत करना है।

आलोचना में नगेन्द्र का समन्वयवाद कई रूपों में प्रतिफलित हुआ है। अभिव्यक्ति और निर्मिति, आनन्द और कल्याण आदि साहित्य-सम्बन्धी परस्पर-विरोधी सिद्धान्त माने जाते रहे हैं। नगेन्द्र ने इनमें छिपे वैज्ञानिक सम्बन्ध-सूत्रों की खोज न कर इन्हें एक-दूसरे से अभिन्न दिखलाने की चेष्टा की है। वे कहते हैं : "अभिव्यक्ति के प्रतिपक्ष में प्रायः निर्मिति या सृष्टि के सिद्धान्त की स्थापना की जाती है। उसके पीछे यह तर्क है कि कलाकार का लक्ष्य कलाकृति की रचना ही होता है। सच्चा कलाकार सौन्दर्य की सृष्टि करने के लिए ही कला की साधना करता है—अपनी भावनाओं अथवा विचारों का प्रसार सच्चे कलाकार का उद्देश्य नहीं होता। बात कुछ ठीक-सी लगती है, किन्तु यहाँ भी तत्त्व का भेद न होकर दृष्टि का भी भेद है—एक ही चीज को दूसरे पहलू से देखा गया है। इसमें सन्देह नहीं कि सच्चे कलाकार का लक्ष्य सौन्दर्य की सृष्टि ही रहता है,

अपने भावों और विचारों का प्रसार नहीं। किन्तु सौन्दर्य कोई निरपेक्ष वस्तु नहीं है। उसका निर्माण भी तो कलाकार की अपनी भावनाओं और धारणाओं के आधार पर ही होता है। वास्तव में भावनाओं और धारणाओं का प्रचार तो आत्माभिव्यक्ति का अत्यन्त ही स्थूल रूप है। उसका सूक्ष्म और उत्कृष्ट रूप तो सौन्दर्य की सृष्टि ही है। कला की सृष्टि शून्य में नहीं हो सकती। उसके लिए कुछ-न-कुछ आधार चाहिए जिसे कलाविद् मूर्त उपकरण का नाम देते आये हैं। और ये मूर्त उपकरण हैं क्या ? कलाकार का अपना भाव-बोध ही कला का मूल उपकरण है। अतः निर्मिति का सिद्धान्त अभिव्यक्ति से मूलतः भिन्न नहीं है : भेद केवल बलाबल का है।"('आस्था के चरण,' पृ०81)। यहाँ नगेन्द्र का न यह कहना ठीक है कि "इसमें सन्देह नहीं कि सच्चे कलाकार का लक्ष्य सौन्दर्य की सृष्टि ही रहता है, अपने भावों और विचारों का प्रसार नहीं," न यह कहना कि "कलाकार का अपना भावबोध ही कला का मूल उपकरण है।" उन्होंने कला के विषय और कलाकार के बीच के अन्तस्सम्बन्ध को देखने से इनकार किया है और अन्ततः 'निर्मिति' पर 'अभिव्यक्ति' को आरोपित करके दोनों को एक सिद्ध कर दिया है। यही बात आनन्द और कल्याण के साथ भी देखने में आती है। नगेन्द्र लिखते हैं : "काव्य का प्रयोजन क्या है ? मेरा उत्तर है—आनन्द। शास्त्र में आनन्द के प्रतिस्पर्धी अनेक प्रयोजनों की कल्पना की गयी है। इनमें समष्टि के धरातल पर 'लोक-कल्याण' और व्यष्टि के धरातल पर 'चेतना का परिष्कार' मुख्य हैं। मैं दोनों को यथावत् स्वीकार करता हूँ। लेकिन ये भी आत्यन्तिक प्रयोजन नहीं हैं, इनका प्रयोजन भी तो आनन्द ही है। मनुष्य अपने सभी कर्म 'आत्मनः कामाय' ही करता है। इसके प्रतिपक्ष में विचारकों के एक-दूसरे वर्ग ने 'लोकहिताय' की प्रतिष्ठा की है। किन्तु, यह केवल दृष्टि का ही भेद है। आत्मवादी जहाँ प्रकृति को अपनी चेतना के भीतर खींचकर उसका भोग करता है, वहाँ लोकवादी आत्मा का प्रकृति में विस्तार करता है। पर ये दोनों ही अपने-अपने ढंग से आनन्द-साधना ही करते हैं। वैसे भी, आनन्द से बड़ा कल्याण और क्या हो सकता है ? और, जो कल्याणकर नहीं है वह आनन्द ही कैसे होगा ? व्यष्टि के धरातल पर चेतना का परिष्कार भी एक प्रक्रिया ही है, परिणति नहीं है। परिणति उसकी भी आनन्द ही है। अतः आनन्द का निषेध मैं जीवन और काव्य दोनों में ही असम्भव मानता हूँ।"(उपर्युक्त, पृ० 82)। यहाँ भी आनन्द और कल्याण में कोई भेद नहीं माना गया है। 'आनन्द से बड़ा कल्याण और क्या हो सकता है ?' यह वही सिद्धान्त है जो 'सुन्दर' को अनिवार्यतः 'शिव' मानता है। 'रस-सिद्धान्त' नामक अपने ग्रन्थ में नगेन्द्र ने रस को आनन्द का पर्याय बतलाते हुए कहा है : "रस 'प्लेजर', 'लज्जत' या विनोद का पर्याय कभी नहीं माना गया, वह आनन्द का पर्याय है जो व्यष्टि एवं समष्टि के

कल्याण की अन्तिम परिणति है।" (पृ० 337-38)। यहीं उन्होंने यह भी लिखा है: "व्यापक अर्थ में साहित्य की प्रगतिशील धारणाओं को रसवाद का पूर्ण समर्थन प्राप्त है। कठिनाई वहाँ होती है जहाँ मार्क्सवादी विचारक जन-कल्याण का वर्गसीमित एवं एकांगी अर्थ करता है...।"(उपर्युक्त)। नगेन्द्र का रस-सिद्धान्त शुक्लजी का रस-सिद्धान्त न होकर संस्कृत का परम्परागत रस-सिद्धान्त है, तथापि वे रस को कल्याण का पर्याय मानने का आग्रह करते हैं और व्यष्टि तथा समष्टि के आनन्द में कोई फर्क नहीं देखते हैं। आनन्द कोई सार्वजनीन वस्तु नहीं है। एक व्यक्ति और वर्ग का आनन्द दूसरे व्यक्ति और वर्ग के लिए सर्वथा विषाद हो सकता है। यही बात 'कल्याण' के साथ भी है। मार्क्सवादी विचारक इस सत्य से परिचित होते हैं कि कल्याण का अर्थ वर्गगत ही होता है। ऐसी स्थिति में आनन्द और कल्याण के बीच समन्वय स्थापित करने की चेष्टा निरर्थक है। आनन्द और कल्याण में से नगेन्द्र आनन्द को ही अधिक महत्त्वपूर्ण मानते हैं। इस सम्बन्ध में उन्होंने कहा है: "आनन्द और कल्याण को परस्पर-विरोधी मानना असंगत है; परन्तु इन दोनों में सापेक्षिक मूल्य आनन्द का ही अधिक है; आनन्द की व्यापक परिधि में हित की भावना अन्तर्भूत है और हित की परिणति भी आनन्द ही है। वास्तव में हित जहाँ खण्ड चेतना का साध्य है वहाँ आनन्द अखण्ड चेतना का साध्य है।" ('आस्था के चरण,' पृ० 98)। इस उद्धरण के अन्तिम वाक्य से पूर्णत: स्पष्ट हो जाना चाहिए कि नगेन्द्र जिस आनन्द को काव्य का प्रयोजन मानते हैं उसका लौकिक अथवा सामाजिक हित-अहित से कोई सम्बन्ध नहीं है। यदि ऐसा न होता तो उनका आनन्दवाद उन्हें रीतिकाव्य की प्रशंसा तक नहीं ले जाता। रीतिकाव्य को 'निश्छल आत्माभिव्यक्ति' का काव्य मानते हुए वे कहते हैं: "हिन्दी की रीति-कविता को ही लीजिए: आज उसे प्रतिक्रियावादी कविता कहकर लांछित किया जाता है, और एक दृष्टि से आरोप सर्वथा उचित भी है; परन्तु उसके मधुर छन्दों ने पराभव-मूढ़ समाज की कोमल वृत्तियों को सरस रखते हुए उसकी जड़ता को दूर करने में अत्यन्त महत्त्वपूर्ण योग दिया था, इसका निषेध क्या आज कोई समाज कर सकता है?" (उपर्युक्त, पृ० 106)। प्रतिक्रियावादी कविता वह होती है जो समाज को आगे ले जानेवाली शक्तियों से संघर्ष कर उसे पीछे ले जाने की चेष्टा करती है। नगेन्द्र के अनुसार भी रीतिकाव्य समाज को पीछे ले जानेवाला काव्य था, क्योंकि "एक दृष्टि से आरोप सर्वथा उचित भी है।" फिर वह कौन-सी जड़ता थी जिसे दूर करने में रीतिकाव्य ने अत्यन्त महत्त्वपूर्ण योगदान दिया था? निश्चय ही इस जड़ता का सम्बन्ध समाज के हित-अहित से परे की किसी वस्तु से रहा होगा। नगेन्द्र इन शब्दों में तुरत अपना मन्तव्य स्पष्ट कर देते हैं: "लेखक की निश्छल आत्माभिव्यक्ति के द्वारा जो परिष्कृत आनन्द प्राप्त होता है

वह स्वयं एक बड़ा वरदान है—नैतिक एवं सामाजिक मूल्य से स्वतन्त्र भी उसका एक स्वतन्त्र महत्त्व है, जिसको तुच्छ समझना स्थूल बुद्धि का परिचय देना है।" (उपर्युक्त)। आगे सामाजिक दायित्व और नैतिक मूल्यों की चर्चा करने के बाद उन्होंने और भी कहा है: "ये सब तर्क नैतिक हैं, साहित्यिक नहीं। उपर्युक्त कर्तव्य-निर्णय सामाजिक का है, लेखक का नहीं। और स्पष्ट शब्दों में, सामाजिक के रूप में लेखक निस्सन्देह उपर्युक्त दायित्व से बँधा हुआ है—और उसके निर्वाह में यदि त्रुटि करता है तो नैतिक दृष्टि से अपराधी है, परन्तु लेखक के रूप में उसके ऊपर इस प्रकार का बन्धन नहीं है, लेखक के रूप में उसका दायित्व केवल एक है—निश्छल आत्माभिव्यक्ति।" (उपर्युक्त)। इस तरह नगेन्द्र का पक्ष स्पष्ट हो जाता है, लेकिन वे समन्वय को आसानी से भुलानेवाले नहीं हैं। अन्त में वे कहते हैं: "महान् व्यक्तित्व के अभाव में कोई कृति महान् साहित्य नहीं हो सकती, पर निश्छल अभिव्यक्ति के अभाव में तो वह साहित्य ही नहीं रहती, केवल व्यक्तित्व की महत्ता उसे साहित्य का गौरव नहीं दे सकती। दूसरा यह कि व्यक्तित्व की महत्ता अर्थात् उसका विस्तार और गाम्भीर्य जीवन के महत्तर मूल्यों के साथ तादात्म्य करने से प्राप्त होते हैं, और ये महत्तर मूल्य अन्त में बहुत कुछ समष्टिगत मूल्य ही होंगे, यह ठीक है। परन्तु इसका निर्णय स्थूल दृष्टि से बाह्य (सामाजिक और राजनीतिक) आन्दोलनों को सामने रखकर नहीं करना होगा, वरन् व्यापक और सूक्ष्म धरातल पर देश और काल की सीमाओं को तोड़कर बहती हुई अखण्ड मानव-चेतन के प्रकाश में ही करना होगा।" (उपर्युक्त, पृ० 107)। इससे यह स्पष्ट है कि नगेन्द्र के पास साहित्य के सम्बन्ध में कोई सुसंगत दृष्टिकोण नहीं है और वे गलत ढंग से व्यष्टि और समष्टि तथा व्यक्तिगत अनुभूति और नैतिक मूल्य को मिलाने की चेष्टा करते हैं। उनके समन्वयवाद के पीछे भी उनका प्रतिक्रियावाद छिपा है, यह उनके उपर्युक्त उद्धरण के अन्तिम वाक्य से भी स्पष्ट है। देशकालातीत 'अखण्ड मानव चेतना' क्या है? यदि हम इसे साहित्यिक मूल्यांकन का प्रतिमान बनायें तो उस पर वही साहित्य खरा उतरेगा जो व्यक्ति और समाज के ठोस सामाजिक, आर्थिक और राजनीतिक प्रश्नों से परे चन्द अमूर्त मानव-मूल्यों को आधार बनाकर रचा गया होगा और इसलिए 'सार्वकालिक' और 'सार्वभौम' होगा!

साहित्य के सम्बन्ध में नगेन्द्र की धारणा मूलतः प्रतिक्रियावादी है, यह उनके शुद्धतावादी विचारों से अच्छी तरह स्पष्ट हो जाता है। 'शुद्ध कविता' की तरह उन्होंने 'शुद्ध साहित्य' की कल्पना की है, यानी ऐसे साहित्य की, जो साहित्येतर मूल्यों से सर्वथा मुक्त हो। उन्होंने साहित्य को लौकिक धरातल से उठाकर 'अलौकिक' धरातल पर स्थापित करते हुए कहा है: "साहित्यिक स्तर की रक्षा के लिए पहली आवश्यकता यह है कि साहित्य में राजनीतिक मूल्यों

का प्रवेश निषिद्ध रहना चाहिए। राजनीति से अभिप्राय है भेद-नीति, जो सांसारिक या भौतिक लाभालाभ पर आश्रित रहती है : इसमें सभी प्रकार की स्वत्व-भावना, साम्प्रदायिक भावना, व्यावसायिक एवं आर्थिक दृष्टिकोण, वर्गगत या दलगत भावना और उथर भेद-बुद्धि पर आवृत नैतिक एवं दार्शनिक भावना आदि निहित हैं।" (उपर्युक्त, पृ० 101)। राजनीति समाज में वर्ग-भेद करती है, वह वर्गीय विचारधारा का प्रचार करती है, वह समाज के वर्ग-विशेष में अधिकार-भावना जाग्रत करती है और वह जनता की आर्थिक स्थिति में परिवर्तन लाने का प्रयत्न करती है। ये सारी चीजें साहित्य को दूषित करनेवाली हैं, इसलिए साहित्य को राजनीति से हर तरह से परे होना चाहिए। साहित्य जन-कल्याण का विरोधी नहीं है, लेकिन जन-कल्याण के लिए उसमें बाहर से कोई तत्त्व लाने की जरूरत नहीं है, क्योंकि उसकी 'मूलभूत चेतना' "अपने सहज रूप में शिव और सुन्दर है।" (उपर्युक्त, पृ० 102)। अन्ततः नगेन्द्र ने इन शब्दों में अपनी साहित्य-सम्बन्धी मान्यता की घोषणा की है : "नैतिक मूल्यों की कठोरता साहित्य की कोमल आत्मा को सह्य नहीं, बौद्धिक मूल्यों की भेद-वृत्ति साहित्य की अखण्ड रसमयी आत्मा को प्रिय नहीं। मानव अपने अन्तरतम रूप में जो है, वही साहित्य का विषय है। जहाँ वह न नीतिवादी है और न बुद्धिवादी, वहाँ वह रागात्मक है, और उसी से साहित्य का सीधा सम्बन्ध है।" (उपर्युक्त, पृ० 184)। एक अन्य स्थल पर उन्होंने किंचित् अधिक स्पष्टता से यही बात कही है : "साहित्य के मूल्यांकन की कसौटी जो अब तक चली आयी है वही ठीक है—अर्थात् आनन्द। साहित्य की सृजन-क्रिया स्वयं साहित्यकार को आनन्द देती है और उसके व्यक्त रूप का ग्रहण पाठक या श्रोता को आनन्द देता है। हमें जो साहित्य जितना ही गहरा और स्थायी आनन्द दे सकेगा उतना ही वह महान् होगा, चाहे उसमें किसी सिद्धान्त का—साम्यवाद, गाँधीवाद, मानववाद, पूँजीवाद, किसी भी वाद का—समर्थन हो या विरोध।" ('आधुनिक हिन्दी कविता की मुख्य प्रवृत्तियाँ,' पृ० 112)। पिछले दिनों हिन्दी में 'अनुभूति की प्रामाणिकता' और 'ईमानदारी' पर काव्य-मूल्य के रूप में काफी चर्चा हुई है। नगेन्द्र के इस कथन में उनकी पूर्वध्वनि सुनायी पड़ती है : "यहाँ यह प्रश्न हो सकता है कि पूँजीवाद की जो प्रवृत्तियाँ स्पष्टतः मानव-हित में घातक हैं, उनका समर्थन कैसे श्रेयस्कर हो सकता है। पर इसका उत्तर सरल है। पहले तो यह अनुचित समर्थन मानव-मन को आनन्द देने में ही असमर्थ होगा, और यदि समर्थ होगा भी तो लेखक की अनुभूति की तीव्रता और आत्माभिव्यक्ति की निष्कपटता के कारण ही। आप कह सकते हैं कि वह गलत रास्ते पर है, लेकिन उसकी ईमानदारी और ताकत की दाद आपको देनी ही होगी।" (उपर्युक्त)। यहाँ वे परम्परागत रस-सिद्धान्त का सहारा लेते हैं और

उसकी 'अलौकिकता' की दुहाई देते हुए कहते हैं : "इसी उलझन को सुलझाने के लिए तो पुराने आचार्य ने रसानुभूति को अलौकिक कहा था। वह बेचारा यही कहना चाहता था कि इस प्रकार के लोकप्रचलित अस्थायी वादों के द्वारा साहित्य का रस अशुद्ध हो जाता है।"(उपर्युक्त)। 'अनुभूति की प्रामाणिकता' और 'ईमानदारी' को काव्य-मूल्य मानने का परिणाम यह हुआ है कि नगेन्द्र ने विघटनवादी और अनास्थावादी आधुनिक साहित्य को भी निर्मूल्य मानने से इनकार किया है और कहा है : "जिस प्रकार बुद्ध का अनात्मवाद सर्जनात्मक रूप धारण कर मानव-आत्मा के उत्कर्ष का कारण बन गया, इसी प्रकार अनास्था की सच्ची पीड़ा से व्याप्त यह साहित्य, मानव-संवेदना पर सान रखकर, प्रकारान्तर से जीवनावस्था को उद्दीप्त करता है।"('नयी समीक्षा : नये सन्दर्भ', पृ० 83)। उनकी मान्यता है कि अनास्था जब किसी रचना में ढल जाती है तब वह आस्था को ही पुष्ट करती है। निश्चय ही इस मान्यता के पीछे उक्त अनुभूतिवाद ही काम कर रहा है। नगेन्द्र के इस कथन से यह स्पष्ट है : "साहित्य की सारवत्ता जीवन की किसी एक या दूसरी धारणा में नहीं है—साहित्य की सारवत्ता तो जीवन की अनुभूति में है। जीवन की अनुभूति का फलितार्थ ही मूल्य है···।" (उपर्युक्त)। 'भारतीय सौन्दर्य-शास्त्र की भूमिका' नामक अपनी पुस्तक में उन्होंने सौन्दर्य को निरपेक्ष स्वतन्त्र मूल्य मानने से इनकार किया है और कहा है : "स्वतन्त्र मूल्य होने पर भी सौन्दर्य की सत्ता निरपेक्ष नहीं है : वह जीवन के अन्य बृहत्तर मूल्यों के साथ—पुरुषार्थ अथवा, आधुनिक शब्दावली में आध्यात्मिक तथा नैतिक सामाजिक मूल्यों के साथ अनिवार्य रूप से सम्बद्ध है।" (पृ० 190)। लेकिन यहाँ भी वे सौन्दर्य और मूल्य का वैज्ञानिक सम्बन्ध नहीं ढूँढ़ सके हैं और एक को भीतरी तथा दूसरे को बाहरी वस्तु बतलाते हुए दोनों के बीच समन्वय स्थापित करने की बात कही है : "वास्तव में, सौन्दर्य काव्य-कला का आन्तरिक मूल्य है—उसके बिना काव्य-कला की सत्ता ही नहीं रहती ; किन्तु जीवन के व्यापक परिवेश के साथ सम्बद्ध होने के लिए उसे अन्य बृहत्तर मूल्यों से सम्बद्ध होना पड़ेगा।" (उपर्युक्त)।

आरम्भ में नगेन्द्र पर फ्रायड के मनोविश्लेषणवाद का भी थोड़ा-बहुत प्रभाव था। उसी के फलस्वरूप उन्होंने यह कहा था कि "मैं कविता या कला के पीछे आत्माभिव्यक्ति की प्रेरणा मानता हूँ; और चूँकि आत्म के निर्माण में काम-वृत्ति का और उसकी अतृप्तियों का योग है, इसलिए इस प्रेरणा में उनका विशेष महत्त्व मानना भी अनिवार्य समझता हूँ।" ('आस्था के चरण,' पृ० 112)। बाद में उन्होंने स्वयं अपनी इस मान्यता का खण्डन करते हुए कहा है : "फ्रायड ने कविता और स्वप्न को सगोत्रीय माना है। उनका तर्क यह है कि स्वप्न और कविता दोनों ही दमित इच्छा की पूर्त्ति के माध्यम हैं। हमारी अनेक इच्छाएँ जो

चेतन व्यवहार में अपूर्ण रहकर अवचेतन में निमज्जित हो जाती हैं, स्वप्नों के द्वारा अपनी पूर्त्ति का मार्ग खोजती रहती हैं। कविता या कला का उद्गम भी यही है—नाना प्रकार के कला-रूपों का जन्म भी अवचेतन में स्थित अपूर्ण इच्छाओं की पूर्त्ति के निमित्त ही होता है। इस प्रकार फ्रायड के मत से स्वप्न और कला का प्रकृत का सम्बन्ध है। इस विषय में हमारा विचार यह है कि पहले तो फ्रायड का यह सिद्धान्त ही विवादास्पद है, और यदि उसे बीज रूप में सत्य मान भी लिया जाये, तब भी स्वप्न-बिम्ब और काव्य-बिम्ब की एकता सिद्ध नहीं होती। काव्य-बिम्ब के निर्माण में अवचेतन की प्रबल प्रेरणा होने पर भी चेतन मस्तिष्क की क्रिया अत्यन्त प्रमुख रहती है, परन्तु स्वप्न-बिम्बों के निर्माण में चेतन मस्तिष्क निष्क्रिय रहता है।" ('काव्य-बिम्ब,' पृ० 35)। ऊपर 'अनुभूति की प्रामाणिकता' की चर्चा की गयी है। नगेन्द्र 'काव्यानुभूति' के सुसंगत सिद्धान्त की चर्चा न कर 'अनुभूति की प्रामाणिकता' और 'अनुभूति की सार्थकता' के बीच समन्वय स्थापित करने की चेष्टा करते हैं। 'नयी समीक्षा : नये सन्दर्भ' में वे कहते हैं : "कवि की अनुभूति के प्रसंग में एक तीसरा प्रश्न है सार्थकता का। अनुभूति प्रामाणिक या सच्ची हो, यह तो पहली शर्त है ही; अनुभूति ही अगर मिथ्या या कल्पित है तब तो फिर आधार ही मिथ्या हो जाता है। लेकिन अनुभूति की प्रामाणिकता भी अपने-आप में पर्याप्त नहीं है क्योंकि हर प्रामाणिक अनुभूति को यथावत् अभिव्यक्त भी किया जाय, यह न तो आवश्यक होता है और न काम्य। कला के प्रसंग में, जीवन के प्रत्येक रचनात्मक सन्दर्भ में, अनुभूति की सार्थकता भी उतनी ही आवश्यक होती है : सार्थक अनुभूति ही वास्तव में सर्जनात्मक हो सकती है।" (पृ०105)। नगेन्द्र ने कविता में स्थायित्व का प्रश्न भी उठाया है और इस प्रसंग में कहा है : "कविता के व्यक्त रूपों में परिवर्तन होता रहता है—नये-पुराने का भेद भी होता रहता है—किन्तु उसके मूल तत्त्व (=कवित्त्व) का स्वरूप स्थिर रहता है।" ('आस्था के चरण,' पृ० 86)। यह मूल तत्त्व क्या है ? इसे उन्होंने 'नयी समीक्षा : नये सन्दर्भ' में स्पष्ट किया है : "काव्य का मूल तत्त्व भी मानव-संवेदना या रागात्मकता ही है और अन्य नैतिक-सामाजिक एवं बौद्धिक गुण उसका सम्पोषण कर, उसी के आधार पर, रसात्मक बोध के रूप में एक समाकलित काव्य-मूल्य का निर्माण करते हैं। जब हम काव्य के अन्तरंग मूल्य की बात करते हैं तो हमारे सामने यह अन्तिम प्रतिमान ही रहता है, अतः काव्य के सन्दर्भ में यह निश्चय ही सबसे अधिक प्रामाणिक है। इसी के आधार पर काव्य के स्थायी मूल्य का आकलन किया जा सकता है—कालजयी कृतित्व का निर्णायक यही है।" (पृ० 77)। यहाँ पुनः नगेन्द्र ने काव्य के अन्तरंग और बहिरंग मूल्यों की बात कही है। उनकी दृष्टि में 'भाव' काव्य का अन्तरंग मूल्य है और विचार उसका बहिरंग मूल्य।

वास्तविकता यह है कि कविता में भाव और विचार एक-दूसरे से पृथक नहीं होते, इसलिए उनमें से एक अन्तरंग और दूसरा बहिरंग नहीं होता। जहाँ तक 'भाव' के स्थायी होने का प्रश्न है, वे विचार की तुलना में अवश्य स्थायी होते हैं, लेकिन उन्हें 'कालजयी' कहना ठीक नहीं है। हम अपने अनुभव से जानते हैं कि प्राचीन काव्य के अनेक भाव आज हमारे भीतर भावोद्रेक करने में असमर्थ हैं। उदाहरण के लिए सामन्तों की प्रशस्ति में लिखे गये छन्दों को लिया जा सकता है। आज न तो हम उन छन्दों में वर्णित राजा के ईश्वरीय स्वरूप को स्वीकार करने को तैयार हैं, न उसके प्रजावत्सल स्वरूप को। इन दोनों की असलियत आज प्रकट हो चुकी है।

नगेन्द्र के आलोचना सम्बन्धी विचार उनके साहित्य और कविता सम्बन्धी प्रतिक्रियावादी विचारों के मेल में हैं। उन्होंने आलोचना के माध्यम से साहित्य के मूल्यांकन और नियन्त्रण के बारे में कहा है : "मेरी दृष्टि में यह सब आरोपित दायित्व है, और काफी हद तक व्यावसायिक कर्म है।" ('आस्था के चरण', पृ० 93)। सीधे शब्दों में कहें तो वे आलोचना का कार्य केवल साहित्य की व्याख्या मानते हैं, उसका मूल्यांकन नहीं। मूल्यांकन आलोचना का साध्य और व्याख्या उसका साधन होता है। लेकिन साहित्य की स्वतन्त्रता को अक्षुण्ण रखने के लिए नगेन्द्र आलोचना को व्याख्या तक ही सीमित रखना चाहते हैं और शेष जीवन से उसे काट देने के लिए उसमें बाहर से लाये गये किसी प्रतिमान के प्रयोग को अवांछनीय बतलाते हैं। आस्वाद के विश्लेषण अर्थात् व्याख्या पर बल देते हुए वे कहते हैं : "कृति के आस्वाद का विश्लेषण करते हुए आपसे-आप दोनों प्रकार के तत्त्व उभरकर सामने आ जाते हैं : ऐसे तत्त्व भी जो उसके आस्वाद्यत्व के साधक हैं, और वे तत्त्व भी जो उसमें बाधक हैं। आस्वाद के विश्लेषण में उसके उन स्थायी और अस्थायी तत्त्वों की परीक्षा भी निहित रहती है जो अन्ततः नैतिक और मानवीय मूल्यों से सम्बद्ध हो जाते हैं।" (उपर्युक्त)। जो आलोचना कृति का ही अनुगमन करेगी, वह कभी उसका ठीक-ठीक मूल्यांकन नहीं कर सकती। यह सही है कि मूल्यांकन कृति से स्वतन्त्र नहीं होना चाहिए और वह व्याख्या अथवा विश्लेषण का 'परिणामी अंग' है, लेकिन उसके लिए यह आवश्यक है कि आलोचक अपने प्रतिमानों का प्रयोग करे। नगेन्द्र की मान्यता इसके विपरीत है : "आलोचना को अपनी आलोचना-दृष्टि आलोच्य में से ही प्राप्त करनी होगी।" (उपर्युक्त, पृ० 315)। जहाँ तक आलोचना द्वारा साहित्य को नियन्त्रित करने की बात है, उन्होंने स्पष्ट लिखा है कि "यहाँ साहित्यकार स्वधर्म से च्युत हो जाता है।" (उपर्युक्त, पृ० 93)। साहित्यकार अर्थात् आलोचक का स्वधर्म भी 'निश्छल आत्माभिव्यक्ति' ही है। यदि वह किसी सिद्धान्त के आधार पर साहित्य के नियन्त्रण की चेष्टा करता है तो

"निश्छल आत्माभिव्यक्ति के स्थान पर मताग्रह का बोलबाला हो जाता है और राग-द्वेष के विगलन के स्थान पर अहंकार का संवर्धन ही मुख्य हो जाता है।" (उपर्युक्त)। तात्पर्य यह कि आलोचक कृति का पूर्णतः अनुगमन करता है और आलोचना में अपने मन पर पड़नेवाले कृति के प्रभाव की निश्छल ढंग से अभिव्यक्ति कर कृति के समानान्तर एक कृति का सृजन करता है ! इस सृजन के क्रम में वह अपने अहंकार से मुक्त होता जाता है ! यदि ऐसा नहीं करके वह अपनी आलोचना से साहित्य के नियन्त्रण का प्रयास करता है तो उसकी आलोचना सृजनात्मक नहीं रह जाती। नगेन्द्र केवल मर्मज्ञता को महत्त्व देते हैं, नियमन को नहीं : "इस प्रकार का दम्भ लेकर जो आलोचक चलता है, वह समर्थ प्रचारक तो बन सकता है, मर्मवेत्ता साहित्यकार नहीं।" (उपर्युक्त) । आलोचना द्वारा साहित्य के मूल्यांकन और नियन्त्रण का प्रश्न नगेन्द्र ने प्रायः शुक्लजी की और मार्क्सवादी आलोचना के प्रसंग में उठाया है। उनका स्पष्ट मत है कि "युग-बोध की अपेक्षा कला-समीक्षक के लिए परम्परा द्वारा परीक्षित एवं अनुमोदित कला-तत्त्वों का बोध अधिक कल्याणकर होगा।" (उपर्युक्त, पृ० 197-98)। कहने की आवश्यकता नहीं कि आलोचना के प्रतिमानों को भी वे प्रायः काल-निरपेक्ष मानने के ही पक्ष में हैं, काल-सापेक्ष नहीं। इधर नगेन्द्र ने 'नयी आलोचना' और शैली-विज्ञान पर दो प्रबन्ध लिखे हैं। 'नयी समीक्षा : नये सन्दर्भ' नामक अपनी पुस्तक में उन्होंने मनोविश्लेषणवादी आलोचना की आलोचना में कहा है कि "इस प्रकार के विश्लेषण से कला का सौन्दर्य विघटित और उसका आस्वाद बाधित हो जाता है : कला के सन्दर्भ में एक ऐसी दिलचस्पी पैदा हो जाती है जो कला के लिए सर्वथा अप्रासंगिक होती है।" (पृ० 11)। यही बात उन्होंने समाजशास्त्रीय आलोचना पर भी लागू कर दी है। समाजशास्त्रीय आलोचक साहित्य के सामाजिक-सांस्कृतिक प्रभाव की कसौटी पर साहित्य की परीक्षा करते हैं और चूँकि वे साहित्य को निरपेक्ष रूप से स्वतन्त्र नहीं मानते, उक्त कसौटी को भी साहित्येतर नहीं मानते। नगेन्द्र कहते हैं : "सामाजिक-सांस्कृतिक प्रभाव वस्तुतः साहित्येतर मूल्य है—वह नगण्य नहीं है, परन्तु उसका महत्त्व प्राथमिक नहीं माना जा सकता। वह काव्य का सामाजिक दायित्व है, मौलिक दायित्व नहीं।" (उपर्युक्त, पृ० 75-76)। 'नयी आलोचना' 'शब्द-विधान के विश्लेषण और उसमें निहित अन्विति के सन्धान' को ही लक्ष्य बनाकर चलती है। नगेन्द्र ने इस पद्धति की आलोचना इन शब्दों में की है : "जिस प्रकार शब्द-विधान और उसमें निहित अन्विति-सूत्र का विश्लेषण आवश्यक है, उसी प्रकार शब्द-विधान और अर्थ-विधान के सम्बन्ध सूत्र का सन्धान भी आवश्यक है : वास्तव में शब्द-विधान का अन्विति-सूत्र अर्थ-विधान में ही निहित रहता है, इसलिए एक को छोड़कर दूसरे के विवेचन का एक सीमा से आगे, कोई

अर्थ नहीं होता और अपने-आपमें वह अधूरा ही रह जाता है।" (उपर्युक्त, पृ० 39)। शब्द-विधान और अर्थ-विधान के सम्बन्ध-सूत्र का अनुसन्धान ठीक है, लेकिन जिस तरह 'नयी आलोचना' शब्द-विधान में निहित अन्विति के अनुसन्धान से आगे नहीं जाती, नगेन्द्र भी शब्द-विधान और अर्थ-विधान के सम्बन्ध-सूत्र के अनुसन्धान के आगे नहीं जाते, जबकि आलोचक को आगे बढ़कर यह भी देखना चाहिए कि कृति में जो अर्थ-विधान किया गया है, वह किस कोटि का है। जिस तरह शब्द-विधान और अर्थ-विधान परस्पर-सम्बद्ध हैं, उसी तरह अर्थ-विधान और समाज-विधान भी परस्पर-सम्बद्ध हैं। इन तीनों की अन्विति का अनुसन्धान ही सही आलोचना है। शैली-विज्ञान की आलोचना में नगेन्द्र ने कहा है कि "शैली की व्याप्ति साहित्य के सम्पूर्ण रूप तक नहीं है, क्योंकि साहित्य में कथ्य या अनुभूति का महत्त्व भी कथन या भाषा से कम नहीं है" तथा "शैली कला का भी पर्याय नहीं हो सकती, क्योंकि कला में संकल्पना और भाषिक रूप-विधान दोनों का समीकरण है।" ('शैलीविज्ञान,' पृ० 15)। ऐसी स्थिति में रचना के मात्र भाषिक विधान का विश्लेषण आलोचना नहीं हो सकती। 'नयी आलोचना' और शैली-विज्ञान वस्तुतः पश्चिमी आधुनिकतावादी काव्य की उपज है जिसमें वस्तु के ऊपर रूप को और अर्थ के ऊपर शैली को महत्त्व दिया गया है। शैली-विज्ञान के प्रसंग में नगेन्द्र ने इस ओर संकेत किया है : "वास्तव में, शैली-विज्ञान का उद्गम और विकास ऐसे युग में हुआ है जिसमें तर्क और विवेक का निषेध ही काव्य का मूल गुण माना जाता है—जबकि नया कवि अपनी रचना में वाक्यांगों के अतर्कित सम्बन्ध-विधान को ही भाषिक कला की प्रमुख उपलब्धि मान रहा है।" (उपर्युक्त, पृ० 29)।

चूँकि नगेन्द्र के पास साहित्य के सम्बन्ध में कोई वैज्ञानिक दृष्टिकोण नहीं है, इसलिए छायावाद की व्याख्या करने में उन्हें भारी कठिनाई हुई है। पहले उन्होंने 'स्थूल के प्रति सूक्ष्म का विद्रोह' को छायावाद का आधार बतलाया और उसकी व्याख्या में कहा : "स्थूल शब्द बड़ा व्यापक है, इसकी परिधि में सभी प्रकार के बाह्य रूप-रंग-रूढ़ि आदि सन्निहित हैं। और इसके प्रति विद्रोह का अर्थ है उपयोगितावाद के प्रति भावुकता का विद्रोह, नैतिक रूढ़ियों के प्रति मानसिक स्वातन्त्र्य का विद्रोह और काव्य के बन्धनों के प्रति स्वच्छन्द कल्पना और टेकनीक का विद्रोह।" ('सुमित्रानन्दन पंत', पृ० 2)। छायावाद में विद्रोह के तत्त्व काफी प्रबल थे, लेकिन ऐसी बात नहीं है कि वह उपयोगितावाद को पूर्णतः नकारकर चला था। छायावाद में राष्ट्रीयतापरक और सामाजिक परिवर्तन से सम्बन्धित कविताओं की एक अच्छी परम्परा है। इसी तरह उसमें कवियों ने मानसिक स्वतन्त्रता का परिचय दिया, पर उन्होंने एक नयी आधुनिक नैतिकता के निर्माण का भी प्रयत्न किया। ऐसी स्थिति में छायावाद को

नितान्त 'मानसिक स्वातन्त्र्य' का काव्य नहीं कह सकते। जहाँ तक काव्य के बन्धनों के प्रति विद्रोह का प्रश्न है, छायावाद में नयी काव्य-भाषा, नये काव्य-रूप और नये अथवा मुक्त छन्द की सृष्टि का प्रयास तो दिखलायी पड़ता ही है, काव्य के नये अनुशासन के निर्माण और उसे मानकर चलने की प्रवृत्ति भी दिखलायी पड़ती है। निराला के मुक्त छन्द का अनुशासन ही कम कठोर नहीं है, पर उसे छोड़ दिया जाये तो 'गीतिका' के गीतों के अनुशासन से इस बात को अच्छी तरह से समझा जा सकता है। नगेन्द्र ने वस्तुत: छायावाद के अन्तर्विरोध को न समझने के चलते उसकी एकपक्षीय व्याख्या की है। उन्होंने सम्पूर्ण छायावादी काव्य को ध्यान में नहीं रखा। इसके अलावा छायावाद में पूर्ववर्ती काव्य से विद्रोह ही नहीं मिलता है, बल्कि उस काव्य की कुछ प्रवृत्तियों के विकास का प्रयत्न भी दिखलायी पड़ता है। बाद में इसे नगेन्द्र ने भी लक्षित किया है और छायावाद-युग के कवियों के बारे में लिखा है : "द्विवेदीयुग के काव्य में वर्तमान भारतीय जीवन की जिस सर्वाधिक महत्त्वपूर्ण प्रवृत्ति—राष्ट्रीय सांस्कृतिक चेतना—का आविर्भाव हुआ था उसके विकास और परिष्कार का श्रेय इसी युग के कवियों को है।" ('नयी समीक्षा : नये सन्दर्भ,' पृ० 90-91)। जिस प्रकार नगेन्द्र की स्थूल सूक्ष्मवाली छायावाद की व्याख्या त्रुटिपूर्ण है, उसी प्रकार यह व्याख्या भी कि "राजनीति में जिन प्रवृत्तियों ने गाँधीवाद को जन्म दिया, करीब-करीब वैसी ही प्रवृत्तियों द्वारा साहित्य में छायावाद का प्रादुर्भाव हुआ।" ('सुमित्रानन्दन पंत', पृ० 132)। यह व्याख्या भी वस्तुतः पहली व्याख्या से ही निकली है, क्योंकि नगेन्द्र ने आगे लिखा है : "दोनों की मूलवर्तिनी भावना एक है—स्थूल के विरुद्ध सूक्ष्म की प्रतिक्रिया अर्थात् स्थूल से हटकर सूक्ष्म की ओर बढ़ने और उसको प्राप्त करने का प्रयत्न। गाँधीजी के साथ आत्मा की वस्तु बनकर यह प्रवृत्ति आध्यात्मिक बन गयी, उधर रवीन्द्र के साथ हृदय में रँगकर उसने छायावाद का रूप धारण किया।" (उपर्युक्त)। छायावाद की नगेन्द्र की तीसरी व्याख्या फ्रायड के मनोविश्लेषणवाद से प्रभावित है : "छायावाद की कविता प्रधानतः शृङ्गारिक है, क्योंकि उसका जन्म हुआ है व्यक्तिगत कुण्ठाओं से, और व्यक्तिगत कुण्ठाएँ प्रायः काम के चारों ओर केन्द्रित रहती हैं। जिस समय छायावाद का जन्म हुआ उस समय स्वच्छन्द विचारों के आदान से स्वतन्त्र प्रेम के प्रति समाज में आकर्षण बढ़ रहा था। परन्तु सुधार-युग की कठोर नैतिकता से सहमकर वह अपने में ही कुण्ठित रह जाता था। समाज के चेतन मन पर नैतिक आतंक अभी इतना अधिक था कि इस प्रकार की स्वच्छन्द भावनाएँ अभिव्यक्ति नहीं पा सकती थीं। निदान वे अवचेतन में उतरकर वहाँ से अप्रत्यक्ष रूप में व्यक्त होती रहती थीं और यह अप्रत्यक्ष रूप था नारी का अशरीरी सौन्दर्य अथवा अतीन्द्रिय शृङ्गार।"('आधुनिक हिन्दी कविता की मुख्य प्रवृ-

त्तियाँ', पृ.16-17)। जिस काल में नगेन्द्र ने छायावाद की यह मनोवैज्ञानिक व्याख्या की उस काल में उन पर फ्रायड का ऐसा गहरा प्रभाव था कि उन्होंने राष्ट्रीयता की भावना को भी अतृप्त कामेच्छा की पूर्ति का ही साधन समझा। उन्होंने लिखा है : "जिस प्रकार भक्ति-काल में मनुष्य की शृङ्गार-भावना धर्म का चोला पहनकर आती थी, इसी प्रकार सुधार-युग में उसने राष्ट्रीयता की शरण ली। भक्ति-युग में जहाँ हमारे मन की नारी राधा या गोपी के रूप में अभिव्यक्त होती थी, वहाँ उसने गत युग में समाज-सेविका का रूप धारण किया—नारी को भारत-माता की साक्षात् प्रतिमा, राष्ट्र की प्रेरक शक्ति, भौतिक स्तर पर सार्वजनिक 'बहिनजी' आदि मानकर पिछले युग का पुरुष अपनी वासना को तुष्ट करता रहा।" ('आधुनिक हिन्दी नाटक,' पृ०23)। लेकिन जैसा कि पहले संकेत किया जा चुका है, साहित्य की मनोविश्लेषणवादी व्याख्या को नगेन्द्र ने बाद में आकर स्वयं ही अमान्य कर दिया है। उन्होंने मनोविश्लेषणवादी आलोचना के बारे में लिखा है कि "यह समीक्षा अत्यधिक आनुमानिक बन गयी और अस्थिरमति आलोचकों को विकृत कल्पनाओं के विलास के लिए अनन्त क्षेत्र मिल गया।" ('नयी समीक्षा : नये संदर्भ,' पृ० 11)।

नगेन्द्र के अनुसार "छायावाद का रहस्यवाद एक अंग तो है, पर्याय नहीं।" ('सुमित्रानन्दन पंत', पृ० 2)। इस रहस्यवाद की व्याख्या स्वभावतः उन्होंने अपनी छायावाद की व्याख्या के मेल में ही की है। उन्होंने रहस्यवाद को 'भौतिकता के विरुद्ध प्रतिक्रिया' बतलाते हुए लिखा है कि "द्विवेदीकालीन कवियों की क्रीड़ा-भूमि उनका निकटवर्ती पार्थिव संसार रह गया था, अतः स्वभावतः ही उनका विरोध करनेवाले कवि दूर, धुँधले एव रहस्यमय लोक की ओर बढ़ने लगे" तथा "वास्तव में यह प्रतिक्रिया का ही फल था और हमारे भावुक कवि किसी धार्मिक प्रेरणा से इस ओर इतने आकृष्ट नहीं हुए थे जितने कि अपनी भावुकता और कल्पना के व्यायाम के लिए विस्तृत क्षेत्र पा जाने के कारण।" (उपर्युक्त, पृ० 9)। इस रहस्यवाद को नगेन्द्र ने काल्पनिक ही नहीं कहा, बल्कि इसे छायावाद की आरम्भिक व्याधि बतलाया : "यह रहस्यात्मक प्रवृत्ति छायावाद के प्रसवकाल की सबसे बड़ी व्याधि थी जब रवीन्द्रनाथ और विदेशी साहित्य के मोह से अभिभूति नये कवि की भावुकता अपने वास्तविक रूप को न पहचानकर काल्पनिक रहस्यानुभूतियों से खेलने में अपना गौरव समझती थी।" ('आस्था के चरण,' पृ० 578)। बाद में उन्होंने रहस्यवाद को जिज्ञासामूलक माना : "छायावाद की रहस्योक्तियाँ एक प्रकार से जिज्ञासाएँ हैं, जो छायावाद के उत्तरार्द्ध में आध्यात्मिक दर्शन के द्वारा और भी पुष्ट हो गयी हैं।" ('आधुनिक हिन्दी कविता की मुख्य प्रवृत्तियाँ,' पृ० 19)। थोड़ा और बाद में उन्होंने रहस्यवाद की प्रणयानुभूति को 'मूलत: पार्थिव' कहा : "यह प्रणय-निवेदन मूलतः पार्थिव प्रेम पर आश्रित होते हुए भी तत्त्वतः उससे भिन्न होता है। अर्थात् इसमें ऐन्द्रियता

सूक्ष्म-से-सूक्ष्म होती हुई अतीन्द्रियता-सी प्रतीत होने लगती है, यानी उसका संस्कार हो जाता है। परन्तु यह निश्चित है कि इस प्रणय-निवेदन में जो स्पन्दन होगा, वह प्रच्छन्न रूप से उसी आरम्भिक प्रेम का ही होगा।" ('विचार और अनुभूति,' पृ० 124)। नगेन्द्र की रहस्यवाद की इस व्याख्या में संगति नहीं है, क्योंकि कभी वे उसे प्रतिक्रिया कहते हैं, कभी काल्पनिक, कभी जिज्ञासा पर आधारित और कभी मूलत: पार्थिव प्रणयानुभूति, तथापि उनकी इस व्याख्या से ऐसा पता चलता है कि वे कमोबेश शुक्लजी की रहस्यवाद की व्याख्या के करीब हैं। लेकिन अपने परवर्ती ग्रन्थ 'रस-सिद्धान्त' में उन्होंने शुक्लजी से असहमति प्रकट करते हुए रहस्य की भी रसात्मक अनुभूति को सम्भव माना है : "शुक्लजी के सभी तर्कों के बावजूद, रहस्यवाद का रसवाद से कोई विरोध तो नहीं है।" (पृ० 339)। नगेन्द्र में भाववादी दर्शन के प्रति जो झुकाव मिलता है, उससे उनकी रहस्यवाद सम्बन्धी यह धारणा पूरा मेल खाती है।

वाजपेयीजी की तरह ही नगेन्द्र ने भी मुख्यत: छायावादी कवियों को ही अपनी आलोचना का विषय बनाया है—प्रारम्भ में पंत को और प्रौढ़ावस्था में प्रसाद को। 'सुमित्रानन्दन पंत' नामक उनकी पुस्तक सन् 1937 ई० में प्रकाशित हुई थी। उसके बाद उसके अनेक संस्करण हुए है। इन संस्करणों में नगेन्द्र ने परिवर्धन करके पंत-काव्य की आलोचना को प्राय: अद्यतन बनाने की कोशिश की है। 'सुमित्रानन्दन पंत' के प्रथम संस्करण में यद्यपि आलोचक की प्रौढ़ दृष्टि देखने को नहीं मिलती, तथापि यह पुस्तक पंत-काव्य की प्राय: सभी मुख्य विशेषताओं की ओर संकेत करते में सफल हुई थी। इसी कारण इस पुस्तक से न केवल पंत की आलोचना, बल्कि सम्पूर्ण छायावादी काव्य की आलोचना प्रभावित हुई। नगेन्द्र की मुख्य स्थापना यह है कि "पंतजी आवेशप्रधान कवि नहीं हैं" (पृ० 31), यानी वे कल्पनाप्रधान कवि हैं। उन्होंने लिखा है: "आवेश-निर्धनता को पंतजी कल्पना के द्वारा पूरी करते हैं।" (उपर्युक्त, पृ० 28)। कल्पनाशीलता के चलते पंतजी की कविता चित्रात्मक है : "पंतजी की कल्पना का सबसे बड़ा गुण उसकी मूर्ति-विधायिनी शक्ति है। यह शक्ति इतनी विकसित है कि कवि के सम्मुख छोटी-से-छोटी वस्तु भी मूर्त रूप में आती है।" (उपर्युक्त)। लेकिन नगेन्द्र के अनुसार पतजी में विराट् चित्रों की योजना कम देखने में आती है और "ऐसा भी कभी-कभी हो जाता है कि पंतजी की कल्पना उन्हें बहका ले जाती है।" (उपर्युक्त)। अनुभूति की कमी और कल्पना की प्रधानता होने से पंतजी अपनी कविताओं में प्राय: दर्शक के रूप में दिखलायी पड़ते हैं, भोक्ता के रूप में नहीं। ऐसी शिकायत नगेन्द्र ने अपनी पुस्तक में बार बार की है। पंतजी के सम्बन्ध में उनकी यह दृढ़ मान्यता है कि "उन्होंने जीवन-नाटक को दर्शक की भाँति ही अधिक देखा है।" (उपर्युक्त, पृ० 141)। 'ग्राम्या' की

कविताओं में उनके अनुसार "दृष्टा और दृश्य के बीच एक विशेष अन्तर सदैव बना रहा है" और "यह अन्तर शारीरिक ही नहीं, मानसिक भी है—(ज्ञान का, संस्कृति-शिष्टता का और क्षमा करें, वर्ग का भी)।" (उपर्युक्त पृ० 153)। पंतजी की तीसरी विशेषता नगेन्द्र ने यह बतलायी है कि वे 'चिन्तनशील कवि' हैं (उपर्युक्त, पृ० 130) और उन्होंने अपनी कविताओं में अनुभूति की कमी की पूर्ति न केवल कल्पना से, बल्कि 'गम्भीर विचार और सूक्ष्म चिन्तन' द्वारा करने की कोशिश की है। (उपर्युक्त, पृ० 183-84)। अन्तिम बात उन्होंने पंतजी के सम्बन्ध में यह कही है : "पंतजी प्रधान रूप से कलाकार ही हैं। इनके काव्य में सबसे प्रथम कला का, उसके उपरान्त विचारों का और अन्त में भावों का स्थान रहता है।" (उपर्युक्त, पृ० 45)। 'युगवाणी' और 'ग्राम्या' नामक संग्रहों के द्वारा पंत-काव्य में एक महत्त्वपूर्ण मोड़ आया। पंतजी का यथार्थवादी काव्य उनके स्वच्छन्दतावादी काव्य में निहित प्रगतिशील तत्वों का स्वाभाविक विकास था, लेकिन नगेन्द्र ने यह लिखा है कि "मार्क्स के वस्तुवादी जीवन-दर्शन ने उन्हें आकृष्ट किया और वे अपने सहज मार्ग से थोड़ा हट गये।" (उपर्युक्त, पृ० 167) और "वह परिस्थितियों की प्रतिक्रिया मात्र थी और एक बौद्धिक स्वीकृति से अधिक नहीं थी।" (उपर्युक्त, पृ० 168)। यह विचित्र बात है कि जो कविता पथभ्रष्ट होकर लिखी गयी थी, प्रतिक्रियाजनित और बौद्धिक थी, उसमें नगेन्द्र को ये सारी खूबियाँ दिखलायी पड़ीं :

1. " 'युगवाणी' की भाषा में न 'गुंजन' का-सा रेशमी मार्दव है, न 'युगान्त' की-सी मांसल शक्ति, परन्तु इन गुणों के बदले उसमें एक अन्य विशेषता आ गयी है—वह है भावों के अनुकूल नपे-तुले शब्दों का प्रयोग (accuracy)।" (उपर्युक्त, पृ० 145)।

2. " 'युगवाणी' के कवि में एक विशेष गुण है जो अंग्रेजी के बहुत से कवियों में नहीं है—वह है उसकी गम्भीर-संयत प्रकृति। वह किसी बात को केवल वैचित्र्य के लिए दूर तक घसीटने का आदी नहीं है—वह किसी प्रकार की धुन में नहीं पड़ता। दूसरे, उसकी जैसी सुरुचि कितनों में मिलेगी ? इसलिए 'युगवाणी' की टेकनीक में नये प्रयोग सभी सार्थक हैं—उसके पीछे जिस रुचि की प्रेरणा है वह अनुपम है।" (उपर्युक्त)।

3. "पंत की काव्य-भाषा के इतिहास में 'ग्राम्या' का प्रकाशन एक घटना है···पंतजी ने 'ग्राम्या' में आकर अपनी जन-कविताओं को एक सादा-सी साफ धोती पहना दी···।" (उपर्युक्त, पृ० 160-61)।

4. " 'ग्राम्या' में पंत की कविता एक बार फिर जीवन से जगमग हो उठी है, उसको पढ़कर ऐसी धारणा होती है जैसे 'युगवाणी' की प्रगतिकामी कविता 'पल्लव' के रंगों में स्नान कर आयी हो।" (उपर्युक्त, पृ० 162)।

सोचने की बात है कि 'युगवाणी' और 'ग्राम्या' में भाषा और प्रविधि सम्बन्धी प्रयोगों की सफलता क्या कवि की संवेदना से निरपेक्ष रहकर सम्भव थी ? यदि नहीं, तो मानना होगा कि इन संग्रहों में पंतजी पथभ्रष्ट नहीं हुए, बल्कि अपने विकास के मार्ग पर आगे बढ़े। 'युगवाणी' की ढेर-सी कविताओं में गद्यात्मकता है, लेकिन उनके सम्बन्ध में नगेन्द्र ने स्वयं संकेत किया है कि उन्हें पंतजी के सम्पूर्ण काव्य-विकास की एक अवस्था के रूप में देखना चाहिए, स्वतन्त्र रूप में नहीं : "पंत का विद्यार्थी इन कविताओं को देखकर निराश नहीं होगा, क्योंकि उसने पंतजी की कविता के वर्धमान चिन्तन और संयम के विकास का अध्ययन किया है—उसके लिए 'युगवाणी' का गीत-गद्य एक साथ नहीं आ टपका।" (उपर्युक्त, पृ० 148)। ऐसी स्थिति में पंतजी के यथार्थवादी काव्य को उनका भटकाव कहना स्पष्टतः यथार्थवाद के प्रति अपने आलोचकीय पूर्वग्रह का परिचय देना है।

नगेन्द्र का आनन्दवाद उन्हें प्रसादजी की 'कामायनी' के आनन्दवाद तक ले गया। उन्होंने 'कामायनी के अध्ययन की समस्याएँ' (1962) नामक पुस्तक में 'कामायनी' पर पाँच निबन्ध लिखकर उसके कुछ पहलुओं पर विचार किया है, क्योंकि "कामायनी आधुनिक हिन्दी काव्य का सर्वाधिक महत्त्वपूर्ण गौरव-ग्रन्थ है।" ('कामायनी के अध्ययन की समस्याएँ', पृ० 11)। लेकिन यहीं पर नगेन्द्र ने यह भी लिखा है कि "वह सबसे अधिक विवादास्पद भी है।" 'कामायनी' के विवादास्पद होने का कारण यह है कि अनेक आलोचक उसे दोषपूर्ण रचना मानते हैं। नगेन्द्र ने लोंजाइनस के इस कथन का सहारा लेकर 'कामायनी' के दोषों को नजरअन्दाज करने की कोशिश की है कि "महान् प्रतिभा निर्दोषिता से बहुत दूर होती है" और "क्योंकि सर्वांगीण शुद्धता में अनिवार्यतः क्षुद्रता की आशंका रहती है और औदात्य में···कुछ-न-कुछ छिद्र अवश्य रह जाते हैं।" (उपर्युक्त, पृ० 15)। लेकिन चूँकि 'कामायनी' के दोष मात्र शैलीगत दोष नहीं हैं, इसलिए उन्हें नजरअन्दाज करना सम्भव नहीं है। स्वयं नगेन्द्र ने भी अनेक बार और अनेक स्थलों पर इन दोषों का उल्लेख किया है। 'कामायनी' एक प्रबन्ध-काव्य है, इसलिए सुस्पष्ट और सुसम्बद्ध कथानक के अभाव में इसकी सफलता हमेशा सन्दिग्ध रहेगी। 'कामायनी' की कथा इतनी 'जटिल' है कि नगेन्द्र के अनुसार "'कामायनी' के अध्ययन की एक आवश्यकता उसकी कथा-वस्तु की रूपरेखा का स्पष्टीकरण भी है।" (उपर्युक्त, पृ० 8)। उन्होंने यह स्वीकार किया है कि "कामायनी की कथा का विकास ही असंगतियों से भरा हुआ है; उसमें ही काफी जोड़ लगे हुए हैं।" (उपर्युक्त, पृ० 52)। 'आधुनिक हिन्दी नाटक' में एक प्रसंग में उन्होंने 'कामायनी' की कथावस्तु की असंगति की ओर तो संकेत किया ही है, यह भी लिखा है कि "उसके प्रतीकात्मक वर्णन प्रायः

स्वतन्त्र हो जाते हैं।" (पृ० 56)। उनके अनुसार 'कामायनी' में "कार्य-व्यापार का अभाव" है, "जिसके परिणामस्वरूप कथा में वांछित भौतिक विस्तार नहीं आ सका।" ('कामायनी के अध्ययन की समस्याएँ', पृ० 23)। इसका कारण उन्होंने यह बतलाया है कि "वह मानव-चेतना के विकास की कथा है।" (उपर्युक्त)। 'मानव-चेतना के विकास की कथा' होने के कारण ही उसमें भाव और विचार वस्तु और घटनाओं से अधिक-से-अधिक निरपेक्ष रूप में अंकित किये गये हैं। इस तर्क के पीछे नगेन्द्र की यह भाववादी मान्यता कार्य करती है कि "अवचेतन मनोजगत् के उद्‌घाटन और तत्संबंधी अनुसन्धानों से यह स्पष्ट हो गया है कि भौतिक जगत् का विराट् घटना-चक्र मानव-चेतना के अतल गह्वरों में होने-वाले घटनाचक्र की छाया-मात्र है।" (उपर्युक्त, पृ० 17)। व्यवहार से स्वतन्त्र मनोविज्ञान का चित्रण करनेवाला काव्य कैसा होगा, यह नगेन्द्र ने 'साकेत' से 'कामायनी' की तुलना करने के क्रम में बतलाया है : "मानवत्व-मानव के पारस्परिक सम्बन्ध-संसर्गों का व्याख्यान 'साकेत' की अक्षय विभूति है जिसके सम्मुख प्रियप्रवास कहीं-कहीं नीतिग्रन्थ-सा प्रतीत होने लगता है और कामायनी मनोविज्ञान की ट्रीटाइज।" ('साकेत : एक अध्ययन', पृ० 222)। 'कामायनी' का अन्त भी उनके अनुसार त्रुटिपूर्ण है : "कामना और कामायनी दोनों का अन्त स्वभावसिद्ध—कम-से-कम क्रमिक—नहीं है—आग्रह से ग्रहण किया हुआ है, और आग्रह में विश्वास इतना नहीं होता जितना कि विश्वास का प्रयत्न।" ('आधुनिक हिन्दी नाटक', पृ० 56-57)। श्रद्धा और इड़ा 'कामायनी' के मुख्य चरित्र हैं। 'कामायनी' में उनका चित्रण किस रूप में हुआ है, इस पर नगेन्द्र की टिप्पणी है : "स्वभावतः उनकी प्रतीकता के कारण चारित्रिक रूपरेखा में वैसी दृढ़ता और मूर्त सघनता नहीं आ सकी, जैसी कि पाश्चात्य महाकाव्यों के चरित्रों में मिलती है।" ('कामायनी के अध्ययन की समस्याएं', पृ. 21)। इसका मतलब यह है कि प्रतीकात्मकता श्रद्धा और इड़ा के चरित्रों से विकसित नहीं होती बल्कि उन पर आरोपित है। जहाँ तक 'कामायनी' की दार्शनिकता का प्रश्न है, वह भी आरोपित ही है जिससे उसके काव्यत्व को काफी क्षति पहुँची है। एक दार्शनिक प्रसंग के वर्णन के सम्बन्ध में नगेन्द्र ने लिखा भी है : "जितना हुआ है वह भी कवित्व का मूल्य देकर ही हुआ है।" (उपर्युक्त, पृ० 64)। यह बात सम्पूर्ण 'कामायनी' पर लागू है, उसके प्रसंग-विशेष पर ही नहीं। ऐसी स्थिति में 'कामायनी' की रक्षा लोंजाइनस के तर्कों के सहारे नहीं की जा सकती। महादेवी की रहस्यानुभूति के पीछे नगेन्द्र ने 'अतृप्त काम की प्रेरणा' मानी है और लिखा है कि " 'दीपशिखा' के गीतों की अनुभूति पार्थिव माने बिना काम नहीं चल सकता।" ('विचार और अनुभूति', पृ० 123)। इसके बारे में आगे उन्होंने यह टिप्पणी की है "इस अनुभूति के मूल में जो काम का स्पन्दन

है, उसके ऊपर कवि ने चिन्तन और कल्पना के इतने आवरण चढ़ा रखे हैं कि स्वभावत: उसकी तीव्रता दब गयी है और उसको टटोलने पर बहुत नीचे गहरे में एक हल्की-सी धड़कन मिलती है।" (उपर्युक्त, पृ० 126)। चूँकि "कवि की अनुभूति का क्षेत्र ही सीमित है", इसलिए "महादेवी के गीतों में प्रयुक्त चित्र-सामग्री अत्यन्त परिमित है।" (उपर्युक्त, पृ० 128)। महादेवी की रहस्यानुभूति के प्रेरक तत्व के सम्बन्ध में नगेन्द्र का कथन विवादास्पद हो सकता है, लेकिन उनके काव्य की उन्होंने जो आलोचना की है, वह बहुत दूर तक सही है।

छायावाद के बाद प्रगतिवाद और प्रयोगवाद आधुनिक हिन्दी कविता की मुख्य प्रवृत्तियाँ हैं। नगेन्द्र को 'प्रगति-चेतना' पसन्द है, लेकिन वह प्रगति-चेतना, जो वर्ग-भेद से ऊपर होती है ; वह नहीं, जो वर्ग-भेद पर आधारित होती है। उन्होंने लिखा है : "जीवन का विकास वर्गबद्ध नहीं हो सकता, क्योंकि वर्गों में बाँटकर जीवन को देखना तो स्वयं ही रुग्ण दृष्टि का परिचायक है। इसीलिए व्यापक जीवन-दर्शन त्यागकर अपनी रूढ़ता में प्रगतिशील कलाकार अथवा आलोचक जब प्रगतिवादी बनने का आग्रह करने लगा, तो न उसने कला और साहित्य का ही हित किया और न वह स्वस्थ प्रगति-चेतना का ही विकास कर सका।"('आधुनिक हिन्दी कविता की मुख्य प्रवृत्तियाँ', पृ० 136)। वर्ग-भेद सामाजिक श्रम-विभाजन और उत्पादन के साधनों पर व्यक्तिगत स्वामित्व के उदय की देन है। सामाजिक विकास की आदिम साम्यवादी अवस्था के बाद से समाज में वर्ग-संघर्ष रहा है और इसी के द्वारा समाज का विकास हुआ है। ऐसी स्थिति में वर्ग-दृष्टि से जीवन पर विचार करना 'रुग्ण दृष्टि' का नहीं, बल्कि वैज्ञानिक दृष्टि का परिचायक है और वर्गातीत 'व्यापक जीवन-दर्शन' तथा 'स्वस्थ प्रगति-चेतना' की बात करना खामखयाली है। नगेन्द्र ने अपने भाववादी अवैज्ञानिक चिन्तन के अनुरूप ही वर्ग-दृष्टि और उसको आधार बनाकर चलने-वाले प्रगतिवाद का विरोध किया। चूँकि उनके पास मार्क्सवाद से प्राप्त द्वन्द्वात्मक दृष्टिकोण नहीं है, इसलिए उन्होंने छायावाद के अन्तर्विरोध को नहीं देखा और पुन: प्रगतिवाद को छायावाद के विरुद्ध विद्रोह कहा : इस बार सूक्ष्म के प्रति स्थूल का विद्रोह। ('सुमित्रानन्दन पंत', पृ० 132)। वास्तविकता यह है कि प्रगतिवाद सम्पूर्ण छायावाद के प्रति विद्रोह नहीं था। उसमें नयी परिस्थिति में छायावाद के प्रगतिशील तत्त्व विकसित हुए थे और उन्होंने उसके पतनशील तत्त्वों को दबा दिया था। छायावाद के प्रगतिशील तत्त्व सबसे ज्यादा निराला की कविता में प्रकट हुए थे। इस कारण निराला की छायावादी और प्रगतिवादी कविता में एक स्पष्ट सम्बन्ध दिखलायी पड़ता है। थोड़े अस्पष्ट रूप में नगेन्द्र ने भी इस तथ्य का उल्लेख किया है : "निराला छायावाद और प्रगतिवाद के बीच की कड़ी हैं। उनमें प्रारम्भ से ही छायावाद की नारी-

कला और प्रगतिवाद का पौरुष विद्यमान रहा है।" (उपर्युक्त, पृ० 137)। इसके बावजूद उन्होंने प्रगतिवाद को छायावाद से विद्रोह मान लिया है। प्रयोगवाद को भी उन्होंने 'छायावाद के विरुद्ध प्रतिक्रिया' के रूप में उत्पन्न बतलाया है ('आधुनिक हिन्दी कविता की मुख्य प्रवृत्तियाँ', पृ० 118), जबकि छायावाद और प्रयोगवाद के बीच के सम्बन्ध-सूत्र का भी उन्हें आभास है। उन्होंने लिखा है कि प्रयोगवादी कवि वे थे, "जो छायावाद की वैयक्तिकता को हृदय के स्थान पर बुद्धि के धरातल पर स्वीकार कर आधुनिक जीवन के अनुरूप एक नवीन सौन्दर्य-बोध का दावा कर रहे थे और उसको अभिव्यक्ति प्रदान करने के लिए आधुनिक जीवन के नवीन उपकरणों को सभी प्रकार की रंगीन भावनाओं के संसर्ग से मुक्त कर मूर्त बिम्ब-रूप में अंकित करने के लिए व्यग्र थे।" (उपर्युक्त, पृ० 133)। छायावाद में वैयक्तिकता की जो भावना थी उसके दो रूप थे। एक रूप समाज-विरोधी नहीं था और दूसरा समाज-विरोधी था। वैयक्तिकता की भावना का यही समाज-विरोधी रूप छायावादोत्तर काल में बौद्धिक आवरण लेकर प्रयोगवाद के रूप में प्रकट हुआ था। चूँकि इसका मार्क्सवाद-विरोधी और पूँजीवाद-समर्थक राजनीतिक रूप उतना प्रकट नही था, इसलिए नगेन्द्र ने इसे साहित्यिक आन्दोलन समझा। छायावाद के बाद कवियों के जो दो वर्ग हो गये थे, उनमें पहला वर्ग प्रगतिवादी कवियों का था और दूसरा प्रयोगवादी कवियों का। नगेन्द्र ने लिखा है: "दूसरे वर्ग ने सामाजिक-राजनीतिक जीवन के प्रति जागरूक रहते हुए भी अपना साहित्यिक व्यक्तित्व बनाये रखा। उसने किसी राजनीतिक वाद की दासता स्वीकार नहीं की, वरन् काव्य की वस्तु और शैली-शिल्प को नवीन प्रयोगों द्वारा आज के अनेकरूप, अस्थिर, चिर-प्रयोगशील जीवन के उपयुक्त बनाने की ओर अधिक ध्यान दिया।" (उपर्युक्त, पृ० 117)। प्रगतिवाद और प्रयोगवाद का यह मूल्यांकन भी नगेन्द्र के प्रतिक्रियावादी साहित्य-चिन्तन के सर्वथा अनुरूप है।

नगेन्द्र ने छायावादी कवियों के अलावा अन्य जिन साहित्यकारों पर आलोचना लिखी है उनमें से प्रेमचन्द पर लिखी गयी उनकी आलोचना देखने योग्य है। उससे उनकी आलोचनादृष्टि पर अच्छा प्रकाश पड़ता है। हिन्दी के कुछ आलोचक इसके लिए लगातार प्रयत्न कर रहे हैं कि प्रेमचन्द को वर्ग-भावना से ऊपर दिखलाया जाये। उनका कहना है कि प्रेमचन्द की सहानुभूति इतनी व्यापक थी कि वह जमींदार और किसान तथा उद्योगपति और मजदूर यानी शोषक और शोषित सबों को लपेट लेती थी। शोषक-वर्ग के प्रति उनके मन में घृणा नहीं थी, यदि थी तो शोषण के प्रति। 'पाप से घृणा करो, पापी से नहीं' यह एक पूंजीवादी सिद्धान्त है जो पाप और उसे करनेवाले के बीच फर्क करके पूंजीपति-वर्ग की रक्षा करता है। प्रेमचन्द में हमें यह फर्क नहीं मिलता। वे

पराधीन भारत के पूरे शोषण-चक्र का चित्रण करते हैं जिसमें जमींदार भी अंग्रेजों के शोषण के शिकार हैं, लेकिन इसका मतलब यह नहीं है कि जमींदार-वर्ग के प्रति उनके मन में कोई सहानुभूति है। नगेन्द्र ने लिखा है : "प्रेमचन्द का सबसे प्रधान गुण है उनकी व्यापक सहानुभूति। उनके व्यक्तित्व का मानव-पक्ष अत्यन्त विकसित था। भारत की दीन-दुखी जनता, गाँव के अपढ़ और भोले किसान और शहर के शोषित मजदूर, निम्न वर्ग के वे असंख्य श्रम-श्रान्त-वर्ग, और वर्ण-व्यवस्था के शिकार नर-नारी तो उनके विशेष स्नेह-भाजन थे ही, परन्तु उनके अतिरिक्त अन्य वर्गों के प्राणी भी—उच्च वर्ग के राजा, उद्योगपति, जमींदार और हुक्काम, उधर मध्यवर्ग के व्यवसायी, नौकरी-पेशा लोग, समाज के पुराणपन्थी पण्डित-पुरोहित भी उनकी सहानुभूति से वंचित नहीं थे।" ('आस्था के चरण' पृ० 451)। प्रेमचन्द के व्यक्तित्व का मानव-पक्ष अत्यंन्त विकसित था इसीलिए उन्होंने जमींदारों, उद्योगपतियों, व्यावसायियों, अफसरों, पुलिसवालों और पण्डित-पुरोहितों पर कड़ी चोट की। यदि वे ऐसा न करके उनके प्रति भी सहानुभूति दिखलाते तो उनके मानव-पक्ष के अत्यन्त विकसित होने का कोई अर्थ ही नहीं होता। नगेन्द्र ने आगे यह कहते हुए कि प्रेमचन्द की चेतना "मानव के सभी भेदों से मुक्त" थी, अपने दृष्टिकोण का अच्छा इजहार किया है : "प्रगतिवादियों ने अपने मतवाद की सिद्धि के लिए व्यर्थ ही उन पर वर्ग-चेतना का आरोप कर दिया है। परन्तु वास्तव में वे इस दोष से सर्वथा मुक्त थे। उन्होंने पूंजीवादियों और जमींदारों के दोषों को क्षमा नहीं किया, किन्तु साथ ही, उनकी तकलीफ के प्रति भी वे निर्मम नहीं थे। सामाजिक और आर्थिक आवरण के नीचे आखिर पूंजीवादी भी तो मनुष्य है, जो उसी तरह दुख-दर्द का शिकार है जिस तरह मजदूर।" (उपर्युक्त, पृ० 450)। निश्चय ही प्रेमचन्द का 'मानव-पक्ष' इतना विकसित नहीं था कि वे पूंजीपति और मजदूर को समान मानते और उनके दुख-दर्द में कोई फर्क नहीं करते। नगेन्द्र ने लिखा है कि प्रेमचन्द में हमें वर्ग-संघर्ष नहीं मिलता। जब उनमें वर्ग-चेतना ही नहीं थी, तब वर्ग-संघर्ष कहाँ से आयेगा ! नगेन्द्र को संघर्ष से परहेज नहीं है। वे उस संघर्ष को पूरी छूट देने को तैयार हैं जो नैतिक और आध्यात्मिक संघर्ष होता है और जो व्यक्ति के मन के भीतर चला करता है। उन्हें विरोध उस सामाजिक-आर्थिक संघर्ष से है जो वर्गीय होता है और जिसमें शोषित-वर्ग संगठित होकर शोषक-वर्ग को सत्ता से उखाड़ फेंकता है। इसे उन्होंने मानव के प्रति मानव का घृणित संघर्ष कहा है और प्रेमचन्द को इससे परे बतलाया है : "संघर्ष जीवन का प्रबलतम साधन है। असत् को परास्त कर सत् की प्राप्ति के लिए संघर्ष करना जीवन का ध्येय है, परन्तु वर्ग-संघर्ष को—मानव के प्रति मानव के संघर्ष को—एक सर्वग्रासी सत्य मानकर उसको आकर्षक रंगों में

चित्रित करना और फिर सम्पूर्ण जीवन को उसी रंग में रँगकर देखना घातक अतिवाद है, जिसको प्रेमचन्द ने सदा ही सतर्कता से बचाया है।" (उपर्युक्त, पृ० 453)। और तो और, नगेन्द्र ने प्रेमचन्द के साहित्य के क्रान्तिकारी सार-तत्त्व को पूर्णतः भुलाकर उन्हें एक सुधारवादी दक्षिणपन्थी लेखक तक कह डाला है : "जनवाद के दो रूप हैं : एक दक्षिण पक्ष का जनवाद, जो जागरण-सुधारमूलक है; दूसरा वाम पक्ष का जनवाद, जो क्रान्तिमूलक है। अपने युग-धर्म के अनुकूल, युगपुरुष गाँधी के प्रभाव में, प्रेमचन्द ने जागरण-सुधारमूलक जनवाद को ही ग्रहण किया।" (उपर्युक्त, पृ० 455)। प्रेमचन्द पर सुधारवाद का असर था, लेकिन वे क्रमशः उससे मुक्त होते हुए क्रान्तिकारिता तक पहुँच गये थे। नगेन्द्र ने प्रेमचन्द के इस विकास पर जान-बूझकर पर्दा डालने की कोशिश की है। लेकिन वर्ग-भावना से मुक्त रहकर भी प्रेमचन्द श्रेष्ठ उपन्यास-कार नहीं बन पाये। इसका मुख्य कारण यह है कि वे सामाजिक-आर्थिक समस्याओं को लेकर उपन्यास लिखते थे और नैतिकता तथा विवेक को हमेशा साथ लिये रहते थे जिससे वे 'जीवन के अतल को स्पर्श' नहीं कर पाते थे, बीच में ही रुक जाते थे। नगेन्द्र के शब्दों में, "उनका उपन्यास मानव-जीवन की ऊपरी सतह को छूकर नहीं रह जाता, वह उसके भीतर प्रवेश करता है। परन्तु चूँकि उसकी दृष्टि बहिर्मुखी है, सामाजिक जीवन पर ही केन्द्रित रहती है, इसलिए उसकी भी तो पैठ सीमित माननी ही पड़ेगी। नीति और विवेक के प्राधान्य के कारण प्रेमचन्द का उपन्यास प्राण-चेतना के आर-पार नहीं देख पाता—विवेक को इसकी आवश्यकता ही नहीं पड़ती। विवेक की आँखें बीच में ही रुक जाती हैं, जीवन के अतल को स्पर्श नहीं कर पातीं।" (उपर्युक्त, पृ० 302)। उनकी दृष्टि में साहित्यकार 'जीवन के अतल' को तभी स्पर्श कर सकता है जबकि वह सामाजिक-आर्थिक समस्याओं से ऊपर उठकर और नैतिकता से मुक्त होकर आत्मा का साक्षात्कार करे। प्रेमचन्द ऐसा नहीं कर सके, क्योंकि "वे नैतिक मर्यादाओं की सीमाओं का अतिक्रमण कर मानवता के उस शुद्ध रूप का—जो सत्-असत् से परे है—शास्त्रीय शब्दावली में मानव की उस शुद्ध-बुद्ध आत्मा का, जो अपने सहज रूप में गुणातीत है, साक्षात्कार करने में असमर्थ हैं" (उपर्युक्त, पृ० 455) और "आत्मा की पीड़ा, जो जीवन और साहित्य में गम्भीर रस की सृष्टि करती है, उनके साहित्य की मूल प्रेरणा कभी नहीं बन पायी।" (उपर्युक्त, पृ० 457)।

नगेन्द्र व्यावहारिक आलोचना से धीरे-धीरे सैद्धान्तिक आलोचना की ओर चले गये हैं। काव्यशास्त्र और सौन्दर्यशास्त्र में उनकी दिलचस्पी बढ़ती गयी है। इधर 'भारतीय सौन्दर्यशास्त्र की भूमिका' और 'शैली विज्ञान' नामक उनकी जो दो पुस्तकें प्रकाशित हुई हैं, उनमें उनका विवेचन काफी सूक्ष्म है। उनकी

आलोचना व्यवस्थित है, लेकिन व्यावहारिक आलोचना में उन्होंने वाजपेयीजी से अधिक विकसित दृष्टि का परिचय नहीं दिया। उनकी शैली पर भारतीय और पाश्चात्य दोनों शैलियों का समान प्रभाव है।

डॉ० हजारीप्रसाद द्विवेदी (1907-1979)—मूलतः साहित्येतिहासकार और अनुसन्धायक हैं, पर उन्होंने कुछ आलोचना भी लिखी है। उनकी आलोचना सैद्धान्तिक भी है और व्यावहारिक भी। उनके इतिहास-ग्रन्थ 'हिन्दी साहित्य' में भी आलोचना के तत्व हैं। अपनी आलोचना से उन्होंने शुक्लजी के बाद की हिन्दी आलोचना को किसी हद तक प्रभावित भी किया है। ऐसी स्थिति में आलोचक के रूप में उनका उल्लेख आवश्यक है। जहाँ तक आलोचक के रूप में उनकी प्रवृत्ति का प्रश्न है, वे भी समन्वयवादी ही हैं, लेकिन वाजपेयीजी और नगेन्द्र से वे इस दृष्टि से भिन्न हैं कि उनकी मूल दिशा प्रतिक्रियावादी न होकर प्रगतिशील है।

'विचार और वितर्क' (प्रथम संस्करण) में संकलित एक निबन्ध में द्विवेदीजी ने घोषित किया है कि "हमारा परम लक्ष्य मनुष्यत्व है" और "मध्ययुग में जिस बात को अध्यात्म कहा करते थे वही वस्तुतः इस युग का मनुष्यत्व है।" (पृ० 198)। इससे यह स्पष्ट है कि यह मानव-समाज और मानव-जीवन उनके लिए सत्य है और मानवीय मूल्य उनके लिए सर्वोपरि हैं। उक्त पुस्तक के द्वितीय संस्करण में संकलित एक निबन्ध में द्विवेदीजी ने अपने मानवतावाद की रूपरेखा को और अधिक स्पष्ट किया है : "आज नाना स्वरों में वैचित्र्य-संवलित आकार धारण करके एक ही उत्तर मानव-चित्त की गम्भीरतम भूमिका से निकल रहा है : मानवतावाद ठीक है। पर मुक्ति किसकी ? क्या व्यक्ति मानव की ? नहीं। सामाजिक मानवतावाद ही उत्तम समाधान है। मनुष्य को, व्यक्ति मनुष्य को नहीं, बल्कि समष्टि मनुष्य को, आर्थिक, सामाजिक और राजनीतिक शोषण से मुक्त करना होगा।" (पृ० 92)। इतना ही नहीं, उन्होंने यह भी कहा है कि "अगली मानवीय संस्कृति मनुष्य की समता और सामूहिक मुक्ति की भूमिका पर खड़ी होगी" और "हमारी चित्तगत उन्मुक्तता पर एक नया अंकुश और बैठ रहा है—व्यक्ति मानव के स्थान पर समष्टि मानव का प्राधान्य।" (उपर्युक्त, पृ० 93)। यह अंकुश द्विवेदीजी के लिए पूर्णतः काम्य है, क्योंकि "उसने मनुष्य को अधिक व्यापक आदर्श और अधिक प्रभावोत्पादक उत्साह दिया है।" (उपर्युक्त)। 'हमारी साहित्यिक समस्याएँ' में संकलित एक निबन्ध में वे और आगे गये हैं और अपना मन्तव्य इन शब्दों में प्रकट किया है : "मेरा अपना विश्वास है कि एक समय आयेगा जब भारतवर्ष के सभी क्षेत्रों पर समाजवाद के किसी-न-किसी रूप का आधिपत्य होगा। उस दिन के लिए हमें अभी से तैयारी करनी होगी।" (पृ० 185)। लेकिन जैसा कि ऊपर संकेत किया गया

है, द्विवेदीजी में भी समन्वय की प्रवृत्ति विद्यमान है। यह बात हमें उनमें वहाँ देखने को मिलती है, जहाँ वे समाजवादी अर्थ-व्यवस्था और मध्यवर्गीय नैतिकता का समन्वय करना चाहते हैं। 'विचार-प्रवाह' में संकलित 'साहित्य का मर्म' शीर्षक अपने प्रसिद्ध निबन्ध में उन्होंने ऐसा संकेत किया है कि नैतिक उत्थान से ही समाजवादी अर्थ-व्यवस्था का निर्माण सम्भव है : "यन्त्रों के आविष्कार ने जहाँ जीवन की ऊपरी आवश्यकताओं की पूर्ति के लिए प्रचुर उत्पादन की व्यवस्था की है, वहाँ उससे वितरण और उपयोग की उतनी-ही अच्छी व्यवस्था नहीं हो सकी है। क्योंकि उत्पादन के साधन कुछ थोड़े-से लोगों के हाथों में चले गये हैं, उनके हथियाने में जिस बौद्धिक कौशल की आवश्यकता है, वह मनुष्य अनायास ही उचित अवसर मिलने पर पा जाता है। परन्तु उससे उत्पादित सामग्री को सब तक पहुँचाकर, सबके साथ मिलकर भोगने में जो मानसिक औदार्य और बौद्धिक निर्लिप्तता आवश्यक है, वह उतनी आसानी से नहीं मिलती।" (पृ० 153)। समाजवाद के निर्माण में विचारधारा का महत्त्व असन्दिग्ध है, पर यह मानना कि कला, साहित्य और धर्म से ही वह सम्भव है, निश्चय ही मध्यवर्गीय दृष्टिकोण है। द्विवेदीजी ने उपर्युक्त उद्धरण में जो बात संकेत से कही है, उसे वे इस प्रकार स्पष्ट करते हैं : "उत्पादन का बढ़ाना आवश्यक है, जीवन-स्तर को ऊँचा उठाने का प्रयत्न भी श्लाघ्य है, पर इतने से समस्या का हल नहीं हो जाता। तृष्णा वह आग है जिसके पेट में जितना ही झोंक दीजिए सब भस्म हो जायेगा। उस वस्तु की खोज होनी चाहिए जो मनुष्य को छोटे प्रयोजनों में बाँधने के बदले उसे प्रयोजनातीत सत्य की ओर उन्मुख करे। साहित्य और संगीत यही काम करते हैं, कला और सौन्दर्य उसे इसी ओर ले जाते हैं। नितान्त उपयोगिता की दृष्टि से भी विचार किया जाय तो मनुष्य-समाज की स्थिति के लिए सभ्यता और संस्कृति की रक्षा के लिए ही यह आवश्यक हो गया है कि मनुष्य अपने उस महान् उन्नायक धर्म की उपेक्षा न करे जो उसे क्षुद्रता और संकीर्णता से ऊपर उठाते हैं (?)।" (उपर्युक्त, पृ० 158)। लेकिन यह मध्यवर्गीय दृष्टिकोण द्विवेदीजी को यथार्थ से विमुख नहीं कर पाता और उनकी मूल दिशा प्रगतिशील बनी रहती है।

साहित्य के सम्बन्ध में द्विवेदीजी के विचार उनके उपर्युक्त विचारों के अनुरूप हैं। उन्होंने नितान्त सरल ढंग से कहा है : "साहित्य की सबसे बड़ी समस्या मानव-जीवन है। कभी-कभी इस प्रकार की बात की जाती है मानो साहित्य की रचना दस अन्य भले कामों की अपेक्षा कुछ भिन्न वस्तु है। वस्तुतः अगर साहित्य की रचना कोई भला काम है तो दस अन्य भले कामों के समान ही उसका लक्ष्य भी मनुष्य-जीवन को सुखी बनाना है। वह शास्त्र, वह रसग्रंथ, वह कला, वह नृत्य, वह राजनीति, वह समाज-सुधार और वह पूजापार्वण

जंजालमात्र हैं जिनसे मनुष्य का भला न होता हो!" ('विचार और वितर्क,' प्रथम संस्करण, पृ० 96)। ये पंक्तियाँ साहित्य से लगी परम्परागत दिव्य धारणा को तोड़ देती हैं, लेकिन इसका यह मतलब नहीं है कि द्विवेदीजी साहित्य और दूसरे भौतिक प्रयत्नों में कोई फर्क नहीं देखते। साहित्य उनके लिए भौतिक प्रयत्नों से भिन्न एक सांस्कृतिक वस्तु है। उनकी मान्यता है कि "प्रयोजन जहाँ समाप्त होता है वहीं कला शुरू होती है" (उपर्युक्त, द्वितीय संस्करण, पृ० 53), लेकिन यह उपर्युक्त मान्यता से दूर हटना नहीं है, क्योंकि उन्होंने आगे कहा है : "साहित्य का प्रयोजन मनुष्य को संकीर्णता और मोह से उठाकर उदार, विवेकी और सहानुभूतिपूर्ण बनाना है। यह प्रचलित अर्थ में प्रयोजन नहीं है क्योंकि स्थूल हानि-लाभ का इससे कोई सम्बन्ध नहीं है। परन्तु बृहत्तर अर्थ में यह भी है प्रयोजन ही।" (उपर्युक्त, पृ० 54)। इसी बात को उन्होंने अन्यत्र एक रूपक के सहारे कहा है: 'साहित्य प्रकाश का रूपान्तर है। कुछ आग केवल आँच पैदा करती है। जीवन के लिए उसकी भी आवश्यकता होती है। हमारे स्थूल जीवन के अनेक पहलू हैं। हमें नाना शास्त्रों की जरूरत होती है। परन्तु दीपशिखा स्थूल प्रयोजनों के लिए व्यवहृत होने योग्य आँच नहीं देती। वह प्रकाश देती है।" (उपर्युक्त, पृ० 121)। "कला कला के लिए है, साहित्य साहित्य के लिए है—इनका और कोई प्रयोजन नहीं है," इसके सम्बन्ध में द्विवेदीजी ने लिखा है : "इस कथन के दो अर्थ हो सकते हैं—एक तो यह कि जब साहित्य-लेखक साहित्य लिखने लगे तो उसे केवल साहित्य के नियमों और रूढ़ियों का ध्यान रखना चाहिए, दुनिया के और झमेलों में नहीं पड़ना चाहिए और दूसरा अर्थ यह हो सकता है कि लेखक मनुष्य को कल्याण की ओर ले जाने का प्रयत्न करे यह तो वांछनीय ही है। पर वह कल्याणवाद लेखक के लेख के ऊपर-ऊपर उतराता न रहे, बल्कि सरस भंगिमा के नीचे दबा रहे, प्रवाह में घुला रहे।" (उपर्युक्त, पृ० 242)। फिर उनका कहना है : "दूसरी व्याख्या अच्छी है परन्तु पहली व्याख्या गलत है; क्योंकि उसमें यह स्वीकार कर लिया गया है कि लेखक को इस बात की परवाह नहीं करनी चाहिए कि समाज बनता है या बिगड़ता है—या कम-से-कम समाज जैसा है वैसा ही इसे स्वीकार कर कुछ रस-सर्जना करते रहना चाहिए। यह गलत बात है।" (उपर्युक्त)। द्विवेदीजी की यह दृढ़ धारणा है कि "सामाजिक कर्तव्यों से विच्युत लिखाई अपना प्रतिवाद आप ही है।" (उपर्युक्त)। उन्होंने अन्यत्र भी कहा है कि "जो साहित्य अपने-आपके लिए ही लिखा जाता है उसकी क्या कीमत है, मैं नहीं जानता।" ('हमारी साहित्यिक समस्याएँ', पृ० 99)। द्विवेदीजी के इन विचारों से यह स्पष्ट है कि उनकी साहित्य-सम्बन्धी मान्यताओं पर आधुनिक युग का गहरा प्रभाव है। एक स्थान पर उन्होंने मध्ययुग के साहित्य से आधुनिक युग के साहित्य का

अन्तर बतलाते हुए लिखा है : "विभिन्न युगों में साहित्यिक साधनाओं के मूल में कोई-न-कोई व्यापक मानवीय विश्वास होता है। आधुनिक युग का यह व्यापक विश्वास मानवतावाद है। इसे मध्ययुग के उस मानवतावाद से घुला नहीं देना चाहिए जिसमें किसी-न-किसी रूप में यह स्वीकार किया गया था कि मनुष्य जन्म दुर्लभ है और भगवान अपनी सर्वोत्तम लीलाओं का विस्तार नर-रूप धारण करके ही करते हैं। नवीन मानवतावादी विश्वास की सबसे बड़ी बात है, इसकी ऐहिक दृष्टि और मनुष्य के मूल्य और महत्त्व की मर्यादा का बोध।" ('विचार और वितर्क', द्वितीय संस्करण, पृ० 90)।

द्विवेदीजी ने साहित्य के प्रभाव की चर्चा बहुत ही स्पष्ट शब्दों में की है। यहाँ उनके साहित्य-सम्बन्धी विचारों की प्रगतिशीलता और अच्छी तरह से दिखलायी पड़ती है। द्विवेदीजी का कहना है : "अब शब्द और अर्थ की केवल एक-दूसरे से होड़ मचानेवाली सुन्दरता को ही, जिसे प्राचीन पण्डित 'परस्पर-स्पर्द्धि चारुता' कहा करते थे, हम साहित्य नहीं कहते बल्कि उस सुन्दरता से उत्पन्न होनेवाले प्रभावों की भी बात सोचते हैं।" (उपर्युक्त, पृ० 49)। उनकी विशेषता यह है कि वे प्रभाव-मात्र की बात नहीं करते, बल्कि विशेष प्रकार के प्रभाव की बात करते हैं। इसका कारण यह है कि वे इस तथ्य से परिचित हैं कि साहित्य केवल अच्छे प्रभाव की ही सृष्टि नहीं करता, बल्कि बुरे प्रभाव की भी सृष्टि करता है। उन्होंने लिखा है : "संसार के कई देशों ने अपनी जातीय श्रेष्ठता प्रतिपादित करने के उद्देश्य से साहित्य लिखा है और कोमल बुद्धिवाले युवकों की बुद्धि विषाक्त बना दी है। इसका परिणाम संसार को भोगना पड़ रहा है।" (उपर्युक्त, पृ० 53)। द्विवेदीजी समाज में सक्रिय प्रगतिशील और प्रतिक्रियावादी शक्तियों को पहचानते हैं, भले किंचित् अस्पष्ट रूप में, और साहित्यकारों से प्रगतिशील शक्तियों को सबल बनाने का आग्रह करते हैं : "छोटा लेखक हो या बड़ा, समाज के प्रति उसका उत्तरदायित्व यही है। उसे संसार की वर्तमान समस्याओं को ठीक-ठीक समझना चाहिए और शान्त चित्त से सोचना चाहिए कि मनुष्य को मनुष्यत्व के लक्ष्य तक ले जाने में कौन-कौन-सी शक्तियाँ सहायक हैं और कौन-कौन-सी बाधक। फिर उसे सहायक शक्तियों के प्रति सहानुभूति उत्पन्न करनी चाहिए और बाधक तत्वों के प्रति विरक्ति।" (उपर्युक्त, पृ० 241)। 'साहित्य का नया रास्ता' शीर्षक अपने निबन्ध में द्विवेदीजी ने प्रगतिशीलता के नये मार्ग की ओर संकेत करते हुए दृढ़ शब्दों में यह कहा है कि "अगर मनुष्य-जाति को वर्तमान दुर्गति से बचना है तो इस मार्ग पर चलने के सिवा और कोई उपाय नहीं है।" ('हमारी साहित्यिक समस्याएं,' पृ० 174)। शोषित-पीड़ित जनों के उद्धार को वे साहित्य का सबसे बड़ा लक्ष्य मानते हैं और साहित्य के सभी प्रश्नों का उत्तर वे उन्हीं को ध्यान में रखकर प्राप्त करने

पर बल देते हैं। साहित्यकारों से उन्होंने कहा है : "आप क्या लिखेंगे, कैसे लिखेंगे और किस भाषा में लिखेंगे, इन प्रश्नों का निर्णय इन्हीं की ओर देखकर कीजिए।" ('अशोक के फूल', पृ० 175)। द्विवेदीजी साहित्य में यथार्थ-चित्रण पर बल देते हैं, लेकिन उनका यथार्थ प्रकृतवादी किस्म का सतही और असीमित यथार्थ नहीं है। उन्होंने लिखा है : "यह नहीं समझना चाहिए कि जीवन का ज्यों-का-त्यों छायाचित्र ही साहित्य होता है। कलाकृति में कुछ सुचिन्तित प्रयत्न होते हैं। कलाकार जीवन के सैकड़ों व्यापारों में से कुछ को चुनता है और एक निश्चित उद्देश्य से उनकी योजना करता है।" ('विचार और वितर्क,' द्वितीय संस्करण, पृ० 81)। लेखन की सामाजिकता को कुछ साहित्यकार अपनी मौलिकता का हनन मानते हैं और व्यक्ति-वैचित्र्य पर बल देते हैं। द्विवेदीजी का इस सम्बन्ध में कहना है : "इस बात को अस्वीकार नहीं किया जा सकता, साहित्य की मौलिकता लेखक के व्यक्तित्व के साथ घनिष्ठ भाव से सम्बद्ध है, परन्तु इसे भी नहीं अस्वीकारा जा सकता कि अनियन्त्रित व्यक्तित्व, जो सामाजिक और परम्परागत सामूहिक व्यक्तित्व से असम्बद्ध और प्रतिकूलगामी होता है, वह दुनिया के किसी काम नहीं आ सकता...।" ('विचार प्रवाह,' पृ० 100)। साहित्य के सम्बन्ध में द्विवेदीजी की धारणा शुद्धतावादी नहीं है। उन्होंने साफ-साफ लिखा है : "साहित्य का कारबार मनुष्य के समूचे जीवन को लेकर है। जो लोग आज भी यह सोचते हैं कि साहित्य के लिए कुछ खास-खास विषय ही पढ़ने के हैं वे बड़ी गलती करते हैं। आज की जनता की दुर्दशा को यदि आप सचमुच ही उखाड़ फेंकना चाहते हैं तो आप चाहे जो भी मार्ग लें, राजनीति से अलग होकर नहीं रह सकते, अर्थनीति की उपेक्षा नहीं कर सकते और विज्ञान की नयी प्रवृत्तियों से अपरिचित रहकर कुछ भी नहीं कर सकते। साहित्य केवल बुद्धि-विलास नहीं है। वह जीवन की वास्तविकता की उपेक्षा कर सजीव नहीं रह सकता।" ('अशोक के फूल,' पृ० 188-89)। लेकिन इन सारी बातों के साथ यह भी सही है कि द्विवेदीजी जिसे 'मनुष्यता' कहते हैं और जो उनकी दृष्टि में साहित्य का परम साध्य है, कभी-कभी वे उसे व्यक्तित्व प्रदान कर इस कदर प्रभामण्डित कर देते हैं कि वह रहस्यवादी 'ब्रह्म' का प्रतिरूप हो जाता है। 'विचार-प्रवाह' के 'मानव-सत्य' शीर्षक निबन्ध में ही उन्होंने लिखा है : "जिस काव्य या नाटक या उपन्यास के पढ़ने से मनुष्य में अपने छोटे संकीर्ण स्वार्थों के बन्धन से मुक्त होने की प्रेरणा नहीं मिलती तथा 'महान् एक' की अनुभूति के साथ अपने-आपको दलित द्राक्षा के समान निचोड़कर 'सर्वस्य मूल निषेचनं' के प्रति तीव्र आकांक्षा नहीं जाग उठती, वह काव्य और वह नाटक और वह उपन्यास दो कौड़ी के मोल का भी नहीं है।" (पृ० 213)। यह निश्चय ही द्विवेदीजी पर रवीन्द्रनाथ के प्रभाव की देन है, लेकिन

जैसा कि संकेत किया जा चुका है, रहस्यवाद द्विवेदीजी की मूल दिशा नहीं है।

कुछ विद्वानों ने द्विवेदीजी के सम्बन्ध में इस धारणा का प्रचार किया है कि वे परम्परावादी और 'धाराप्रवाहवादी' इतिहासकार हैं। तात्पर्य यह कि वे साहित्य को परम्परा का विकास-मात्र मानते हैं और परिवेश—सामाजिक-आर्थिक परिस्थितियों—के साथ उसका कोई सम्बन्ध स्वीकार नहीं करते। यह बात सही नहीं है। सही यह है कि द्विवेदीजी परम्परा और परिवेश, इन दोनों के योग से साहित्य की रचना को सम्भव मानते हैं। उन्होंने हिन्दी साहित्य के इतिहास के बारे में लिखा है : "यह प्राणधारा अपनी पारिपार्श्विक अवस्थाओं से विच्छिन्न और स्वतन्त्र नहीं है।" ('विचार और वितर्क', प्रथम संस्करण, पृ० 93)। उनकी मान्यता वस्तुतः यह है : "मनुष्य केवल उत्तराधिकार में ही ऐसा विचार नहीं पाता जिसको अग्रसर करना या समृद्ध करना उसका कर्तव्य और दायित्व होता है। वह पार्श्ववर्ती मनुष्य की चिन्ताधारा से प्रभावित होता है।" (उपर्युक्त, द्वितीय संस्करण, पृ० 238)। द्विवेदीजी के सम्बन्ध में गलत धारणा उनके विचारों को समग्रता में नहीं देखने के कारण बनी है। उन्होंने भक्तिकाल के बारे में कहा है : "यह ध्यान देने की बात है कि दक्षिण से जो भक्ति की धारा उत्तर भारत में आयी थी, वह सर्वत्र एक ही समान नहीं बनी रही। बंगाल में उसने एक रूप धारण किया, गुजरात में दूसरा और युक्तप्रान्त में तीसरा। इसका कारण यह है कि मूल धारा जिस प्रदेश में पहुँची वहाँ की सामाजिक परिस्थिति के अनुसार विशेष रूप में परिवर्तित हो गयी। इस प्रकार सूरदास में वह धारा एक रूप में दृष्ट हुई, तुकाराम में दूसरे में। इसी समय पश्चिम के सूफी मत की एक साधना-पद्धति भी इसी देश में आयी थी और वह इस देश के कबीर आदि में एक स्वतन्त्र रूप धारण कर गयी।" ('सूर-साहित्य', पृ० 63-64)। भक्तिकाल की तरह ही रीतिकाल को भी द्विवेदीजी तत्कालीन परिस्थितियों से सम्बद्ध मानते हैं। मुगल-काल में सामन्ती व्यवस्था ह्रास को प्राप्त हो रही थी, क्योंकि उसमें सामन्ती-वर्ग और कृषक-वर्ग का अन्तर्विरोध अपनी सीमा पर पहुँचने लगा था। द्विवेदीजी ने इस अन्तर्विरोध की चर्चा 'व्यवधान' के रूप में करते हुए रीतिकाल को ह्रासोन्मुख सामन्ती व्यवस्था की ही देन बतलाया है : "मुगलकाल में यह व्यवधान अपनी चरम सीमा पर पहुँच गया, और उसके अन्तिम दिनों में जब वह व्यवस्था निष्प्राण हो गयी तो उस व्यवधान को जिला रखने के लिए एक बड़ा-सा ढाँचा ही खड़ा रह गया। रीतिकाल इसी बाहरी ढाँचे का प्रकाश है। इसका पोषण सामन्ती व्यवस्था से हो रहा था। परन्तु इस व्यवस्था की रीढ़ मकड़ चुकी थी और उससे जीवन का रस बहुत थोड़ा खिर पाता था।" ('हिन्दी साहित्य', पृ० 298)। आधुनिक काल के मूल में द्विवेदीजी ने स्पष्टतः परम्परा से अधिक तत्कालीन परिस्थितियों को

देखा है और कहा है : "ऐसे प्रयत्न हमने देखे हैं जो रीतिकाल के अन्तिम भग्नावशेषों में ही आधुनिक विचारों के बीज खोजने की दुःसाध्य साधना से अनुप्राणित हैं। सच्चाई यह है कि नवीन मानवता और उसके गर्भ से उन्मुक्त विचारधारा, जो आधुनिक साहित्य का मूल अंश है, एकदम नयी परिस्थितियों की उपज है और उसे हमने उत्तराधिकार के रूप में नहीं बल्कि पार्श्ववर्ती विचारों के सम्पर्क स्थापन के कारण मिले (?) हैं।" ('विचार और वितर्क', द्वितीय संस्करण, पृ० 238)। 'हिन्दी साहित्य' में उन्होंने छायावाद को भारतीय स्वाधीनता-आन्दोलन की अभिव्यक्ति बतलाया है : "इस महान् आन्दोलन ने भारतीय जनता के चित्त को बन्धनमुक्त किया। यही बन्धनमुक्त चित्त काव्यों, नाटकों और उपन्यासों में नाना भाव से प्रकट हुआ। परन्तु काव्य में वह जिस रूप में व्यक्त हुआ वह कुछ काल तक अपरिचित जैसा लगा।" (पृ० 451)। यहाँ काव्य से द्विवेदीजी का मतलब छायावादी काव्य से है। इस प्रकार यह समझना भ्रान्तिपूर्ण है कि द्विवेदीजी साहित्य को परम्परा का विकास-मात्र मानते हैं और परिवेश से उसका सम्बन्ध स्वीकार नहीं करते।

ऐसी बात नहीं है कि द्विवेदीजी साहित्य के सम्बन्ध में कुछ और विचार रखते हैं और कविता के सम्बन्ध में कुछ और। विधा के रूप में कविता की अपनी विशेषताएँ हैं, पर चूँकि वह साहित्य का ही एक प्रकार है इसलिए साहित्य की मूल बातें उस पर भी लागू होती हैं। द्विवेदीजी ने अलग से कविता पर विचार कर उसकी सामान्य साहित्यिक विशेषताएँ और उसकी निजी विशेषताएँ, इन दोनों का निर्देश किया है। उन्होंने साफ-साफ शब्दों में कहा है कि "कवि है इस दुनिया का ही जीव" और "वह जिन वस्तुओं से अपना काव्य रचता है वह भी इस दुनिया की ही होती हैं...।" ('साहित्य-सहचर', पृ० 46)। ऐसी बात नहीं है कि कवि इस संसार से केवल अपनी कविता का उपादान प्राप्त करता है और उसका लक्ष्य इस संसार से परे का होता है। इस संसार के तथ्यों से कविता का घनिष्ठ सम्बन्ध होता है; वह उसी से निर्मित और उसी को निवेदित होती है। द्विवेदीजी ने साहित्य और अन्य ललित कलाओं के बारे में लिखा है : "वे तथ्य के पात्र में सुरक्षित भाव को ही आस्वाद्य योग्य बनाते हैं।" ('विचार-प्रवाह', पृ० 203)। जब कविता का इस ससार से इतना घनिष्ठ सम्बन्ध है तब स्वभावतः इस संसार को समझने और बेहतर बनानेवाली दूसरी विद्याओं से भी उसका घनिष्ठ सम्बन्ध अपेक्षित होगा। द्विवेदीजी कविता को 'स्वर्गीय कुसुम' कदापि नहीं समझते और कहते हैं : "आधुनिक कविता को अगर आप हिन्दी में देखना चाहते हैं तो पहले विज्ञान, संस्कृति, इतिहास, मनोविज्ञान, तर्कशास्त्र, समाजविज्ञान आदि को देखने की इच्छा प्रकट कीजिए", क्योंकि "ये शास्त्र ही कवि के दिमाग को उर्वर बनाते हैं।"

('हमारी साहित्यिक समस्याएँ', पृ० 112)। जाहिर है कि कविता के सम्बन्ध में ऐसी उपयोगितावादी दृष्टि रखनेवाला आलोचक कविता को वर्ग-विशेष के पाठकों तक सीमित नहीं रखना चाहेगा। द्विवेदीजी कविता को चन्द परिष्कृत रुचिवाले लोगों की ही वस्तु मानने का विरोध करते हुए कहते हैं : "जिससे केवल थोड़े से सुसंस्कृत लोग ही आनन्द अनुभव कर सकें, उस काव्य में कोई ऐसी त्रुटि होगी जो गुण के नाम पर चल रही है।" ('विचार-प्रवाह', पृ०131)। लेकिन इसका मतलब यह नहीं है कि द्विवेदीजी इस सीमा तक उपयोगितावादी हैं कि वे दूसरी उपयोगी वस्तुओं और कविता में कोई फर्क ही नहीं समझते। साहित्य के प्रयोजन के सम्बन्ध में उनके विचारों का हवाला ऊपर दिया जा चुका है। कविता को वे प्रयोजनातिरिक्त मानते हैं। उनका कहना है : "कविता का क्षेत्र वहाँ से आरम्भ होता है जहाँ दुनियावी प्रयोजन की सीमा समाप्त हो जाती है। इसका मतलब यह नहीं कि कविता निष्प्रयोजन वस्तु है। इसका मतलब सिर्फ यह है कि कविता उस आनन्द का प्रकाश है जो प्रयोजन की संकीर्ण सीमा के अतिरिक्त होता है। वह प्रयोजन को छोड़कर नहीं रह सकता पर प्रयोजन के अतिरिक्त है।" ('साहित्य-सहचर', पृ० 42)। नैतिक और सामाजिक प्रयोजन से युक्त कविता कौशल-मात्र नहीं हो सकती। ऐसी कविता में रस का होना नितान्त आवश्यक होगा, क्योंकि बिना उसके कविता पाठकों पर गहरा प्रभाव नहीं डाल सकती। स्वभावतः द्विवेदीजी ऐसा मानते हैं कि "काव्य केवल कौशल नहीं है" ('विचार-प्रवाह', पृ० 129) और "रस-ध्वनि ही काव्य का प्राण है।" ('साहित्य-सहचर', पृ० 46)। छन्द उनकी दृष्टि में कविता के लिए विशेष महत्त्वपूर्ण वस्तु हैं, क्योंकि "छन्दोहीन भाषा में कल्पना और सम्मूर्तन तो हो सकते हैं, पर आवेग का कम्पन नहीं होता।" ('विचार और वितर्क', द्वितीय संस्करण, पृ० 231)। आधुनिक साहित्यिक विचारक कविता के लिए छन्द को आवश्यक नहीं मानते। उनकी दृष्टि में बिम्ब के आधार पर छन्दरहित कविता भी सफल हो सकती है। द्विवेदीजी का मत इस सम्बन्ध में सुचिन्तित और अनुभव पर आधारित है। बिम्ब के द्वारा कविता में विषय-वस्तु का 'सम्मूर्तन' हो सकता है, पर उसमें आवेग का वह कम्पन नहीं उत्पन्न हो सकता जो उसमें छन्द के द्वारा उत्पन्न होता है। छन्द के सम्बन्ध में उन्होंने दूसरी महत्त्वपूर्ण बात यह लिखी है कि छन्द एक हृदय को दूसरे से जोड़ देता है : "छन्द व्यक्ति-विशेष की पृथक् भूता शक्ति का परिचायक नहीं है" और "वह एक समूहगत शक्ति है, एक चित्त के अनुभव को अनेक चित्तों में अनायास संचारित करनेवाला महान् साधन है।" ('विचार-प्रवाह', पृ० 165-66)। लेकिन यहाँ पुनः यह कह देना आवश्यक है कि द्विवेदीजी में रह-रहकर रहस्यवादी आग्रह झाँक उठता है और वे साहित्य और कला की रहस्यवादी

व्याख्या करने की कोशिश करते हैं। कविता के बारे में भी उन्होंने लिखा है : "काव्य में, शिल्प में, नृत्य में, गीत में, धर्म में, भक्ति में मनुष्य उस अपार भूमा का रस पाता है जो उसे प्रयोजनों की संकीर्ण दुनिया से उठाकर असीम में प्रतिष्ठित करता है। तभी वह उपनिषद् के ऋषि की भाषा में कह उठता है—"भूमैव सुखं नाल्ये सुखमस्ति।" (उपर्युक्त, पृ० 157)। एक बार कविता के प्रयोजन को मूलतः लौकिक बतलाकर फिर उसे अलौकिक बतलाना यह द्विवेदीजी की समन्वयवादी प्रवृत्ति की सूचना देता है। द्विवेदीजी की मान्यता वस्तुतः यह मालूम पड़ती है : कविता का प्रयोजन लौकिक भी है और अलौकिक भी; और 'अलौकिक' किसी भिन्न अर्थ में नहीं, बल्कि अपने प्रचलित और स्वीकृत अर्थ में। लेकिन जैसा कि ऊपर संकेत किया जा चुका है, द्विवेदीजी मूलतः प्रगतिशील विचारक हैं, इसलिए अलौकिक भूमि से लौकिक भूमि पर आते उन्हें देर नहीं लगती।

आलोचना का काम रचना की केवल व्याख्या करना है या, उसका मूल्यांकन भी, यह आरम्भ से ही विवाद का विषय रहा है। द्विवेदीजी व्याख्यात्मक आलोचना का जिक्र करने के बाद कहते हैं : "इस समालोचना के बाद भी इस बात की जरूरत रह जाती है कि समालोचक नहीं तो कोई और ही बतावे कि किस कवि से समाज को क्या लाभ-हानि है, अर्थात समाज के लिए कौन कितना उत्कृष्ट या अपकृष्ट है ?" ('विचार और वितर्क', प्रथम संस्करण, पृ० 20)। तात्पर्य यह कि वे व्याख्यात्मक आलोचना को पर्याप्त नहीं समझते हैं और रचना के मूल्यांकन को आवश्यक मानते हैं। उन्होंने आगे आलोचकों के प्रति इस बात के लिए क्षोभ प्रकट किया है कि "अब भी कवि या काव्य को अपने-आप में ही सम्पूर्ण समझने की प्रवृत्ति एकदम गयी नहीं है।" (उपर्युक्त, पृ० 31)। आज साहित्य की आलोचना के लिए अनेक नये प्रतिमानों की आवश्यकता है, क्योंकि आज आलोचना की सारी माँगें प्राचीन काव्यशास्त्र या आलोचनाशास्त्र पूरी नहीं कर सकता। द्विवेदीजी का मत इस सम्बन्ध में एकदम स्पष्ट है। वे संस्कृत के लक्षण-ग्रन्थों को अपर्याप्त मानते हुए आलोचना के नये प्रतिमानों की आवश्यकता की ओर संकेत करते हैं : "हमारे विद्यार्थी के चित्त में ये लक्षण-ग्रन्थ और काव्य एक विशेष प्रकार का संस्कार पैदा करते हैं। आधुनिक युग के सब प्रयत्न उस संस्कार के द्वारा ठीक-ठीक समझे नहीं जा सकते।" ('विचार-प्रवाह', पृ० 143)।

हिन्दी के दो कवियों पर द्विवेदीजी ने स्वतन्त्र पुस्तकें लिखी हैं। उनमें से एक कवि हैं सूरदास और दूसरे कवि हैं कबीरदास। सूरदास पर द्विवेदीजी की 'सूर-साहित्य' नामक पुस्तक उनकी पहली पुस्तक है, जो सम्भवतः सन् 1930 ई० में लिखी गयी थी। इस पुस्तक में अनुसन्धान के तत्त्व प्रमुख

हैं और आलोचना के तत्त्व नितान्त अविकसित अवस्था में हैं। कबीरदास पर द्विवेदीजी की 'कबीर' नामक पुस्तक सन् 1941 ई० में पहली बार प्रकाशित हुई थी। इस पुस्तक में भी अनुसन्धान के तत्त्व प्रमुख हैं, पर जो आलोचना के तत्त्व हैं, वे अविकसित अवस्था में नहीं हैं। कबीरदास के सम्बन्ध में आचार्य रामचन्द्र शुक्ल ने कहा था : "इसमें कोई सन्देह नहीं कि कबीर ने ठीक मौके पर जनता के उस बड़े भाग को सँभाला जो नाथपन्थियों के प्रभाव से प्रेमभाव और भक्तिरस से शून्य और शुष्क पड़ता जा रहा था। उनके द्वारा यह बहुत ही आवश्यक कार्य हुआ। इसके साथ ही मनुष्यत्व की सामान्य भावना को आगे करके निम्न श्रेणी की जनता में उन्होंने आत्म-गौरव का भाव जगाया और उसे भक्ति के ऊँचे से ऊँचे सोपान की ओर बढ़ने के लिए बढ़ावा दिया।"('हिन्दी-साहित्य का इतिहास', पृ० 56)। तात्पर्य यह कि उन्होंने कबीरदास को मूलतः भक्त माना, योगी नहीं। 'कबीर' में द्विवेदीजी की मूल स्थापना यही है कि कबीरदास मूलतः भक्त थे योगी नहीं। उन्होंने कहा है : "कबीरदास योगियों के द्वारा प्रभावित तो बहुत हैं, पर वे स्वयं वही नहीं हैं जो योगी है। हम यहाँ फिर एक बार कहते हैं कि कबीरदास योगिक क्रियाओं को भी बाह्य आचार ही मानते थे।" ('कबीर', पृ० 93)। इसके बाद वे कबीरदास के बारे में पुनः कहते हैं : "उनका केन्द्रीय विचार भक्ति था। वे भक्ति को प्रधान मानते थे। उसके रहने पर बाह्याचार का होना न होना गौण बात है।" (उपर्युक्त, पृ० 135)। यह भक्ति कबीरदास को रामानन्द से प्राप्त हुई थी। उन्होंने यहाँ तक लिखा है कि "यह बात कुछ असम्भव नहीं कि रामानन्द के प्रभाव में जाने के पूर्व उन्होंने ऐसे बहुत-से पद लिखे हों जिनमें योग-सम्प्रदाय की परम्परा-प्राप्त अक्खड़ता ही परिलक्षित होती हो और भक्ति-रस का लेश भी न हो" और "जिस दिन से महागुरु रामानन्द ने कबीर को भक्ति-रूपी रसायन दी उस दिन से उन्होंने सहज-समाधि की दीक्षा ली, आँख मूँदने और कान सूँधने के टण्टे को नमस्कार कर लिया, मुद्रा और आसन की गुलामी को सलामी दे दी।' (उपर्युक्त, पृ० 151)। लेकिन कबीरदास रूपातीत भगवान के उपासक थे। द्विवेदीजी ने स्वयं इस तरह का प्रश्न उठाया है कि क्या ऐसा रूपातीत भगवान् भक्ति का विषय हो सकता है ? इसका उत्तर उन्होंने यह दिया है कि "अद्वैत-भावना भक्ति के मार्ग में बाधक नहीं है—इसके प्रमाण हैं तुलसीदास, शंकराचार्य और अन्यान्य बहुतेरे शैव और तान्त्रिक साधक।" (उपर्युक्त, पृ० 144)। चूँकि कबीर भक्त थे, इसलिए उन्होंने इस संसार को माया नहीं समझा। द्विवेदीजी के शब्दों में "भक्त कबीर ने इस इतने बड़े विश्व-व्यापार को निरर्थक नहीं समझा। उन्होंने उसे इस असीम प्रियतम की लीला का उन्मेषयिता माना है।" (उपर्युक्त, पृ० 213)। कबीरदास के कविरूप को उन्होंने प्रयत्न द्वारा निर्मित नहीं, बल्कि

'घलुए में मिली हुई वस्तु' कहा है। उनका कहना है : "कबीर ने कविता लिखने की प्रतिज्ञा करके अपनी बातें नहीं कही थीं। उनकी छन्दोयोजना, उक्ति-वैचित्र्य और अलंकारविधान पूर्ण रूप से स्वाभाविक और अयत्नसाधित हैं।" (उपर्युक्त, पृ० 217)। शुक्लजी ने भी कबीरदास की यह कहकर प्रशंसा की थी कि "यद्यपि वे पढ़े-लिखे न थे पर उनकी प्रतिभा बड़ी प्रखर थी जिससे उनके मुँह से बड़ी चुटीली और व्यंग्यचमत्कारपूर्ण बातें निकलती थीं।" ('हिं० सा० इ०', पृ० 68)। द्विवेदीजी ने कबीरदास की व्यंग्योक्तियों में निहित शक्ति का कारण ढूँढ़ने की चेष्टा की है। उन्होंने लिखा है कि कबीरदास की जो उक्तियाँ 'पण्डित' और 'शेख' को लक्ष्य करके रचित हैं, उनमें व्यंग्यात्मक आक्रमण की अधिक क्षमता है। इसका कारण यह है कि चूँकि उन्होंने 'पण्डित' और 'शेख' के ज्ञान-भण्डार को सूक्ष्मता के साथ नहीं देखा था इसलिए वे उनकी तरफ से लापरवाह थे और उन पर सीधी चोट करते थे। द्विवेदीजी के शब्दों में, "इस लापरवाही के कारण ही इन आक्रमणों में एक सहज भाव और एक जीवन्त काव्य मूर्तिमान् हो उठा है। यही लापरवाही कबीर के व्यंग्यों की जान है।" (उपर्युक्त, पृ० 164)। चूँकि कबीरदास योगियों के सिद्धान्त और उनकी क्रिया, दोनों से अच्छी तरह परिचित थे इसलिए वे उनकी आलोचना सावधानी के साथ करते थे। इससे योगियों को लक्ष्य करके रची गयी उनकी उक्तियाँ उतनी जोरदार नहीं हैं। कबीरदास की कविता जितनी विलक्षण है, उनकी कविता की भाषा भी उतनी ही विलक्षण है। द्विवेदीजी ने उनकी कविता की भाषा के बारे में यह टिप्पणी की है : "भाषा पर कबीर का जबरदस्त अधिकार था। वे वाणी के डिक्टेटर थे। जिस बात को उन्होंने जिस रूप में प्रकट करना चाहा है उसे उसी रूप में भाषा से कहलवा लिया है—बन गया है तो सीधे-सीधे नहीं तो दरेरा देकर। भाषा कुछ कबीर के सामने लाचार-सी नजर आती है।" (उपर्युक्त, पृ० 216)।

अपने इतिहास-ग्रन्थ 'हिन्दी साहित्य' में द्विवेदीजी ने हिन्दी के नये-पुराने अन्य कवियों पर भी आलोचनात्मक टिप्पणियाँ की हैं। इसके अलावा उन्होंने विभिन्न कालों की काव्य-प्रवृत्तियों के सम्बन्ध में भी अपने विचार प्रकट किये हैं। द्विवेदीजी की यह आलोचना शुक्लजी की आलोचना से बहुत मिलती-जुलती है। इससे हिन्दी साहित्य के इतिहास का शुक्लजी द्वारा किया गया मूल्यांकन पुष्ट हुआ है। शुक्लजी ने जायसी के 'पदमावत' को 'अन्योक्ति' माना था, क्योंकि उसे "पढ़ते समय कथा के अप्रस्तुत होने की धारणा किसी पाठक को हो नहीं सकती।" ('जायसी ग्रन्थावली'; पृ० 55)। द्विवेदीजी भी इसी निष्कर्ष पर पहुँचे हैं। उन्होंने लिखा है कि "जायसी ने अपने प्रबन्ध-काव्य में समासोक्ति-पद्धति का प्रयोग किया है" और ' पद्मावत का कवि रूपक-निर्वाह के लिए

प्रतिज्ञा-बद्ध नहीं है ।" ('हिन्दी साहित्य', पृ० 275) । कृष्ण-भक्ति शाखा के कवियों के बारे में शुक्लजी के ये विचार थे : "कृष्णभक्त कवि अधिकतर फुटकल शृंगारी पदों की रचना में ही लगे रहे । उनकी रचनाओं में न तो जीवन के अनेक गम्भीर पक्षों के मार्मिक रूप स्फुरित हुए, न अनेकरूपता आयी।" ('हि० सा० इ०', पृ० 136) । द्विवेदीजी के विचार भी ऐसे ही हैं : "जीवन केवल प्रेमनिष्ठा तक ही सीमित नहीं, यह केवल उसका एक पक्ष है । मनुष्य को पूर्ण रूप से सजग बनाने के लिए ऐसे साहित्य की आवश्यकता होती है, जो उसको कर्त्तव्य-पथ पर चालित करे और जीवन के प्रत्येक संघर्ष में विजयी होने की उमंग संचारित करे । कृष्णभक्ति के साहित्य ने दूसरे पक्ष को क्रमशः गौण किया है और अंत तक एकदम भुला दिया है ।" ('हिन्दी साहित्य', पृ० 214)। केशवदास की आलोचना में भी द्विवेदीजी ने शुक्लजी से पूर्ण सहमति प्रकट की है और लिखा है कि "कवि को जिस प्रकार संवेदनशील और प्रेषण-धर्मवाला हृदय मिलना चाहिए वैसा केशवदास को नहीं मिला था ।" (उपर्युक्त, पृ० 247) । रीतिकाव्य के बारे में शुक्लजी ने लिखा था : "प्रकृति की अनेकरूपता, जीवन की भिन्न-भिन्न चिन्त्य बातों तथा जगत् के नाना रहस्यों की ओर कवियों की दृष्टि नहीं जाने पायी । वह एक प्रकार से बद्ध और परिमित-सी हो गयी । उसका क्षेत्र संकुचित हो गया । वाग्धारा बँधी हुई नालियों में ही प्रवाहित होने लगी जिससे अनुभव के बहुत-से गोचर और अगोचर विषय रस-सिक्त होकर सामने आने से रह गये ।" ('हि० सा० इ०', पृ० 205) । रीतिकाव्य वस्तुतः ह्रासोन्मुख काव्य था । द्विवेदीजी ने उसके बारे में भिन्न शब्दावली में प्रायः शुक्लजी की ही बात दुहरायी है : "उसका आधार-फलक (कैनवास) सीमित, संकुचित और सँकरा है । जीवन के मूल प्रश्नों से उसका सम्बन्ध बहुत थोड़ा है । जीवन की वास्तविक जटिलताओं के साथ सामना करने के लिए जिस प्रकार का वैयक्तिक साहस और सामाजिक मंगल का मनोभाव आवश्यक है, वह इसमें नहीं है और न शृंगारभावना को जीवन का सबसे बड़ा लक्ष्य घोषित करने का साहस ही ।" ('हिन्दी साहित्य,' पृ० 303) । बिहारी को शुक्लजी रीतिबद्ध कवि मानते थे, क्योंकि उनके अनुसार, "दोहों को बनाते समय बिहारी का ध्यान लक्षणों पर अवश्य था । ('हि० सा० इ०', पृ० 217) । द्विवेदीजी ने 'बिहारी सतसई' को रीति-काव्य न मानकर उसे ऐहिक मुक्तकों की परम्परा की चरम परिणति माना है : "बिहारी की सतसई किसी रीति-मनोवृत्ति की उपज नहीं है । यह एक विशाल परम्परा के लगभग अन्तिम छोर पर पड़ती है और अपनी परम्परा को संभवतः अन्तिम बिन्दु तक ले जाती है ।" ('हिन्दी साहित्य', पृ० 326) । लेकिन उनका यह विचार ज्यादा देर तक टिकता नहीं है और वे बिहारी पर रीति का प्रभाव किसी-न-किसी रूप में

स्वीकार कर लेते हैं : "उत्तरकालीन संस्कृत साहित्य में ही नायिकाओं के सूक्ष्म वर्गीकरण के आधार पर शृंगार-चेष्टाओं को अभिव्यक्त करने की प्रवृत्ति प्रकट होने लगी थी और काव्य में स्त्री-सौन्दर्य को परिमार्जित किन्तु कृत्रिम रूप में उपस्थित करने का प्रयत्न होने लगा था। बिहारी तथा अन्य रीतिकालीन कवियों को यह मनोवृत्ति विरासत में मिली थी।" (उपर्युक्त, पृ० 328)। शुक्लजी ने यह भी लिखा था कि "बिहारी की रसव्यंजना का पूर्ण वैभव उनके अनुभावों के विधान में दिखायी पड़ता है।" ('हिं० सा० इ०', पृ० 215)। द्विवेदीजी का भी कहना है : "असल में बिहारी की प्रतिभा प्रेम के उसी पहलू को अधिक अनुभूति-गम्य बना सकी है जो अनेक प्रकार की कृत्रिम (यत्नज) और सहज अंगचेष्टाओं से अभिव्यक्त होती है।" ('हिन्दी साहित्य', पृ० 333)।

छायावाद को द्विवेदीजी भारतीय स्वाधीनता-आन्दोलन की देन मानते हैं, यह सप्रमाण ऊपर कहा जा चुका है। छायावाद के सम्बन्ध में पं० नन्ददुलारे वाजपेयी का एक मत यह भी था कि वह बीसवीं शताब्दी की वैज्ञानिक और भौतिक प्रगति की आध्यात्मिक प्रतिक्रिया था। द्विवेदीजी छायावाद की मूल प्रेरणा मानवीय मानते हैं : "साहित्यकार का ध्यान ईश्वर की ओर से हटकर मानवता की ओर गया। भजन-पूजन के स्थान पर पीड़ित मानवता के प्रति सहानुभूति का भाव प्रतिष्ठित हुआ।" ('हिन्दी साहित्य की भूमिका', पृ० 120)। पीड़ित मानवता के प्रति सहानुभूति ने छायावादी कवि को विद्रोही बना दिया। उसका यह विद्रोह सामन्तवाद और उपनिवेशवाद के प्रति था। द्विवेदीजी ने छायावादी कवियों की जनवादी मूल्यों में आस्था की ओर संकेत करते हुए ही लिखा है : "चित्तगत उन्मुक्तता इस कविता का प्रधान उद्गम थी और बदलते हुए मानों के प्रति दृढ़ आस्था इसका प्रधान सम्बल। इस श्रेणी के कवि ग्राहिका शक्ति से बहुत अधिक सम्पन्न थे और सामाजिक विषमता और असामंजस्यों के प्रति अत्यधिक सजग थे।" ('हिन्दी साहित्य', पृ० 453)। स्वाधीनता की चेतना ने छायावादी कवियों की कविता को आत्मनिष्ठ बना दिया और उनकी काव्य-शैली में एक युगान्तर उपस्थित कर दिया : "शैली की दृष्टि से भी ये पहले के कवियों से एकदम भिन्न थे। इनकी रचना प्रधानतः विषयिप्रधान थी।" (उपर्युक्त)। लेकिन यह कविता आकस्मिक नहीं थी। शुक्लजी ने छायावाद से पूर्व 'स्वच्छन्दतावादी' काव्य-धारा की चर्चा की है। द्विवेदीजी 'स्वच्छन्दतावादी' और छायावादी कवियों में सीधा सम्बन्ध देखते हैं। उन्होंने श्रीधर पाठक, रामनरेश त्रिपाठी, मुकुटधर पांडेय, माखनलाल चतुर्वेदी, सियारामशरण गुप्त आदि कवियों का उल्लेख करने के बाद लिखा है कि "इन्हीं और इन्हीं जैसे और अनेक कवियों ने उस महान् वैयक्तिकता-प्रधान काव्य की भूमि तैयार की जिसे छायावाद कहा जाता है और जो आज हिन्दी कविता का गौरव स्वीकार

किया जाने लगा है।" (उपर्युक्त, पृ० 444)। छायावादी कवियों में से प्रसाद और निराला के सम्बन्ध में उन्होंने महत्त्वपूर्ण टिप्पणियाँ की हैं। प्रसादजी को उन्होंने शुक्लजी की तरह ही 'मधुचर्या' का कवि माना है : "संसार की रूप-माधुरी को छककर पान करने के सम्बन्ध में उनके मन में कोई दुविधा का भाव नहीं है" (उपर्युक्त, पृ० 471) और "सौन्दर्य—पार्थिव सौन्दर्य—के प्रति प्रसाद का आकर्षण बहुत अधिक है।" (उपर्युक्त, पृ० 474)। द्विवेदीजी शुक्लजी की इस बात से भी सहमत हैं कि उनका रहस्यवाद 'मधुचर्या के मानस-प्रसार' के लिए एक आवरण था : " 'कामायनी' में आरम्भ का दबा हुआ सलज्ज भाव विभिन्न सर्गों में स्पष्ट और प्रौढ़ अभिव्यक्ति पाता है। यह क्रम सिद्ध करता है कि वे गम्भीर अध्ययन, चिन्तन और मनन के माध्यम से अपने भीतर के सौन्दर्य-प्रेमी मनोभाव को रहस्यवादी कविता के आवरण में प्रकट कर सके हैं।" (उपर्युक्त)। काव्य की दृष्टि से 'कामायनी' पर द्विवेदीजी ने 'विचार और वितर्क' (प्रथम संस्करण) में संकलित अपने एक निबन्ध में विचार किया है। उसमें वे इस निष्कर्ष पर पहुँचे हैं कि काव्यात्मक प्रभाव की दृष्टि से 'कामायनी' एक कमजोर कृति है, क्योंकि उसमें भाव पर दर्शन हावी है। उन्होंने लिखा है : " 'कामायनी' की दुनिया फिलासफर की दुनिया है, जिसमें सभी समस्याओं के तह तक पहुँचने की कोशिश तो है, पर इसी कोशिश के कारण समस्याओं की अपील जोरदार नहीं हो सकी। प्रेम, घृणा, शोक और अनुकम्पा, 'कामायनी' में आकर विचारों को उत्तेजित कर देते हैं; लेकिन मनुष्य को हिला नहीं देते। वे मनुष्य के हृदय की अपेक्षा मनुष्य के विचारों को अधिक अपील करते हैं।" (पृ० 77)। उनके ये विचार भी शुक्लजी से ही मिलते हैं, जिन्होंने 'कामायनी' में आनन्दवाद की प्रतिष्ठा 'दार्शनिकता के ऊपरी आभास' के साथ देखी है; वाजपेयीजी से नहीं, जिनके अनुसार 'कामायनी' में एक 'दार्शनिक अन्तर्धारा' मिलती है जो कि काव्य की स्वाभाविक भाव-व्यंजना से अभिन्न और तद्रूप हैं। निराला की कविताओं को उस तनाव से शक्ति प्राप्त होती है जो उनमें परस्पर-विरोधी चीजों में देखने को मिलता है। द्विवेदीजी ने अपनी निराला-सम्बन्धी टिप्पणी में इस ओर अच्छी तरह संकेत किया है। उन्होंने कहा है : "सर्वत्र व्यक्तित्व की अत्यन्त परुष अभिव्यक्ति ही निराला की कविताओं का प्रधान आकर्षण है। फिर भी विरोधाभास यह है कि निराला में अपने व्यक्तित्व को सबसे अलग करके अभि-व्यक्त करने की चेतना सबसे कम है।" ('हिन्दी साहित्य', पृ० 467)। इसी प्रकार निराला में कथानक और आवेग तथा मुक्तछन्द और छन्दःसंगीत ये चीजें भी एकत्र दिखलायी पड़ती हैं।" (उपर्युक्त, पृ० 467-68)। वाजपेयीजी ने निराला की 'राम की शक्ति-पूजा' और 'तुलसीदास' शीर्षक कविताओं को 'पाण्डित्यपूर्ण निर्मितियाँ' कहकर उन्हें उनकी सर्वश्रेष्ठ कृतियाँ मानने से इनकार

किया था। द्विवेदीजी का कहना है : " 'तुलसीदास', 'राम की शक्ति-पूजा' और 'सरोज-स्मृति' जैसी कविताएँ उनकी सर्वोत्तम कृतियाँ हैं। इनमें भाषा का अद्भुत प्रवाह पाठक को निरन्तर व्यस्त बनाये रहता है। कल्पना यहाँ आवेगों के सामने फीकी लगती है।" (उपर्युक्त, पृ० 468-69)। छायावाद के बाद हिन्दी में प्रगतिवाद का आन्दोलन शुरू हुआ। द्विवेदीजी ने इस आन्दोलन में भक्ति-आन्दोलन जैसे महान आन्दोलन की सम्भावनाएँ देखीं। उन्होंने अपने 'इतिहास' में प्रगतिवादी आन्दोलन के सम्बन्ध में जो विचार व्यक्त किये हैं वे उनकी प्रगतिशीलता का परिचय बहुत अच्छी तरह से देते हैं। उन्होंने लिखा है : "प्रगतिशील आन्दोलन बहुत महान् उद्देश्य से चालित है। इसमें साम्प्रदायिक भाव का प्रवेश नहीं हुआ तो इसकी सम्भावनाएँ अत्यधिक हैं। भक्ति के महान् आन्दोलन के समय जिस प्रकार एक अदम्य दृढ़ आदर्श निष्ठा दिखायी पड़ी थी, जो समाज को नये जीवन-दर्शन से चालित करने का संकल्प वहन करने के कारण अप्रतिरोध्य शक्ति के रूप में प्रकट हुई थी, उसी प्रकार यह आन्दोलन भी हो सकता है।" (उपर्युक्त, पृ० 500-01)। यहाँ यह स्पष्ट कर देना आवश्यक है कि 'साम्प्रदायिक भाव' से द्विवेदीजी का मतलब जड़-सूत्रता से है, वर्ग-चेतना से नहीं। वे सामाजिक वर्ग-भेद से अच्छी तरह परिचित हैं और वर्गीय शोषण को समाप्त करने के पक्ष में हैं, यह हम ऊपर देख चुके हैं। हिन्दी का कोई आलोचक प्रगतिशील है या प्रतिक्रियावादी, इसकी पहचान प्रेमचन्द की आलोचना के प्रसंग में अच्छी तरह से हो जाती है। नगेन्द्र ने प्रेमचन्द को प्रथम श्रेणी का साहित्यकार मानने से इन्कार किया है, क्योंकि उनमें 'गुणातीत शुद्ध-बुद्ध आत्मा' का साक्षात्कार नहीं मिलता। द्विवेदीजी प्रेमचन्द में आध्यात्मिकता के अभाव की परवाह नहीं करते, क्योंकि उन्हें उनमें मनुष्य के प्रति गहरा विश्वास मिलता है : "उन्होंने ईश्वर पर कभी विश्वास नहीं किया, फिर भी इस युग के साहित्यिकों में मानव की सद्वृत्तियों में जैसा अडिग विश्वास, प्रेमचन्द का था वैसा शायद ही और किसी का हो।" ('विचार और वितर्क', प्रथम संस्करण, पृ० 48)। उन्होंने प्रेमचन्द के चित्रण की वस्तुपरकता की चर्चा इन शब्दों में की है : "(आप) निश्चिन्त होकर विश्वास कर सकते हैं कि जो कुछ आपने देखा है वह गलत नहीं है...।" (उपर्युक्त, पृ० 50)। द्विवेदीजी ने प्रेमचन्द को प्रगतिशील लेखक माना है और लिखा है कि "जो पीछे की ओर लौटना ही श्रेयस्कर मानते हैं, उन प्रतिक्रिया-पन्थियों की पंगत में प्रेमचन्द को नहीं बैठाया जा सकता।" (उपर्युक्त, पृ० 50-51)। वे उनके विकास से भी परिचित हैं, क्योंकि उनके शब्दों में, "पहले महात्मा गाँधी के आदर्शों को और बाद में समाजवाद के सिद्धान्तों को उन्होंने राष्ट्र की बुनियादी समस्याओं के समाधान का उपाय बताया।" (उपर्युक्त, पृ० 54) और "प्रेमचन्दजी के दिमाग में इन

वर्गों (शोषक और शोषित वर्ग) का संघर्ष अन्तिम काल में निश्चित और परिपक्व आकार ग्रहण करने लगा था।"(उपर्युक्त, पृ०56)। द्विवेदीजी की इन बातों से नगेन्द्र की इस मान्यता का खण्डन होता है कि प्रेमचन्द वर्ग-चेतना से परे थे। द्विवेदीजी ने प्रेमचन्द की विषय-वस्तु ही नहीं, उनकी भाषा की भी प्रशंसा अत्यन्त ऊँचे शब्दों में की है। उन्होंने लिखा है : "तुलसीदास और भारतेन्दु हरिश्चन्द्र के बाद प्रेमचन्द के समान सरल और जोरदार हिन्दी किसी ने लिखी ही नहीं।" (उपर्युक्त, पृ० 63)।

द्विवेदीजी मूलतः शुक्लजी की परम्परा के आलोचक हैं, लेकिन वे आलोचना में शुक्लजी की परम्परा को विकसित नहीं कर सके हैं। इसका एक कारण तो यह है कि उनका मुख्य क्षेत्र साहित्येतिहास और अनुसंधान है, आलोचना नहीं। दूसरा कारण उनमें विद्यमान समन्वयवादी प्रवृत्ति है जिससे वे आलोचना को न तो सिद्धान्त के क्षेत्र में सुसंगत रूप से वैज्ञानिक परिणति तक ले जा सके, न व्यवहार के क्षेत्र में। उनकी भाषा में शास्त्रीय भाषा के संस्कार और व्यावहारिक भाषा की शक्ति, इन दोनों का अपूर्व योग देखने को मिलता है, पर उनकी आलोचना की तरह ही उनकी आलोचना की भाषा भी अपना पूर्ण प्रकाश नहीं कर सकी है। शुक्लजी के बाद की हिन्दी आलोचना का यह दौर निश्चय ही उस समन्वयवादी रुझान का शिकार है जो हमें इस काल के भारतीय समाज के मध्यवर्ग में देखने को मिलता है।

डॉ० रामविलास शर्मा

सन् 1925 ई० में भारतीय कम्युनिस्ट पार्टी की स्थापना हुई। उसके पहले ही इस देश में मजदूर-वर्ग का एक स्वतन्त्र राजनीतिक शक्ति के रूप में उदय हो चुका था। 1920 ई० में मजदूरों के अखिल भारतीय संगठन 'अखिल भारतीय ट्रेड यूनियन कांग्रेस' का निर्माण हुआ। मजदूरों के साथ देश के विभिन्न हिस्सों में किसानों का आन्दोलन भी जोर पकड़ता जा रहा था। किसानों के छिटपुट संगठनों की परिणति 1936 ई० में अखिल भारतीय किसान सभा के रूप में हुई। 1930 ई० के बाद का काल वह काल था जबकि भारतीय स्वाधीनता-आन्दोलन में एक गुणात्मक परिवर्तन आरम्भ हुआ। भारतीय राष्ट्रीय काँग्रेस की सुधारवादी मध्यवर्गीय राजनीति से निराश भारतीय जनता, बुद्धिजीवी और साहित्यकार वामपन्थी दिशा में झुकने लगे। कम्युनिस्ट पार्टी और मजदूरों तथा किसानों के अखिल भारतीय संगठनों के निर्माण से देश में वामपन्थी विचारधारा का प्रसार होने लगा। इसने भारतीय स्वाधीनता आन्दोलन में वर्ग-दृष्टिकोण का समावेश कराया। इस दौर में हिन्दी के जिन साहित्यकारों ने मध्यवर्ग की विचारधारा को त्यागकर मजदूर-वर्ग के क्रान्तिकारी दर्शन मार्क्सवाद को स्वीकार किया, उनमें **डॉ० रामविलास शर्मा** (1912) प्रमुख हैं। डॉ० शर्मा ने आचार्य रामचन्द्र शुक्ल की आलोचना को वैज्ञानिक ढंग से विकसित किया।

शुक्लजी प्रगतिशील आलोचक थे, लेकिन चूँकि उनके दृष्टिकोण का आधार मध्यवर्गीय था इसलिए उनकी आलोचना में यदा-कदा असंगतियाँ देखने को मिलती हैं। मध्यवर्ग एक ओर सामन्ती मान्यताओं के अवशेष से ग्रस्त था और दूसरी ओर पूँजीवादी मान्यताओं तथा पूँजीवादी समाजवाद-विरोधी दुष्प्रचार से। शुक्लजी की असंगतियाँ उनके दार्शनिक दृष्टिकोण से भी सम्बन्धित हैं और उनके सामाजिक, राजनीतिक तथा साहित्यिक दृष्टिकोण से भी। अपने दार्शनिक विचारों में वे भौतिकवादी प्रतीत होते हैं, पर 'काव्य में रहस्यवाद' शीर्षक अपने निबन्ध में कहते हैं : "कविता का सम्बन्ध ब्रह्म की व्यक्त सत्ता से है, चारों

ग्रोर फैले हुए गोचर जगत् से है; ग्रव्यक्त सत्ता से नहीं। जगत् भी ग्रभिव्यक्ति है; काव्य भी ग्रभिव्यक्ति है। जगत् ग्रव्यक्त की ग्रभिव्यक्ति है ग्रौर काव्य इस ग्रभिव्यक्ति की भी ग्रभिव्यक्ति है।" ('चिंतामणि' द्वितीय भाग, पृ० 58-59)। शुक्लजी जब इस संसार को ही काव्य का विषय बतलाते हैं तब स्पष्टतः वे उसकी सत्यता पर जोर देते हैं, पर वे इस मान्यता को स्वीकार कर चलते हैं कि इस संसार का स्रष्टा एक ग्रगोचर सत्ता है। यह भौतिकवाद नहीं, बल्कि वस्तुनिष्ठ भाववाद है। ग्रपने 'हिंदी-साहित्य का इतिहास' में उन्होंने एक ग्रोर कबीरदास की प्रशंसा इसलिए की है कि "मनुष्यत्व की सामान्य भावना को ग्रागे करके निम्न श्रेणी की जनता में उन्होंने ग्रात्मगौरव का भाव जगाया" (पृ० 56) ग्रौर दूसरी ग्रोर ग्रपनी 'गोस्वामी तुलसीदास' नामक पुस्तक में उन्होंने तुलसीदास द्वारा समर्थित वर्ण-व्यवस्था को समाज के लिए 'ग्रादर्श व्यवस्था' कहकर पेश किया है। तुलसीदास के समय में वर्ण-व्यवस्था टूटने लगी थी। तुलसीदास ने रामचरितमानस में इसलिए भी कलिकाल की ग्रालोचना की थी। शुक्लजी को यह ग्रालोचना पसन्द थी। उन्होंने कहा था : "गोस्वामीजी ने कलिकाल का जो चित्र खींचा है, वह उन्हीं के समय का है। उसमें उन्होंने 'साधारण धर्म' ग्रौर 'विशेष धर्म' दोनों का ह्रास दिखाया है। साधारण धर्म के ह्रास की निन्दा तो सबको ग्रच्छी लगती है, पर विशेष धर्म के ह्रास की निन्दा—समाज-व्यवस्था के उल्लंघन की निन्दा—ग्राजकल की ग्रव्यवस्था को ग्रपने महत्त्व का द्वार समझनेवाले कुछ लोगों को नहीं सुहाती।" (पृ० 39)। यह उनके सामाजिक विचारों की ग्रसंगति है। उनके राजनीतिक विचारों की ग्रसंगति हमें वहाँ दिखलायी पड़ती है जहाँ वे मजदूर-ग्रान्दोलन के साम्राज्यवाद-विरोधी चरित्र से परिचित होते हुए भी उसकी ग्रालोचना करते हैं। ग्रपने 'इतिहास' में ग्रन्तर्राष्ट्रीय परिस्थिति से राष्ट्रीय परिस्थिति का सामंजस्य सूचित करते हुए उन्होंने लिखा है : "...शोषक साम्राज्यवाद के विरुद्ध राजनीतिक ग्रान्दोलन के ग्रतिरिक्त यहाँ भी किसान-ग्रान्दोलन, मजदूर-ग्रान्दोलन, ग्रछूत ग्रान्दोलन इत्यादि कई ग्रान्दोलन एक विराट् परिवर्तनवाद के नाना व्यावहारिक ग्रंगों के रूप में चले।" (पृ० 562)। लेकिन यह लिखने के बाद ग्रागे उन्होंने यह भी लिखा है : "योरप में जब देश के देश बड़े-बड़े कल कारखानों से भर गये हैं ग्रौर जनता का बहुत-सा भाग उनमें लग गया है तब मजदूर-ग्रान्दोलन की नौबत ग्रायी है। यहाँ ग्रभी कल-कारखाने केवल चल खड़े हुए हैं ग्रौर उनमें काम करनेवाले थोड़े-से मजदूरों की दशा खेत में काम करनेवाले करोड़ों ग्रच्छे-ग्रच्छे किसानों की दशा से कहीं ग्रच्छी है। पर मजदूर-ग्रान्दोलन साथ लग गया।" (उपर्युक्त)। शुक्लजी के दार्शनिक, सामाजिक ग्रौर राजनीतिक विचारों की ग्रसंगति से ग्रनिवार्य रूप से कभी-कभी उनके साहित्यिक विचार प्रभावित हुए हैं। इसका एक उदाहरण यह है : सूर-

दास ने अपने पदों में कृष्ण और गोपिकाओं के जिस प्रेम का चित्रण किया है उसके बारे में शुक्लजी ने परस्पर-विरोधी दो तरह की बातें कही हैं। पहले उन्होंने यह कहा है : "इस प्रेम को हम जीवनोत्सव के रूप में पाते हैं" और "सूर के कृष्ण और गोपियाँ पक्षियों के समान स्वच्छन्द हैं। वे लोकबन्धनों से जकड़े हुए नहीं दिखाये गये हैं। जिस प्रकार स्वच्छन्द समाज का स्वप्न अँगरेज कवि शेली देखा करते थे, उसी प्रकार का यह समाज सूर ने चित्रित किया।" ('सूर-दास,' पृ० 99)। मध्यकालीन सामन्ती समाज में सूरदास की इस जनवादी भूमिका को शुक्लजी ने बाद में यह कहकर नकार दिया है : "सूरदासजी अपने भाव में मग्न रहनेवाले थे, अपने चारों ओर की परिस्थिति की आलोचना करने-वाले नहीं। संसार में क्या हो रहा है, लोक की प्रवृत्ति क्या है, समाज किस ओर जा रहा है, इन बातों की ओर उन्होंने अधिक ध्यान नहीं दिया है।" (उपर्युक्त, पृ० 118)। डॉ० शर्मा ने मार्क्सवादी दृष्टिकोण की सहायता से हिन्दी आलोचना को ऐसी तमाम असंगतियों से मुक्त किया।

कला और साहित्य की आलोचना का आधार सौन्दर्यशास्त्र होता है। यह सौन्दर्यशास्त्र एक नहीं, बल्कि दो हैं। एक सौन्दर्यशास्त्र है भाववादी और दूसरा सौन्दर्यशास्त्र है भौतिकवादी। भाववादी सौन्दर्यशास्त्र के अनुसार सौन्दर्य का स्रोत है आत्मा, जबकि भौतिकवादी सौन्दर्यशास्त्र के अनुसार सौन्दर्य का वस्तु-निष्ठ आधार होता है और वह प्रकृति और मनुष्य के जीवन में ही होता है। भाववादी सौन्दर्यशास्त्र वर्ग-समाज की देन है। डॉ० शर्मा ने व्यावहारिक जीवन से सौन्दर्य के विच्छेद के सम्बन्ध में लिखा है : "जबसे व्यक्तिगत सम्पत्ति का जन्म हुआ, समाज में वर्ग बने, कुछ का कर्तव्य मेहनत करना हुआ और कुछ का कर्तव्य उनकी 'रक्षा' करना और उन्हें 'ज्ञान' देना हुआ, तबसे सुन्दरता पर इजारा हो गया उनका जो केवल रक्षा करते थे, केवल ज्ञान देते थे, पेट भरने और तन ढँकने के साधन पैदा करना जिनका काम न था। इसलिए जो लोग उपयोगी वस्तुएँ पैदा करते थे, उनका जीवन दुखमय हुआ, जो उपयोगी वस्तुओं के मालिक थे, उनका काम सुन्दरता की उपासना करना हुआ। निष्क्रिय और अवकाशभोगी जीवनों के सौन्दर्यप्रेम को न्यायपूर्ण ठहराने के लिए ऐसा शास्त्र ही बन गया जो सौन्दर्य को उपयोगी वस्तुओं से अलग करके देखता था। सौन्दर्य की सत्ता वस्तुओं से हटाकर मनुष्य के मन या आत्मा में कर दी गयी और वस्तुओं को उस शाश्वत सौन्दर्य का प्रतीक-भर माना गया।" ('लोकजीवन और साहित्य,' पृ० 2)। इस सिद्धान्त के अनुसार "सौन्दर्य की कसौटी है, मनुष्य का व्यवहार" (उपर्युक्त, पृ० 4), लेकिन 'सौन्दर्य' को सही रूप में समझने की जरू-रत है। डॉ० शर्मा के शब्दों में, "सभी वस्तुओं के गुण एक-से नहीं होते, इसलिए सौन्दर्य भी एक-सा नहीं होता। कुछ वस्तुएँ सबसे अधिक इन्द्रियों को रुचती हैं,

कुछ हृदय को, कुछ मस्तिष्क को। गुलाब के फूल में कोई विचार निहित नहीं है, हम उसे देखकर चाहे जो सोचें। उसका वस्तुगत सौन्दर्य इन्द्रियबोध तक सीमित है। ललित कलाओं में इन्द्रियबोध, भावना (इमोशन) और विचार—इन तीनों की एकता दिखायी देती है। स्थापत्य, शिल्प और चित्रकला में इन्द्रियबोध की प्रधानता रहती है, संगीत में भावना की और साहित्य में विचारों की। लेकिन इन्द्रियबोध भावना और विचार की एकता सभी में मौजूद है।" (उपर्युक्त)। ऊपर कहा गया है कि सौन्दर्य का वस्तुनिष्ठ आधार होता है। यदि ऐसा नहीं होता तो "साहित्य का सौन्दर्य किन्हीं नियमों के अधीन न होता और हर व्यक्ति की इच्छा पर निर्भर होता तो एक दूसरे का सौन्दर्य हम समझ ही न पाते।" (उपर्युक्त, पृ० 5)। यह अवश्य है कि सौन्दर्य-बोध विकासमान है। सौन्दर्य की वस्तुनिष्ठता का खण्डन प्राय: यह कहकर किया जाता है कि प्रेमोन्मत्त व्यक्ति को कुरूप स्त्री भी सुन्दर लगती है। डॉ० शर्मा के अनुसार यह बात सौन्दर्य की वस्तुनिष्ठता के विरुद्ध नहीं जाती है। उन्होंने लिखा है कि "उसकी दीवानगी से यह नतीजा नहीं निकलता है कि इन्द्रियबोध के धरातल पर वह स्त्री कुरूप नहीं है, बल्कि यह निकलता है कि सौन्दर्य इन्द्रियबोध तक सीमित नहीं है; वह भावों और विचारों में भी निहित है।" (उपर्युक्त)। सौन्दर्य और नैतिकता के सम्बन्ध की समस्या उतनी ही पुरानी है, जितना सौन्दर्यशास्त्र। डॉ० शर्मा ने सौन्दर्य को नैतिकता से अनिवार्य रूप से सम्बद्ध माना है, इसलिए उनकी दृष्टि में सौन्दर्यशास्त्र का कार्य सौन्दर्य का ही नहीं, बल्कि सौन्दर्य के प्रभाव के स्वरूप का निरूपण करना भी है। उन्होंने स्पष्ट कहा है : "इन्द्रियबोध के स्तर तक जो सौन्दर्य सीमित है उससे जरा ऊँचे उठकर जहाँ आप भावना और विचार के सौन्दर्य के स्तर पर आते हैं वहीं नैतिकता का सवाल आ खड़ा होता है। साहित्य से आनन्द मिलता है, यह अनुभवसिद्ध बात है, लेकिन साहित्यशास्त्र यहाँ समाप्त नहीं होता; बल्कि यहीं से उसका श्रीगणेश होता है। माना कि साहित्य से आनन्द आता है, लेकिन किस तरह का आनन्द आता है, उससे आपके कर्ममय जीवन पर किस तरह का प्रभाव पड़ता है, किस तरह के संस्कार आपके मन में बनते-बिगड़ते हैं; ये तमाम समस्याएँ साहित्यशास्त्र की ही समस्याएँ हैं।" (उपर्युक्त, पृ० 7)। सौन्दर्य का नैतिकता से सम्बन्ध स्वीकार करने का मतलब है सौन्दर्य की उपयोगिता स्वीकार करना। डॉ० शर्मा कहते हैं : "सौन्दर्य और उपयोगिता—दो विरोधी वस्तुएँ मालूम होती हैं, लेकिन उनकी द्वन्द्वात्मक एकता के बिना साहित्य रचना असम्भव है। जो लोग उपयोगिता से इन्कार करते हैं, वे वास्तव में सौन्दर्य के घटिया उपयोग को छिपाना चाहते हैं। उनके लिए सौन्दर्य इन्द्रियबोध तक सीमित है, अपने विलास और मनोरंजन पर वे शुद्ध आनन्द का पर्दा डालते हैं। लेकिन सहृदय कवियों के लिए सुन्दर कर्म से

बाहर सौन्दर्य की सत्ता है ही नहीं। उनका साहित्य मानव-कर्म से ही प्रभावित होता है, मानव-कर्म को प्रभावित करने के लिए होता है।" (उपर्युक्त, पृ० 7-8)। शुक्लजी ने सौन्दर्य और नैतिकता अथवा उपयोगिता के सम्बन्ध में कहा था : "जिसे धर्मज्ञ अपनी दृष्टि के अनुसार शुभ या मंगल समझता है उसी को कवि अपनी दृष्टि के अनुसार सुन्दर कहता है।" ('चिंतामणि,' प्रथम भाग, पृ० 167)। इस प्रसंग में डॉ० शर्मा ने कहा है : "जो कुछ सुन्दर है, वह मंगल भी है, लेकिन जो कुछ मंगल हो वह (कलात्मक दृष्टि से) सुन्दर भी हो—यह आवश्यक नहीं।" ('लोकजीवन और साहित्य,' पृ० 9)। यहाँ उनका उद्देश्य है साहित्य की विशिष्टता की ओर ध्यान दिलाना। वे कहते हैं : "साहित्य के लोकमंगल की अपनी विशेषता है जिससे वह नीति, विज्ञान, दर्शन आदि के लोकमंगल से भिन्न ठहरता है। साहित्य के लोकमंगल की यह विशेषता उसकी अभिव्यक्ति में भी है और उसके आन्तरिक गठन में भी। यह विशेषता साहित्य के रूप में भी है और उसकी विषय-वस्तु में भी।" (उपर्युक्त)। साहित्य के रूप की यह ऐन्द्रियता (sensuousness) उसे दर्शन और विज्ञान के रूप की सूक्ष्मता (abstraction) से भिन्न करती है।" (उपर्युक्त, पृ० 10)। लेकिन साहित्य में केवल इन्द्रियबोध या तज्जनित मूर्त्तता ही नहीं होती, उसमें भाव और विचार भी होते हैं। डॉ० शर्मा के शब्दों में, "मोटे तौर पर कह सकते है कि साहित्य में मनुष्य की बाह्य इन्द्रियाँ, हृदय और मस्तिष्क—तीनों का समन्वय होता है। रूप, भावना और विचार की एकता से कला की सृष्टि सम्भव होती है। इसी एकता के कारण साहित्य का प्रभाव दर्शन और विज्ञान के प्रभाव से भिन्न होता है।" (उपर्युक्त, पृ० 11)। आगे उन्होंने यह भी लिखा है : "जो लोग कहते हैं कि साहित्य में विचारों का महत्त्व नहीं है, महत्त्व विचारों की अभिव्यक्ति के ढंग का है या महत्त्व केवल भावना (इमोशन) का है, वे साहित्य का प्रभाव कम कर देते हैं, रूप-भावना-विचार में किसी एक का ही महत्त्व घोषित करते हैं।" (उपर्युक्त)। भाववादी विचारक भाव को व्यवहार से विच्छिन्न करके देखने के कारण भावों की संख्या निश्चित करके उन्हें चिरन्तन बतलाते हैं। वास्तविकता यह है कि मनुष्य के विचार और भाव दोनों परिवर्तनशील हैं।" जिन्हें हम मनुष्य की आदिम वृत्तियाँ—इंस्टिक्ट—कहते हैं, वे भी विकासमान हैं, उनका भी इतिहास है। अन्तर इतना ही है कि मनुष्य की कुछ वृत्तियों में इतने धीरे-धीरे परिवर्तन होता है कि हम उन्हें प्रायः अपरिवर्तनशील कहते हैं जबकि दूसरी वृत्तियाँ, दूसरी भावनाएँ जल्दी बदलती हैं। मिसाल के लिए मनुष्य में समूह या व्यक्ति की भावना का विकास या ह्रास व्यक्तिगत सम्पत्ति के जन्म, विकास और ह्रास के साथ जुड़ा हुआ है। वर्गयुक्त समाज में व्यक्तिगत स्वार्थ की जिन वृत्तियों को मनोविज्ञान के पण्डित शाश्वत मानते है, वर्गहीन समाज

में उन्हीं का अभाव दिखायी देता है।" (उपर्युक्त, पृ० 12)। साहित्य में दृष्टिकोण का प्रश्न भी उठता है। "किसी भी युग का साहित्य उस समय के संसार और समाज के प्रति प्रचलित धारणाओं से अछूता नहीं रहता। साहित्यकार संसार और समाज के प्रति कोई-न-कोई दृष्टिकोण अपनाये बिना तो रचना कर ही नहीं सकता। समाज-विज्ञान के विकास ने उसके सामने समस्या यह खड़ी कर दी है कि वह वैज्ञानिक दृष्टिकोण अपनाये या अवैज्ञानिक! साहित्यकार विज्ञान के प्रकाश की सहायता से अपनी रचनाएँ और भी प्रभावशाली बना सकता है, उन्हें समाज के हित के लिए और भी सुन्दर तथा उपयोगी बना सकता है।" (उपर्युक्त, पृ० 13)। जब मनुष्य के विचार और भाव स्वतन्त्र नहीं हैं, वे मनुष्य के व्यवहार और परिवेश से जुड़े हुए हैं, तब कला को मनुष्य के भौतिक जीवन का प्रतिबिम्ब क्यों नहीं माना जाये? यह प्रश्न कला की स्वतन्त्रता से सम्बन्धित है। इस सम्बन्ध में डॉ० शर्मा ने लिखा है: "मनुष्य के विचार उसकी सामाजिक स्थिति को प्रतिबिम्बित करते हैं, इसलिए वर्गों के भिन्न दृष्टिकोण, उनकी भिन्न विचारधाराएँ होती हैं। किन्तु मानव-चेतना में यह क्षमता है कि वह इस सामाजिक स्थिति से ऊपर उठ सके, चिन्तन की भौतिक सीमाओं से ऊपर उठकर अपेक्षाकृत स्वतन्त्र स्तर पर विकसित हो सके।" ('आस्था और सौन्दर्य' पृ० 30-31)। ऐसी स्थिति में कला को न तो हर तरह से परतन्त्र मानना होगा, न हर तरह से स्वतन्त्र। वह वस्तुत: भौतिक जीवन से सापेक्ष रूप से स्वतन्त्र है। डॉ० शर्मा के शब्दों में, "कला की विषयवस्तु न वेदान्तियों का ब्रह्म है, न हेगल का निरपेक्ष विचार। मनुष्य का इन्द्रियबोध, उसके भाव, उसके विचार, उसका सौन्दर्यबोध कला की विषयवस्तु है। सामाजिक विकास की परिस्थितियों से कला की विषयवस्तु प्रभावित होती है, एक सीमा तक नियमित होती है, किन्तु वह आर्थिक जीवन का प्रतिबिम्ब मात्र नहीं है। इसलिए विभिन्न युगों, विभिन्न जातियों और विभिन्न वर्गों के सौन्दर्यबोध में भिन्नता के साथ समानता भी होती है, इसीलिए अनुकूल सामाजिक परिस्थितियों के होते हुए भी यह आवश्यक नहीं है कि उच्च कोटि की कला का निर्माण भी हो जाय।" (उपर्युक्त, पृ० 31-32)। कला के जो दो आयाम हैं, रूप और वस्तु, वे परस्पर अभिन्न हैं। इसको लेकर जैसे भाववादी विचारकों में भ्रान्ति है, वैसे ही अनेक भौतिकवादी विचारकों में भी। डॉ० शर्मा का कहना है: "कलात्मक रूप कोई परिधान नहीं है जो विचारों को पहना दिया जाय। वह विषयवस्तु का अभिन्न अंग होता है। जीवन और प्रकृति को समझने और चित्रित करने में वैज्ञानिक विचारधारा से सहायता मिलती है, किन्तु उस विचारधारा को चित्रमयता और संगीत से अलंकृत करके कलाकृति नहीं बनाया जा सकता। कलात्मक सौन्दर्य

अलंकार नहीं है जिसे हम किसी भी विचारतत्त्व को पहना दें। कुछ भौतिकवादी लेखकों के लिए विचारधारा की वही भूमिका है जो हेगल के लिए विचारतत्त्व की है। दोनों ही कलात्मक सौन्दर्य को गौण मानकर उसका अलंकारवत् उपयोग करने की बात कहते हैं। यदि कला के स्वभाव के प्रतिकूल हम रूप को विचारधारा का दास बनाकर रखते हैं तो यह अभौतिकवादी, अवैज्ञानिक कार्य ही माना जायेगा। उसका परिणाम कला के लिए हानिकारक होगा।'' (उपर्युक्त, पृ० 52-53)।

मार्क्सवादी आलोचक के रूप में डॉ० शर्मा ने साहित्य से सम्बन्धित अनेक गम्भीर प्रश्नों का सामना किया और उनके सम्बन्ध में अपना गम्भीर चिन्तन प्रस्तुत किया। प्रगति-विरोधी विचारक प्रायः जनता को अशिक्षित भीड़ की संज्ञा देकर साहित्य को उससे ऊपर की चीज बतलाते हैं। डॉ० शर्मा ने कहा : ''जनता और कला में कोई बैर नहीं है। बैर भाव उन लोगों के मन में उठता है जिनके लिए जनता एक कल्पना है, अर्थात् जिनके निकट विभिन्न सामाजिक स्तरों में बँटी हुई जीवन की बहुविध क्रियाओं में संलग्न, विकास पर बढ़ती या पिछड़ती हुई एक हाड़-मांस की जनता का अस्तित्व नहीं है बल्कि जो उसे अशिक्षा, कुसंस्कृति, अराजकता, कलाहीनता आदि का पर्यायवाची समझते हैं।'' ('संस्कृति और साहित्य', पृ० 204)। कुछ लोग साहित्य को दो धाराओं—अन्तर्मुखी और बहिर्मुखी—में बाँट देते हैं और इनमें से किसी एक को प्रधानता देकर दूसरी को उसका विरोधी मान लेते हैं, या दोनों को समानान्तर बहने देते हैं। डॉ० शर्मा के अनुसार, ''दो दिशाओं में बहनेवाली ये दो धाराएँ इसीलिए दिखायी देती हैं कि जनता के विकास का मार्ग और कलाकार के अन्तस्तल की कोमल भावनाओं की दिशा अभी एक नहीं हो पायी। वास्तव में अन्तर्मुखी और बहिर्मुखी, इस तरह के भेद भ्रमपूर्ण हैं। साहित्य में लेखक का अन्तस्तल और दृश्यमान बाह्यजगत् एक-दूसरे में गुँथे हुए, संश्लिष्ट रूप में आते हैं। इनमें परस्पर-विरोध हो—इसका कोई प्राकृतिक या मनोवैज्ञानिक कारण नहीं है। (उपर्युक्त, पृ० 204-05)। उन्होंने मध्यकालीन सन्तकवियों के आत्मनिवेदनमूलक पदों तथा आधुनिककालीन रवीन्द्रनाथ-जैसे राष्ट्रीय कवियों के गीतों की ओर हमारा ध्यान दिलाया है जिनका दृश्यमान जगत् से घनिष्ठ सम्बन्ध है। इस प्रकार साहित्य में जनता के चित्रण का अर्थ उसे आन्तरिक गहराई से शून्य बहिर्मुखी बना देना नहीं है। लेकिन यह चित्रण इस ढंग का होना चाहिए कि उससे जनता का जीवन एकाग्र और समग्र दोनों रूपों में सामने आये। यदि यह चित्रण मात्र एकाग्र होगा तो उसमें सजीवता तो होगी लेकिन उससे सामाजिक प्रगति की दिशा का पता न चल सकेगा और यदि यह मात्र समग्र होगा तो उसमें सजीवता न होगी। इसका मतलब यह है कि साहित्यकार को जनता को देखते

हुए उसके जीवन के विभिन्न पक्षों में निहित सम्बन्ध को भी देखना चाहिए और उसका चित्रण 'फोटोग्रैफिक' नहीं होना चाहिए। "बिना सम्बद्धता का विचार किये हुए जो साहित्यकार यथार्थवाद के नाम पर सामाजिक क्रियाओं या व्यक्तियों का असम्बद्ध चित्रण करेगा, उसका चित्रण ऊपर से देखने में सच्चा लगते हुए भी अवास्तविक होगा। उस से कला में अराजकता उत्पन्न होगी। पच्छिम के कुछ कलाकारों ने इस तरह के प्रयोग किये हैं और कुछ लोग समझते हैं कि उनकी अराजकता का कारण कला के बाह्य रूपों में उनकी आसक्ति है, टेकनीक पर जरूरत से ज्यादा जोर देकर उन्होंने ऐसे प्रयोग कर डाले हैं जिनमें विषय गौण बन गया है और कला का बाह्य रूप भी दुरूह हो गया है।" लेकिन "उनकी कला में अराजकता इसलिए नहीं पैदा हुई कि वे कला के बाह्य रूप पर जोर देते हैं वरन् इसलिए कि उनमें एक व्यापक दृष्टिकोण का अभाव है जिससे कला का बाह्य रूप भी विकृत हो जाता है।" (उपर्युक्त, पृ० 208-9)। एकाग्र रूप के साथ-साथ समग्र रूप में जनता के चित्रण के लिए साहित्यकार के पास एक वैज्ञानिक दृष्टिकोण होना चाहिए। यह वैज्ञानिक दृष्टिकोण उसे तब तक नहीं प्राप्त हो सकता जब तक कि वह सामाजिक विकास के नियमों से नहीं परिचित होता है। लेकिन समाजशास्त्र के ज्ञान को साहित्य-रचना के लिए प्राय: आवश्यक नहीं माना जाता है। डॉ० शर्मा कहते हैं: "सामाजिक विकास के नियमों को जानने से लेखक को वह पतवार मिल जाती है जिसके सहारे वह जनता के विशाल सागर में अपनी नाव खे सकता है। समाजशास्त्र की पोथी पढ़ने में थोड़ा समय लगाने से वह सामाजिक घटनाओं, व्यक्तियों और वर्गों को उनके उचित सन्दर्भ में देखने की योग्यता पा सकता है। लेखक चाहे किसी छोटी घटना का ही चित्रण करे, वह सफल कलात्मक चित्रण तभी कर सकता है, जब वह उसकी सामाजिक पृष्ठभूमि को समझे और उस घटना के तत्कालीन तथा भावी प्रभाव और महत्त्व को आँक सके।" (उपर्युक्त, पृ० 210)। जब साहित्य में जनता के चित्रण की बात की जाती है तब कुछ विद्वान् इसे लेखकीय स्वतन्त्रता पर बन्धन लगाना कहते हैं। उनके अनुसार लेखक को जनता या समाज से बाँधना ठीक नहीं है। उसे इसकी पूरी छूट रहनी चाहिए कि वह जिस विषय पर चाहे लिखे और जिस विषय पर न चाहे न लिखे। ऐसे विद्वान् लेखकीय स्वतन्त्रता का सामाजिक स्वतन्त्रता से सम्बन्ध भूल जाते हैं। डॉ० शर्मा ने लिखा है: "कवि क्या लिखे क्या न लिखे, यह उसकी इच्छा के साथ-साथ परिस्थितियों पर भी निर्भर है। हर युग में, हर देश में उसको इच्छानुसार लिखने की स्वाधीनता नहीं रही। वास्तव में स्वाधीनतापूर्वक लिखने के अधिकार के लिए उसे बहुत संघर्ष करना पड़ा है। जितना ज्यादा साधारण जनता पराधीनता-पाश में बँधी रही है उतने ही ज्यादा बन्धन लेखक पर भी लगे रहे हैं। जैसे-जैसे सामाजिक

विकास-क्रम में संगठित होती हुई जनता आर्थिक और सामाजिक स्वाधीनता की ओर अग्रसर होती गयी है, वैसे-वैसे कवि को भी साहित्य रचने की स्वाधीनता पहले से अधिक मिलती गयी है। इसीलिए अपनी स्वाधीनता का हामी लेखक समाज के प्रति अपने उत्तरदायित्व को भी खूब पहचानता है, क्योंकि वह जानता है कि समाज के संघर्ष से ही उसे यह स्वाधीनता मिली है और वह साधारण जनता की स्वाधीनता का एक अंग है।" ('प्रगति और परम्परा,' पृ० 4-5)। जिस तरह साहित्य में जनता के चित्रण के सवाल पर लेखकीय स्वतन्त्रता की बात कही जाती है, उसी तरह दृष्टिकोण का सवाल उठाने पर यह कहा जाता है कि लेखक को किसी दृष्टिकोण से बँधकर नहीं, बल्कि तटस्थ रहते हुए अपने विषय का चित्रण करना चाहिए। वर्गों में विभाजित समाज में किसी भी लेखक का वर्ग-भावना से मुक्त होना सम्भव नहीं है। वर्ग की विचारधारा जाने-अनजाने लेखक को प्रभावित करती ही है। लेखक उस विचारधारा से प्रभावित होकर ही अपने साहित्य की सृष्टि करता है। यह बात छोटे लेखकों पर भी लागू है और बड़े लेखकों पर भी। जिन बड़े लेखकों को 'मानववादी' समझा जाता है और ऐसा माना जाता है कि वे वर्ग-भावना से ऊपर हैं, वे भी वस्तुत: वर्ग-भावना से प्रभावित होते हैं। महान् लेखक के बारे में डॉ० शर्मा ने लिखा है : "उसके मानववाद का भी एक वर्ग-आधार होता है। वह 'मानवमात्र' तक अपनी सहानुभूतियाँ प्रसारित नहीं करता। उसकी सहानुभूतियाँ विश्वजनीन एक सीमित अर्थ में ही होती हैं—जनसाधारण के लिए विश्वजनीन, न कि वर्ग-भेद छोड़कर समान रूप से सभी के लिए।" ('प्रगतिशील साहित्य की समस्याएँ,' पृ० 3)। साहित्य के सम्बन्ध में फ्रांसीसी उपन्यासकार स्टेंडाल की यह उक्ति प्रसिद्ध है कि वह समाज का दर्पण होता है। यह बात पूरी तरह से सही नहीं है। साहित्यकार साहित्य में समाज को चित्रित ही नहीं करता है, उसे अभिलषित रूप में गढ़ता भी है। इस प्रकार साहित्य में चित्रण और सृजन की द्वन्द्वात्मक प्रक्रिया देखने में आती है। यह अवश्य है कि चित्रण की तरह ही सृजन का आधार भी यथार्थ ही होता है। डॉ० शर्मा के शब्दों में, "उसके चित्र के चमकीले रंग और पार्श्वभूमि की गहरी काली रेखाएँ—दोनों ही यथार्थ जीवन से उत्पन्न होते हैं।" ('स्वाधीनता और राष्ट्रीय साहित्य,' पृ० 79)। दृष्टिकोण के साथ जनता का चित्रण करनेवाले साहित्य पर प्रचारवादी होने का आरोप लगाया जाता है। प्रचारवादी साहित्य से मतलब उथले साहित्य से होता है। इस सम्बन्ध में डॉ० शर्मा ने लिखा है : "असल में साहित्य का उथला या गहरा होना प्रचार या न प्रचार करने पर निर्भर नहीं है। उसकी कसौटी यह है कि हमने यथार्थ को उसके संश्लिष्ट रूप में कहाँ तक पहचाना है।" ('प्रगति और परम्परा,' पृ० 54)। यथार्थ की संश्लिष्टता से मतलब वस्तुओं

का उनकी परस्पर सम्बद्धता में समझना है, जिसका संकेत ऊपर किया जा चुका है। यदि साहित्य में यथार्थ का चित्रण सरल रूप में किया गया तो वह उथला होगा, पर यदि वह चित्रण संश्लिष्ट रूप में किया गया है तो वह गहरा होगा। प्रचार वह दोनों ही स्थितियों में होगा, इसलिए साहित्य को प्रचार से मुक्त करने की बात निरर्थक है। इसके अलावा यह समझना गलत है कि दृष्टिकोण से युक्त होकर रचा गया साहित्य प्रचारवादी होता है और जिस साहित्य में स्पष्ट रूप से दृष्टिकोण का समावेश नहीं दिखलायी पड़ता वह प्रचार से मुक्त श्रेष्ठ साहित्य होता है। डॉ० शर्मा का इस सम्बन्ध में कहना है : "साहित्य की प्रचारात्मकता का प्रश्न सामाजिक जीवन की यथार्थता की कसौटी पर हल किया जा सकता है। जो साहित्य मनुष्य द्वारा मनुष्य के उत्पीड़न को छिपाता है, संस्कृति की झीनी-झीनी चादर बुनकर उसे ढाँकना चाहता है, वह प्रचारक न दीखते हुए भी वास्तव में प्रतिक्रियावाद का प्रचारक होता है। जो साहित्य यथार्थ जीवन के इस सत्य को प्रकट करता है, वह वास्तव में गम्भीर साहित्य होता है और मनुष्य के हृदय में रस-सृष्टि करने के साथ-साथ उसे विकास की प्रेरणा भी देता है।" (उपर्युक्त, पृ० 55)। ऊपर कला के रूप और वस्तु के सम्बन्ध में भी डॉ० शर्मा के विचार उद्धृत किये गये हैं। अन्यत्र उन्होंने साहित्य के रूप और वस्तु के सम्बन्ध में और भी बातें कही हैं। साहित्य की विषय-वस्तु का सम्बन्ध तो समाज से होता ही है, उसके रूप का सम्बन्ध भी समाज से होता है। उनके शब्दों में, "साहित्य का शिल्प, उसके विभिन्न रूप, सामाजिक विकास से ही सम्भव हुए हैं, उस पर बहुत कुछ निर्भर हैं। यह बात आकस्मिक नहीं है कि हर प्राचीन साहित्य में महाकाव्य साहित्य का मुख्य रूप है और आधुनिक उद्योग-धन्धों की प्रगति के साथ उपन्यास साहित्य का मुख्य रूप बनाया गया है। जनता तक साहित्य पहुँचाने के साधनों में जो परिवर्तन हुए, उनका प्रभाव उनके रूपों पर भी पड़ा।" ('स्वाधीनता और राष्ट्रीय साहित्य,' पृ० 34)। दूसरी बात यह है कि साहित्य में रूप और वस्तु एक-दूसरे से सम्बद्ध ही नहीं होते हैं, बल्कि वे "एक-दूसरे को प्रभावित करते हैं।" (उपर्युक्त)। लेकिन "कला और विषय-वस्तु दोनों ही समान रूप से साहित्य-रचना के लिए निर्णायक महत्त्व की नहीं हैं। निर्णायक भूमिका हमेशा विषय-वस्तु की होती है।" ('प्रगतिशील साहित्य की समस्याएँ,' पृ० 8)। यही कारण है कि जैसी विषय-वस्तु होती है, प्रायः वैसा ही साहित्य का रूप होता है। डॉ० शर्मा ने बिहारी और मीरा की कविताओं के उदाहरण से इस तथ्य की पुष्टि की है : "बिहारी रस और अलंकारों के महान् ज्ञाता थे परन्तु उनकी विषय-वस्तु का सामाजिक आधार कमजोर था। 'हुकुम पाय जैसाह को' उन्होंने बड़े कलात्मक दोहे लिखे परन्तु उस कलात्मकता में मध्यकालीन समाज का मनुष्य पराधीनता के बन्धनों में बँधकर रह गया है।

उसके नैसर्गिक विकास या मुक्तिकामना की झलक उन दोहों में नहीं दिखायी पड़ती। इसके विपरीत मीरा ने विभिन्न रूपों में इसी मुक्तिकामना की चेष्टा को व्यक्त किया है। इसी से उनमें वह आवेश उत्पन्न हुआ है जो उनके गीतों की श्रेष्ठ कला में प्रकट हुआ है।"('प्रगति और परम्परा,' पृ०56)। यहीं पर साहित्य और प्रयोग के सम्बन्ध में भी डॉ० शर्मा के विचारों को देख लेना चाहिए। साहित्य में होनेवाले प्रयोगों के सम्बन्ध में उन्होंने यह बहुत ही सरल और सटीक टिप्पणी की है : "कलाकार के लिए प्रयोग करने की तो सदा छूट रहती है। वह नये छन्द, नये रूप, नये भावों और नयी शैली से नये-नये आकर्षण पैदा करता है। परन्तु एक प्रयोग ऐसा हो सकता है जो जनसाहित्य की परम्परा के अनुकूल हो और दूसरा प्रयोग ऐसा हो सकता है जो उसके प्रतिकूल हो। प्रयोगमूलक कविता को परखते हुए यह देखना होगा कि साहित्यकार किस उद्देश्य की सिद्धि के लिए प्रयत्न कर रहा है।" (उपर्युक्त, पृ० 59)। उन्होंने इस ओर भी हमारा ध्यान दिलाया है कि "पूँजीवाद के पतनकाल में नयी सामाजिक प्रेरणा न पाकर अमरीका और यूरोप के अनेक कलाकारों ने केवल रूप और कौशल के प्रयोगों से इस अभाव की पूर्ति करने की चेष्टा की है।" (उपर्युक्त, पृ० 58)।

साहित्य के सम्बन्ध में एक प्रश्न यह किया जाता है कि जब मनुष्य का जीवन और उसका समाज परिवर्तनशील है तब साहित्य के स्थायित्व के लिए उसमें शाश्वत सत्य का ही चित्रण क्यों न किया जाय ? डॉ० शर्मा ने मार्क्सवाद का हवाला देते हुए कहा है कि शाश्वत सत्य जैसी कोई चीज नहीं होती है और सत्य सर्वदा ऐतिहासिक परिस्थितियों से सम्बद्ध होता है। प्रायः नैतिक मूल्यों को शाश्वत माना जाता है, लेकिन नैतिक मूल्य भी समाज से परे नहीं होते। "अन्य विचारधाराओं के समान नैतिकता की धारणाएँ भी विकासमान मानव-समाज के इतिहास से परे नहीं हैं। ऐंगिल्स ने घोषित किया था कि तमाम नैतिक सिद्धान्त बुनियादी तौर से उस आर्थिक मंजिल के परिणाम होते हैं जिस तक एक विशेष युग में समाज पहुँचता है। समाज का विकास वर्ग-संघर्ष के मार्ग से हुआ है, इसलिए नैतिकता भी हमेशा वर्ग-नैतिकता रही है। नैतिकता में उन्नति हुई है लेकिन उसका वर्ग-रूप खतम नहीं हुआ है।" ('भाषा-साहित्य और संस्कृति,' पृ० 141)। डॉ० शर्मा ने आगे लिखा है : "साहित्य के लिए ऐंगिल्स की इन मान्यताओं का बहुत बड़ा मूल्य है (भले ही वह मूल्य शाश्वत न हो)। साहित्यकार अपने युग की ऐतिहासिक सीमाओं को लाँघ नहीं सकता। वह चाहे भी तो सामाजिक परिस्थितियों के चित्रण से बच नहीं सकता। जो लोग साहित्य और संस्कृति को राजनीति से स्वतन्त्र मानते हैं, उन पर सामाजिक प्रतिबन्ध अस्वीकार करते हैं, वे दरअसल शाश्वत सत्य की ही प्रतिष्ठा करने की कोशिश करते हैं। इस तरह वे अपने को और दूसरों को भ्रम में डालते हैं।"

(उपर्युक्त पृ० 141-42)। यहाँ एक दूसरा प्रश्न उठ खड़ा होता है। वह यह कि यदि साहित्य वर्गों से परे नहीं है, तो वर्गहीन समाज में उसका क्या महत्त्व होगा, या वह किसी विशेष सामाजिक व्यवस्था को प्रतिबिम्बित करता है, तो उस व्यवस्था के बदलने पर उसका क्या मूल्य रहेगा ? डॉ० शर्मा के अनुसार, "इसका उत्तर यह है कि समाज का इतिहास उत्तरोत्तर विकास का इतिहास है। अगर विकास-क्रम के पिछले तत्त्वों को हम छोड़ देते हैं तो अगली शृंखला जोड़ी नहीं जा सकती।" (उपर्युक्त, पृ० 146)। साहित्य में स्थायित्व का अर्थ वस्तुतः व्यापकता होता है। व्यापकता का अर्थ है एक युग के साहित्य का अपने युग की सीमा का अतिक्रमण कर दूसरे युगों में भी उपयोगी बने रहना। डॉ० शर्मा ने स्थायी अथवा चिरन्तन साहित्य की धारणा का खण्डन करते हुए लिखा है: "कुछ रचनाएँ ऐसी होती हैं जो थोड़े ही युगों की अनुकूलता पाती हैं; कुछ ऐसी होती हैं जो अनेक युगों में लोकप्रिय होती हैं। जिन रचनाओं की लोकप्रियता अधिक व्यापक होती है, उनमें हम अनन्त सौन्दर्य, जीवन का अमर सत्य आदि खोज निकालना चाहते हैं। उनकी व्यापक युगानुकूलता को बढ़ाकर हम उसे एक चिरन्तन सत्य का रूप दे देते हैं अर्थात् यह मान लेते हैं कि सदा के लिए विकास-क्रम में यही तत्त्व लौट-लौटकर आया करेंगे।" ('संस्कृति और साहित्य,' पृ० 192)। साहित्य के 'स्थायित्व' पर उन्होंने इन शब्दों में प्रकाश डाला है: "साहित्य के सभी तत्त्व समान रूप से परिवर्तनशील नहीं हैं; इन्द्रियबोध की अपेक्षा भाव और भावों की अपेक्षा विचार अधिक परिवर्तनशील हैं। युग बदलने पर जहाँ विचारों में अधिक परिवर्तन होता है, वहाँ इन्द्रियबोध और भावजगत् में अपेक्षाकृत स्थायित्व रहता है। यही कारण है कि युग बदल जाने पर भी उसका साहित्य हमें अच्छा लगता है। यही कारण इस बात का भी है कि पुराने साहित्य की सभी बातें हमें समान रूप से अच्छी नहीं लगतीं। सबसे ज्यादा मतभेद खड़ा होता है, विचारों को लेकर, उसके बाद भावों को, और सबसे पीछे और सबसे कम इन्द्रियबोध को लेकर। हमारी साहित्यिक रुचि स्थिर न होकर विकासमान है; पुराना साहित्य अच्छा लगता है लेकिन उसी तरह नहीं जैसे पुराने लोगों को अच्छा लगा था। इसीलिए मनुष्य अपनी नयी रुचि के अनुसार नये साहित्य का भी सृजन करता है।" ('स्वाधीनता और राष्ट्रीय साहित्य,' पृ० 35-36)। कहने की आवश्यकता नहीं कि यह साहित्य के 'स्थायित्व' की बहुत ही तर्कसंगत व्याख्या है। मार्क्सवादी आलोचक यथार्थवादी साहित्य का हामी होता है, इसलिए डॉ० शर्मा ने स्वभावतः यथार्थवाद का स्वरूप स्पष्ट करने की चेष्टा की है। उन्होंने बतलाया है कि यथार्थवाद न तो केवल गन्दी और घिनौनी चीजों का वर्णन करना है, न सामान्य चरित्र के बदले केवल व्यक्ति-चरित्र का। ऐसा भी नहीं है कि वह यौन-सम्बन्धों का नग्न

वर्णन है। यथार्थवाद के सम्बन्ध में एक भ्रान्ति यह भी है कि उसमें स्थानों और घटनाओं का विस्तृत विवरण होता है, भले ही वे मुख्य विषय-वस्तु की दृष्टि से कितने ही तुच्छ क्यों न हों। डॉ० शर्मा के अनुसार यह यथार्थवाद नहीं, बल्कि प्रकृतवाद या यथातथ्यवाद है। उन्होंने लिखा है कि "यथार्थ के चित्रण में विषय-वस्तु का निर्वाचन, कुछ तत्त्वों का चित्रण, कुछ की उपेक्षा—यह साहित्य का मूल नियम है।" ('आस्था और सौन्दर्य,' पृ० 10)। व्यक्ति और समाज में कोई विरोध नहीं है। "यथार्थवादी कला में व्यक्ति सामाजिक जीवन के सन्दर्भ में चित्रित किया जाता है; वह समाज-निरपेक्ष इकाई न होकर एक साथ ही व्यक्ति और टाइप दोनों होता है, जैसे होरी पिछड़े किसान का टाइप है, साथ ही अपनी व्यक्तिगत विशेषताओं के कारण जीता-जागता व्यक्ति भी है, यान्त्रिक प्रतीक नहीं।" (उपर्युक्त, पृ० 11)। जिस तरह व्यक्ति और समाज में कोई विरोध नहीं है, उसी तरह यथार्थ और कल्पना तथा यथार्थ और आदर्श में भी कोई विरोध नहीं है। "यथार्थवादी लेखक कल्पना द्वारा टाइप रचता है, अपने अनुभव की सामग्री से काम की चीजें चुनता और सजाता है और उनमें ऐसी कल्पित घटनाएँ, पात्र आदि जोड़ता है जो ऐतिहासिक रूप से सत्य न होकर भी यथार्थ के अनुरूप होते हैं।" (उपर्युक्त)। इसी प्रकार "यदि यह जगत् गतिशील है और हमें उस गति की दिशा का ज्ञान है या हम उस दिशा के महत्त्व को समझते हैं जिसकी ओर हम उसे अग्रसर करना चाहते हैं, तो यह आदर्श हमारे यथार्थवाद में निहित होगा।" (उपर्युक्त, पृ० 11-12)। यहाँ एक बात और ज्ञातव्य है: "यथार्थवाद को सीमित अर्थ में लेना अनुचित है। उसमें सामाजिक समस्याओं के चित्रण के अलावा प्रकृति-चित्रण भी हो सकता है; संघर्ष के चित्रण के अलावा प्रेम के मुक्तक भी लिखे जा सकते हैं।" (उपर्युक्त, पृ० 16)। प्रकृति के प्रति आकर्षण और प्रेम की भावना जीवन का अंग हो सकते हैं। वे जीवन से विमुख ही नहीं करते, उसके प्रति तीव्र लालसा भी उत्पन्न करते हैं। इस प्रकार यथार्थवाद का क्षेत्र बहुत व्यापक है। वह साहित्य के विभिन्न माध्यमों में विभिन्न रूपों में प्रकट होता है। डॉ० शर्मा ने इस ओर भी संकेत किया है: "साहित्य का रूप विषय-वस्तु की सीमाएँ निश्चित करता है। इसलिए हर तरह के साहित्य में एक-सी विषयवस्तु की माँग न करनी चाहिए।" (उपर्युक्त, पृ० 17)।

डॉ० शर्मा ने जैसे मार्क्सवादी दृष्टि से साहित्य को परिभाषित किया, वैसे ही साहित्य के मूल्यांकन की समस्या का भी सामना किया। बहुत पहले उन्होंने यह घोषित किया था कि "मेरा उन लोगों से मतभेद है जो साहित्य को समाज-हित या अहित से परे मानकर केवल रूप की प्रशंसा करके आलोचना की इति कर देते है।" ('संस्कृति और साहित्य,' भूमिका, पृ० 6-7)। उस समय हिन्दी में रूपवादी आलोचना की तरफ रुझान प्रकट हो रहा था। आज जब रूपवादी आलोचना

के ही एक विशेष प्रकार, शैलीवैज्ञानिक आलोचना, की तरफ रुझान दिखलायी पड़ने लगा है, वे कहते हैं : "आजकल कुछ आलोचक साहित्य की विषय-वस्तु की विवेचना से बचने के लिए भाषा की चर्चा करना यथेष्ट समझते हैं। वे यह तर्क भी देते हैं कि साहित्य में विषय-वस्तु को भाषा से अलग नहीं किया जा सकता, इसलिए भाषा की चर्चा करना ही काफी है। इसके विरोध में कहा जा सकता है कि जब दोनों में इतना घनिष्ठ सम्बन्ध है, तब विषय-वस्तु की चर्चा भी पर्याप्त हो सकती है; चर्चा के लिए भाषा ही क्यों चुनी गयी ? कारण यह है कि ऐसे लोगों के लिए भाषा और विषयवस्तु का प्रगाढ़ सम्बन्ध साहित्य की विषयवस्तु, उसकी भाव-विचार-सम्पदा को नकारने के लिए है, वे यान्त्रिक दृष्टि से भाषा का रूपात्मक विवेचन करते हैं।" ('महावीरप्रसाद द्विवेदी और हिन्दी नवजागरण', पृ० 273)। आगे उन्होंने कहा है : "भाषा विचार-शून्य, भाव-शून्य विशुद्ध रूप कभी नहीं होती, इसलिए इनका रूप विवेचन, भाषा की दृष्टि से भी, अधूरा और एकांगी होता है। विचार और वाणी अभिन्न रूप से सम्बद्ध हैं; वे एक ही वस्तु नहीं हैं। इसलिए दोनों की अभिन्नता पहचानते हुए आलोचना में दोनों का विश्लेषण करना चाहिए।" (उपर्युक्त)। साहित्य और खासकर प्राचीन साहित्य के मूल्यांकन के लिए आलोचक के पास एक ऐतिहासिक दृष्टिकोण का होना आवश्यक है, क्योंकि "समाज के समान साहित्य भी गतिमूलक है और हम इसके प्रवाह को अगतिमूलक, जड़ अथवा अनैतिहासिक दृष्टिकोण से नहीं परख सकते।" ('स्वाधीनता और राष्ट्रीय साहित्य', पृ० 85)। इस ऐतिहासिक दृष्टिकोण के सम्बन्ध में डॉ० शर्मा ने किंचित् विस्तार से लिखा है : "यदि साहित्य-समालोचना में हम छन्द और अलंकारों के अलावा लेखक के भावों और विचारों पर भी ध्यान देंगे तो यह जरूरी होगा कि हम उसके युग की सीमाओं को भी याद रक्खें। ऐसा न करने पर पिछले जमाने के सभी कलाकार समान रूप से प्रतिक्रियावादी नजर आयेंगे। यदि हम उनके भावों और विचारों पर ध्यान न देकर छन्द और अलंकारों की कसौटी पर ही परखेंगे तो वे सब-के-सब प्रगतिशील भी नजर आ सकते हैं। इसलिए साहित्य-समालोचना में ऐतिहासिक दृष्टिकोण की जरूरत है। पिछले युगों की सीमाओं को देखे बिना हम पुराने कलाकारों की सीमाओं को नहीं पहचान सकते।" ('भाषा-साहित्य और संस्कृति', पृ० 130)। पुराने कलाकारों के युग की सीमाओं को जानना जरूरी है, क्योंकि "किसी लेखक के युग की सीमाओं को समझने का यह मतलब होता है कि हम अपने युग के लिए उसका महत्त्व अच्छी तरह जान लें" और "यही एक तरीका है जिससे हम अपनी प्राचीन परम्परा के प्रगतिशील तत्त्वों को पहचान सकते हैं।" (उपर्युक्त, पृ० 131)। डॉ० शर्मा ने मार्क्सवाद की इस मान्यता की ओर हमारा ध्यान आकर्षित

किया है कि "अलग-अलग ठोस ऐतिहासिक परिस्थितियों में एक ही विचार प्रतिक्रियावादी या प्रगतिशील हो सकता है" (उपर्युक्त, पृ० 164), और कहा है कि "प्रगतिशील साहित्य निश्चित ऐतिहासिक परिस्थितियों की उपज ही हो सकता है और इस तरह प्रगतिशीलता के मानदण्ड भी बदलना अवश्यम्भावी है।" (उपर्युक्त, पृ० 165)। ऐतिहासिक दृष्टिकोण के साथ लिखी गयी आलोचना, जिसका सर्वोत्तम उदाहरण तॉल्स्तॉय पर लिखी गयी लेनिन की आलोचना है, लेखक की सीमाओं को समझकर उसके प्रगतिशील और प्रतिक्रियावादी तत्त्वों को एक-दूसरे से अलग करती है और उसकी असंगतियों का निर्देश करती है जिससे कि प्रगतिशील साहित्य उससे वांछनीय तत्त्वों को ग्रहण कर अपना विकास कर सके। इस प्रसंग में कुछ और भी बातें जानने योग्य हैं। एक तो यह कि साहित्यकार और वर्ग का सम्बन्ध, जिसमें वह उत्पन्न होता है, यान्त्रिक नहीं होता। साहित्यकार अपनी वर्ग-सीमाओं का अतिक्रमण कर दूसरे वर्ग की भावधारा और विचारधारा को अपना सकता है। दूसरी बात यह है कि विभिन्न वर्ग एक ही सामाजिक व्यवस्था के भीतर काम करते हैं इसलिए वे एक दूसरे को प्रभावित करते रहते हैं। इससे "सामन्ती समाज में रचा हुआ सभी साहित्य सामन्ती वर्ग के हितों का प्रतिनिधि नहीं होता" और "जनता का पक्ष लेनेवाले कवियों में भी बहुधा उन विचारों की झलक मिलती है जो सामन्तों के लिए हितकर होते हैं।" ('प्रगतिशील साहित्य की समस्याएँ,' पृ० 79-80)। इसके अलावा लेखक के संस्कारों और विचारों में अन्तर्विरोध भी हो सकता है। "दोनों में टक्कर होने पर यह आवश्यक हो जाता है कि लेखक के स्वीकृत विचारों को ही न परखकर हम उसके संस्कारों के आधार पर निर्मित साहित्य का मूल्यांकन भी करें।" ('साहित्य : स्थायी मूल्य और मूल्यांकन,' पृ० 22)। आलोचना में लेखक के अन्तर्विरोधों का पता लगाने और उन्हें दिखलाने का महत्त्व तो है ही, बहुत अधिक महत्त्व इस बात का भी है कि लेखक की मूल दिशा पहचानी जाये। इन सारी बातों से यह निष्कर्ष निकलता है कि "समाज और साहित्य का सम्बन्ध, प्राचीन मूल्यों और नये मूल्यों का सम्बन्ध सीधा और सरल न होकर संश्लिष्ट और पेचीदा होता है" (उपर्युक्त), और मार्क्सवादी आलोचक को ऐतिहासिक दृष्टिकोण अपनाते हुए इन तमाम पेचीदगियों को समझते हुए ही आलोचना के क्षेत्र में आगे बढ़ना चाहिए। डॉ० शर्मा साहित्य को एक सामाजिक क्रिया मानते हैं। उसके निर्माण में भी समाज का योग होता है और उसका प्रभाव भी समाज पर पड़ता है। ऐसी स्थिति में आलोचक का दायित्व सामाजिक होता है और वह है साहित्य के सामाजिक प्रभाव का मूल्यांकन करना। उनके अनुसार "उसे इस बात का भी अधिकार है कि वह साहित्य-रचना के लिए पथ-निर्देश करे।" ('स्वाधीनता और राष्ट्रीय साहित्य', पृ० 87)। वह

साहित्यकारों से सीखता भी है और उन्हें सिखलाता भी है। इसी तरह उसे जनता से अनेक बातें मालूम होती हैं और वह जनता की रुचि का परिष्कार और उसके ज्ञान का विस्तार भी करता है।

शुक्लजी ने तुलसी, जायसी और सूर पर विस्तृत आलोचना लिखकर मध्यकालीन हिन्दी साहित्य की प्रगतिशील परम्परा का अनुसंधान किया था। डॉ० शर्मा आधुनिक काल के साहित्य के आलोचक हैं। उन्होंने प्रेमचन्द, भारतेन्दु, निराला, रामचन्द्र शुक्ल और महावीरप्रसाद द्विवेदी पर आलोचनात्मक पुस्तकें लिखकर आधुनिककालीन हिन्दी साहित्य की प्रगतिशील धारा का उद्घाटन किया है। हिन्दी की व्यावहारिक आलोचना को उनकी यह सबसे बड़ी देन है।

प्रेमचन्द पर डॉ० शर्मा ने दो पुस्तकें लिखी हैं। उनकी पहली पुस्तक 'प्रेमचन्द' पहली बार 1941 ई० में प्रकाशित हुई थी और दूसरी पुस्तक 'प्रेमचन्द और उनका युग' पहली बार 1952 ई० में। 'प्रेमचन्द' हिन्दी आलोचना में वह पहली पुस्तक थी जिसमें प्रेमचन्द के महत्त्व को समझा और समझाया गया था। इस पुस्तक में डॉ० शर्मा ने भारतीय समाज की बनावट का परिचय देते हुए यह दिखलाया कि प्रेमचन्द ने विभिन्न वर्गों और उनके बीच के सम्बन्धों का किस रूप में चित्रण किया है और उन वर्गों में से कौन-सा वर्ग मिट रहा है और कौन-सा वर्ग उठ रहा है। इसके अलावा उन्होंने इसमें प्रेमचन्द की कला का भी बहुत सटीक विश्लेषण किया। मिटनेवाला वर्ग था सामन्ती वर्ग। जमींदार-वर्ग नये पूँजीपति-वर्ग से गठबन्धन कर किसानों पर अपने शोषण-चक्र को तेजी से चला रहा था। डॉ० शर्मा ने लिखा है : "निर्धनता और अन्धविश्वास, परन्तु इनके साथ सहनशीलता और सहृदयता—किसानों के इस सरल और दुखी संसार में नवीन सभ्यता आकर पुराने चक्र में जैसे बिजली डाल देती है और ये किसान छिन्न-भिन्न होकर इधर-उधर बिखर जाते हैं। प्रेमचन्द हमें निराश नहीं करते। आत्मबल पर विश्वास कर संगठित होकर सामाजिक यन्त्र पर आघात करने का हमें सन्देश देते हैं। परन्तु उनकी आशा उथली नहीं है। उसके नीचे परिस्थिति की भयंकरता का पूरा ज्ञान है।" (पृ० 94)। प्रेमचन्द ने विभिन्न वर्गों और उनके सम्बन्धों के साथ-साथ देश में चलनेवाले स्वाधीनता-आन्दोलन का भी चित्रण किया है, लेकिन स्वाधीनता-आन्दोलन को वे उस रूप में स्वीकार करने को तैयार न थे जिस रूप में वह भारतीय राष्ट्रीय कांग्रेस द्वारा चलाया जा रहा था। वे जमींदारी प्रथा के विरुद्ध चलनेवाले किसान-आन्दोलन को भी स्वाधीनता-आन्दोलन का ही अंग समझते थे और चाहते थे कि अंग्रेजों के जाने के साथ-साथ यह सामन्ती पूँजीवादी आर्थिक व्यवस्था भी बदले। डॉ० शर्मा के अनुसार, "प्रेमचन्द का चिन्तन बहुत-कुछ मौलिक था; समाजवादी क्रान्ति के सभी अंगों का सूक्ष्म विश्लेषण किये बिना भी उन्होंने अनुभव किया था कि

हमारा आदर्श व्यक्तिगत सम्पत्ति से अलग समष्टिवादी होना चाहिए।" ('प्रेमचन्द' पृ० 109)। प्रेमचन्द के कुछ उपन्यासों का अन्त कृत्रिम और आदर्शवादी ढंग से किया गया है। डॉ० शर्मा ने इसे प्रेमचन्द के युग की सीमा कहा है, क्योंकि उस समय किसानों और समाज के निचले तबके के लोगों का कोई संगठित राजनीतिक आन्दोलन नहीं चल रहा था और उन पर मध्यवर्गीय सुधारवाद हावी था। प्रेमचन्द का महत्त्व उनके इस आदर्शवाद से कम नहीं होता है, क्योंकि मूलत: वे यथार्थवादी थे। डॉ० शर्मा के शब्दों में, "उनकी आन्तरिक मनोवृत्ति यथार्थवाद की ओर थी। इसका प्रमाण यह है कि अन्य आदर्शवादियों की भाँति उन्होंने एक निश्चित परिणाम की सिद्धि के लिए अपने आधार को नहीं तोड़ा-मरोड़ा। उदाहरण के लिए यदि वह किसान और जमींदारों में वर्ग-संघर्ष नहीं चाहते थे, वरन् सोचते थे कि उनमें समझौता हो जायेगा तो इसीलिए उन्होंने किसानों पर जमींदारों के अत्याचारों को कम करके नहीं दिखाया। आर्थिक शोषण का यथार्थ चित्रण, उसकी पूर्ण भयानकता के साथ, उन्होंने किया है। दूसरा आदर्शवादी लेखक अपना निश्चित परिणाम सिद्ध करने के लिए यथार्थ के आधार को ही विकृत कर देता।" (उपर्युक्त, पृ० 14)। प्रेमचन्द के उपन्यासों के कथानक दो तरह के हैं। कुछ उपन्यासों में एक ही कथानक है और कुछ में एक से अधिक। जिन उपन्यासों में एक से अधिक कथानक हैं उनके बारे में कभी-कभी यह कहा जाता है कि वे परस्पर-सम्बद्ध नहीं हैं। लेकिन ऐसा ऊपर से देखने में ही लगता है। भीतर से इन कथानकों की कड़ियाँ आपस मे मजबूती से जुड़ी होती हैं। उपन्यासों में कथानकों के इकहरे या दुहरे-तिहरे विधान का कारण उनकी विषय-वस्तु होता है। डॉ० शर्मा ने लिखा है: "प्रेमाश्रम, रंगभूमि और गोदान गाँवों से सम्बन्धित हैं और इसलिए प्रेमचन्द को वहाँ के दो वर्गों का चित्रण करना आवश्यक था। सेवासदन, गबन और निर्मला की समस्याएँ एक ही वर्ग या परिवार की हैं अथवा वहाँ वर्ग संघर्ष इतना स्पष्ट नहीं हो पाया था। गाँवों में जमींदार एक तरफ, किसान एक तरफ—दोनों के खेमे जुदा-जुदा हैं। इसलिए किसानों का शोषण चित्रित करने के लिए उन्हें जमींदारों का चित्रण करना ही था।" (उपर्युक्त, पृ० 163)। 'प्रेमचन्द और उनका युग' नामक पुस्तक में डॉ० शर्मा ने प्रेमचन्द के प्रमुख उपन्यासों का आलोचनात्मक अध्ययन प्रस्तुत किया है। 'सेवासदन' का मुख्य विषय आमतौर पर वेश्या-जीवन समझा जाता है, लेकिन डॉ० शर्मा के अनुसार उसका मुख्य विषय भारतीय नारी की पराधीनता है। उन्होंने लिखा है : "सेवासदन की मुख्य समस्या भारतीय नारी की पराधीनता है। प्रेमचन्द ने किस तरह तमाम पुरानी सांस्कृतिक परम्पराओं को तोड़ते हुए वर्तमान समाज में नारी की पराधीनता को अपने निठुर और वीभत्स रूप में चित्रित किया है, इस पर

सहसा विश्वास नहीं होता।" (पृ० 23) 'सेवासदन' और उसके मुख्य चरित्र सुमन की रचना की सामाजिक प्रेरणा का संकेत उन्होंने इन शब्दों में किया है: "बीसवीं सदी के भारतीय समाज में धीरे-धीरे एक परिवर्तन हो रहा था। साम्राज्यवादी-सामन्ती जुए के नीचे जनता कसमसाने लगी थी और समाज का सबसे दलित अंग नारी—राष्ट्रीय पराधीनता और घरेलू दासता दोनों से पिसती हुई नारी—स्वाधीनता के लिए हाथ फैलाने लगी थी। प्रेमचन्द ने सबसे पहले इस परिवर्तन को देखा था, उसका स्वागत किया था, उसे बढ़ावा दिया था।" ('प्रेमचन्द और उनका युग,' पृ० 30)। 'प्रेमाश्रम' की विशेषता वे इस प्रकार बतलाते हैं: "प्रेमचन्द की कला इस बात में है कि वे हिन्दुस्तान के बदलते हुए किसान का चित्र खींच सके हैं। घटनाएँ साधारण हैं लेकिन उनसे वह अपने पात्रों का पुरानापन और नयापन, उनको पीछे ठेलनेवाली और आगे बढ़ानेवाली विशेषताएँ प्रकट करते हैं। पहाड़ की तस्वीर खींचना आसान होता है, नदी के बहाव को चित्रित करना मुश्किल। प्रेमचन्द ने यथार्थ के बहाव को पकड़ लिया है।" (उपर्युक्त, पृ० 56)। 'निर्मला' प्रेमचन्द का छोटा उपन्यास है, लेकिन उनकी उपन्यास-कला के विकास की दृष्टि से वह महत्त्वपूर्ण है। "'निर्मला' प्रेमचन्द के कथा-साहित्य के विकास में एक मार्ग-चिह्न है। यह पहला उपन्यास है जिसमें उन्होंने सेवा-सदन या प्रेमाश्रम का निर्माण करके पाठक को झूठी सान्त्वना नहीं दी। कहानी अपने निर्मम तर्क-संगत परिणाम की तरफ अविराम गति से बढ़ती जाती है। उन्होंने कहानी लिखने में यथार्थवाद को पूरी तरह निबाहा है। यह क्रान्तिकारी यथार्थवाद नहीं है फिर भी यथार्थवाद को लाने और पुष्ट करने में 'निर्मला' का महत्त्वपूर्ण स्थान है।"(उपर्युक्त, पृ० 67-68)। 'निर्मला' में प्रेमचन्द ने किसी आदर्श की रचना क्यों नहीं की? डॉ० शर्मा के अनुसार इसका कारण सामाजिक था: "यह उपन्यास असहयोग आन्दोलन की असफलता के बाद लिखा गया था और जाहिर करता है कि किस तरह हिन्दी लेखक कल्पित समाधानों से संतुष्ट न होकर यथार्थ जीवन का सामना करने के लिए आगे बढ़ रहे थे।" (उपर्युक्त, पृ० 68)। तुलना आलोचना का पुराना साधन है। डॉ० शर्मा प्रेमचन्द के चरित्रों की पारस्परिक तुलना से बहुत अच्छी तरह उनकी विशेषताएँ स्पष्ट करते हैं। यह उनकी गबन सम्बन्धी आलोचना में देखा जा सकता है। जालपा की तुलना सुमन और निर्मला से करते हुए वे कहते हैं: "वह निर्मला की तरह घुल-घुलकर प्राण देनेवाली नहीं है और न सुमन की तरह तैश में आकर जल्दी ही किसी अनजानी राह पर कदम उठानेवाली। उसका चरित्र कठिनाइयों का सामना करते हुए बराबर निखरता रहता है, क्योंकि वह अपनी खामियों को पहचान सकती है। वह एक ईमानदार और साहसी स्त्री है।" (उपर्युक्त, पृ० 68-69)। पुनः वे रमानाथ और जालपा के

चरित्रों की तुलना करते हैं। जालपा में आत्मसम्मान था, जबकि रमानाथ उससे शून्य था। "उसका (जालपा का) यही आत्म-सम्मान उसका सबसे बड़ा रक्षक साबित होता है, जबकि रमानाथ में इसी का अभाव उसके दुःख और कठिनाइयों का सबसे बड़ा कारण बन जाता है।" (उपर्युक्त, पृ० 70)। डॉ० शर्मा के शब्दों में, रमानाथ "शहरी मध्यवर्ग की कमजोरियों का प्रतीक है।" (उपर्युक्त, पृ० 73), जबकि "जालपा भारत का उगता हुआ नारीत्व है।" (उपर्युक्त, पृ० 73)। डॉ० शर्मा की आलोचना आलोच्य कृति की व्याख्या-मात्र नहीं होती है। वह उसका मूल्यांकन भी करती है। वह उसकी त्रुटियों का भी निर्देश करती है; वह रचनाकार के अस्पष्ट मन्तव्य को अपनी टिप्पणी से स्पष्ट बना देती है। प्रेमचन्द ने, जालपा का जीवन जिस दुनिया में बीता था, उसे 'आभूषण मण्डित संसार' कहा है। इस पर डॉ० शर्मा ने टिप्पणी की है: "स्त्री के लिए काम-काज के दरवाजे बन्द होंगे तो वह जरूर गहनों के लोक में घूमती रहेगी।" (उपर्युक्त, पृ० 69)। यह एक ही वाक्य नारी के लिए सामन्ती और जनवादी दो संसारों का अन्तर स्पष्ट कर देता है। इससे 'गबन' की रचना के पीछे स्थित कथाकार का अस्पष्ट मन्तव्य पूरी तरह स्पष्ट हो गया है। पाठक समझ जाता है कि प्रेमचन्द किस संसार का विरोध और किस संसार का समर्थन कर रहे हैं। 'कायाकल्प' में दो वर्गों की कहानी है—सामंत-वर्ग की और कृषकवर्ग की। सामन्तवर्ग की कहानी चमत्कारपूर्ण और निस्तेज है, जबकि कृषकवर्ग की कहानी जोरदार है। इससे डॉ० शर्मा ने यह महत्त्वपूर्ण निष्कर्ष निकाला है: "प्रेमचन्द की कलम की ताकत यथार्थ जीवन को आँकने से पैदा हुई थी। उनकी कला इसलिए प्रभावशाली थी कि वे अपनी आँखों से देखी हुई सच्चाई को चित्रित करते थे। जहाँ गलत आदर्शों या विचारों के प्रभाव से उन्होंने यह रास्ता छोड़ दिया, वहाँ उनकी कला प्रभावहीन हो गयी और उनकी कलम का जादू उड़ गया।" (उपर्युक्त पृ० 79)। 'रंगभूमि' में जॉन सेवक द्वारा सूरदास की जमीन हड़पकर उस पर कारखाना खोलने का सूरदास द्वारा किया जानेवाला विरोध औद्योगीकरण-मात्र का विरोध हो जाता है जिस पर गाँधीवाद का प्रभाव देखना असंगत न होगा, लेकिन डॉ० शर्मा ऐसा मानते हैं कि "उसकी (सूरदास की) लड़ाई वस्तुतः सामन्त-विरोधी और साम्राज्य-विरोधी है।" (उपर्युक्त, पृ० 92)। 'रंगभूमि' 1920 ई० से लेकर 1930 ई० के आन्दोलन के बीच 'हिन्द-प्रदेश की रंगभूमि' है और इसका महत्त्व इसलिए भी है कि "इसमें राजा, ताल्लुकेदार, पूँजीपति, अंग्रेज-हाकिम, किसान, मजदूर—हिन्दुस्तानी जीवन की एक विशद झाँकी देखने को मिलती है।" (उपर्युक्त, पृ० 93)। 'कर्मभूमि' के बारे में डॉ० शर्मा ने लिखा है: " 'कर्मभूमि' हिंदुस्तान की स्वाधीनता-आन्दोलन की गहराई और प्रसार का

उपन्यास है। यह आन्दोलन एक जबरदस्त सैलाब की तरह तमाम जनता को अपने अन्दर समेट लेता है: विद्यार्थी, किसान, अछूत, स्त्रियाँ, शिक्षक, व्यापारी, मजदूर—सभी इसके प्रवाह में आगे बढ़ चलते हैं। 'प्रेमाश्रम' के किसान अब अकेले नहीं हैं। उनकी लड़ाई के साथ तमाम जनता अपनी आजादी की लड़ाई में आगे बढ़ रही है। आन्दोलन में जनता से नये नेता पैदा होते हैं। लाठी-चार्ज होते हैं, गोलियाँ चलती हैं, लेकिन लोग अपनी सफें मजबूत करते हुए आगे बढ़ते हैं।" (उपर्युक्त, पृ० 94)। इस उद्धरण में पहला वाक्य ध्यान देने लायक है। प्रेमचन्द ने यह उपन्यास सविनय आज्ञा-भंग आन्दोलन के दिनों में लिखा था, लेकिन उन्होंने नमक-कानून तोड़ने जैसे किसी आन्दोलन को इसका विषय नहीं बनाया। " 'कर्मभूमि' में वह सबसे ज्यादा जोर जमीन की समस्या, लगान कम करने की समस्या, खेत-मजदूरों और गरीब किसानों के लिए जमीन की समस्या पर देते हैं।" (उपर्युक्त)। प्रेमचन्द के लिए स्वाधीनता का जो अर्थ था उसी के अनुरूप डॉ० शर्मा ने 'कर्मभूमि' को 'स्वाधीनता-आन्दोलन की गहराई और प्रसार का उपन्यास' कहा है। 'गोदान' प्रेमचन्द का सर्वश्रेष्ठ उपन्यास ही नहीं, उनका सर्वाधिक विवादास्पद उपन्यास भी है। विवाद उसके महत्त्व को लेकर नहीं, बल्कि उसके मुख्य विषय और उसकी संरचना को लेकर है। डॉ० शर्मा उसका मुख्य विषय मानते हैं—किसानों की कर्ज की समस्या अर्थात् उनका महाजनी शोषण। उनके शब्दों में, "किसानों के जीवन के अलग-अलग पहलुओं पर वह उपन्यास लिख चुके थे—'प्रेमाश्रम' में बेदखली और इजाफा लगान पर, 'कर्मभूमि' में बढ़ते हुए आर्थिक संकट और किसानों की लगानबन्दी की लड़ाई पर—लेकिन कर्ज की समस्या पर उन्होंने विस्तार से कोई उपन्यास न लिखा था। 'गोदान' लिखकर उन्होंने किसानों की उस समस्या पर प्रकाश डाला जो आये दिन उनके जीवन को सबसे ज्यादा स्पर्श करती है। 'प्रेमाश्रम' और 'कर्मभूमि' के साथ 'गोदान' हिन्दुस्तानी किसानों के जीवन की बृहत्त्रयी समाप्त करता है।" (उपर्युक्त, पृ० 115)। 'गोदान' की मुख्य समस्या को कर्ज की समस्या बतलाना उसकी व्यापकता को कम करना नहीं है। 'गोदान' किसानों के शोषण की ही गाथा है, लेकिन इस उपन्यास में शोषण का रूप बदला हुआ है। यह शोषण गाँव के महाजन करते हैं जिसका पुरानी सामन्ती और नयी पूँजीवादी व्यवस्था से गहरा किन्तु अप्रत्यक्ष सम्बन्ध है। "यहाँ सीधे-सीधे रायसाहब के कारिन्दे होरी का घर लूटने नहीं पहुँचते। लेकिन उसका घर लुट जरूर जाता है। यहाँ अंग्रेजी राज के कचहरी कानून सीधे-सीधे उनकी जमीन छीनने नहीं पहुँचते। लेकिन जमीन छिन जरूर जाती है।" (उपर्युक्त, पृ० 117)। जैसा अप्रत्यक्ष सामन्ती शोषण का रूप है वैसा ही अप्रत्यक्ष होरी और रायसाहब की कथाओं का सम्बन्ध भी है। कुछ आलोचक

दोनों कथाओं को समानान्तर बहनेवाली दो कथाएँ समझते हैं और उनमें कोई सम्बन्ध नहीं मानते। वे यह भी कहते हैं कि प्रेमचन्द ने कृषक-वर्ग के साथ-साथ जमींदार-वर्ग की भी परेशानी दिखलाने के लिए 'गोदान' में रायसाहब की कथा लिखी है। इस तरह उनकी दृष्टि में भारतीय जीवन का चित्र अपनी पूर्णता में उपस्थित होता है। लेकिन यह बात सही नहीं है। प्रेमचन्द को जमींदार-वर्ग से सहानुभूति नहीं है। उन्होंने रायसाहब का चरित्र इस तरह गढ़ा है कि उससे उस जमींदार का परिचय मिल जाये जो पहले से अधिक धूर्त है और पूंजीपति-वर्ग से मिलकर "किसानों का शोषण जारी रखता है। डॉ० शर्मा ने लिखा है : "किसानों की अण्टी से पैसा निकालने के लिए इन्होंने जो दाँव-पेंच ईजाद किये हैं, उन्हें देखते हुए ज्ञानशंकर, राय कमलानन्द, राजा विशाल सिंह अबोध बच्चे मालूम होते हैं। ज्ञानशंकर एक भयंकर खल पात्र है, लेकिन 'गोदान' के रायसाहब को खल कौन कहेगा ? सत्याग्रह-संग्राम में बहुत यश कमा चुके हैं। कौंसिल की मेम्बरी तक छोड़ दी थी और जेल चले गये थे। इलाके के आदमी उन पर घोर श्रद्धा करने लगे थे।" (उपर्युक्त, पृ० 118)। उन्होंने रायसाहब के व्यवहार को उनके चरित्र की कसौटी बनाकर आगे लिखा है : "अमल का सवाल न हो तो रायसाहब अत्यन्त प्रगतिशील विचारों के आदमी हैं।" (उपर्युक्त, पृ० 122)। इस प्रकार 'गोदान' के सम्बन्ध में की गयी उनकी स्थापना सही है। उससे 'गोदान' की मुख्य समस्या का ही ज्ञान नहीं होता है, उसकी औपन्यासिक संरचना के सम्बन्ध में भी सही बातें मालूम होती हैं। 'प्रेमचन्द और उनका युग' में प्रेमचन्द के उपन्यासों पर विचार करने के अलावा डॉ० शर्मा ने उनकी कहानियों तथा उनके सम्पादक और विचारक रूप पर भी विचार किया है। प्रेमचन्द की कहानियों के सम्बन्ध में उनकी यह टिप्पणी स्मरणीय है : "उनकी काफी कहानियाँ ऐसी हैं जिनमें ग्रामीण कथाओं का रस और उनकी शैली अपनायी गयी है। आम तौर से उनकी कहानियों में जो एक ठेठपन है, पाठक के हृदय में अपनी बात को सीधे उतार देने की जो ताकत है, वह उन्होंने हिन्दुस्तान के अक्षय ग्रामीण-कथा-भण्डार से सीखी है।" (उपर्युक्त, पृ० 135)। पुस्तक की भूमिका में डॉ० शर्मा ने लिखा है : "प्रेमचन्द का साहित्य अपने जमाने के हिन्दुस्तान और उसके स्वाधीनता-आन्दोलन का प्रतिबिम्ब है। उसमें उस जमाने के सामाजिक जीवन की और स्वाधीनता-आन्दोलन की असंगतियाँ भी झलकती हैं।" (पृ० 8)। पुस्तक के अन्त में उन्होंने प्रेमचन्द के विचारों में जो असंगतियाँ थीं, उनका निर्देश किया है। उन्होंने लिखा है : "प्रेमचन्द को एक तरफ सामन्ती पूँजीवादी विचारधारा खींचती है—साहित्य का सबसे ऊँचा आदर्श यह है कि उसकी रचना कला की पूर्त्ति के लिए की जाय। दूसरी तरफ उनकी सहृदयता, उनका सामाजिक ज्ञान

उन्हें साहित्य से समाज को बदलने की ओर खींचता है—इस अन्याय को देखकर किस विचारशील प्राणी का हृदय न दहल उठेगा ?" (उपर्युक्त, पृ० 167-68)। इस पर डॉ० शर्मा ने यह टिप्पणी की है : "इस द्वन्द्व को वह विचार-जगत् में उतना हल नहीं कर पाये जितना अपने कथा-साहित्य के रचनात्मक संसार में।" (उपर्युक्त, पृ० 168)। यह टिप्पणी मार्क्सवादी आलोचक की परिपक्व दृष्टि का प्रमाण है, जो रचना की असलियत को रचनाकार के विचारों में ही नहीं, उसके चित्रण में भी ढूंढ़ता है।

डॉ० शर्मा की 'भारतेन्दु हरिश्चन्द्र' नामक पुस्तक 1953 ई० में प्रकाशित हुई, लेकिन उसके पहले 1943 ई० में उनकी 'भारतेन्दु युग' नामक पुस्तक प्रकाशित हो चुकी थी जिसमें उन्होंने भारतेन्दु के साथ-साथ उस युग के अन्य साहित्यकारों का भी आलोचनात्मक अध्ययन प्रस्तुत किया था। इस पुस्तक का नवीन संस्करण 'भारतेन्दु युग और हिन्दी भाषा की विकास-परम्परा' के नाम से 1975 ई० में प्रकाशित हुआ है जिसमें डॉ० शर्मा ने दो सौ से अधिक पृष्ठों की नवीन सामग्री जोड़ी है। इस नवीन सामग्री का सम्बन्ध मुख्यतः भारतेन्दु-युग से पहले की हिन्दी के अध्ययन से है। भारतेन्दु-युग पर पुस्तक लिखने का कारण डॉ० शर्मा ने इन शब्दों में बतलाया है : "यदि मुझे भारतेन्दु-युग से आज के युग का एक घनिष्ठ सम्बन्ध न दिखायी देता तो मैं यह पुस्तक अभी न लिखता। यह सोचकर कि आज की समस्याओं को सुलझाने के लिए हमें उस युग से प्रेरणा मिल सकती है, मैंने इसे लिखना प्रारम्भ किया।"('भारतेन्दु-युग और हिंदी भाषा की विकास परम्परा', पृ० 1)। आज के युग के जिस साहित्य का भारतेन्दु-युग के साहित्य से घनिष्ठ सम्बन्ध है, वह है आज के युग का जनवादी साहित्य। इस साहित्य की अनेकानेक समस्याओं का हल भारतेन्दु-युग के साहित्य के अध्ययन से प्राप्त किया जा सकता है। वस्तुतः डॉ० शर्मा ने इसी आधुनिक दृष्टि से हिन्दी साहित्य में आधुनिक युग का आरम्भ करनेवाले भारतेन्दु-युगीन साहित्य का अध्ययन किया है। भारतेन्दु-युग में एक ओर राजभक्ति मिलती है और दूसरी ओर देशभक्ति। डॉ० शर्मा ने इस अन्तर्विरोध के कारणों की खोज गहराई से की है और उसका एक कारण 1857 के विद्रोह के बाद प्रकाशित होनेवाले महारानी के घोषणा-पत्र को बतलाया है जिसने भारतीय जनता के मन में ढेर सारी झूठी आशाएँ जगा दी थीं। डॉ० शर्मा ने लिखा है : "भारतेन्दु-युग का बहुत-सा साहित्य राज-भक्ति के भावों से पूर्ण है; उसका यही रहस्य है। विद्रोह से पहले के कम्पनी-राज्य की तुलना में लोगों ने महारानी विक्टोरिया के शासन को एक भिन्न वस्तु माना और वे समझे कि उन्हें सभी प्रकार की स्वतन्त्रता इस शासन में सुलभ है। बहुत-से लोग इस आनन्द में मगन होकर प्राचीन आर्य वीरता के गीत गुनगुनाने लगे परन्तु यह तन्द्रा बहुत काल तक न रही। शीघ्र ही अकाल, महामारी, टैक्स,

बेकारी आदि साम्राज्यवाद की विभूतियों ने उन्हें जगा दिया।" (उपर्युक्त, पृ० 10)। उनके अनुसार "भारतेन्दु-युग के साहित्य में यह जागरण भलीभाँति व्यक्त हुआ है।" (उपर्युक्त)। इस प्रकार भारतेन्दु-युग के साहित्य के अन्तर्विरोध की व्याख्या के लिए तत्कालीन ऐतिहासिक परिस्थतियों में जाना जरूरी है। भारतेन्दुयुगीन राजभक्ति का दरबारी संस्कृति से भी घनिष्ठ सम्बन्ध है। भारतेन्दु-युगीन साहित्य का रीतिकालीन काव्य से सम्बन्ध बना हुआ है। इसने स्वभावत: राजभक्ति को पोषण प्रदान किया। लेकिन यहाँ यह ज्ञातव्य है कि "वास्तव में जितनी राजभक्ति दरबारी नरेशों में थी, उतनी साधारण प्रजा में न थी।" (उपर्युक्त, पृ० 17)। तात्पर्य यह है कि भारतेन्दु-युगीन साहित्य में जो राजभक्ति मिलती है उसका आधार साधारण जनता नहीं, बल्कि एक विशेष वर्ग है। इसके अलावा भारतेन्दु-युगीन राजभक्ति कोरी राजभक्ति न थी। "राजभक्ति से ओत-प्रोत कविताएँ उस युग में अनेक रची गयीं, परन्तु उनमें भी राजभक्ति के साथ देश-दशा की झलक दिखायी देती है। वह राजभक्ति रायबहादुरोंवाली न थी कि सब देश सुखी है और ब्रिटिश राज में भारतवर्ष बस नरक से स्वर्ग हो गया है। ···वास्तव में, अनेक रचनाओं में तो ऐसा लगता है कि जनता में नवचेतना फैलाने के लिए ही राजभक्ति की आड़ ली गयी थी।" (उपर्युक्त)। इस युग के साहित्य में हास्य-व्यंग्य का जो प्राचुर्य दिखलायी पड़ता है वह इस कारण भी कि उसे अंग्रेजी सरकार की आलोचना का माध्यम बनाया गया। यह माध्यम अपेक्षाकृत निरापद था। भारतेन्दु-युग में नाटक, निबन्ध, उपन्यास और कविताएँ बड़ी मात्रा में लिखी गयीं। डॉ० शर्मा ने इस पुस्तक में उस युग के साहित्य का परिचय तो दिया ही है, साहित्यकारों के वैशिष्ट्यनिरूपण का भी भरसक प्रयास किया है। काशीनाथ खत्री और भारतेन्दु के नाटकों के सम्बन्ध में उन्होंने लिखा है : "काशीनाथ की रचनाओं से पता चलता है कि युग-भावना नाटकों के विकास को किस प्रकार प्रभावित कर रही थी। लेखकों के सामने नाटकों की जो परम्परा थी, वह बँगला-संस्कृत या अंग्रेजी की थी। परन्तु इन भाषाओं में वह परिपाटी न थी जिससे युगभावना मेल खाती। अभी तक यथार्थ के इतना समीप होकर किसी ने नाटक न लिखे थे। हिन्दी में इस परम्परा के विकास का कारण परिस्थितियाँ तथा लेखकों की सचाई थी। भारतेन्दु के नाटकों में यह युग-प्रभाव और भी स्पष्ट है।" (उपर्युक्त, पृ० 47)। भारतेन्दु ने नयी-पुरानी रीतियों को मिलाकर ऐसी नाट्य-शैली निर्मित करने की चेष्टा की, जो अधिक-से-अधिक युग के अनुकूल हो। उन्होंने 'सत्यहरिश्चन्द्र'-जैसा लोकप्रिय नाटक लिखा, जिसका ढाँचा उनका अपना न हो, पर जिसका प्राण-तत्त्व उनका अपना था। "हरिश्चंद्र की दृढ़ता में भारतेन्दु अपने लिए एक आदर्श रच रहे थे, उनकी

वेदना को स्मरण करके वह अपने हरिश्चन्द्र नाम के व्यंग्य को समझ रहे थे।" (उपर्युक्त, पृ० 48)। 'सत्यहरिश्चन्द्र' के साथ उन्होंने 'अंधेर नगरी'-जैसा नाटक भी लिखा, जो कि "जन-साहित्य का आदर्श" है। डॉ० शर्मा ने लिखा है : "भारतेन्दु के हृदय में जो आदर्श और यथार्थ की दो धाराएँ बह रही थीं, वे 'सत्यहरिश्चन्द्र' और 'प्रेमजोगिनी' के काशी-वर्णन से समझ में आ जाती हैं।" (उपर्युक्त, पृ० 53)। एक ओर "नव उज्ज्वल जलधार हार हीरक सी सोहति" वाली काशी है और दूसरी ओर "देखी तुमरी काशी लोगो, देखी तुमरी कासी" की "नीचे जल से बदबू उबलें मानो नरक चौरासी" वाली कासी। डॉ० शर्मा ने दूसरे नाटककार से भारतेन्दु को इस बात में विशिष्ट पाया है कि "उनमें सफल नाटककार का यह गुण है कि पर्दे पर उनकी अँगुली कभी भूठी नहीं पड़ती।" (उपर्युक्त, पृ० 54)। भारतेन्दु-युग के निबन्ध उस युग की पत्रकारिता की देन थे। डॉ० शर्मा ने उन्हें "हिंदी की अपनी चीज" बतलाते हुए उनके बारे में कहा है : "भारतेन्दु-युग का निबन्ध 'इंपर्सनल' या तटस्थ रचना नहीं है। लेखक के व्यक्तित्व का उसमें महत्त्वपूर्ण स्थान है, फिर भी, लेखक का ध्येय अपने बारे में बात करना नहीं है। उसका मन सामाजिक और राजनीतिक समस्याओं को सुलझाने में लगा हुआ है, इसलिए निबन्धों का विषय व्यक्तिगत न होकर सामाजिक है।" (उपर्युक्त, पृ० 83)। राधाचरण गोस्वामी के निबन्धों की विशेषता उन्होंने इन शब्दों में बतलायी है : "राधाचरण अपनी सरपट शैली में पाठक को छोटी-छोटी बातों पर नुक्ताचीनी करने और वाह-वाह करने का अवसर ही नहीं देते। भारतेन्दु ने यदि कटार से खेल दिखाया है, तो इन्होंने तलवार से भरपूर वार किये हैं जिनके बारे में दुविधा हो ही नहीं सकती।" (उपर्युक्त, पृ० 75)। प्रतापनारायण मिश्र के निबन्धों के बारे में उनका कहना है : "भारतेन्दु-युग के अन्य किसी लेखक ने अपनी लेखनी को जीभ की तरह इतना नहीं चलाया; अन्य किसी लेखक ने पाठक से इतनी आत्मीयता से और इतनी ज्यादा बातचीत नहीं की।" (उपर्युक्त, पृ० 82)। बालमुकुंद गुप्त, पं० महावीरप्रसाद द्विवेदी के समकालीन थे, लेकिन उनकी निबन्ध-शैली भारतेन्दु-युग की है। "भाषा में पहले से अब परिष्कार हो चुका है। वाक्य-विन्यास एकदम सधा हुआ है; गति और यति का वैसे ही ध्यान रखा गया है जैसे मुक्त छन्द में।" (उपर्युक्त, पृ० 86)। उनका निश्चित मत है कि "आज के लेखक जनवादी साहित्य का नया रास्ता बना नहीं सकते अगर वे भारतेन्दु-युग की साम्राज्य-विरोधी परम्परा से अपरिचित रहें", क्योंकि "प्रगतिशील साहित्य का निर्माण हवा में नहीं हो सकता··· ।" (उपर्युक्त)। भारतेन्दु-युग का सामान्य अध्ययन प्रस्तुत करने के बाद डॉ० शर्मा ने 'भारतेन्दु हरिश्चन्द्र' में भारतेन्दु का विशेष अध्ययन प्रस्तुत किया। भारतेन्दु में जैसे

उनके युग की सारी विशेषताएँ मूर्त्त होकर अपने उत्कर्ष को प्राप्त हो गयी थीं। डॉ० शर्मा ने लिखा है : "साहित्य, पत्रकार-कला और देश-सेवा—ये भारतेन्दु के लिए तीन अलग-अलग चीजें नहीं थीं। इनका आपस में घनिष्ठ सम्बन्ध था। भारतेन्दु शुद्ध कला के उपासक न थे, वह सोद्देश्य साहित्य के हामी थे। इसीलिए उनका व्यक्तित्व भी शुद्ध साहित्यकार का न होकर एक समाजसेवी कार्यकर्त्ता का था।" ('भारतेन्दु हरिश्चन्द्र', पृ० 5-6)। ऊपर भारतेन्दु-युग की सामान्य असंगति—देशभक्ति और राजभक्ति की असंगति—की ओर संकेत किया जा चुका है। डॉ० शर्मा के अनुसार "भारतेन्दु की असंगतियाँ उनके युग की सीमाओं से पैदा नहीं हुईं। वे उनके वर्ग की असंगतियाँ हैं, उस काजल की कोठरी की स्याही हैं जिसमें भारतेन्दु का जन्म हुआ था।" (उपर्युक्त, पृ० 38)। भारतेन्दु की विचारधारा हिन्दी के भक्त कवियों से प्रभावित थी। डॉ० शर्मा ने लिखा है : "भारतेन्दु की विचारधारा पर भक्त कवियों का गहरा असर था। भक्तों की रचनाओं में जो जनवादी विचार थे, उन्हें हरिश्चन्द्र ने फिर से सँवारा और नयी संस्कृति में उन्हें विकसित किया। उनके समाज-सुधार सम्बन्धी विचारों के मूल में अक्सर भक्त कवियों की स्थापनाएँ मिलेंगी।" (उपर्युक्त, पृ० 47)। भारतेन्दु की विचारधारा ही नहीं, उनकी भावधारा भी भक्त कवियों से ही प्रभावित थी। "भक्तकवियों से हरिश्चन्द्र को सबसे बड़ी शिक्षा यह मिली थी कि धर्म, संस्कृति और साहित्य का मूल तत्त्व प्रेम है। प्रेम के बिना सब फीका है। भारतेन्दु की रचनाओं पर सरसरी निगाह डालने पर भी यह किसी से छिपा न रहेगा कि प्रेम उनकी वाणी का मूल स्वर है। इस प्रेम के आधार पर उन्होंने जाति-पाँति, ऊँच-नीच, छुआछूत, सामाजिक विषमता आदि का विरोध करना सीखा।" (उपर्युक्त)। वे हिन्दी भाषा के लिए आन्दोलन करनेवाले के रूप में स्वीकृत हैं, पर इस तरफ हमारा ध्यान कम जाता है कि "उनका भाषा-सम्बन्धी आन्दोलन उनके स्वदेशी आन्दोलन का अंग बन गया।" (उपर्युक्त, पृ० 53)। ध्यान देने की बात यह भी है कि "भारतेन्दु की भाषा-नीति अंग्रेजी राज्य की नीति के विरुद्ध ही न थी, वह पण्डितों-मौलवियों की नीति के विरुद्ध थी, जो जनसाधारण की भाषा को हिकारत की निगाह से देखते थे।" (उपर्युक्त)। भारतेन्दु के निबन्धों में यथार्थवाद के जो तत्त्व हैं उनका हवाला देते हुए डॉ० शर्मा ने लिखा है : "निस्सन्देह भारतेन्दु ने निबन्ध-कला को यहाँ वैसे ही निखारा है जैसे प्रेमचन्द ने उपन्यास-कला को। यह निबन्ध-कला ही रीतिकालीन साहित्य से पूरी तरह नाता तोड़ती है और हिन्दी में यथार्थवाद के विकास का रास्ता दिखाती है। इस यथार्थवाद का स्रोत देश-प्रेम है, उसकी शैली लोकप्रिय है और उसका दृष्टिकोण साधारण जनता का है।" (उपर्युक्त,

पृ० 68)। भारतेन्दु की नाट्यकला के बारे में उन्होंने 'भारतेन्दु-युग' में जो कुछ लिखा है उसी को उन्होंने 'भारतेन्दु हरिश्चन्द्र' में प्रमाणों के साथ और विस्तारपूर्वक रखा है। उनके अनुसार "साहित्य के अन्य अंगों की तरह भारतेन्दु नाटकों में भी यथार्थवाद के जन्मदाता हैं और उनके लोकप्रिय जातीय रूप को सँवारनेवाले हैं।" (उपर्युक्त, पृ० 77)। डॉ० शर्मा ने भारतेन्दु की कविता में मिलनेवाले स्वच्छन्दतावादी तत्त्वों को खास तौर से चिन्हित किया है, क्योंकि "सबसे अधिक उनकी आत्माभिव्यक्ति उन्हें रीतिकालीन परम्परा से अलग करके नयी रोमांटिक धारा से ला मिलाती है।" (उपर्युक्त, पृ० 103)। भारतेन्दु का यह स्वच्छन्दतावाद विशेष प्रकार का है : "उनका रोमांटिक रंग छायावादी कवियों और बँगला, अंग्रेजी कविता, दोनों से भिन्न है। उनमें अनन्त के प्रति आसक्ति या निराकारवाद के दर्शन नहीं होते, न वे अस्पष्ट और लाक्षणिक व्यंजना पसन्द करते हैं।" (उपर्युक्त)। भारतेन्दु की गद्य-शैली का स्वरूप डॉ० शर्मा ने इस प्रकार स्पष्ट किया है : "भारतेन्दु की भाषा की रीढ़ तद्भव शब्दावली है। उनकी शैली की मिठास का यही रहस्य है। बोलचाल के अरबी-फारसी शब्दों का उन्होंने बहिष्कार नहीं किया लेकिन नये शब्द लेने के लिए उन्होंने संस्कृत का सहारा लिया।" (उपर्युक्त, पृ० 119)। उनकी गद्य-शैली में हिन्दी का कितना निजी रूप प्रकट हुआ था, इसका पता डॉ० शर्मा की इस टिप्पणी से चलता है : "जिस व्यक्ति ने भारतेन्दु के गद्य का सावधानी से अध्ययन नहीं किया, वह हिन्दी की प्रकृति को पहचान नहीं सकता।" (उपर्युक्त, पृ० 129)।

1946 ई० में डॉ० शर्मा की 'निराला' नामक पुस्तक प्रकाशित हुई और 1972 ई० में उनकी 'निराला की साहित्य-साधना' नामक पुस्तक का द्वितीय खण्ड। पहली पुस्तक आकार में छोटी है, करीब एक सौ साठ पृष्ठों की, लेकिन दूसरी पुस्तक आकार में बड़ी है, करीब पाँच सौ अस्सी पृष्ठों की। पहली पुस्तक में बाद में डॉ० शर्मा ने चार निबन्ध जोड़ दिये हैं जिससे उसका आकार पहले से थोड़ा बड़ा हो गया है। इन दोनों पुस्तकों में उन्होंने निराला के सम्पूर्ण साहित्य, गद्य और पद्य दोनों, की व्याख्या और उसका मूल्यांकन प्रस्तुत किया है। दूसरी पुस्तक के आगे पहली पुस्तक वस्तुतः आलोचनात्मक रेखाचित्र प्रतीत होती है, लेकिन यह सही है कि उसमें अनेकानेक ऐसे सूत्र हैं जिन्हें डॉ० शर्मा ने अपनी 'साहित्य-साधना' में पल्लवित किया है। इसके अलावा 'निराला' का हिन्दी आलोचना में ऐतिहासिक महत्त्व भी है। इसमें पहली बार समग्रता में निराला का आलोचनात्मक परिचय दिया गया था। पुस्तक की भूमिका में छायावादी कवियों के प्रगतिशील पक्ष के मूल्यांकन पर बल देते हुए डॉ० शर्मा ने लिखा था: "इस तरह की समीक्षा के बिना हम अपनी परम्परा की कड़ियाँ न जोड़ सकेंगे

ग्रौर न हमारे नये साहित्य का ग्रान्दोलन सही प्रगति कर सकेगा।" उनके ध्यान में छायावाद का पतनोन्मुख पक्ष भी था। वे उस तरफ से भी ग्रागाह करना चाहते थे : "छायावाद का प्रगतिशील पक्ष ग्रौर इसके साथ उसकी पतनोन्मुख प्रवृत्तियाँ—इन दोनों की तुलना ग्रौर मूल्यांकन की ग्रावश्यकता है।" निराला-साहित्य के बारे में विद्वानों ने पाठकों में इस बात का प्रचार कर रखा था कि वह दुर्भेद्य है। डॉ० शर्मा ने पुस्तक के दूसरे संस्करण की भूमिका में लिखा है : "इस पुस्तक को लिखने का मूल उद्देश्य यह रहा है कि साधारण पाठकों तक निराला-साहित्य पहुँचे; दुरूहता की जो दीवाल खड़ी करके विद्वानों ने निराला को उनके पाठकों मे दूर करने का प्रयत्न किया था, वह दीवाल ढह जाय।" इस पुस्तक का ऐतिहासिक महत्त्व इसी कारण है कि इसने प्रथम बार साधारण पाठकों के लिए निराला-साहित्य का द्वार उन्मुक्त किया। डॉ० शर्मा के ग्रनुसार "नये कवियों (छायावादी कवियों) ने व्यक्तित्व के पूर्ण विकास के लिए उस सामाजिक स्वाधीनता की माँग की जिसे पिछले युग के सामाजिक बन्धन दबाकर रखना चाहते थे" ग्रौर "छन्द ग्रौर भाषा में नये प्रयोग करके उन्होंने रीतिकालीन ग्राचार्यों को बता दिया कि हिन्दी कविता में एक नये युग का ग्रारम्भ हो गया है।" ('निराला', पृ० 55)। 'परिमल' में छायावाद की बहुमुखी प्रवृत्तियाँ स्पष्ट रूप में सामने ग्रायी थीं। उसमें निराला का जो ग्रन्तर्द्वन्द्व प्रकट हुग्रा था उसे डॉ० शर्मा ने काफी पहले पहचान लिया था : "रामकृष्ण मिशन ने 'परिमल' के कवि को ग्रद्वैतवाद दिया। उसने उन्हें यह भी सिखाया कि मानव मात्र की सेवा वेदान्त के प्रतिकूल नहीं है। निरालाजी के ग्रन्दर एक ग्रन्तर्द्वन्द्व का जन्म हुग्रा...।" (उपर्युक्त, पृ० 40)। 'गीतिका' में निराला के प्रेम ग्रौर शृंगार के गीत संकलित हैं। डॉ० शर्मा ने उनके बारे में लिखा है : "नवीन शृंगार की कला को निरालाजी ने खूब ही सँवारा है। ग्रन्य छायावादी कवियों में प्रेम ग्रौर शृंगार के एकांगी चित्र हैं। उनमें वह वैविध्य ग्रौर सरसता नहीं है जो निराला के गीतों में है।" (उपर्युक्त, पृ० 86)। इसके ग्रलावा "निश्चय ही वह (गीतिका का कवि) हिन्दी कविता को मानव जीवन के ग्रधिक निकट लाया है", क्योंकि "उसमें वह मांसलता है जिसके ग्रभाव ने ग्रन्य छायावादियों को यथेष्ट ग्रपकीर्ति दी।" (उपर्युक्त)। 'तुलसीदास' में निराला का रीति-विरोध ग्रौर जनवाद नये स्तर पर पहुँचा। डॉ० शर्मा ने संक्षेप में इस प्रबन्ध-कविता की बहुत ही सुन्दर व्याख्या की है : "रत्नावली में उनकी ग्रासक्ति व्यक्तिगत कामुकता न होकर सामाजिक ह्रास का प्रतीक बन जाती है। चित्रकूट में जाकर जब वह प्रकृति का नया सन्देश सुनते हैं, तब मानों सामाजिक कष्टों से द्रवित होकर भारतीय सन्तों के ज्ञान-नेत्र खुलते हैं। रत्नावली के शब्दों में तुलसीदास को नहीं, वरन् साहित्य ग्रौर संस्कृति की समस्त रीतिकालीन परम्परा को धिक्कारा गया है। उसके

योगिनी रूप में मध्यकालीन नारी का नायिका-भेदवाला रूप जलकर भस्म हो गया है।" (उपर्युक्त, पृ० 109)। 'तुलसीदास' और 'राम की शक्ति-पूजा' में उन्होंने यह फर्क बतलाया है : ' "तुलसीदास' में कवि एक हद तक तटस्थ है; 'राम की शक्ति-पूजा' पर कवि के अपने व्यक्तित्व की छाप है।" (उपर्युक्त, पृ० 110)। 'राम की शक्ति-पूजा' एक नाटकीय कविता है, "जिसमें कवि अपने प्रति इतना तटस्थ हो गया है कि सहसा मुख्य पात्र से उसके तादात्म्य को हम समझ नहीं पाते।" (उपर्युक्त, पृ० 115)। दूसरी बात यह कि इस कविता में "राम के संघर्ष का चित्र जितना प्रभावशाली है, उतना उनकी विजय का नहीं", क्योंकि "कवि के जीवन में संघर्ष ही सत्य रूप में आया है।" (उपर्युक्त, पृ० 114)। 'राम की शक्ति-पूजा' के विपरीत 'सरोज-स्मृति' शीर्षक कविता निराशा के साथ समाप्त होती है। इसमें "सरोज की जीवन-गाथा स्वयं कवि की दुख-गाथा" बन जाती है जिसके माध्यम से निराला ने "यथार्थ जीवन की एक नयी और कटु अनुभूति" हिन्दी को दी है। (उपर्युक्त, पृ० 117-18)। 'राम की शक्ति-पूजा', 'सरोज-स्मृति', 'वन-बेला' आदि 'अनामिका' की कविताएँ संक्रमण-काल की कविताएँ हैं : "एक ओर उनमें छायावादी अलंकरण-सौन्दर्य अपने चरम विकास को प्राप्त हुआ है तो दूसरी ओर उनमें एक दूसरे युग के आविर्भाव की झलक है।" (उपर्युक्त, पृ० 123-24)। यह युग प्रगतिवाद अथवा यथार्थवाद का युग था। डॉ० शर्मा ने बहुत ठीक लिखा है कि "चोटी के कलाकारों में प्रेमचन्द के बाद निराला का ध्यान सबसे पहले इस ओर गया।" (उपर्युक्त, पृ० 124)। लेकिन निराला का यथार्थवादी रुझान उत्कट रूप में पहले उनकी 'देवी' और 'चतुरी चमार' जैसी गद्य-रचनाओं में प्रकट हुआ। 'देवी' का व्यंग्य एक पूरे आन्दोलन पर है, यह व्यंग्य छायावादी कवि के बड़प्पन पर है जो विराट् की पुकार करता हुआ "साधारण जनों की महत्ता भूल जाता है" (उपर्युक्त, पृ० 127) और 'चतुरी-चमार' में "लेखक बरामदे में खड़ा होकर धर्म और राजनीति के ठेकेदारों पर टीका-टिप्पणी नहीं करता; वह उस समाज में पैठ जाता है जहाँ इस ठेकेदारी का वीभत्स रूप दिखायी देता है।" (उपर्युक्त, पृ० 134)। लेकिन यहाँ यह भी स्मरणीय है कि " 'देवी' और 'चतुरी चमार' लिखने के बाद निरालाजी पीछे छोड़े हुए रोमांस की ओर बार-बार झुकते थे।" (उपर्युक्त, पृ० 137)। इस प्रकार निराला के अन्तर्द्वन्द्व या अन्तर्विरोध को उजागर करते हुए डॉ० शर्मा ने उनके साहित्य का मूल्यांकन किया है। 'कुल्ली भाट' और 'बिल्लेसुर बकरिहा' में उन्होंने एक नयी किस्म का यथार्थवादी नायक गढ़ा है। 'कुल्ली भाट' का व्यंग्य एक पूरे युग पर है। एक ओर बंगाल की मध्यवर्गीय संस्कृति है, रहस्यवाद की बातें हैं, साहित्य और संगीत की चर्चा है; दूसरी ओर समाज के अछूत हैं, उच्च वर्गों की असहनशीलता है, हिन्दू-मुसलमान का तीव्र भेद-भाव

है, बड़े-बड़े नेताओं में सच्ची समाज-सेवा के प्रति उपेक्षा है, कल्पना की उड़ान भरनेवाले कवियों में क्रांति का दम्भ है। कुल्ली की पाठशाला की ठोस जमीन पर मनोहर कल्पनाएँ चूर हो जाती हैं।'' (उपर्युक्त, पृ० 148)। बिल्लेसुर के बारे में डॉ० शर्मा ने यह टिप्पणी की है : "उनके भीतर हिन्दुस्तानी किसान की अपराजिता शक्ति है, उसी ने उन्हें एक वास्तविक हीरो बनाया है जिसका वीरत्व 'अप्सरा' या 'निरुपमा' के नायकों में नहीं है।" (उपर्युक्त, पृ० 153)। उनके अनुसार द्वितीय विश्वयुद्ध का काल परस्पर विरोधी घटनाओं के कारण उलझनों से भरा था। इस पृष्ठभूमि में ही निराला के 'कुकुरमुत्ता', 'बेला' और 'नये पत्ते' की कविताओं की व्याख्या की जा सकती है : "युद्धकाल का यह प्रभाव अनेक रूपों में निरालाजी की रचनाओं में भी दिखायी देता है।" (उपर्युक्त, पृ० 154)। लेकिन इन कविताओं में निराला यथार्थवाद की दिशा में प्रगति भी करते हैं : "यद्यपि इन नयी रचनाओं में पहले के स्केचों और कहानियों जैसी स्पष्टता नहीं है, फिर भी राजनीतिक उलझन में कवि की चेतना किसका साथ दे रही है और किस जीवन को अपने साहित्य का लक्ष्य बना रही है, यह स्पष्ट है।''(उपर्युक्त, पृ० 159)। अन्त में डॉ० शर्मा ने कहा है : "आज निराला-साहित्य का मूल्यांकन करते हुए बहुत-से आलोचक उनके रहस्यवादी पक्ष को लेते हैं, उनके अपने यथार्थ दुख को भूल जाते हैं, अपने देशवासियों के दुख को उन्होंने जो अभिव्यक्ति दी है, उसे भी भूल जाते हैं। जिसे वह भूल जाते हैं—मनुष्य और उसका दुख—वही निराला को महान् कवि बनता है।'' (उपर्युक्त, पृ० 164), लेकिन "निराला मानव-दुख का ही कवि नहीं है, वह उससे मुक्ति पाने की प्रबल कामना का भी कवि है'' (उपर्युक्त) और "वह प्रेम और शृंगार का भी कवि है'', "मानव जीवन को स्वीकार करनेवाला कवि।'' (उपर्युक्त, पृ० 165)। "सामाजिक यथार्थ का चित्र निराला के गद्य-साहित्य में और भी विशदता के साथ, रेखाओं और रंगों की और भी सजीवता के साथ मिलता है। इस गद्य-साहित्य को पढ़कर यह स्पष्ट हो जाता है कि निराला की वेदना के मूल स्रोत क्या हैं।''(उपर्युक्त, पृ०166)। निराला की विशेषता यह है कि वे श्रेष्ठ साहित्यकार होने के साथ-साथ श्रेष्ठ कलाकार भी हैं। "उनकी कला की पहली विशेषता उनका निर्माण-कौशल है'' और "वह स्थापत्य-कला-विशारद की तरह काव्य-रूप को तराशते और गढ़ते हैं।'' (उपर्युक्त, पृ० 167)। निराला के गद्यकार रूप के बारे में डॉ० शर्मा ने लिखा है : "गद्य-लेखक निराला ने बालमुकुन्द गुप्त और प्रेमचन्द की परम्परा को और ऊँचा उठाया है, उसने गद्य-लेखन को काव्य-रचना के समान ही सरस और कलापूर्ण बना दिया है। हिन्दी भाषा की नयी क्षमता निराला के गद्य में प्रकट हुई।'' (उपर्युक्त, पृ० 170)। 'निराला की साहित्य-साधना' के द्वितीय खण्ड में उन्होंने निराला के साहित्य, खास तौर से उनके काव्य

का विस्तृत विवेचन किया है। जैसा कि हम देख चुके हैं, श्रेष्ठ साहित्य में विचार, भाव और इन्द्रिय-बोध इन तीनों का समन्वय होता है। ये तीनों परस्पर सम्बद्ध होते हैं और एक-दूसरे को प्रभावित करते हैं। डॉ० शर्मा ने इसी तथ्य को ध्यान में रखकर इस पुस्तक में निराला के साहित्य के अध्ययन की योजना बनायी है। पहले उन्होंने उनकी विचार-धारा पर विचार किया है, फिर उनके भाव-बोध पर और अन्त में उनके काव्य के 'रूप' अथवा कला पर। पुस्तक की भूमिका में उन्होंने कहा है : "निराला की रचना-प्रक्रिया का स्रोत है उनका भावबोध। यह भावबोध उनकी विचारधारा से सम्बद्ध है किन्तु उसका प्रतिबिम्ब नहीं है। निराला का स्वाधीनता-प्रेम उनके साहित्य में अप्रत्याशित नये-नये रूपों में व्यक्त होता है। उनकी आस्था के प्रतीक अनेक हैं, उनका अधिष्ठान एक है।"(पृ० 5-6)। तात्पर्य यह है कि निराला के पास एक वैचारिक आधार भी है, लेकिन मूलतः वे स्वाधीनता की भावना के कवि हैं। यही स्वाधीनता की भावना उनके काव्य में अनेक कलात्मक रूपों में प्रकट हुई है। डॉ० शर्मा ने निराला की विचार-धारा का परिचय मुख्य रूप से उन सम्पादकीय टिप्पणियों के आधार पर दिया है जो निराला ने 'सुधा' में लिखी थीं। निराला की विचार-धारा क्रान्तिकारी थी। वे अपने समय के राजनीतिक नेताओं से अधिक प्रगतिशील और सुसंगत थे। उन्होंने विदेशी साम्राज्यवाद और देशी सामन्तवाद का लगातार विरोध किया और कभी उनसे समझौते की बात नहीं की। इसके अलावा वे आमूल सामाजिक परिवर्तन के भी पक्ष में थे। जाति-पाँति और ऊँच-नीच का भेद-भाव सामन्ती व्यवस्था की देन था और साम्राज्यवादी शासन के सामाजिक आधार का काम कर रहा था। निराला जानते थे कि बिना इसे खत्म किये राष्ट्रीयता का विकास असम्भव है। सामाजिक विषमता की तरह ही पुरुष और स्त्री के बीच पायी जानेवाली विषमता थी। उन्होंने इसे मिटाने पर भी बल दिया और इसे भी स्वाधीनता-आन्दोलन का ही कार्यक्रम माना। डॉ० शर्मा के शब्दों में, "आज भारत और पाकिस्तान की अधिकांश समस्याएँ—उनकी आन्तरिक समस्याएँ, परस्पर सम्बन्धों की समस्याएँ—हमारे गतिरुद्ध राष्ट्रीय आन्दोलन की समस्याएँ हैं। निराला की विचारधारा का महत्त्व यह है कि उन्होंने राष्ट्रीय आन्दोलन को व्यापक क्रान्ति के रूप में देखा, उस क्रान्ति के प्रत्येक स्तर को तीक्ष्ण विश्लेषक की दृष्टि से देखा और इन स्तरों के परस्पर सम्बन्ध को पहचाना।" ('निराला की साहित्य साधना,' द्वितीय खण्ड, पृ० 41)। निराला की क्रान्तिकारी विचार-धारा उन्हें कहाँ तक ले गयी इसका पता सितम्बर, 1932 ई० की 'सुधा' में प्रकाशित उनकी 'रूस' शीर्षक टिप्पणी से चलता है, जिसमें उन्होंने कहा था : "रूस आज सभी दलित देशों का आदर्श है।" (उपर्युक्त, पृ० 92)। डॉ० शर्मा ने लिखा है :

"कोई आश्चर्य नहीं कि रीतिवादी आचार्यों से लेकर गाँधीवादी अथवा अराजकतावादी पत्रकारों तक हिन्दी लेखकों का बहुत बड़ा दल निराला के विरोध में संगठित हो गया। छायावादी लेखकों में निराला का विरोध सबसे अधिक हुआ, इसका कारण यह था कि स्वाधीनता आन्दोलन की वे तमाम प्रवृत्तियाँ जो गाँधीवाद की सीमाएँ तोड़कर आगे बढ़ रही थीं, निराला में केन्द्रित हो गयी थीं।" (उपर्युक्त, पृ० 131)। निराला स्वच्छन्दतावादी कवि थे, लेकिन वे अन्य स्वच्छन्दतावादी कवियों की तरह कविता को भावोच्छ्वास-मात्र मानने के पक्ष में नहीं थे। 1933 ई० में टी० एस० इलियट ने शेली की कविता से 'एडोलेसेंट' मन का सम्बन्ध जोड़ा था। उसी वर्ष निराला ने 'सुधा' में लिखा था : "हृदय का महत्त्व लेकर निकलनेवाली कविता भी यदि विचार और शृंखला से सम्बद्ध नहीं तो शैशव-संलाप की तरह भावोच्छ्वास-मात्र है, उससे साहित्य को कोई बड़ी प्राप्ति नहीं हो सकती।" (उपर्युक्त, पृ० 134)। निराला के गम्भीर भावावेश के मूल में उनका स्वाधीनता-प्रेम था। यह स्वाधीनता-प्रेम कांग्रेसी नेताओं के स्वाधीनता-प्रेम से भिन्न था, क्योंकि "देश के नाम पर वह देश की जनता को भूलते नहीं; देश को स्वाधीन होना है इसी जनता के सुखी समृद्ध जीवन के लिए।" (उपर्युक्त, पृ० 150)। इस देश-प्रेम ने स्वभावत: उन्हें क्रान्तिकारी बना दिया। क्रान्ति का आधार मानववाद होता है : "निराला की क्रान्तिकारी भावधारा का स्रोत उनकी गम्भीर मानवीय करुणा है।" (उपर्युक्त, पृ० 153)। डॉ० शर्मा ने उनकी क्रान्ति के स्वरूप पर यों प्रकाश डाला है: "निराला के चिन्तन में क्रान्तिकारी वीर और जनता का गहरा सम्बन्ध है, दोनों एक दूसरे को परखते, एक दूसरे की बात समझते हैं। विप्लवी वीर आतंकवादी नहीं, किसानों का पक्ष लेकर लड़नेवाला क्रान्तिकारी है। फिर भी उसमें और किसान जनता में थोड़ा फासला है। वह जनता का ही अभिन्न अंग नहीं है। सन् 30 के बाद की रचनाओं में यह फासला प्राय: खत्म हो जाता है। क्रान्ति करना क्रान्तिकारियों का ही काम नहीं है; क्रान्ति जनता करती है, तभी वह सफल होती है।" (उपर्युक्त, पृ० 154)। उन्होंने 'नये पत्ते' की कविताओं के सम्बन्ध में यह बहुत पते की बात कही है कि उनमें निराला ने उस क्रान्तिकारी जन-उभार का चित्रण किया है जो इस देश में द्वितीय विश्वयुद्ध में फासिस्ट शक्तियों की पराजय और साम्राज्यवादी शक्तियों की परती तथा सोवियत संघ की विजय के बाद आया था। निराला की कल्पना का भारत समाजवादी भारत था। गाँधीवाद से उनका भेद इस दृष्टि से भी था कि वे वैज्ञानिक साधनों के इस्तेमाल और नवीन औद्योगिक विकास के पक्षपाती थे। "उनका भारत कुटीर-उद्योग के स्वायत्त ग्राम-समाजों का भारत नहीं है।" (उपर्युक्त, पृ० 156)। डॉ० शर्मा के शब्दों में, "औसत प्रगतिवादियों और निराला में यह अन्तर है कि अंग्रेजी राज में पूँजीवाद को कोसनेवाले कविगण

भारत के स्वाधीन होने पर समाजवाद की बातें भूल गये। अनेक लेखकों ने समाजवाद को तानाशाही का पर्याय मानकर तरह-तरह से पूँजीवाद का समर्थन किया। निराला की क्रान्ति सम्बन्धी भावधारा सन् 47 के बाद भी प्रवाहित रहती है।" (उपर्युक्त, पृ० 158-59)। देश की जनता से प्रेम करनेवाला, स्वाधीनता की उत्कट आकांक्षा से प्रेरित होकर कविता लिखनेवाला कवि इस संसार को कभी मिथ्या नहीं समझ सकता। निराला के काव्य में प्रकृति के प्रति जो आकर्षण देखने को मिलता है उससे इस बात की पुष्टि होती है कि वे इस संसार को मिथ्या नहीं बल्कि सत्य समझते थे। डॉ० शर्मा इस निष्कर्ष पर पहुँचे हैं कि "निराला ने जितनी कविताएँ ब्रह्म पर लिखी हैं, उनसे अधिक माया, प्रकृति अथवा शक्ति पर लिखी हैं।" (उपर्युक्त, पृ० 174)। शक्ति का प्रकृति से घनिष्ठ सम्बन्ध है। शक्ति एक है। वही प्रकृति के विभिन्न रूपों में प्रकट होती है। रूप, रस, स्पर्श, शब्द और गन्ध में उसी का प्रवाह है। डॉ० शर्मा के अनुसार "यह निराला का प्रकृति अद्वैत दर्शन है जो अनेक कविताओं में तरह-तरह से चित्रित हुआ है।" (उपर्युक्त, पृ० 176)। निराला के मन में जैसे प्रकृति के प्रति आकर्षण है, वैसे ही नारी के प्रति भी। डॉ० शर्मा ने लिखा है: "निराला नारी के सौन्दर्य, पुरुष और नारी की कामचेतना और उस चेतना की स्वाभाविक परिणति के कवि हैं।" (उपर्युक्त, पृ० 198)। तात्पर्य यह कि पुरुष और नारी के पारस्परिक आकर्षण को लेकर उनमें कोई हीन भाव नहीं है। वे उसे जीवन-सत्य के रूप में स्वीकार करते हैं, इसीलिए यौन-सम्बन्ध में उसकी स्वाभाविक परिणति के पक्षपाती हैं। उनका सौन्दर्य प्रेम से युक्त है और प्रेम काम से। हमें उनमें दमित काम-भावना और अशरीरी प्रेम प्रायः देखने को नहीं मिलता। लेकिन जीवन-यथार्थ के स्वीकार की प्रवृत्ति के साथ-साथ निराला में हमें उसे झुठलाने की प्रवृत्ति भी मिलती है। डॉ० शर्मा ने निराला के इस अन्तर्विरोध की ओर भी संकेत किया है: "निराला काल्पनिक इच्छापूर्ति, आत्मप्रवंचना और रहस्यवादी रूढ़ियों के कवि भी हैं। उनके साहित्य में इस तरह की प्रवृत्तियाँ उनकी साम्राज्यविरोधी क्रान्तिकारी चेतना, उनके यथार्थोन्मुख मानवतावाद के आड़े आती हैं। ये प्रवृत्तियाँ उनके साहित्य में आरम्भ से लेकर अन्त तक रहती हैं और अनेक स्तरों पर उस साहित्य को प्रभावित करती हैं।" (उपर्युक्त, पृ० 214)। अपनी काव्य-रचना के परवर्ती काल में 'कुकुरमुत्ता' (प्रथम संस्करण) की कविताओं में निराला काल्पनिक इच्छापूर्ति के सपनों के मिलने पर तुल जाते हैं। इस प्रकार 'कुकुरमुत्ता' उनके मोहभंग का काव्य है, लेकिन यह मोहभंग विकृतिशून्य नहीं है। विकृति का कारण सामाजिक वास्तविकता को वैज्ञानिक दृष्टि से ठीक-ठीक समझ पाने में कवि की असमर्थता है। लेकिन "इनमें ('कुकुरमुत्ता' की कविताओं में) केवल विकृति नहीं है, यथार्थ-

वाद के नये तत्त्व हैं, यह भी असन्दिग्ध है।" (उपर्युक्त, पृ० 221)। निराला की विशेषता यह है कि वे सौन्दर्य और उल्लास के ही नहीं, दुःख और मृत्यु के भी कवि हैं। उनके अन्तिम दिनों के काव्य में दुःख और मृत्यु-भावना और घनी होती गयी है, लेकिन इससे उनके काव्य की मूल प्रकृति में कोई अन्तर नहीं आता। कारण यह कि "उनकी यह दुःखानुभूति उनके ज्योति-दर्शन से अधिक महत्त्वपूर्ण है" (उपर्युक्त, पृ० 236) और 'मैं अकेला'-जैसी "कविता के अवसाद के नीचे प्रच्छन्न वीरभाव है।" (उपर्युक्त, पृ० 260)। निराला मूलतः संघर्ष के कवि हैं। उनका यह संघर्ष अपने सामाजिक-सांस्कृतिक परिवेश के साथ है। संघर्ष में उनका "दृप्त विजयाकांक्षी स्वर—परिवेश के कोलाहल के ऊपर—उनकी रचनाओं में अन्त तक सुनायी देता है।" (उपर्युक्त, पृ० 247)। उनमें जो उदात्तता पायी जाती है, उसका सम्बन्ध उनके व्यक्तित्व के साथ-साथ उनके युग से भी था। पुस्तक के आरम्भ में ही डॉ० शर्मा ने कहा है: "उनके साहित्य की यह विशेषता उनके व्यक्तित्व की ही देन नहीं है; उसका गहरा सम्बन्ध उनके युग से है।" (पृ० 13)। 'साहित्य-साधना' का सबसे महत्त्वपूर्ण भाग उसका तीसरा अध्याय है, जिसमें उन्होंने निराला की काव्य-कला का विश्लेषण किया है। यह विश्लेषण जितना ही विशद है, उतना ही सूक्ष्म भी। इसकी विशेषता यह है कि यह कहीं भी विषय-वस्तु से स्वतन्त्र नहीं है। इससे डॉ० शर्मा निराला की काव्य-कला की त्रुटियों को भी देख सके हैं। उनके अनुसार निराला की उद्बोधनात्मक कविताओं में उस वक्तृत्व कला का पूर्ण विकास हुआ है जिसे सिसरो और लोंजाइनस-जैसे यूरोपीय विचारकों ने काव्य-कला के समकक्ष माना था। इस वक्तृत्व कला को निराला ने चित्रात्मकता और नाटकीयता के द्वारा उत्कर्ष प्रदान किया है। डॉ० शर्मा ने लिखा है कि "इस कला का सम्बन्ध एक हद तक राष्ट्रीय स्वाधीनता आन्दोलन से है, उस आन्दोलन में सुने हुए भाषणों से है।" (उपर्युक्त, पृ० 274)। निराला के काव्य 'तुलसीदास' के स्थापत्य का विश्लेषण उन्होंने इस प्रकार किया है: "निराला कविता का आरम्भ नियन्त्रित किन्तु गम्भीर ध्वनि-प्रवाह, सघन मूर्ति-विधान और वक्र अर्थव्यंजना से करते हैं। रचना-सामग्री के इस घनत्व से वह काफी आकाश घेरकर कविता के सिंहद्वार का निर्माण करते हैं। उन्हें इस बात का ध्यान है कि कविता का आरम्भ जिस गरिमा का प्रभाव डालता है, वह अन्त तक पहुँचते-पहुँचते खत्म न हो जाय। अन्तःपुर की शोभा दिखाते हुए वह दर्शक का ध्यान प्रासाद के ऊँचे-ऊँचे शिखरों, अट्टालिकाओं की ओर आकर्षित करते हैं। उदात्त अंशों को कविता के आदि, मध्य और अन्त में सजाकर वह पूरी कविता द्वारा मन पर भव्य स्थापत्य की छाप डालते हैं। इससे वैषम्य प्रदर्शित करते हैं स्वरित स्तर पर रचे हुए अंशों का। कविता में जैसे

दो तरह की संस्कृतियों के द्वन्द्व से तनाव पैदा किया गया है, वैसे ही रचना में दो शैलियाँ निर्माण-कला में भीतरी तनाव पैदा करती हैं, पूरे स्थापत्य को जड़त्व से बचाकर गतिशील बनाती हैं।" (उपर्युक्त, पृ० 304)। निराला के बिम्ब-विधान के बारे में डॉ० शर्मा का कहना है: "निराला-काव्य में मूर्ति-विधान केवल चित्रकार का बिम्ब-विधान नहीं है, बिम्बों के आकार-प्रकार, उनके गुरुत्व का बोध मूर्तिकार की दृष्टि का परिणाम है। उसे 'मूर्ति'-विधान कहना सार्थक है।" (उपर्युक्त, पृ० 318)। निराला के काव्य-जगत् में जितना अन्धकार है, उतना प्रकाश नहीं। इसी का यह परिणाम हुआ है कि उनकी चेतना रूप की अपेक्षा स्पर्श पर सिमटकर केन्द्रित हो गयी है। उनका बिम्ब-विधान संश्लिष्ट भी है। "निराला का रूप-रस-गन्ध-बोध पेचीदा है। वर्ण गन्ध बन जाता है, गन्ध स्वर, स्वर अग्नि। वह प्रकृति और मनुष्य में एक ही जीवन मृत्यु की प्रक्रिया का अनुभव करते हैं, वह चेतना में तरंगें उठते दिखाकर उसे रूप-स्पर्श-बोध के स्तर पर उतार लाते हैं। उनका मूर्ति-विधान खण्ड-सत्य प्रस्तुत न करके मानव-प्रकृति का संश्लिष्ट यथार्थ गहराई से चित्रित करता है।" (उपर्युक्त, पृ० 336)। निराला की काव्य-कला के विश्लेषण में डॉ० शर्मा ने उसके जिस अवयव पर विशेष श्रम किया है वह है ध्वनि। इसका कारण यह है कि निराला के काव्य में ध्वनि को बहुत अधिक महत्त्व प्राप्त है। उनके काव्य में ध्वनि-प्रवाह अनेक विशेषताओं से युक्त है। वह मूर्ति-विधान का सहायक तत्व है, जब मूर्ति-विधान कमजोर होता है, वह उस कमजोरी को दूर करके स्वयं उसका स्थान ले लेता है और वह छन्द के ढांचे से अभिन्न रूप से जुड़ा हुआ है। मुक्तछन्द की सफलता ध्वनिपूर्ण अनुप्रास-योजना पर ही निर्भर है। निराला के काव्य में जो नाट्य-कौशल है उसमें बलाघात का महत्त्व असंदिग्ध है। इस बलाघात का सम्बन्ध ध्वनि के उत्थान और पतन से ही है। डॉ० शर्मा के अनुसार निराला की ध्वनि-संरचना के मूल तन्तु सघोष अल्पप्राण वर्ण (ग—ज—द) हैं। अन्य ध्वनियों के साथ वे इन वर्णों का वैषम्य दिखलाकर अथवा सामंजस्य स्थापित कर चमत्कार उत्पन्न करते हैं। 'मेरे गीत और कला' शीर्षक निबन्ध में निराला ने श—ण—व और ल ध्वनियों को संस्कृत की ध्वनियाँ बतलाकर स—न—ब और र को हिन्दी की ध्वनियाँ बतलाया था। डॉ० शर्मा ने उनकी इस धारणा का खण्डन करते हुए यह दिखलाया है कि स्वयं निराला के काव्य में श—ण—व—ल ध्वनियों की सम और विषम योजना से उच्च कोटि के ओजस्वी और मधुर संगीत की सृष्टि हुई है। निराला का काव्य व्यंजन-प्रधान है, लेकिन उसमें स्वरों का महत्त्व कम नहीं है। "स्वरों का ढांचा बहुत कुछ अदृश्य रहता है, उस अदृश्य ढाँचे में व्यंजन मजबूती से जड़े होते हैं।" (उपर्युक्त, पृ० 367)। निष्कर्ष रूप में डॉ० शर्मा ने कहा है:

'निराला ने हिन्दी ध्वनियों के साथ यान्त्रिक ढंग से कोमल या परुष भाव नहीं जोड़े। अनेक शब्द रूपों में उन्हें सजाकर पूरे ध्वनि-सन्दर्भ के अनुसार उनसे भाव-व्यंजना में सहायता लेते हैं। उनके ध्वनि-सौन्दर्य को परखने के लिए पूरी काव्य-संरचना पर ध्यान देना आवश्यक है।" (उपर्युक्त, पृ० 363)। निराला की शब्दावली को प्रायः संस्कृतनिष्ठ समझा जाता है, लेकिन संस्कृत कवियों के प्रयोग से उसमें जो भिन्नता है, उसकी तरफ लोगों का ध्यान नहीं जाता। डॉ० शर्मा ने उसकी तरफ ध्यान दिलाते हुए लिखा है कि "निराला अपनी कविता के लिए नयी भाषा गढ़ते हैं, इसके लिए वह संस्कृत की शब्द-सम्पदा का सहारा लेते हैं किन्तु न तो उस पर पूरी तरह निर्भर रहते हैं, न ही उसका उपयोग करने में संस्कृत कवियों की अभिरुचि का अनुसरण करते हैं।" (उपर्युक्त, पृ० 379)। इसका एक उदाहरण उनकी समास-रचना है, जिसमें तत्सम शब्दों से तत्सम शब्दों को जोड़कर एक तरह के और तत्सम शब्दों से तद्भव शब्दों को जोड़कर दूसरी तरह के 'उपद्रव' की सृष्टि करते हैं। तत्सम शब्दों के प्रयोग में वे जो औचित्य की सीमा का उल्लंघन करते हैं उससे सामान्यतः किसी-न-किसी कलात्मक लक्ष्य की सिद्धि होती है। निराला केवल उदात्त ध्वनिवाले शब्दों का प्रयोग नहीं करते। वे ब्रज और अवधी के कोमल ध्वनि-वाले शब्दों से लोकधुनों पर मधुर गीत भी रचते हैं। "वह सीधे-सादे शब्दों से ऐसा दुख व्यक्त करते हैं कि उसकी गहराई के आगे सारी उदात्त शब्दावली फीकी लगती है।" (उपर्युक्त, पृ० 408)। उनकी एक विशेषता यह है कि वे हिन्दी भाषा की शक्ति कवित्वहीन माने जानेवाले नीरस कर्कश शब्दों से भी प्रकट करते हैं। निराला में अलंकरण की भी प्रवृत्ति है। अलंकार उनके काव्य में किन रूपों में प्रयुक्त हुए हैं यह जानने के लिए दो उदाहरण पर्याप्त होंगे। 'उतरा ज्यों दुर्गम पर्वत पर नैशांधकार'—'राम की शक्ति-पूजा' की इस पंक्ति के द्वारा निराला राम की पीठ, छाती और बाँहों पर जटाओं के फैलने का ही वर्णन नहीं करते, वे उनके निकटवर्ती पहाड़ पर अन्धकार के छाने का भी वर्णन करते हैं। उपमा के द्वारा राम और उनके परिवेश दोनों का चित्रण उपमा अलंकार की सार्थकता है। निराला रूपक अलंकार का भी प्रयोग करते हैं। यह अलंकार उनकी कविता की संरचना बन जाता है, जैसे 'तुलसीदास' में सारी घटनाएँ सन्ध्या, रात्रि और फिर प्रभात के रूपक की सीमाओं के भीतर ही घटती हैं। मुक्तछन्द के समर्थन में तर्क देते हुए निराला ने कहा था कि भावों की मुक्ति छन्द की भी मुक्ति चाहती है। दूसरी तरफ वे मुक्तछन्द को कवित्त की लय के आधार पर निर्मित करने की बात भी कह रहे थे। डॉ० शर्मा ने उनके इस अन्तर्विरोध की ओर संकेत करते हुए छन्द के सम्बन्ध में अपना यह विचार व्यक्त किया है: "छन्द में बन्धन और मुक्ति दोनों हैं, इनका सन्तुलन बिगड़ने

पर छन्द या तो ध्वनि की यान्त्रिक आवृत्ति बन जायगा या अतिशय मुक्ति से पीड़ित होकर अव्यवस्थित शब्द-जंजाल बन जायगा।" (उपर्युक्त, पृ० 423)। निराला ने कवित्त को ही मुक्तछन्द का आधार क्यों बनाया ? कवित्त बलाघात के सहारे पढ़ा जाता है और निराला छन्द को नाटकीय वार्तालाप के अनुरूप बनाना चाहते थे, इसलिए उन्होंने मुक्तछन्द में इसी छन्द की लय का आधार ग्रहण किया। हिन्दी कविता की लय को बोलचाल की भाषा की लय के निकट लाना कला के क्षेत्र में निराला का क्रान्तिकारी कार्य था। उन्होंने अपने मुक्त-छन्द को कवित्त की गति से ही युक्त नहीं किया, उसकी सफलता के लिए उन्होंने उसकी अनुप्रासपूर्ण शब्द-योजना भी अपनायी। इस मुक्तछन्द में निराला ने स्वतःस्फूर्त भावोद्गारवाली कविताएँ कम लिखीं, वर्णनात्मक, नाट-कीय और वक्तृत्व-कलाप्रधान कविताएँ अधिक लिखीं। 'नये पत्ते' की उनकी जो गद्यात्मक कविताएँ हैं उनमें और 'परिमल' की मुक्तछन्द में रचित कविताओं में भी एक आन्तरिक समानता है। वह समानता यह है कि दोनों कविताओं में बलाघात का सिद्धान्त एक है। 'गीतिका' में निराला ने मात्रिक छन्दों में गीत लिखे। इन गीतों में उन्होंने मुक्तछन्द से भी अधिक स्वरपात की कला को निखारा। यह संयोग-मात्र नहीं है कि निराला की अधिकांश कवि-ताएँ मुक्तछन्द में नहीं, बल्कि मात्रिक छन्द में हैं। छन्द अब उनके लिए कोई बाधा नहीं था। उसमें वे मुक्तछन्द से भी बढ़कर चमत्कार दिखला सकते थे। डॉ० शर्मा ने छन्द-योजना और शब्द-योजना के सम्बन्ध पर प्रकाश डालते हुए कहा है : "छन्द की चाल धीमी है या तेज़, यह उसके यान्त्रिक ढाँचे पर निर्भर नहीं है। उसकी चाल धीमी या तेज होती है शब्द योजना के कारण।" (उपर्युक्त, पृ० 435)। इसी कारण एक ही छन्द निराला की एक कविता में सुस्त नजर आता है और दूसरी कविता में अत्यन्त सजग। निराला में चित्रण की दो कलाएँ शुरू से ही मिलती हैं। एक कला परिवेश को कल्पना के सहारे बदल-कर चित्रमय रूप में प्रस्तुत करने की कला है और दूसरी उसे यथावत् प्रस्तुत करने की कला। दूसरी कला का सम्बन्ध यथार्थवादी प्रवृत्ति से है, जो उनमें 1936 ई०के बाद दृढ़ होती है। " 'नये पत्ते' में निराला की कला का ह्रास नहीं, विकास है। जीवन को नये ढंग से देखने और चित्रित करने का प्रयास है। यह कला नये ढंग की है जिसे निखारने के लिए निराला के सामने बने-बनाये साँचे नहीं थे। निराला ने यहाँ हिन्दी कविता के विकास का नया मार्ग दिखाया।" (उपर्युक्त, पृ० 451)। लेकिन जैसा कि डॉ० शर्मा ने निराला पर लिखी गयी अपनी पहली पुस्तक में भी संकेत किया था, "निराला 'नये पत्ते' की कविताओं में जिस तरह का यथार्थवाद प्रतिष्ठित कर रहे थे, उसका पूर्ण विकास उनकी कविता में नहीं, गद्य में है और बहुत पहले से है" (उपर्युक्त) और " 'नये पत्ते'

में इस वाद का अवशेष है, उसकी शुरुआत वहाँ नहीं है।" (उपर्युक्त)। निराला के गद्य-साहित्य पर डॉ० शर्मा ने पुस्तक के चौथे अध्याय में विचार किया है। "निराला के कथा-साहित्य में दो परस्पर विरोधी प्रवृत्तियाँ देखी जाती हैं। एक प्रवृत्ति काल्पनिक इच्छापूर्ति के सपने रचने की है, दूसरी वास्तविक जीवन-संघर्ष को चित्रित करने की।" (उपर्युक्त, पृ० 462)। इनसे निराला के काव्य का सीधा सम्बन्ध है। 1930 ई० के बाद निराला ने 'देवी' और 'चतुरी चमार' शीर्षक कहानियाँ लिखीं, जो आगे चलकर 'कुल्लीभाट' और 'बिल्लेसुर बकरिहा' के यथार्थवाद के रूप में विकसित हुईं। डॉ० शर्मा ने लिखा है : "'राम की शक्ति-पूजा' का विकल्प है—'बिल्लेसुर बकरिहा'। विरोधी संसार में देवी-देवताओं के प्रति भग्न-आस्थावाले प्राणी के प्रतीक हैं बिल्लेसुर।" (उपर्युक्त, पृ० 479)। उन्होंने निराला के गद्य-साहित्य की कला का भी बहुत बारीकी से अध्ययन किया है। उदाहरण के लिए 'चतुरी चमार' के बारे में उनका यह कथन देखा जा सकता है : "जो ताजगी अच्छी लिखी हुई डायरी में होती है, वह यहाँ है।" (उपर्युक्त, पृ० 472)। 'कुल्लीभाट' के बारे में उनका कहना है कि "आकार में पुस्तक लघु उपन्यास जैसी है किन्तु उसकी रचना में आत्मकथा, जीवन-चरित, संस्मरण, रेखाचित्र कई विधाएँ मिल गयी हैं।" (उपर्युक्त, पृ० 475)। 'बिल्लेसुर बकरिहा' की कलात्मक सफलता का रहस्य यह है कि "बहुत कम जगह किसी कविता या कहानी में निराला इतनी देर तक—इतनी जगह घुमाते हुए—एक ही पात्र पर दृष्टि केन्द्रित रखते हैं।" (उपर्युक्त, पृ० 481)। अपने साहित्यिक निबन्धों में निराला रीतिवादी धारा का विरोध और सन्तकाव्य तथा नयी कविता का समर्थन करते हैं। उनकी गद्य-शैली के भी कई स्तर हैं। गद्य में सर्वत्र उनका आग्रह उसमें बोलचाल की भाषा के अनुरूप प्रवाह लाने पर रहा है। अपने यथार्थवादी कथा-साहित्य में उन्होंने हिन्दी भाषा की शक्ति के अटूट स्रोत—जनपदीय बोलियों—की ओर संकेत किया है। पुस्तक के पाँचवें अध्याय के एक निबन्ध में डॉ० शर्मा ने निराला के साहित्य में एक शक्ति अन्तर्निहित बतलायी है और लिखा है : "यह शक्ति स्वाधीनता आन्दोलन के नये उत्थान की थी, यह शक्ति निराला के व्यक्तित्व की थी। दोनों के संयोग से ही निराला की साहित्य-साधना पूरी हुई।" (उपर्युक्त, पृ० 550)। इस प्रकार उन्होंने निराला के साहित्य की आलोचना उसकी समग्रता और सम्पूर्ण जटिलता में प्रस्तुत की है, जितने ही विस्तार से, उतनी ही बारीकी से।

अपने एक निबन्ध में डॉ० शर्मा ने लिखा है : "बीसवीं सदी में हिन्दी भाषी जनता ने तीन महान साहित्यिक विभूतियों को जन्म दिया — कथा-साहित्य में प्रेमचन्द, आलोचना में रामचन्द्र शुक्ल और कविता में सूर्यकान्त त्रिपाठी

'निराला'। ये तीनों विभूतियाँ एक दूसरे की पूरक हैं।" ('स्वाधीनता और राष्ट्रीय-साहित्य', पृ० 110)। शुक्लजी पर उन्होंने 'आचार्य रामचन्द्र शुक्ल और हिन्दी आलोचना' (1955) के नाम से जो पुस्तक लिखी है उसकी भूमिका में उन्होंने इस ओर संकेत किया है कि ये तीनों महान् साहित्यकार क्यों एक दूसरे के पूरक हैं : "हिन्दी साहित्य में शुक्लजी का वही महत्त्व है जो उपन्यासकार प्रेमचन्द या कवि निराला का। उन्होंने आलोचना के माध्यम से उसी सामन्ती संस्कृति का विरोध किया जिसका उपन्यास और कविता के माध्यम से प्रेमचन्द और निराला ने। शुक्लजी ने न तो भारत के रूढ़िवाद को स्वीकार किया, न पश्चिम के व्यक्तिवाद को। उन्होंने बाह्य जगत् और मानव-जीवन की वास्तविकता के आधार पर नये साहित्य-सिद्धान्तों की स्थापना की और उनके आधार पर सामन्ती साहित्य का विरोध किया और देशभक्ति और जनतन्त्र की परम्परा का समर्थन किया।" (तृतीय संस्करण, पृ० 7)। इससे प्रेमचन्द और निराला के बाद शुक्लजी पर उनके पुस्तक लिखने का कारण स्पष्ट हो जाता है। इस पुस्तक में डॉ० शर्मा ने शुक्लजी पर विभिन्न विद्वानों और आलोचकों ने जो आक्षेप किये हैं उनका समुचित उत्तर दिया है और समग्र रूप में शुक्लजी की आलोचना-दृष्टि तथा उनके आलोचना-कार्य का मूल्यांकन किया हैं। उन्होंने यथास्थान शुक्लजी की असंगतियों का भी निर्देश किया है जिससे यह स्पष्ट होता गया है कि शुक्लजी के बाद्र किस तरह हिन्दी आलोचना वैज्ञानिक ढंग से विकसित हुई है। शुक्लजी सुसंगत रूप से भौतिकवादी नहीं थे, लेकिन भौतिकवाद की ओर उनका बहुत अधिक झुकाव था। इसी के परिणामस्वरूप उन्होंने रस-सिद्धान्त की लौकिकतावादी व्याख्या करके काव्य का सम्बन्ध लोकजीवन से जोड़ा। रस-निष्पत्ति-मात्र काव्य का लक्षण नहीं है। उसे लोक-हृदय और लोक-मंगल से सम्बद्ध होना चाहिए। डॉ० शर्मा ने लिखा है कि "प्राचीन रस-वादियों से शुक्लजी का यह महत्त्वपूर्ण भेद है।"(उपर्युक्त, पृ. 34)। शुक्लजी ने इस व्याख्या के द्वारा आनन्द को काव्य का लक्षण माननेवाली सामन्तवादी विचारधारा को ध्वस्त कर दिया और शृंगार की जगह वाल्मीकि और भवभूति की परम्परा में करुणा को बीज भाव माना। करुणा भाव से प्रेरित अन्याय का सक्रिय प्रतिरोध करनेवाले नायक उनके आदर्श थे। "शुक्लजी ने अलंकारों को प्रधानता देनेवाले शास्त्र पर और चमत्कारों और उक्ति-सौन्दर्य के काव्य पर जो प्रहार किये हैं, वह नये भारत के सांस्कृतिक आन्दोलन का एक महत्त्वपूर्ण अंग हैं।" (उपर्युक्त, पृ० 39)। शुक्लजी के विचारों में असंगति है, क्योंकि एक ओर वे संसार की सत्यता पर जोर देते हैं और ज्ञान को भौतिक जीवन से ही उत्पन्न मानते हैं और दूसरी ओर विश्व-आत्मा और भौतिक-जगत् में व्यक्त होनेवाले ब्रह्म की भी बात करते हैं। लेकिन "यह विश्व-आत्मवाद उनके साहित्य-शास्त्र

की मूलधारा नहीं है, यह निश्चयपूर्वक कहा जा सकता है।" (उपर्युक्त, पृ० 46)। सन्त-साहित्य के सम्बन्ध में शुक्लजी की मान्यताओं की आलोचना उन पर कई तरह की संकीर्णता का आरोप लगाकर की गयी है, जबकि असलियत यह है कि उन्होंने "हिन्दुओं मुसलमानों को मिलानेवाली, निम्न वर्गों में आत्मगौरव का भाव जगानेवाली उसकी भूमिका को पूरी तरह स्वीकार किया है।" (उपर्युक्त, पृ० 65)। शुक्लजी सन्त-साहित्य का महत्त्व नाथपन्थ से प्रभावित होने में नहीं, बल्कि जनता को उसके प्रभाव से मुक्त करने में मानते हैं। जायसी को उन्होंने महत्त्वपूर्ण कवि इसलिए माना कि उन्होंने हिन्दू और मुसलमान की हार्दिक समानता का प्रतिपादन किया था। जायसी का प्रेम और शृंगार लौकिक है और उसका आधार अवध की जन-संस्कृति है। शुक्लजी ने 'पद्मावत' की कथा के लोक-प्रचलित होने की ओर संकेत किया है। जायसी के काव्य-सौन्दर्य का निरूपण करने के क्रम में उन्होंने वहाँ उनकी कठोरतापूर्वक आलोचना की है, जहाँ उन्होंने कोरा चमत्कार उत्पन्न करने की कोशिश की है। डॉ० शर्मा के अनुसार "शुक्लजी का यह कार्य आलोचना-साहित्य में यथार्थवाद की प्रतिष्ठा करता है। (उपर्युक्त, पृ० 78)। सूरदास की आलोचना के प्रसंग में शुक्लजी ने जगह-जगह दरबारी कवियों से उनकी भिन्नता दिखलायी है। इसके द्वारा वस्तुतः उन्होंने "मध्यकालीन साहित्य की दो धाराओं का अलगाव और विरोध प्रकट किया है।" (उपर्युक्त, पृ० 98)। ये धाराएँ कभी-कभी एक दूसरे को प्रभावित भी करती हैं, लेकिन इससे यह सिद्ध नहीं होता कि वे दो अलग धाराएँ नहीं हैं। तुलसीदास से सूरदास की तुलना करते हुए शुक्लजी ने सूरदास में लोकसंग्रह का अभाव बतलाया है। डॉ० शर्मा उनकी धारणा से असहमति जताते हुए कहते हैं: "सूर शृंगार और वात्सल्य के ही कवि नहीं हैं, वह संसार में प्रेम के श्रेष्ठ गायकों में से हैं। इस प्रेम को कुलकानि, लोकधर्म, पाप-पुण्य की मर्यादा कुचलती है; उसका जयघोष सामन्ती व्यवस्था को ही एक चुनौती है। इस सामन्त-विरोधी मानव-मूल्य को हम लोक-संग्रह से बाहर कैसे रख सकते हैं?" (उपर्युक्त, पृ० 101)। इस प्रसंग में शुक्लजी की असंगति भी प्रकट है, क्योंकि उन्होंने तुलसीदास के काव्य में पथिक वेश में वन जाते हुए राम, लक्ष्मण और सीता के वर्णन को बहुत अधिक पसन्द किया है। डॉ० शर्मा का कहना है: "यदि लोक-संग्रह का भाव वन जाते हुए राम, लक्ष्मण और सीता में है, तो वैसा ही भाव कृष्ण की बाललीला, रासलीला और उद्धव-गोपी-संवाद में भी है।" (उपर्युक्त)। तुलसीदास पर शुक्लजी की पुस्तक देखने से यह स्पष्ट हो जाता है कि उन्होंने उसका मूल्यांकन लक्षण-ग्रन्थों की परम्परा से बाहर निकलकर किया है। इस क्रम में उन्होंने आलोचना के नये मानदण्ड भी स्थापित किये हैं। भक्त कवियों का मूलमन्त्र प्रेम था। तुलसीदास भी सबसे अधिक इसी प्रेम के कवि थे। शुक्लजी

ने इस बात को समझा था। डॉ० शर्मा ने लिखा है कि "शुक्लजी ने तुलसी के इस प्रेम को पहचाना, उसे सराहा, उसे केशव-बिहारी के 'प्रेम' से एकदम भिन्न माना, यही उन्हें हिन्दी का महान् आलोचक बनाता है, तुलसी में वेद-शास्त्रों की व्यवस्था ढूंढ़ना नहीं।" (उपर्युक्त, पृ० 113)। शुक्लजी की आलोचना यह कहकर भी की गयी है कि वे ब्राह्मणवादी थे, क्योंकि उन्होंने तुलसीदास की वर्ण-व्यवस्था-सम्बन्धी मान्यता का समर्थन किया है। वास्तविकता यह है कि शूद्र और नारी के सम्बन्ध में तुलसीदास ने जो विचार व्यक्त किये हैं उनको लेकर शुक्लजी बहुत उलझन में पड़ गये हैं और तुलसीदास की रक्षा में उन्होंने एक-से-एक कमजोर तर्कों का सहारा लिया है। कहीं उन्होंने 'शूद्र' शब्द की भिन्न व्याख्या की है, कहीं नारी-सम्बन्धी तुलसीदास के विचारों के लिए कहा है कि महात्मा समझकर उनकी बातों का बुरा नहीं मानना चाहिए। डॉ० शर्मा ने लिखा है कि शुक्लजी के तर्कों की कमजोरी ही उनकी शहजोरी है। उनके तर्कों से पता चलता है कि वे शूद्र और नारी को तुलसीदास की दृष्टि से देखने के पक्ष में न थे। जहां तक भक्तिकाल के कवियों में शुक्लजी द्वारा तुलसीदास को सर्वश्रेष्ठ मानने का प्रश्न है, उस सम्बन्ध में डॉ० शर्मा की दो-टूक राय है : "तुलसीदास के मुकाबले में शुक्लजी ने सूर, जायसी और कबीर को भी नीचा स्थान दिया है, यह ठीक है। तुलसी का भाव-क्षेत्र अधिक व्यापक है। कबीर, सूर आदि से अधिक वह मानव-करुणा के कवि हैं। वह मानव के दुख से व्यथित ही नहीं हैं, वह अपने पात्रों में सक्रिय प्रतिरोध के गुण भी चित्रित करते हैं।" (उपर्युक्त, पृ० 108)। शुक्लजी ने रीतिकाव्य को राजा-महाराजाओं की रुचि की देन बतलाया है, जनता की रुचि की देन नहीं। ऐसा करके उन्होंने "रीतिकालीन कविता का वर्ग-आधार बहुत स्पष्ट शब्दों में व्यक्त कर दिया है।" (उपर्युक्त, पृ० 122)। उनके पहले हिन्दी में केशवदास को कवि-रूप में बहुत ऊँचा स्थान प्राप्त था। डॉ० शर्मा ने लिखा है : "शुक्लजी ने केशव की वास्तविकता प्रकट करके आलोचना के पुराने सामन्ती मानदण्डों को बदलने में बड़ी सहायता की। शुक्लजी द्वारा केशव की आलोचना ने लाला भगवानदीन और रावराजा श्यामबिहारी मिश्र आदि का युग समाप्त किया और हिन्दी-आलोचना में नये युग का सूत्रपात किया।" (उपर्युक्त, पृ० 125)। शुक्लजी ने मतिराम-जैसे रीतिकालीन कवियों की प्रशंसा की है और कहा है कि यदि ये रीति से बँधे न होते और स्वाभाविक प्रेरणा से कविता लिखते तो और भी अच्छे कवि होते। डॉ० शर्मा ने इससे दो निष्कर्ष निकाले हैं। एक तो यह कि रीतिकालीन कवियों में भी स्वाभाविक कविता लिखनेवाले कवियों पर हमारा ध्यान जाना चाहिए और दूसरे यह कि हमें यह समझ लेना चाहिए कि रीति-प्रणाली ने साधारण क्या, प्रतिभाशाली कवियों की भी रचनात्मक क्षमता को

कुण्ठित कर दिया था। हिन्दी के कुछ आलोचक शुक्लजी की रीतिकाव्य-विरोधी स्थापनाओं की तरह-तरह से आलोचना करते हैं। डॉ० शर्मा ने उनकी नीयत का पर्दाफ़ाश कर और उनकी असंगतियाँ दिखलाकर शुक्लजी की जनवादी दृष्टि से और सुसंगत रूप में की गयी रीतिकाव्य-सम्बन्धी आलोचना का महत्त्व उजागर किया है। हिन्दी भाषा और हिन्दी गद्य के विकास को शुक्लजी ने हिन्दीभाषी समाज के विकास के साथ समझने की कोशिश की है। इस कोशिश में उन्होंने अपना ध्यान बोलचाल की भाषा पर केन्द्रित किया है। उनकी मान्यता है कि खड़ी बोली का विकास हिन्दी-भाषी प्रदेश की जातीय एकता के निर्माण के क्रम में हुआ है। इसीलिए खड़ी बोली का स्वाभाविक रूप न तो उर्दूनिष्ठ है, न संस्कृतनिष्ठ। वह सरल, सहज और व्यावहारिक है। इसी दृष्टि से भारतेन्दु-युग के लेखकों के बारे में उन्होंने लिखा है कि "हरिश्चन्द्र-काल के सब लेखकों में अपनी भाषा की प्रकृति की पूरी परख थी।" (उपर्युक्त, पृ० 158)। इस युग के साहित्य में देश के सामान्य जीवन से उन्हें जो सम्बन्ध दिखलायी पड़ा, वह द्वितीय उत्थान यानी द्विवेदी-युग के साहित्य में भी नहीं। डॉ० शर्मा के अनुसार शुक्लजी ने छायावाद की व्याख्या ऐतिहासिक दृष्टि से नहीं की, जिससे वे उसके सामन्तविरोधी रूप को नहीं समझ सके। छायावादी काव्य-धारा वस्तुतः हिन्दी की स्वच्छन्दतावादी काव्य-धारा थी जिसका एक कमजोर पक्ष रहस्यवाद था। शुक्लजी ने रहस्यवाद को ही उसकी मुख्य विषयवस्तु मानकर समग्र रूप से उसका विरोध किया और गैर-रहस्यवादी छायावादी कविताओं को छायावाद से बाहर की चीज माना। रहस्यवाद को उन्होंने अभारतीय भी करार दिया, जबकि उसके एक रूप का सम्बन्ध रूढ़िवाद और कर्मकाण्ड के विरोध से भी था। यहाँ वह मध्यकालीन भारतीय रहस्यवाद की विशेषताएँ लिये हुए है। डॉ० शर्मा ने शुक्लजी की छायावाद-सम्बन्धी धारणा की सीमाएँ बतलाते हुए यह भी कहा है कि छायावादी कविता पर उन्होंने रहस्यवादिता और अतिशय लाक्षणिकता के कारण आक्रमण किये। छायावाद की "वे विशेषताएँ कल्पित नहीं, वास्तविक थीं, यह मानना होगा और उनका यह आक्रमण सही था, यह भी मान लेने से ही कल्याण होगा।" (उपर्युक्त, पृ० 175)। शुक्लजी के मनोभावों से सम्बन्धित निबन्ध न तो रीतिशास्त्र के आधार पर लिखे गये हैं और न पश्चिम के मनोविज्ञान के आधार पर। 'उनकी स्थापनाएँ मौलिक हैं और न केवल साहित्यशास्त्र को, वरन् मनोविज्ञान और समाजशास्त्र को भी महत्त्वपूर्ण देन हैं।" (उपर्युक्त, पृ० 208)। पश्चिम का मनोविज्ञान मूलतः व्यक्तिवाद को लेकर चला है। वह व्यक्ति को समाज से अलग करके उसके मनोभावों का अध्ययन करता है। इसके विपरीत मनोविज्ञान की कुछ धाराएँ जड़ भौतिकवाद को लेकर चली हैं। वे व्यक्ति को निष्क्रिय वस्तु मानकर उसे परि-

स्थितियों का नपा-तुला परिणाम मान लेती हैं। शुक्लजी ने व्यक्ति के मनोभावों का अध्ययन उसे समाज की चेतन इकाई मानकर किया है। व्यक्ति को समाज से अनिवार्य रूप से सम्बद्ध मानने के कारण ही वे भावों के वस्तुगत आधार की सत्यता पर बल देते हैं। उनके सम्पूर्ण आलोचनात्मक कृतित्व पर डॉ० शर्मा की यह टिप्पणी अत्यन्त महत्त्वपूर्ण है : "शुक्लजी का काव्यशास्त्र जैसे दार्शनिक क्षेत्र में महत्त्वपूर्ण है, वैसे ही उनका साहित्यालोचन सामाजिक क्षेत्र में है।" (उपर्युक्त, पृ० 224)।

अभी हाल में डॉ० शर्मा की पुस्तक प्रकाशित हुई है—'महावीरप्रसाद द्विवेदी और हिन्दी नवजागरण' (1977)। इस पुस्तक में उन्होंने मुख्य रूप से द्विवेदीजी के कृतित्व का आलोचनात्मक मूल्यांकन किया है। द्विवेदीजी पर पुस्तक लिखना आवश्यक था, क्योंकि वे आधुनिक हिन्दी साहित्य की प्रगतिशील परम्परा की महत्त्वपूर्ण कड़ी हैं, भारतेन्दु और प्रेमचन्द-शुक्ल-निराला के बीच की कड़ी। हिन्दी के आलोचकों और विद्वानों ने यह प्रचारित कर रखा है कि द्विवेदीजी मात्र भाषा-संशोधक या भाषा-परिष्कारक थे, जोकि सही नहीं है। डॉ० शर्मा ने लिखा है : "इस भाषा-परिष्कार को द्विवेदीजी का मुख्य कार्य माना गया है। यह उनका महत्त्वपूर्ण कार्य है, इसमें सन्देह नहीं, पर इस महत्त्व को ऐतिहासिक परिप्रेक्ष्य में देखना चाहिए। सबसे पहले इस बात पर ध्यान देना चाहिए कि सन् 1900 के आसपास जैसी हिन्दी बालमुकुन्द गुप्त लिख रहे थे, या सरस्वती में श्यामसुन्दर दास लिख रहे थे, अथवा 1903 में जब द्विवेदीजी सरस्वती के सम्पादक बने, उसके बाद जैसी हिन्दी बालकृष्ण भट्ट लिख रहे थे, या जैसी हिन्दी समकालीन 'मर्यादा' जैसी पत्रिका में लिखी जाती थी, उससे द्विवेदीजी की हिन्दी बहुत भिन्न नहीं है। यदि द्विवेदीजी के गद्य के नमूने समकालीन हिन्दी के गद्य के नमूनों के साथ रख दिये जायें तो दोनों का भेद पहचानना मुश्किल होगा। इसका मतलब यह है कि 1903 से पहले हिन्दी भाषा काफी परिनिष्ठित हो चुकी थी और उसमें कोई युगान्तरकारी परिवर्तन न तो आवश्यक था, न सम्भव था। दूसरी बात यह है कि स्वयं द्विवेदीजी की भाषा जैसी 1900 या 1903 में है, वैसी 1915 या 1919 में नहीं है।" ('महावीरप्रसाद द्विवेदी और हिन्दी नवजागरण,' पृ० 254-55)। द्विवेदीजी अत्यन्त प्रगतिशील विचारक थे। उन्होंने अर्थशास्त्र, वैज्ञानिक चिन्तन, भाषा और साहित्य—इन सभी क्षेत्रों में नवीन विचारों का प्रकाश फैलाया और हिन्दी की साम्राज्य एवं सामन्तविरोधी तथा आधुनिकतावादी परम्परा को दृढ़ किया। अर्थशास्त्र पर 'सम्पत्ति शास्त्र' के नाम से पुस्तक लिखकर उन्होंने समकालीन भारत के अर्थतन्त्र का विश्लेषण किया। डॉ० शर्मा के अनुसार "जो लोग भारत में अंग्रेजी राज की भूमिका समझना चाहते हैं, उनके लिए द्विवेदीजी की पुस्तक

में महत्त्वपूर्ण सामग्री है।" (उपर्युक्त, पृ० 16)। वैज्ञानिक चिन्तन के क्षेत्र में द्विवेदीजी ने विज्ञान, इतिहास, समाजशास्त्र-जैसी आधुनिक विधाओं में दिलचस्पी लेने के साथ-साथ प्राचीन भारतीय दर्शन और विज्ञान का पुनर्मूल्यांकन भी किया। डॉ० शर्मा ने लिखा है: "इस तरह की तैयारी उनसे पहले किसी सम्पादक या साहित्यकार ने न की थी। परिणाम यह हुआ कि हिन्दी प्रदेश में नवीन सामाजिक चेतना के प्रसार के लिए वह सबसे उपयुक्त व्यक्ति सिद्ध हुए।" (उपर्युक्त)। साहित्य के क्षेत्र में द्विवेदीजी का लक्ष्य था—हिंदी गद्य का विकास करना, उसे विविध विषयों के विवेचन का माध्यम बनाना, कविता में ब्रजभाषा की जगह खड़ी बोली को प्रतिष्ठित करना और साहित्य से रीतिवाद को निकाल बाहर करना। डॉ० शर्मा के शब्दों में: "लगभग २० वर्ष तक एकाग्र मन से इस निश्चित उद्देश्य की सिद्धि में वे लगे रहे और उन्हें सफलता प्राप्त हुई। उनके इस प्रयत्न के बिना सन् २० के बाद का साहित्यिक विकास असम्भव नहीं तो कठिन अवश्य हो जाता।" (उपर्युक्त, पृ० 17)। भाषा के क्षेत्र में द्विवेदीजी ने भारत में अंग्रेजी की स्थिति, भारतीय भाषाओं को शिक्षा का माध्यम बनाने की समस्या, भारतीय भाषाओं के बीच सम्पर्क-भाषा की समस्या, हिन्दी-उर्दू की समानता और आपसी भेद, हिन्दी और जनपदीय उपभाषाओं के सम्बन्ध आदि पर गहराई से विचार किया। इसी कारण "भाषा-परिष्कार का काम उनके व्यापक कार्यक्रम का अंश मात्र है और वह उसका सबसे महत्त्वपूर्ण अंश नहीं है।" (उपर्युक्त)। डॉ० शर्मा ने द्विवेदीजी के बारे में लिखा है कि "उनके कार्य का मूल्यांकन व्यापक हिन्दी नवजागरण के सन्दर्भ में ही सम्भव है।" (उपर्युक्त, पृ० 16)। हिन्दी नवजागरण से मतलब है हिन्दी भाषी प्रदेश का नवजागरण, हिन्दी भाषी जनता का नवजागरण। सन् 1857 का स्वाधीनता-संग्राम इस हिन्दी नवजागरण की पहली मंजिल है और भारतेन्दु हरिश्चन्द्र का युग उसकी दूसरी मंजिल। डॉ० शर्मा के अनुसार "हिन्दी नवजागरण का तीसरा चरण महावीरप्रसाद द्विवेदी और उनके सहयोगियों का कार्यकाल है।" (उपर्युक्त, पृ० 15)। उन्होंने जैसे इसे स्पष्ट करते हुए आगे लिखा है: "भारतेन्दु युग में पुरानी व्यवस्था को बदलने की माँग जहाँ-तहाँ सुनायी देती है। द्विवेदीयुग में वह माँग अधिक उग्र और अधिक व्यापक बन गयी है।" (उपर्युक्त, पृ० 16)। अंग्रेजों ने जमीन पर से किसानों का स्वामित्व खत्म कर नये सामन्तवादी ढंग से उनका शोषण आरम्भ किया था। द्विवेदीजी कांग्रेस के सुधारवादी नेताओं से आगे जाकर नयी जमींदारी-प्रथा की समाप्ति और लगानबन्दी के द्वारा ब्रिटिश साम्राज्यवाद की जड़ काट डालना चाहते थे। इसी तरह उन्होंने महात्मा गाँधी से भिन्न दृष्टिकोण अपनाकर देश के नये औद्योगिक विकास का पक्ष लिया, लेकिन मजदूर

संघों के निर्माण पर बल देकर उद्योगपतियों के विरुद्ध मजदूरों के संघर्ष का भी समर्थन किया। इतना ही नहीं, उन्होंने यह भी कहा कि मजदूरों और उद्योगपतियों के हितों में जो अन्तर्विरोध है, वह स्थायी रूप से तभी समाप्त हो सकता है, जबकि औद्योगिक पूँजी पर मजदूरों का ही अधिकार स्थापित हो। किसानों और मजदूरों की यह पक्षधरता स्वभावतः द्विवेदीजी को रूसी समाजवादी क्रांति के समर्थन तक ले गयी। डॉ० शर्मा ने लिखा है : "द्विवेदीजी के चिन्तन में यह विचार निहित है कि अंग्रेजी राज के विरुद्ध लड़नेवाली जनता की दो प्रमुख शक्तियाँ हैं : पहली शक्ति किसान, दूसरी शक्ति मजदूर। किसान लगानबन्दी के जरिये अंग्रेजों के विशाल अखिल भारतीय कारखाने का चलना बन्द कर सकते हैं। किसानों और मजदूरों की एकता स्वाधीनता आंदोलन की धुरी है; उनका संघर्ष इस आन्दोलन की मुख्य शक्ति है।" (उपर्युक्त, पृ० 89)। द्विवेदीजी ने ज्ञान' का अर्थ 'मुक्ति' लेने से इनकार किया और उन्होंने पश्चिमी जगत् की तरह देश के वैज्ञानिक विकास पर बल दिया। उन्होंने स्मृतियों में दिये गये नियमों को देश-कालसापेक्ष माना और आधुनिक काल में उनके अनुपयोगी हो जाने की ओर संकेत किया। डार्विन की विचार-धारा ने सारी दुनिया में धार्मिक अन्धविश्वास की जड़ें हिला दीं थीं, इसलिए द्विवेदीजी ने 'सरस्वती' में सबसे ज्यादा निबन्ध विकासवाद पर छापे। डॉ० शर्मा के अनुसार, उन्होंने दार्शनिक चिन्तन के क्षेत्र में बृहस्पति और चार्वाक की विवेक-परम्परा को पुष्ट किया। हिन्दी का मुख्य अन्तर्विरोध अंग्रेजी से था। द्विवेदीजी ने हिन्दी को उसका अधिकार दिलाने के लिए जोरदार संघर्ष किया। उर्दू के प्रति उन्होंने द्वेष-भाव का परिचय नहीं दिया और हिन्दी-उर्दू में निहित एकता के तत्वों की ओर संकेत किया। वे हिन्दी के जातीय रूप को बिगाड़ने के पक्षमें न थे और न भाषा को व्याकरण की अनुगामिनी मानते थे। द्विवेदीजी के साहित्य-सम्बन्धी विचारों में उनकी प्रगतिशील सामाजिक और वैज्ञानिक विचार-धारा ही प्रतिफलित हुई। डॉ० शर्मा ने लिखा है कि "जैसे वे विज्ञान-सम्बन्धी लेखों द्वारा पुराने विचार बदलकर नयी सामाजिक चेतना का प्रसार करना चाहते थे, वैसे ही साहित्य द्वारा वे जनता के पुराने संस्कार बदलकर उसका मानस नये साँचे में ढालना चाहते थे।" (उपर्युक्त, पृ० 270)। 'पुराने संस्कार' से मतलब सामन्ती संस्कार से है और 'नया साँचा' जनवादी विचारों का है। द्विवेदीजी जैसे जातीय भाषा की चर्चा करते हैं, वैसे ही जातीय साहित्य के स्वरूप को भी हमेशा ध्यान में रखते हैं। वे उस साहित्य की कल्पना नहीं कर सकते थे, जिसे रचने, पढ़ने और सुननेवाला कोई जन-समुदाय न हो। इस तरह साहित्य उनके लिए जातीय जीवन से गहराई से सम्बद्ध था, ऐकान्तिक साधना का परिणाम नहीं। "आधुनिक हिन्दी साहित्य रीतिवादी परम्परा के विरोध में, साहित्य में

उसे निर्मूल करके ही विकसित हो सकता था।" (उपर्युक्त, पृ० 275)। द्विवेदीजी ने 'हिन्दी नवरत्न' की आलोचना में मिश्र-बन्धुओं की रीतिवादी दृष्टि की आलोचना करते हुए स्पष्ट शब्दों में कहा कि "रस, भाव, अलंकार, छन्दःशास्त्र और नायिका-भेद के परिज्ञान से मनुष्य-जाति का बहुत ही कम उपकार हो सकता है।" (उपर्युक्त, पृ० 178)। डॉ० शर्मा का कहना है कि "इन पाँचों चीजों को मिलाकर ही रीतिशास्त्र का निर्माण हुआ था।" (उपर्युक्त)। द्विवेदीजी ने अपनी इस आलोचना से रीतिशास्त्र के दुर्ग पर ही आक्रमण किया। द्विवेदीजी के पहले की हिन्दी कविता रीतिकाव्य की रूढ़ियों से ग्रस्त थी। ये रूढ़ियाँ मुख्यतः चार थीं—एक यह कि सरस कविता ब्रजभाषा में ही हो सकती है, दूसरी यह कि शृङ्गार रस रसराज है इस कारण नायिका-भेदवाला काव्य ही सर्वश्रेष्ठ है, तीसरी रूढ़ि समस्यापूर्ति की थी जिसमें कवि अपनी प्रतिभा का चमत्कार दिखाते थे और चौथी रूढ़ि अलंकारों को लेकर थी, यानी इस मान्यता को लेकर कि कविता की श्रेष्ठता अलकारों पर निर्भर है। डॉ० शर्मा के शब्दों में, "द्विवेदीजी ने इन चारों रूढ़ियों के विरुद्ध जमकर संघर्ष किया और लगातार २० वर्षों तक किया। यह संघर्ष कई मोर्चों पर था। एक मोर्चा आलोचना का था जिसमें खड़ीबोली के समर्थक पद्य में इस भाषा के व्यवहार का समर्थन करते थे और ब्रजभाषा के पक्षपातियों को अपनी बात समझाने का प्रयत्न करते थे। दूसरा मोर्चा काव्य-रचना का था जहाँ अपने व्यवहार से उन्हें सिद्ध करना था कि खड़ीबोली में मधुर कविता हो सकती है।" (उपर्युक्त, पृ० 293)। द्विवेदीजी ने 'सरस्वती' को माध्यम बनाकर आलोचना और रचना—सिद्धान्त और व्यवहार—दोनों स्तरों पर रीतिवादी मूल्यों का ध्वंस कर कविता-सम्बन्धी आधुनिक मूल्यों की स्थापना की। यह कार्य निश्चय ही उन्होंने अकेले नहीं किया, बल्कि नये लेखकों और कवियों का एक दल तैयार कर संगठित रूप से किया। द्विवेदीजी ने रीतिवादी विचार-धारा का विरोध तो किया ही, रीतिकाव्य में प्रयुक्त काव्य-रूपों और छन्दों का भी विरोध किया, जो कि स्वाभाविक था। उन्होंने अतुकान्त छन्द की जोरदार वकालत की और कहा : "अनुप्रासों के ढूंढ़ने का प्रयास उठाने में समर्पक शब्द न मिलने से अर्थांश की हानि हो जाया करती है जिससे कविता की चारुता नष्ट हो जाती है। अनुप्रासों का विचार न करने से कविता लिखने में सुकरता [होती है] और मनोभिलषित अर्थ को व्यक्त करने में विशेष कठिनाई भी नहीं पड़ती। अतएव पादान्त में अनुप्रासहीन छन्द भाषा में लिखे जाने की बड़ी आवश्यकता है।" (उपर्युक्त, पृ० 312)। डॉ० शर्मा ने बिलकुल ठीक लिखा है कि "द्विवेदीजी के इस मत का महत्त्व तो इसी से प्रकट है कि उनकी बहुत-सी बातें आगे चलकर [मुक्त छन्द के समर्थन में] निराला ने दोहरायीं और निराला के बाद उन्हें नयी

कविता के लेखकों ने दोहराया।" (उपर्युक्त)। रीतिकाव्य में शब्द-चयन और शब्द-झंकार पर बहुत जोर था। द्विवेदीजी ने शब्द-चयन ही नहीं, शब्द-क्रम को भी महत्त्वपूर्ण बतलाया : "कवि को चुन-चुनकर ऐसे शब्द रखना चाहिए, और इस क्रम से रखना चाहिए, जिससे उसके मन का भाव पूरे तौर पर व्यक्त हो जाय" और कहा कि "एकमात्र सूखा शब्द-झंकार ही जिन कवियों की करामात है उन्हें चाहिए कि वे एकदम ही बोलना बन्द कर दें।" (उपर्युक्त, पृ० 338)। 'महावीरप्रसाद द्विवेदी और हिन्दी नवजागरण' में द्विवेदीजी का ही मूल्यांकन नहीं किया गया है, बल्कि प्राय: उनके सम्पूर्ण युग का मूल्यांकन किया गया है। द्विवेदी-युग के अनेक लेखक 'सरस्वती' से सम्बन्धित थे। डॉ० शर्मा ने इस पुस्तक में यथास्थान उनकी चर्चा की है और हिन्दी नवजागरण में उनके योगदान का उल्लेख किया है। वैसे पुस्तक की भूमिका में उन्होंने स्पष्ट कर दिया है कि "इसे हिन्दी नवजागरण का सम्पूर्ण विवेचन न मानना चाहिए' और "यह मुख्यत: महावीरप्रसाद द्विवेदी और उनके सहयोगियों के कार्य का विवेचन है।" परवर्ती युगों के साथ द्विवेदी-युग के सम्बन्ध के बारे में डॉ० शर्मा ने लिखा है : "साहित्य में जो रीति-विरोधी क्रान्ति शुरू हुई, उसका पहला चरण है द्विवेदी-युग, और उसी का विकास छायावाद और प्रगतिवाद में होता है। ये तीनों युग एक दूसरे से भिन्न हैं, साथ ही एक दूसरे के पूरक भी हैं। द्विवेदी-युग की भूमिका आधुनिक साहित्य का मार्ग प्रशस्त करनेवाले अग्रदल की भूमिका है। स्वभावत: जो लोग साहित्य में प्रगतिशील चेतना के विरोधी हैं, वे द्विवेदी-युग को केवल इतिवृत्तात्मक कहकर छुट्टी पा लेते हैं, उनके लिए छायावाद किशोरमन का कल्पना-विलास-मात्र है और प्रगतिवाद ने तो साहित्य का सत्यानाश ही कर दिया।" (उपर्युक्त, पृ० 277)। उन्होंने निराला को द्विवेदीजी का वास्तविक उत्तराधिकारी माना है जिन्होंने उनकी साम्राज्य और सामन्त-विरोधी परम्परा को दृढ़ता से विकसित किया। छायावाद को द्विवेदी-युग के प्रति विद्रोह समझा जाता है, लेकिन जैसा कि डॉ० शर्मा ने पुस्तक की भूमिका में ही लिखा है, थोड़ी देर के लिए हम छायावादी कवियों के कलात्मक साहित्य को छोड़कर उनकी जनवादी विचार-धारा पर ध्यान दें तो यह स्पष्ट हो जाता है कि "छायावादी चिन्तन सर्वत्र द्विवेदी-युग का विरोधी नहीं, उसका अनुवर्ती है।" छायावाद पर जहाँ रहस्यवाद का प्रभाव है, वहाँ वह द्विवेदी युग से भिन्न है, लेकिन "हिन्दी नवजागरण के विस्तृत सन्दर्भ में यह प्रभाव अस्थायी सिद्ध हुआ।" रहस्यवाद-विरोधी बुद्धिवादी धारा के प्रतिनिधि हिन्दी में द्विवेदी जी थे। यह धारा भीतर से कितनी समर्थ थी इसका इससे पता चलता है कि "वह स्वयं रहस्यवाद की ओर नहीं मुड़ती, कुछ समय बाद रहस्यवादियों को ही अपनी ओर मुड़ने पर विवश करती है।" (उपर्युक्त, पृ० 359)।

छायावाद को लेकर अभी तक हिन्दी में भ्रान्ति बनी हुई है। डा० शर्मा के सामने उसका स्वरूप प्रारम्भ से ही स्पष्ट रहा है, क्योंकि उन्होंने उसे ऐतिहासिक विकास-क्रम में रखकर देखा है और उसके वर्ग-आधार को ध्यान में रखा है। उनके अनुसार छायावाद भारतीय स्वाधीनता-आन्दोलन के आगे बढ़े हुए दौर की अभिव्यक्ति था। उन्होंने लिखा है कि "स्वाधीनता-आन्दोलन संकीर्ण रूढ़ियों को छोड़कर स्वराज्य की जिस व्यापक कल्पना की ओर बढ रहा था, उसका विजय-घोष सबसे पहले छायावादी कविता में सुन पड़ा।" ('संस्कृति और साहित्य', पृ० 65)। इस छायावाद में परस्पर विरोधी भावनाओं की अभिव्यक्ति देखने को मिलती है। डॉ० शर्मा ने इसका कारण उसका वर्ग-आधार बतलाया है : "छायावाद स्थूल के प्रति सूक्ष्म का विद्रोह नहीं रहा वरन् थोथी नैतिकता, रूढ़िवाद और सामन्ती-साम्राज्यवादी बन्धनों के प्रति विद्रोह रहा है। यही उसका मजबूत पहलू है। परन्तु यह विद्रोह मध्यवर्ग के तत्त्वावधान में हुआ था इसलिए उसके साथ मध्यवर्गीय असंगति, पराजय और पलायन की भावना भी जुड़ी हुई थी।" (उपर्युक्त, पृ० 294)। जैसे-जैसे भारतीय स्वाधीनता-आन्दोलन में परिवर्तन होता गया और छायावाद का वर्ग-आधार बदलता गया, उसके स्वरूप में भी परिवर्तन होता गया। आगे चलकर डॉ० शर्मा ने छायावाद में होने वाले इस परिवर्तन को लक्षित किया : "जब तक राष्ट्रीय आन्दोलन में जन-साधारण अपने पूर्ण महत्त्व के साथ प्रतिष्ठित नहीं हुए यानी किसानों और मजदूरों का संघर्ष स्वाधीनता के आन्दोलन का अंग नहीं बन गया, तब तक इस आन्दोलन की सीमाएँ छायावादी साहित्य में भी प्रतिबिम्बित हुईं। असंतोष और विद्रोह के साथ पलायन और रहस्यवादी अस्पष्ट चिन्तन की प्रवृत्ति भी जागी। कुछ दिन बाद ज्यों-ज्यों देश का जन-आन्दोलन समर्थ होता गया, त्यों-त्यों यह बात साफ होती गयी कि छायावादी साहित्य में या तो रहस्यवादी चिन्तन ही रहेगा या जनसाधारण को लेकर उसका विद्रोही पक्ष आगे बढ़ेगा। सन् ३० के आन्दोलन के बाद छायावादी कवियों में जो एक परिवर्तन दिखायी देता है उसका कारण देश का यह सामाजिक और राजनीतिक परिवर्तन है।" ('प्रगति और परंपरा', पृ० 73)। छायावाद की यह व्याख्या कल्पित नहीं है, बल्कि तथ्य पर आधारित है। इसकी सत्यता हम तब समझेंगे, जबकि छायावादी कवियों के समग्र साहित्य—गद्य और पद्य—को ध्यान में रखेंगे। 1930 से 1940 तक के काल के बारे में डॉ० शर्मा कहते हैं : "उस दशक में गाँधीवाद से लोगों की जो आस्था डिगी, उसका गहरा असर हिन्दी लेखकों पर पड़ा। प्रेमचन्द का 'गोदान', प्रसाद का 'तितली', निराला की 'देवी' और 'चतुरी चमार' इसी दौर की रचनाएँ हैं। इन सबका सृजन उस समय हुआ था जब प्रगतिशील साहित्य के प्रचार-प्रसार के लिए कोई भी संघबद्ध प्रयास न हुआ था। सन् ३० के बाद

हिन्दी साहित्य में इस नये यथार्थवाद का विकास स्वतः स्फूर्त ढंग से हुआ।" ('निराला की साहित्य-साधना', द्वितीय खण्ड, पृ० 555)। उन्होंने आगे लिखा है: " 'तितली', 'गोदान' और 'चतुरी चमार' की विचारभूमि सामान्य है किन्तु किसान जीवन को देखने, उसे गहराई से चित्रित करने में बड़ा अन्तर है। यहाँ सिद्ध केवल यह करना है कि छायावादी साहित्य की साम्राज्य-विरोधी-चेतना सन् ३० के बाद और निखरती है। इसका एक लक्षण यह है कि छायावादी कवि किसान-जीवन को आधार बनाकर नया साहित्य रचते हैं। जो साहित्य सन् ३० से पहले भी गाँधीवाद का अनुयायी नहीं था, वह सन् ३० के बाद उससे और दूर हट जाता है।" (उपर्युक्त, पृ० 556)। यहाँ पंत-जैसे प्रमुख छायावादी कवि को लेकर डॉ० शर्मा की उपर्युक्त स्थापना की सच्चाई में संदेह किया जा सकता था। वे इस सन्देह का निवारण करते हुए कहते हैं: "किसान-जीवन से पंत का लगाव कम है। 'पल्लव' और 'गुंजन' के प्राकृतिक सौन्दर्य में भारत का दरिद्र, संघर्षशील किसान खो गया है। किन्तु 'ग्राम्या' में पंत पहली बार भारत के गाँव को, गाँव में किसान-जीवन को नजदीक से देखते हैं। यह कार्य वह प्रसाद और निराला के बाद करते हैं, किन्तु किसान-जीवन पर वह भी कविताएँ लिखते हैं, यह तथ्य उसी विकास का प्रमाण है जो ३०-४० वाले दशक की विशेषता है।" (उपर्युक्त)। लेकिन इसका मतलब यह नहीं हैं कि 1930 ई० के बाद छायावादी कवियों का अन्तर्विरोध समाप्त हो गया। डॉ० शर्मा ने लिखा है: "जहाँ स्वाधीनता-संघर्ष के साथ किसान आन्दोलन भी सगठित हो रहा है, सामंत-विरोधी संग्राम तेज हो रहा है, वहाँ यर्थाथवाद के विकास के लिए सामाजिक परिवेश और भी अनुकूल है। दूसरी ओर स्वाधीनता-आन्दोलन के विकास की रूपरेखा स्पष्ट नहीं है, किसान-संघर्षों की भूमिका स्पष्ट नहीं, साम्राज्यवाद के दाँव-पेंच स्पष्ट नहीं, उनके काट पहले से अपने पास तैयार नहीं। इस तरह की अस्पष्टता, इस तरह का अज्ञान यर्थाथवाद का विकास रोकता है। इसके साथ लेखक की अपनी सामाजिक स्थिति है, अपने संस्कार हैं, चारों ओर के सांस्कृतिक वातावरण का बोझ है जिसमें तरह-तरह की यथार्थ विरोधी दार्शनिक धाराएँ पुजती हैं। इससे छायावादी साहित्य में विकट अन्तर्विरोधों की सृष्टि होती है।" (उपर्युक्त, पृ० 564-65)। जहाँ तक महादेवीजी का प्रश्न है, हमें उनमें भी छायावाद की स्वाधीनता की आकांक्षा और सामाजिक परिवर्तन की भावना देखने को मिलती है। नारी-मुक्ति का आन्दोलन स्वाधीनता-आन्दोलन का अंग रहा है। डॉ० शर्मा के शब्दों में, "महादेवीजी अपने गीतों में 'देवी' के रूप में नहीं, एक मानवी के रूप में दर्शन देती हैं। वह अपनी भाव-व्यंजना में इस धरती पर काम करनेवाली मनुष्य नामक प्राणी ही नहीं हैं वरन् उसका एक भेद नारी भी हैं। उनका नारीत्व सामाजिक सीमाओं के अन्दर विकास के लिए

पंख फड़फड़ाता है, उसकी यह व्याकुलता अनेक सांकेतिक रूपों में उनकी कविताओं में प्रकट होती है।" ('लोकजीवन और साहित्य', पृ० 92-93)। आगे उन्होंने महादेवीजी के गद्य-साहित्य का हमें स्मरण दिलाया है: "महादेवीजी की कर्मठता, समाज-सुधार और जन-संपर्क की सीमाएँ हैं लेकिन इनका एकान्त अभाव हो, ऐसी बात नहीं है। 'शृंखला की कड़ियाँ', 'स्मृति की रेखाएँ', 'अतीत के चलचित्र' आदि पुस्तकें इस बात का प्रमाण है। महादेवीजी का कवि और गद्यकार एक दूसरे से जुड़े हुए हैं, वे दो बिखरी हुई विरोधी इकाइयाँ नहीं हैं।" (उपर्युक्त, पृ० 95)।

डॉ० शर्मा हिन्दी में प्रगतिशील आन्दोलन के प्रमुख स्तम्भ रहे हैं इसलिए स्वभावतः छायावादोत्तर हिन्दी कविता में भी उनकी गहरी दिलचस्पी है। छायावादोत्तर हिन्दी कविता प्रायः नयी कविता के नाम से जानी जाती है। इस नयी कविता का स्वरूप निर्धारित करने में कठिनाई इस कारण होती है कि इसमें छायावादोत्तर हिन्दी कविता के सम्पूर्ण विकास को, यानी परस्पर विरोधी काव्य-धाराओं को भी, समेटा जाता है। डॉ० शर्मा ने लिखा है: "सन १९३८ में 'रूपाभ' के प्रकाशन के साथ शुरू होनेवाली नयी कविता प्रगतिशील कविता है जो मार्क्सवाद से प्रभावित है, यथार्थवादी रुझान जिसमें प्रबल है, जिसमें कुण्ठा और अतृप्ति से संघर्ष करने की आकांक्षा है। सन १९४७ में 'प्रतीक' के प्रकाशन से शुरू होनेवाली नयी कविता प्रयोगवादी कविता है जो समाजपरक प्रगतिशीलता का विरोध करती है, जो कुण्ठा और घुटन से संघर्ष को आवश्यक न मानकर उन्हें जीवन-मूल्यों के रूप में स्वीकार करती है। सन १९५४ में 'नयी कविता' के प्रकाशन से शुरू होनेवाली नयी कविता अस्तित्ववादी कविता है जो छायावादी 'शिशु आस्था' के विरुद्ध व्यक्तिनिष्ठ विवेक पर बल देती है, जो मानव को लघु-मानव बनाकर उसकी विवशता और पराजय के भोगने को कवि की परम उपलब्धि मानती है। सन १९५८ में 'कृति' के प्रकाशन से शुरू होनेवाली नयी कविता क्रमशः उस पराजित पीढ़ी की कविता बनती जाती है जो व्यक्तिनिष्ठ मूल्यों के बदले मूल्यहीनता का झण्डा लेकर आगे बढ़ती है। भूखी पीढ़ी, नंगी पीढ़ी, अकविता, ताजी कविता आदि की अनेक संक्षिप्त अर्द्धविक्षिप्त पीढ़ियाँ इसी मूल्यहीनता के झण्डे के नीचे एक-दूसरे को ललकारती हैं। इस ललकारने की क्रिया के बावजूद इन सब में आन्तरिक संगति है क्योंकि वे सभी साहित्य और राजनीति के प्रगतिशील तत्त्वों को अस्वीकार करती हैं।" (साप्ताहिक हिन्दुस्तान, 14 सितं. 69)। जब नयी कविता के अन्तर्गत प्रगतिशील अथवा यथार्थवादी कविता को भी लेते हैं तब यह स्पष्ट है कि नयी कविता का आरम्भ न 'तारसप्तक' से हुआ, न 'तारसप्तक' तक वह सीमित रही। " 'तारसप्तक' के प्रकाशन से पहले निराला,

पन्त, केदार, नरेन्द्र, शमशेर आदि कवि छायावादी भावभूमि से हटकर यथार्थ-वादी दिशा में हिन्दी कविता का यथेष्ट विकास कर चुके थे।" (उपर्युक्त, 18 मई, 69)। 'तारसप्तक' के प्रकाशन के बाद भी उसकी परिधि से बाहर यह विकास जारी रहा। 'तारसप्तक' और उससे बाहर प्रकाशित यथार्थवादी कविताओं के बीच घनिष्ठ सम्बन्ध था। 'तारसप्तक' में भी कई तरह के कवि थे। उन्हें मिलानेवाली सामान्य वस्तु थी फासिस्ट-विरोध। लेकिन 1947 ई० में 'प्रतीक' के प्रकाशन के साथ नयी कविता की दो प्रवृत्तियों का अलगाव शुरू हुआ। प्रगति-विरोधियों ने प्रगतिवाद को आक्रमण का लक्ष्य बनाया और इस क्रम में 'प्रयोगवाद' नाम की सृष्टि की। डॉ० शर्मा ने प्रयोगवाद के उत्थान का सम्बन्ध राष्ट्रीय परिस्थितियों से इस प्रकार जोड़ा है: "सन ४७ के बाद विभिन्न रूपों में जो आर्थिक और राजनीतिक संकट देश में रहा है, साहित्य उससे अछूता नहीं है। मूल्यों के विघटन की चर्चा काफी होती है। सन ४७ से पहले देश की जनता के सामने एक स्पष्ट सामाजिक लक्ष्य था—अंग्रेजी राज को खत्म करना। सन ४७ से पहले कुछ राजनीतिज्ञ और बुद्धिजीवी यह भी कहते थे कि अंग्रेजी राज खत्म करने के बाद यहाँ समाजवादी व्यवस्था कायम की जाएगी। सन ४७ के बाद यह सामाजिक लक्ष्य दूर होता गया। साहित्यकार समूह के विरोध में व्यक्ति-मूल्य लेकर आये।" (उपर्युक्त, 1 जून, 69)। प्रगति-विरोधी नयी कविता का एक अन्तर्राष्ट्रीय सन्दर्भ भी है। इस नयी कविता के पक्षधर यह दावा करते रहे हैं कि यह कविता भारतीय मध्यवर्ग की स्थिति को प्रतिबिम्बित करती है, लेकिन वास्तविकता यह है कि यह "यूरोप और अमरीका के मरणोन्मुख पूंजीवाद की संस्कृति" को अधिक प्रतिबिम्बित करती है। इस कविता का सम्बन्ध दो महायुद्धों से भी जोड़ा गया है। "महायुद्धों से नयी कविता का इतना ही सम्बन्ध है कि इनके बाद पूँजीवादी संस्कृति का संकट और भी विषम होता गया है।" ('आस्था और सौंदर्य', 224)। प्रगति-विरोधी नयी कविता का टी० एस० इलियट जैसे कवियों की कविता से गहरा सम्बन्ध है। डॉ० शर्मा ने लिखा है: "रोमांटिक कविता का निर्बल पक्ष इलियट में आकर नयी कविता का एकमात्र पक्ष रह जाता है। इलियट में रोमांटिसिज्म का विरोध सतही है; इलियट ने नाता तोड़ा है उसके स्वस्थ पक्ष से। रोमांटिक कवियों की निराशा, अकेलेपन की भावना और इस भावधारा के वारिस कवियों की कुण्ठा और घुटन इलियट की एकमात्र भावनिधि है।" (उपर्युक्त, पृ० 227-28)। हिन्दी में प्रगति-विरोधी नयी कविता के रचनाकार वही हैं जो इलियट-जैसे कवियों का प्रभाव लेकर छायावाद की पतनशील प्रवृत्तियों का विकास करते हैं। आगे चलकर इस नयी कविता पर अस्तित्ववाद का प्रभाव पड़ा है। डॉ० शर्मा के शब्दों में, "रोमांटिक काव्य की व्यक्तिवादी

प्रवृत्ति क्रमशः विकृत होती हुई अब अस्तित्ववाद के रूप में प्रकट हुई है। चरम व्यक्तिवाद को वह सामाजिक दर्शन का रूप देकर प्रस्तुत करती है। रोमांटिक कवि रूढ़ियाँ तोड़कर नये सौंदर्यबोध और नवीन सामाजिक मूल्यों की ओर बढ़े थे। अस्तित्ववाद ने सौंदर्यबोध की उपेक्षा और मानवमूल्यों की अस्वीकृति को ही एक रूढ़ि का रूप दे दिया। यह बात फ्रांस के अस्तित्ववादियों पर उतनी लागू नहीं होती जितनी हिन्दी में उनके अनुवर्तियों पर। रोमांटिक कवियों में एक प्रदर्शनवादी रुझान था, दुनिया को यह दिखाने की आकांक्षा कि वह कितने पतित, पीड़ित अथवा त्रस्त हैं। नयी कविता में यह रूमानी प्रदर्शनप्रियता चरम सीमा तक पहुँच गयी है।" ('आलोचना,' अप्रैल-जून, 69)। लेकिन उन्होंने यह भी कहा है : "पिछले बीस साल में लिखी हुई आधुनिकता-बोधवाली कविता को मैं सहानुभूति से देखता हूँ। जो भी अपने को त्रस्त, पराजित या पीड़ित महसूस करता है, वह कहीं-न-कहीं पूँजीवाद को अस्वीकार और समाजवाद को स्वीकार करेगा। व्यक्ति की पीड़ा, त्रास, पराजय का मूल स्रोत आज की पूँजीवादी परिस्थितियाँ हैं। इन परिस्थितियों से निकलने का रास्ता समाजवाद के पास है। वर्तमान युग में आधुनिकता-बोध समाजवादी विचारधार से जरूर सम्बद्ध होगा।" (उपर्युक्त, अक्तू०-दिसं०, 67)। उनकी दृष्टि नयी कविता के सकारात्मक पक्ष पर भी गयी है : "आधुनिक हिन्दी कविता में एक महत्त्वपूर्ण प्रवृत्ति है जिसे हम **नया यथार्थवादी रुझान** कह सकते हैं। कविता की पुरानी शब्दावली, पुराने छंद, पुरानी प्रतीक-योजना नये कवियों को इसलिए पसंद नहीं आती कि वह यथार्थ जीवन की बोलचाल से, यथार्थ जीवन के चित्रों से मेल नहीं खाती। नये हिन्दी कवि भाषा और छंद से लेकर प्रतीक-योजना तक यथार्थ की भूमि पर बढ़ने का प्रयत्न कर रहे हैं, यह उनके आधुनिकता-बोध का सकारात्मक पक्ष है।" (उपर्युक्त)। नये कवियों ने अपनी कविता की रक्षा में एक सिद्धान्त गढ़ने की भी कोशिश की। उन्होंने भाव और विचार, छन्द-सौन्दर्य और अर्थ-गरिमा तथा बिम्ब और कथन में अन्तर्विरोध बतलाया। डॉ० शर्मा ने इस अन्तर्विरोध को कल्पित कहा और 'आस्था और सौंदर्य' में संकलित अपने निबन्ध 'अनास्थावादी खंडित कला' में इसे अच्छी तरह प्रमाणित किया। उनके अनुसार छायावादोत्तर हिन्दी कविता अथवा नयी कविता की सर्वाधिक महत्त्वपूर्ण धारा उसकी प्रगतिशील अथवा यथार्थवादी धारा है। यह छायावाद के प्रगतिशील पक्ष का स्वाभाविक विकास है। "प्रगतिशील कविता ने छायावादी काव्य की अस्पष्टता, भाषा की दुरूहता, निराशावादी भावनाओं और पलायनवादी प्रवृत्ति को दूर किया, जीवन में आस्था, दलित और शोषित जनता की मुक्ति की उत्कंठा, सामाजिक दायित्व की भावना व्यक्त की।" ('आस्था और सौंदर्य', पृ० 249)। डॉ० शर्मा ने प्रगतिशील कविता की

त्रुटियों की ओर भी संकेत किया है : "प्रगतिशील कविता की कमजोरी थी—विचारपक्ष की अस्पटता और कलात्मक शिथिलता।" (उपर्युक्त, पृ० 249-50)। लेकिन इसके बावजूद, अनेक अन्तर्विरोधों और विषमताओं को पार करते हुए, हिन्दी में प्रगतिशील कविता का विकास होता रहा है। डॉ० शर्मा ने केदार, शमशेर, मुक्तिबोध और नागार्जुन इन प्रगतिशील कवियों पर आलोचनात्मक निबन्ध लिखकर प्रगतिशील हिन्दी कविता की शक्ति और सीमा इन दोनों की ओर निर्देश किया है। केदार के बारे में उन्होंने लिखा है : "कविता लिखते समय उनकी तर्क-बुद्धि सोती नहीं है, वह अपलक उनकी अंतर्दृष्टि का तमाशा देखती रहती है। यह अंतर्दृष्टि उन्हें जो कुछ दिखाती है, वह तर्क-बुद्धि का विरोधी नहीं होता, किंतु तर्क-बुद्धि उसे रचे, यह शक्ति भी उसमें नहीं है।" ('केदार : व्यक्तित्व और कृतित्व,' पृ० 28)। शमशेर के आत्मसंघर्ष की ओर उन्होंने इन शब्दों में संकेत किया है : "शमशेर का आत्मसंघर्ष उनके मार्क्सवादी विवेक और इस उत्तर-छायावादी—इलियट, एजरा पाउंड वाले—काव्य-बोध का संघर्ष है।" ('तटस्थ', फरवरी 71)। मुक्तिबोध पर लिखा गया उनका निबन्ध विशेष महत्त्वपूर्ण है, क्योंकि इसमें उन्होंने मुक्तिबोध की असंगतियों और उनकी कविता की विशेषताओं दोनों को बहुत अच्छी तरह से उजागर किया है। डॉ० शर्मा का यह निबन्ध समग्रता में मुक्तिबोध का मूल्यांकन प्रस्तुत करता है जिससे मुक्तिबोध-सम्बन्धी बहुत सारी उलझनें दूर हो जाती हैं। मुक्तिबोध में आत्मग्रस्तता भी थी और सामाजिकता भी। वे इन दोनों को मिलाने का प्रयत्न करते रहे। डॉ० शर्मा ने लिखा है : "आत्मग्रस्तता का एक रूप है रहस्यवाद, दूसरा रूप है अस्तित्ववाद। आत्मग्रस्तता के बावजूद और उसे साथ लिये हुए मुक्तिबोध के आत्मसंवेदन समाज के व्यापकतर छोर छूते हैं—इसका अर्थ है, वह रहस्यवाद और अस्तित्ववाद से मार्क्सवाद का समन्वय करने का प्रयत्न करते हैं। किंतु यह समन्वय हो नहीं पाता।" ('धर्मयुग', 21 दिसं०, 69) मुक्तिबोध की कविता में उनकी आत्मग्रस्तता और उनके विवेक के बीच एक संघर्ष की स्थिति देखने को मिलती है। उनकी 'अँधेरे में' शीर्षक कविता में यह संघर्ष बहुत ही तीव्र रूप में अभिव्यक्त हुआ है डॉ० शर्मा के अनुसार "यह मुक्तिबोध का ही नहीं, उनकी पीढ़ी के और बहुत से लेखकों का आत्मसंघर्ष भी है।"। (उपर्युक्त, 28 दिसं०, 69)। लेकिन मुक्तिबोध में केवल समन्वय और संघर्ष ही नहीं है, और भी बहुत कुछ है : "इस संघर्ष में जब मुक्तिबोध का आत्मग्रस्त, आत्मसम्मोहित मन कष्ट पाता है, तब उनकी कविता में गहरी व्यथा प्रकट होती है। जब उनका विवेक इस मुग्ध मन की मान्यताओं पर प्रहार करता है, तब व्यंग्य-प्रतिभा निखर उठती है। जब उनका मन 'स्व' से हटकर परिवार और पड़ोस के लोगों का ध्यान करता है, तब वह स्नेह से द्रवित होकर प्रगीतों की सी कोमल संवे-

दनाओं का परिचय देता है। मोह की दशा छोड़कर जब वह ज्ञान नेत्र खोलते हैं, तब अपने अंधविश्वासों और चमत्कारी मान्यताओं को ध्वस्त कर देते हैं।''(उप०) मुक्तिबोध की पद्धति 'अॅलीगरी' और 'फैंटेसी' की पद्धति है। 'अॅलीगरी' की पद्धति कविता की कोई उत्कृष्ट पद्धति नहीं है, क्योंकि इसमें अमूर्त भावों और विचारों के लिए अमूर्त वस्तु और पात्र इस तरह निश्चित किये जाते हैं कि वे सत्य नहीं प्रतीत होते। यह भावों और विचारों का बीजगणित है, ''किंतु मुक्ति-बोध का बीज-गणित खटकता नहीं। इसका कारण यह है कि उनका बीज-गणित सतही है। सतह के नीचे चित्र जहाँ से उभरकर ऊपर आते हैं, वह धरातल है अंतर्मन का।'' (उपर्युक्त)। इसी तरह '' 'फैंटेसी' उनके लिए अभि-व्यंजना का माध्यम मात्र नहीं है, जिसे वह चाहे अपनाएँ, चाहे छोड़ दें। स्वप्न उनके मन की सहज वृत्ति है। यथार्थ को स्वप्नचित्रों में बदले बिना वह मानो उसे समझ नहीं सकते।'' (उपर्युक्त)। मुक्तिबोध में स्वप्नचित्र क्यों मिलते हैं और फिर वे चित्र ज्यादातर त्रासद ही क्यों हैं? डॉ० शर्मा ने लिखा है : ''बाहर की दुनिया में जितने ही झटके खाये, उतना ही स्नायुतंत्र का तनाव बढ़ा। बीज रूप में जो रोग विद्यमान था, उसने त्रास के सपनों की सृष्टि की।'' (उपर्युक्त)। मुक्तिबोध की भाषा पर उनकी टिप्पणी है : ''उनकी रचनाओं में जगह-जगह भाषा और छंद की शिथिलता दिखायी देती है, किंतु जब वह 'मस्ती' में होते हैं, तब भाषा और छंद की गति साँचे में ढली हुई निकलती है।'' (उपर्युक्त)। अन्त में उन्होंने कहा है : ''मुक्तिबोध की कविता असुरक्षित जीवन की कविता है। उसमें भावबोध की अस्थिरता और विचारों की उलझन भी है। लेकिन यह सब किसमें नहीं है?'' (उपर्युक्त)। डॉ० शर्मा ने मुक्तिबोध तथा दूसरे कवियों की असंगतियों का खास तौर से निर्देश किया है। उन्होंने लिखा है कि ''हम इनसे आँखें नहीं चुराते, इन्हें खुली तर्कभूमि पर खींच लाते हैं, उन पर बहस करते हैं जिससे सही रास्ता पहचानने में मदद मिले।'' ('आलोचना,' जुलाई-सितं०, 68)। प्रगतिशील कवियों में नागार्जुन उन्हें विशेष प्रिय हैं, क्योंकि ''अन्य कवियों में रहस्यवाद और यथार्थवाद को लेकर द्वन्द्व हुआ है, नागार्जुन का व्यंग्य और पैना हुआ है, क्रांतिकारी आस्था और दृढ़ हुई है, उनके यथार्थ चित्रण में अधिक विविधता और प्रौढ़ता आयी है।'' ('लहर', नवं०, 70)। डॉ० शर्मा का मत है कि ''नागार्जुन ने लोकप्रियता और कलात्मक सौंदर्य के संतुलन और सामं-जस्य की समस्या को जितनी सफलता से हल किया है, उतनी सफलता से बहुत कम कवि—हिंदी से भिन्न भाषाओं में भी हल कर पाये हैं।'' (उपर्युक्त)। प्रगति-विरोधी नयी कविता के कवियों में अज्ञेय सर्वप्रमुख हैं। डा० शर्मा ने उन पर एक निबन्ध लिखकर उनमें पाये जानेवाले नवरहस्यवाद के स्वरूप पर प्रकाश डाला है। उन्होंने कहा है कि अज्ञेय का रहस्यवाद मध्ययुगीन और छाया-

वादी रहस्यवाद से भिन्न है, क्योंकि इसकी कोई प्रगतिशील भूमिका नहीं है। उनके शब्दों में, "अज्ञेय का रहस्यवाद बहुत ही सुरक्षित किस्म का रहस्यवाद है। वह जिंदगी की धूल धक्कड़ से दूर रहता है, वह पंकज-सा पंक में दामन पाक रखता है, सामाजिक जीवन से पलायन करने की प्रवृत्ति उसमें पुरानी छायावादी कविता से कहीं अधिक प्रबल है।"('धर्मयुग', 1 फरवरी,' 70)। अज्ञेय की कविता की सीमित सार्थकता उसके जड़ाऊ होने में है। नयी कविता के अन्य कवि जहाँ रूमानियत से प्रेरित होकर अनसधे शिल्पवाली कविता लिखते हैं, वहाँ अज्ञेय कविता को यत्नपूर्वक गढ़ते हैं। अन्य कवि नयी अनुभूतियों के पीछे भागते हैं। "सच्ची अनुभूति तलाशनेवाली नयी कविता से यह जड़ाऊ कविता ज्यादा टिकाऊ है।" (उपर्युक्त)।

डॉ० शर्मा ने प्रेमचन्दोत्तर उपन्यास-साहित्य पर भी विचार किया है। हिन्दी में अज्ञेय के उपन्यास 'शेखर : एक जीवनी' की बहुत चर्चा हुई है। उसे विद्रोह और प्रेम की भावनाओं से भरा हुआ अद्वितीय उपन्यास कहा गया है। डॉ० शर्मा ने अपनी आलोचना में उसके विद्रोह और प्रेम दोनों को उघारकर रख दिया है। उन्होंने उसके नायक शेखर के बारे में लिखा है : "शेखर पश्चिम की पूँजीवादी संस्कृति से प्रभावित हिंदुस्तान के उन निकम्मे लोगों में से है जो एक तरफ तो विद्रोह की लंबी-चौड़ी बातें करके अपनी हीन भावना संतुष्ट करते हैं, दूसरी तरफ आत्मपीड़ा के अभिनय से अपने अस्तित्व को सार्थक करके नारी से करुणा की भीख माँगते हैं। उनका विद्रोह और आत्मपीड़ा दोनों ही उनके निकम्मे व्यक्तित्व के दो पहलू हैं।" ('प्रगतिशील साहित्य की समस्याएँ,' पृ० 110)। यशपाल भी अज्ञेय जैसे उपन्यासकारों से भिन्न नहीं हैं। "'दादा कॉमरेड' से लेकर 'मनुष्य के रूप' तक यशपाल ने यथार्थ के किस रूप को प्रतिबिंबित किया है ? बुनियादी तौर से यशपाल की समस्याएँ वही हैं जो अज्ञेय और जैनेन्द्र की हैं। उपन्यास का 'हीरो' आत्मपीड़ा के जरिये नारी—एक या अधिक—की करुणा जगाता है और यह नाटक ही उसके जीवन की सबसे महत्त्वपूर्ण क्रिया है।" (उपर्युक्त, पृ० 118)। यशपाल के उपन्यासों में 'सेक्स-सज्जा' को बहुत अधिक महत्त्व मिला है। डॉ० शर्मा इसका कारण बतलाते हुए कहते हैं : "यशपाल के पात्र जनजीवन के प्रतिनिधि नहीं हैं। वे उस वर्ग के लोग हैं जिनके लिए सेक्स और आत्मपीड़ा की समस्याएँ प्रधान हैं। इसलिए उनके साथ गलत या सही राजनीति जोड़ देने से ही वे प्रगतिशील नहीं हो जाते।" (उपर्युक्त, पृ० 119)। उन्होंने यशपाल के बाद में प्रकाशित उपन्यास 'झूठा-सच' के बारे में लिखा है कि वह न केवल उनका सर्वश्रेष्ठ उपन्यास है, बल्कि "उसकी गिनती हिंदी के नये-पुराने श्रेष्ठ उपन्यासों में होगी—यह भी निश्चित है," क्योंकि "यह उपन्यास हमारे सामाजिक जीवन का एक विशद चित्र उप-

स्थित करता है।" ('साहित्य : स्थायी मूल्य और मूल्यांकन,' पृ० 108)। इस उपन्यास की त्रुटियाँ ये हैं कि इसके दोनों खण्ड समान रूप से सजीव नहीं हैं और दोनों में विषय-वस्तु और कथाशिल्प को लेकर इतना अन्तर है कि "उन्हें एक ही उपन्यास का अंग कुछ पात्रों की समानता के आधार पर ही माना जा सकता है।" (उपर्युक्त, पृ० 110)। इसके अलावा "यशपालजी अब भी मुख्यत: मध्यवर्ग के चितेरे हैं; वह किसानों और मजदूरों को दूर से देखते हैं, निकट से, आत्मीयता से उनका चित्रण नहीं कर पाते" और "मध्यवर्ग का चित्रण करते हुए लेखक स्वयं उस वर्ग के दृष्टिकोण से प्रभावित हो जाता है।" (उपर्युक्त, पृ० 110)। प्रेमचन्द के बाद डॉ० शर्मा ने जिन दो उपन्यासकारों को विशेष महत्त्वपूर्ण माना है वे हैं वृन्दावनलाल वर्मा और अमृतलाल नागर। वर्माजी मुख्यत: ऐतिहासिक उपन्यासकार हैं, लेकिन "वर्माजी ऐतिहासिक उपन्यास लिखते हुए वर्तमान समाज की समस्याओं का ध्यान रखते हैं—अपने युग को अतीत के नाम पर चित्रित नहीं करते वरन् अतीत के चित्रण से वर्तमान के लिए प्रेरणा लेते हैं।" ('आस्था और सौंदर्य,' पृ० 192)। वर्माजी के ऐतिहासिक उपन्यासों की मूल विषय-वस्तु है सामन्ती व्यवस्था की आलोचना। डॉ० शर्मा ने इसके स्वरूप और कारण पर इस प्रकार प्रकाश डाला है: "ऐतिहासिक उपन्यासकारों में सामंत-वर्ग के प्रति आलोचनात्मक दृष्टिकोण का होना एक अनोखा गुण है। यह गुण विदेश के भी कम उपन्यासकारों में पाया जाता है। वर्माजी और अंग्रेज लेखक स्कॉट में यह अंतर ध्यान देने योग्य है—स्काट ने जहाँ एक ओर स्काटलैंड के जन-साधारण के अनुपम चित्र दिये हैं, वहाँ उसने सामंती वैभव के लुभावने चित्र भी दिये हैं। बंगाल में बंकिमचंद्र चटर्जी भी सामंती वैभव के चित्र आँकते हुए सामंती अत्याचारों की कहानी भूल जाते हैं। वर्माजी जिस युग के लेखक हैं, वह स्काट और बंकिम के युगों से भिन्न है। यह युग दो महायुद्धों के बीच का युग है जब भारत में एक विराट् साम्राज्य-विरोधी आंदोलन का प्रसार हुआ। इसी युग ने प्रेमचंद को पैदा किया। प्रेमचंद की चेतना और स्काट की चेतना में जमीन-आसमान का फर्क है। वर्माजी की चेतना प्रेमचंद के अधिक निकट है, स्काट के कम।" ('लोकजीवन और साहित्य,' पृ० 69)। वर्माजी के कथाशिल्प की विशेषता उन्होंने इन शब्दों में बतलायी है: "वह सामंतवर्ग और जनसाधारण दोनों का चित्रण करते हैं, इसलिए उन्हें दो या इससे अधिक पात्रों को अलग-अलग अपना केन्द्रबिंदु बनाना पड़ता है। कथा के अनेक सूत्र बिखरे हुए और फिर भी एक दूसरे से जुड़े हुए चलते हैं। कुछ लोग इसे दोष समझते हैं। उन्हें यह दोष प्रेमचंद में भी दिखायी देता है। लेकिन हरिप्रसन्न और सुनीता या शैल और हरीश की प्रेम कहानियाँ लिखना जितना आसान है, उतना कथा के अनेक सूत्र बिखेरना और समेटना नहीं। कथा की

एकसूत्रता के लिए कुछ आलोचकों का हठ वैसे ही है जैसे एलीजाबेथयुगीन अंग्रेजी नाटकों में समय और स्थान की पाबंदी की माँग। कथानक की बहुसूत्रता से वर्माजी उपन्यासों में वह वैचित्र्य, सरसता और चित्रण की विविधता ला सके हैं जो तथाकथित सुगठित कथानकों में संभव न होती।" (उपर्युक्त, पृ० 75) वर्माजी के उपन्यासों में जो रोमानी तत्त्व मिलते हैं, उनके सम्बन्ध में डॉ० शर्मा का कहना है : "वर्माजी की कला यथार्थवाद और रोमांटिक कल्पना का सम्मिश्रण है। नारी-चित्रण में विशेषकर उनकी रोमांटिक कल्पना खुलकर उड़ान भरती है। परन्तु यह सही है कि उपन्यासों की मूल सामग्री वह यथार्थ जीवन से लेते हैं।" (उपर्युक्त, पृ० 78)। वर्माजी की भाषा पर भी उन्होंने टिप्पणी की है : "वर्माजी के पास मौलिक सामग्री की कमी नहीं। हर उपन्यास में नये दृश्य, नये चरित्र मिलते हैं। इस सामग्री की बहुलता के कारण ही शायद वर्माजी को काफी तेजी के साथ बहुत से उपन्यास लिखने पड़ रहे हैं। इससे कहीं-कहीं भाषा में बुंदेलखंडी भूमि की सी अनगढ़ सतह आ जाती है।" (उपर्युक्त, पृ० 79)। अमृतलाल नागर ने भी ऐतिहासिक उपन्यास लिखे हैं। उन्होंने भी अपने ऐतिहासिक उपन्यासों में सामन्ती संस्कृति की आलोचना ही की है। लेकिन उनके अधिक महत्त्वपूर्ण उपन्यास वे हैं जो उन्होंने आधुनिक समाज को विषय बनाकर लिखे हैं, उदाहरण के लिए 'बूँद और समुद्र' और 'अमृत और विष'। डॉ० शर्मा के अनुसार " 'बूँद और समुद्र' पुरानी समाज-व्यवस्था के बनते-बिगड़ते और बदलते हुए भारतीय परिवार का महाकाव्य है" ('आस्था और सौंदर्य,' पृ० 134) और इसमें "भारतीय समाज के ऊपर से आत्मसंतोष का पर्दा खींचकर लेखक ने उसके भीतर की बीभत्सता सबके सामने प्रकट कर दी है।" (उपर्युक्त, पृ० 151)। नागरजी की दो विशेषताओं ने डॉ० शर्मा को बहुत प्रभावित किया है। एक तो यह कि उनके पात्रों में बहुत विविधता होती है और दूसरी यह कि वे उन पात्रों की बातचीत की भाषा और शैली में भी उसी विविधता का परिचय देते हैं। 'बूँद और समुद्र' के प्रसंग में उन्होंने लिखा है : "अमृतलाल नागर के पास अपनी विभिन्न शैलियों में भाव और विचार प्रकट करनेवाले पात्रों का अक्षय भंडार है। उनकी कला में यह शक्ति है कि इन पात्रों को वह उनके सामाजिक परिवेश के साथ सजीव कर देते हैं। ऐसी संजीवनी कला बहुत कम लेखकों के पास है।" (उपर्युक्त, पृ० 152)। पात्रों की बातचीत 'अमृत और विष' में भी महत्त्वपूर्ण है, इतनी कि डॉ० शर्मा कहते हैं: "इंसान की बोली में कितना रस है, यह इस उपन्यास को पढ़कर आप समझ सकेंगे। ('साहित्य : स्थायी मूल्य और मूल्यांकन,' पृ० 101), लेकिन साथ ही उन्होंने यह भी लिखा है: " 'अमृत और विष' संवादों का पिटारा नहीं है, यह एक उपन्यास है जिसका गठन एक

संघर्ष को लेकर हुआ है। यह संघर्ष समाज के रूढ़िवादियों, पुरानपंथियों, भारतीय संस्कृति का दंभ करनेवाले ढोंगियों, पूंजीपतियों, उनके दलालों तथा नयी पीढ़ी के रास्ता खोजते हुए, अपने अधिकारों के लिए जनता की सेवा करनेवाले अपने ही भीतर पुराने संस्कारों से जूझते हुए नयी पीढ़ी के युवकों के बीच है। यह संघर्ष अनेक समस्याओं को लेकर होता है, अनेक स्तरों पर होता है और आदि से अन्त तक चलता है।" (उपर्युक्त)। नागरजी के राजनीतिक विचारों में उलझनें हैं। डॉ० शर्मा ने अपनी आलोचना में उनकी ओर भी संकेत किया है। आंचलिक उपन्यासों के प्रसंग में प्रेमचन्द की परम्परा की चर्चा हुई थी। फणीश्वरनाथ रेणु के 'मैला आँचल' के बारे में उन्होंने लिखा है : "उसकी चित्रण पद्धति यथार्थवाद से अधिक प्रकृतवाद के निकट है। गतिशील यथार्थ में कौन से तत्त्व अधिक प्रगतिशील हैं, कौन से मरणशील, किन-किन पर व्यंग्य करना चाहिए, किनका चित्रण अधिक सहानुभूति से करना चाहिए, वातावरण, घटनाओं आदि के चित्रण और वर्णन में कितनी बातें छोड़ देनी चाहिए और कितनी का उल्लेख होना चाहिए—कथा-शिल्प की इन विशेषताओं में 'मैला आँचल' का लेखक प्रेमचन्द की परम्परा से दूर जा पड़ा है। फिर भी 'मैला आँचल' का एक महत्त्वपूर्ण पक्ष है जो उसे प्रेमचन्द की परम्परा से जोड़ता है। बहुत कम उपन्यासों में पिछड़े हुए गाँवों के वर्ग-संघर्ष, वर्ग-शोषण और वर्ग-अत्याचारों का ऐसा जीता-जागता चित्रण मिलेगा। यह उसका सबल पक्ष है। कमजोरियों पर ध्यान केन्द्रित करके उसके इस गुण को भुला देना उचित न होगा।" ('आस्था और सौन्दर्य', पृ० 119-20)। रेणुजी के दूसरे उपन्यास 'परती परिकथा' पर उनकी टिप्पणी है : " 'मैला आँचल' तक प्रेमचन्द की परम्परा के कुछ निशान बाकी थे, 'परती परिकथा' तक आकर वे मिट जाते हैं और रह जाता है इलियट का शुद्ध प्रयोगवादी वेस्टलैंड !" (उपर्युक्त, पृ० 132)।

डॉ० शर्मा मुख्यतः आधुनिक साहित्य के ही आलोचक हैं, लेकिन उन्होंने कुछ निबन्ध तुलसीदास के काव्य पर भी लिखे हैं जिन्हें छोड़कर उनके आलोचनात्मक कृतित्व का मूल्यांकन नहीं हो सकता। तुलसीदास का काव्य हिन्दी में उसी प्रकार प्रगतिशील आलोचकों के लिए एक चुनौती रहा है जिस प्रकार टॉल्स्टाय का साहित्य बीसवीं शताब्दी के आरम्भ में रूस के प्रगतिशील आलोचकों के लिए था। डॉ० शर्मा ने तुलसीदास पर ऐतिहासिक क्रम में विचारकर और उनके अन्तर्विरोधों का उल्लेख कर शुक्लजी के तुलसीदास-सम्बन्धी अध्ययन को सही दिशा में आगे बढ़ाया है। हिन्दी के कुछ विद्वानों ने यह प्रचारित कर रखा है कि तुलसीदास का काव्य इस्लाम धर्म के विरोध में और हिन्दू-धर्म की रक्षा में रचा गया है। वास्तविकता यह है कि तुलसीदास का संघर्ष इस्लाम धर्म से नहीं, बल्कि तत्कालीन सामन्ती व्यवस्था से था। सामन्त मुसलमान ही नहीं,

हिन्दू भी थे। ये जनता पर जुल्म ढाते रहते थे। सम्पूर्ण भक्ति-आन्दोलन ने धार्मिक एकता के आधार पर सामन्ती व्यवस्था पर जोरदार प्रहार किया। तुलसीदास भक्ति-आन्दोलन के प्रमुख नेताओं में से थे। उनके काव्य का आवरण धार्मिक है, लेकिन उसकी विषय-वस्तु सामाजिक है। मध्ययुग में, जबकि राजनीतिक आन्दोलन संगठित न थे, सामाजिक आन्दोलनों का धार्मिक रूप ले लेना सर्वथा स्वाभाविक था। डॉ० शर्मा के शब्दों में, "तुलसी के समय का सामाजिक यथार्थ क्या है ? उनके समय का सामाजिक यथार्थ जर्जर होती हुई सामन्ती व्यवस्था है। तुलसी इस व्यवस्था के रक्षक नहीं हैं। और सामन्तों के उत्पीड़न के विरुद्ध उनकी सहानुभूति साधारण जनों और स्त्रियों के साथ हैं। उन्होंने स्वयं इस उत्पीड़न का अनुभव किया था। इसलिए यह धारणा कि तुलसी नारी की पराधीनता के हामी थे, ब्राह्मणों के खिलाफ शूद्रों की बगावत में वह ब्राह्मणों के साथ थे, उनके समूचे साहित्य के अध्ययन से सही साबित नहीं होती।" ('प्रगतिशील साहित्य की समस्याएँ', पृ० 185)। तुलसीदास में वर्णाश्रम-धर्म और राजतन्त्र का जो समर्थन मिलता है उसके बारे में उनका कहना है : "अन्याय और शोषण का अन्त करने के लिए उन्होंने पुरानी व्यवस्था का ही सहारा लिया; राजा हों, परन्तु न्यायी और प्रजापालक हों; वर्णाश्रम-धर्म हो परन्तु व्यवस्थित, रामभक्तों के लिए यथेष्ट अपवादोंवाला हो। ये युग की सीमाएँ थीं जिन्होंने गोस्वामीजी के चारों ओर एक लोहे की दीवार खड़ी कर दी थी। उसे तोड़ना ऐसे सहृदय कवि के लिए भी कठिन था।" ('संस्कृति और साहित्य', पृ० 86-87)। लेकिन डॉ० शर्मा ने यह भी लिखा है : "इन सीमाओं को अतिरंजित करके देखना भूल होगी। तुलसीदास की सहृदयता और तार्किकता में सदा सामंजस्य नहीं रहता था। तर्क-बुद्धि से जिस वर्णाश्रम-धर्म को श्रेय समझते हैं, उसी के विरुद्ध उनकी सहृदयता विद्रोह करती थी। जहाँ-जहाँ उन्होंने इस सम्बन्ध में कुछ कहा है, वहाँ-वहाँ उनकी वाणी में एक तर्कशास्त्री की कठोरता है, कवि तुलसी का चिर-परिचित कोमल स्वर नहीं है।" (उपर्युक्त, पृ० 87)। ऐसा क्यों है ? "वर्ग-युक्त समाज में जो भी मानववादी कवि होंगे, उनमें असंगतियाँ रहना स्वाभाविक है। संसार के अन्य कवियों में भी हम ऐसी असंगतियाँ देखते हैं। लेकिन तुलसी की संस्कृति का मूल तत्त्व जातिप्रथा, नारी की पराधीनता, भाग्यवाद और वैराग्य नहीं है। इसका मूल तत्त्व मानवीय सहानुभूति, पुरुषार्थ और जीवन के प्रति उत्साह है।" ('स्वाधीनता और राष्ट्रीय साहित्य', पृ० 105)। डॉ० शर्मा ने यह बार-बार कहा है कि तुलसीदास भारतीय जनता की व्यथा के सबसे बड़े कवि हैं। उनकी यह व्यथा निजी नहीं थी, बल्कि उसका एक सामाजिक आधार था। वह था सामन्ती उत्पीड़न। "तुलसी ने जहाँ राजा और प्रजा, दास और स्वामी, विप्र और शूद्र के सम्बन्धों को समाज के प्रचलित

सम्बन्धों के रूप में स्वीकार किया है, इन सम्बन्धों का विरोध भी किया है, इन सम्बन्धों से पैदा होनेवाली पराधीनता और व्यथा का चित्रण भी किया है। तुलसी के मानववाद का यही आधार है।" (उपर्युक्त, पृ० 101)। डॉ० शर्मा के अनुसार: "तुलसीदास की वाणी मूलत: पीड़ित कृषक जनता की वाणी है। यह वाणी अप्रत्यक्ष रूप से विनयपत्रिका में अपनी अपार वेदना से हृदय को द्रवित कर देती है।" ('साहित्य : स्थायी मूल्य और मूल्यांकन', पृ० 39)। लेकिन तुलसीदास निराशा के कवि नहीं थे: "तुलसीदास ने जहाँ एक ओर सीधे-सीधे दैन्य का वर्णन करके कोटि-कोटि जनता की मर्मव्यथा को व्यक्त किया है, वहाँ दूसरी ओर उन्होंने रामायण के पात्रों में उन गुणों का चित्रण किया है जिन्हें वे जनता में विकसित होते देखना चाहते थे। वह एक ओर जनता की व्यथा से विकल हैं, तो दूसरी ओर उस व्यथा को शान्त करने के लिए राम को आशाओं के केन्द्र के रूप में देखते हैं।" ('प्रगतिशील साहित्य की समस्याएँ', पृ० 32)। तुलसीदास की भाषा-नीति उनके सामन्त-विरोधी संघर्ष का ही अंग है: "संस्कृत शब्दावली उनकी आधारशिला नहीं है; उसका काम झरोखे और महराब बनाना है। आधारशिला अवधी के अति साधारण 'भदेस' शब्द हैं जिन्हें तुलसीदास ने बड़े स्नेह से सजाकर अपनी कविता में रखा है। यह तभी सम्भव हुआ, जब उन शब्दों का प्रयोग करनेवालों के लिए उनके हृदय में स्थान था। उन्होंने अपना काव्य इन्हीं लोगों के लिए लिखा; उन्हीं की बोली में लिखा।" ('संस्कृति और साहित्य', पृ० 90)।

डॉ० शर्मा की आलोचना-शैली न भारतीय है, न पाश्चात्य है; वह मार्क्सवादी है। तात्पर्य यह कि उन्होंने भारतीय और पाश्चात्य आलोचना-शैलियों में से जो तत्त्व ग्रहण करने योग्य थे उन्हें ग्रहण करके मार्क्सवादी आलोचना की पद्धति पर अपनी आलोचना-शैली का विकास किया है। उन्होंने आवश्यक होने पर भाव, रस, गुण, अलंकार और शब्द-शक्ति के साधनों से भी काम लिया है और पाश्चात्य आलोचना-शैली के वस्तु एवं रूप-सम्बन्धी विश्लेषण के साधनों से भी। उनकी आलोचना की भाषा शुक्लजी की आलोचना की भाषा से एक भिन्न स्तर की भाषा है। उसमें जितनी ही सरलता है, उतनी ही रोचकता भी। ये दोनों चीजें धोखा देनेवाली हैं। डॉ० शर्मा की सरल और रोचक भाषा अपने भीतर गम्भीर विचार और विश्लेषण छिपाये रहती है जिसे देखने के लिए सधी हुई निगाह आवश्यक है। उनमें जो हास्य-व्यंग्य के तत्त्व हैं वे भारतेन्दु और शुक्लजी में मिलनेवाले हास्य-व्यंग्य के तत्त्वों का विकसित रूप हैं। डॉ० शर्मा की आलोचना में उन्हीं आलोचकों-जैसी निर्भीकता भी है। उनमें सूर्य की किरणों जैसी तीक्ष्णता है जो सारे आडम्बर को चीरकर वास्तविकता का ज्ञान करा देती है। उनकी आलोचना न तो पुस्तकीय है, न पाण्डित्यपूर्ण। वह जीवन में काम

आनेवाली आलोचना है। वह पाठकों के साथ चलती है और साहित्य के सम्बन्ध में उन्हें इस तरह शिक्षित करती है कि वे उसे पहचानकर जीवन में उसका ठीक-ठीक उपयोग कर सकें। डॉ० शर्मा ने ध्वंसात्मक शैली में प्रचुर मात्रा में आलोचना लिखी है, लेकिन उनकी ध्वंसात्मक आलोचना भी सृजनात्मक है, क्योंकि वह केवल ध्वंस नहीं करती, निर्माण भी करती है। उनमें हम हमेशा एक चीज को टूटते और दूसरी चीज को बनते देखते हैं। उन्होंने विचारधारा के क्षेत्र में न कभी समझौता किया, न किसी भटकाव को माफ किया है। इस कारण उन्होंने प्रगतिशील साहित्यकारों की भी कटु आलोचना की है। उन पर संकीर्णतावादी और कुत्सित समाजशास्त्री होने का आरोप लगाया गया है, जो कि पूर्णतः निराधार है। वे हिन्दी के पहले आलोचक हैं जिसन मार्क्सवादी सौन्दर्यशास्त्र को ठीक से समझकर उसे साहित्य के क्षेत्र में लागू किया है और उसके आधार पर आलोचना लिखी है। मार्क्सवादी सौन्दर्यशास्त्र को लेकर हिन्दी में तरह-तरह की भ्रान्तियाँ प्रचलित हैं। डॉ० शर्मा की आलोचना उन सबों का निवारण करती है। उनके सिद्धान्त और व्यवहार में पूर्ण संगति है। उन्होंने जिस किसी साहित्यकार पर विचार किया है, उसकी समग्रता में। उन्होंने हिन्दी की प्रगतिशील साहित्यिक परम्परा की व्याख्या की है और बतलाया है कि यह परम्परा जितनी जातीय है, उतनी ही राष्ट्रीय भी। उनके पहले हिन्दी आलोचना वस्तुतः कविता की ही आलोचना थी। उन्होंने कविता, कथा-साहित्य, नाटक और आलोचना इन सबों की आलोचना की है। कहने की आवश्यकता नहीं कि डॉ० शर्मा एक प्रतिबद्ध ही नहीं, एक पक्षधर आलोचक हैं। हिन्दी आलोचना को उनकी सबसे बड़ी देन यह है कि उन्होंने साहित्य में शुक्लजी के भौतिकवादी दृष्टिकोण को वैज्ञानिक रूप में विकसित कर उसे सामाजिक परिवर्तन के एक सांस्कृतिक अस्त्र के रूप में और अधिक कारगर बना दिया है।

परवर्ती आलोचना

प्रो० नलिनविलोचन शर्मा (1916-1961) ने अधिनायकत्व की फ्रॉयडवादी व्याख्या को स्वीकार करते हुए सर्वहारा के अधिनायकवाद के बारे में लिखा है : " 'सर्वहारा का अधिनायकत्व'—यह मोहक वाक्य आँखों के सामने विवेक और निस्पृह भावना से क्रियाशील, राजनीतिक चेतनायुक्त व्यक्तियों के संश्लिष्ट सहयोग का चित्र उपस्थित कर देता है, परन्तु इससे उस वास्तविकता का क्या सम्बन्ध जहाँ मूक मानव-समूह वैज्ञानिक युक्तियुक्तता का जामा पहने वस्तुतः फ्रॉयड के उक्त आदिम निरंकुश नायक की ही अंधपूजा, आज्ञा पालन करता है।" ('छायावाद और प्रगतिवाद,' पृ० 151)। तात्पर्य यह कि सर्वहारा के अधिनायकवाद में भी अधिनायकत्व वर्ग-विशेष का न होकर व्यक्ति का ही होता है और इस अधिनायकत्व के मूल में व्यक्ति और समूह का मनोविज्ञान होता है। नलिनजी आगे कहते हैं : "इस मनोवैज्ञानिक बंधन से मुक्ति की संभावना ही नहीं है, ऐसा विश्वास कर लेना राजनीतिक निराशा की चरम सीमा है। हम लोगों में बीजरूप से आदिम प्रवृत्तियाँ रहती तो अवश्य हैं परन्तु हम अपने बौद्धिक विकास के सहारे उनका परिष्कार और शमन कर सकते हैं।" (उपर्युक्त)। इसका मतलब यह हुआ कि 'अधिनायकत्व' से मुक्ति को लेकर निराश होने की जरूरत नहीं है और फिर यह कि जो इसके (भले वह अधिनायकत्व वर्ग-शोषण को समाप्त करने के लिए पूंजीपति-वर्ग पर सर्वहारा-वर्ग का ही क्यों न हो) पक्षधर हैं, वे वस्तुतः बौद्धिक विकास की दृष्टि से पिछड़े हुए हैं। सर्वहारा के अधिनायकवाद की स्थापना का उद्देश्य होता है सामन्ती अवशेषों और पूंजीपति-वर्ग की समाप्ति, जिससे कि समाजवादी क्रान्ति की विजय को स्थायी बनाया जा सके और शोषणमुक्त तथा वर्ग-भेदरहित समाज की रचना की जा सके। इस उद्देश्य की सिद्धि के लिए राजनीतिक तथा आर्थिक क्षेत्र में तो सामन्तवाद और पूंजीवाद पर आक्रमण किया ही जाता है, सामाजिक तथा सांस्कृतिक क्षेत्र में भी उन पर आक्रमण किया जाता है। सामन्ती और पूंजीवादी

विचारधारा को समाप्त करना सर्वहारा के अधिनायकवाद का एक प्रमुख कार्य होता है। इसके लिए उसमें कलाकारों और साहित्यकारों को भी दण्डित करने का विधान है। नलिनजी ने इस दण्ड-विधान के सारतत्व को समझे बगैर उसे फासीवाद के दण्ड-विधान के बराबर करार देकर नात्सी जर्मनी और सोवियत रूस—इन दोनों को एक पलड़े पर रख दिया है : "हम जानना सिर्फ इतना चाहते हैं कि इस दृष्टि से नात्सी जर्मनी में और सोवियत रूस में, जिस दूसरे देश की ओर हमारे प्रगतिवादियों का सदैव ध्यान लगा रहता है, अंतर क्या है ?" (उपर्युक्त, पृ० 157)। इन उद्धरणों से नलिनजी की राजनीतिक विचारधारा का प्रतिक्रियावादी रूप अच्छी तरह से प्रकट हो जाता है। यह बात दूसरी है कि वे सांस्कृतिक प्रगति के लिए सोवियत संघ की ओर ललचायी दृष्टि से देखते हैं और जो देश नात्सी जर्मनी से कतई भिन्न नहीं है उसके बारे में कहते हैं : "हम यहाँ रूस के रंगमंच का उदाहरण देना अनावश्यक समझते हैं, चूँकि वहाँ की नाट्यशालाएँ या रंगमंच, दूसरे देशों की तुलना में, श्रेष्ठ और सर्वाधिक विकसित होने पर भी, असामान्य रूप से अनुकूल परिस्थितियों का लाभ उठाकर पनप रहे हैं। रूस के दूरद्रष्टा अधिकारियों ने रंगमंच के शिक्षणात्मक तथा सांस्कृतिक महत्व को पूरी तरह से समझकर उसे सब तरह का सहयोग एवं प्रोत्साहन दिया है। यह तो उसी देश में संभव है, जहाँ राष्ट्र के सभी उपयोगी साधनों पर राष्ट्र का ही अधिकार हो।" ('दृष्टिकोण', पृ० 47)। समाजवादी देशों के बारे में पूँजीवादी देशों ने व्यापक प्रचार किया है कि उन देशों में चूँकि व्यक्तित्व के विकास को अवरुद्ध कर दिया जाता है इसलिए उनमें कला और साहित्य के विकास की सम्भावना समाप्त हो गयी है। नलिनजी इसके विपरीत सोवियत संघ को अमेरिका के समकक्ष बतलाते हुए कहते हैं : "रूस और अमेरिका दोनों ही देशों में—वहाँ की राजनीति में चाहे जितना भी वैषम्य हो—साहित्य के मेरुदंड के नीचे प्रसुप्त कुण्डलिनी जग चुकी है और वह बीच के चक्रों को भेदकर ऊपर तक पहुँच-पहुँच जाती है। गाँवों के फार्मों में काम करने वाले किसान और साहित्यशास्त्र से कोरे सैनिक, जब अकस्मात् कुछ लिख डालते हैं—और वे ज्यादातर उपन्यास ही लिखते हैं—तो साहित्य-जगत् में एक तहलका मच जाता है, तभी मालूम होता है कि बहते नारे में कैसा वेग होता है, और साहित्यशास्त्र को भी बहुत-कुछ मिल जाता है जो बाल की खाल निकालने से भिन्न होता है।" ('साहित्य,' जुलाई, 53)। यह तो सांस्कृतिक क्षेत्र में सोवियत संघ के उत्थान की बात हुई। सामाजिक क्षेत्र में सोवियत संघ में नारी-जाति का जो उत्थान हुआ है उसके बारे में नलिनजी ने लिखा है : "रूस का समाज, विशेषतः नारी-समाज, किस प्रकार एकबारगी ही अंधकार-युग से निकलकर आधुनिक युग का प्रतिनिधित्व कर रहा है और फिर भी उसकी आँखों में चकाचौंध नहीं आयी है यह एक ऐसी

घटना है जिससे भारतीय नारी-समाज को स्पृहणीय प्रेरणा मिल सकती है।" ('दृष्टिकोण,' पृ० 128)। लेकिन जैसा कि संकेत किया जा चुका है, इन बातों का यह मतलब नहीं है कि नलिनजी समाजवाद के विरोधी नहीं थे। इन बातों से केवल यही सूचित होता है कि पूंजीवाद की अपनी सीमाएँ हैं और वह अपने को बरकरार रखते हुए उनसे छुटकारा पाना चाहता है! नलिनजी की साहित्यिक विचार-धारा रूपवाद है, जोकि पतनशील पूंजीवादी विचार-धारा की साहित्यिक अभिव्यक्ति है।

डॉ० रामविलास शर्मा ने अपनी पुस्तक 'संस्कृति और साहित्य' की भूमिका में लिखा है: "मेरा उन लोगों से मतभेद है जो साहित्य को समाज-हित या अहित से परे मानकर केवल रूप की प्रशंसा करके आलोचना की इति कर देते हैं। उनके लिए बिहारी और तुलसीदास दोनों ही समान रूप से वंदनीय हैं और दोनों ही की परम्परा समान रूप से वांछनीय है।" डॉ० शर्मा के इस कथन से दो बातें स्पष्ट हैं। एक तो यह कि साहित्य में रूपवादी विचार-धारा सामाजिक हित अथवा अहित को महत्त्व नहीं देती है और दूसरी यह कि चूंकि उसके लिए निर्णायक तत्त्व साहित्य का रूप होता है, इसलिए उसके लिए समाज-हितकारी और समाज-विरोधी इन दोनों प्रकार के साहित्य में कोई फर्क नहीं होता। साहित्य का निर्णायक तत्त्व रूप है या विषय-वस्तु, इसके सम्बन्ध में विशेष कहने की आवश्यकता नहीं है। साहित्य में जिस तरह ये दोनों परस्पर सम्बद्ध हैं, उसी तरह इन दोनों का समान महत्व है। विषय-वस्तु के बिना रूप की सत्ता सम्भव नहीं है और रूप के बिना विषय-वस्तु साहित्य नहीं कहला सकती। रूपवादी आलोचक की सीमा यह है कि वह रूप को ही साहित्य का निर्णायक तत्त्व मानता है। नलिनजी ने साहित्य की विषय-वस्तु की उपेक्षा करते हुए यह स्थापित करने की चेष्टा की है कि "साहित्य का विषय उदात्त है या नहीं यह सर्वथा गौण प्रश्न है।" उन्होंने आगे लिखा है: "कोयल और पपीहे की सुरीली तान पर भी भावुकता-पूर्ण तथा थोथी कविता हो सकती है; फैक्टरी की सीटी पर भी प्राणवंत पद्य लिखे गये हैं। साहित्य का विषय गांधीवाद भी हो सकता है और समाजवाद भी, पर साहित्य उत्कृष्ट या निकृष्ट विषय के कारण नहीं, विषय के बावजूद ही होगा।" ('ज्योत्स्ना,' सित०'47)। यहाँ यदि विषय (subject) और वस्तु (theme) का फर्क करें तो नलिनजी का कथन एक हद तक सही हो सकता है, पर उन्होंने ऐसा किया नहीं है और 'विषय' में साहित्य के 'विषय' और 'वस्तु' दोनों को समेट लिया है। ऐसी स्थिति में साहित्य में विषय की उपेक्षा भ्रान्तिपूर्ण है। नलिनजी ने इस तथ्य को एकदम भुला दिया है कि विषय ऐसा द्रव्य नहीं है कि उसे किसी पात्र में रख दिया जाय। विषय वस्तुतः रूप के निर्माण में महत्त्वपूर्ण भूमिका अदा

करता है। दूसरे, जैसा कि ऊपर संकेत किया गया है, विषय में साहित्य का विषय (subject) ही नहीं, बल्कि भाव और विचार भी आते हैं। भावों और विचारों की उत्कृष्टता के बिना श्रेष्ठ साहित्य की रचना सम्भव नहीं है। नलिनजी ने कोयल और पपीहे की सुरीली तान के साथ-साथ फैक्टरी की सीटी पर उत्कृष्ट कविता लिखे जाने का जो दृष्टान्त दिया है, वह उनकी इस मान्यता की पुष्टि नहीं करता है कि साहित्य में 'कैसे' ही महत्त्वपूर्ण है, 'क्या' नहीं। कारण यह कि फैक्टरी की सीटी पर लिखी गयी कविता का विषय (subject) नगण्य हो सकता है, उसको लेकर व्यक्त किया गया भाव और विचार नहीं। इस प्रकार उस विषय पर उत्कृष्ट कविता केवल रूप के कारण सम्भव नहीं है। उसमें विषय अर्थात भाव और विचार का भी योग होगा। नलिनजी के रूपवाद की स्वाभाविक परिणति इस रूप में हुई है कि उन्होंने दरबारी कवियों को 'कवि' और भक्त-कवियों को 'भक्त' माना है। उन्होंने लिखा है : "पंद्रहवी शताब्दी के प्रारंभ से हिन्दी का साहित्यिक वायुमंडल बदलने लगा और परिवर्तित स्थिति प्राय: सोलहवीं शताब्दी के मध्य तक बनी रही। इस अवधि में वीर-शृंगार का स्थान लिया भक्ति-शृंगार ने, क्योंकि हिन्दी-प्रदेश में, प्रतिकूल राजनीतिक परिस्थिति के कारण राज्याश्रय के अभाव में हिन्दी का साहित्यिक विकास अवरुद्ध हो गया था और वह कवियों के बदले भक्तों की अभिव्यक्ति का माध्यम बनी रही।" ('चतुर्दश भाषा-निबन्धावली', पृ० 165)। नलिनजी का आशय स्पष्ट है : न हिन्दी का भक्ति-काव्य 'साहित्य' है, न हिन्दी के भक्त-कवि 'कवि'। साहित्य की जो धारा वीरगाथा-काल के बाद अवरुद्ध हो गयी थी, उसका उत्थान उन्हें पुन: रीतिकाल में दिखलायी पड़ा : "सोलहवीं शताब्दी के मध्य में हम हिन्दी को धर्म, दर्शन, भक्ति या वीर-चरित के वर्णन के अतिरिक्त शुद्ध साहित्य का माध्यम बनने के लिए सचेष्ट पाते हैं। इस युग के कवि भी 'राधिका-गोविन्द' का 'सुमिरन' करके ही काव्य की रचना में प्रवृत्त होते हैं—वस्तुत: साधारणतया ये ही उनके काव्य के आलम्बन हैं—किन्तु उनकी महत्वाकांक्षा यह अवश्य है कि 'आगे के सुकवि' उनकी 'कविताई' पर रीझें।" (उपर्युक्त, पृ० 167)। यह 'कविताई' जैसे रीतिकालीन कवियों के लिए महत्वपूर्ण थी, वैसे ही यह नलिनजी के लिए भी है। 'कविताई' यानी काव्य की विषय-वस्तु नहीं, मात्र उसका रूप। नलिनजी के लिए वही काव्यत्व का निर्णायक तत्व है। एमस्टर्डम में पी० ई० एन० का जो अन्तरराष्ट्रीय अधिवेशन हुआ था उसकी अध्यक्षता चार्ल्स मार्गन ने की थी। अपने अध्यक्षीय भाषण में उन्होंने घोषणा की थी : "व्यक्तिगत रूप से मेरे लिए विचार या निर्णय की अपेक्षा कला अधिक महत्वपूर्ण है; यह उनकी पूर्ववर्तिनी है; यह आत्मा की है, वे शरीर के हैं।" नलिनजी ने मार्गन की ऐसी बातों को 'अपनी बात उनकी जुबानी' कहा और उन्हें 'साहित्य' (जुलाई, 54) के अपने

सम्पादकीय में उद्धृत किया। नलिनजी ने कुछ निबन्ध विदेशी साहित्यकारों पर भी लिखे हैं। बर्नार्ड शा पर उनका जो लेख है उसके अन्त में वे कहते हैं : "यदि लेखक विचारों की नवीनता को ही अपनी रचना में प्रधानता देता है तो वह इसी तरह दण्डित होता ही है। नवीन विचार स्वीकृत हो जाने पर उबानेवाले साधारण तथ्य हो जाते हैं, अस्वीकृत होने पर वे खीझ पैदा करनेवाले पुराने और संकीर्ण विरोधाभास बन जाते हैं।" ('मानदण्ड', पृ० 66)। जब साहित्य में नवीन विचारों की यह स्थिति होती है, तो क्या उसमें प्राचीन विचारों को महत्व देना चाहिए ? नलिनजी का आशय यह नहीं है। वे प्राचीन विचारों के तो विरुद्ध हैं ही, नवीन विचारों के भी विरुद्ध हैं । फिर वे किस चीज को महत्व देते हैं ? वे महत्व देते हैं साहित्य के रूप को, जो कि उनकी दृष्टि में साहित्य का अनश्वर तत्व है। उन्होंने अपने समर्थन में एक अमरीकी आलोचक का हवाला देते हुए कहा है : "शॉ ने अपने विचारों को ही सबसे अधिक महत्व दिया किन्तु आज यदि उनका उल्लेख होगा, तो जैसा कि एक अमेरिकन आलोचक ने उनकी मृत्यु पर कहा था, उन्होंने क्या कहा था, इसके लिए नहीं बल्कि उन्होंने कैसे कहा था, इसी कारण।" (उपर्युक्त)। इन बातों से यह स्पष्ट है कि साहित्य के सम्बन्ध में नलिनजी की मान्यताएँ रूपवादी थीं । कभी-कभी उन्होंने अपने विचार को सन्तुलित करने का भी प्रयत्न किया है जैसे 'ज्योत्स्ना' में प्रकाशित उस लेख में, जिससे ऊपर उद्धरण दिये गये हैं। उसमें उन्होंने अन्त में कहा है : "सूत्र रूप में कहा जा सकता है, और एक हद तक यह कहना ठीक भी होगा, कि साहित्य या कला में 'क्या' से 'कैसे' यदि अधिक नहीं तो कम महत्त्वपूर्ण भी नहीं।" निश्चय ही यह विचार सन्तुलित है, लेकिन इससे नलिनजी का झुकाव भी स्पष्ट है।

साहित्य में विषय-वस्तु पर रूप को प्रधानता देने के कारण नलिनजी ने सामाजिक परिवर्तनों के प्रति साहित्यकार के दायित्व को पूर्णतः अस्वीकार किया। उन्होंने 'साहित्यकार की सामाजिक चेतना' शीर्षक सम्पादकीय टिप्पणी में स्पष्ट शब्दों में लिखा है : "कलाकार को पूरा अधिकार है, अगर वह ऐसा चाहता है, कि वह अपने समय की सामाजिक या राजनीतिक क्रान्तियों की उपेक्षा करे, और अगर वह महान् कलाकार है, तो वह ऐसा करके अपने अमर बन जाने की संभावनाओं में वृद्धि कर सकता है।" ('साहित्य,' जनवरी 59)। समाज में सामाजिक और राजनीतिक परिवर्तन लानेवाली और उसका विरोध करनेवाली शक्तियों का संघर्ष कभी मन्द और कभी तीव्र गति से निरन्तर चलता रहता है। इस संघर्ष में सही साहित्यकार प्रत्यक्ष-अप्रत्यक्ष रूप से परिवर्तन लानेवाली शक्ति के साथ होता है और अपनी लेखनी से सामाजिक और राजनीतिक परिवर्तन में योग देता है। नलिनजी छायावादी

कवियों को उदाहरण के रूप में सामने रखते हुए कहते हैं : "यदि साहित्य की प्रेरणाभूमि सामाजिक क्रान्ति है, तो छायावाद किस सामाजिक क्रान्ति से अनुप्राणित हुआ था—वह छायावाद, जिसमें मानवीय और प्राकृतिक सौन्दर्य, स्वप्न और कल्पना के मधुर गीत गाये गये हैं ?" (उपर्युक्त)। सामाजिक क्रान्ति उस रूप में साहित्य की प्रेरणा-भूमि हो या नहीं, जिस रूप में उसकी यहाँ चर्चा की गयी है, पर यह सही है कि सही साहित्यकार को सामाजिक क्रान्ति की 'चेतना' होती है और वह उसी से उत्प्रेरित होता है। यहाँ 'चेतना' शब्द का प्रयोग उसी अर्थ में किया जा रहा है जिस अर्थ में स्वयं नलिनजी ने उसका प्रयोग किया है। 'साहित्य में परिस्थितियों की चेतना' शीर्षक अपने निबन्ध ('दृष्टिकोण,' सितं०, 51) में उन्होंने कहा है कि साहित्यकार में परिस्थितियों का 'ज्ञान' नहीं, बल्कि उसकी 'चेतना' होनी चाहिए। छायावादी कवि सामाजिक क्रान्ति की 'चेतना' से प्रेरित थे इसका प्रमाण उनके काव्य में पायी जानेवाली व्यक्ति-स्वातन्त्र्य, राष्ट्रीय स्वाधीनता, मानवीय समानता और नारी को पुरुष के समकक्ष मानने की भावना है। नलिनजी ने जिस मानवीय और प्राकृतिक सौन्दर्य की बात कही है, उसके प्रति छायावादी कवियों का आकर्षण भी यही प्रमाणित करता है कि वे सामन्तविरोधी उस जनवादी चेतना से प्रेरित थे, जो इस संसार को सत्य मानकर उसके सौन्दर्य को देखने और उसका उपभोग करने की भावना जगाती थी। उन्नीसवीं शताब्दी में यूरोप में जो रहस्यवादी कविता लिखी गयी उसमें सर्वात्मवादी तत्त्व मिलते हैं। सर्वात्मवाद का मतलब है आत्मा और परमात्मा की ही नहीं, ब्रह्म और जगत् की भी एकता। इस प्रकार इस मत में जगत् की भी सत्यता स्वीकार की गयी है, उसे मिथ्या नहीं माना गया है। जगत् के प्रति सत्यता के इस भाव के पीछे यूरोपीय आलोचकों ने लोकतन्त्र के उत्थान की प्रेरणा देखी है। आचार्य रामचन्द्र शुक्ल ने इससे अपनी सहमति प्रकट करते हुए लिखा है : "वहाँ इसकी ओर प्रवृत्ति स्वातन्त्र्य और लोक-सत्तात्मक भावों के प्रचार के साथ ही साथ दिखायी पड़ने लगी।" ('जायसी ग्रन्थावली,' भूमिका, पृ० 152)। छायावादी कवियों के ढेर सारे स्वप्न और कल्पनाएँ सामाजिक और राजनीतिक क्रान्ति के आदर्शों की देन हैं। ऐसी स्थिति में यह मानना कि छायावाद के पीछे किसी रूप में सामाजिक क्रान्ति की प्रेरणा नहीं थी, गलत है। अगली ही पंक्ति में नलिनजी ने स्वयं कहा है : "यह कहना छायावादियों के प्रति अन्याय होगा कि वे बीन बजा रहे थे, जब भारत विदेशी शासन की आग में जल रहा था।" ('साहित्य,' जनवरी, 59)। नलिनजी कहना यह चाहते हैं कि छायावादी कवि सामाजिक क्रान्ति से प्रेरित नहीं थे, लेकिन चूँकि वे सौन्दर्य और स्वप्न के गीत गा रहे थे जिनका राष्ट्र की सांस्कृतिक समृद्धि से घनिष्ठ सम्बन्ध है, इसलिए वे राष्ट्र-

द्रोही नहीं थे। वास्तविकता यह है कि छायावादी कवि सामाजिक क्रान्ति से प्रत्यक्ष और अप्रत्यक्ष दोनों ही रूपों में प्रेरित थे और वे उसी की प्रेरणा से राष्ट्र को सांस्कृतिक रूप से समृद्ध कर रहे थे। नलिनजी ने सूरदास और कीट्स तथा कालिदास और शेक्सपियर का नाम लेकर भी अपनी स्थापना को पुष्ट करना चाहा है। कहने की आवश्यकता नहीं कि प्रत्यक्ष अथवा अप्रत्यक्ष रूप में ये महान् साहित्यकार भी सामाजिक क्रान्ति से अनुप्राणित रहे हैं। सामाजिक क्रान्ति से प्रेरित साहित्य की यह आलोचना बहुत पुरानी है कि ऐसा साहित्य सामयिक महत्त्व का ही होता है। नलिनजी ने भी लिखा : "तात्कालिक कारणों से प्रेरित साहित्य में तब ज्यादा लोगों की रुचि हो सकती है, पर बाद में उनकी संख्या घटती चली जायगी। इसके विपरीत ऐसा साहित्य, जिसकी प्रेरणा अधिक सार्वभौम और सार्वकालिक है, आज उपेक्षित हो सकता है, लेकिन आनेवाली पीढ़ी की बहुत बड़ी संख्या उसे पढ़ सकती है।" (उपर्युक्त)। जिस तरह यह आलोचना पुरानी है, उसी तरह इसका उत्तर भी पुराना है। बिम्ब और भाव की अपेक्षा साहित्य के विचार जल्दी पुराने पड़ते हैं, लेकिन पुराने विचारों का भी इस दृष्टि से महत्त्व होता है कि बिना उन्हें समझे हुए न तो आज की विचारधारा को समझा जा सकता है, न उसे विकसित किया जा सकता है। नलिनजी जिसे 'अधिक सार्वभौम और सार्वकालिक' कहते हैं, वह कम-से-कम विचारात्मक होगा और यदि वह विचारात्मक हुआ भी तो उसकी विचारात्मकता जीवन की प्रेम, मृत्यु आदि-जैसी 'असमाधेय' समस्याओं में उलझानेवाली या फिर वैसे नैतिक मूल्यों की दुहाई देनेवाली होगी, जिन्हें शाश्वत समझा जाता है। विचार श्रेष्ठ साहित्य की रीढ़ होते हैं और ये विचार अपने समय की समस्याओं से घनिष्ठ रूप से सम्बद्ध होते हैं। नलिनजी साहित्य को सामयिक वैचारिक सन्दर्भों से अलग करके उसकी सामाजिक उपयोगिता को समाप्त कर देना चाहते हैं। पूर्वोल्लिखित टिप्पणी में ही वे कहते हैं : "सिद्धान्त रूप में कहा सिर्फ यही जा सकता है कि किसी लेखक को लिखना उसी के बारे में चाहिए, जिसमें उसकी ज्यादा-से-ज्यादा दिलचस्पी है। उत्कृष्ट साहित्य वह कोई भी साहित्य है, जिसमें पढ़नेवाले की गहरी दिलचस्पी जग सके, और संभावना इसी बात की है कि ऐसा वही कुछ हो सकता है, जिसमें स्वयं लेखक की गहरी-से-गहरी दिलचस्पी है।" (उपर्युक्त)। ऊपर से यह कथन विवादास्पद प्रतीत नहीं होता, पर जब हम इसे नलिनजी के उस कथन से मिलाकर देखते हैं जिसमें उन्होंने सामाजिक या राजनीतिक क्रान्तियों की उपेक्षा से महान् कलाकार के अमर बन जाने की सम्भावना में वृद्धि की बात कही है, तो इसमें छिपा हुआ आशय प्रकट हो जाता है। वह आशय यह है कि सामाजिक और राजनीतिक क्रान्तियों में लेखक की गहरी दिलचस्पी नहीं हो सकती और उत्कृष्ट

साहित्य की कसौटी उसकी सामाजिक उपयोगिता नहीं, बल्कि लेखक की वह 'दिलचस्पी' है जो पाठकों में गहरी दिलचस्पी जगा देती है। वह 'दिलचस्पी' किसी भी प्रकार की हो सकती है। 'उत्कृष्ट' साहित्य के लिए उसे सिर्फ ऐसा होना चाहिए कि वह पाठकों में 'गहरी दिलचस्पी' जगा सके ! उन्होंने पुनः कहा है : "समाज में जो परिवर्तन होते हैं, जिन्हें हम क्रान्ति भी कहते हैं, अगर वे आकस्मिक, तीव्र और जड़ें हिला देनेवाले परिवर्तन होते हैं, तो उनकी प्रक्रियाओं से साहित्यकार की दिलचस्पी हो सकती है और होती भी है, किन्तु इन परिवर्तनों से प्रेरित साहित्य सामयिक महत्त्व का ही होता है।" (उपर्युक्त)। नलिनजी इस पक्ष में तो हैं कि साहित्यकार सामाजिक क्रान्ति में भाग ले, पर इस पक्ष में नहीं कि वह उसमें अपनी लेखनी से योगदान करे। यदि ऐसा हुआ तो उसका साहित्य 'सार्वभौम और सार्वकालिक' नहीं हो सकेगा ! यहाँ उन्होंने एक ऐसा दृष्टान्त दिया है, जो साहित्यकार पर किसी तरह से लागू नहीं होता है : "पड़ोस में आग लगने पर बाल्टी में पानी लेकर दौड़ पड़नेवाले कवि का हम आदर करेंगे—किन्तु आग बुझते हीं उस पर छंद रचनेवाले को हम क्या कहेंगे !" (उपर्युक्त)। साहित्यकार नागरिक के रूप में किसी भी सामाजिक या राजनीतिक कार्यवाही में भाग लेने के लिए स्वतन्त्र है। वह उसी तरह उसमें अपनी लेखनी से योग देने के लिए भी स्वतन्त्र है। इन दोनों बातों में कोई विरोध नहीं है, पर नलिनजी ने साहित्य में सामाजिक और राजनीतिक चेतना के विरोधी होने के चलते इनमें विरोध देखा है।

साहित्यकार सामाजिक और राजनीतिक परिवर्तनों के प्रति अपने दायित्व का निर्वाह करे, इसके लिए यह जरूरी है कि उसके पास एक दृष्टिकोण हो। नलिनजी चूँकि रूप को साहित्य की कसौटी मानते हैं और सामाजिक प्रगति में साहित्यकार की भूमिका स्वीकार नहीं करते, इसलिए उन्होंने खुलकर साहित्य में दृष्टिकोण का विरोध किया है। 1956 ई० में हिन्दी में धुरीहीनता को लेकर एक विवाद चला था। डॉ० धर्मवीर भारती ने 'राष्ट्रवाणी' (पूना) नामक पत्रिका में हिन्दी के कुछ प्रतिष्ठित साहित्यकारों की वैचारिक धुरीहीनता की कड़ी आलोचना की थी। उसका उत्तर देते हुए नलिनजी ने लिखा : "धुरी-आदर्श के अनुसार आचार्य हजारीप्रसाद द्विवेदी का बहुत बड़ा अपराध यह है कि उन्होंने समाजवाद, साम्यवाद, किंबहुना राष्ट्रीय स्वयं सेवक संघ को भी, अवसर-विशेष पर, अपना समर्थन दिया। हम संकलित साक्ष्य के सत्यासत्य के सम्बन्ध में कुछ कहने की स्थिति में नहीं हैं। किन्तु, हम सिद्धान्त के रूप में इससे भी अधिक धुरीहीनता का समर्थन करते हैं।" ('साहित्य,' जुलाई, 56)। धुरीहीनता को उन्होंने 'दृष्टि की उदारता' कहा और साहित्यकार को 'बहुदेवोपासक' बतलाया। वे आगे कहते हैं : "यदि धुरीहीनता यही है तो यह मात्र दृष्टि

की उदारता है, जिससे रहित साहित्यकार को साहित्य के बदले किसी और क्षेत्र में ही किस्मत की आजमाइश करनी चाहिए" और "साहित्यकार बहुदेवोपासक होता है और वह इस तरह चलता है कि वह दूसरों को रौंदे और कुचले नहीं।" (उपर्युक्त)। साहित्य में दृष्टिकोणहीनता या धुरीहीनता की यह वकालत नलिनजी के विचारों में अराजकता के तत्त्वों की सूचना देती है। यह संयोग की बात नहीं है कि उन्होंने लिखा है : "हमें अराजकता को अपना वह सहज प्राप्य लक्ष्य बनाना उचित है जिसका स्वप्न ही राजनीतिक क्षेत्र में देखा गया है।" ('आलोचना,' अप्रैल, '55)। लेकिन पूंजीवादी विचारधारा चूंकि वैज्ञानिक विचारधारा नहीं है, स्वभावत: हमें उसमें असंगतियाँ मिलती हैं। नलिनजी के भी साहित्य और दृष्टिकोण-सम्बन्धी विचारों में असंगति है। एक जगह वे साहित्य में दृष्टिकोण का विरोध और दूसरी जगह उसका समर्थन करते हैं : "कविता पर वैज्ञानिक शब्दावली का नहीं, अपितु वैज्ञानिक दृष्टिकोण का प्रभाव अपेक्षित है, जरूरत इस बात की नहीं है कि कवि विज्ञान की भाषा अपना लें, बल्कि इसकी है कि वे विज्ञान-सम्मत दर्शन स्वीकार करें।" ('श्रीकृष्ण-अभिनंदन-ग्रंथ,' पृ० 103)। आगे वे कविता में 'विज्ञान-सम्मत दर्शन' की उपयोगिता बतलाते हुए कहते हैं : "यदि कविता का लक्ष्य सत्य है—और है, यह कीट्स-जैसे कवि भी मानते हैं—तो कविता के विकास में विज्ञान बहुत बड़ी सहायता पहुँचा सकता है। यह कुछ आवश्यक नहीं कि कवि द्वन्द्वात्मक भौतिकवाद, मनोविश्लेषणवाद, सापेक्षवाद या परमाणु बम की चर्चा ही करे। वास्तविक महत्त्व की बात तो यह है कि विज्ञान के द्वारा कवि के मानव-स्वभाव के पर्यवेक्षण और अध्ययन में उदारता आ जाती है तथा सृष्टि-सम्बन्धी उसका ज्ञान नवीकृत, विस्तृत एवं विश्वसनीय हो जाता है।" (उपर्युक्त, पृ० 103-4)। एक तरफ साहित्यकारों से वैचारिक अराजकता की माँग और दूसरी तरफ द्वन्द्वात्मक भौतिकवाद की सहायता से सृष्टि-सम्बन्धी अपने ज्ञान को विश्वसनीय बनाने की बात—दोनों बातों में असंगति स्पष्ट है।

साहित्य में दृष्टिकोण का प्रश्न सामाजिकता और नैतिकता से जुड़ा हुआ है। जो आलोचक दृष्टिकोण की उपेक्षा करता है उसके सामने अश्लीलता एक ज्वलन्त समस्या बनकर उपस्थित होती है। लेकिन चूंकि नलिनजी विषय-वस्तु को महत्त्व नहीं देते हैं, वे अश्लीलता को कोई समस्या नहीं मानते। उन्होंने स्पष्ट कहा है : "साहित्यलोचन में विषय की अश्लीलता का प्रश्न उठाना ही असंगत है।" ('दृष्टिकोण,' पृ० 5)। उनका कहना है कि ग्राम्यता आपत्ति की बात हो सकती है, अश्लीलता नहीं : "कला में ग्राम्यता चिन्तनीय है। कला में अश्लीलता नासमझ आलोचकों का भ्रम है।" (उपर्युक्त, पृ० 3)। 'ग्राम्यता' से मतलब है वैयक्तिकता से। कलाकार वैयक्तिकता से पूरा बच

नहीं सकता, पर उसकी कोशिश रहनी चाहिए कि उसकी शैली अधिक-से-अधिक निर्वैयक्तिक हो। यदि शैली में निर्वैयक्तिकता है, तो कला अश्लील नहीं हो सकती, भले उसका विषय कुछ भी क्यों न हो। हिन्दी में कभी 'उग्र' के 'चाकलेट' को लेकर उग्र विवाद चला था। नलिनजी कहते हैं : "उग्रजी का 'चाकलेट' कला-कृति नहीं, मैं खुद भी मानता हूँ। लेकिन, इसलिए नहीं कि वह अश्लील है, वरन् इसलिए कि वह ग्राम्य है। उग्र की अभिव्यंजना में निर्वैयक्तिकता नहीं···।" (उपर्युक्त, पृ० 4)। इस प्रकार उन्होंने विषय को एकदम ही महत्त्व नहीं दिया है; महत्त्व दिया है शैली को। लेकिन जब शैली विषय से अलग नहीं है, तो अश्लीलता का प्रश्न हो, या इस तरह का कोई दूसरा प्रश्न, विषय से उसका सम्बन्ध अनिवार्य है। शैली स्वयं नहीं बन जाती है, वह विषय से प्रभावित होती है। यहाँ फिर से यह कहने की जरूरत नहीं है कि 'विषय' में 'विषय' और 'वस्तु' दोनों का समावेश है।

नलिनजी ने परम्परा के साथ साहित्य के सम्बन्ध का प्रश्न भी उठाया है। उन्होंने टी० एस० इलियट के साक्ष्य से कहा है कि "उस अतीत से, जो कभी मरता नहीं और उस वर्तमान से, जो प्रतिपल हमारे साथ है, कवि का सुनिश्चित सम्बन्ध रहता है।" ('साहित्य का इतिहास-दर्शन,' पृ० 275)। 'उस अतीत से, जो कभी मरता नहीं' का मतलब यह हुआ कि अतीत का कुछ अंश मृत होता है और कुछ जीवित और कवि को उसके जीवित अंश से ही अपना सम्बन्ध कायम करना चाहिए। नलिनजी आधुनिक युग में परम्परा के मृत अंश के प्रति किये गये विद्रोह को 'स्वस्थ और सर्वथा आवश्यक' बतलाते हैं और इस बात पर खेद प्रकट करते हैं कि "साथ ही साथ परम्परा की जीवित शाखाओं पर भी कुठाराघात किया गया।" (उपर्युक्त)। उनके अनुसार परम्परा की देन है भाषा, जिसमें उसकी गतिमूलक और परिवर्तनशील प्रकृति के अनुरूप प्रत्येक लेखक कुछ न कुछ परिवर्तन अवश्य करता है। वे कहते हैं : "भाषा के उपयोग में ही परम्परा का पालन भी और उसका न्यूनाधिक परिवर्तन भी निहित है।" (उपर्युक्त, पृ० 276)। लेकिन आगे वे फिर कहते हैं : "विशद और स्पृहणीय रूप में, परम्परा से हमारा तात्पर्य है—अतीत में से हमारी ओर प्रवहमान विकास की वह मुख्य और मूलधारा जो आकस्मिक नहीं होती, काल या स्थान में बँधती नहीं। कल्याणप्रद परम्परा कुत्ते की तरह अपनी दुम के चारों ओर चक्कर नहीं काटती; वह निम्नाभिमुख जल-धारा के समान सदैव गतिशील रहती है।" (उपर्युक्त)। इस कथन में 'काल या स्थान में बँधती नहीं' यह वाक्य-खण्ड ध्यातव्य है। परम्परा की विकासोन्मुख धारा भी देश-काल-निरपेक्ष नहीं होती। अन्त में नलिनजी ने यह कहा है : "नवीन अनुभूतियों की सान पर चढ़कर परिवर्तित हुए बिना क्रमागत परम्पराओं की मौलिक प्रखरता

नष्ट हो जाती है; वे मात्र चर्वितचर्वण और नियम-पालन रह जाती हैं।" (उपर्युक्त, पृ० 280)। वही परम्परा रूढ़ि नहीं बन पाती है जिसकी जीवन में उपयोगिता बनी रहती है और इसके फलस्वरूप जिसका विकास होता रहता है। यहाँ बात 'अनुभूति' की ही नहीं होती, 'उपयोगिता' या 'सार्थकता' की होती है। लेकिन नलिनजी चूँकि उपयोगितावादी नहीं हैं, वे लेखकीय 'अनुभूति' को ही महत्त्व देते हैं।

नलिनजी सामाजिक परिवर्तनों से साहित्यकार की विमुखता और उसकी दृष्टिकोणहीनता की वकालत तो करते ही हैं, वे सामाजिक दृष्टि से साहित्य को एक प्रभावहीन वस्तु भी मानते हैं। उन्होंने लिखा है: "हम मानते हैं कि यदि कोई साहित्यकार किसी आंदोलन में विश्वास करता है तो उसे सीधे उसमें शामिल होना चाहिए, साहित्य की बीरबली खिचड़ी पकाने की कोशिश से होता ही क्या है!" ('हिन्दी उपन्यास : विशेषतः प्रेमचंद', पृ० 56)। यहाँ यह कहने की आवश्यकता नहीं होनी चाहिए कि राजनीति की तरह साहित्य का प्रभाव द्रुत नहीं होता, पर उसका प्रभाव पड़ता ही नहीं है, यह धारणा गलत है। साहित्य एक सांस्कृतिक वस्तु है, इसलिए उसका कार्यक्षेत्र राजनीति से भिन्न मनुष्य का मानसिक जगत् है। इस मानसिक जगत् को अदृश्य और विशिष्ट ढंग से साहित्य अवश्य प्रभावित करता है और हमें समाज में उसका परिणाम भी दिखलायी पड़ता है। क्या भक्तिकाव्य और स्वाधीनता-संग्राम के दौरान रचे गये हिन्दी साहित्य का समाज पर पड़नेवाला प्रभाव नगण्य है? एक स्थल पर इसके लिए नलिनजी ने बहुत चिन्ता व्यक्त की है कि 'जनता के द्वारा जनता के लिए जनता के नाटकों' का अभिनय कैसे प्रस्तुत किया जाय? ('दृष्टिकोण,' पृ० 50)। क्या साहित्य का लोकप्रिय या जनसम्प्रेष्य रूप केवल नाटक हो सकता है, साहित्य की दूसरी विधाएँ नहीं? अन्य स्थल पर नलिनजी ने कला-मात्र के 'साधारणीकरण' के सम्बन्ध में अपनी चिन्ता व्यक्त की है: "अवश्य, यदि कलाकार कुछ ऐसी मनोवृत्ति रखता है कि कला कोई अजीबोगरीब चीज है, दिव्य या अलौकिक उपलब्धि है और इसलिए साधारण मनुष्यों की पहुँच के बाहर है, तो किसी को कुछ कहना नहीं रह जायेगा। किन्तु यदि कलाकार मानता है कि कला मानवीय उपलब्धि है और उसकी सार्थकता यह है कि मनुष्य तक पहुँच सके, उसे पूर्ण बना सके, सही मानी में उसे मनुष्य बना सके, तो यह आवश्यक है कि आज की कला की बहु-आलोचनीय किन्तु अनिवार्य दुरूहता का समाधान ढूँढ़ा जाय।" ('साहित्य,' जुलाई, '52)। लेकिन उनकी यह चिन्ता तब व्यर्थ हो जाती है जब हम यह पाते हैं कि वे आज की कला की बहु-आलोचनीय दुरूहता को 'अनिवार्य' बतलाते हैं और उसके लिए कलाकार को नहीं, बल्कि अशिक्षित पाठकों को ही उत्तरदायी

ठहराते हैं। कला के 'साधारणीकरण' के लिए उसका जनसाधारण में मिल जाना जरूरी नहीं है, जरूरी है जनसाधारण के स्तर तक उतरते हुए उसकी रुचि को उच्च स्तर तक उठाने की शक्ति से युक्त होना। प्रेमचन्द ने पाठकों की रुचि का इसी तरह परिष्कार किया था। नलिनजी ने उनके बारे में लिखा है : "हंगामा जरा भी न हुआ और परिवर्तन बहुत बड़ा हो गया। खून की एक बूंद गिरे बिना क्रान्ति हो गयी।" ('हिंदी उपन्यास : विशेषतः प्रेमचन्द', पृ० 42)। लेकिन नलिनजी पाठक और साहित्यकार के बीच द्वन्द्वात्मक सम्बन्ध को स्वीकार नहीं करते। वे अन्त-अन्त तक कला की दुरूहता का पक्ष लेते रहते हैं। श्रेष्ठ कला वर्तमान की नहीं, भविष्य की वस्तु होती है, यह जन-विरोधी और प्रतिक्रियावादी लेखकों का पुराना तर्क है। नलिनजी भी कहते हैं : "हम समझ से आगे रहनेवाले प्रयोगों से घबड़ाएँ नहीं; ऐसे प्रयोगों का साधारणीकरण नहीं हो सकता। यदि साधारणीकरण नहीं होता तो न तो कलाकार को जन-साधारण से निराश होना चाहिए, न जन-साधारण को ही कलाकार की उपेक्षा या भर्त्सना करनी चाहिए। सभी सार्थक प्रयोग अप्रत्याशित शीघ्रता के साथ कला-कृतियों में अज्ञात रूप से व्याप्त हो जाते हैं और आज जो विशेषज्ञों और विद्वानों की भी घबराहट है वह कल साधारण लोगों के लिए सुपरिचित और सहज-ग्राह्य कलात्मक विशेषता बन जा सकती है।" ('साहित्य', जुलाई, 52)।

शुक्लजी ने लिखा था : "मनुष्य अपने ही व्यापारों का ऐसा सघन और जटिल मंडल बाँधता चला आ रहा है जिसके भीतर बँधा-बँधा वह शेष सृष्टि के साथ अपने हृदय का सम्बन्ध भूला सा रहता है। इस परिस्थिति में मनुष्य को अपनी मनुष्यता खोने का डर बराबर बना रहता है। इसी से अन्तःप्रकृति में मनुष्यता को समय-समय पर जगाते रहने के लिए कविता मनुष्य-जाति के साथ लगी चली आ रही है और चली चलेगी।" ('चिन्तामणि', प्रथम भाग, पृ० 186)। स्पष्टतः इस कथन में उन्होंने कविता का सम्बन्ध मनुष्यता से जोड़ा है। नलिनजी भी कहते हैं : "मनुष्यता के दो-चार पर्यायों में एक कविता भी है।" ('कविता', जुलाई, '54)। लेकिन शुक्लजी और नलिनजी के कथनों में एक अन्तर है। वह यह कि शुक्लजी के लिए जहाँ 'मनुष्यता' का अर्थ है 'शेष सृष्टि के साथ अपने हृदय का सम्बन्ध', वहाँ नलिनजी के लिए 'मनुष्यता' एक अमूर्त वस्तु है। वे जिस मनुष्यता अथवा मानवीय मूल्य की बात कहते हैं उसकी रक्षा उस कविता से कैसे होगी, जिसका रचयिता "इस तरह चलता है कि वह दूसरों को रौंदे और कुचले नहीं ?" मनुष्यता और उसके संहारक इन दोनों की रक्षा एक साथ कैसे सम्भव है ? या मनुष्यता इन सबों से ऊपर की कोई चीज है ? वास्तविकता यह है कि मनुष्यता या मानवीय मूल्य सम्बन्धी नलिनजी की धारणा एक इतिहासेतर धारणा है जिसका आधार पूंजीवादी विचार-

धारा है। इसी कारण उन्होंने कहा है कि "काव्यानुरागी के रूप में हमें सभी प्रकार की कविताएँ प्रिय हैं, बशर्ते कि वे उच्च स्तर की हों···।" (उपर्युक्त)। इस 'उच्च स्तर' के लिए आवश्यक नहीं है कि वह सही अर्थों में मानवीय मूल्य-चेतना से निर्मित हो। नलिनजी रूपवादी इसलिए नहीं हैं कि वे रूप को विषय-वस्तु से स्वतन्त्र मानते हैं और उसी रूप में उसका मूल्यांकन करते हैं, बल्कि इसलिए कि वे रूप को ही अन्तिम प्रतिमान मानकर विषय-वस्तु के स्वरूप की परवाह नहीं करते। यदि रचना का रूप सुगढ़ है तो उसकी विषय-वस्तु कैसी भी क्यों न हो वह 'उच्च स्तर' की होगी। कविता के सम्बन्ध में रूपवादी धारणा स्वभावतः कविता को जनता से अलग ले जाती है। नलिनजी कविता द्वारा "पाठकों की काव्य-रुचि का उन्नयन और परिमार्जन" करना चाहते हैं, पर इसके लिए वे कवि का पाठकों के स्तर तक पहुँचना आवश्यक नहीं समझते। कविता का 'साधारणीकरण' करने वाला कवि पाठकों के स्तर तक उतरकर भी कविता के स्तर को छोड़ता नहीं है। इस प्रकार पाठकों और ऐसे कवि के बीच एक द्वन्द्वात्मक सम्बन्ध होता है। इसी द्वन्द्वात्मक प्रक्रिया से पाठकों का रुचि-परिष्कार होता है। लेकिन नलिनजी पाठकों और कवि के सम्बन्ध को द्वन्द्वात्मक नहीं मानते और कहते हैं कि "अपवादों की बात छोड़ दें तो जैसे जनतन्त्र की सफलता के लिए शिक्षित देशवासी अनिवार्य हैं उसी तरह कविता की उत्कृष्टता के लिए सुसंस्कृत रुचि के पाठक।" (उपर्युक्त)। उनका यह कथन सही है, लेकिन इस मान्यता के वे कायल नहीं हैं कि पाठकों के रुचि-संस्कार का दायित्व राज्य और पाठकों पर ही नहीं, एक बड़ी हद तक कवियों पर भी है। वह कविता, जो भावना और संगीत से रहित होगी, सरलता से लोकप्रिय नहीं हो सकती। नलिनजी ने जिस नयी कविता का पक्ष-समर्थन किया है वह कविता है जिसने "अपना पूरा मस्तिष्कीकरण हो जाने देकर गद्य को दौड़ में पीछे छोड़ दिया है।" ('साहित्य', जनवरी, '57)। उन्होंने आगे लिखा है: "मैं साफ करके कह देना चाहूँगा कि नयी कविता की सम्भावना इस बात में नहीं है कि वह शुष्क युग को रस देगी, रूखी-सूखी बुद्धिवादिता को भावुकता और मिठास और तरलता प्रदान करेगी। नये युग के भी जिस आदमी को इन चीजों की तलाश होगी वह बिहारी, पद्माकर या शली, कीट्स को पढ़ लिया करेगा।" (उपर्युक्त)। आरम्भिक स्थापना जितनी विचित्र है, अन्तिम तर्क भी उतना ही विचित्र है। नलिनजी जानते हैं कि कविता से भावुकता की माँग बरकरार रहेगी, लेकिन इसके लिए वे कवियों को सलाह देने की जरूरत नहीं समझते, वैसी माँग करने वालों को ही पुराना काव्य पढ़ने की सलाह देते हैं, जैसे कि उनकी वह माँग अपने देश-काल के सन्दर्भों से एकदम विच्छिन्न हो! वह नयी कविता को "विज्ञान और दर्शन का मिलन-बिन्दु" घोषित करते हैं और आधुनिक

पाठक के बारे में, जो कि 'अधकचरा' नहीं रह गया है, कहते हैं : "वह विज्ञान में पढ़े और दर्शन से समझे सत्य को सीधे ग्रहण करने की क्षमता अपने में जब पाता है तो कविता ही इसके साधन के रूप में दीख पड़ती है—कल्पना, भावना, मधुरता की पुरानी कविता नहीं, बल्कि वह नयी कविता जो विज्ञान और दर्शन का मिलन-बिन्दु है, जहाँ दोनों दो ओर से सत्य को आबद्ध करने में सफल हो जाते हैं।" (उपर्युक्त)। कविता के 'मस्तिष्कीकरण' का यह समर्थन, वह कविता नयी हो या पुरानी, किसी भी तरह सही नहीं है। इसे स्वयं नलिनजी भी मानते हैं। दिनकरजी के कविता-संग्रह 'नील-कुसुम' की समीक्षा के प्रसंग में 'भावना और चिन्तन के योग' के बारे में उन्होंने लिखा है : "इसे, अपने-अपने ढंग से समर्थ कवि सम्भव सिद्ध कर ही अपनी उपलब्धि को पूर्ण बनाते हैं। यही कौशल एक महान् कवि की वह सारस्वत धारा है जो भावना और चिन्तन के साथ सहसा मिलकर कविता को त्रिवेणी बना देती है।" ('दृष्टिकोण', जुलाई, '55)। जहाँ तक कविता में संगीत-तत्त्व के समावेश का प्रश्न है, नलिनजी उसके विरुद्ध हैं। वे कविता के संगीत को ताल-लय वाले संगीत से भिन्न मानते हैं। उनके अनुसार, "काव्य की सांगीतिकता और चीज है और संगीत और चीज।" ('साहित्य', जुलाई, '51)। उन्होंने 'गीति' और 'गीत' में फर्क किया है। 'गीति' वह है जो संगीतपूर्ण होते हुए भी ताल-लय से मुक्त हो। इसके विपरीत 'गीत' ताल-लय में बँधा हुआ होता है। नलिनजी गीति-काव्य को भी "गीति-काव्य' के रूप में ही देखना चाहते हैं, 'गीत-काव्य' के रूप में नहीं। वे 'गीति' को 'गीत' बनाने में दोष देखते हैं। उनका कहना है : "गीति-काव्य (Lyric) में सांगीतिकता तो रहती है पर अपने ताल-लय के साथ संगीत नहीं रहता। हिन्दी गीति-काव्य में जहाँ इसका ध्यान नहीं रखा गया है वहाँ वह दोष आ ही गया है। इसीलिए हिन्दी के जो कवि अपनी कविताएँ इस दृष्टि से लिखते हैं कि वे गायी जा सकें वे बहुत ऊँचे दर्जे की चीज नहीं लिख पाते। कविता 'रिसाइट' तो की जा सकती है, उसका पाठ तो हो सकता है, लेकिन कविता का गाना क्या? आपने सुना है कभी कि शेली या कीट्स की कविता गायी जाती है? यों तो अंग्रेजी का शब्द लिरिक व्युत्पत्ति ही क्या वास्तविकता की दृष्टि से भी वाद्य-विशेष के नाम से सम्बद्ध है किन्तु विकसित गीति-काव्य का वैशिष्ट्य ही यह है कि वह गीत-काव्य से भिन्न काव्य का रूप है।" (उपर्युक्त)। संगीत के ताल-लय में बँधी हुई कविता श्रेष्ठ नहीं हो सकती, यह बात हिन्दी के भक्त-कवियों के पदों और निराला के अनेक गीतों से गलत साबित होती है। नलिनजी काव्य-संगीत को संगीत से भिन्न 'और चीज' बतलाकर कविता के 'पाठ' पर विशेष बल देते हैं। काव्य-संगीत संगीत से प्रकार की दृष्टि से भिन्न हो सकता है, गुण की दृष्टि से नहीं। इसी तरह अर्थ

के प्रधान होने पर कविता का 'पाठ' उपयुक्त होगा, लेकिन उसमें अर्थ और संगीत के बीच सन्तुलन रहने पर उसका गायन भी हो सकता है। नलिनजी के विचार कविता के सम्बन्ध में उनके लोकप्रियता-विरोधी विचारों के मेल में हैं।

नलिनजी ने आलोचना लिखी है मुख्यतः उपन्यास और कविता की, लेकिन उन्होंने साहित्य की जिस विधा पर सैद्धान्तिक रूप में विचार किया है, वह है कहानी। कहानी पर विचार करने के क्रम में स्वभावतः उनका ध्यान कहानी की विषय-वस्तु पर नहीं, बल्कि उसके रूप पर ही रहा है। कहानी के आकार की लघुता के बारे में वे कहते हैं : "कहानी का लघु आकार समय की कमी या गति की अधिकता पर उसी तरह अनाश्रित है जिस तरह गीति-कविता जो पहले भी लिखी जाती थी और आज भी लिखी जाती है और इसलिए लिखी जाती है कि जो बात उसके माध्यम से जिस ढंग से कही जा सकती है उस ढंग से कविता के दूसरे रूप से नहीं। कहानी की लघुता उसकी मूलभूत विशेषता है।" ('दृष्टि-कोण', मई, '52)। कहानी के बारे में प्रसिद्ध है कि वह 'जीवन का खण्ड' है। नलिनजी का कहना है : "कहानी के बारे में कहा गया है कि वह जीवन का कतरा है और यह कथन बहुत महत्त्वपूर्ण और सारगर्भ माना जाता है। अपने में कतरे की कीमत ही क्या ? कतरा हमेशा पूरे से कम ही होगा। कतरा कब और क्यों अनिवार्य हो जाता है, और जो पूर्ण है उससे काम नहीं चलता, ध्यान देने की बातें हो सकती हैं तो सिर्फ ये ही।" (उपर्युक्त)। फिर उन्होंने आगे कहा है : "प्रयोगशाला में अनुवीक्षण के सहारे जब जाँच चलती है तो बूँद और कतरे इसलिए सामने नहीं रखे जाते कि वे काफी हैं बल्कि इसलिए कि उन्हीं से काम चल ही सकता है। और कहानी उपन्यास के दूरवीक्षक के विपरीत अणुवीक्षक है या कुछ नहीं है।" (उपर्युक्त)। उन्होंने कहानीकार की साधना को पिण्ड में ब्रह्माण्ड को देखने की साधना कहा है। इसी साधना से कहानी में वह तनाव उत्पन्न होता है जिस पर उसकी प्रभावान्विति निर्भर होती है। नलिनजी के शब्दों में, "यह साधना कहानी के गम्भीर तनाव में व्यक्त होती है जिसके अभाव में कहानी कहानी नहीं बन सकती और जिसकी कृत्रिम अतिशयता से भी बनी कहानी बिगड़ जाती है।" (उपर्युक्त)। 'कृत्रिम अतिशयता' से उनका मतलब अति-नाटकीयता से है। आगे वे कहते हैं : "तनाव अति-नाटकीयता से उत्पन्न होनेवाला प्रभाव नहीं है। अति-नाटकीयता से पाठक चमत्कृत तो होता है किन्तु कहानी की प्रभावान्विति खण्डित हो जाती है। कहानी विषयक हिन्दी की आलोचना-पुस्तकों में अक्सर ही यह बताया जाता है कि कहानी में 'क्या होनेवाला है' की उत्कंठा (Element of Suspense) निहायत जरूरी बात है। किन्तु वस्तुतः इसके विपरीत ऐसी अति-नाटकीयता कहानी के स्वरूप-विधान की अनिवार्यता और सार्थकता को ही नष्ट कर देती है।" (उपर्युक्त)। कहानी की यह साधना उसके

रूप की ही साधना है जिसके बल पर कहानी कविता के स्तर तक उठ जाती है : "कहानी की यह साधना ही, जो स्थापत्य-कुशलता के सिवा और कुछ नहीं, कहानी को कविता के स्तर पर उठा सकने में सफल होती है।" (उपर्युक्त)। 'दृष्टिकोण' में संकलित 'आज की छोटी कहानी' शीर्षक निबन्ध में उन्होंने कहानी को एक 'प्रकाशपूर्ण क्षण' बतलाते हुए उसके बारे में कहा है : "यदि हम वस्तुतः खरी कहानियों की समीक्षा करें, तो हम देखेंगे, कि उनका अस्तित्व प्रकाशपूर्ण और प्रकाशकारी क्षण पर निर्भर रहता है—चाहे यह क्षण शृंगार का हो या बीभत्स का, रौद्र का हो या करुण का। इस सारभूत क्षण के पूर्व जो कुछ भी होता है, वह भूमिका और बाद में जो कुछ होता है, वह उपसंहार—भूमिका तैयार होती है, उपसंहार विराम। यह क्षण बहुधा अनुद्घाटित भी रहकर अपना काम करता है; यही पाठकों के प्रति कलाकार की देन है; इसे ही हम याद रखते हैं। कहानी के चरित्र भी कभी-कभी हमारी स्मृति में खटकते रह सकते हैं, और रहते ही हैं; लेकिन स्मृति के लिए उनका अपना मूल्य नहीं है, है तो इसलिए कि उन्होंने 'क्षण' के निर्माण में सहायता दी है।" ('दृष्टिकोण', पृ० 39)। इस प्रकार नलिनजी ने कहानी के रूप को ही महत्त्व दिया है, उसकी विषय-वस्तु को नहीं। उन्होंने कहानी के रूप पर प्रकाश डालते हुए उसके निर्माण में विषय-वस्तु का क्या योगदान होता है, यह नहीं दिखलाया। उन्होंने कहानी को 'जीवन का कतरा' कहने के सम्बन्ध में कहा है कि चूँकि कतरा पूरे से हमेशा कम होता है, इसलिए उसका महत्त्व नहीं है। महत्त्व है कहानी के रूप का, जिसके लिए 'कतरा' अनिवार्य बन जाता है। रूप पर नलिनजी का अपेक्षाकृत अधिक बल स्पष्ट है।

साहित्य के दो पक्ष—वस्तु और रूप—सर्वविदित हैं। नलिनजी साहित्य की विषय-वस्तु को आलोचना का विषय नहीं मानते। उन्होंने 'कुरुक्षेत्र' की आलोचना के प्रसंग में लिखा है : " 'दिनकर' को एक जलती हुई समस्या पर 'कुछ कहना' है, यह उनकी स्वीकृति है। वे चाहेंगे, उनके कहने की मीमांसा हो। मनुष्य के अस्तित्व से सम्बन्ध रखनेवाले इस प्रश्न पर कोई भी सोचनेवाला व्यक्ति विचार-विनिमय करना चाहेगा, किन्तु यह भी निश्चित है कि यह काव्यालोचन का विषय नहीं हो सकता।" ('दिनकर और उनकी काव्यकृतियाँ', पृ० 105)। उसके बाद वे यह स्थापना करते हैं : "काव्यालोचन के अन्तर्गत यह अवश्य आता है कि कवि के विचार किस प्रकार, कितनी दूर तक काव्य में रूपान्तरित हो पाये हैं।" (उपर्युक्त)। तात्पर्य यह कि कवि के कथ्य से आलोचक को कुछ लेना-देना नहीं है। उसका कार्य है यह देखना कि वह अपने कथ्य को, वह किसी भी कोटि का क्यों न हो, किस विधि से और किस सीमा तक काव्य का रूप प्रदान कर सका है। नलिनजी ने यही बात प्रेमचन्द

की आलोचना के प्रसंग में भी लिखी है : "प्रेमचन्द ने किसानों-मजदूरों के बारे में लिखा है, यह समाजशास्त्रीय विवेचन और महत्त्व का विषय हो सकता है।" ('हिन्दी उपन्यास' : विशेषतः प्रेमचन्द, पृ० 60)। फिर आलोचना का विषय क्या है ? आलोचना का विषय है 'टेकनीक' अथवा कौशल, जिसे नलिनजी ने तीसरी सारस्वत धारा कहा है, "जो भावना और चिन्तन के साथ सहसा मिलकर कविता को त्रिवेणी बना देती है।" 'नील कुसुम' की समीक्षा में ही, जिसका हवाला ऊपर दिया गया है, वे आगे कहते हैं : "इसे, तीसरी धारा को प्रचलित भाषा में टेकनीक, या जैसा इसका रूप 'दिनकर' को पसंद है, तकनीक कहते हैं। किसी कविता के भावना-तत्त्व और चिन्तन-तत्त्व को निर्दिष्ट करना बहुत कठिन नहीं होता, किन्तु हमने जिसे सारस्वत तत्त्व कहा है वह अपने प्रसिद्ध नदी रूप की तरह, सहज प्रत्यभिज्ञेय नहीं रहता।" ('दृष्टिकोण', जुलाई, '55)। वे 'टेकनीक' को गहरी और विषय-वस्तु को सतही चीज बतलाते हुए 'टेकनीक' को ही आलोचना अथवा आलोचक का विषय मानते हैं : "इस सारस्वत तत्त्व का निर्देश करने के लिए बहुधा कवियों को आलोचक बनना पड़ा है, क्योंकि जो अन्तःसलिल है, उसे बहुधा सतह को देखनेवाला उपेक्षित कर देता है।" (उपर्युक्त)। 'टेकनीक' का निर्देश निश्चय ही कठिन काम है, पर इसका मतलब यह नहीं है कि विषय-वस्तु का निर्देश सरल है। 'टेकनीक' की सापेक्षता में विषय-वस्तु का निर्देश भी उतना ही कठिन है, जितना 'टेकनीक' का निर्देश। विषय-वस्तु पर विचार करना तब सरल हो जाता है, जब हम उस पर स्वतन्त्र रूप में विचार करते हैं, यानी यह नहीं देखते कि जो विषय-वस्तु प्रदत्त रूप में हमारे सामने है, वह कैसी है। नलिनजी विषय-वस्तु के साथ 'टेकनीक' के सम्बन्ध को स्वीकार करते हैं, जैसा कि उन्होंने लिखा है : "साहित्यकार के इस नितान्त आवश्यक गुण (परिस्थितियों की चेतना) की पहिचान है उसका निर्माण-कौशल या 'टेकीनक'। जो लोग साहित्य के शाश्वत मूल्यों की दुहाई देकर 'टेकनिक' सम्बन्धी नवीन प्रयोगों और 'वादों' का विरोध करते हैं, वे भूल जाते हैं कि परिस्थितियाँ बदलती हैं और उनकी चेतना का जो व्यक्त रूप साहित्य में उपलब्ध होता है उसमें भी अनिवार्य परिवर्तन दिखायी पड़ते हैं।" ('दृष्टिकोण' सित०, '51)। तात्पर्य यह कि 'टेकनीक' साहित्यकार की परिस्थितियों की चेतना का 'व्यक्त' रूप है और परिस्थितियों के बदलने से उसमें भी अनिवार्य रूप से परिवर्तन होता है। लेकिन नलिनजी विषय-वस्तु और 'टेकनीक' के इस सम्बन्ध को जानकर भी 'टेकनीक' के निरूपण को विषय-वस्तु से अलग रखना चाहते हैं। जब कभी 'टेकनीक' पर स्वतन्त्र रूप से विचार किया जायेगा, आलोचना से गलत निष्कर्ष प्राप्त होंगे, जैसे विषय-वस्तु पर स्वतन्त्र रूप से विचार करने से

गलत निष्कर्ष प्राप्त होते हैं।

नलिनजी के रूपवाद का टकराव स्वभावतः प्रगतिवाद से हुआ। प्रगतिवादी कला को अपने ध्येय के अनुरूप ढालना चाहते थे। नलिनजी ने इस स्थिति को ऊटपटाँग बतलाया। उन्होंने कहा कि जब साम्यवाद और अराजकतावाद दोनों का लक्ष्य है अराजकता, तो फिर कला में ही किसी नियम-कानून की बात क्यों की जाय? बात यह है कि वास्तविक कला अराजकता की स्थिति को प्राप्त कर चुकी है, जबकि राजनीति को अभी वहाँ पहुँचना है। उन्होंने साम्यवादियों अर्थात् प्रगतिवादियों की ओर संकेत करते हुए लिखा है : "वे यह नहीं समझते कि वास्तविक कला तो आज भी उसी ध्येय (एनार्की) की कल्पना कर ही अपना अस्तित्व बनाये हुए है—अराजकता के राजनीतिक आविर्भाव के लिए वह प्रतीक्षा नहीं कर रही है। कला वहाँ पहुँचती ही रहती है जहाँ पहुँचने के लिए साम्यवाद अभी प्रयत्न ही कर रहा है।" ('छायावाद और प्रगतिवाद', पृ० 158)। कहने की आवश्यकता नहीं कि सोद्देश्य साहित्य के विरुद्ध दिया गया यह तर्क एक विचित्र तर्क है। यह सही है कि साम्यवाद और अराजकतावाद इन दोनों का लक्ष्य है राज्यसत्ता को मिटाना, पर दोनों में फर्क भी है, जिसे ध्यान में रखना जरूरी है। अराजकतावादी जहाँ राज्यसत्ता का अन्त तुरत चाहते हैं और सर्वहारा को क्रान्ति के लिए तैयार करने के लिए पूँजीवादी राज्यसत्ता के इस्तेमाल की सम्भावना से इनकार करते हैं, वहाँ साम्यवादी राज्यसत्ता का अन्त तुरत नहीं चाहते हैं और क्रान्ति के लिए सर्वहारा को तैयार करने की दृष्टि से पूँजीवादी राज्यसत्ता की उपयोगिता को स्वीकार करते हैं। इतना ही नहीं, वे दृढ़तापूर्वक पूँजीपति वर्ग के खात्मे के लिए सर्वहारा के अधिनायकवाद के भी पक्ष में होते हैं, जिसका मतलब है अल्पमतवाले वर्ग के विरुद्ध बहुमतवाले वर्ग द्वारा राज्यसत्ता के यन्त्र का इस्तेमाल। इस सम्बन्ध में लेनिन ने लिखा है : "एक लक्ष्य के रूप में राज्यसत्ता को मिटाने के सम्बन्ध में हम अराजकतावादियों से जरा भी असहमत नहीं हैं। हमारा कहना है कि इस लक्ष्य को पूरा करने के लिए ही हमें शोषकों के विरुद्ध राज्य की सत्ता के औजारों, साधनों और तरीकों का अस्थायी तौर से इस्तेमाल करना चाहिए—उसी तरह जिस तरह कि वर्गों को मिटाने के लिए उत्पीड़ित वर्ग का अधिनायकत्व अस्थायी रूप से जरूरी होता है।" ('संकलित रचनाएँ', खण्ड 2, भाग 1, प्रगति प्रकाशन, मास्को, 1960, पृ० 441)। प्रूदोंवादी अपने को 'सत्ता-विरोधी' कहते थे और जिन सामाजिक परिस्थितियों ने राज्यसत्ता को जन्म दिया था उनका अन्त करने से पहले ही उसका अन्त करना चाहते थे। एंगेल्स ने इसके लिए उनकी कड़ी आलोचना की थी और कहा था : "या तो सत्ता-विरोधी यह जानते नहीं कि वे क्या कह रहे हैं और उस हालत में वे केवल भ्रम फैला रहे हैं, या फिर वे जानते हैं और तब उस हालत में वे सर्वहारा-वर्ग

के साथ गद्दारी कर रहे हैं। दोनों ही हालतों में खिदमत वे प्रतिक्रियावादी की ही करते हैं।" (उपर्युक्त ग्रन्थ में ही उद्धृत, पृ० 443)। ऐसी स्थिति में साम्यवाद और अराजकतावाद दोनों को एक समझकर उसे साहित्य में भी लागू करने की माँग करना किसी भी तरह से ठीक नहीं है। दूसरे, 'अराजकता' अर्थात् राज्यसत्ता के 'मिट जाने' या 'लुप्त हो जाने' का मतलब समाज से नियम-कानून का समाप्त हो जाना नहीं है। उसका मतलब केवल इतना है कि प्रशासन अपना राजनीतिक रूप छोड़ देगा। एंगेल्स ने अत्यन्त स्पष्ट शब्दों में लिखा है : "सार्वजनिक काम अपना राजनीतिक रूप खो देंगे और सामाजिक हितों की निगरानी करने के सरल व्यवस्था सम्बन्धी कामों में बदल जायेंगे।" (उपर्युक्त ग्रन्थ में ही उद्धृत, पृ० 442)। 'अराजकता' की स्थिति के लिए अनेक पूर्व-शर्तों में से एक है—समाज के सभी सदस्यों की चेतना का धरातल इतना ऊँचा उठ जाना कि कानून और नैतिकता के सिद्धान्त कम्युनिस्ट समाज के सभी सदस्यों के लिए एक आचार-संहिता में विलय हो जायें। नलिनजी ने इन तमाम बातों को भुलाकर 'अराजकता' का अर्थ समझा है सभी नियम-कानूनों का अन्त और इस दृष्टि से साहित्य को राजनीति से आगे बतलाया है। उनकी यह मान्यता उन्हें जिस निष्कर्ष तक ले गयी है, वह है : "हमारी समझ में मार्क्स में विश्वास करने का अर्थ है—चित्रकार पिकासो, मूर्तिकार एप्स्टाइन, औपन्यासिक जेम्स ज्वायस में समवेत विश्वास करना।" ('छायावाद और प्रगतिवाद', पृ० 158)। उन्होंने अपना ध्यान केवल 'विनाश' पर रखा है, निर्माण पर नहीं। इसी कारण वे 'साम्यवादी' की आलोचना करते हुए कहते हैं : "वह यह नहीं समझता कि चिरस्थापित बुर्जुआ आदर्शों का विनाश जितना महत्त्वपूर्ण आर्थिक क्षेत्र में है उतना ही साहित्य, चित्रकला, मूर्तिकला में भी है।" (उपर्युक्त)। साम्यवादी ध्वंस में विश्वास करता है, लेकिन वह ध्वंसवादी नहीं होता। वह वस्तुतः निर्माणवादी होता है और वह जिस निर्माण की कल्पना करता है वह सर्वदा सामाजिक दायित्व से युक्त होता है। नलिनजी द्वारा चर्चित विनाश-कार्य को थोड़ी देर के लिए स्वीकार भी कर लें तो यह मानना कठिन होगा कि पिकासो का घनवाद और ज्वायस की चेतना-प्रवाह-शैली बुर्जुआ आदर्शों का विनाश कर किसी प्रगतिशील आदर्श का निर्माण करते हैं। बात यह है कि नलिनजी के अनुसार : " 'साहित्यिक उपलब्धि' की कसौटी पर खरा साबित होनेवाला साहित्य-मात्र प्रगतिशील माना जा सकता है...।" (उपर्युक्त, पृ० 162)। कहने की आवश्यकता नहीं होनी चाहिए कि 'साहित्यिक उपलब्धि' का सीधा सम्बन्ध रूपवाद से है, किसी और वाद से नहीं। साहित्य की विषय-वस्तु कुछ भी हो, सामाजिक या समाज-विरोधी, उसे 'शुद्ध साहित्य' या रूप की कसौटी पर खरा उतरना चाहिए। 'शुद्ध साहित्य' और प्रगति-

शीलता में कोई विरोध नहीं है, बल्कि 'शुद्ध साहित्य' ही प्रगतिशील साहित्य है !

नलिनजी ने प्रगतिवादी साहित्य की ग्रालोचना इसलिए खास तौर से की है कि उसमें एक तरफ जन-पूजा की भावना मिलती है ग्रौर दूसरी तरफ घृणा की। जन-पूजा की ग्रालोचना उचित थी, क्योंकि जनता जिस रूप में है उसी रूप में उसे इतिहास में प्रतिष्ठित करना ग्रावश्यक नहीं है। ग्रावश्यक है उसकी शक्ति की प्रतिष्ठा के साथ-साथ उसके भौतिक ग्रौर सांस्कृतिक जीवन को ऊपर उठाना। लेकिन नलिनजी ने प्रगतिवादियों की 'जन-पूजा' को ही उनकी 'मान्यता' समझा, जबकि उनकी मान्यता वस्तुतः यह थी कि इतिहास के निर्माण में निर्णायक भूमिका जनता की होती है, चन्द महान् व्यक्तियों की नहीं। दूसरे, उन्होंने प्रगतिवादी साहित्य के नकारात्मक पक्ष को ही देखा ग्रौर उसके इस सकारात्मक पक्ष की पूर्ण उपेक्षा की कि उसमें जनता के जीवन के यथार्थ का चित्रण, उसमें वर्ग-चेतना के प्रसार की चेष्टा तथा उसके भौतिक ग्रौर सांस्कृतिक जीवन को ऊपर उठाने का उद्योग भी था। जहाँ तक घृणा की बात है, प्रगतिवादी साहित्य में यह भावना मानव-मात्र के प्रति नहीं, बल्कि वर्ग-विशेष के प्रति है। नलिनजी सम्भवतः इस गांधीवाद सिद्धान्त में ग्रास्था रखते थे कि 'घृणा पाप से करो, पापी से नहीं', जो कि पाप ग्रौर पापी को एक दूसरे से ग्रलग मानकर चलनेवाला एक पूँजीवादी सिद्धान्त है। प्रगतिवादी इसके विपरीत शोषण ग्रौर शोषक में फर्क नहीं करते ग्रौर शोषक वर्ग के प्रति उत्कट घृणा की भावना रखते हैं। लेकिन उनके लिए यह घृणा ही काफी नहीं होती है। वे उसे सक्रिय रूप देकर शोषक-वर्ग के उत्कट प्रतिरोध में बदल देते हैं। यह घृणा मानव-प्रेम से ग्रोत-प्रोत होती है। ग्राचार्य रामचन्द्र शुक्ल ने 'विरुद्धों के सामंजस्य' की बात कही थी। प्रगतिवादी प्रेम के साथ-साथ घृणा की भावना को भी उपयोगी समझते हैं ग्रौर ग्रपनी कविता में ठीक स्थान पर उसे ग्रभिव्यक्त करते हैं। यही प्रगतिवादियों का मानववाद है जिसकी इतिहास में मिसाल नहीं है। उनका साहित्य इसी वर्गीय सार-तत्व से युक्त होता है। नलिनजी साहित्य को इस सार-तत्व से वंचित करना चाहते हैं ग्रौर कहते हैं : "कहाँ मानवता की वह ग्रमरवाणी ग्रौर कहाँ घृणा का यह मंत्रोच्चार !" (उपर्युक्त, पृ० 162)। साहित्य 'मानवता की ग्रमरवाणी' है, लेकिन उसे मानवता की रक्षा से कोई प्रयोजन नहीं होना चाहिए ! 'मानवता' की यह ग्रमूर्त्त धारणा वर्ग-रक्षा की भावना से प्रेरित है। पूँजीपति-वर्ग के साहित्यिक प्रतिनिधियों को सबसे ज्यादा चिन्ता इसी बात को लेकर थी कि साहित्य कहीं शोषित-वर्ग के हाथ में शोषक-वर्ग के विरुद्ध ग्रस्त्र न बन जाय, इसलिए उन्होंने उसे वर्ग-भावना से ऊपर रखने की बात कही। यहाँ पं० नन्ददुलारे वाजपेयी ग्रौर डॉ० नगेन्द्र के उन विचारों को स्मरण किया जा सकता है जिनमें उन्होंने साहित्य को वर्गों से ऊपर स्थापित करने का प्रयास

किया है। लेकिन प्रगतिवाद और प्रगतिवादी साहित्य के सम्बन्ध में नलिनजी के विचारों का यह एक पक्ष है। उनके विचारों का दूसरा पक्ष वहाँ दिखलायी पड़ता है जहाँ उन्होंने प्रगतिवाद और प्रगतिवादी साहित्य की ऊँचे शब्दों में प्रशंसा की है। ध्यान देने की बात यह है कि उनके विचारों में जो अन्तर्विरोध है उसकी उन्होंने परवाह नहीं की है। एक ओर उन्होंने प्रगतिवाद में पायी जानेवाली सोद्देश्यता के लिए उसकी कटु आलोचना की है और दूसरी ओर यह भी कहा है कि "इसमें कोई संदेह नहीं कि प्रगतिशील साहित्य हिंदी की जागरूकता का संदेशवाहक है और वह अपने इस दायित्व का निर्वाह कर रहा है।" ('ज्योत्स्ना', अक्तू०, '47)। कविता विज्ञान की विरोधी नहीं, बल्कि उसकी पूरक है। वह वैज्ञानिक उपलब्धियों को सौन्दर्यात्मक विधि से अधिक ग्राह्य बनाती है। नलिनजी इस प्रकार का विचार व्यक्त करने के बाद प्रगतिवाद की वैज्ञानिकता की बात कहते हैं: "यह संतोष का विषय है कि हिंदी का प्रगतिवादी साहित्य, दूसरी भाषाओं के साहित्यों की अपेक्षा बहुत कम समय में ही इस ठोस धरातल पर पहुंच गया है और दृढ़तापूर्वक आगे बढ़ रहा है।" ('श्रीकृष्ण-अभिनन्दन-ग्रन्थ,' पृ० 104)। प्रगतिवाद की वैज्ञानिकता का उसकी विचार-धारा से घनिष्ठ सम्बन्ध है। यह विचार-धारा मानव-समाज की सही व्याख्या ही नहीं करती है, बल्कि उसे बदलने के उद्देश्य से भी युक्त होती है। नलिनजी प्रगतिवाद की 'घृणा' की आलोचना करने के बाद फिर उसके मानववाद की भी प्रशंसा करते हैं। 'इतिहास-दर्शन' में पहले उन्होंने कहा है: "हमें यह भी नहीं भूलना चाहिए कि मानववादी विचार-धारा स्थायी महत्त्व के साहित्यिक रूपों में अनिवार्य रूप से अनुस्यूत हो जाती है और इस तरह साहित्य और जीवन एक दूसरे के बहुत निकट चले जाते हैं। सच बात तो यह है कि स्तमित होते हुए साहित्य को इसी मानववाद से प्रगति का प्राणवंत विस्फूर्जन प्राप्त होता है।" (पृ० 279)। फिर उन्होंने यह टिप्पणी की है: "पालि, अर्ध-मागधी, प्राकृत और अपभ्रंश में अभिव्यक्त मानववाद की विद्रोही विचार-धाराओं ने कई बार म्रियमाण संस्कृत साहित्य को पुनरुज्जीवित किया था। मार्क्सवाद से अनुप्राणित यही प्राचीन परंपरा आज के प्रगतिवादी हिंदी साहित्य की रीढ़ बनी हुई है।" (उपर्युक्त)। इन बातों से यह स्पष्ट है कि पूंजीवादी चिन्तन-प्रणाली के कारण प्रगतिवाद के सम्बन्ध में नलिनजी के विचार काफी उलझे हुए हैं।

नलिनजी ने प्रेमचन्द पर कुछ टिप्पणियाँ और कुछ लघु निबन्ध लिखे हैं और हिन्दी उपन्यास के इतिहास पर लिखे गये अपने किंचित् बृहत् निबन्ध में उनकी किंचित् विस्तार से चर्चा की है। प्रेमचन्द सामाजिक और आर्थिक परिवर्तनों को लक्ष्य बनाकर लिखनेवाले लेखक थे। वे जितने बड़े लेखक थे, उतने ही बड़े कलाकार भी थे। लेकिन नलिनजी ने अपनी रूपवादी प्रवृत्ति के कारण

उनकी कला पर ही अपना ध्यान रखा है और उसी के विश्लेषण की चेष्टा की है। जैसा कि ऊपर एक प्रसंग में कहा जा चुका है, उन्होंने प्रेमचन्द की कला को ही आलोचना का विषय माना है और लिखा है कि "प्रेमचंद ने किसानों-मजदूरों के बारे में लिखा है, यह समाजशास्त्रीय विवेचन और महत्त्व का विषय हो सकता है।" ('हिंदी उपन्यास : विशेषत: प्रेमचंद,' पृ० 60)। प्रेमचन्द के लिए किसानों, मजदूरों या शहरी निम्न-मध्यवर्ग के लोगों और उनके जीवन का महत्त्व था, पर किस दृष्टि से ? नलिनजी के अनुसार केवल 'कच्चे माल की खान' की दृष्टि से। इसे लेकर दो मत नहीं हो सकते कि सामाजिक जीवन साहित्यकार के लिए कच्चे माल की खान है, पर इतना ही समझना अधूरा समझना है। साहित्यकार इस कच्चे माल की खान से अपनी रचना की सामग्री लेता है और रचना का निर्माण कर फिर उसे उस कच्चे माल की खान को ही सौंप देता है। उसकी सार्थकता केवल रचना के 'निर्माण' में नहीं, बल्कि इस बात में होती है कि वह उस रचना के द्वारा सामाजिक जीवन को सही ढंग से कहाँ तक प्रभावित करता है। नलिनजी ने प्रेमचन्द की कला को भी किसी हद तक सामाजिक जीवन या उनकी विषय-वस्तु की देन माना है, पर अपनी आलोचना में वे यहाँ तक रह गये हैं और उनकी कला की परख में ही अपनी आलोचना समाप्त कर दी है। वे साहित्य में धुरीहीनता या दृष्टिकोणहीनता के पक्षपाती थे। उन्होंने प्रेमचन्द को भी 'धुरीहीन' लेखक मानकर उनकी प्रशंसा के लहजे में लिखा है : "प्रेमचन्द किसी भी सामाजिक या राजनीतिक दल के पिछलगुआ नहीं थे, यह तो इसी से सिद्ध हो जाता है कि 'सेवासदन' की स्थापना करनेवाला आर्यसमाजी 'कायाकल्प' की बातें भी करता है, सूरदास का स्रष्टा होरी की मूरत भी गढ़ता है और वह गांधीवादी और साम्यवादी दोनों के द्वारा एक साथ ही प्रशंसित और आलोचित होता है कि यह है तो हमारा ही आदमी, लेकिन हमारा पूरा साथ नहीं देता।" (उपर्युक्त, पृ० 56)। कहने की आवश्यकता नहीं होनी चाहिए कि अपने इस कथन में नलिनजी ने न तो प्रेमचन्द के विकास को ध्यान में रखा है, न उनकी मुख्य दिशा को। प्रेमचन्द के दृष्टिकोण में असंगतियाँ हैं, पर वे 'धुरीहीन' लेखक नहीं हैं। यदि उनके पास कोई दृष्टिकोण नहीं होता तो वे सामाजिक और राष्ट्रीय जीवन पर खास ढंग से प्रभाव डालने में असमर्थ होते। लेकिन नलिनजी के लिए साहित्य की दृष्टि से इस प्रभाव का कोई मूल्य नहीं है। उनका कहना है : "प्रेमचन्द ने उपन्यास या कहानी के माध्यम से वह किया जो महात्मा गांधी अपने आन्दोलनों से करते थे। यह अच्छी बात हो सकती है, राष्ट्रीयता और देशप्रेम की दृष्टि से महत्त्वपूर्ण भी। किंतु यह साहित्यकार की देन नहीं मानी जा सकती।" (उपर्युक्त)। फिर साहित्यकार के रूप में प्रेमचन्द की देन क्या है ? नलिनजी कहते हैं : "मेरी

दृष्टि में प्रेमचन्द की जो देन है, वह साहित्यिक है, समाजशास्त्रीय या राजनीतिक नहीं। उनकी यह महत्त्वपूर्ण देन उपन्यास के स्थापत्य से संबद्ध है। प्रेमचन्द ने उन्नीसवीं शताब्दी के पिछले खेवे के अँगरेजी उपन्यासकारों के द्वारा विकसित उपन्यास-स्थापत्य को उतना अधिकृत किया था, जितना उनके समकालीन हिंदी के दूसरे उपन्यासकार नहीं कर पाये थे।" (उपर्युक्त, पृ० 58)। उनका मतलब 'गोदान' के स्थापत्य से है, जिसके बारे में उन्होंने कहा है : "इस स्थापत्य को मैं पूर्णत: समानांतर स्थापत्य-शैली के नाम से अभिहित करता हूँ, जो स्वयं प्रेमचन्द के ही 'सेवासदन' की सुसंघटित स्थापत्य-शैली और 'प्रेमाश्रम' या 'रंगभूमि' की अंशत: समानांतर स्थापत्य-शैली से भिन्न है, उपन्यास में चित्रणीय जीवन की तरह शिथिलबंध-सी दीख पड़ने पर भी अनिर्देशनीय योजना में निबद्ध है और महाकाव्य-जैसी उदात्तता, 'ग्रेंडनेस', का प्रभाव उत्पन्न करती है।" (उपर्युक्त)। नलिनजी ने प्रेमचन्द की विषय-वस्तु पर विचार नहीं किया है, पर उनकी कला के अनेक पक्षों पर प्रकाश डाला है। वे उनकी भाषा के बारे में कहते हैं : "देवकीनंदन खत्री की लोकप्रियता और सफलता की चाह रखनेवाले लेखक यह नहीं समझते थे कि खत्रीजी का रहस्य सुरंग और लखलखा नहीं था, बल्कि भाषा की वह सादगी थी जो अमोघ सिद्ध होती थी। प्रेमचन्द ने, जिन्होंने अपने समय के असंख्य युवकों की तरह देवकीनंदन खत्री की पुस्तकें चाव से पढ़ी थीं, भाषा की इसी सादगी को शैली की विशिष्टता में रूपांतरित और उन्नत किया था।" (उपर्युक्त, पृ० 9)। प्रमचन्द की भाषा की तरह ही सुदर्शन और 'कौशिक' की भाषा भी है, लेकिन प्रेमचन्द जहाँ अपनी भाषा को शैली के स्तर तक उठाने में सफल होते हैं, वहाँ सुदर्शन और 'कौशिक' उसमें असफल रहते हैं : "ये वस्तुत: प्रेमचन्द की तरह मुहावरेदार, चलती, सरल और टकसाली भाषा लिखते थे, पर इनकी भाषा के ये गुण विशिष्ट शैली-स्तर पर कभी नहीं पहुँच सके।" (उपर्युक्त)। प्रेमचन्द की शैली की विशेषता नलिनजी ने इन शब्दों में बतलायी है : "प्रेमचन्द की शैली में आत्यंतिक निश्चयात्मकता है, आत्यंतिक लचीलापन है, आत्यंतिक स्वाभाविकता है और अनिवार्य औचित्य है। उनका शब्दकोश सीमित है, किंतु उस पर उनका अखण्ड प्रभुत्व है। सरलतम शब्दों के सहारे वे नये प्रभाव उत्पन्न कर सकते हैं और कठिनतम विचारों को संवेद्य बनाने में सफल होते हैं।" (उपर्युक्त, पृ० 69)। प्रेमचन्द के शब्द-प्रयोग के बारे में उनकी टिप्पणी है : "हम शायद ही ऐसे किसी लेखक का नाम ले सकें जो शब्द-विशेष के, गणतिक दृष्टि से, शुद्ध स्थापन के द्वारा उतनी शक्ति और अर्थ प्राप्त करता हो जितना प्रेमचन्द कर लेते हैं। फिर भी प्रेमचन्द शायद ही कभी किसी शब्द को अस्वाभाविक रूप से या प्रदर्शित करते हुए स्थापित करते हैं।" (उपर्युक्त)। प्रेमचन्द की अन्य विशेषता

यह है कि उनकी भाषा में उच्च कोटि की चित्रात्मकता है। नलिनजी के अनुसार उनके चित्र अत्यधिक व्यंजक और विचारोत्तेजक हैं : "प्रेमचन्द एक ऐसे चित्रकार थे, जो बहुत ही कम रंगों और हल्की-से-हल्की रेखाओं से अपना काम चलाते थे। रंगों-रेखाओं की यह किफायतसारी इस हद तक है कि चित्र आँखों को मोहित करने के बदले हमारी बुद्धि की शिथिलता दूर करते हैं।" (उपर्युक्त, पृ० 45)। प्रेमचन्द का ध्यान चित्र के निर्माण पर ही केन्द्रित होता है। वे उस चौखटे को अतिरिक्त महत्त्व नहीं देते, जिसमें चित्र जड़ा होता है : "प्रेमचन्द ग्रामीण जीवन के जो चित्र अंकित करते हैं, उनके लिए वे या तो सीधे-सादे फ्रेम तैयार करते हैं, या कभी-कभी उन्हें फ्रेम में जड़ते ही नहीं। जिसका ध्यान चित्र पर ही केन्द्रित रहता है, वह फ्रेम की चिन्ता करता भी नहीं।" (उपर्युक्त)। प्रेमचन्द के कथा-साहित्य में पृष्ठभूमि को स्वतन्त्र महत्त्व नहीं मिला है : "वे जीवन के चित्रकार हैं, जिसका पृष्ठाधार उससे अलग, अपने आपमें महत्त्व रखनेवाला उपकरण हो ही नहीं सकता, फ्रेम की तो उसे कम-से-कम अपेक्षा रहती है।" (उपर्युक्त, पृ० 46)। नलिनजी ने प्रेमचन्द की चित्रण-कला पर उसकी व्यापकता में विचार किया है और कहा है : "प्रेमचन्द के ग्रामीण जीवन के चित्रण की सबसे अधिक महत्त्वपूर्ण कलात्मक विशेषता यह है कि उनकी सार्थकता और उपयोगिता प्रायः सदैव वैषम्य का प्रभाव उत्पन्न करने के निमित्त है। एक ओर नागरिक सभ्यता है, तो दूसरी ओर है ग्रामीण संस्कृति।" (उपर्युक्त, पृ० 47)। 'गोदान' के बारे में उनका कहना है : " 'गोदान' में चित्रित ग्रामीण जीवन उसी में चित्रित नागरिक जीवन का शेषपूरक है। वह नहीं होता, तो भारतीय जीवन का जो विराट् चित्र प्रेमचन्द प्रस्तुत करना चाहते थे, वह अधूरा रह जाता। दोनों चित्रों को कृत्रिम रूप से सम्बद्ध दिखाने के बदले प्रेमचन्द ने उन्हें आमने-सामने रख दिया है।" (उपर्युक्त)। नलिनजी ने 'गोदान' को 'मात्र सत्य का वाहक' कहा है (उपर्युक्त, पृ० 7), लेकिन इसका मतलब यह नहीं है कि उसकी विषय-वस्तु—सामाजिक सत्य या यथार्थ—में भी उनकी दिलचस्पी है और वे आलोचक के रूप में उसे भी विचारणीय समझते हैं। उसका उनके लिए वहीं तक महत्त्व है, जहाँ तक वह साहित्यिक कृति के रूप-निर्माण में योग देती है। तात्पर्य यह कि 'गोदान' उनकी दृष्टि में इसलिए महान् कृति नहीं है कि उसने सामाजिक सत्य अथवा यथार्थ को पूर्णतर रूप में प्रस्तुत किया है, बल्कि इसलिए कि उसका स्थापत्य और उसकी शैली असाधारण है। 'गोदान' का स्थापत्य प्रेमचन्द की सबसे बड़ी देन है, नलिनजी का यह मत ऊपर उद्धृत किया जा चुका है। वे 'गोदान' की शैली के बारे में कहते हैं : " 'गोदान' की महत्ता का, स्थापत्य-कौशल के अतिरिक्त, मुख्य कारण शैली है—वह शैली, जिसकी ओर ध्यान भी नहीं जाता, यहाँ तक कि विद्वानों ने उसका उल्लेख भी

अनावश्यक समझा है, यों भाषा की सादगी के नाम पर चलते-चलाते प्रशंसा के कुछ शब्द भले कह दिये हों।" (उपर्युक्त, पृ० ६)।

प्रेमचन्द के अलावा नलिनजी ने हिन्दी के कुछ दूसरे उपन्यासकारों पर भी आलोचनात्मक टिप्पणियाँ की हैं। लेकिन ये टिप्पणियाँ उपन्यासकार-विशेष के औपन्यासिक रूप से ही सम्बन्धित हैं, औपन्यासिक विषय-वस्तु से नहीं। विषय-वस्तु का संकेत उन्होंने उतना ही किया है जितना रूप की चर्चा के प्रसंग में आवश्यक हुआ है। प्रेमचन्द व्यापक भारतीय जीवन के उपन्यासकार थे, जबकि जैनेन्द्र सीमित व्यक्ति-जीवन के उपन्यासकार हैं। लेकिन जैनेन्द्र की प्रणाली मनोविश्लेषणात्मक प्रणाली नहीं है, शरच्चन्द्र की तरह भावुकतावाली प्रणाली है। नलिनजी के शब्दों में, "पश्चिम के मनोविश्लेषणात्मक उपन्यासों की किंवदन्ती सुन रखनेवाले हिन्दी के आलोचकों ने जैनेन्द्र के उपन्यासों पर फ्रायड का प्रभाव घोषित करके अपनी पंडितम्मन्यता को संतुष्ट किया; स्वयं जैनेन्द्र ने ईमानदारी का परिचय देते हुए सदैव इस आरोपित प्रभाव को अस्वीकार किया। सत्य भी यही है कि व्यक्ति-केन्द्रित होने पर भी जैनेन्द्र के उपन्यासों में मनोविश्लेषण की प्रणाली की छाया भी नहीं है। जैनेन्द्र में, वस्तुतः, हिन्दी ने एक शरच्चंद्र के अभाव की पूर्ति पा ली।" (उपर्युक्त, पृ० 11)। यदि जैनेन्द्र शरत् के प्रभाव से मुक्त हो सके हैं तो 'सुनीता' में। इस 'सुनीता' की सबसे बड़ी विशेषता क्या है? "नग्न सुनीता की प्रतिमा गढ़ने में जैनेन्द्र ने जैसा तरुण-कौशल प्रदर्शित किया है, वह महान् उपन्यासों में भी क्वचित् ही देखने को मिल पाता है।" (उपर्युक्त, पृ० 12)। इस कथन में प्रयुक्त 'कौशल' शब्द ध्यान देने योग्य है। नलिनजी सुनीता की नग्नता के अर्थ को महत्त्व नहीं देते, महत्त्व देते हैं उसकी नग्नता को प्रस्तुत करने की कला को। जैनेन्द्र की भाषा के बारे में उन्होंने कहा है: "जैनेन्द्र की भाषा की भी बहुत बड़ी विशेषता है उसकी सादगी, किन्तु वह न तो देवकीनन्दन खत्री, सुदर्शन और कौशिक की भाषा की सादगी है, न प्रेमचन्द की ही। पहले वर्ग के उपन्यासकारों की तुलना में जैनेन्द्र की भाषा की सादगी में प्रत्यभिज्ञेय वैशिष्ट्य है; प्रेमचन्द की सहज सरलता के विपरीत जैनेन्द्र में सचेष्ट असचेष्टता की अतिशयता बार-बार पाठक का ध्यान आकृष्ट करती है और लेखक के गुर, ढंग के रूप में पहचान में आ जाती है।" (उपर्युक्त)। यहाँ नलिनजी ने यह नहीं बतलाया कि प्रेमचन्द की सहज सरलता और जैनेन्द्र की कृत्रिम सरलता का कारण उनकी विषय-वस्तु है। जैनेन्द्र अपने उपन्यासों में जिस जीवन का चित्रण करते हैं वह सहज नहीं है। स्वभावतः उनकी भाषा में जो सरलता है, वह कृत्रिम है। अज्ञेय के उपन्यासों पर नलिनजी ने रूप की दृष्टि से ही विचार किया है: " 'अज्ञेय' इस उपन्यास ('शेखर: एक जीवनी') में न तो प्रत्यग्दर्शन-प्रणाली के कठिन स्थापत्य का निर्वाह कर पाते हैं, न उपन्यास के मुख्य

पात्र के प्रति निर्लिप्तता का। उनके सद्यःप्रकाशित उपन्यास का नाम, 'नदी के द्वीप', 'चेतना के प्रवाह' का रूपान्तर है। 'नदी के द्वीप' हिन्दी का एक उल्लेख्य मनोविश्लेषणात्मक उपन्यास है।'' (उपर्युक्त, पृ० 13)। तटस्थता नलिनजी के लिए एक साहित्यिक मूल्य है। वे किसी भी प्रकार की विषय-वस्तु को स्वीकार कर सकते हैं, यदि उसका चित्रण तटस्थ ढंग से किया गया हो। उन्होंने 'शेखर' के प्रसंग में ही लिखा है: ''अज्ञेय एक Paranoiac (अत्याचार-भाव से ग्रस्त व्यक्ति) हैं और इस उपन्यास में उसका चित्रण किया गया है। चित्रण भर की बात रहती तो मुझे कोई आपत्ति नहीं होती। किन्तु इस उपन्यास में तो इस अत्याचार-भाव से ग्रस्त मनुष्य की वकालत की गयी है, उसे बहुत ऊँचा उठाने का प्रयास किया गया है और यही इस उपन्यास की ऐसी कमजोरी है जिसने (इसे) हिन्दी का सर्वश्रेष्ठ उपन्यास नहीं बनने दिया है।'' (उपर्युक्त, पृ० 98)। जो कमजोरी 'शेखर' के नायक के चित्रण में मिलती है, वही 'नदी के द्वीप' के नायक के चित्रण में भी: ''मैं मानता हूँ कि शेखर या भुवन वस्तुतः जैसे हैं उसी रूप में उन्हें औपन्यासिक पात्र बनाने में कोई सैद्धान्तिक अड़चन नहीं है, लेकिन बात बिगड़ती इसलिए है कि उन्हें लेखक अपनी सहानुभूति देता रहता है, उन पर आवश्यकता से अधिक दया दिखाता है और, इसके फलस्वरूप उनके प्रति उस तटस्थता का निर्वाह नहीं कर पाता, जिसे वह बड़ी सिद्धता के साथ अपने दूसरे पुरुष या स्त्री-पात्रों के साथ बरतता है।'' (उपर्युक्त, पृ० 101)। तटस्थता अथवा वस्तुनिष्ठता के इसी गुण के कारण नलिनजी ने डॉ० हजारीप्रसाद द्विवेदी के उपन्यास 'बाणभट्ट की आत्मकथा' को एक उत्कृष्ट ऐतिहासिक उपन्यास माना है। उन्होंने लिखा है कि '' 'बाणभट्ट की आत्मकथा' साहित्यिक परकाय-प्रवेश का उत्कृष्ट उदाहरण है: द्विवेदीजी को बाणभट्ट बन जाने में पूरी सफलता मिली है।'' (उपर्युक्त, पृ० 106)। नलिनजी द्वारा लिखित फणीश्वरनाथ रेणु के 'मैला आँचल' की समीक्षा प्रसिद्ध है। नलिनजी ने इस उपन्यास की प्रशंसा भी उसकी रूपगत विशेषताओं के कारण ही की है। उन्होंने 'मैला आँचल' को समष्टिमूलक उपन्यास बतलाते हुए उसके सम्बन्ध में कहा है: ''समष्टिमूलक उपन्यास के अनुरूप जैसा महाकाव्योचित स्थापत्य 'गोदान' में है, उसके विपरीत 'मैला आँचल' सुसंबद्ध स्थापत्य का उपन्यास है। यही कारण है कि दूसरे उपन्यास का पात्र बिहार का एक छोटा-सा अंचल है, पर पहले का पात्र समग्र भारतीय जीवन है। 'मैला आँचल' की यह सीमा है, पर दुर्बलता नहीं, क्योंकि उसके लेखक को भी चित्रणीय जीवन का आत्मीयतापूर्ण ज्ञान है, व्यापक दृष्टि है, परकाय-प्रवेशवाली उपन्यासकारोचित सामर्थ्य है और सर्वोपरि है चित्रांकन के समय ऐकांतिक तटस्थता और निर्लिप्तता बनाये रखनेवाली कलाकारोचित प्रतिभा।'' ('आलोचना', अप्रैल, '55)। 'मैला आँचल' के बाद रेणु का दूसरा उपन्यास

प्रकाशित हुआ—'परती परिकथा'। नलिनजी ने इस उपन्यास की परख भी उसके रूप पर दृष्टिपात करते हुए ही की : " 'मैला आँचल' में कुछ अनुरणनात्मक शब्द प्रयुक्त हैं, 'परती परिकथा' में प्रायः हर दो-चार पृष्ठ के बाद—यदि और पहले ही नहीं—ऐसे शब्दों से अनुच्छेद शुरू होते हैं, जैसे उनसे बात कुछ खास बन जाती हो; पहले उपन्यास में वातावरण के वर्णन प्रायः अनिवार्य-से हैं, दूसरे में बहुधा चटकीले रंगों और अत्यधिक रेखाओं से युक्त; उसमें एक ही आदमी कुछ अच्छा, कुछ बुरा है और इसलिए विश्वसनीय है, इसमें वह या तो बुरा है या अच्छा, और अक्सर उसकी भी अतिरंजना है या विडंबना।" ('साहित्य', जनवरी, '58)। इतना ही नहीं, उन्होंने और भी लिखा है : "जो प्रत्यग्दर्शन-प्रणाली अनेक बार उपन्यासों में बहुत सार्थक सिद्ध होती है, वह 'परती परिकथा' की शिल्प-विधि की अनावश्यक विचित्रता है। प्रत्यग्दर्शन-प्रणाली में कथा या उपकथा की झलक मिलती है, यहाँ उसे लम्बी और फालतू उपकथा समाविष्ट करने का साधन बनाया गया है।" (उपर्युक्त)। इस प्रकार उपन्यास की परीक्षा की कसौटी नलिनजी के लिए विषय-वस्तु या विषय-वस्तु और रूप का सन्तुलन नहीं, बल्कि मात्र रूप था।

ऊपर कहानी के सम्बन्ध में नलिनजी के विचार उद्धृत किये जा चुके हैं। उनसे स्पष्ट है कि वे कहानी में रूप को ही महत्त्व देते थे, विषय-वस्तु को नहीं। हिन्दी के कुछ कहानीकारों और उनकी कहानियों पर उन्होंने रूपवादी दृष्टि से ही टिप्पणियाँ की हैं। गुलेरीजी की प्रसिद्ध कहानी 'उसने कहा था' के बारे में उन्होंने लिखा है : "यह हिन्दी की एकदम आरंभिक दौर की कहानियों में से है, पर इसकी 'टेकनीक' अत्यन्त जटिल है। उसी के अनुरूप इसकी भाषा है, जो कि विभिन्न स्तरोंवाली तथा चलते और क्षेत्रीय प्रयोगों से अलंकृत होने के बावजूद मन में एक समन्वित भाव जगाती है। इसमें अप्रत्याशित दक्षता के साथ प्रत्यग्दर्शन-प्रणाली का उपयोग किया गया है। इसके द्वारा अतीत और वर्तमान को जिस सीमा तक मिलाया गया है, उस सीमा तक उन्हें मिलाना सिर्फ सिने-कला में संभव है।" ('पटना कॉलेज पत्रिका', 'हिन्दी शार्ट स्टोरी' शीर्षक अंग्रेजी टिप्पणी, मई, '57)। यह सही है कि इस आलोचना में उक्त कहानी की कला का सूक्ष्म विवेचन है, पर इससे कहानी को समझने में मदद नहीं मिलती है। रूप को विषय-वस्तु से अलग करके जब उसका विवेचन किया जायेगा, तब इसी तरह का परिणाम सामने आयेगा। नलिनजी के अनुसार आरम्भ में प्रेमचन्द मनोरंजक और उपदेशात्मक कहानियाँ 'कहा' करते थे। बेशक यह काम वे प्रभावशाली ढंग से करते थे, पर कठोरता से विचार करें तो 'शतरंज के खिलाड़ी', 'पंच परमेश्वर' आदि उनकी कहानियाँ मुश्किल से 'कहानी' की कोटि में आयेंगी। कहानी के दुर्ग्राह्य रूप पर प्रेमचन्द ने वर्षों बाद सतत अभ्यास से अधिकार प्राप्त

किया। उनका यह अधिकार उनके जीवन के अन्तिम दौर में लिखी गयी उनकी 'बड़े भाई साहब', 'कफ़न' आदि कहानियों में दिखलायी पड़ता है। इन कहानियों में प्रेमचन्द जीवन-तथ्यों को अनिवार्य समग्रता में उपस्थित करते हैं। उनकी 'टेकनीक' इसी से विकसित होती है। वे अलग से उसकी चिन्ता नहीं करते। इसके अलावा हमें बाद में उनमें अभिव्यक्ति के क्षेत्र में जो कठोर संयम दिखलायी पड़ता है वह महान् कहानीकारों में भी दुर्लभ है। सुदर्शन और कौशिक भी प्रेमचन्द की तरह ही कहानियाँ लिखते थे, पर प्रेमचन्द और इन कहानीकारों में शिल्प और शैली को लेकर अन्तर था। प्रेमचन्द ने धीरे-धीरे कहानी 'कहना' छोड़कर कहानी 'लिखना' शुरू कर दिया था, जबकि सुदर्शन और कौशिक में हम यह चीज नहीं पाते। नलिनजी ने प्रेमचन्द की एक विशिष्टता यह बतलायी है कि उनकी शैली की सरलता पर उनके व्यक्तित्व की छाप थी। इस तरह हम देखते हैं कि वे प्रेमचन्द की कहानियों के रूप का ही विश्लेषण करते हैं, उनकी विषय-वस्तु का नहीं। विश्लेषण को पूर्णतर बनाने के लिए विषय-वस्तु पर ध्यान देना जरूरी है। तभी हम प्रेमचन्द की कहानियों के रूप को भी ठीक से समझ सकेंगे। उदाहरण के लिए प्रेमचन्द की शैली को लिया जा सकता है। उसके निर्माण में उनके व्यक्तित्व का भी हाथ है, पर उसमें उनकी विषय-वस्तु का भी हाथ है। सुदर्शन और कौशिक की कहानियों की विषय-वस्तु प्रेमचन्द की कहानियों की विषय-वस्तु की तरह सामाजिक और क्रान्तिकारी नहीं थी। स्वभावतः उनकी शैली में वह अमोघता और तीक्ष्णता नहीं है, जो प्रेमचन्द की शैली में है। 'प्रेमचन्द और जैनेन्द्र' नलिनजी का प्रसिद्ध निबन्ध है जिसमें उन्होंने तुलनात्मक दृष्टि से इन दोनों साहित्यकारों के कहानीकार रूप पर विचार किया है। यह विचार भी कहानी के रूप को ध्यान में रखकर ही किया गया है, उसकी विषय-वस्तु को ध्यान में रखकर नहीं। उदाहरण के लिए उक्त निबन्ध के इस अंश को देखा जा सकता है : "प्रेमचन्द जीवन या मनुष्यता के किसी दूरवर्ती अदृश्य अंश को, जैसे दूरबीन से साफ-साफ देखकर, हमारे लिए भी प्रत्यभिज्ञेय बना देते हैं। जैनेन्द्र 'जिन्दगी की कतरन' ('स्लाइस ऑफ लाइफ') को खुर्दबीन के नीचे रखकर वैज्ञानिक की तरह, उसके अणुओं को परमाणुओं में विश्लिष्ट कर तह तक पहुँच जाना चाहते हैं। प्रेमचन्द की पद्धति पाठकों के लिए हर बार सुलझी, सुगम और इसलिए आकर्षक होती है। जैनेन्द्र की अक्सर पेचीली, उलझन पैदा करनेवाली और फिर भी आकर्षक होती है।" ('दृष्टिकोण', पृ० 29)।

नलिनजी ने जिन कवियों को अपनी आलोचना का विषय बनाया है, या जिन कवियों की कृतियों की समीक्षा लिखी है उनमें मैथिलीशरण गुप्त, सुमित्रानन्दन पन्त, दिनकर और त्रिलोचन शास्त्री प्रमुख हैं। यह एक संयोग ही है कि ये चारों ही कवि बीसवीं शताब्दी की हिन्दी कविता के चार युगों के

प्रतिनिधि कवि हैं। नलिनजी ने अपनी प्रणाली के अनुसार इन कवियों की कविता के रूप-पक्ष पर ही विचार किया है, वस्तु-पक्ष पर नहीं। गुप्तजी की कविता को उन्होंने लघु-पद्य-आख्यान, अपेक्षया बृहत् पद्य-बद्ध आख्यान, आख्यान-रहित पद्य-बद्ध लघु निबन्ध, आख्यान-रहित अनति-लघु पद्य-बद्ध निबन्ध, खण्ड-काव्य, महाकाव्य, गीति, पद तथा पद्य-रूपक आदि काव्य-रूपों में बाँटा है और उस पर उन्होंने टिप्पणियाँ की हैं। गुप्तजी के 'आख्यान-रहित अनतिलघु पद्य-बद्ध निबन्ध' 'भारत-भारती' की 'टेकनीक' पर उनकी टिप्पणी है : " 'भारत-भारती' में अतीत के वैषम्य में वर्तमान को रखकर पाठकों को उद्बुद्ध करने का ऐसा प्रयास है, जो उसी युग के सुधारवाद की सामान्य प्रवृत्ति के सर्वथा अनुरूप है।" ('मानदंड', पृ० 133)। 'यशोधरा' के बारे में उन्होंने कहा है कि "मिश्रित विधाओं वाला यह काव्य, उसके रचयिता के रुचि-वैविध्य या बहुमुखीन प्रतिभा के प्रदर्शन से अधिक विषय के अनुरूप स्वतः आविष्कृत होने वाले अभिनव शिल्प-विधान का दृष्टान्त है।" (उपर्युक्त, पृ० 135)। इसी तरह 'साकेत' के रूप की आलोचना उन्होंने इन शब्दों में की है : " 'साकेत' में सुपरिचित रामायणी कथा है, जिसके एक गौण पात्र, उर्मिला, को सायास प्रमुखता देकर कथा-संस्थान को असन्तुलित और अनुपात-रहित बना दिया गया है।" (उपर्युक्त, पृ० 137)। 'आलोचना' (जुलाई, '52) में नलिनजी ने पन्तजी के काव्यरूपकों के संग्रह 'रजतशिखर' की समीक्षा की थी। इस समीक्षा में वे पन्तजी के रूपकों पर रूप की दृष्टि से ही विचार करते हुए कहते हैं : "यदि पन्त ने काव्यरूपक न लिखकर तनिक लम्बी कविताएं ही लिखी होतीं तो क्या इस रूप में भी ये कृतियाँ महत्ता की (अधिकारिणी) न होतीं? और यदि होतीं तो साहित्य के इस रूप की अनिवार्यता क्या है, प्रश्न यह उठ खड़ा होता है। एक ही कथा नाटक का भी और खंडकाव्य और उपन्यास का भी रूप ग्रहण कर सकती है। उसे उसका रचयिता जो भी रूप ग्रहण कराए, गृहीत रूप की स्वतःसिद्ध अनिवार्यता तो रहनी ही चाहिए। यह रूप (Form)-सम्बन्धी अनिवार्यता रजत-शिखर के रूपक अनुभूत नहीं करा पाते।" इसी तरह उन्होंने दिनकरजी के 'कुरुक्षेत्र' के बारे में कहा है : " 'कुरुक्षेत्र' में अभिव्यक्त भावना उपयुक्त 'संपृक्त आधार' ('Objective Correlative') के अभाव में कविता नहीं बन पाती।" (दिनकर और उनकी काव्यकृतियाँ, पृ० 107)। 'कुरुक्षेत्र' में अभिव्यक्त भावना किस प्रकार की है, इससे उन्हें मतलब नहीं है। उन्हें मतलब है केवल इस बात से कि वह भावना काव्य में 'रूपांतरित' हो पायी है या नहीं। दिनकरजी के कविता-संग्रह 'नीलकुसुम' की प्रशंसा उन्होंने यह कहकर की है कि उसकी कविताओं का संगीत "विचारों का संगीत है"। ('दृष्टिकोण,' जुलाई, '55)। यहाँ भी मतलब विचारों से नहीं, विचारों के 'संगीत' से है।

प्रगतिशील कवि त्रिलोचन के कविता-संग्रह 'दिगंत' को भी उन्होंने रूप की कसौटी पर ही कसा है : "त्रिलोचन की कविताओं का विषय जो कुछ हो, वह कविता के माध्यम से ही व्यक्त हुआ है, जब उनके-से विचार रखनेवाले दूसरे कवि बहुधा अभिव्यंजना के माध्यम की उपेक्षा कर अपने विचारों को पद्य-बद्ध-मात्र कर लेने पर सन्तुष्ट हो जाते हैं।" ('साहित्य,' अप्रैल, '57)।

नलिनजी ने अपनी आलोचना के बारे में लिखा है : "आलोचना के नवीन दृष्टिकोण, सिद्धांत और शब्दावली के लिए प्रस्तुत वक्ता ने दो दशाब्द पूर्व ही कदम उठाया था। यह स्वाभाविक था कि 'दृष्टिकोण' के रूप में उसकी संगृहीत आलोचना बहुतों के लिए अग्राह्य सिद्ध हुई, किन्तु उसने संस्कृत के साथ पाश्चात्य साहित्यालोचन की नवीनतम प्रवृत्तियों के समन्वय से जिस नव्यालोचन का प्रवर्त्तन किया उसकी ओर शुक्लजी संकेत कर चुके थे, और 'दृष्टिकोण' की परवर्त्ती समस्त नवीन और सार्थक हिन्दी आलोचना इसी पथ पर चली...।" ('मानदण्ड,' पृ० 6)। इसमें एक तो नलिनजी ने शुक्लजी से अपने को जोड़ने की कोशिश की है और दूसरे, यह दावा किया है कि 1947 ('दृष्टि-कोण' का प्रकाशन-काल) के बाद हिन्दी की "नवीन और सार्थक आलोचना" उनके द्वारा निर्दिष्ट मार्ग पर ही आगे बढ़ी है। ये दोनों ही बातें गलत हैं। शुक्लजी ने भारतीय सिद्धान्त रसवाद की नयी व्याख्या कर उसके साथ पाश्चात्य पद्धति का समन्वय किया था। नलिनजी को हम पाश्चात्य रूपवाद को सीधे स्वीकार कर उसे हिन्दी आलोचना में लागू करते हुए पाते हैं। जहाँ तक 'दृष्टिकोण' के बाद की हिन्दी आलोचना का प्रश्न है, वह रूपवाद से मुक्त रहकर ही विकसित हुई है। डॉ० रामविलास शर्मा की आलोचना, यदि उसे 'नवीन और सार्थक" मानें, रूपवाद की एकदम विरोधी मार्क्सवादी आलोचना है। परवर्ती आलोचकों में भी कोई रूपवाद का अनुयायी नहीं हुआ। अन्यत्र नलिन-जी ने शुक्लजी को विधेयवादी कहकर उनकी आलोचना की है और शुक्लजी के बाद की सम्पूर्ण हिन्दी आलोचना को विधेयवादी कहा है : "योरोप में, प्रथम विश्व-युद्ध के बाद, उन्नीसवीं शताब्दी का विधेयवादी (Positivist) अस्वीकृत हो गया। शुक्लजी ने इसे उन्हीं दिनों हिन्दी में—किसी भी भारतीय साहित्य में पहली बार—प्रवर्तित किया था। उनके बाद का भी समस्त हिन्दी साहित्या-लोचन विधेयवादी है।" (उपर्युक्त, पृ० 20)। यह विधेयवाद क्या है? यह वह दार्शनिक विचारधारा है जो तथ्यों और वैज्ञानिक नियमों से बाहर की किसी वस्तु का अस्तित्व ही स्वीकार नहीं करती है। यह प्रत्येक प्रकार के तत्त्व-दर्शन के विरुद्ध है और अन्वेषण की वैज्ञानिक प्रणाली में ही विश्वास करती है। कहने की आवश्यकता नहीं कि न शुक्लजी विधेयवादी थे, न डॉ० शर्मा-जैसे मार्क्सवादी आलोचक विधेयवादी हैं। नलिनजी ने अपने 'इतिहास-दर्शन' में

संकेत से डॉ० रामविलास शर्मा को विधेयवादी बतलाया है : "विधेयवाद अपने ढंग से मार्क्सवादियों को उतना ही ग्राह्य है, जितना शुक्लजी के समान विद्वानों को !" (पृ० 89)। यह बात सही नहीं है। विधेयवाद की प्रतिक्रिया में नलिनजी ने साहित्य-सम्बन्धी एक ऐसा सिद्धान्त गढ़ने की कोशिश की है "जिसकी अपनी प्रणालियाँ, अपने लक्ष्य होते हैं···।" ('मानदण्ड,' पृ० 24)। साहित्य स्वतन्त्र विद्या है, लेकिन उसकी स्वतन्त्रता निरपेक्ष स्वतन्त्रता नहीं है। नलिनजी साहित्य को निरपेक्ष रूप से स्वतन्त्र मानते हैं जिसकी अनिवार्य परिणति उनके रूपवाद में हुई है। साहित्य की आलोचना की अपनी प्रणाली होती है, लेकिन वह प्रणाली नितान्त अपनी नहीं होती। यदि उस प्रणाली को सर्वथा स्वतन्त्र मानेंगे तो वह अनिवार्यतः साहित्य की विषय-वस्तु की चिन्ता छोड़कर मात्र रूप के विश्लेषण तक सीमित हो जायेगी।

डॉ० रघुवंश (1921) ने पूँजीवाद और वैज्ञानिक समाजवाद दोनों को रद्द किया है। वे कहते हैं : "पूँजीवादी व्यवस्था के अन्तर्गत जिस व्यक्तिगत स्वतन्त्रता की माँग अधिकार-शास्त्र ने प्रस्तुत की थी, उसमें वस्तुतः व्यक्ति-स्वतन्त्रता की सिद्धि नहीं वरन सीमा ही अधिक प्रत्यक्ष थी, पर मार्क्स की समाजवादी समाज-रचना में प्रत्येक व्यक्ति अन्यों में अपनी स्वतन्त्रता की सिद्धि का अनुभव कर सकेगा अर्थात् इस समाज में प्रत्येक व्यक्ति का स्वतन्त्र विकास सभी व्यक्तियों के स्वतन्त्र विकास के साथ सम्भव होगा, यह कल्पना विद्यमान थी। परन्तु अन्ततः इस विचारधारा की परिणति 'समाज की मशीन' में व्यक्ति को पुरजे के रूप में प्रतिष्ठित करती है, क्योंकि उसने द्वन्द्वात्मक भौतिकवाद की ऐतिहासिक प्रक्रिया में समाज की न केवल एक निश्चित दिशा स्वीकार कर ली वरन् मानव-भाग्य को निश्चित और निर्धारित मान लिया है। इस प्रकार वर्तमान परिस्थिति में प्रजातान्त्रिक तथा समाजवादी दोनों ही विचारधाराओं को स्वीकार करने वाले देशों में समान रूप से मानव व्यक्तित्व की प्रतिष्ठा पर संकट है।" ('साहित्य का नया परिप्रेक्ष्य,' पृ० 27-28)। उन्होंने पूँजीवादी और समाजवादी दोनों राष्ट्रों को समान रूप से उपनिवेशवादी बतलाया है : "इतिहास का सच्चा और सही विश्लेषण बतलाएगा कि स्वतन्त्रता और बराबरी के मूल्यों के अनुभावन के लिए यूरोप के महान राष्ट्रों ने एशिया, अफ्रीका तथा लातीनी अमरीका के देशों को निरन्तर पराधीन रखा है और उनका आर्थिक शोषण किया है। इसी प्रकार वर्गों के शोषण को मिटाने के लिए वर्गहीन समाज की रचना के लिए साम्यवादी देशों को अपने प्रभाव-क्षेत्र कायम करने पड़े हैं, उपनिवेश बनाने पड़े हैं और आज भी आर्थिक प्रभाव-क्षेत्र बनाये रखने के प्रयत्न जारी हैं।" ('क ख ग' अक्तू०, 65)। आगे रघुवंशजी ने निर्द्वन्द्व भाव से उक्त दोनों प्रकार के राष्ट्रों को अन्धराष्ट्रवादी तथा साम्राज्यवादी कहा है :

'यूरोप के पूंजीवादी प्रजातान्त्रिक राष्ट्र तथा साम्यवादी राष्ट्र दोनों की सैद्धान्तिक प्रतिद्वन्द्विताओं के मूल में राष्ट्रीय शक्ति और प्रभाव के विस्तार की भावना अधिक प्रेरक रही है और दोनों ने भिन्न ऐतिहासिक क्रमों तथा भौगोलिक क्षेत्रों में अपनी साम्राज्यवादी (राजनीतिक, आर्थिक तथा सांस्कृतिक प्रभावों के रूप में भी) नीतियों से इस उद्देश्य की सिद्धि की है।" (उपर्युक्त) । पूंजीवाद से छुटकारे की आकांक्षा और वैज्ञानिक समाजवाद का अस्वीकार स्वभावतः उन्हें उस समाजवाद तक ले गया है जिसे 'प्रजातान्त्रिक समाजवाद' कहा जाता है। यही प्रजातान्त्रिक समाजवाद भारतीय समाजवादी दल का लक्ष्य रहा है जिससे 'वैचारिक स्तर की सहानुभूति' रखने की बात उन्होंने अपनी पुस्तक 'जेल और 'स्वतन्त्रता' में कही है (पृ० 121) । यह 'प्रजातान्त्रिक समाजवाद' क्या है ? यह वह सिद्धन्त है जिसे मार्क्सवाद-लेनिनवाद के विरोध में सोशलिस्ट इण्टरनेशनल द्वारा स्वीकार किया गया था । इसके अनुसार समाजवाद ऐतिहासिक विकास की स्वाभाविक देन नहीं है, बल्कि एक समाज के सभी तबकों के लिए समान रूप से स्वीकार्य एक नैतिक आदर्श है। प्रजातान्त्रिक समाजवाद की मान्यता है कि समाज का समाजवादी पुर्ननिर्माण मूलतः एक नैतिक समस्या है। यदि समाजवादी भावना से लोगों को शिक्षित किया जाय तो समाजवाद की अवतारणा सम्भव है। यह वर्ग-संघर्ष, समाजवादी क्रान्ति और सर्वहारा के अधिनायकवाद को अस्वीकार करता है। ऐसी स्थिति में यह बिलकुल आश्चर्य की बात नहीं है, यदि रघुवंशजी कहते हैं कि "मूलतः मेरे चिन्तन का आधार गांधी-विचार रहा है, अतः मेरी सत्य, न्याय और अहिंसा पर पूरी आस्था रही है।" (उपर्युक्त, पृ० 116) । यह भी एक प्रकार का समन्वयवाद ही है जिसमें आधुनिक वैज्ञानिक विचार-धारा और मध्ययुगीन धार्मिक-नैतिक विचार-धारा जैसी बेमेल चीजों के बीच सामंजस्य स्थापित करने का प्रयत्न किया गया है। इस समन्वयवाद का आधार भी मध्यवर्ग ही है।

रघुवंशजी ने दायित्व और स्वतन्त्रता का सवाल उठाया है और उस पर प्रजातान्त्रिक समाज़वादी दृष्टि से ही विचार किया है । वे व्यक्ति की स्वतन्त्रता की रक्षा भी चाहते हैं और यह भी चाहते हैं कि उसका हित समाज के हित से नहीं टकराये और वह अपने सामाजिक दायित्व का निर्वाह करे। इसके लिए उन्हें स्वतन्त्रता की नैतिक व्याख्या करनी पड़ी है। उन्होंने लिखा है : "पंजीवादी व्यवस्था के अन्तर्गत व्यक्तिवादी स्वतन्त्रता का विकास हुआ था, जिसके परिणामस्वरूप व्यक्तिगत महत्त्व का आग्रह बढ़ा है । इस स्वतन्त्रता में दूसरे अनेक व्यक्तियों की स्वतन्त्रता का अपहरण भी सम्मिलित था। नये प्रतिमान के रूप में स्वीकृत वैयक्तिक स्वतन्त्रता का अर्थ है समाज के प्रत्येक व्यक्ति की मुक्ति । इस स्थिति में प्रत्येक व्यक्ति दूसरे व्यक्तियों की मुक्ति में अपनी मुक्ति

को पा सकेगा।…इस प्रकार दायित्व और स्वातन्त्र्य एक ही प्रक्रिया की (अथवा मूल्यों की) दो स्थितियाँ मात्र हैं और उनके साथ 'वैयक्तिक' लगाना उतना ही निरर्थक है जितना 'सामाजिक'। वे एक-दूसरे से अविच्छिन्न मूल्य हैं।" ('साहित्य का नया परिप्रेक्ष्य', पृ० 41)। इसी 'नये प्रतिमान' को उन्होंने सही अर्थों में आधुनिक माना है। उनके अनुसार इस देश में बौद्धिकों के दो वर्ग रहे हैं। "एक वर्ग पश्चिम की संस्कृति, प्रतिभा और मौलिकता से अभिभूत रहा है और किसी न किसी रूप में पुनर्जागरण की प्रक्रिया को पश्चिमीकरण के रूप में स्वीकार करता रहा है। दूसरा वर्ग पश्चिम को और उसकी संस्कृति को एक चुनौती के रूप में ग्रहण करता रहा है और राष्ट्रीय सन्दर्भों में अपने नये जीवन को संघटित करने में प्रयत्नशील रहा है।" ('क ख ग', अप्रैल, '66)। पहले वर्ग के प्रतिनिधि नेहरू रहे हैं और दूसरे वर्ग के प्रतिनिधि गांधी। रघुवंशजी के शब्दों में, "नेहरू एक ऐसे वर्ग के प्रतिनिधि थे जो अन्तर्राष्ट्रीयता और विश्व-नागरिकता के नाम पर यूरोप को महत्त्व देने का अभ्यस्त रहा है और आधुनिकी-करण के नाम पर पश्चिमीकरण को स्वीकारता रहा है।" (उपर्युक्त)। इसके विपरीत "गांधी का समस्त मानवतावाद, विश्वबन्धुत्व, सत्याग्रह, अहिंसावाद और सर्वोदय न केवल देश की परम्पराओं से गृहीत और विकसित हुआ है, वरन् इनकी सारी परिकल्पना में देश के यथार्थ की गहरी पकड़ रही है। इस प्रकार गांधी के व्यक्तित्व और चिन्तन में वे सारी सम्भावनाएँ निहित रही हैं जिनके आधार पर भारत की बौद्धिक परिस्थिति आधुनिकीकरण की प्रक्रिया को गति-शील करने में सक्षम हो सकती थी।" (उपर्युक्त)। इन बातों से यह स्पष्ट है कि रघुवंशजी जिसे आधुनिकता बतलाते हैं, वह वस्तुतः मध्ययुगीनता है और जिसे वे 'नया प्रतिमान' कहते हैं, वह अत्यन्त पुराना प्रतिमान है।

आधुनिकता की व्याख्या में रघुवंशजी आगे कहते हैं: "उन्नीसवीं शती में इतिहास की प्रक्रिया को समझने की चेष्टा की गयी, ईश्वर के स्थान पर मानव को मूल्यों के स्रोत के रूप में माना गया, सर्वत्र वैज्ञानिक पद्धति का प्रयोग स्वीकार किया गया, साथ ही यथार्थोन्मुखता की प्रवृत्ति भी परिलक्षित हुई। इन मूल्यों के आधार पर पश्चिम में खास प्रकार की जीवनपद्धतियाँ विकसित हुईं, राजनीतिक, सामाजिक और धार्मिक ढाँचे तैयार हुए, धर्म और नैतिकता के प्रति खास प्रकार की मनोवृत्ति बनी। परन्तु इन सबको आधुनिकता मानना और उनका अनुकरण करना भ्रामक है।" (उपर्युक्त)। फिर आधुनिकता क्या है? रघुवंशजी का उत्तर है: "हमारे लिए आधुनिकता का मतलब यह नहीं है कि हम कुछ वस्तुएँ चाहते हैं, कुछ पद्धतियाँ चाहते हैं या किन्हीं मूल्यों को उधार लेने के आकांक्षी हैं। हमारे लिए आधुनिक होने का मतलब है कि हम गतिशील, मौलिक और सर्जन-शील हों।" (उपर्युक्त)। तात्पर्य यह कि आधुनिकता अपने या पराये मूल्यों में बँधना

नहीं, बल्कि निरन्तर गतिशील बने रहना है। इसी में 'सर्जनशीलता' है। रघुवंश जी ने आधुनिक दृष्टि की दो विशेषताएँ बतलायी हैं—एक बौद्धिकता और दूसरी निजी व्यक्तित्व की खोज। उनके अनुसार, "आज मनुष्य भावों को शासित और अनुवर्ती करने के लिए उनके प्रति तटस्थ दृष्टि विकसित कर रहा है। हम अनुभव के ऐसे क्षेत्र में प्रवेश करने जा रहे हैं, जहाँ बौद्धिक चेष्टा से ही यथार्थ परिस्थिति का सही बोध ग्रहण किया जायगा। इस प्रकार यथार्थ को हम एक साथ कई पक्षों और आयामों से जोड़कर देखने में सक्षम होंगे, और अनुभव को विस्तार के साथ अधिक जटिल रूप में ग्रहण कर सकेंगे।" (उपर्युक्त)। इसी तरह उन्होंने निजी व्यक्तित्व की खोज के बारे में कहा है : "निजता की खोज व्यक्तित्व को व्यापक सन्दर्भों से गहरे रचनात्मक स्तर पर जोड़ेगी" और "इस स्थिति में व्यक्ति और समाज का नया रिश्ता विकसित हो रहा है, वह समाज से आबद्ध न होकर संपृक्त और संसक्त है...।" (उपर्युक्त)। यहाँ यह समझ लेना चाहिए कि रघुवंशजी ने जिस बौद्धिकता की बात कही है, उसकी पिछले युगों में सीमा रही हो, पर उसका महत्त्व कभी कम नहीं रहा। विडम्बना यह है कि वह व्यक्ति बौद्धिकता की दुहाई दे रहा है, जो गाँधीवादी भाववाद और मनोवाद में आधुनिकता देखता है! रघुवंशजी एक ओर आधुनिकता को प्रक्रिया मात्र मानते हैं, उपलब्धि नहीं, और दूसरी ओर गांधीवादी मूल्यों के प्रति अपनी पूरी प्रतिबद्धता दिखलाते हैं। वे आधुनिकता की परिभाषा प्रक्रिया-मात्र के रूप में क्यों करते हैं? इसका एक ही कारण है और वह यह कि वे भौतिकवाद और मार्क्सवाद के मूल्यों को अस्वीकार करना चाहते हैं। इन मूल्यों को वे निर्धारित मूल्य बतलाकर निरन्तर 'गतिशील' बने रहने को ही आधुनिकता सिद्ध करते हैं : "आधुनिकता की प्रतिबद्धता किसी मूल्य दृष्टि की प्रतिबद्धता न होकर निरन्तर सर्जन में प्रवृत्त रहने और मूल्यों की खोज में संलग्न होने की है।" (उपर्युक्त)। जहाँ तक निजी व्यक्तित्व की खोज की बात है, इसका सीधा सम्बन्ध उस 'स्वतन्त्रता' से है, जिसकी चर्चा ऊपर की गयी है। रघुवंशजी ऐसे व्यक्तित्व की कल्पना करते हैं जो स्वतन्त्र भी हो और सामाजिक दायित्व से युक्त भी हो। समाजवादी देशों में व्यक्ति को समाज द्वारा स्थापित व्यवस्था को स्वीकार कर चलना पड़ता है। रघुवंशजी के अनुसार यह व्यक्तित्व पर बन्धन होता है जिससे उसका विकास नहीं हो पाता और वह कुण्ठित हो जाता है। वे चूँकि सामाजिक हित को छोड़ नहीं सकते, इसलिए पूर्ण स्वतन्त्र या स्वच्छन्द व्यक्तित्व का पक्ष-समर्थन नहीं कर सकते। वे व्यक्तित्व की स्वतन्त्रता को ही इस रूप में प्रस्तुत करते हैं कि वह सामाजिक दायित्व से युक्त हो। यही उनका 'निजी व्यक्तित्व' है, जो 'समाज से आबद्ध न होकर संपृक्त और संसक्त' होता है। कहने की आवश्यकता नहीं कि वस्तुगत परिस्थिति की पूरी तरह से उपेक्षा कर मनोगत आधार पर ही ऐसे व्यक्तित्व

के निर्माण का स्वप्न देखना, जो कि पूरी तरह से समाज के मेल में हो, किसी भाववादी विचारक के लिए ही सम्भव है। इस प्रकार यह आसानी से समझा जा सकता है कि रघुवंशजी की 'आधुनिकता' का सार-तत्त्व क्या है। उनकी आलोचना उनके इन्हीं विचारों का प्रतिफलन है।

रघुवंशजी के समग्र साहित्य-चिन्तन के मूल में उनका भाववाद है। साहित्यिक रचनाकार के बारे में उन्होंने लिखा है: "रचनाकार समाज की सम्पूर्ण व्यवस्था के विरुद्ध खड़े होकर, उसके समस्त मूल्यों को नकारकर, प्रतिष्ठित आदर्शों को चुनौती देकर भी अपनी रचना-प्रक्रिया में किन्हीं न किन्हीं मूल्यों की भूमिका प्रस्तुत करता ही है।" ('विकल्प', नवम्बर, '67)। सही रचनाकार समाज के 'समस्त' मूल्यों को नहीं, बल्कि उन्हीं मूल्यों को नकारता है, जो सामाजिक प्रगति में बाधक होते हैं। यदि रघुवंशजी के कथन को इस संशोधन के साथ स्वीकार किया जाय तो वह साहित्य के सम्बन्ध में एक सही कथन होगा। इसी तरह उन्होंने अन्यत्र कवि के बारे में कहा है: "किसी युग का कवि मूल्यों की स्थापना नहीं करता···यह अलग बात है कि उसकी व्यंजना के आधार पर आगत मूल्यों का संचरण हो सके।" ('साहित्य का नया परिप्रेक्ष्य,' पृ० 311)। यहाँ 'कवि' के स्थान पर रचनाकार-मात्र को रखा जा सकता है और इसे स्वीकार करने में भी किसी को आपत्ति न होगी कि कवि की तरह साहित्य के दूसरे माध्यमों में भी अभीष्ट मूल्यों की 'चेतना' और 'व्यंजना' ही है, उनकी 'स्थापना' का प्रयास या उनका आख्यान नहीं। लेकिन अपनी पुस्तक 'परिप्रेक्ष्य' के प्रथम निबन्ध में साहित्य के मूल्य के सम्बन्ध में रघुवंशजी ने सर्वथा भिन्न बात कही है: "वास्तव में सांस्कृतिक उपलब्धियों के रूप में प्राप्त मानव-जीवन के विभिन्न मूल्य युग-युग में मूलतः परिवर्तित नहीं होते, इसका कारण यही है कि मानव-जीवन के अविच्छिन्न प्रवाह में कोई समान आधार उसको ग्रहण किये है, जो देश-काल की बदलती हुई परिस्थितियों में समान रूप से अन्तर्निहित है।··· जीवन की विषमता की दृष्टि से असमान होते हुए भी दो भिन्न सांस्कृतिक उत्थान के युग समान परम्परा के मूल्यों का प्रतिपादन करते हैं। साहित्य और संस्कृति इस दृष्टि से समान हैं और साहित्य की मान्यताओं के विषय में भी यही कहा जा सकता है।" (पृ० 22)। साहित्य के मूल्य के स्थायित्व या चिरन्तनता के पक्ष में उन्होंने भी वही तर्क दिया है, जो इस तरह के दूसरे विचारक दिया करते हैं। उन्होंने क्लासिकल साहित्य का उदाहरण देते हुए कहा है: "सभी के मन में यह प्रश्न बार-बार आता है कि अनेक पिछले युगों का साहित्य, जिसकी अन्य मान्यताएँ हमारे लिए महत्व नहीं रखतीं, आज भी हमारे लिए क्यों आकर्षण की वस्तु है? पर साहित्य, विशेषकर उच्च साहित्य, जीवन को जिस समग्रता में ग्रहण करता है, अथवा पूर्णता में अभिव्यक्त करता है, उसकी अपने-आप में देश

काल से निरपेक्ष स्थिति हो जाती है। युगीन जीवन की सीमाएँ उसमें प्रत्यक्ष न हों ऐसी बात नहीं, पर वह जीवन के सन्तुलन का जो आधार ग्रहण करता है, वह युग-युग के मानव में एक प्रकार से समान होता है और इसी संतुलन की सम्पूर्णता को व्यापक अर्थों में सौन्दर्य-बोध भी कह सकते हैं...।" (उपर्युक्त, पृ० 23)। इस उद्धरण में जीवन को समग्रता में ग्रहण करने और पूर्णता में अभिव्यक्त करने तथा उसके देश-काल-निरपेक्ष होने की जो बात कही गयी है, वह एक स्थिर और जड़ धारणा की ओर संकेत करता है। जीवन के सन्तुलन के आधार को युग-युग के मानव में समान बतलाया गया है और इसी सन्तुलन की सम्पूर्णता को सौन्दर्य बोध की संज्ञा दी गयी है। साहित्य की यह 'चिरन्तनता' डॉ० रामविलास शर्मा के अनुसार वस्तुतः उसकी व्यापकता है। पिछले लेख में इस प्रसंग में उनका यह कथन उद्धृत किया जा चुका है : "कुछ रचनाएँ ऐसी होती हैं जो थोड़े ही युगों की अनुकूलता पाती हैं, कुछ ऐसी होती हैं जो अनेक युगों में लोकप्रिय होती हैं। जिन रचनाओं की लोकप्रियता अधिक व्यापक होती है, उनमें हम अनन्त सौन्दर्य, जीवन का अमर सत्य आदि खोज निकालना चाहते हैं। उनकी व्यापक युगानुकूलता को बढ़ाकर हम उसे एक चिरन्तन सत्य का रूप दे देते हैं अर्थात् यह मान लेते हैं कि सदा के लिए विकास-क्रम में यही तत्त्व लौट-लौटकर आया करेंगे।" ('संस्कृति और साहित्य', पृ० 192)। इससे दो बातें स्पष्ट हैं। एक तो यह कि रघुवंशजी साहित्य को गतिशील जीवन और समाज की सापेक्षता में नहीं देखते और उसके मूल तत्त्व को चिरन्तन मानते हैं और दूसरी यह कि इस कारण वे साहित्य से सम्बन्धित स्थायित्व, सौन्दर्य आदि के प्रश्नों का ठीक उत्तर नहीं दे पाते।

ऊपर आधुनिकता के सम्बन्ध में रघुवंशजी के विचारों की ओर संकेत किया गया है। सातवें दशक में हिन्दी में जब आधुनिकता की चर्चा शुरू हुई तो उन्होंने किंचित् विस्तार से उस पर विचार किया और उसे सामयिकता तथा समसामयिकता से भिन्न बतलाया। उनके अनुसार "समसामयिक होने की चेतना मात्र सामयिक होना नहीं है।" ('माध्यम', जुलाई '67)। सामयिकता युग-विशेष का चित्रण मात्र है। "किसी साहित्य में सामयिक परिवेश अर्थात् युग-जीवन की पद्धतियाँ, संस्कार, संस्थाएँ, घटनाएँ, परिस्थितियाँ परिलक्षित होती हैं। पर यह उस युग की सर्जनात्मक प्रक्रिया का स्वरूप नहीं है और न दिशा ही। अधिक से अधिक यह युग-विशेष का जीवन-लेखन का विषय मात्र है, तथ्य मात्र है, उसके रचनात्मक सत्य और वस्तु का आधार माना जा सकता है।" (उपर्युक्त)। फिर उन्होंने सामयिकता और समसामयिकता इन दोनों दृष्टियों में अन्तर करते हुए कहा है : "एक के अनुसार इस जीवन को उसकी सारी विविधता, जटिलता और संपन्नता के साथ साहित्य में प्रस्तुत किया जाता है, रचा जाता है, यह भी कहा जा सकता है और दूसरी के अनुसार यह सब लेखन के लिए कच्चा माल है जिसके

आधार पर रचना की जाती है।" (उपर्युक्त)। तात्पर्य यह कि सामयिकता परिस्थिति मात्र है, जबकि समसामयिकता दृष्टि है; सामयिकता सामग्री मात्र है, जबकि समसामयिकता रचना है। सामयिकता और समसामयिकता के बीच यह जो अन्तर किया गया है, वह बहुत कुछ सही है, इसलिए इस पर आपत्ति नहीं की जा सकती। आपत्ति की बात तब होती है, जबकि रघुवंशजी सामयिकता और समसामयिकता का अपने युग से जो सम्बन्ध होता है उसके चलते दोनों को एक श्रेणी में डालकर दोनों को ही रद्द कर एक तीसरी चीज की बात करते हैं। वे कहते हैं : "ये दोनों दृष्टियाँ अलग होकर भी एक स्तर पर सम्बद्ध हैं, अतः आधुनिक रचना-दृष्टि नहीं है। दोनों सर्जनशीलता में अपने युग से बँध जाते हैं, यह अलग बात है कि एक जीवन-यथार्थ अर्थात् यथातथ्य को अधिक से अधिक सही ढंग से प्रस्तुत करके अपने को सफल समझ लेता है और दूसरा उसके आधार पर जीवन के नये 'पैटर्न' रचता और खोजता है।" (उपर्युक्त)। यहाँ यथातथ्यवाद का अस्वीकार किया जाना समझ में आ सकता है, पर उस दृष्टि का नहीं, जो यथार्थ के आधार पर नयी जीवन प्रणाली का निर्माण और अन्वेषण करती है। रघुवंशजी के अनुसार "समसामयिक होने के गहरे अनुभव को पाकर उससे मुक्त होना आधुनिक संस्कार माना जायगा।" (उपर्युक्त)। समसामयिकता मूल्य-दृष्टि है, जबकि आधुनिकता मूल्य-निरपेक्ष होती है। उन्होंने कहा है : "आधुनिकता मूल्य-दृष्टि नहीं है। इस अर्थ में इस रचना-चेष्टा से न कोई मूल्य निरूपित हो सकता है और न व्याख्यायित ही। इसका माने है कि इस चेष्टा में यदि मूल्य निर्धारित या व्याख्यायित हो रहे हैं या उसकी चेष्टा की जा रही है, तब आधुनिक दृष्टि से उसकी सर्जन-क्षमता पर ही सन्देह किया जायगा। इसी प्रकार वह मूल्योपलब्धि के रूप में भी स्वीकार नहीं की जा सकती। वह एक ऐसी दृष्टि है जो सर्जन के अन्त और परिणाम पर टिकती है। और आधुनिकता रचना-दृष्टि है, शुद्ध सर्जनशीलता। उसका न कोई आदि, मध्य तथा अन्त है, न परिणाम ही।" (उपर्युक्त)। वे वस्तुतः आधुनिकता को एक प्रक्रिया मानते हैं, ऐसी प्रक्रिया, जो निरन्तर गतिशील है और जो किसी मूल्य से बँधी हुई नहीं है : "वह एक ऐसी प्रक्रिया है, जो मूल्यनिरपेक्ष है...।" (उपर्युक्त)। मूल्य काल-क्रम में स्थिर और जड़ होते रहते हैं, यह सही है, लेकिन यह नहीं कि इस कारण आधुनिकता को मूल्यों से परे होना चाहिए। आधुनिकता मूल्य-निरपेक्ष नहीं होती। वह वस्तुतः इस बात का विवेक है कि कौन-से मूल्य पुराने पड़ गये हैं और कौन-से मूल्य नये हैं। वह परम्परागत मूल्यों में से भी उपयोगी मूल्यों को स्वीकार करती है और विकास के क्रम में जो नये मूल्य सृजित होते हैं उनकी प्रतिष्ठा का प्रयत्न करती है। यह क्रम निरन्तर चलता रहता है। यह मूल्य-सापेक्ष प्रक्रिया है, मूल्य-निरपेक्ष प्रक्रिया नहीं। इस दृष्टि से रघुवंशजी

द्वारा व्याख्यायित समसामयिकता और वास्तविक आधुनिकता में कोई विशेष अन्तर नहीं है। लेकिन वे समसामयिकता से आगे जाते हैं और बलपूर्वक आधुनिकता की अपनी धारणा की स्थापना करना चाहते हैं। इसका कारण स्पष्ट है और उसकी ओर भी ऊपर संकेत किया जा चुका है। रघुवंशजी का उद्देश्य है मार्क्सवाद को उसकी मूल्यवादिता के चलते अनाधुनिक सिद्ध करना। मार्क्सवाद के वैज्ञानिक मूल्यों का वे 'आधुनिकता' के नाम पर निषेध करते हैं, क्योंकि वे मूल्य स्थिर और जड़ हैं, उनमें 'सर्जनशीलता' नहीं है ! अपने एक निबन्ध में उन्होंने कहा है : "साहित्य की सारी अभिव्यक्ति सर्जनात्मक होती है, अतः उसका अनुभव संस्कृति की...मूल्य-प्रक्रिया से सम्बद्ध है।" ('शुक्लोत्तर समीक्षा,' पृ० 3) संस्कृति की मूल्य-प्रक्रिया पर एक स्थल पर उन्होंने विस्तार से विचार किया है और अन्त में वे इस निष्कर्ष पर पहुँचे हैं : "संस्कृति की सारी चर्चा में यह व्यंजित हुआ है कि मनुष्य सर्जनात्मक मूल्योपलब्धि के क्षेत्र में उच्चतर लक्ष्य की ओर उन्मुख रहा है। और इस यात्रा में वह जितना आगे बढ़ा है उसका चरम लक्ष्य अधिक व्यापक, गहन, आन्तरिक, सूक्ष्म होता गया है। वह भौतिक जीवन के मूल्यों की सीमाओं का अतिक्रमण करता रहा है, उनको अपर्याप्त समझकर आध्यात्मिक परम श्रेयस की ओर अग्रसर हुआ है। इसके श्रेयस की चरम मूल्य के रूप में अनेक कल्पनाएँ सामने आयी हैं—लीला, निर्वाण, मोक्ष, ब्रह्मत्व, स्वर्ग आदि। उच्च भूमियों के इस चरम मूल्य और उसकी उपलब्धि को सदा अवर्णनीय, अज्ञेय तथा अव्याख्येय माना गया है।" ('हिन्दुस्तानी,' भाग 31, अंक 3-4)। रघुवंशजी के इस चिन्तन से यह स्पष्ट है कि 'मूल्य-निरपेक्ष आधुनिकता' की आड़ में वे किन मूल्यों का विरोध करते हैं और 'सर्जनशीलता' तथा 'संस्कृति की मूल्य-प्रक्रिया' के माध्यम से वे किन मूल्यों की प्रतिष्ठा के लिए प्रयत्नशील हैं।

गैरमार्क्सवादी आलोचक चूँकि व्यक्ति और समाज में अन्तर्विरोध की स्थिति मानते हैं, इसलिए वे साहित्यकार की व्यक्तिगत स्वतन्त्रता और उसके सामाजिक दायित्व में भी अंतर्विरोध देखते हैं। सृजन-कर्म साहित्यकार की व्यक्तिगत स्वतन्त्रता की ही देन होता है। रघुवंशजी के सामने साहित्यकार के सृजन-कर्म और उसके सामाजिक-राजनीतिक दायित्व के सामंजस्य की समस्या है। वे कहते हैं : "इस सामाजिक, राजनीतिक दायित्व के साथ उसकी कृति-कर्म के प्रति सजगता तथा संसक्ति का सामंजस्य कैसे हो ?" ('कल्पना,' जन० फर० 67)। आगे उन्होंने कहा है : "बार-बार कभी एक पक्ष के बल के असर में वह राजनीतिज्ञ या राजनीतिज्ञों का अनुचर बन गया है और अपने कृति-कर्म अर्थात् उसके दायित्व से अलग हो गया है। इसी प्रकार कभी कृति-कर्म के प्रति अधिक उन्मुख होकर अपने इस विशिष्ट दायित्व-वहन से विरत हुआ है। यदि वह सही माने में कृती लेखक है तो दोनों स्थितियाँ आज उसके लिए द्विविधा, द्वन्द्व तथा कुण्ठा की हो जाती हैं।"

(उपर्युक्त)। लेकिन रघुवंशजी ने पहले भी साहित्यकार की स्वतन्त्रता और दायित्व के प्रश्न पर विचार किया है और अपनी विचारधारा के अनुसार उसका भाववादी हल प्रस्तुत किया है। उन्होंने एक आदर्शवादी साहित्यकार की कल्पना की है, जो स्वतन्त्रता और दायित्व की समस्या को अपने 'आंतरिक विवेक' से सुलझा लेता है। साहित्यकार की अपनी विचारधारा, उसके वर्गीय संस्कार और स्वार्थ आदि उसकी बुद्धि की देन होते हैं। यदि वह बुद्धि को छोड़कर अपने 'आंतरिक विवेक' से प्रेरित होकर साहित्य-रचना करे, तो फिर उसके सामने स्वतन्त्रता और दायित्व, व्यक्ति और समाज का कोई द्वन्द्व ही नहीं रह जायेगा। 'आंतरिक विवेक' इन दोनों के द्वन्द्व को समाप्त कर दोनों में सामंजस्य स्थापित कर देता है। रघुवंशजी ने अपने 'आदर्शवादी साहित्यकार' के बारे में लिखा है : "वह अपने रचनात्मक क्षणों में यह नहीं सोचता कि उसका क्या मत है, उसका क्या पक्ष है, उसका क्या वर्ग है। वह बुद्धि से अधिक अपने आंतरिक विवेक से जीवन को ग्रहण करता है। यदि वह अपनी आंतरिक संवेदना से हटकर बौद्धिक स्तर पर वस्तु-स्थिति के सत्य को ग्रहण करेगा, तो वह जीवन को उपलब्धि के रूप में प्राप्त न करके अपने सारे पक्षपातों तथा पूर्वग्रहों को व्यक्त करने के लिए विवश हो जाता है। यह सर्जना की प्रकृति का सत्य है कि साहित्यकार अपने जीवन के स्थान पर दूसरों के क्षणों में जीवित रहता है। वह वस्तुतः अपनी वैयक्तिक सीमा में समस्त समाज को आत्मसात् करने की प्रक्रिया में ही साहित्य-सर्जन करता है।" ('साहित्य का नया परिप्रेक्ष्य,' पृ० 42-43)। इसका मतलब यह हुआ कि साहित्य की रचना उस ज्ञान से नहीं होती है, जिसका आधार व्यवहार है, बल्कि उस 'आंतरिक विवेक' से होती है, जो कि बुद्धिनिरपेक्ष होता है। अपनी इस मान्यता को सही सिद्ध करने के लिए रघुवंशजी ने साहित्य के एक बहुत बड़े हिस्से को साहित्य की कोटि से बहिष्कृत कर दिया है : "धर्म, संप्रदाय पर लिखा गया, राजाश्रय में राजा की प्रशंसा में तथा शृंगार की नाना विधियों और उद्दीपनों पर लिखा गया और विभिन्न मतवादों के प्रचार के लिए लिखा गया साहित्य वस्तुतः साहित्य की संज्ञा का अधिकारी नहीं रहा है।" (उपर्युक्त, पृ० 43-44)। ऐसा क्यों? इसलिए कि ऐसे साहित्य में हम साहित्यकार के बुद्धिप्रेरित मत, उसके वर्गीय संस्कार और स्वार्थ की अभिव्यक्ति पाते हैं। रघुवंशजी ने वाल्मीकि और तुलसी से लेकर होमर और मिल्टन तक के नाम गिनाये हैं और उनके माध्यम से यह उदाहृत करना चाहा है कि श्रेष्ठ साहित्यकार चूँकि 'आंतरिक विवेक' से साहित्य-रचना करते हैं, बुद्धि से नहीं, इसलिए वे अपनी विचारधारा और वर्ग-चेतना से परे होते हैं। कहने की आवश्यकता नहीं होनी चाहिए कि उक्त श्रेण्य साहित्यकारों में से कोई अपनी विचारधारा और वर्ग-चेतना से परे नहीं है। यह बात और है कि उनकी विचारधारा और वर्ग-चेतना कहीं प्रत्यक्ष रूप में

अभिव्यक्त हुई है, तो कहीं अप्रत्यक्ष रूप में।

साहित्य का मूल्यांकन भी रघुवंशजी के सामने एक समस्या रहा है। यह समस्या स्वतन्त्रता और दायित्व की समस्या से ही उद्भूत है। 'कल्पना' की जिस टिप्पणी से ऊपर उद्धरण दिया गया है, उसी में वे कहते हैं : "वास्तविक समस्या तो सर्जनात्मक प्रक्रिया के···युग-संसक्तिपरक दायित्व-बोध की है। साहित्य की मूल्य-दृष्टि इस रचना प्रक्रिया से सम्बद्ध है या दायित्वबोध से ? क्या मूल्य-दृष्टि इस प्रक्रिया से सम्बद्ध और अनुशासित होकर इस दायित्व-बोध से निरूपित, प्रेरित तथा अनुप्राणित मानी जा सकती है ? पर इस प्रकार का चिन्तन अनिवार्यतः रचनागत मूल्यों के आधार पर युगीन, सामाजिक, राजनीतिक, नैतिक मूल्यों को प्रधानता देता है। दूसरी ओर रचना-प्रक्रिया के मूल्य क्या निरपेक्ष हो सकते हैं ? इस स्थिति को स्वीकार कर लेने पर हम शब्दों के अप्रतिम और अमूर्त प्रयोग की भूमिका पर उतर जाते हैं जहाँ दायित्व-बोध के इस आधुनिक सन्दर्भ को खोजना व्यर्थ हो जाता है।" (जन०-फर०, '67)। साहित्य के मूल्यांकन में उसकी सृजन-प्रक्रिया को महत्त्व दिया जाय, या उसे सामाजिक दायित्व के निकष पर परखा जाय ? रघुवंशजी की कठिनाई यह है कि केवल सृजन-प्रक्रिया को महत्त्व देने से साहित्य का सामाजिक दायित्व की दृष्टि से मूल्यांकन नहीं हो पाता और आलोचना असामान्य और अमूर्त शब्दावली मात्र बनकर रह जाती है। उनके सामने यह प्रश्न भी है कि सृजन-प्रक्रिया के मूल्य साहित्य से ही सम्बद्ध हैं, या साहित्य से बाहर की वस्तुओं से भी ? दूसरी ओर साहित्य के मूल्यांकन में सामाजिक, राजनीतिक आदि मानदण्डों का प्रयोग किया जाता है तो आलोचना साहित्य से हटकर साहित्येतर क्षेत्रों में प्रवेश कर जाती है। आलोचना अथवा गैरमार्क्सवादी आलोचना की यह समस्या कोई नयी समस्या नहीं है। कारण यह कि यह आलोचना साहित्य और समाज, साहित्य के सृजनात्मक संसार और उसके सामाजिक संसार के सम्बन्ध को ठीक से समझ नहीं पाती है। अधिक-से-अधिक वह समाज को साहित्य की सृजन-सामग्री मानती है और साहित्य की श्रेष्ठता की परीक्षा के लिए उसे अलग से समाज के निकष पर चढ़ाकर भी देख लेती है। उसने अभी तक इस बात को ठीक से नहीं समझा है कि समाज साहित्य की ऐसी सृजन-सामग्री है जो उसके बाहरी और भीतरी दोनों रूपों को प्रभावित करती है। इस तरह साहित्य की सृजन-प्रक्रिया से वह अलग नहीं है, बल्कि उससे उसका घनिष्ठ सम्बन्ध है। ऐसी स्थिति में साहित्य के मूल्यांकन में सामाजिक, राजनीतिक आदि मानदण्डों का प्रयोग करना साहित्येतर क्षेत्र में प्रवेश करना नहीं है। यह जरूर है कि इन मानदण्डों का प्रयोग जो आलोच्य साहित्य है, उसकी सापेक्षता में ही होना चाहिए, उससे स्वतन्त्र रूप में नहीं। रघुवंशजी ने रचना-प्रक्रिया के मूल्यों की निरपेक्षता और सापेक्षता का जो प्रश्न उठाया है, उसका

सही उत्तर यही है। लेकिन उन्होंने उसका उत्तर 'संरचनावादी' आलोचना में पाया है। 'संरचनावादी' आलोचना का समर्थन करते हुए वे कहते हैं : "इधर आधुनिक आलोचना के क्षेत्र में यूरोप के समान हिन्दी में भी साहित्येतर मूल्यों के आधार पर साहित्य पर विचार करने की पद्धतियों के प्रति विरोध देखा गया है, साथ ही इन नये समीक्षकों ने भाववादी तथा प्रभावमूलक कल्पना तथा सौन्दर्य की वायवी चर्चा करने-वाली समीक्षा-दृष्टियों को अपर्याप्त माना है। पहले उनकी दृष्टि कृति की सर्जन-प्रक्रिया पर केन्द्रित थी, पर क्रमशः अब उनके सामने कृति का रचनात्मक संघटन प्रधान होता जा रहा है। अमरीकी अर्थ में संरचनावादी (स्ट्रक्चरलिस्ट) इनमें कोई नहीं है, पर वे रचनाकार की मनःस्थिति, रचना के विषय, उसके वातावरण, वह जिन प्रतिक्रियाओं का परिणाम है उनको गौण स्थान देते हैं। उनके सामने कृति है और उसके रचनात्मक संघटन के विश्लेषण द्वारा वे उसमें निहित सर्जन या सौन्दर्य या आनन्दतत्व की व्याख्या करना चाहते हैं।" ('आलोचना,' जुलाई-सित०, '67)। रघुवंशजी सृजन-प्रक्रियावादी आलोचना की अपेक्षा 'संरचना-वादी' आलोचना को महत्त्व देते हैं, यह ठीक है, क्योंकि इस आलोचना में गौण ही सही, पर समाज या साहित्य की सृजन-सामग्री को कोई न कोई स्थान तो प्राप्त है। उन्होंने लिखा है : "वातावरण, परिस्थिति, युग-जीवन, सांस्कृतिक मूल्य, रचना-प्रक्रिया, कवि की मनःस्थिति आदि वहीं तक महत्त्व रखते हैं, जहाँ तक वे कृति के संरचनात्मक संघटन के अंग या तत्त्व बन सके हैं।" (उपर्युक्त)। यह सामाजिक, राजनीतिक आदि मानदण्डों का उसी सापेक्ष रूप में प्रयोग करने की बात है जिसका संकेत ऊपर किया गया है। निश्चय ही साहित्य में आनेवाला समाज उसी रूप में उसकी आलोचना में विचारणीय है जिस रूप में वह साहित्य की संरचना का अंग बन सका है। यदि ऐसा न होकर स्वतन्त्र रूप में उस पर विचार होने लगा तो उससे साहित्य के सम्बन्ध में गलत निष्कर्ष निकलेंगे। रघुवंशजी की उक्त मान्यता से मार्क्सवादी आलोचना का कोई मौलिक विरोध नहीं हो सकता है। विरोध की बात वहाँ उठती है जहाँ वे साहित्य के मूल्यांकन में प्रगतिशील सामाजिक मूल्यों को महत्त्व न देकर अन्ततः 'संरचना' को ही निर्णायक महत्त्व प्रदान कर देते हैं। इधर उन्होंने 'सांस्कृतिक नव्यालोचन' की बात कही है : "साहित्य-चिन्तन के क्षेत्र में संरचना की दृष्टि के साथ रचना के अनुभव को व्यापक मानवीय मूल्य-सन्दर्भों से जोड़ने की प्रवृत्ति के कारण एक नयी दृष्टि का विकास हुआ है जिसे सांस्कृतिक नव्यालोचन कहना चाहें तो कह सकते हैं।" ('शुक्लोत्तर समीक्षा,' पृ० 3)। आगे उन्होंने उसके बारे में कहा है : "इस पद्धति में न कृति की संरचना पर इतना बल है कि अनुभव-वैशिष्ट्य के सारे मूल्य-सन्दर्भों को छोड़कर केवल शिल्प-विधान के विभिन्न तत्त्वों के विश्लेषण-विवेचन को ही सब-कुछ मान लिया जाय, और न ही किन्हीं मूल्यों के प्रति किसी प्रकार की प्रति-

बद्धता है, जिनके माध्यम से रचनात्मक अनुभव के समस्त वैशिष्ट्य की व्याख्या की जा सके।" (उपर्युक्त, पृ० 6)। "किन्हीं मूल्यों के प्रति किसी प्रकार की प्रतिबद्धता नहीं" यह मान्यता रघुवंशजी को रूपवादी खेमे में ठेल देती है। नलिनजी की आलोचना पर विचार करने के क्रम में हम देख चुके हैं कि केवल रूप को ही महत्त्व देना ही रूपवाद नहीं है, बल्कि विषयवस्तु का महत्त्व स्वीकार कर भी यदि उसके स्वरूप की चिन्ता छोड़कर रूप की कसौटी पर ही साहित्य के सम्बन्ध में अन्तिम फैसला किया गया तो वह भी रूपवाद है। रघुवंशजी किन्हीं विशिष्ट मूल्यों के आधार पर साहित्य की परीक्षा करने के पक्ष में नहीं हैं। इसका मतलब यह है कि साहित्य की विषय-वस्तु के स्वरूप के सम्बन्ध में उनका कोई विशेष आग्रह नहीं है। विषय-वस्तु कैसी भी हो साहित्य को अन्ततः संरचना या रूप की कसौटी पर खरा उतरना चाहिए। यह रूपवाद नहीं तो और क्या है ?

रघुवंशजी के उपर्युक्त विचारों से यह स्पष्ट है कि उनका सम्पूर्ण साहित्य-चिन्तन प्रगतिशील साहित्य के विरुद्ध निर्दिष्ट है। छायावाद के बाद हिन्दी कविता का विकास मुख्यतः दो दिशाओं में हुआ है—प्रगतिवाद की दिशा में और प्रयोगवादी नयी कविता की दिशा में। यह विकास स्वच्छन्दतावादी दौर के बाद हिन्दी कविता का यथार्थवादी विकास है। रघुवंशजी मुख्यतः छायावादोत्तर इसी हिन्दी कविता के आलोचक हैं। उन्होंने अपनी मान्यता के अनुरूप प्रगतिवादी कविता को ध्वस्त कर सच्ची यथार्थवादी कविता के रूप में प्रयोगवादी और नयी कविता की स्थापना का प्रयास किया है। प्रगतिवादी कविता के सम्बन्ध में वे कहते हैं : "प्रगतिवादी कविता 'कुत्सित समाजशास्त्री आलोचकों' के प्रभाव से वर्ग-संघर्ष तथा सामाजिक क्रान्ति का अयथार्थ स्वर भरती रही है। अधिकतर प्रगतिवादी कवि अपने देश के सामाजिक यथार्थ से अपरिचित रहकर रूस तथा चीन की सामाजिक क्रांति के गीत गाते रहे हैं।" ('साहित्य का नया परिप्रेक्ष्य,' पृ० 126)। इसमें 'अयथार्थ स्वर' और 'अपने देश के सामाजिक यथार्थ से अपरिचित' ये शब्द ध्यातव्य हैं। प्रगतिवादी कवि अयथार्थवादी क्यों थे ? इसलिए कि वे वर्ग-संघर्ष तथा सामाजिक क्रान्ति के गीत गाते थे। जब अपने देश में न वर्ग-संघर्ष है और न रूसी तथा चीनी क्रान्ति की तरह की किसी सामाजिक क्रान्ति की सम्भावना, तो फिर उसके गीत क्यों गाये जायें ? जो कवि यह करेगा, उसका अयथार्थवादी होना लाजिमी है। रघुवंशजी ने अपने देश में वर्ग-संघर्ष और क्रान्ति की सम्भावना से इनकार किया है, क्योंकि "वास्तव में अपने देश की स्थिति योरोप की स्थिति से भिन्न है।" (उपर्युक्त)। इसके विपरीत उन्होंने प्रयोगवादी और नयी कविता को सच्ची यथार्थवादी कविता बतलाते हुए लिखा है : "प्रयोगशील और बाद में नया कहलाने वाले साहित्य के बारे में कहा जाता है कि उसमें पिछले छायावादी, प्रगतिवादी आदि की तुलना में यथार्थ को सही ढंग से ग्रहण करने की

खोज या प्रयत्न है। एक प्रकार से यथार्थ को बचा जाने की उनकी प्रवृत्ति के प्रति इस साहित्यदृष्टि का विरोध और विद्रोह रहा है।···हमने अपने युग-जीवन के संपूर्ण यथार्थ को ग्रहण किया, अर्थात् अमुक विषय और पक्ष रचना के क्षेत्र में आते हैं, यह सीमा त्याग दी गयी है। यथार्थ का अर्थ हुआ सब-कुछ, जो भी रचनाकार के व्यक्तित्व से टकराता है और रचनात्मक अनुभव बनता है।" ('विकल्प,' नवं०, '67)। तात्पर्य यह कि प्रयोगवाद और नयी कविता का यथार्थ 'असीमित' है, 'चयनात्मक' नहीं, क्योंकि उसे समझने, ग्रहण करने और चित्रित करने के पीछे कोई 'दृष्टिकोण' नहीं है। प्रयोगवाद और नयी कविता का विरोध इसी 'दृष्टिकोण' से रहा है। यह बात और है कि दृष्टिकोण-विरोध के नाम पर प्रगतिशील दृष्टिकोण को हटाकर इसने अपने प्रतिक्रियावादी दृष्टिकोण को स्थापित करने का प्रयत्न किया हो। यथार्थ को किसी उद्देश्य की ओर उन्मुख नहीं होना चाहिए। सच्चा यथार्थ तो वह है जो 'उद्देश्य के विभ्रम' से मुक्त हो। पहले का और खासकर प्रगतिवादी कविता का यथार्थ 'उद्देश्य के विभ्रम' में पड़ा हुआ था। रघुवंशजी प्रयोगवाद के यथार्थ का परिचय इन शब्दों में देते हैं: "प्रयोगशील काव्य···पिछले काव्य से यथार्थ के प्रति बदली हुई दृष्टि से प्रारम्भ होता है। अभी तक यथार्थ किसी लक्ष्य की ओर उन्मुख था, उसे उद्देश्य-गत अर्थात् सत्य रूप में देखने की पद्धति रही थी। कवि यथार्थ की अपेक्षा उसकी उद्देश्योन्मुखता से अपना भावात्मक सम्बन्ध स्थापित करता रहा था। परन्तु युग-जीवन के गहरे संसर्ग (कंसर्न) ने कवि को प्रेरित किया कि वह उद्देश्य के विभ्रम से अलग यथार्थ को ग्रहण करने का प्रयत्न करे।" ('समसामयिकता और आधुनिक हिन्दी कविता,' पृ०19)। उन्होंने यथार्थवादी काव्य के रूप में प्रयोगवाद की स्थापना करने के लिए प्रगतिवाद की ही गलत तसवीर पेश नहीं की है, छायावाद के भी वास्तविक स्वरूप पर पर्दा डाला है। स्वाधीनता-आन्दोलन के युग तथा महात्मा गांधी जैसे नेताओं का हवाला देते हुए वे छायावादी कविता के बारे में कहते हैं: "जिस प्रकार जनता का जीवन समस्त आदर्श कल्पनाओं, स्वप्नों तथा प्रेरणाओं के बावजूद अन्दर से खोखला और बौना था, उसी प्रकार इस काव्य का सारा सौन्दर्य, सारी कल्पना, सारे आदर्श वायवी रहे हैं। जिस प्रकार जनता के जीवन का सारा अध्यात्म, भक्ति, समर्पण आन्तरिक आस्था तथा विश्वास पर आधारित न होकर मात्र बाह्य आकर्षण और चमत्कार से प्रेरित थे, उसी प्रकार छायावाद का सारा रहस्यवाद, आनन्दवाद, मानवतावाद अंतः अथवा बाह्य यथार्थ के सन्दर्भ से हीन, मात्र खोखला था।" ('साहित्य का नया परिप्रेक्ष्य,' पृ० 142)। कहना व्यर्थ है कि यह छायावादी कविता और हिन्दी प्रदेश की संघर्षरत जनता दोनों का ही नितान्त एकपक्षीय मूल्यांकन है। छायावादी कविता में यदि कल्पना-शीलता थी, तो उसमें सामाजिक और राजनीतिक यथार्थ की तीव्र चेतना भी था,

जिसकी अभिव्यक्ति उसमें कहीं प्रत्यक्ष और कहीं परोक्ष रूप में हुई है। इसी तरह उसमें अतिशय आदर्शवादिता थी, तो आदर्शों को व्यावहारिक रूप देने की शक्ति भी थी। छायावादी कवियों ने सामाजिक और राजनीतिक यथार्थ का बोध प्राप्त करके ही कुछ सामाजिक और राजनीतिक मूल्यों के लिए संघर्ष किया था, जिसमें उन्हें सफलता भी मिली। ऐसी स्थिति में छायावादी कविता को समग्र रूप से वायवीय और खोखली कहना किसी तरह से ठीक नहीं है।

नयी कविता को रघुवंशजी ने प्रयोगवाद का ही विकसित रूप बतलाया है : "नयी कविता अपनी अभिव्यक्ति, प्रेषणीयता तथा उपलब्धि की दृष्टि से प्रयोगशील कविता के आगे की स्थिति है। दोनों में घनिष्ठ सम्बन्ध है, पर ऐतिहासिक दृष्टि से एक दूसरे का विकास है।" (उपर्युक्त, पृ० 160)। बाद में भी उन्होंने कहा है : "प्रयोगशील कविता से लेकर नयी कविता तक चलनेवाले काव्यान्दोलन का समान आधार स्वीकार किया जा सकता है और उसकी अनेकानेक प्रवृत्तियों और विशिष्टताओं के बावजूद ऐसा मानना स्वाभाविक है। जिन मौलिक स्वीकृतियों के आधार पर सत्यान्वेषण के मार्ग पर प्रयोगशील कवि बढ़ा था, नयी कविता की अधिकांश अभिव्यक्ति तथा उपलब्धि उसी पर प्रतिष्ठित है।" ('स० आ० हिं० क०', पृ० 19)। रघुवंशजी ने जिस यथार्थवादिता की दुहाई दी है, वह प्रयोगवाद के विकसित रूप नयी कविता में किस रूप में दिखलाई पड़ती है? वे जिसे यथार्थवाद कहते हैं, वह वस्तुत: प्रकृतवाद है : "यथार्थ के ग्रहण करने में आज का कवि सुन्दर-असुन्दर, शिव-अशिव, कुत्सित-वर्जित आदि मानकर नहीं चलता, वह समग्र यथार्थ को आत्मसात् करके युग-मूल्यों का अन्वेषण करने में विश्वास करता है।" ('साहित्य का नया परिप्रेक्ष्य', पृ० 181)। 'समग्र यथार्थ को आत्मसात् करने' के फेर में नया कवि स्वभावत: 'सिनिक' हो गया : "यथार्थ की यह दृष्टि सबसे पहले युग-जीवन के विघटन की ओर ध्यान आकर्षित करती है। इस संक्रान्ति-काल में मूल्यों और मर्यादाओं का ऐसा स्खलन और विघटन हुआ है कि कवि के स्वर में अनेक बार निराशा और अवसाद ध्वनित होता है।" (उपर्युक्त, पृ० 180)। स्खलन और विघटन का चित्रण गलत नहीं है। गलत है निराशापूर्ण परिस्थितियों का चित्रण करते-करते स्वयं निराशावादी हो जाना। यह तभी होता है, जबकि कवि सही दृष्टिकोण के साथ यथार्थ को गहराई से नहीं समझता और उसे ऊपर-ऊपर से देखता है। रघुवंशजी 'युग-मूल्यों के अन्वेषण' के लिए निराशा और अनास्था को आवश्यक बतलाते हुए कहते हैं : "ऐसा नहीं कि नयी कविता में 'सिनीसिज्म' नहीं है, पर विघटित मूल्यों और विस्थापित व्यक्तियों के युग में इस प्रकार की आस्थाहीनता और उसका आक्रोश आवश्यक है। नये मूल्यों और नये व्यक्तित्व के संगठन के लिए यह आधार-भूमि है।" (उपर्युक्त, पृ० 184)। यानी नये मूल्यों की उपलब्धि के लिए पहले मूल्य मात्र का और नये

व्यक्तित्व के निर्माण के लिए पहले व्यक्तित्व का ही विरोधी होना आवश्यक है ! रघुवंशजी ने नयी कविता की निराशा और अनास्था के सन्दर्भ को अपने देश तक ही सीमित नहीं रखा है, बल्कि उसे विश्वव्यापी रूप में देखा है : "आज की संक्रान्ति और उसका विघटन किसी देश तथा समाज में सीमित न होकर संसार-व्यापी है। उसके पीछे सारे विश्व की राजनीति और अर्थनीति है। आज के कवि की दृष्टि इस व्यापक सन्दर्भ को पहचानती है और वह उसकी सारी पीड़ा-वेदना को झेलकर उसके प्रति व्यंग्यशील होता है।" (उपर्युक्त, पृ० 187-88)। संसार पश्चिमी यूरोप और अमेरिका ही है, या पूर्वी यूरोप, लेटिन अमेरिका तथा एशिया-अफ्रीका भी, जहाँ पूँजीवाद, साम्राज्यवाद और फासीवाद की कब्र पर समाजवादी सभ्यता और संस्कृति का निर्माण किया जा रहा है और राष्ट्रीय मुक्ति-आन्दोलन उपनिवेशवाद को शिकस्त देकर रोज नयी बुलन्दियों पर पहुँचता जा रहा है ? मानना होगा कि रघुवंशजी ने विश्व के पूंजीवादी राष्ट्रों को ही सारा विश्व मान लिया है और विश्व-इतिहास की प्रक्रिया तथा उसके अंग के रूप में भारतीय इतिहास की प्रक्रिया को ठीक से नहीं समझा है। यह अबौद्धिकता पूरी तरह से नयी कविता के मेल में है। रघुवंशजी ने नयी कविता के प्रसंग में लिखा है : "संपूर्ण यथार्थ को ग्रहण करने वाली आज की दृष्टि आधुनिक वैज्ञानिकता तथा बुद्धिवाद के आधार पर विकसित हुई है।" (उपर्युक्त, पृ० 182)। यह दृष्टि कितनी वैज्ञानिक और बौद्धिक है, यह फिर से बतलाने की जरूरत नहीं है।

रघुवंशजी ने 'यथार्थ' के बाद नयी कविता की दूसरी विशेषता बतलायी है व्यक्तित्व की खोज। 'प्रतिष्ठित प्रतिमाओं के प्रति गहरे विद्रोह' की चर्चा करते हुए वे कहते हैं : "नयी कविता में इस विद्रोह की प्रधान माँग अहं की स्वीकृति और व्यक्तित्व की खोज और प्रतिष्ठा की रही है।" (उपर्युक्त, पृ० 165)। व्यक्तित्व पर इतना बल देने का कारण क्या है ? वह यह है कि "पिछले युगों में सबसे अधिक विघटन मानव-व्यक्तित्व का हुआ है और व्यक्ति को वैज्ञानिक भौतिकवाद अथवा यांत्रिक समूहवाद ने पग-पग पर कुंठित और अपमानित किया है।" (उपर्युक्त)। इससे स्पष्ट है कि नयी कविता का व्यक्तित्ववाद या व्यक्तिवाद वैज्ञानिक सामाजवाद के विरुद्ध है, जिसकी सामाजिक चेतना को यांत्रिक और व्यक्तित्व-विरोधी समझा जाता है। हिन्दी की प्रगतिवादी कविता कमोबेश वैज्ञानिक समाजवाद से प्रेरित थी। रघुवंशजी ने नये कवि को व्यक्तित्व की प्रतिष्ठा के लिए संघर्षरत बतलाते हुए आगे कहा है : "यह संघर्ष पिछले युगों की प्रगति अथवा अगति के मानदण्डों को बदलने के लिए है।" (उपर्युक्त, पृ० 167)। नयी कविता में जिस व्यक्तित्व की प्रतिष्ठा पर बल था, वह माध्यम-मात्र था, लेकिन इसने लक्ष्य से भी अधिक महत्त्व प्राप्त कर लिया। रघुवंशजी

के ही शब्दों में, "आज की नयी कविता में कवि अपने अहं और व्यक्तित्व को सारी उपलब्धि का माध्यम स्वीकार करता है। यही कारण है कि वस्तु तथा उसकी स्थिति से अधिक कवि के लिए अपनी उस मन:स्थिति तथा अनुभूति का महत्त्व है, जिसके द्वारा वह उनको ग्रहण करता है।" (उपर्युक्त, पृ० 199)। उन्होंने पुन: नये कवि के बारे में कहा है कि "वह आत्मचेतना से व्याप्त बाह्य को अनुभूत कर अपने ही अस्तित्व के नये अर्थों को प्रकाशित करता है।" (उपर्युक्त, पृ० 201)। ऐसी स्थिति में यह दावा करना सरासर गलत है कि प्रयोगवादी और नयी कविता में तटस्थता और वस्तुनिष्ठता के साथ यथार्थ का चित्रण किया गया है। अपने 'परिप्रेक्ष्य' में ही रघुवंशजी ने प्रयोगवादी कविता के सम्बन्ध में यह आशंका व्यक्त की थी : "इसमें छायावादी वैयक्तिकता को भी विकास मिल रहा है। अपनी शैली और सौंदर्यबोध के क्षेत्र में यह काव्य अति-वैयक्तिक ही अधिक है। और यदि वास्तविक यथार्थ के प्रति जागरूक होना, नयी परिस्थितियों के संघर्ष के प्रति सचेष्ट होना इस काव्य के व्यापक दृष्टिकोण तथा शक्तिपूर्ण स्वास्थ्य के लक्षण हैं, तो साथ ही व्यक्तित्व की अति-प्रधानता इस युग के कवि को व्यक्ति-वादी दुरूहता और कुंठाओं में भी फँसा सकती है।" (पृ० 64)। कोई ताज्जुब की बात नहीं, यदि वे 'समसामयिकता' में इस निष्कर्ष पर पहुँचे हैं कि नयी कविता में भी वैयक्तिक और आत्मनिष्ठ कविता ही लिखी गयी : "पिछले नयी कविता के युग में और आज साठोत्तरी कविता के युग में भी यथार्थ पर बहुत आग्रह रहा है, उसके सीधे अनुभव और साक्षात्कार की चर्चा होती रही है। इस बात का आग्रह किया जाता रहा है कि कल्पनाजीवी, भावशील, भावावेश वाले, व्यक्ति-वादी और आकर्षणों को उत्पन्न करने वाले कवि यथार्थ को झुठलाकर जीवन से पलायन कर केवल हवाई अनुभव हमारे सामने पेश करते हैं। इसीलिए यथार्थ की वास्तविक और तटस्थ अनुभूति को व्यंजित करना कवि-कर्म माना गया। परंतु इस आत्मसाक्षात्कार के स्थान पर वस्तु-साक्षात्कार का आग्रह कितना भी रहा हो, पर कविता भावावेश, भावुकता, कल्पनाशीलता, आत्मसंबोधन की ही लिखी जाती रही है।" (पृ० 45-46)।

रघुवंशजी ने प्रयोगवादी और नयी कविता को ही आधुनिक कविता कहा है। उनके अनुसार, "स्वतंत्रता-प्राप्ति के समय से काव्य के क्षेत्र में आधुनिकता का जो दृष्टिकोण अधिकाधिक स्पष्ट होकर विकसित हो रहा है और नये मूल्यों की उपलब्धि कर रहा है, उसकी भूमिका प्रयोगकालीन कवियों की बौद्धिक जागरूकता, आत्मान्वेषण की प्रवृत्ति, वैज्ञानिक दृष्टि तथा युग के विघटित मूल्यों के प्रति अनास्था में देखी जा सकती है।" ('साहित्य का नया परिप्रेक्ष्य', पृ० 145)। नयी कविता में बौद्धिकता, वैज्ञानिकता, अनास्था तथा व्यक्तित्व की खोज की स्थिति हम देख चुके हैं। रघुवंशजी ने 'मानव-व्यक्तित्व की स्वतंत्रता' को उसका महत्त्व-

पूर्ण मूल्य माना है। मानव-व्यक्तित्व की स्वतन्त्रता के सम्बन्ध में उनकी धारणा यह है कि यह सामाजिक नियन्त्रण से परे रहनेवाली वस्तु है। उनका कहना है : "इस स्वतन्त्रता में मानव, सहज मानव अथवा लघुमानव को पूर्ण उपलब्धि का अवसर मिल सकेगा। अब तक मनुष्य की स्वतंत्रता के नाम पर वर्ग, दल, राष्ट्र की सामूहिक शक्ति अथवा शक्तिमान् नेता मानव-व्यक्तित्व को शासित और नियंत्रित करते रहे हैं।" (उपर्युक्त, पृ० 209)। लेकिन पूर्ण स्वतन्त्रता के साथ यह खतरा है कि वह समाज के विरुद्ध जा सकती है। रघुवंशजी के अनुसार नयी कविता में जिस स्वतन्त्रता को मूल्य माना गया है, वह समाज की विरोधी नहीं, बल्कि उसे सार्थकता प्रदान करने वाली है : "आज का कवि सहज मानव (लघु मानव) की स्थापना करना चाहता है जो अपनी पूर्ण उपलब्धि में समष्टि को ही सार्थक करता है, वह स्वयं उसी प्रकार स्वतन्त्र रहना चाहता है और दूसरों को मुक्त करने में अपनी स्वतन्त्रता की सार्थकता मानता है...।" (उपर्युक्त, पृ० 209-10)। व्यक्ति की स्वतन्त्रता में सामाजिक संगठन और व्यवस्था का कोई योगदान होता है, या नहीं? नयी कविता के कवि और आलोचक दोनों में से कोई इसे नहीं मानता। उक्त संगठन और व्यवस्था के अभाव में व्यक्ति की स्वतन्त्रता समाज के लिए बाधक भी हो सकती है। नये कवि और रघुवंशजी के अनुसार यदि व्यक्ति में 'विवेक' जाग्रत हो तो वह सामाजिक दायित्व से स्वयं युक्त होगा। रघुवंशजी ने लिखा है : "मुक्ति के साथ विवेक का प्रश्न भी सन्निहित है। मानव-नियति का निर्देशक युगों से मनुष्य के बाहर की अनेक आध्यात्मिक अथवा सामाजिक शक्तियाँ रही हैं, पर आज का मानव अपनी नियति का दायित्व अपने विवेक पर लेना चाहता है।" (उपर्युक्त, पृ० 210)। यह 'विवेक' आध्यात्मिक वस्तु न हो, पर नितान्त मनोगत वस्तु तो है ही। रघुवंशजी ने 'बाहरी' शक्तियों के विरोध के क्रम में 'भीतरी' शक्तियों का उनके साथ जो सम्बन्ध होता है उसे भुला दिया है। इस तरह 'विवेक' का महत्त्व-स्थापन करने में वे मनोवाद के शिकार हो गये हैं। इसी तरह के विचार उन्होंने नयी कविता में यदा-कदा व्यक्त किये जाने वाले आस्था के भाव के सम्बन्ध में भी प्रकट किये हैं। उन्होंने कहा है : "इसी के साथ आस्था का प्रश्न भी सम्मिलित है, क्योंकि मानव-भविष्य के किसी विश्वास को लेकर ही मनुष्य आगे बढ़ सकेगा। आज की संक्रांति में मनुष्य के हाथ से यही विश्वास, आस्था का संबल छूट गया है, इसी कारण वह भटक गया है। यदि मानव-भविष्य की पुनः स्थापना करना है, तो उसे उसके प्रति पुनः आशावान् करना होगा। कवि इस विश्वास को लेकर चलता है कि हमारा आज का मार्ग कितना ही धुँधला हो, पर विवेक साथ देगा और यदि हमारी आस्था न काँपे तो हमारा पथ प्रशस्त है...।" (उपर्युक्त, पृ० 210-11)। आस्था का सम्बन्ध केवल 'भीतर' से नहीं होता। विवेक की तरह वह भी 'बाहर' से सम्बद्ध है। आज यदि लोग जीवन से

निराश होते जा रहे हैं और अपने भविष्य में उनकी निष्ठा समाप्त होती जा रही है तो इसके लिए एक बड़ी हद तक जिम्मेवार सामाजिक परिस्थितियाँ हैं। बिना इन परिस्थितियों को बदले हुए केवल मन में आस्था आरोपित कर जीवन के प्रति आशावान् और भविष्य के प्रति निष्ठावान् बने रहने का उपदेश शुद्ध मनोवाद है। ऊपर कहा गया है कि रघुवंशजी आधुनिकता को मूल्यनिरपेक्ष वस्तु बतलाते हैं, पर अपनी आलोचना के माध्यम से वे वस्तुतः कुछ भाववादी मूल्यों की स्थापना करना चाहते हैं। यह उसका मनोरंजक उदाहरण है। जहाँ तक नयी कविता के रूप-शिल्प का प्रश्न है, रघुवंशजी ने हर मौके पर उसका बचाव करना चाहा है। वे कहते हैं : "उसमें एक ओर असुंदर तथा कुत्सित का बहुत अंश सिमट आता है और दूसरी ओर अंकन की क्रमहीनता, शिल्पहीनता आदि प्रमुख हो उठती है। अनेक बार सारे काव्य का अर्थ निरर्थक तथा भावहीन थोथा जान पड़ता है और विरोधी आलोचक इस प्रकार के काव्य को प्रमुखतः दृष्टि में रखकर नयी कविता पर यह आरोप लगाते भी हैं। परन्तु आधुनिकता के संदर्भ में यह संपूर्ण जीवन को आत्मसात् करने का आग्रह है, और इस प्रकार नया कवि समसामयिकता के दायित्व का निर्वाह सच्चे अर्थों में करता है, क्योंकि वह जीवन की वास्तविक गति के अंदर से युग के व्यंग्य को अत्यधिक प्रखरता और गहराई के साथ व्यंजित करता है···।" (उपर्युक्त, पृ० 185)। 'जीवन की वास्तविक गति के अंदर से' युग के व्यंग्य को व्यंजित करने का मतलब है जीवन ऊपर से जैसा दिखलायी पड़ता है उसे उसी रूप में चित्रित कर देना। रघुवंशजी की मान्यता है कि यदि कवि ने जीवन को यथारूप चित्रित नहीं किया तो वह व्यंग्य को 'अत्यधिक प्रखरता और गहराई' न दे सकेगा। नयी कविता में जो वैचित्र्य पाया जाता है उसके बारे में भी उन्होंने यही तर्क दिया है : "इस वैचित्र्य के माध्यम से कवि अपनी मनःस्थिति की उलझन, युग-जीवन की विषमता तथा अपनी वैयक्तिक अनुभूति को व्यंजित करना चाहता है।" (उपर्युक्त, पृ० 198)। यहाँ सी० डे० लीविस का यह प्रसिद्ध कथन स्मरणीय है : "निरन्तर जटिल होती सभ्यता के कारण कविता में बिम्बविधान का अधिक जटिल होते जाना ठीक ही होगा, जिस युग में नये विचारों और ऐन्द्रिय-बोध का बाहुल्य है, उसमें साहसपूर्ण और नया बिम्ब-विधान आवश्यक होगा, लेकिन इसका यह मतलब बिलकुल नहीं है कि विघटित सभ्यता का सही जवाब विघटित कविता है।" ('दि पोएटिक इमेज,' पेपरबैक संस्करण, 1965, लंदन, पृ० 117)।

प्रयोगवाद और नयी कविता के कुछ कवियों पर रघुवंशजी ने अलग से या किंचित् विस्तार से विचार किया है। जो कवि उनके मानदण्ड पर खरे उतरे हैं उनकी उन्होंने प्रशंसा की है और जो उस पर खोटे साबित हुए हैं उनकी उन्होंने आलोचना की है। प्रयोगवाद और नयी कविता के सर्वश्रेष्ठ कवि अज्ञेय हैं, क्योंकि

"उनका सुशिक्षित और सुसंस्कृत मस्तिष्क तथा संवेदनशील और संयत विद्रोही व्यक्तित्व ही काव्य को छायावादी शब्द-जाल, प्रगतिवादी व्यक्तित्वहीनता तथा उत्तर छायावादी रोमैंटिकों के भावावेश से मुक्त कर युग के यथार्थ से संपृक्त और व्यक्ति की अद्वितीयता तथा विशिष्टिता से सम्पन्न करने में समर्थ हुआ।" ('स० आ० हिं० क०', पृ० 20)। उन्होंने आगे भी कहा है: "अज्ञेय-से कवि में युग-जीवन के प्रति गहरा संसर्ग (कंसर्न) और यथार्थ के प्रति संसक्ति परिलक्षित होती है और उनके काव्य में यथार्थदृष्टि प्रायः असंपृक्त रूप में ही व्यंजित हुई है।" (उपर्युक्त, पृ० 22)। लेकिन तुरत वे यह भी कहते हैं: "उनकी समस्त कविता व्यक्ति-केन्द्रित तथा आत्म-सम्बोधन के रूप में है।...यह प्रवृत्ति यथार्थ की वस्तु-रूप व्यंजना को बाधित करती है। अतः सातवें दशक में इसका विरोध हुआ।" (उपर्युक्त)। अज्ञेय को जिस समसामयिकता, यथार्थवादिता और वस्तु-निष्ठता की स्थापना की गयी थी, उसे रघुवंशजी ने स्वयं नकार दिया है, इसलिए उस पर किसी टिप्पणी की आवश्यकता नहीं है। वे बौद्धिकता को प्रयोगवाद और नयी कविता की बहुत बड़ी विशेषता मानते हैं, क्योंकि इसके बिना न तो कविता में तटस्थता सम्भव है, न रोमानी भावुकता से मुक्ति ही। इस दृष्टि से वे रघुवीर सहाय को विशिष्ट कवि सिद्ध करते हैं, क्योंकि वे "यथार्थ और अनुभूति के प्रति अकृत्रिम जिज्ञासा से आकर्षित हैं, पर उसमें रोमैंटिक भावुक आकर्षण के स्थान पर तटस्थ अनुभव की मनःस्थिति मात्र व्यंजित होती हैं...।" (उपर्युक्त, पृ० 34)। प्रयोगवाद और नयी कविता की बौद्धिकता किस कोटि की है, इसका संकेत ऊपर किया जा चुका है। रही बात तटस्थता अथवा निर्वैयक्तिकता की, तो उसके सम्बन्ध में इतना ही कहना काफी है कि भावुकता और तटस्थता, भाव और विचार, ये दोनों परस्पर विरोधी वस्तुएँ नहीं हैं, जैसा कि रघुवंशजी ने मान लिया है। यदि कोई कवि इन्हें परस्पर विरोधी मानकर चलता है तो उसकी कविता में तटस्थता भले आ जाय, वह प्रभावोत्पादकता के गुण से बहुत कुछ वंचित हो जायेगी। रघुवीर सहाय के साथ यही हुआ है। सर्वेश्वर में रघुवंशजी ने स्वतन्त्रता और दायित्व, व्यक्ति और समाज में अभिन्न भाव देखा है। उनका दायित्वबोध और सामाजिक चेतना बाह्यारोपित न हों, यह तो ठीक है, पर उन्हें 'युग-युग की मानवता का प्रतीक' तथा 'व्यक्त होकर कभी पूर्णतः व्यक्त नहीं होनेवाला' बना देना उन्हें ठोस और गतिशील आशय से वंचित करना है। रघुवंशजी ने सर्वेश्वर के बारे में कहा है: "उसने अपने संवेदन और आत्माभिव्यक्ति के मूल में ऐसे ही मूल्यों का स्रोत माना है जो बाह्यारोपित न होकर व्यक्तित्व का सतत अन्वेषी अंश है और वस्तुतः युग-युग की मानवता का प्रतीक है। यही है जो व्यक्त होकर कभी पूर्णतः व्यक्त नहीं हो पाता और मानव का व्यक्तित्व उसकी अनुकृति मात्र है...।" ('साहित्य का नया परिप्रेक्ष्य', पृ० 263-64)। उपर्युक्त कवियों

के बाद नयी कविता के जो कवि रघुवंशजी को सबसे महत्त्वपूर्ण मालूम पड़े हैं, वे हैं विपिन अग्रवाल, क्योंकि "सम्भवतः नयी कविता में यथार्थ के अनुभव की जो बात उठायी गयी थी, और जो इस अनुभव को भावात्मक प्रतिक्रियाओं से मुक्त रखने का आग्रह प्रकट किया जाता रहा, उसकी स्वाभाविक परिणति विपिन तथा उनके जैसे कवियों में देखी जा सकती है।" ('स० आ० हिं० क०', पृ० 47-48)। विपिन अग्रवाल ने भावुकता से मुक्त होकर समसामयिक जीवन की विसंगति का चित्रण किया है। और कवि जहाँ इस विसंगति के प्रति क्षोभ, आक्रोश आदि भावात्मक प्रतिक्रियाएँ करते हैं, वहाँ विपिन अग्रवाल उसके प्रति तटस्थ रहे हैं। इसका सुपरिणाम यह हुआ है कि वे मूल्य-दृष्टि से बँधे नहीं हैं। और कवि अनिवार्य रूप से मूल्य-दृष्टि से बँध गये हैं, क्योंकि "कितना भी अस्वीकार किया जाय भावावेश, आक्रोश तथा विक्षोभ की प्रतिक्रियाएँ मूल्य-भावना से प्रेरित होती हैं।" (उपर्युक्त, पृ० 49)। रघुवंशजी मूल्यों के विरोधी नहीं हैं, लेकिन उनके अनुसार आज 'मूल्यों की परिकल्पना' इस हद तक बदल गयी है कि "आज किसी स्थिति अथवा चरित्र के बारे में सीधे ढंग से यह कह पाना संभव नहीं है कि अमुक नैतिक या मूल्य-दृष्टि से सार्थक और अमुक अनैतिक या मूल्यहीन है।" (उपर्युक्त)। ऐसी स्थिति में विसंगति के प्रति 'पिछली समतलीय' मूल्य-दृष्टि से भावात्मक प्रतिक्रिया करने की अपेक्षा विपिन अग्रवाल-जैसे कवि तटस्थ रहकर "इस मानवीय स्थिति को उसकी पूरी जटिलता में व्यंजित करना अपना रचना-कर्म मानते हैं।" (उपर्युक्त)। यह भावुकता का ही निषेध नहीं है, 'समतलीय' कहकर मार्क्सवादी मूल्य-दृष्टि का भी निषेध है। दूसरे, जटिल यथार्थ के चित्रण के नाम पर रघुवंशजी ने आज हमारे समाज में जो विसंगति है उसे वैज्ञानिक दृष्टिकोण से समझने की आवश्यकता से ही इनकार कर उसके सतही रूप के चित्रण की वकालत की है।

प्रयोगवाद और नयी कविता के उन कवियों को रघुवंशजी ने उतना महत्व नहीं दिया है जिनमें किसी न किसी रूप में रोमानीपन या भावुकता पायी जाती है। गिरिजा कुमार माथुर, नेमिचन्द्र जैन, भारतभूषण अग्रवाल, नरेश मेहता, विजयदेव नारायण साही, जगदीश गुप्त आदि ऐसे ही कवि हैं। धर्मवीर भारती को उन्होंने नयी कविता के प्रतिष्ठित कवियों में 'सर्वाधिक रोमैंटिक मनोभाव का कवि' कहा है। उनके अनुसार, "भारती अपनी मौलिक प्रकृति के कारण यथार्थ को उस तटस्थ और असंपृक्त संवेदन के स्तर पर व्यंजित करने में असमर्थ हैं, जो आधुनिकता का विकसित होता हुआ भावबोध है।" (उपर्युक्त, पृ० 29)। प्रपद्यवादी कवियों की आलोचना रघुवंशजी ने यह कहकर की है कि उनमें मूल्य-दृष्टि का अभाव है : "वस्तुतः इन्होंने काव्य के वैशिष्ट्य के मोह में आधुनिकता को मूल्य-दृष्टि से असंम्बद्ध स्वीकार किया है।" (उपर्युक्त, पृ० 23)। फिर वे

कहते हैं : "अव्यवस्था और विश्रृंखलता को काव्य-बोध की स्थिति के रूप में स्वीकार किया जा सकता है, पर उपलब्धि के रूप में नहीं।" (उपर्युक्त)। वे 'निर्धारित' मूल्यों के विरुद्ध हैं, मूल्य-मात्र के नहीं। आधुनिकता को उन्होंने मूल्य-निरपेक्ष कहा है, पर अनेक बार उससे उनका आशय यह मालूम पड़ता है कि आधुनिकता मूल्यों की बँधी हुई दृष्टि न होकर उनकी गतिशील चेतना है। इसी कारण वे अव्यवस्था और विश्रृंखलता को यथार्थ के रूप में तो स्वीकार कर सकते हैं, पर लक्ष्य या उपलब्धि के रूप में नहीं। विपिन अग्रवाल की आलोचना के प्रसंग में मूल्यों के सम्बन्ध में उन्होंने जिस तटस्थता की बात कही है, वह उनके सम्पूर्ण दृष्टिकोण के मेल में नहीं है। रघुवंशजी ने प्रयोगवाद और नयी कविता के आन्दोलन के बिखराव के बाद सातवें दशक से एक नये काव्यान्दोलन का आरम्भ माना है। इस आन्दोलन के कवि वे हैं, जिनका भारतीय स्वाधीनता से पूरा मोह-भंग हो चुका है। रघुवंशजी ने इस मोहभंग की स्थिति किसी-न-किसी रूप में अनेक पूर्ववर्ती कवियों में भी मानी है। विपिन अग्रवाल की आलोचना के क्रम में ही विसंगति की चर्चा की गयी है। सातवें दशक के कवियों ने इस विसंगति के प्रति रोमानी प्रतिक्रिया की है। राजकमल, जगदीश चतुर्वेदी, सौमित्र मोहन आदि कवियों का हवाला देते हुए रघुवंशजी ने कहा है : "साठोत्तर के ये कवि पूर्ण मोह-भंग अथवा मोह-विहीनता के ऐसे कवि हैं जो अपने आक्रोश, विरोध और आवेग में आत्म-रति तथा अपने परायेपन के कवि रह गये हैं। उनकी 'मानसिक ऊर्जा' तथा उनके 'तात्कालिक बोध' में भावोत्तेजना और युग की सारी विकृतियों के साथ आत्म-प्रक्षेप है जो अपने आकर्षक तथा चमत्कारी रूप में आत्म-रति का ही रूप है। यूरोप के रोमैंटिक भाव-धारा के ह्रास-युग के कवियों में यह आत्म-केन्द्रित भाव देखा जा सकता है। यहाँ यौनप्रसंग हो अथवा मृत्यु-बोध हो, तटस्थ भाव कम ही देखा जा सकता है, जो आधुनिक है और जिसकी चर्चा ये कवि करते हैं।" (उपर्युक्त, पृ० 52)। सातवें दशक के कवियों में कुछ कवि ऐसे भी हैं, जो विसंगति के प्रति न रोमानी प्रतिक्रिया करते हैं, न दायित्व-बोध से ही रहित हैं। रघुवंशजी के शब्दों में, "समस्त साठोत्तर कवियों में कुछ ऐसे कवि जरूर हैं, जिनमें युग की सारी विसंगतियों का गहरा अहसास है, पर उनमें भावावेश, आक्रोश तथा उत्तेजनाएँ नहीं हैं। वे गहरी संसक्ति के साथ अपने युग-जीवन का अनुभव करते हैं और उनमें एक दायित्व भी निहित है।" (उपर्युक्त, पृ० 55)। ऐसे कवियों में धूमिल विशिष्ट हैं।

रघुवंशजी मुख्यतः कविता और उसमें भी हिन्दी की प्रयोगवादी और नयी कविता के आलोचक हैं। उन्होंने प्रयोगवादी काव्य-रचना के दौर के बारे में स्वयं लिखा है : "इस युग का कवि भी मध्यवर्ग का है और वह उसी से अपनी प्रेरणा ग्रहण करता है। मध्यवर्ग की आज की अस्थिर मानसिक, सामाजिक तथा आर्थिक

स्थिति का संघर्ष इस काव्य में प्रत्यक्ष है। आधुनिक कवि अपने को एकाएक विरोधी संघर्षों की परिस्थिति में पाता है और अपना मार्ग निश्चित नहीं कर पा रहा है।" ('साहित्य का नया परिप्रेक्ष्य' पृ० 65)। रघुवंशजी ने मध्यवर्ग की इस कविता की आलोचना मध्यवर्गीय दृष्टिकोण से ही की है। यह दृष्टिकोण अन्ततः समन्वयवाद में शरण लेता है। हम रघुवंशजी में भी समन्वय की चेष्टा पाते हैं, जिसकी ओर यथास्थान संकेत किया गया है। उनके साहित्य-सम्बन्धी चिन्तन में उलझाव है और उनकी आलोचना की शक्ति सीमित है। उनकी पद्धति शास्त्रीय नहीं है, पर उस पर पाश्चात्य आलोचना का स्पष्ट प्रभाव है। जहाँ तक रघुवंशजी की आलोचना की भाषा का प्रश्न है, वह सूक्ष्मविश्लेषण की क्षमता से युक्त है, पर उस क्रम में वह प्रायः अमूर्त होने लगती है।

डॉ० नामवर सिंह (1927) मार्क्सवादी आलोचक हैं। उन्होंने परवर्ती हिन्दी आलोचना में प्रतिक्रियावादी रुझानों के खिलाफ निरन्तर संघर्ष किया है, और मार्क्सवादी आलोचना के सामने जो चुनौतियाँ रही हैं, उनका साहसपूर्वक सामना किया है।

जनता के साहित्य की प्रायः यह कहकर आलोचना की जाती है कि उसमें व्यापकता तो होती है, पर गहराई नहीं होती। नामवरजी ने इस प्रसंग में यह महत्त्वपूर्ण शंका उपस्थित की है: "देखना यह है कि किसी लेखक में व्यापकता के होते हुए भी जब हम गहराई की कमी पाते हैं तो वस्तुतः वह गहराई की कमी व्यापकता की ही कमी तो नहीं है? इसी तरह यदि कोई लेखक संकीर्ण होते हुए भी गहरा मालूम हो तो विचारने की जरूरत है कि कहीं हमारी उस गहराई में ही तो कमी नहीं है?" ('इतिहास और आलोचला', पृ० 13)। फिर उन्होंने गहराई को व्यापकता सापेक्ष बतलाते हुए कहा है: "अनुभूति की गहराई की परीक्षा करते हुए हम अनिवार्य रूप से इसकी व्याप्ति में जा पड़ेंगे। किसी को गहराई तक प्रभावित करने का अर्थ है उसके सम्पूर्ण अस्तित्व, व्यक्तित्व और भाव-सत्ता को प्रभावित करना और बहुत देर तक प्रभावित किये रहना। अनुभूति की गहराई का निर्णय एक व्यक्ति और एक क्षण से नहीं किया जा सकता है। गहराई का निर्णय दिक् और काल-सापेक्ष है।" (उपर्युक्त)। "दिक् और काल-सापेक्ष" से मतलब है मनुष्य की स्थानीय और सामयिक स्थिति से। इन दोनों स्थितियों के चित्रण में जितनी अधिक व्यापकता होगी, साहित्य में उतनी अधिक गहराई आयेगी। व्यापकता के सम्बन्ध में ऐसी धारणा है कि वह साहित्य में राजनीतिक, सामाजिक या आर्थिक स्थितियों के चित्रण से ही सम्भव होती है। नामवरजी ने इस धारणा का खण्डन किया है और कहा है कि प्रेम-जैसे विषय पर लिखे गये साहित्य में भी व्यापकता हो सकती है, बशर्ते कि उसे वृहत्तर सन्दर्भ में चित्रित किया गया हो। उन्होंने हिन्दी के 'सुनीता', 'त्यागपत्र', 'शेखर : एक जीवनी' तथा

'नदी के द्वीप'-जैसे उपन्यासों का जिक्र किया है और उनमें गहराई की कमी इसलिए पायी है कि उनमें विषय को व्यापक स्तर पर नहीं उठाया गया है। उनका कहना है : "केवल नारी-पुरुष के प्रणय पर लिखने से ही कोई उपन्यास संकुचित नहीं हो जाता; संकुचित वह तब होता है जब प्रणय को सम्पूर्ण जीवन से काटकर चित्रित किया जाता है; और वे उपन्यास इसी अर्थ में संकुचित हैं। समस्या चाहे जितनी छोटी हो परन्तु व्यापक रूप से उपस्थित की जाने पर बड़ी हो जाती है। किसी उपन्यास की व्यापकता इस बात में है कि वह जीवन की छोटी से छोटी समस्या को कितने बड़े परिवेश में और किस स्तर पर उपस्थित करता है।" (उपर्युक्त, पृ० 14) । यहाँ यह भी ज्ञातव्य है कि व्यापक "परिवेश में और ऊँचे स्तर पर किसी समस्या को रखने का कार्य वही लेखक कर सकता है जिसका सम्बन्ध अधिक से अधिक व्यापक सामाजिक परिवेश से हो और इस सम्बन्ध के विषय में जिसकी समझ का स्तर भी काफी ऊँचा हो।" (उपर्युक्त) । तात्पर्य यह कि साहित्य में गहराई लाने के लिए व्यक्ति और उसकी अनुभूतियों का निषेध करने की नहीं, बल्कि समाज के साथ उसके जटिल और सूक्ष्म सम्बन्धों को समझने की जरूरत है। 'साहित्यकार अपने व्यक्ति से शुरू करके अनेक अन्तर्वैयक्तिक सामाजिक सम्बन्धों में चला जाता है और उसके साहित्य में इन सम्बन्धों की जटिलता गहरे से गहरे स्तरों पर व्यक्त होती चली जाती है।" (उपर्युक्त, पृ० 18) । ऐसे साहित्यकार की रचना में ही, जिसमें कि यथार्थ का चित्रण सश्लिष्ट रूप में होता है, वास्तविक गहराई देखने को मिलती है। इस प्रकार गहराई व्यापकता से सम्बद्ध है। जहाँ सही अर्थों में व्यापकता है, वहीं गहराई है। जहाँ व्यापकता नहीं है, वहाँ गहराई भी नहीं है। नामवरजी के शब्दों में, "ताल के सूखने से उसकी व्यापकता के साथ गहराई भी कम होती है।" (उपर्युक्त, पृ० 22)। छायावादोत्तर हिन्दी साहित्य में लेखकीय व्यक्तित्व की चर्चा बार-बार की गयी है। नामवरजी ने लिखा है : "समाज और साहित्य के बीच की यह कड़ी अक्सर या तो टूट जाती है या फिर आवश्यकता से अधिक महत्त्व पा जाती है। पर वह कड़ी न तो अस्तित्वहीन है और न स्वतः सम्पूर्ण।" (उपर्युक्त, पृ० 54) । उन्होंने उसकी वैज्ञानिक व्याख्या की है और उसका अस्तित्व स्वीकार करते हुए उसके वस्तुगत आधार की ओर संकेत किया है। साहित्य-रचना में लेखक के व्यक्तित्व का महत्त्व है, लेकिन "इसका यह अर्थ नहीं है कि वह स्वयंभू और सर्वोपरि है।" (उपर्युक्त, पृ० 48) । उन्होंने आगे लिखा है कि "समाज के इतिहास के बीच प्रत्येक व्यक्ति का एक अपना भी इतिहास है" (उपर्युक्त, पृ० 50), लेकिन "लेखक की विशिष्टता उसकी व्यक्तिगत इकाई के अतिरिक्त अधिकांशतः उसके सम्बन्धों और सम्बन्धों की समझदारी पर निर्भर है।" (उपर्युक्त, पृ० 51) । सामाजिक सम्बन्ध ही लेखकीय

व्यक्तित्व का वस्तुगत आधार है। इससे यह निष्कर्ष निकलता है कि लेखकीय 'प्रतिभा' और 'विशिष्टता' कोई अव्याख्येय वस्तु नहीं है। उसके कारणों का निर्देश सम्भव है और वे कारण सामाजिक होते हैं। समाज के साथ लेखक के जो सम्बन्ध होते हैं, वे सामाजिक परिवर्तनों के साथ परिवर्तित और विकसित होते रहते हैं। यदि लेखक समाज के साथ अपने सम्बन्ध को दृढ़ करते हुए सामाजिक परिवर्तन में अधिकाधिक योग दे तो उसका व्यक्तित्व अधिकाधिक विकसित होगा। व्यक्तित्व को अपने आपमें पूर्ण मान लेने का अर्थ है उसे जड़ बना देना, जबकि व्यक्तित्व एक विकासशील तत्त्व है। लेखक के व्यक्तित्व का महत्त्व इस बात में है कि वह समाज को 'साहित्य' में बदल देता है, लेकिन इसके साथ यह भी स्मरणीय है कि "लेखक अपने व्यक्तित्व के माध्यम से समाज को ही अभि-व्यक्त करता है।" (उपर्युक्त, पृ० 54)। यह जरूर है कि "संकीर्ण दृष्टिवाले लेखकों का सामाजिक चित्र संकीर्ण होता है और रहस्यवादी दृष्टिवाले लेखक का चित्र रहस्यात्मक अर्थात् अस्पष्ट। इसके विपरीत व्यापक पैनी दृष्टिवाले सहृदय समझदार लेखकों द्वारा प्रस्तुत चित्र अधिक से अधिक वास्तविक होता है।" (उपर्युक्त, पृ० 54-55)। प्रगति-विरोधी हिन्दी आलोचकों ने अनुभूति का भी प्रश्न उठाया है और उसकी वैयक्तिकता पर बल दिया है। नामवरजी अनुभूति का कार्य अर्थात् व्यवहार से अनिवार्य सम्बन्ध मानते हैं और हम कार्य करने के साथ ही अपने से बाहर समाज की सीमा में आ जाते हैं और हमारा कार्य सामा-जिक हो जाता है।"(उपर्युक्त, पृ० 57-58)। ऐसी स्थिति में 'एकदम वैयक्तिक' अनुभूति की सत्ता स्वीकार सकना सम्भव नहीं है। उन्होंने अज्ञेय का जिक्र किया है जो 'सत्य' के साथ 'तथ्य' का भी अस्तित्व स्वीकार करते हैं, लेकिन उन्हें यथार्थ का "वह स्तर सबसे प्रिय है जहाँ केवल भाव की सत्ता हो और तथ्य को पहचानने का कोई उपाय न हो।" (उपर्युक्त, पृ० 59)। नामवरजी ने आगे लिखा है : "इस प्रकार अज्ञेय का सत्य तथ्य से रागात्मक सम्बन्ध जोड़कर भी ऐसा रागात्मक सम्बन्ध स्थापित करता है जिससे फिर तथ्य से कोई सम्बन्ध ही नहीं रह जाता। ऐसा सम्बन्ध जिसमें सम्बन्ध ही न हो, अपना खण्डन आप है। यह तो आत्महत्या करके जीवित रहने की तरह है।" (उपर्युक्त)। आत्महत्या करके जीवित रहना अर्थात अनुभूति को व्यवहार से विच्छिन्न कर सकना सम्भव नहीं है। फिर अज्ञेय-जैसे लेखकों में जो अनुभूति देखने को मिलती है, वह क्या है? सामाजिक वास्तविकता से उसका क्या सम्बन्ध है? नामवरजी के अनुसार, "विकलता के मूर्त चित्र और विकलता की अनुभूति दोनों एक चीज नहीं हैं। विकलता के मूर्त चित्र वास्तविक हैं लेकिन विकलता भ्रम है और इस भ्रम के कारण वह वास्तविक चित्र भी कुछ सीमित, खण्डित और धुँधला हो जाता है।" (उपर्युक्त, पृ० 61)। मतलब यह कि अज्ञेय-जैसे लेखकों के साहित्य में भी दो

चीजें होती हैं—एक सामाजिक वास्तविकता और दूसरी उसके प्रति लेखक की प्रतिक्रिया। उसमें चित्रित सामाजिक वास्तविकता सत्य होती है, जबकि उसके प्रति की गयी लेखक की प्रतिक्रिया भ्रम। यह भ्रमपूर्ण प्रतिक्रिया वास्तविकता के चित्रण को किंचित् विकृत कर देती है, लेकिन इससे उसमें निहित सत्य भ्रम नहीं हो जाता। इस अवस्था में अज्ञेय-जैसे लेखकों के साहित्य को उसके अन्तर्विरोध के साथ समझने की जरूरत है, "इस तरह के सम्पूर्ण साहित्य को चुटकी से उड़ा" देने की नहीं। इस प्रसंग में नामवरजी ने अन्तिम महत्त्वपूर्ण बात यह कही है कि "अनुभूति एक रचनात्मक क्रिया है।" (उपर्युक्त, पृ० 65)। वह वास्तविकता से सम्बद्ध होती है, लेकिन उसमें नवीनता तभी आती है, जबकि हम उसे बदलने और फिर से रचने के लिए संघर्षरत होते हैं। "अपने जीवन और परिस्थितियों को बदलने के क्रम में हमारी अनुभूतियाँ भी बदलती चलती हैं—उनमें नवीनता आती है।" (उपर्युक्त)। उदाहरणार्थ, "अपने देश की स्वाधीनता के लिए लड़ते हुए जिस राष्ट्रीय भावना की अनुभूति प्रेमचन्द, प्रसाद, निराला आदि आधुनिक साहित्यकारों को हुई वह हिन्दी साहित्य में सर्वथा नयी थे।" (उपर्युक्त) गहराई, व्यक्तित्व और अनुभूति की तरह ही स्वधीनता के बाद के हिन्दी साहित्य में आस्था का प्रश्न भी उठाया गया है। गैरकम्युनिस्ट लेखकों ने किसी विचार-धारा या व्यवस्था में आस्था रखने के स्थान पर अपने 'विवेक' में आस्था रखने पर बल दिया है। इस सम्बन्ध में नामवरजी का कहना है: "दरअसल आस्था के सिलसिले में जिस 'विवेक' शब्द का बहुत नाम लिया जाता है, वह स्वयं बहुत गोल है। जिसको हम 'विवेक' कहते हैं, वह क्या कोई सर्वथा अन्तर्दृष्टि है? या उसका भी निर्माण अनुभवज्ञान से होता है? और जिस 'विवेक' को हम अपना कहते हैं, वह भी कितना अपना है और कितना पराया इसका निर्णय कैसे हो? देख-सुन, पढ़-गुनकर हम जो विचार बनाते हैं, उसके बारे में क्या हम दृढ़ता के साथ कह सकते हैं कि वह नितान्त अपना है? 'व्यक्ति-स्वातन्त्र्य' का जो लोग इतना ढोल पीटते हैं क्या वे सब विचार की दृष्टि से स्वतन्त्र हैं?" (उपर्युक्त, पृ० 86)। इस तरह निजी 'विवेक' या पूर्ण 'व्यक्ति-स्वातन्त्र्य' की बात एक मिथ्या कल्पना है। यदि इसे स्वीकार करके चला जाये तो उसकी तर्कसंगत परिणति चरम सामाजिक अलगाव में होगी। इस कारण प्रश्न आस्था और अनास्था से नहीं, बल्कि इससे सम्बन्धित होने चाहिए कि लेखक किसमें अपनी आस्था रखें? नामवरजी का मत है कि "आस्था की शक्ति उसके आधार से ही निर्धारित होती है," इसलिए इस प्रश्न का उत्तर "जनता के प्रति आस्था" से ही दिया जा सकता है। वे अनास्था को केवल मनोवैज्ञानिक व्याधि मानने के पक्ष में नहीं हैं और उसका हल भी समाज में ही ढूँढ़ते हैं: "अनास्था केवल मनोवैज्ञानिक व्याधि नहीं है

और न तो केवल मनोवैज्ञानिक उपचारों से दूर हो सकती है। जब तक बुद्धिजीवी की सामाजिक स्थिति नहीं बदलती अथवा कम से कम सामाजिक स्थिति बदलने की भावना उसमें पैदा नहीं होती तब तक कोरे अलस चिन्तन से अनास्था का मिटाना असम्भव है। जिन सामाजिक स्थितियों ने उसमें अनास्था पैदा की है, उन्हीं में से आस्था भी खोजनी है।" (उपर्युक्त, पृ० 89)। जब जनता या मानव-समाज में आस्था रखन की बात की जाती है तब मध्यवर्गीय मनोवृत्ति और विचार-धारा के लेखक वर्तमान परिस्थिति को नितान्त निराशाजनक बतलाते हैं। इसका स्पष्ट कारण यह है कि उनके पास सही ऐतिहासिक परिप्रेक्ष्य का अभाव है। यदि वे विश्व की तमाम घटनाओं को सही ऐतिहासिक परिप्रेक्ष्य में देखें तो उन्हें जनता या मानव-समाज के विकास का ज्ञान हो जायेगा और तब उसमें अनास्था का कोई कारण नहीं रहेगा। नामवरजी ने लिखा है : "कोई वजह नहीं है कि वर्तमान स्थिति में आस्था के बीज न हों! ...इतिहास के व्यापक परिवेश में देखने पर पता चलता है कि हमारा युग अतीत के अनेक अन्धकार-युगों की अपेक्षा कहीं अधिक प्रकाशपूर्ण है। संसार की जनता आज पहले से कहीं अधिक संगठित और सूचना-सम्पन्न है। पहले आकांक्षाएँ थीं, अब योजनाएँ भी हैं। जो इस इतिहास के निर्माण में सचमुच भाग ले रहे हैं, उन्हें इस शक्ति का पूरा अहसास है, अहसास नहीं है तो उन्हें जो इससे अलग हैं।" (उपर्युक्त, पृ० 89-90)। यहाँ आस्था-अनास्था और आशा-निराशा के सम्बन्ध में उन्होंने इस बात से भी हमें आगाह किया है कि मात्र आस्था और आशा की दुहाई देने स साहित्य श्रेष्ठ नहीं हो जाता। उसके लिए जरूरी है कि साहित्य में उसका सम्बन्ध यथार्थ के ज्ञान से हो। यदि कोई साहित्य हमारे यथार्थ-ज्ञान को समृद्ध करता तो वह अनास्था और निराशापरक होने पर भी श्रेष्ठ होता है। "साहित्य में ऐसे साहित्यकारों की कमी नहीं है जिनकी अनास्था में भी सैकड़ों बौनों की आस्था से अधिक शक्ति है। आशावाद के नाम पर आशा से अन्त होने वाली सैकड़ों तुकबन्दियों की अपेक्षा निराशा की कविताएँ अधिक शक्तिशाली हैं। यही वजह है कि तुलसी और सूर के विनय के पद बावजूद निराशा के आज भी लोगों को शक्ति प्रदान करते हैं।" (उपर्युक्त, पृ० 88)।

सातवें दशक में साहित्य के सम्बन्ध में कुछ और प्रश्न भी उठाये गये, जैसे साहित्य की शक्ति, साहित्य की स्वायत्तता, साहित्य और राजनीति का सम्बन्ध आदि से सम्बन्धित प्रश्न। यदि ये प्रश्न पुराने थे तो उनका सन्दर्भ नया था। नयी पीढ़ी के लेखक एक ओर व्यवस्था का विरोध कर रहे थे और दूसरी ओर अपने विरोध को निरर्थक भी बतला रहे थे। साहित्य की शक्ति में उनकी आस्था डिग गयी थी और उन्होंने घोषित कर दिया था कि साहित्य "एक निरर्थक शब्द उगलनेवाली विराट् मशीन" है। नामवरजी ने विरोध की निरर्थकता की इस

अनुभूति का कारण लेखकों का 'वर्ग-बोध-शून्य' होना बतलाया है और साहित्य के प्रति उनके दृष्टिकोण को अपने विरोध की निरर्थकता की अनुभूति का ही प्रक्षेपण माना है। साहित्य को शक्तिहीन मानने के दृष्टिकोण को रद्द करते हुए उन्होंने लिखा है : "साहित्य की शक्ति में आवश्यकता से अधिक विश्वास करना 'रोमांटिसिज्म' हो सकता है किन्तु साहित्य को सर्वथा अशक्त मान लेना यथार्थवाद नहीं है।" ('आलोचना', अप्रैल-जून, '70)। निरर्थकता की इस स्थिति से उबरने का एक ही रास्ता है और वह है वर्गीय पक्षधरता। नामवरजी के अनुसार, " 'हम क्या करें ?' यह सवाल आज हिन्दी लेखकों के भी सामने है···और इस दिशा में लेखक को पहले इस सवाल का उत्तर देना पड़ेगा कि तुम किधर हो ? किसके साथ हो ?" (उपर्युक्त)। इसी तरह जब कभी खुले या छिपे तौर पर साहित्य की स्वायत्तता की वकालत की गयी है, उन्होंने उसका भी विरोध किया है। उनका कहना है कि हमारे साहित्य में साहित्य की स्वायत्तता का आग्रह इसलिए किया जाता है कि उसमें परजीवी वर्ग के मूल्यों का प्रवेश गहराई तक हो चुका है। 'आलोचना' की एक सम्पादकीय टिप्पणी में उन्होंने कहा है : "साहित्य की स्वतन्त्र सत्ता के लिए आग्रह करनेवाले अनेक साहित्यकार अनजाने ही साहित्य में परजीवी मूल्यों की अभिव्यक्ति करते हैं। निस्सन्देह आज के युग में इस मूल्य की अभिव्यक्ति काफी नफीस ढंग से की जाती है। उदाहरण के लिए 'आलोचना' में ही दो अंक पहले प्रकाशित निर्मल वर्मा के लेख 'साहित्य और आस्था' के अन्तर्गत साहित्य की स्वायत्त सत्ता का विरोध करते हुए घुमा-फिराकर अन्ततः बड़े बारीक ढंग से साहित्य को स्वयं अपने ही विश्वासों का 'स्वतन्त्र संवाहक' कहा गया है। निर्मल वर्मा, निस्सन्देह, लूकाच के साक्ष्य पर यह कहते हैं कि 'साहित्य मनुष्य के विवेक को वाणी दे।' यही नहीं बल्कि उनके लिए प्रमुख 'समस्या यह है कि एक सम्पूर्ण समाज में सृजन-कल्पना की भूमिका का पुनराविष्कार किस प्रकार किया जाय।' किन्तु इस भूमिका का पुनराविष्कार करते हुए वे 'साहित्य के स्वयं अपने विवेक की छानबीन' तक आकर रुक जाते हैं जो स्पष्टतः एक दुश्चक्र है।" पुनः उन्होंने यह प्रश्न किया है : "क्या एक सम्पूर्ण समाज में सृजन-कल्पना की भूमिका को पुनराविष्कार के लिए समाज को उत्पादनशील शक्तियों —उत्पादक वर्गों की ओर जाना मना है ?" और लिखा है : "एक परजीवी वर्ग के मूल्य ही इस दिशा में जाने से रोक सकते हैं।" (अक्तू०-दिसं०,' 73)। नामवरजी ने उस विशाल उत्पादक-वर्ग की चर्चा की है जो गाँवों में रहता है और जिसे अभी तक स्वाधीन भारत की आधुनिक उत्पादन-प्रणाली से बाहर रखा गया है और अपना मत इन शब्दों में स्पष्ट रूप में व्यक्त किया है : "जिस देश में इतनी बड़ी सृजन-शक्ति अवरुद्ध पड़ी हो और फिर भी उससे आँख मूँदकर यदि कोई बौद्धिक या लेखक अपनी 'सृजन-कल्पना' की भूमिका के पुनरा-

विष्कार की साधना करे तो उस साधना का बंजरपन पूर्वनिश्चित है ! इस विशाल उत्पादन-शक्ति के क्रान्तिकारी रूपान्तरण के प्रयास में ही 'सृजन-कल्पना' का उन्मोचन सम्भव है !" (उपर्युक्त)। इस प्रकार प्रश्न साहित्य की स्वायत्तता का नहीं, बल्कि उसे उत्पादक-वर्ग और उत्पादन-प्रक्रिया से जोड़ने का है। प्रगतिवाद के आन्दोलन के पहले दौर में भी साहित्य और राजनीति के सम्बन्ध की चर्चा हुई थी। नामवरजी ने लिखा है: "स्वाधीनता-प्राप्ति के बाद इन मध्यवर्गीय मनोवृत्तिवाले लेखकों के मानसिक विकास का ग्राफ द्रष्टव्य है। आरम्भ में उन्होंने मार्क्सवादी और कम्युनिज्म की संकीर्णता के विरुद्ध व्यापक मानववाद और आन्तरिक सामाजिकता का नारा दिया, फिर राजनीति को एकांगिता के विरुद्ध संस्कृति को खड़ा किया···।" ('आलोचना,' जन०-मार्च, '74)। ऊपर हम साहित्य को 'संस्कृति की मूल्य-प्रक्रिया' से सम्बद्ध करने का डॉ० रघुवंश का प्रयास देख चुके हैं। उससे नामवरजी के कथन की पुष्टि होती है। "भौतिक जीवन के मूल्यों की सीमाओं का अतिक्रमण", "आध्यात्मिक परम श्रेयस् की ओर अग्रसर होना", "उच्च भूमियों के चरम मूल्य और उसकी उपलब्धियों की अवर्णनीयता, अज्ञेयता और अव्याख्येयता"—संस्कृति की इन विशेषताओं के आगे स्थिर और जड़ मूल्यों में बँधा हुआ सारा मार्क्सवाद, कम्युनिज्म और राजनीति हेय है ! नामवरजी ने स्वभावतः अपनी आलोचना में इस विचार-धारा का खण्डन किया है। उनकी मान्यता यह है कि बिना राजनीतिक व्यक्तित्व के "आज के युग में कोई भी लेखक सार्थक साहित्यकार नहीं हो सकता।" ('विवेचना संकलन,' प्रथम खण्ड, संयोजक उमा राव, प्रथम संस्करण, भारती भण्डार, इलाहाबाद, पृ० 117)। लेकिन राजनीति का कोई संकीर्ण अर्थ उन्होंने नहीं लिया है। उन्होंने स्पष्ट लिखा है कि "साहित्य को राजनीतिक चेतना से सम्पन्न बनाने का अर्थ साहित्य-सृजन और चिन्तन में राजनीतिक संघर्ष की रणनीति और कार्यनीति का अमल नहीं है।" ('आलोचना,' अप्रैल-जून, '74)। आगे भी उन्होंने वामपंथी लेखकों में एकता कायम करने की समस्या पर विचार करते हुए कहा है: "वस्तुतः साहित्य में राजनीतिक मतभेदों को अनावश्यक तूल देनेवाले वामपंथी लेखक यह मोटी-सी बात भूल जाते हैं कि मार्क्सवाद केवल एक राजनीतिक सिद्धान्त नहीं बल्कि एक विश्वदृष्टि है—राजनीतिक जिसका एक पक्ष है, निस्सन्देह अत्यन्त महत्त्वपूर्ण पक्ष ! यह विश्वदृष्टि लेखक को अपने समय की वास्तविकता को उसकी समग्र जटिलता के साथ समझने में सहायक होती है। इसलिए लेखकों के बीच कायदे से विश्वदृष्टि पर बहस होनी चाहिए, राजनीतिक लाइन पर नहीं।" (उपर्युक्त)। यहाँ यह शंका उपस्थित की जा सकती है कि मार्क्सवादी आलोचक होने के बावजूद नामवरजी ने क्या पार्टीलाइन को छोड़ने की बात कहकर पक्षधरता को छोड़ने की बात नहीं कही है ? इस प्रसंग में सोवियत आलोचक ब्लादीमिर

इचेरबिना का यह कथन द्रष्टव्य है : "लेनिन के इस कथन का कि साहित्य को अवश्य ही पार्टी-हेतु का अंग होना चाहिए, एक व्यापक अर्थ है। उसकी तुलना उनके प्रस्ताव की उन संकीर्ण व्याख्याओं से नहीं की जा सकती, जो हमें कुछ साहित्यिक शोधकार्यों में देखने को मिलती हैं। हम सबों को वे कुत्सापूर्ण प्रयत्न याद हैं जिनके द्वारा पार्टी के साथ औपचारिक सम्बद्धता को लेखकीय पक्षधरता की मुख्य पहचान के रूप में पेश किया गया था। लेनिन ने अपने लेख ('पार्टी संगठन और पार्टी साहित्य' —ले०) में इस आवश्यकता पर बल दिया था कि सामाजिक जनवादी लेखकों का एक दल, जो कि अराजक-मनोवृत्ति का था, पार्टी-लाइन का अनुसरण करे। लेकिन जहाँ तक सामान्य रूप से इस बात के साहित्य पर लागू होने का प्रश्न है, पार्टीलाइन का मतलब है पार्टी द्वारा घोषित आध्यात्मिक मूल्यों और विचारों का योगफल।" ('लेनिन एण्ड प्राब्लेम्स ऑव लिटरेचर,' प्रोगेस पब्लिशर्स, मास्को, 1974, पृ० 106-7)। नामवरजी ने इसी व्यापक और गम्भीर अर्थ में राजनीति को लिया है। संकीर्ण अर्थ में साहित्य में राजनीति को लाने से "व्यवस्था के···सामाजिक-सांस्कृतिक पक्ष पर प्रहार करने वाली गहरी रचनाएँ अपनी आपातत: अराजनीतिक भंगिमा के कारण प्राय: उपेक्षित रह जाती हैं" और सतही रूप में साहित्य को राजनीति में लाना "प्राय: ऐसे प्रचारात्मक साहित्य के निर्माण को बढ़ावा देता है जो रचना नहीं बल्कि अनुवाद होता है।" ('आलोचना,' अप्रैल-जून,' 74), "किन्तु इसका अर्थ यह नहीं कि ठेठ राजनीतिक कविता जैसी कोई चीज होती ही नहीं। विश्वसाहित्य में उच्चकोटि की अनेक राजनीतिक कविताएँ सुलभ हैं। अवश्य ही हर अच्छी कविता की तरह राजनीतिक कविता की रचना के भी अपने विशेष नियम हैं—नियम का अर्थ कोई फार्मूला नहीं, बल्कि रचना में अन्तर्हित नियम।" ('आलोचना जुलाई-सितं०,' 68)। नामवरजी के विचारों को समग्रता में जानने के लिए राजनीतिक कविता के सम्बन्ध में व्यक्त किये गये उनके इस विचार को ध्यान में रखना जरूरी है।

छायावाद के बाद हिन्दी कविता में यथार्थवाद का विकास आरम्भ होता है। अब कविता भावपरक होने की जगह रूपपरक अर्थात् आत्मपरक होने की जगह वस्तुपरक होने लगती है। छायावादी कविता और नयी कविता में मूल अन्तर इसी बात को लेकर है। नामवरजी के शब्दों में, "छायावादी काव्य-रचना की प्रक्रिया जहाँ भीतर से बाहर की ओर है वहाँ नयी कविता की रचना-प्रक्रिया बाहर से भीतर की ओर है। एक में रूप में भाव का आरोपण है तो दूसरी में रूप का भाव में रूपान्तरण है।" ('कविता के नये प्रतिमान,' पृ० 25)। भावपरकता अथवा आत्मपरकता छायावादी कविता और नयी कविता दोनों में ही है, क्योंकि उसके बिना कविता की रचना सम्भव नहीं है, लेकिन उसके अनुपात और स्वरूप

में अन्तर है। छायावादी कविता में जहाँ भाव की प्रधानता थी, वहाँ नयी कविता में रूप की प्रधानता है; छायावादी कविता जहाँ आत्मप्रधान थी, वहाँ नयी कविता वस्तुप्रधान है। जहाँ तक स्वरूप में अन्तर की बात है, छायावादी कविता के भाव अथवा अनुभूति अपने सन्दर्भों से जितनी सम्बद्ध थी, नयी कविता के भाव अथवा अनुभूति उससे अधिक सम्बद्ध है। इसी बात को नामवरजी ने इस प्रकार कहा है : "नयी कविता छायावाद के समान ही 'अनुभूति' पर बल देते हुए भी भावों की शाश्वतता के प्रति उतनी आश्वस्त नहीं है। इसीलिए नये कवि अनुभूति से अधिक अनुभूतियों के परिवर्तित सन्दर्भ पर विशेष बल देते हैं। स्पष्टतः उनका बल रागात्मक से अधिक रागात्मक सम्बन्धों पर है।" (उपर्युक्त)। स्वभावतः कविता की विषय-वस्तु में घटित होनेवाले इस परिवर्तन ने उसकी संरचना में भी परिवर्तन उपस्थित कर दिया : "छायावाद के विपरीत नयी कविता में जिस प्रकार रूप भाव ग्रहण करता है, तथ्य सत्य हो जाता है और अन्ततः अनुभूति निर्वैयक्तिक हो जाती है, उससे स्वयं कविता की 'संरचना' में भी गहरा परिवर्तन आ जाता है।" (उपर्युक्त, पृ॰ 26)। वह परिवर्तन संक्षेप में यह है : "औसत नयी कविता 'क्रिस्टल' या स्फटिक की सघन संरचना के समान है, इसका प्रमाण यह है कि आलोचना में उद्धरण की सुविधा के लिए उससे कोई एक अंश चुनना कविता के साथ अन्याय हो जाता है और जब भी ऐसा किया जाता है तो कविता की अन्विति की कीमत पर—समग्र अर्थ की कीमत पर।" (उपर्युक्त)। यह तो संरचना सम्बन्धी बात हुई। नयी कविता ने कविता के अन्तर्ग्रथन को भी महत्त्वपूर्ण बना दिया, जिसका मतलब यह है कि कविता में "अर्थवान शब्द की समस्त सम्भावनाओं की खोज किये बिना ही एक सामान्य वक्तव्य या सन्देश के आधार पर किसी कविता पर मूल्य-निर्णय" देना गलत है। अन्तर्ग्रथन-सम्बन्धी इस मान्यता के सम्बन्ध में यह सन्देह नहीं होना चाहिए कि यह कविता को समाज से काटकर पूर्णतः स्वायत्त रूप में स्थापित करने का प्रयास है। यह वस्तुतः कविता की 'सापेक्ष स्वतन्त्रता' की प्रतिष्ठा है, जो नयी कविता में दिखलायी पड़ी और जिसकी 'वस्तुवादी' आलोचना में अक्सर ही उपेक्षा की जाती है। नामवरजी ने हिन्दी में यथार्थवादी कविता के विकास को गौर से देखा है और एक उत्तरदायी मार्क्सवादी आलोचक की तरह उसमें उभरनेवाले नये प्रतिमानों को चिह्नित किया है। जैसा कि उन्होंने 'प्रतिमान' की भूमिका में लिखा है, नये प्रतिमान उन्होंने गढ़े नहीं हैं, बल्कि नयी कविता के माध्यम से जो जाने हुए थे, उन्हें केवल 'पहचानने' का प्रयास किया है। ऐसा भी नहीं है कि ये सभी प्रतिमान नितान्त नवीन हैं और नयी कविता में पहली बार प्रकट हुए हैं। इस सम्बन्ध में इतना ही ज्ञातव्य है कि ये प्रतिमान हिन्दी कविता के यथार्थवादी विकास के दौर में महत्त्वपूर्ण हो उठे हैं। नामवरजी ने इन अपेक्षाकृत नये प्रतिमानों की सार्थकता पर भी

प्रकाश डाला है। नये प्रतिमानों की सार्थकता केवल इस बात में नहीं है कि वे विशेष प्रकार की कविता के मूल्यांकन में सहायक हों, बल्कि इस बात में भी है कि वे सम्पूर्ण कविता के मूल्यांकन के लिए नया आधार या नयी दृष्टि प्रदान करें। नामवरजी ने अपनी पुस्तक 'इतिहास और आलोचना' में ही इस ओर संकेत किया था : "रचनाओं के पारस्परिक प्रभाव के बारे में प्रायः यही समझा जाता है कि पहले की लिखी रचना से ही कोई रचना प्रभावित होती है। परन्तु इस बात की ओर लोगों का ध्यान नहीं जाता कि रचनाएँ अपनी परवर्ती रचनाओं से भी प्रभावित होती हैं। एक रचना से दूसरी रचना का अर्थ बदल जाता है, मूल्य घट-बढ़ जाता है और वह अपने आपसे कुछ और हो जाती है। इससे कौन इन्कार कर सकता है कि मानस ने वाल्मीक रामायण को और कामायनी ने मानस को पाठकों के लिए बदल दिया।" (पृ० 53)। अपने एक लघु निबन्ध में नयी कविता के सम्बन्ध में उन्होंने कहा है : "नयी कविता का चस्का लगने के बाद छायावादी या रीतिकालीन या भक्तियुगीन कविताओं को पुराने ढंग से आस्वादित करना असम्भव है--नयी कविता ने पुरानी कविताओं को भी एक नया अर्थ दे दिया है और इस प्रकार उसने समूची काव्य-परम्परा को एक नये परिप्रेक्ष्य में उद्भासित कर दिया है।" ('नयी कविता,' प्रकाशन विभाग, सूचना और प्रसारण मन्त्रालय, भारत सरकार, 1967, पृ० 40)। बात दोनों स्थलों पर रचना की की गयी है, लेकिन उसके मूल में रचना से उभरनेवाले प्रतिमान ही हैं। इस तरह कविता के नये प्रतिमानों की सार्थकता उनकी व्याप्ति में है। नामवरजी ने इन्हीं कारणों से अपने 'प्रतिमान' में अधिक-से-अधिक स्पष्ट रूप में उनके विवेचन का प्रयास किया है। इस प्रयास में स्वभावतः उनका सामना रस के प्रतिमान से हुआ है जो कि कविता के मूल्यांकन का परम्परागत प्रतिमान रहा है। उन्होंने नयी कविता के लिए रस की तत्त्व-मीमांसा से अधिक महत्त्वपूर्ण उसकी शब्दार्थ-मीमांसा को माना है। "उल्लेखनीय है कि आचार्य शुक्ल भी रस के प्राचीन तत्त्ववाद के प्रति बहुत आग्रहशील नहीं थे। यही नहीं बल्कि···उन्होंने रस को अपने युग की सामाजिक आवश्यकताओं के अनुरूप नयी सामाजिक मान्यताओं का आधार प्रदान किया था" ('कविता के नये प्रतिमान,' पृ० 50) और "एक व्यावहारिक समीक्षा के नाते आचार्य शुक्ल इस बात को भली-भाँति जानते थे कि काव्य में अर्थ-मीमांसा द्वारा ही रस का निरूपण किया जा सकता है और कविता का अर्थ-मीमांसा के बिना अनायासलभ्य अनुभूति के आधार पर कविता का मूल्यांकन करना मूल्यांकन नहीं, बल्कि 'प्रभावाभिव्यंजक' आलोचना का उपहासास्पद नमूना है।" (उपर्युक्त, पृ० 47)। शब्दार्थ-मीमांसा रस-निरूपण की पद्धति है, जिसकी विशेषता है कविता का ठोस वस्तुगत विश्लेषण। नामवरजी ने लिखा है : "किसी रचना में रस-निरूपण करते हुए संस्कृत आचार्य न तो यह

बतलाते हैं कि यहाँ कवि का अभिप्राय यही था और न वे एक सहृदय के हृदय पर पड़नेवाले प्रभावों की भावोच्छ्वसित प्रतिक्रिया ही व्यक्त करते हैं। सर्वत्र और सदैव ध्यान काव्यगत शब्दों पर रहता है और विश्लेषण प्रक्रिया उन शब्दों के पारस्परिक सम्बन्धों तथा उनसे उत्पन्न होनेवाले अर्थ की ध्वनि-तरंगों के सुदूरतम विस्तार को पकड़ने की दिशा में प्रयत्नशील रहती है।" (उपर्युक्त, पृ० 56)। यथार्थवादी कविता के लिए शब्दार्थ-मीमांसा ही अधिक उपयोगी है, क्योंकि उसका वस्तुगत स्वरूप ही अधिक महत्त्वपूर्ण होता है, आत्मगत स्वरूप नहीं। शब्दार्थ-मीमांसा पर बल देने का अर्थ यह कतई नहीं है कि नामवरजी ने यथार्थवादी कविता में अनुभूति की उपेक्षा की है। उनका आग्रह केवल कविता पर वस्तुपरक ढंग से विचार करने का है। प्रमाण में उनके ये शब्द उद्धृत किये जा सकते हैं: "माना कि काव्य में अनुभूति की प्रधानता होती है और काव्य सर्वप्रथम अनुभूति का ही विषय है, किन्तु यह काव्यानुभूति यदि गूंगे का गुड़ नहीं है तो उसे विवक्षित करने के लिए शब्दार्थ-मीमांसा के 'बौद्धिक' व्यापार के श्रम-साध्य पथ से होकर गुजरना ही पड़ेगा।" (उपर्युक्त)।

यथार्थवादी या नयी कविता में उभरनेवाले जिस नये प्रतिमान ने नामवरजी का ध्यान सर्वप्रथम आकृष्ट किया है वह है काव्य-भाषा। उनका कहना है: "नयी कविता के उदय के साथ जब पुनः कविता की रचना में 'वागर्थ प्रतिपत्ति' की स्थापना की गयी तो स्वभावतः काव्य-समीक्षा में भी उसका प्रतिफलन दिखायी पड़ा, और पूर्ववर्ती आलोचना की त्रुटि का परिहार करते हुए काव्य-भाषा को पुनः मूल्यांकन के मूलाधार के रूप में प्रतिष्ठित करने के प्रयास शुरू हुए।" (उपर्युक्त, पृ० 104)। कविता में उसकी भाषा सर्वाधिक महत्त्वपूर्ण होती है, क्योंकि कविता का कथ्य उससे अभिन्न होता है और वही उसे जानने का एकमात्र साधन होती है: "कथन को कथ्य से कैसे अलग किया जा सकता है? यदि कथ्य कथन से अलग है भी तो कथन के अतिरिक्त उसे जानने का साधन क्या है?" (उपर्युक्त, पृ० 108)। यहाँ दृष्टव्य यह है कि नामवरजी ने कविता की भाषा को किसी स्वतन्त्र अवयव के रूप में नहीं प्रस्तुत किया है। उन्होंने लिखा है: "यदि भाषा कवि के अनुभव और ज्ञान का साधन है तो कविता की भाषा का विश्लेषण करके उसके अनुभव की शक्ति को भी मापा जा सकता है। अब इस सफाई के लिए कोई गुंजाइश नहीं रही कि कवि ने अनुभव तो बहुत किया किन्तु भाषा की असमर्थता के कारण अपनी बात पूरी तरह कह नहीं पाया। तुरन्त यह सवाल उठेगा कि उसने अनुभव किया था, इसका प्रमाण क्या है?" (उपर्युक्त, पृ० 112)। अनुभव से अभिन्न भाषा में ही सृजनशीलता होती है। लेकिन यह सृजनशीलता अनायास लभ्य न होकर अन्वेषण का फल होती है: "काव्य-भाषा के स्तर पर सृजनशीलता बहुत-कुछ अन्वेषण का पर्याय है। किसी नये शब्द को

खोजने का अर्थ ही है किसी नये अनुभव-खण्ड अथवा वास्तविकता के किसी नये पहलू की खोज।" (उपर्युक्त, पृ० 113)। छायावादोत्तर काल में नयी प्रयोगशील कविता में बोलचाल के शब्दों से कविता की भाषा तैयार करने का जो प्रयास दिखलायी पड़ता है उसके पीछे भाषा को स्वाभाविक बनाने का आग्रह या प्रकृतवादी प्रवृत्ति ही नहीं है। नामवरजी के अनुसार उसके द्वारा कवियों ने अपने आसपास की दुनिया में हिस्सा लेते हुए कविता रचने के नैतिक साहस का परिचय दिया। इस प्रकार उनकी कविता की भाषा उनके परिवेश के अनुभव का अंग थी। अन्त में उन्होंने अनुभव और भाषा अथवा कथन और कथ्य के बीच द्वन्द्वात्मक सम्बन्ध बतलाया है और कहा है: "यदि कथ्य-कथन अथवा भाव-भाषा के अनायास तादात्मय की छायावादी धारणा गलत है और नयी कविता द्वारा स्थापित उसका सायास अन्वेषणधर्मी सम्बन्ध सही है तो यह निस्संकोच कहा जा सकता है कि कथ्य-कथन के बीच द्वन्द्वात्मक सम्बन्ध है, जिसे विरोधपूर्ण एकता की संज्ञा दी जा सकती है। जाहिर है कि इस विरोधपूर्ण एकता की भूमि पर कविता की स्थिति कहीं भी हो सकती है, किन्तु अन्ततः कविता की यह स्थिति ही मूल्यांकन का मूल आधार बनती है। कविता में भाषा के स्तर पर इस विरोधपूर्ण एकता का तनाव चरमबिन्दु की दिशा में जिस सीमा तक व्यक्त होता है, उस सीमा तक कविता मूल्यवान होती है। निस्सन्देह इस मार्ग में समझौते की भी स्थितियाँ हैं, जिन्हें ध्यान में रखे बिना कोई भी मूल्यांकन पूर्ण नहीं हो सकता।" (उपर्युक्त, पृ० 119)। यहाँ नामवरजी का यह कथन भी देख लेना चाहिए जिससे काव्य-भाषा को प्रतिमान के रूप में प्रतिष्ठित करने के उनके प्रयत्न के सम्बन्ध में किसी गलतफहमी की गुंजायश न रहे: "कथ्य को कथन के रूप में निःशेष कर देने में, निस्सन्देह, आलोचना के अन्तर्गत रूपवादी रुझान का खतरा है, क्योंकि कुछ आलोचक कथन की भाषागत विशेषताओं के विश्लेषण को ही समूची काव्याकृति का विश्लेषण समझने की भूल कर सकते हैं। किन्तु जो जागरूक समीक्षक शब्द के गिर्द बननेवाले समस्त अर्थ-वृत्तों तक फैलते जाने का विश्वासी है वह सन्दर्भ के अनुसार शब्द में निहित सभी अर्थापत्तियों को पकड़कर काव्य-भाषा के आधार पर ही काव्य का पूर्ण मूल्यांकन कर सकता है, जिसमें उसका नैतिक मूल्यांकन भी निहित है।" (उपर्युक्त, पृ० 115-16)। नामवरजी ने कविता के जिस दूसरे नये प्रतिमान को रेखांकित किया है वह है 'सपाटबयानी'। इसका सम्बन्ध काव्य-भाषा से ही है, पर महत्त्वपूर्ण होने के चलते यह अलग से उल्लेखनीय है। यह प्रतिमान हिन्दी कविता में कुछ देर से उभरा, नयी कविता का भी दौर समाप्त हो जाने के बाद। "१९५९ का साल ऐतिहासिक दृष्टि से 'नयी कविता' के विकास का प्रायः चरमबिन्दु था। इस बिन्दु से एक रास्ता नयी कविता की रूढ़ियों की ओर जाता था, जिनमें बिम्ब आदि विज्ञापित नुस्खों के अन्धानुकरण की प्रवृत्ति

थी और दूसरा रास्ता सच्चे सृजन का था, जिसमें बिम्बवादी प्रवृत्ति के बन्धन को तोड़ना आवश्यक प्रतीत हुआ।" (उपर्युक्त, पृ० 125)। यहाँ यह प्रश्न उठता है कि क्या 'सच्चा सृजन' यानी यथार्थवादी कविता की रचना बिना बिम्ब-विधान के भी सम्भव है? और यदि वह सम्भव है, तो फिर नामवरजी के उक्त कथन और इन कथनों में क्या संगति है कि "कविता में 'बिम्बविधान' के आग्रह का अर्थ है वास्तविकता की प्रतिष्ठा" और "विचारप्रधान कविताएँ केवल 'आलोचना' हैं तो बिम्बप्रधान कविताएँ रचना भी हैं?" ('नयी कविता', प्रकाशन विभाग, भारत सरकार, पृ० 42-43)। इस प्रश्न का उत्तर नामवरजी के उपर्युक्त कथन में ही मिल जाता है, यदि हम उनके "बिम्ब आदि विज्ञापित नुस्खों के अन्धानुकरण की प्रवृत्ति" और "बिम्बवादी प्रवृत्ति के बन्धन" इन वाक्य-खण्डों पर ध्यान दें। इनसे यह स्पष्ट है कि वे बिम्ब अथवा बिम्ब-विधान को काव्य-मूल्य के रूप में तिरस्कृत नहीं करते हैं, बल्कि बिम्ब की रूढ़ियों के अनुकरण और बिम्बवाद की प्रवृत्ति को यथार्थवादी कविता की रचना के लिए घातक बतलाते हैं। ऐसी स्थिति में नामवरजी के उपर्युक्त 'बिम्ब-विरोधी' और बिम्ब-समर्थक कथनों में कोई विरोध नहीं देखा जाना चाहिए। 'सपाटबयानी' से भी उनका क्या मतलब है, यह ज्ञातव्य है। इस शब्द को उन्होंने सर्वत्र उद्धरण-चिह्नों के भीतर रखा है इससे भी यह संकेत मिलता है कि इसका प्रयोग उन्होंने सर्वथा प्रचलित अर्थ में नहीं, बल्कि उससे भिन्न किंचित् विशिष्ट अर्थ में किया है। इसी कारण उन्होंने 'सपाटबयानी' के साथ प्रायः 'तथाकथित' विशेषण का भी प्रयोग किया है। नामवरजी की 'सपाटबयानी' 'निरा वक्तव्य' का पर्याय नहीं है। 'ज्ञानोदय' में प्रकाशित 'नयी कविता पर क्षण भर' शीर्षक लेखमाला की जिस किस्त (सित०, '63) से 'प्रतिमान' में उन्होंने 'बिम्ब-विरोधी' अपना कथन उद्धृत किया है; उसी में उन्होंने यह भी कहा है: "दिक्कत तब पैदा होती है, जब वक्तव्य 'प्रेस-वक्तव्य' हो जाता है···।" 'प्रतिमान' में भी उन्होंने बिम्ब ढूँढ़नेवाली अध्यापकी आलोचना की सीमाएँ बतलाते हुए कहा है: "इस वातावरण में यदि तथाकथित 'सपाटबयानी' में रचे-पचे रोजमर्रा की जिन्दगी से लिये गये जाने-माने बिम्ब अनदेखे चले जायँ और इस प्रकार उनका विशेष कथ्य भी साधारण मानकर उपेक्षित हो जाय तो आश्चर्य नहीं।" (पृ० 138)। इस उद्धरण में 'सपाटबयानी' का बिम्ब से सम्बन्ध स्पष्ट है, भले वे बिम्ब उसमें "रचे-पचे रोजमर्रा की जिन्दगी से लिये गये जाने-माने बिम्ब" हों। आगे भी उन्होंने कहा है: "कविता बिम्ब का पर्याय नहीं है, सामान्यतः जिसे बिम्ब कहा जाता है उसके बिना भी कविताएँ लिखी गयी हैं और वे बिम्बधर्मी कविताओं से किसी भी तरह कम अच्छी नहीं कही जा सकतीं।" (पृ० 139)। इस कथन में 'सामान्यतः' शब्द ध्यातव्य है। उसका अर्थ यह है कि यथार्थवादी कविताओं में भी बिम्ब होते हैं, पर वैसे बिम्ब

नहीं, जिन्हें हम ग्राम तौर पर बिम्ब के रूप में जानते या पहचानते हैं। बिम्ब के सम्बन्ध में नामवरजी की यह स्पष्ट धारणा है : "कविता में बिम्ब-रचना सदैव वास्तविकता को मूर्त ही नहीं करती, कभी-कभी वह वास्तविकता का ग्रमूर्तन भी करती है···। कविता में बिम्ब वास्तविकता के साक्षात्कार का ही सूचक नहीं होता, प्रायः वह वास्तविकता से बचने का एक ढंग भी रहा है।" (उपर्युक्त, पृ० 139)। कविता को बिम्ब का पर्याय बना देने का प्रयत्न हमें ग्रंग्रेजी के बिम्बवादी ग्रान्दोलन में ही दिखलायी पड़ता है। बिम्बवादियों ने 'काव्य में वस्तु के प्रत्यक्षग्रहण' पर बल दिया था, जिसका मतलब था वस्तु को मूर्त (प्रायः दृश्य) रूप में ग्रभिव्यक्त करना। इस प्रवृत्ति की परिणति वस्तु के 'ग्रमूर्तन' या उससे पलायन में हुई। इसका कारण यह था कि बिम्बवादी बिम्ब को ही प्रमुखता प्रदान करते थे, उस भाव ग्रौर विचार को नहीं, जो बिम्ब से संयुक्त होकर वस्तु में निहित ग्रर्थ को उद्घाटित करता है, या उसे प्रशस्त बनाता है। नामवरजी इस बिम्बवादी प्रवृत्ति के ही विरुद्ध हैं ग्रौर यथार्थवादी कविता के लिए उस प्रकार के बिम्ब-विधान को ग्रावश्यक समझते हैं जिस प्रकार का बिम्ब-विधान नागार्जुन ग्रौर त्रिलोचन की कविताग्रों में दिखलायी पड़ता है। "जहाँ तक मूर्तिमत्ता का प्रश्न है, वह तथाकथि.. 'बिम्बवादी' काव्य सिद्धान्त को ग्रपनाये बिना भी सम्भव है।" (उपर्युक्त, पृ० 130)। इसके उदाहरण के रूप में उन्होंने नागार्जुन की 'ग्रकाल ग्रौर उसके बाद' शीर्षक प्रसिद्ध कविता उद्धृत की है ग्रौर उसकी संक्षिप्त शब्दार्थ-मीमांसा करने के बाद कहा है : "क्या यह सब केवल सूक्ष्म पर्यवेक्षण ग्रौर यथार्थ-चित्रण मात्र है? वास्तविकता के मर्म की यह ग्रान्तरिक पहचान कोई नैतिक दृष्टि नहीं? एक मूर्तिमत्ता यह भी है, किन्तु तथाकथित बिम्बवादी मूर्तिमत्ता से कितनी ग्रलग।" (उपर्युक्त, पृ० 131)। त्रिलोचन के 'ध्वनिग्राहक' शीर्षक सॉनेट की प्रसिद्ध पंक्तियाँ हैं : "लड़ता हुग्रा समाज, नयी ग्राशा-ग्रभिलाषा,/नये चित्र के साथ नयी देता हूँ भाषा।" इन पर नामवरजी की टिप्पणी है : "जहाँ ग्रँधेरी कोठरी को ग्रँधेरी कहने की साहसिक सच्चाई है वहीं नये चित्र के साथ नयी भाषा देने का ग्रात्म-विश्वास भी सम्भव है।" (उपर्युक्त, पृ० 135)। इन सबों से कविता के प्रतिमान के रूप में 'सपाटबयानी' के ग्राग्रह ग्रौर 'बिम्ब' के विरोध से उनका क्या तात्पर्य है, यह स्पष्ट हो जाना चाहिए। ग्राचार्य रामचन्द्र शुक्ल बिम्ब के बड़े पक्षपाती थे, पर जब बिम्बवादी ग्रान्दोलन में कविता में बिम्ब को ग्रतिरिक्त महत्त्व प्रदान करने का ग्राग्रह किया गया तो उन्होंने बिम्बवादियों का विरोध करते हुए लिखा : "इन लोगों का सिद्धान्त था मूर्तरूप में ही विषय को रखना, ग्रतः ये छोटी-छोटी कविताएँ ही ठीक समझते थे, जिनका चित्र मन में एक बार में ग्रा सके। बड़ी ग्रौर लम्बी कविताग्रों के ये विरोधी थे। ग्रपने सिद्धान्त के ग्रनुसार ये मूर्तभावना खड़ी करनेवाले (Concrete) शब्द की कविता के लिए

उपयुक्त समझते थे, भाववाचक (Abstrack) शब्दों को दूर रखने की सलाह देते थे। इनका कहना था कि मूर्त भावनावाले शब्द कल्पना में स्पष्ट और स्थायी रूपविधान भी करते हैं और सबको समान रूप से बोधगम्य भी होते हैं। वर्णनात्मक (Descriptive) और विचारात्मक (Philosophical) कविता का ये विरोध करते थे। इनके सिद्धान्त में सत्य का बहुत कुछ आधार था, पर ये उसे बहुत दूर तक घसीट ले गये।" ('रसमीमांसा', पृ० 265)। नामवरजी के अनुसार भी बिम्ब-विधान कविता के लिए आवश्यक है, पर बिम्ब को कविता की संरचना का अंग होना चाहिए, उससे स्वतन्त्र नहीं, उसे "वास्तविकता के मर्म की आन्तरिक पहचान" करानेवाला होना चाहिए, अपने आपमें पूर्ण नहीं, उसे कविता में स्वाभाविक रूप से आना चाहिए, सायास रूप में नहीं और उसे अधिक-से-अधिक प्रस्तुत होना चाहिए, अप्रस्तुत और निरा आलंकारिक नहीं। मात्र अप्रस्तुतों से निर्मित काव्य-भाषा के सम्बन्ध में भी शुक्लजी का यह कथन दृष्टव्य है: "काव्य में चित्रमयी भाषा सर्वत्र अनिवार्य नहीं, सृष्टि से गूढ़-अगूढ़ मार्मिक तथ्यों के चयन द्वारा भी किसी भावना को मर्मस्पर्शी स्वरूप प्राप्त हो जाता है...।" ('हिन्दी साहित्य का इतिहास', पृ० 612)। अन्त में नामवरजी ने 'सपाटबयानी' के आदर्श के रूप में कबीर-सूर-तुलसी की काव्य-भाषा को सामने रखा है, "जिसकी प्रकृति मूलतः बिम्बधर्मेतर है" ('कविता के नये प्रतिमान', पृ० 139), यानी जिसमें बिम्ब तो हैं, पर वे बिम्बवादी सरणि पर निर्मित नहीं हैं।

काव्य-भाषा और 'सपाटबयानी' के बाद नामवरजी ने काव्य-संरचना को कविता का नया प्रतिमान बतलाया है जिसकी ओर ध्यान दिलाने का श्रेय उनके अनुसार हिन्दी में सर्वप्रथम निराला को है। लेकिन काव्य-संरचना भी दो प्रकार की होती है: "प्रगीतात्मक और नाटकीय। छोटी कविताओं की संरचना मूलतः प्रगीतात्मक होती है और लम्बी कविताओं की संरचना नाटकीय। नाटकीय कविता अरस्तू द्वारा निरूपित 'कार्य का अनुकरण' (इमिटेशन ऑफ एक्शन) के सिद्धान्त पर आधारित होती है, जबकि प्रगीत कविता में सारा बल अनुचिन्तन पर होता है। छोटी कविता के लिए किसी विषय-वस्तु का होना आवश्यक नहीं, विषय-वस्तु निहायत मामूली-सी कोई चीज हो सकती है, किन्तु प्रगीत का कवि उस वस्तु का अनुकरण करने के लिए बाध्य नहीं है। प्रगीत कविता न अनुकरणात्मक है, न वर्णनात्मक और न कथात्मक। इसके मूल में अनुचिन्तन या अनुभूति की प्रधानता है।" (उपर्युक्त, पृ० 150)। यहाँ बिम्बवादियों के सम्बन्ध में शुक्लजी का यह कथन ध्यातव्य है, जिसका उल्लेख ऊपर किया जा चुका है: "ये छोटी-छोटी कविताएँ ही ठीक समझते थे, जिनका चित्र मन में एक बार में आ सके। बड़ी और लम्बी कविताओं के ये विरोधी थे।" जाहिर है कि बिम्बवादी कविताएँ यथार्थवादी कविताओं का आदर्श नहीं हो सकतीं और यथार्थवादी कविताओं की

संरचना बिम्बवादी कविताओं से मूलतः भिन्न होगी। लेकिन सभी लम्बी कविताओं की संरचना नाटकीय ही हो, यह आवश्यक नहीं है। लम्बी कविताएँ भी अनुचिन्तनात्मक अथवा आत्मपरक होती हैं और उनकी संरचना 'एक सीधी रेखावाली' न होकर 'वर्तुल' होती है। उदाहरण के लिए, "अज्ञेय की लम्बी कविता 'असाध्य वीणा' अपने आकार की लम्बाई के बावजूद एक प्रगीत है। निस्सन्देह उसमें एक छोटी-सी कथा भी है और नाटकोचित संवाद भी। किन्तु भावबोध के स्तर पर पूरी कविता अनुचिन्तनात्मक है और संरचना भी वर्तुलाकार है।" (उपर्युक्त, पृ० 151)। इसके विपरीत श्रीकान्त वर्मा की 'समाधि लेख', रघुवीर सहाय की 'आत्महत्या के विरुद्ध', राजकमल की 'मुक्तिप्रसंग', साही की 'अलविदा' और मुक्तिबोध की 'अँधेरे में' शीर्षक लम्बी कविताएँ सही अर्थों में नाटकीय संरचनावाली कविताएँ हैं। आरम्भिक तीन कविताएँ "अपनी काव्यानुभूति में आत्मपरकता का आभास देते हुए भी वस्तुतः संरचना में अप्रगीतात्मक हैं।" (उपर्युक्त, पृ० 152)। अन्तिम दोनों कविताओं के बारे में नामवरजी ने लिखा है : "ये दोनों कविताएँ भी नाटकीय एकालाप ही हैं, किन्तु इनमें फैंटेसी के सहारे एक ऐसी प्रभावशाली पटभूमि तैयार की गयी है जो पूर्वोक्त कविताओं से इन्हें अलग कर देती है। एकालाप के बावजूद इन दोनों कविताओं में वाचक के अतिरिक्त एक और व्यक्ति है जो छायारूप उस एकालाप का साझीदार बना रहता है। 'अलविदा' में वह अपर व्यक्ति स्पष्टतः अपने से भिन्न 'कोई दूसरा' है, जिसे यदि अभिन्न कहा जा सकता है तो लाक्षणिक भाषा में। 'अँधेरे में' का अपर व्यक्ति वाचक का प्रतिरूप या 'डबल' है जो उस नाटक में छाया के समान केवल उपस्थित ही नहीं रहता, बल्कि सक्रिय रूप से हिस्सा भी लेता है। इसके अतिरिक्त दोनों कविताओं में कथानक का हलका-सा आश्रय भी लिया गया है जिसके कारण ये अरस्तू की भाषा में सच्चे अर्थों में 'कार्य का अनुकरण' हैं। इस प्रकार इनमें निहित सिद्धान्त प्रगीत कविता से सर्वथा भिन्न है। इनमें 'कहानी' नहीं, बल्कि एक हल्का-सा कथानक है जिसका निश्चित आदि, मध्य और अन्त है।" (उपर्युक्त, पृ० 156)। इस प्रसंग में यह ज्ञातव्य है कि नामवरजी ने काव्य-संरचना पर स्वतन्त्र रूप में विचार नहीं किया और काव्यानुभूति तथा काव्य-संरचना में द्वन्द्वात्मक सम्बन्ध निर्दिष्ट किया है : "संरचनात्मक दोष वस्तुतः काव्यानुभूति के दोष का सूचक है। संरचना में शिथिलता आती है तो अनुभूति की सघनता टूटकर सस्ती भावुकता (सेन्टिमेन्टलिज्म) में बदल जाती है जो सर्वमान्य काव्य-दोष है क्योंकि उससे कवि की नैतिक दृष्टि के स्खलन का आभास होता है। इसी प्रकार जहाँ भी कविता के लम्बायमान होने का कोई तर्कसंगत कारण ढूंढ़ने पर भी न मिले, काव्यानुभूति की दुर्बलता का अनुमान किया जा सकता है।" (उपर्युक्त, पृ० 150)। कविता का चौथा नया प्रतिमान है विसंगति और विडम्बना।

विसंगति और विडम्बना सम्पूर्ण यथार्थवादी कविता की विशेषता नहीं है, पर उसके एक अंश-विशेष की विशेषता अवश्य है। यदि कविता के प्रतिमान के रूप में इसे अभी तक स्वीकृति नहीं मिली, तो इस कारण कि इसमें छायावादी सुरुचि और 'रोमांटिक गम्भीरता' बाधक रही है। नामवरजी ने निराला की 'सरोज-स्मृति' शीर्षक कविता का उल्लेख किया है जिसमें उन्होंने शोक की भावभूमि में 'चमरौधे जूते' को लाकर गम्भीरता की एकरसता को तोड़नेवाला यथार्थ चित्र प्रस्तुत किया था। फिर उन्होंने लिखा है कि "हिन्दी कविता में यह प्रवृत्ति छायावादी मिज़ाज के टूटने की स्थिति में उत्पन्न हुई जिसका ऐतिहासिक दस्तावेज है निराला का 'कुकुरमुत्ता' (उपर्युक्त, पृ० 163) और 'तारसप्तक' के अधिकांश कवियों ने इस कौशल का उपयोग किया है।" (उपर्युक्त)। विसंगति और विडम्बनावाली कविताएँ जीवन के प्रति उस क्रीड़ा-भाव की देन हैं जिसे अपनाकर यथार्थवादी कवि अनेक रूपों में जीवन के यथार्थ का सामना करता है। "जीवन के प्रति यह क्रीड़ा-भाव कविता में अनर्गल भावावेश को संयत करके कविता की संरचना में ही कसावट नहीं लाता, बल्कि उसके कथ्य में भी गहराई, प्रौढ़ता और सघनता उत्पन्न करता है।" (उपर्युक्त, पृ० 168)। लेकिन इस क्रीड़ा-भाव का मतलब 'सिनिसिज्म' अथवा सनकीपना नहीं है। नामवरजी ने मुक्तिबोध की 'मेरे सहचर मित्र' शीर्षक कविता की ये पंक्तियाँ उद्धृत की हैं : 'खूंखार, सिनिक, संशयवादी/ शायद मैं कहीं न हो जाऊँ/इसलिए बुद्धि के हाथ-पैरों की बेड़ी/जंजीरें खनकाकर तोड़ीं' और फिर कहा है : "स्पष्ट है कि आज की स्थिति संशयवादी, सिनिक और खूंखार बना देनेवाली है किन्तु मुक्तिबोध के कथन से यह भी स्पष्ट है कि बुद्धि के हाथों इस स्थिति पर काबू भी पाया जा सकता है। पक्का 'सिनिक' हो जाने के बाद फिर कविता भी अनावश्यक हो जाती है। काव्य-रचना का अर्थ ही है 'सिनिसिज्म' पर मानसिक विजय।" (उपर्युक्त, पृ० 171)। यह दृष्टि रघुवंशजी-जैसे आलोचकों की दृष्टि से गुणात्मक रूप से भिन्न है, जिन्होंने विपिन अग्रवाल की कविताओं में मूल्यों से मुक्त रहकर किये गये विसंगति के चित्रण का समर्थन इसलिए किया है कि वर्तमान काल में मूल्य-भ्रान्ति की स्थिति है। नामवरजी निश्चित विचार-धारा और जीवन-मूल्यों में आस्था रखनेवाले आलोचक हैं। वे विसंगति और विडम्बना को यथार्थ-चित्रण के लिए आवश्यक मानते हैं, पर जीवन के प्रति 'सिनिकल एप्रोच' का पक्ष-समर्थन नहीं करते।

नामवरजी ने कविता के जिस पाँचवें नये प्रतिमान का विवेचन किया है वह है अनुभूति की जटिलता और तनाव। छायावादी कविता से प्रभावित आलोचक काव्यगत अनुभूति की व्याख्या 'अत्यंत संकुचित' रूप में करते हैं। उनकी दृष्टि में काव्यगत अनुभूति कल्पना और विचार-तत्त्व मे रहित प्रायः 'शुद्ध भाव' का पर्याय है। कभी यदि वे अनुभूति की जटिलता को स्वीकार भी करते हैं तो उसका

सम्बन्ध वे चित्तवृत्तियों की संख्या से मानते हैं, "संदर्भ और संदर्भ से उत्पन्न होने वाले भावबोध की प्रकृति" से नहीं। इन आलोचकों की तुलना में शुक्लजी सही हैं जिन्होंने भाव को एक 'गूढ़-संश्लेष' बतलाते हुए कहा है कि "विवेकात्मक बुद्धि-व्यापार भी भावों के शासन के भीतर आ जाते हैं।" नामवरजी के अनुसार अनुभूति की जटिलता "संवादी-विसंवादी वृत्तियों के द्वन्द्व पर आधारित है।" (उपर्युक्त, पृ० 184)। छायावादी आलोचक कविता में द्वन्द्व की स्थिति मानते हैं, पर उसे यह कहकर विशिष्ट रूप दे देते हैं कि "प्रत्येक सच्ची अनुभूति की कलात्मक अभिव्यक्ति या प्रत्येक कलात्मक अनुभूति—तीव्र से तीव्र द्वन्द्व की कलात्मक अनुभूति भी—समंजित अर्थात् अद्वन्द्वमयी ही हो सकती है, द्वन्द्व प्रक्रिया में ही हो सकता है परिणति में नहीं, अन्यथा 'सच्चाई' और 'ईमानदारी' या 'अभिव्यक्ति की सफलता' की बात करना व्यर्थ होगा।" (उपर्युक्त, पृ० 184)। छायावादी कविता में भी द्वन्द्व की यही स्थिति देखने को मिलती है, यानी उसमें द्वन्द्व है, पर "एक सीमा तक उसका सामना करने के बाद छायावादी कवि सन्तुलन अथवा सामंजस्य के लिए चिन्तित हो उठते थे।" (उपर्युक्त, पृ० 186)। आगे नामवरजी ने लिखा है: "सामंजस्य की यह अधीरता इतनी प्रबल थी कि अदबदाकर हर कविता के अन्त में जाते-जाते वह सन्तुलन किसी न किसी तरह प्राप्त कर लिया जाता है।" छायावादी कवियों में द्वन्द्व को सबसे अधिक दूर तक ले जानेवाले निराला भी इस आकांक्षा से न बच सके: " 'राम की शक्ति-पूजा' का अन्त प्रमाण है।" (उपर्युक्त)। उन्होंने छायावादी कविता और नयी कविता के "अन्तर का मुख्य आधार द्वन्द्व" को ही बतलाया है (उपर्युक्त, पृ० 185)। और कविता में प्रक्रिया और परिणति के अलगाव को दोष मानते हुए कहा है कि "द्वन्द्व यदि काव्य की अनुभूति में है तो जबर्दस्ती समाहिति में बदल देना कवि-कर्म की ईमानदारी या सच्चाई नहीं बल्कि बेईमानी है।" (उपर्युक्त, पृ० 191)। नामवरजी ने यहाँ पर शुक्लजी के उस काव्य-सिद्धान्त की याद दिलायी है जिसके अनुसार काव्य दो प्रकार का होता है—आनन्द की साधनावस्था का काव्य और आनन्द की सिद्धावस्था का काव्य; और प्रथम प्रकार के काव्य की एक विशेषता होती है 'विरुद्धों का सामंजस्य', यानी परस्पर विरोधी भावों की एकत्र स्थिति। पुनः उन्होंने कहा है: "नयी कविता यदि आज द्वन्द्व और तनाव को काव्य के प्रतिमान के रूप में प्रतिष्ठित करना चाहती है तो वह हिन्दी आलोचना की गौरवशाली परम्परा को ही आगे बढ़ा रही है।" (उपर्युक्त, पृ० 192)। तनाव द्वन्द्व से ही उत्पन्न है। इस तनाव को मुक्तिबोध और अज्ञेय दोनों ने ही स्वीकार किया है, लेकिन नामवरजी के अनुसार यथार्थवादी कविता में मुक्तिबोध द्वारा स्वीकृत या निरूपित तनाव ही वांछनीय है: "निस्सन्देह मुक्तिबोध के 'तनाव' और अज्ञेय के 'तनाव' की प्रकृति में अन्तर

है। अज्ञेय की दृष्टि में 'मानसिक तनाव' प्रमुख है, जिसे जीवन की विविधता का बोध 'विशृंखल' करता है। इसके विपरीत मुक्तिबोध का तनाव दुहरा है : एक ओर अपने परिवेश के साथ, दूसरी ओर स्वयं अपने अन्दर। किन्तु अन्ततः ये दोनों तनाव परस्पर सम्बद्ध हैं।" (उपर्युक्त, पृ० 193)। कविता का छठा नया प्रतिमान है 'ईमानदारी', लेकिन यह 'ईमानदारी' 'प्रामाणिक अनुभूति' या 'अनुभूति की प्रामाणिकता' का पर्याय नहीं है। 'अनुभूति की प्रामाणिकता' की सीमा नामवरजी ने इन शब्दों में बतलायी है : "नयी कविता के शास्त्र के साथ ही नयी कविता की नवीनता पर बल देना अनिवार्य हो गया और सद्यःसुलभ 'अनुभूति की प्रामाणिकता' उस नवीनता की प्रतिष्ठा का अस्त्र बनी। आग्रह में कोई गड़बड़ी न थी, सिवा इस बात के कि प्रामाणिकता के लिए किसी वस्तुनिष्ठ प्रमाण की न तो आवश्यकता समझी गयी और न उसकी ओर कोई संकेत ही किया गया।" (उपर्युक्त, पृ० 201)। उन्होंने जिस 'ईमानदारी' को कविता के प्रतिमान के रूप में प्रतिष्ठित किया है, वह मुक्तिबोध द्वारा व्याख्यायित 'ईमानदारी' है। उन्होंने मुक्तिबोध का यह कथन उद्धृत किया है : "व्यक्तिगत ईमानदारी वहाँ लक्षित होगी जहाँ वस्तु का वस्तुमूलक आकलन करते हुए लेखक उस आकलन के आधार पर वस्तु-तत्त्व के प्रति सही-सही मानसिक प्रतिक्रिया करे। यदि वह ऐसा नहीं करता तो उसकी प्रतिक्रिया में सत्यत्व का आविर्भाव नहीं होगा।" (उपर्युक्त, पृ० 201)। फिर उन्होंने कहा है : "इस प्रकार मुक्तिबोध ने ईमानदारी को आत्मनिष्ठता के दलदल से निकालकर वास्तविकता की ठोस भूमि पर प्रतिष्ठित किया और ईमानदारी में सत्यता के प्रश्न को जोड़कर मूल्यांकन के लिए एक वस्तुनिष्ठ वैज्ञानिक औजार प्रदान किया।" (उपर्युक्त, पृ० 201-2)। आत्मनिष्ठ ईमानदारी नयी कविता में भी चल रही थी। नामवरजी के अनुसार, "भावना के ज्ञानात्मक आधार की कमजोरी के कारण जिस प्रकार छायावादियों ने छद्म भावनाओं की अभिव्यक्ति की, मुक्तिबोध को इसका पता था; इस अनुभव के आधार पर उन्होंने नये कवियों को भी ईमानदारी की रोमांटिक-छायावादी सीमाओं के प्रति आगाह किया।" (उपर्युक्त, पृ० 202)। यहाँ यह कहने की आवश्यकता नहीं होनी चाहिए कि जो ईमानदारी कविता का प्रतिमान बन सकती है, वह 'साहित्यिक' ईमानदारी ही है, 'सामाजिक' अर्थात् वस्तुगत ईमानदारी नहीं। यह बात और है कि इन दोनों में घनिष्ठ सम्बन्ध है। नामवरजी के शब्दों में, "कविता से कवि को अलग करके भी यदि काव्यकृति को ध्यान से देखा जाय तो कवि की ईमानदारी का पता चल जाता है। आगरूक पाठकों और आलोचकों का अनुभव है कि कविता में जहाँ 'कृत्रिमता' दिखायी पड़ती है, कवि में ईमानदारी की कमी का एहसास होता है।" (उपर्युक्त, पृ० 207)।

ऊपर के विवरण से यह स्पष्ट है कि नामवरजी काव्य-भाषा, 'सपाटबयानी',

नाटकीय काव्य-संरचना, विसंगति और विडम्बना, अनुभूति की जटिलता और तनाव तथा ईमानदारी को कविता के नये प्रतिमान मानते हैं। उन्होंने उनका कहीं सैद्धान्तिक और कहीं व्यावहारिक रूप में विवेचन किया है और हिन्दी आलोचना में उन्हें स्थापित करने का प्रयास किया है। ध्यान से देखने पर पता चलता है कि उक्त प्रतिमान दोनों प्रकार के हैं—रूप से भी सम्बन्धित और वस्तु से भी सम्बन्धित। काव्य-भाषा, 'सपाटबयानी' और संरचना-सम्बन्धी प्रतिमान कविता के रूप से सम्बन्धित हैं और विसंगति और विडम्बना, अनुभूति की जटिलता और ईमानदारी सम्बन्धी प्रतिमान वस्तु से। निश्चय ही नामवरजी की यह विशेषता है कि उन्होंने किसी प्रतिमान का विवेचन स्वतन्त्र रूप में नहीं किया। रूपगत प्रतिमान का विवेचन उन्होंने वस्तु-सापेक्ष रूप में किया है और वस्तुगत प्रतिमान का विवेचन रूप-सापेक्ष रूप में। लेकिन ऐसा विवेचन तो रूपवादी आलोचक भी करते आ रहे हैं, निश्चय ही ज्यादातर विदेशी रूपवादी आलोचक, फिर एक मार्क्सवादी आलोचक द्वारा किये गये इस प्रकार के विवेचन का क्या औचित्य है? नलिनजी की आलोचना पर विचार करने के क्रम में हम देख चुके हैं कि रूपवाद केवल यही नहीं है कि रूप को वस्तु से स्वतन्त्र माना जाय और उसी रूप में उसका मूल्यांकन किया जाय, बल्कि यह भी है कि दोनों में सम्बन्ध मानकर भी रूप को ही निर्णायक महत्त्व दिया जाय और वस्तु के स्वरूप की कतई चिन्ता न की जाय। एक मार्क्सवादी आलोचक का रूप और वस्तु के सम्बन्ध के विवेचन तक ही सीमित रहना क्या उसे रूपवादियों की पंक्ति में नहीं पहुँचा देता? नामवरजी के प्रसंग में यह प्रश्न विचारणीय है, क्योंकि 'प्रतिमान' के प्रकाशन के बाद अनेक बार उनकी यह कहकर आलोचना की गयी है कि इस पुस्तक में उन्होंने मार्क्सवादी आलोचना की सरणि छोड़ दी है और वे रूपवादी भटकाव के शिकार हो गये हैं। निश्चय ही इस आलोचना का कारण यह है कि आलोचकों ने 'प्रतिमान' के वैचारिक ढाँचे को समझने की कोशिश नहीं की है और उसे खण्डरूप में देखकर उसके सम्बन्ध में अपने विचार व्यक्त कर दिये हैं।

नामवरजी ने कविता के नये प्रतिमानों का जो विवेचन किया है वह पूरी तरह से मार्क्सवादी आलोचना के मेल में है। रूपगत और वस्तुगत प्रतिमानों का अत्यन्त सफल विवेचन वे इसीलिए कर सके हैं कि उन्होंने इन दोनों के द्वन्द्वात्मक सम्बन्ध को समझा है। यह द्वन्द्व-दृष्टि मार्क्सवाद की ही देन है। दूसरे, उन्होंने कविता के वस्तुगत रूप (text) को जो महत्त्व दिया है और शब्दार्थ-मीमांसा को ही जो आलोचना का बुनियादी कार्य बतलाया है, वह कविता की सापेक्ष स्वतन्त्रता की स्थापना है। मार्क्सवादी आलोचना पर यह सामान्य आरोप लगाया जाता रहा है कि उसमें कविता के अपने संसार की उपेक्षा की जाती है। नामवरजी ने कविता के अपने संसार के विश्लेषण के आधार पर ही उसके

मूल्यांकन का आग्रह किया है। यह रूपवादी भटकाव नहीं, बल्कि मार्क्सवादी आलोचना को अभिप्रायपरक और प्रभावपरक हेत्वाभासों से बचकर सही लीक पर रखने का प्रयास है। रूपवादी भटकाव तब होता, जबकि वे आलोचना को कविता के अपने संसार की व्याख्या तक ही सीमित रखते, उसके मूल्यांकन की बात नहीं करते। हमें इस सम्बन्ध में उनके विचार देखने चाहिए। उन्होंने स्पष्ट लिखा है कि "यदि काव्यगत वास्तविकता को ही वास्तविकता की माप का आधार बनायें तो यह मूल्यांकन नहीं बल्कि अधिक से अधिक व्याख्या होगी···।" (उपर्युक्त, पृ० 216)। इसके साथ उन्होंने यह भी कहा है : "निस्सन्देह काव्य-कृति के लिए 'काव्य-संसार' शब्द का प्रयोग हिन्दी में नया है। इससे आलोचना में एक नये रुझान का आभास होता है। इसके पीछे यह आदर्श है कि कवि इस दुनिया के अन्दर एक दूसरी दुनिया का निर्माण करता है। इसके साथ सम्भवतः यह धारणा भी है कि जो कवि ऐसा नहीं कर पाता वह सृजनशील नहीं है। स्वयं उस काव्य-संसार की पड़ताल का सवाल इसके बाद उठता है लेकिन यह सवाल अन्ततः उठता है अवश्य ।" (उपर्युक्त, पृ० 224)। काव्य-संसार की कसौटी क्या है ? उसकी जाँच किस प्रतिमान के आधार पर की जाय ? नामवरजी के सामने यह प्रश्न जितना स्पष्ट रहा है, उसका उत्तर भी उतना ही स्पष्ट है : "निस्सन्देह किसी कविता का सिरजा हुआ संसार ही उसका मूल्य है किन्तु उस मूल्य की प्रासंगिकता इस बात पर निर्भर है कि वह सिरजा हुआ संसार कितना वास्तविक है अथवा वास्तविकता के बारे में हमारी समझ को कितना गहरा और कितना समृद्ध करता है : हमारे आस-पास के संसार को अर्थ प्रदान करने में ही किसी कविता के अपने संसार की सार्थकता है।" (उपर्युक्त, पृ० 231-32)। इस प्रकार काव्य कृति का प्रतिमान है उसका काव्य-संसार और काव्य-संसार का प्रतिमान है परिवेश या परिवेशगत वास्तविकता। नामवरजी ने उदाहरणों से भी अपनी इस मान्यता को पुष्ट किया है। उन्होंने रघुवीर सहाय, साही और श्रीकांत वर्मा के काव्य-संसारों की तुलना में मुक्तिबोध के काव्य-संसार को अधिक प्रासंगिक कहा है, क्योंकि वह "फैंटेसी के द्वारा वास्तविकता के अन्यथाकरण के बावजूद कहीं अधिक वास्तविक है।" (उपर्युक्त, पृ० 230)। इसके अलावा "रघुवीर सहाय और श्रीकांत वर्मा दोनों ही कवियों से मुक्तिबोध में जो विशेष है, वह है भयावह शक्ति से जूझनेवाले आलोककरण के अस्तित्व की पहचान···। मुक्ति-बोध का संसार कुल मिलाकर निषेध का निषेध है। यह उसकी विशिष्ट मूल्य-वत्ता है।" (उपर्युक्त, पृ० 230-31)। इसका तात्पर्य यह है कि मुक्तिबोध के पास वह ऐतिहासिक बोध था जिसके द्वारा वे सामाजिक विकास की प्रक्रिया में प्रगतिशील शक्तियों को पहचान सके थे। ये वे शक्तियाँ हैं जो विकास की प्रक्रिया में विकास की पूर्वावस्था का निषेध कर उसके सकारात्मक तत्त्वों को सुरक्षित

रखते हुए उसे उच्चतर अवस्था तक ले जाती हैं। आलोचना के लिए भी यह ऐतिहासिक बोध आवश्यक है, क्योंकि उसके बिना परिवेशगत वास्तविकता की जाँच सम्भव नहीं हैं। ऐसी स्थिति में नामवरजी को रूपवादी भटकाव का शिकार बतलाना पूर्णतः निराधार है। यहाँ यह स्मरणीय है कि 'प्रतिमान' की जो तीखी समीक्षा डॉ० रामविलास शर्मा ने लिखी थी ('साप्ताहिक हिन्दुस्तान', 28 सितं०, 69)। उसमें उन्होंने नामवरजी द्वारा निरूपित कविता के प्रतिमानों को नया मानने से इनकार किया था और उनकी कई व्याख्याओं से अपनी असहमति प्रकट की थी, पर उन पर रूपवादी होने का आरोप नहीं लगाया था। हिन्दी के आलोचक मार्क्सवादी आलोचक की आलोचना में यूरोपीय और अमरीकी रूपवादी आलोचकों की किसी अवधारणा अथवा पद्धति का उपयोग (भले वह कितना भी आंशिक क्यों न हो!) देखते ही उस पर रूपवादी होने का आरोप लगा देते हैं। ऐसे आलोचकों को सोवियत आलोचक ए० एनिस्त की बात पर गौर करना चाहिए, जिन्होंने साहित्य के सम्बन्ध में अमरीकी 'नयी आलोचना' की बुनियादी मान्यताओं को अस्वीकार करते हुए भी एलेन टेट, क्लींथ बुक्स, ब्लैकमर, विमसाट और रेन्सम के बारे में लिखा है कि उन्होंने "हमें अवधानतापूर्वक पढ़ना और द्वैधवृत्ति को पहचानना सिखलाते हुए साहित्यिक कृतियों में उन चीजों को अनावृत्त किया है जो पहले के पाठकों से अनदेखी रह गयी थीं।" ('ट्वेंटीथ सेंचुरी अमेरिकन लिटरेचर : ए सोवियत व्यू', प्रोग्रेस पब्लिशर्स, मास्को, 1976, पृ० 193)।

कविता के बाद नामवरजी ने कहानी में दिलचस्पी ली है और उस पर आलोचनात्मक ढंग से विचार कर हिन्दी में "कथा-समीक्षा की एक पद्धति निकालने की कोशिश की है।" जैसा कि उन्होंने अपनी आलोचनात्मक कृति 'कहानी : नयी कहानी' की भूमिका में संकेत किया है, उनके कहानी-सम्बन्धी आलोचनात्मक निबन्धों का उद्देश्य व्यापक रहा है : "हिन्दी आलोचना जो अभी तक मुख्यतः काव्य-समीक्षा रही है, कविता से इतर कथा-नाटक आदि साहित्य-रूपों का विधिवत विश्लेषण करके ही अपने को सुसंगत एवं समृद्ध बना सकती है।···इसीलिए मेरे निकट इनका महत्त्व केवल कहानियों की समीक्षा तक सीमित न होकर एक व्यापक समीक्षा-पद्धति के निर्माण की दिशा में है।"

'कविता के नये प्रतिमान' में नामवरजी ने कविता की सापेक्ष स्वतन्त्रता के सिद्धान्त के बारे में लिखा है : "यह मान्यता कविता के तथाकथित सभी नये प्रतिमानों की आधारशिला है और इससे काव्य-पाठ एवं काव्य-विश्लेषण की पद्धति का प्रश्न सबसे पहले उभरकर सामने आता है।" (पृ० 43)। कविता की आलोचना के लिए जिस तरह उसके पाठ का महत्त्व है, उसी तरह कहानी की आलोचना के लिए भी उसका पाठ बुनियादी महत्त्व रखता है। बिना उसके कहानी के मूल आशय को जानना कठिन है : "कहानी साहित्य है और साहित्य का सम्भावित

अर्थ अनुमान का विषय नहीं है। इस अनर्थ को रोकने के लिए कहानी के मूल पाठ का आधार अपेक्षित है। इसके समीपी संपर्क के बिना कहानी का मूल आशय जानना असंम्भव है।" ('कहानी : नयी कहानी', पृ० 145)। उन्होंने पुनः लिखा है : "अब तक के आलोचनात्मक अनुभव से यही प्रतीत होता है कि किसी अच्छी कृति का निर्णय करने के लिए एक बने-बनाये मानदंड से आरम्भ करने की अपेक्षा पढ़ने की प्रक्रिया से शुरू करना अधिक उपयोगी हो सकता है।" (उपर्युक्त, पृ० 165-66)। इसीलिए आज कहानी की आलोचना में भी "मुख्य प्रश्न पद्धति का है, प्रतिमान का नहीं।" (उपर्युक्त, पृ० 199)। कहानी की पाठ-प्रक्रिया में उन्होंने साधारण पाठक की पाठ-प्रक्रिया को विशेष महत्त्व दिया है : "कहानी लोकप्रिय साहित्य है; साहित्यिक माध्यम के रूप में यह प्रकृति से ही जनतान्त्रिक है। इसलिए इसके रसास्वादन के ढंग का भी जनतान्त्रिक होना स्वाभाविक है। रसास्वादन के जनतांत्रिक ढंग का अर्थ है बहुत कुछ अनुभवपरक ग्रहण। जनसाधारण बहुत-सी बातों को अनुभव के सहज बोध से ही समझने और ग्रहण करने की कोशिश करते हैं। यह सहज-दृष्टि कभी-कभी बेहद अचूक साबित होती है। पोथी-पढ़ए पण्डित जहाँ चूक जाते हैं, वहाँ सहज-दृष्टि जड़ तक पहुँच जाती है।" (उपर्युक्त, पृ० 89)। लेकिन "स्पष्ट रहे कि 'सहज-दृष्टि' 'साधारण-दृष्टि' नहीं है" और "इससे भी बड़ी आवश्यकता इस बात की है कि सहज-बोध जिस साधारण पाठक में है, स्वयं उसे ही उद्‌बुद्ध और प्रबुद्ध किया जाय।" (उपर्युक्त, पृ० 90)। कहानी की पाठ-प्रक्रिया का अद्‌भुत वर्णन करने के बाद नामवरजी ने लिखा है : "इस प्रकार एकदम मूल तो नहीं, फिर भी काफी करीब की एक कहानी-प्रतिमा निर्मित होती है। इस प्रतिमा का निर्माता स्वयं पाठक है। कहानी पढ़ने का मतलब है एक ऐसी ही प्रतिमा का निर्माण। सिर्फ प्रभाव ग्रहण करना पढ़ना नहीं है। पढ़ना भी एक रचनात्मक कार्य है।" (उपर्युक्त, पृ० 91)। तात्पर्य यह कि प्रबुद्ध पाठक कहानी को अपने भीतर फिर से रचते हुए समग्रता में उसका प्रभाव ग्रहण करता है, आंशिक रूप में नहीं। ऐसी पाठ-क्रिया ही कहानी की आलोचना का आधार हो सकती है।

आधुनिकतावादी कहानियों में कहानी के रूप का विघटन पूरी तरह से हो चुका है। नामवरजी कहानी के रूप को, जो कि उसका विधागत वैशिष्ट्य है, सुरक्षित रखने के पक्ष में हैं। उनका कहाना है : "नये भाव-सत्य के अनुसार कहानी का रूप बदलता जरूर है लेकिन इतना नहीं बदता कि वह कहानी ही न रह जाय। कहानी का रूप कहानी के भीतर ही बदला जा सकता है जैसा कि समय-समय पर महान से महान कहानीकारों ने किया है।" (उपर्युक्त, पृ० 28-29)। फिर उन्होंने चेखव का साक्ष्य दिया है : "कहानी का रूप चेखोव ने भी बदला और एकबारगी उसने कथानक-सम्बन्धी पूर्ववर्ती धारणा को तोड़कर अलग कर दिया, लेकिन उसने

कहानीपन का दामन एकबारगी नहीं छोड़ दिया।" (उपर्युक्त, पृ० 29)। इसके बाद नामवरजी ने यह निष्कर्ष प्रतिपादित किया है: "कहानी शिल्प के भी मालिक वही हैं जो उसके गुलाम हैं। क्या साहित्य, क्या जीवन, सभी क्षेत्रों में स्वाधीन होने की सामर्थ्य उन्हीं के लिए सम्भव है जिनमें अधीन रहने की योग्यता है।" (उपर्युक्त)। कहानी का विधागत वैशिष्ट्य है उसका कहानीपन। नामवरजी इस कहानीपन के प्रबल पक्षधर हैं। वे कहते हैं: "कविता में जो स्थान लय का है कहानी में वही स्थान कहानीपन का है। कविता चाहे जिस हद तक छन्दमुक्त हो जाय, लेकिन वह लयमुक्त नहीं हो सकती। लयमुक्त रचना काव्य होते हुए भी कविता नहीं कहलायेगी। कहानीपन से रहित गद्य-रचनाओं के बारे में भी यह बात लागू होती है।" (उपर्युक्त, पृ० 31) लेकिन कहानीपन का मतलब 'किस्सा' या 'आख्यायिका' नहीं है। उन्होंने आगे कहा है: "जिस प्रकार कविता में अर्थ-व्यंजना अथवा वस्तु-व्यंजना से भिन्न लय की कल्पना नहीं की जा सकती, उसी प्रकार कहानी में भी वस्तु-व्यंजना से भिन्न कहानीपन की कल्पना करना खतरनाक है। वस्तु-व्यंजना से रहित लय कोरे पद्य को जन्म देती है, उससे रहित कहानीपन कोरी आख्यायिका को।" (उपर्युक्त)। ई० एम० फोर्स्टर ने 'कहानी' (Story) और 'कथानक' (Plot) में अन्तर किया है। उनके अनुसार 'कहानी' में घटनाएँ कार्य-कारण-श्रृंखला में आबद्ध नहीं होतीं, जबकि 'कथानक' में घटनाओं का विन्यास इसी रूप में होता है। नामवरजी 'कहानी' की अपेक्षा 'कथानक' को महत्त्व देते हैं, लेकिन वे कथानक में कार्य-कारण-शृंखला के यान्त्रिक अथवा तार्किक रूप को पसन्द नहीं करते। इसका कारण यह है कि वे कहानी में किसी हद तक उस कुतूहल-तत्त्व की रक्षा करना चाहते हैं, जो कि उसकी आदिम विशेषता है। कार्य-कारण-शृंखला में आबद्ध कथानक पर बल देने का परिणाम यह हुआ है कि कहानी का ढाँचा कृत्रिम और जड़ हो गया है। इस स्थिति से उबरने का उपाय यह है कि न तो कहानी के कुतूहल-तत्त्व को पूरी तरह से छोड़ा जाय और न कथानक की कार्य-कारण-शृंखला को। कहानी का सम्बन्ध 'क्या' से है, जो भविष्य की ओर खींचता है। और कथानक का सम्बन्ध 'क्यों' से है, जो कि अतीत की ओर उन्मुख करता है। नामवरजी के अनुसार, "मुख्य कथा का घटना-विन्यास इस प्रकार का हो कि 'फिर क्या हुआ' का कुतूहल न तो एक मर्यादा से अधिक प्रबल होने पाये और भूमिका इतनी लम्बी हो कि मन अतीतवासी हो रहे। कहानीगत यह 'क्या' प्रायः 'क्यों' से मर्यादित होता है। कला इसी में है कि पाठक तो अपनी ओर से केवल 'क्या' के पीछे चलता रहे लेकिन कहानी समाप्त होने के बाद अनायास ही उसके मन में 'क्यों' का भी उत्तर मिल जाय अथवा 'क्यों' जानने के लिए बेचैनी पैदा हो जाय।" (उपर्युक्त, पृ० 120)। कहानी का 'फेंटेसी' से भी घनिष्ठ सम्बन्ध रहा है। प्राचीन काल और मध्यकाल में ही नहीं, आधुनिक

में भी, जिसमें यथार्थवाद का बोलबाला है, फैंटेसीवाली कहानियाँ लिखी गई हैं। फैंटेसी की दुनिया एक अलग दुनिया होती है और उस पर इस दुनिया के कायदे-कानून नहीं लागू होते। उसके कायदे-कानून अपने होते हैं। ऐसी स्थिति में फैंटेसीवाली कहानियों की क्या कैफियत है ? नामवरजी का कहना है : "सामान्यतः इस इंद्रजाल या जादुई दुनिया को हम कल्पना की सृष्टि कहते हैं और अपने मन को समझाने के लिए इस कल्पना में सत्य के अंश का समावेश मान लेते हैं; लेकिन हकीकत में उसे यथार्थ से हेय समझते हैं क्योंकि हमारे मन पर यथार्थवाद का आतंक है। ऐंद्रजालिक कहानियों की व्याख्या भी जब तक हम सत्य के रूप में नहीं कर लेते, हमें सन्तोष नहीं होता। हमारा यथार्थवादी संस्कार उन कहानियों में अपने आपको बहुत ज्यादा पढ़ता है या पढ़ लेने की कोशिश करता है। लेकिन ऐंद्रजालिक या फैंटास्टिक कहानियों के अवास्तविक होने का कोई दूसरा पहलू नहीं है क्या ?" (उपर्युक्त, पृ० 97)। वह पहलू है परिस्थिति का अप्रत्याशित रूप में बदल जाना। संवेदनशील लेखक इसे समझते हैं और विस्मय के साथ उसे हमारे सामने प्रस्तुत करते हैं। "ऐसे भी लोग हैं जिन्हें अचानक लगता है कि या तो वे स्वयं एकदम बदल गये हैं या फिर एक अजीब-सी परिस्थिति में आ गये हैं। यह आकस्मिक बोध ही 'फैंटेसी' को जन्म देता है। जिनकी आँखें अन्धी नहीं हुई हैं उनके लिए हर घटना या दुर्घटना एक झटका है और हर झटका एक ऐसी दुनिया में फेंक देता है जो सपना मालूम होती है।" (उपर्युक्त, पृ० 99)। इस प्रकार फैंटेसी का जीवन में एक वास्तविक आधार है और वह सत्य अथवा वास्तविकता की अभिव्यक्ति का कोई ऊपरी या कल्पित माध्यम नहीं है। वास्तविकता से उपजी हुई फैंटेसी द्वारा समर्थ लेखक वास्तविकता के उस पहलू का साक्षात्कार करा सकता है, जो अति परिचित होने के कारण हमारे लिए अदृश्य रह जाता है। नामवरजी ने फैंटेसी के बारे में लिखा है : "यदि बचपन के मोह में बचकाना हरकतें करने के बजाय बचपन की जिज्ञासा, कुतूहल, विस्मित होने की क्षमता को प्रौढ़ रूप में इस्तेमाल करें तो इसी साधारण जीवन के बीच से असाधारण जीवन-सत्य का उद्घाटन किया जा सकता है। इस तरह वास्तविकता के नये-नये स्तर उद्घाटित करने के अतिरिक्त कहानी को और क्या चाहिए ?" (उपर्युक्त, पृ० 110)। यहाँ यह भ्रम नहीं होना चाहिए कि नामवरजी ने फैंटेसी का जो महत्त्व प्रतिपादित किया है वह कोई मार्क्सवाद और यथार्थवाद-विरोधी बात है। फैंटेसी की पद्धति यथार्थवादी न हो, पर यदि उसके माध्यम से जीवन का सत्य प्रकट होता है, तो मार्क्सवाद और यथार्थवाद का उससे कोई विरोध नहीं हो सकता। मार्क्सवादी साहित्य-सिद्धान्त अभिव्यक्ति के एक रूप को ही मान्यता नहीं देता। वह हर उस नये अथवा पुराने रूप के इस्तेमाल के पक्ष में है जो जीवन के सामान्य नियमों और प्रवृत्तियों

के मेल में यथार्थ के चित्रण में सहायक होता है। ('लेनिन एण्ड प्राब्लेम्स ऑव लिटरेचर', पृ० 167)।

कहानी-सम्बन्धी नामवरजी के उपर्युक्त विचार कहानी के रूप और शिल्प से सम्बन्धित हैं। उन पर पुनः रूपवादी होने का आरोप न लगे, इसलिए उनके विचारों को समग्रता में जानना जरूरी है। उन्होंने स्पष्ट लिखा है : "आज किसी कहानी का शिल्प की दृष्टि से सफल होना ही काफी नहीं है बल्कि वर्तमान वास्तविकता के सम्मुख उसकी सार्थकता भी परखी जानी चाहिए।" ('कहानी : नयी कहानी,' पृ० 26)। जिस कहानीपन की चर्चा की गयी है और जिसे कहानी के लिए अनिवार्य बतलाया गया है, आखिर उसकी सफलता की कसौटी क्या है? नामवरजी का कहना है : "कहानी के कहानीपन की सफलता का अर्थ है उसकी अर्थवत्ता या सार्थकता।" (उपर्युक्त, पृ० 31)। यह 'अर्थवत्ता' या 'सार्थकता' भी कम अमूर्त नहीं है। उन्होंने उसे स्पष्ट करते हुए लिखा है : "कहानी जीवन के टुकड़े में निहित 'अन्तर्विरोध', 'द्वन्द्व', 'संक्रान्ति' अथवा 'क्राइसिस' को पकड़ने की कोशिश करती है और ठीक ढंग से पकड़ में आ जाने पर यह खंडगत अन्तर्विरोध भी बृहद् अन्तर्विरोध के किसी न किसी पहलू का आभास दे जाता है।" (उपर्युक्त, पृ० 32)। यदि इससे भी उनका मार्क्सवादी रूप स्पष्ट न हो, तो उनके इस कथन को देखना चाहिए : "जो कुछ हाथ लग जाय या दृष्टि में पड़ जाय वह सब सार्थक नहीं है। हर घटना में अंतर्विरोध को लक्षित करना एक बात है लेकिन युग के मुख्य अन्तर्विरोध के प्रवाह में सार्थक घटनाओं को लक्षित करना बिल्कुल दूसरी बात है। कहानीकार की सार्थकता इस बात में है कि वह अपने युग के मुख्य सामाजिक अन्तर्विरोध के सन्दर्भ में अपनी कहानियों की सामग्री चुनता है।" (उपर्युक्त, पृ० 37)। साथ ही इस कथन को भी : "जागरूक कथाकार की हर कहानी उसके सामाजिक संघर्ष की दिशा में एक कदम होती है और यही दिशा उसको हर छोटी से छोटी कहानी को बृहत्तर अर्थवत्ता प्रदान करती है! कहानी के लिए अभीष्ट वर्ण्य-वस्तु चुनने के क्रम में भी एक निश्चित जीवन-दृष्टि होती है।" (उपर्युक्त, पृ० 59)। इस जीवन-दृष्टि का आधार विचार होता है। यदि कहानी में विचार हुआ तो "साधारण-सा विषय क्रमशः वस्तु और वस्तु से मूल्य में बदल जाता है। देखते-देखते एक सामान्य विषय के बीच से एक विशिष्ट विचार अथवा जीवन-मूल्य मूर्तिमान हो उठता है। इस उपलब्धि के उपरान्त वही पूर्व-परिचित कहानी एक नये रूप में आलोकित हो उठती है। निरर्थक-से लगनेवाले ब्यौरे सार्थक हो जाते हैं। कहानी के बिखरे हुए तत्त्व एक अखण्ड रूपाकार में ढल पड़ते हैं।" (उपर्युक्त, पृ० 152)।

कविता और कहानी-सम्बन्धी नामवरजी के विचारों से यह स्पष्ट है कि आलोचना का आधार रचना का वस्तुगत रूप ही हो सकता है। अपनी 'छायावाद'

नामक पुस्तक में भी उन्होंने एक प्रसंग में कहा था कि "सामाजिक सत्य कविता से खोज निकालने की चीज है, ऊपर से आरोपित करने की नहीं" (भूमिका) और 'कविता के नये प्रतिमान' में भी कहा है : "कवि के अभिप्राय को जानने का साधन कविता के बाहर यदि सुलभ भी हो तो कायदे से उस साधन के उपयोग के लिए आलोचक बाध्य नहीं है। वस्तुतः कविता के मूल्यांकन के लिए कवि का निजी अभिप्राय अप्रासंगिक है। प्रासंगिक अभिप्राय वही है जो कविता में व्यक्त हुआ है, जो व्यक्त नहीं हो सका है उसमें स्वयं कवि की दिलचस्पी हो तो हो आलोचक को उससे कोई प्रयोजन नहीं।" (पृ० 206-7)। 'इतिहास और आलोचना' में भी इसी तरह के विचार देखने को मिलते हैं : "सामाजिक पृष्ठ-भूमि का अनुसन्धान साहित्य के अध्ययन का साधन-मात्र है, साध्य नहीं। साहित्यिक विवेचन को समाजशास्त्रीय विवेचन बना देना अवैज्ञानिक है।" (पृ०183)। लेकिन आलोचना का कार्य यहीं तक सीमित नहीं है। ऊपर 'छायावाद' की भूमिका से जो पंक्ति उद्धृत की गयी है, ठीक उसके आगे यह पंक्ति भी है : "काव्यगत सामाजिक सत्य को तत्कालीन सामाजिक आधार के साथ मिलाकर देखने का सवाल तो उसके बाद उठता है।" यही 'प्रतिमान' की इस पंक्ति का भी आशय है जिसे पहले उद्धृत किया जा चुका है : "स्वयं उस काव्य-संसार की पड़ताल का सवाल इसके बाद उठता है लेकिन यह सवाल अन्ततः उठता है अवश्य।" (पृ० 224)। नामवरजी की स्पष्ट मान्यता है कि आलोचना मात्र व्याख्या नहीं, निर्णय भी है; वह मात्र आस्वादन नहीं, मूल्यांकन भी है। 'शुद्ध साहित्य' के सिद्धान्त को परजीवी अर्थात उपभोक्ता-वर्ग का सिद्धान्त बतलाते हुए उन्होंने कहा है : "इस 'शुद्ध साहित्य' के साहित्य-शास्त्र का उक्त परजीवी वर्ग से सम्बन्ध और भी गहरा और सूक्ष्म है। इस साहित्य-शास्त्र के अनुसार प्रत्येक कलाकृति अथवा साहित्यकृति का आस्वादन ही समीक्षा का मुख्य कर्म है और आलोचक अधिक से अधिक सहृदय या रसिक का कृति के आस्वादन में सहायक होता है। उल्लेखनीय है कि इस आलोचक की दृष्टि में प्रत्येक कृति आस्वाद की वस्तु है। इस प्रकार 'स्वाद' ही परम मूल्य है।...परजीवी वर्ग के 'उपभोग' का ही साहित्यिक रूपान्तर 'आस्वाद' है। कृति को 'वस्तु' मानना और वस्तु भी ऐसी जो सभी सन्दर्भ सूत्रों से विच्छिन्न हो, परजीवी वर्ग की प्रकृति के ही अनुरूप है।" ('आलोचना', अक्तू०-दिस०, 73)। आलोचना के लिए जो चीज सबसे अधिक आवश्यक है, वह है परम्परा-बोध या इतिहास-बोध : "परम्परा इतिहास के अन्दर केवल सम्बन्ध-भावना नहीं, बल्कि साहित्य का एक निश्चित प्रतिमान है। इसलिए **इतिहास अन्ततः समीक्षा का प्रतिमान है**। ऐतिहासिक बोध वस्तुतः आलोचनात्मक बोध है—ऐसा आलोचनात्मक बोध जिसे आत्म-परीक्षा के लिए हर साहित्य सतत परखता चलता है।" ('इतिहास और

आलोचना,' तृतीय संस्करण, पृ० 170)। यह ऐतिहासिक बोध अतीत को नहीं, बल्कि समसामयिकता की देन होता है। आचार्य रामचन्द्र शुक्ल के साक्ष्य से यह बात प्रमाणित है। शुक्लजी पर लिखे गये निबन्ध में उन्हें मूलतः स्वच्छन्दतावादी या जनवादी आलोचक कहा गया है। उनकी जनवादी चेतना उनकी समसामयिक परिस्थितियों और उनमें रचे जानेवाले सही साहित्य की देन थी। इसी तरफ इशारा करते हुए नामवरजी ने कहा है: "जो लोग हर चीज को ऊपर-ऊपर से देखने के आदी हैं उन्हें सम्भवतः यह बात असंगत प्रतीत होगी कि शुक्लजी ने जिस छायावाद की कड़ी आलोचना की, उसी छायावादी काव्य-बोध से उनका प्रतिमान कैसे निर्मित हो सकता है? किन्तु दिमाग पर थोड़ा-सा जोर डालने पर यह बात साफ हो जायगी कि शुक्लजी का प्रतिमान उस साहित्यिक एवं सामाजिक बोध का सूचक है, जो छायावाद युग में सामान्य रूप से प्रचलित था, जिसके एक छोर पर विभिन्न छायावादी कवि तथा उनके सहृदय प्रशंसक थे, तो दूसरे छोर पर उनके कट्टर विरोधी भी थे और इन दोनों छोरों के बीच क्या एक ऐसा समुदाय नहीं था, जो छायावाद की रचनात्मक उपलब्धियों का स्वागत करते हुए भी उसकी भावुकता, वैयक्तिकता, अन्तर्मुखता, रहस्यवादिता और रूपगत निरी विचित्रता का आलोचक था और फिर क्या उसी युग में प्रेमचन्द भी नहीं थे?" (उपर्युक्त, द्वितीय संस्करण, 1962, पृ० 203) उन्होंने 'अतीत की जीवन्त स्मृति के साथ ही परिवर्तनशील वर्तमान के प्रति जागरूकता' को 'संश्लिष्ट समसामयिक बोध' की संज्ञा दी है और कहा है: "आज आलोचना का कार्य इसी 'संश्लिष्ट समसामयिक बोध' को परिभाषित और संगठित करना है—स्वयंअधिक से अधिक लोगों को इस आत्मबोध के प्रति सतर्क करते हुए उसके निर्माण में सहायता देना है।" (उपर्युक्त, पृ० 200)।

नामवरजी ने कविता के वस्तुगत रूप को ही आलोचना का आधार बनाने की जो बात कही है, उसके अपर पक्ष को भी समझ लेना चाहिए। 'प्रतिमान' में उन्होंने कविता के बारे में लिखा है: "उसकी सत्ता वस्तुनिष्ठ इसलिए है कि रचना-कर्म सम्पन्न होने के बाद वह कवि-सहृदय-निरपेक्ष रूप में अस्तित्व ग्रहण करती है; किन्तु यह अनुभव सिद्ध सत्य है कि अपनी वस्तुनिष्ठ सत्ता के बावजूद प्रत्येक कविता-ग्रहण की प्रक्रिया में कुछ-न-कुछ सहृदय-सापेक्ष हो जाती है। अनन्य परतन्त्रता के आदर्श के बावजूद यथार्थ में उसकी स्थिति सापेक्ष-स्वतन्त्र होती है। कविता की यह सापेक्ष-स्वतन्त्रता अनिवार्य है। यह अनिवार्यता प्रत्येक मूल्यांकन की भी सीमा है। आलोचक की वस्तुनिष्ठता इस बात में है कि वह किसी कृति के मूल्यांकन की प्रक्रिया में उसके रूप की जो पुनःसृष्टि अपने लिए करता है वह यथासम्भव अधिक-से-अधिक मूल कृति के निकट हो।" (पृ० 108)। 'आलोचना' के एक सम्पादकीय (जुलाई-सितम्बर, 67) में आलोचना की भाषा

पर विचार करने के क्रम में नामवरजी ने आलोचना को मूलतः एक सृजनात्मक विधा कहा है और लिखा है : "प्रत्येक कृति एक सांस्कृतिक प्रक्रिया है और कृतिकार, पाठक और आलोचक इस एक ही प्रक्रिया के अंग हैं, जिनमें से प्रत्येक की प्रतिक्रिया उस प्रक्रिया की ही अनिवार्य कड़ी है। इस प्रकार आलोचक कवि या पाठक के लिए नहीं लिखता, किसी कृति पर लिखना उसका ऐतिहासिक दायित्व है, प्रसंगात उससे कवि या पाठक प्रभावित भले ही हो जाएँ, लेकिन उस एक सांस्कृतिक प्रक्रिया में अपनी भूमिका अदा करने के लिए प्रथमतः वह रचनाकार के समान ही अपने लिए लिखता है, क्योंकि किसी और के लिए लिख ही नहीं सकता—चाहे भी तो नहीं। यदि वह किसी और के लिए लिखता है तो अपने साथ ही दूसरे को भी छलता है। इस दृष्टि से आलोचक मूलतः उक्त सांस्कृतिक, प्रतिक्रिया के अंतर्गत अपने अनुभवों, विचारों और सपनों को ही सुस्पष्ट एवं व्यवस्थित करने के लिए संघर्ष करता है। आलोचक का आत्मसंघर्ष भी रचनाकार के समान ही महत्त्वपूर्ण है—बल्कि व्यवहार में वह और भी पेचीदा है क्योंकि वह दुहरा होता है। इसीलिए रचनाकार के समान ही आलोचक के सामने भी माध्यम की समस्या उपस्थित होती है। 'आलोचना की भाषा' की समस्या, इस प्रकार, माध्यम की ही समस्या है। माध्यम की वास्तविक समस्या का सामना वे आलोचक करते हैं जिनके लिए आलोचना एक सर्जनात्मक प्रयास है।" यहाँ इस बात से चौंकने की जरूरत नहीं है कि सर्जनात्मक आलोचना और मार्क्सवादी आलोचना में कोई विरोध नहीं है। हर श्रेष्ठ आलोचना सर्जनात्मक होती है। नामवरजी ने यह जो लिखा है कि "आलोचक कवि या पाठक के लिए नहीं लिखता" इसमें और मार्क्सवादी आलोचना की इस मान्यता में भी कोई मौलिक मतभेद नहीं है कि आलोचना 'शैक्षिक' होती है। उन्होंने आलोचना में केवल रचनाकार की तरह संलग्नता (Involvement) की बात कही है। जिस तरह मार्क्सवादी रचनात्मक साहित्य भी रचनाकार की संलग्नता के उपरान्त ही अपनी उद्दिष्ट शैक्षिकता को उत्कृष्ट रूप में उपलब्ध कर सकता है, उसी तरह मार्क्सवादी आलोचना के लिए भी आलोचक की संलग्नता आवश्यक है। बिना इसके रचनात्मक साहित्य भी शिक्षा या उपदेश-मात्र है और आलोचनात्मक साहित्य भी। नामवरजी ने आगे स्पष्ट कर दिया है : "सच्ची आलोचना वैयक्तिक प्रतिक्रिया से शुरू होकर भी अन्यापेक्ष आकांक्षा से युक्त होती है...।" जहाँ तक आलोचना की भाषा का प्रश्न है, उनके अनुसार, "सच्चे रचनाकार की तरह कृती आलोचक की भाषा भी व्यक्ति-विशिष्ट होती है, और यह विशिष्टता केवल शब्दावली में ही नहीं, बल्कि कभी-कभी उसके 'स्वर' अथवा 'तेवर' से भी साफ पहचानी जा सकती है।" आलोचना में पारिभाषिक शब्दावली से निर्मित एक विशेष प्रकार की भाषा की माँग की जाती है, लेकिन आलोचना की विभिन्न

पद्धतियों और उनकी अपनी शब्दावलियों को देखते हुए एक सामान्य भाषा का निर्माण सम्भव नहीं है। नामवरजी के शब्दों में, "सर्जनशील आलोचक किसी एक कृति अथवा एक के बाद एक अन्य कृतियों के साक्षात्कार की प्रक्रिया में उत्पन्न विशिष्ट काव्यानुभूति का वर्णन और मूल्यांकन करते हुए···धीरे-धीरे एक प्रणाली तथा उससे सम्बद्ध एक विशिष्ट शब्दावली का विकास करता चलता है।"

नामवरजी मुख्यत: छायावादोत्तर हिन्दी कविता के आलोचक हैं, लेकिन अलग से उनकी पुस्तक प्रगतिवादी या नयी कविता पर नहीं, बल्कि छायावादी कविता पर है। इसका क्या कारण है? उन्होंने छायावादी कविता पर पुस्तक लिखना क्यों जरूरी समझा? इन प्रश्नों का उत्तर यह है कि वे मार्क्सवादी आलोचक हैं। मार्क्सवाद की एक विशेषता अतीत की बहुमूल्य विरासत को स्वीकार करके चलना है। हिन्दी आलोचना में जब छायावाद के खिलाफ घृणा का प्रचार करके हमें अपनी प्रगतिशील विरासत से वंचित करने का प्रयास किया जा रहा था, नामवरजी ने अपनी 'छायावाद' (1955) नामक पुस्तक लिखकर हमें छायावाद की विशेषताओं से परिचित कराया और उसके सकारात्मक पक्षों को रेखांकित किया। 'छायावाद' का महत्त्व समझने के लिए उसे रघुवंशजी-जैसे आलोचकों के इस प्रकार के कथन के सन्दर्भ में रखकर देखना चाहिए : "जिस प्रकार जनता का जीवन समस्त आदर्श कल्पनाओं, स्वप्नों तथा प्रेरणाओं के बावजूद अन्दर से खोखला और बौना था, उसी प्रकार काव्य का सारा सौन्दर्य, सारी कल्पना, सारे आदर्श वायवी रहे हैं। जिस प्रकार जनता के जीवन का सारा अध्यात्म, भक्ति, समर्पण आंतरिक आस्था तथा विश्वास पर आधारित न होकर मात्र बाह्य आकर्षण और चमत्कार से प्रेरित थे, उसी प्रकार छायावाद का सारा रहस्यवाद, आनंदवाद, मानवतावाद अंत: अथवा बाह्य यथार्थ के सन्दर्भ से हीन, मात्र खोखला था।" ('साहित्य का नया परिप्रेक्ष्य,' पृ० 142)। यहाँ यह प्रश्न किया जा सकता है कि जब 'कविता के नये प्रतिमान' में नामवर-जी ने छायावाद के स्वच्छन्दतावाद का तिरस्कार कर नयी कविता के यथार्थवाद को प्रतिष्ठित करना चाहा है, तो फिर छायावाद का महत्त्व बतलाने का क्या अर्थ है! इन दोनों बातों में वस्तुत: कोई विरोध नहीं है। विरोध तब नजर आता है जब हम छायावाद की व्याख्या के पीछे स्थित नामवरजी की द्वन्द्वात्मक दृष्टि को नहीं समझते और यह मान लेते हैं कि वे छायावादी काव्य-दृष्टि को आज भी उपयोगी मानते हैं। उन्होंने स्वयं उक्त प्रश्न का उत्तर दिया है : "सवाल दरअसल छायावादी काव्य के स्वीकार-अस्वीकार का नहीं, बल्कि छाया-वादी दृष्टि को स्वीकार-अस्वीकार करने का है। छायावादी दृष्टि और छाया-वादी हिन्दी काव्य एक नहीं हैं। छायावादी दृष्टि के बावजूद छायावादी कवियों

ने हिन्दी साहित्य को अनेक कालजयी कृतियाँ दी हैं।···इसलिए छायावाद की पूर्ण अस्वीकृति की बात एकदम बेबुनियाद है। दरअसल यह एक प्रवाद है जिसका प्रचार जान-बूझकर आज के लेखन के विरोधियों ने कर रखा है। छायावाद की पूर्ण अस्वीकृति उतनी ही गलत है जितनी पूर्ण स्वीकृति।" ('आलोचना,' अक्तूबर-दिसम्बर,'67)। रघुवंशजी ने छायावाद को यथार्थशून्य कहा है, जबकि नामवरजी ने अपनी पुस्तक के बारे में लिखा है कि "यह निबन्ध छायावाद की काव्यगत विशेषताओं को स्पष्ट करते हुए छायाचित्रों में निहित सामाजिक सत्य का उद्घाटन करने के लिए लिखा गया है।" ('छायावाद', पृ० 3)।

स्वच्छन्दतावाद के उद्भव के सामाजिक कारणों की ओर शुक्लजी ने भी संकेत किया था। डॉ० रामविलास शर्मा ने छायावाद का सम्बन्ध अत्यन्त स्पष्ट शब्दों में भारतीय स्वाधीनता-आन्दोलन के उग्रता-भरे दौर से जोड़ा था। उन्होंने छायावाद के वर्ग आधार का भी निर्देश किया था और उसकी असंगतियों को उसी की देन बतलाया था। छायावाद की समाजशास्त्रीय व्याख्या की यह चेष्टा अपेक्षित विस्तार और युक्तियों के साथ नामवरजी की पुस्तक 'छायावाद' में सामने आयी। उन्होंने छायावाद की मूल प्रेरणा व्यक्ति-स्वातन्त्र्य की भावना को माना : "यह सारा सौन्दर्य (छायावादी काव्य-सौन्दर्य) व्यक्ति की स्वाधीनता की भावना से उत्पन्न हुआ है और वह स्वाधीनता भी व्यक्ति के माध्यम से सम्पूर्ण समाज की स्वाधीनता की अभिव्यक्ति है।" (उपर्युक्त, पृ० 4)। इसी आधार पर छायावाद में मिलनेवाली विभिन्न प्रवृत्तियों के बीच अन्तस्सम्बन्ध की खोज की जा सकती है : "स्वानुभूति, कल्पना, प्रकृति का मानवीकरण आदि में कोई कार्य-कारण-सम्बन्ध है और ये किसी एक ही मनोवृत्ति की तर्कसंगत परिणति हैं। इस मनोवृत्ति को ठीक-ठीक समझे बिना छायावाद के किसी विवेचन में सुसंगति और व्याख्या नहीं आ सकती।" (उपर्युक्त, पृ० 3)। इसके अलावा छायावाद पर विचार करने के क्रम में हमें उसके विकास-क्रम को दृष्टि में रखना चाहिए, क्योंकि छायावाद "समाज से ऊपर सर्वथा शुद्ध भाव-राशि" न था, बल्कि सामाजिक परिस्थितियों की देन था और जैसे-जैसे सामाजिक परिस्थितियाँ विकसित हुई थीं, उसमें भी वस्तुगत और रूपगत विकास होता गया : "इस (राष्ट्रीय) जागरण में जिस तरह क्रमशः विकास होता गया, इसकी काव्यात्मक अभिव्यक्ति भी विकसित होती गयी और इसके फलस्वरूप 'छायावाद' संज्ञा का भी अर्थ-विस्तार होता गया।" (उपर्युक्त, पृ० 15)। व्यक्ति की स्वाधीनता की भावना छायावादी कविता में कवियों की आत्माभिव्यक्ति के रूप में प्रकट हुई। हिन्दी की जो कविता पहले निर्वैयक्तिक और इतिवृत्तात्मक थी, वह देखते-देखते वैयक्तिक और रागात्मक हो उठी। नामवरजी ने इस आत्माभिव्यक्ति को सामन्ती बन्धनों के विरुद्ध नवोदित

मध्यवर्ग की जनवादी चेतना का प्रमाण बतलाया है। छायावादी कविता का रहस्यवाद भी आत्माभिव्यक्ति की आकांक्षा का ही फल है। आत्माभिव्यक्ति की इस आकांक्षा में आत्म-प्रसार की आकांक्षा निहित थी। 'आधुनिक साहित्य की प्रवृत्तियाँ' में नामवरजी का रहस्यवाद पर जो निबन्ध संकलित है उसमें उन्होंने किंचित् विस्तार से छायावादी रहस्यवाद की सामाजिक व्याख्या की है। उन्होंने लिखा है : "यह जो अज्ञात असीम की अभिलाषा है वह वस्तुतः ज्ञात सीमाओं के असन्तोष से ही उत्पन्न हुई है और यह असन्तोष तथा अभिलाषा केवल दिमागी ऐय्याशी नहीं है, बल्कि इसका सामाजिक आधार है। यह असन्तोष और महत्त्वाकांक्षा उस मध्यवर्गीय व्यक्ति की है जो मध्ययुगीन पारिवारिक और सामाजिक रूढ़ियों को तोड़कर उन्मुक्त वातावरण में साँस लेने के लिए व्याकुल हो रहा था।" (पृ० 55)। शुक्लजी ने रहस्यवाद की लौकिक व्याख्या की थी, नामवरजी ने उसकी सामाजिक व्याख्या की है। नामवरजी की व्याख्या भी शुक्लजी की व्याख्या की तरह ही महत्त्वपूर्ण है। "जड़ सामूहिकता अथवा सामाजिकता से उबरने के लिए आधुनिक युवक ने प्रकृति में प्रवेश किया और यहाँ उसे अपने व्यक्तित्व के विकास का वातावरण दिखायी पड़ा...।" ('छायावाद', पृ० 32)। प्रकृति के साथ छायावादी कवियों ने जो यह नया सम्बन्ध कायम किया, उसमें उन्हें जो मुक्तता और सौन्दर्य मालूम पड़ा, वह आधुनिक युग में उपलब्ध वैज्ञानिक प्रगति के कारण। नामवरजी कहते हैं : "कुछ लोगों को यह विरोधाभास प्रतीत हो सकता है किन्तु यह सच है कि विज्ञान के द्वारा प्रकृति से संघर्ष करते हुए भी आधुनिक मानव ने उससे प्रेम किया। जिस प्रकृति से संघर्ष, उसी से प्रेम—यह आधुनिक युग का ही सत्य नहीं है, बल्कि मानव जाति के समूचे इतिहास का यही निष्कर्ष है। आदिम युग से ही मनुष्य भयंकर वन्य प्रकृति से संघर्ष करता हुआ, उसे अपने अनुकूल बनाकर उसके सौन्दर्य का उद्घाटन करता चला आ रहा है।" (उपर्युक्त, पृ० 33)। छायावाद में प्रकृति और मनुष्य का सम्बन्ध ही नहीं बदला, नयी शिक्षा के परिणामस्वरूप नारी और पुरुष का सम्बन्ध भी बदल गया। "साहित्य में पहली बार स्त्री और पुरुष के बीच वैयक्तिक स्वच्छन्द प्रेम का अभ्युदय हुआ। यह स्वच्छन्द प्रेम व्यक्ति-स्वातन्त्र्य का ही अनिवार्य परिणाम तथा उसका आवश्यक अंग है। इसके फलस्वरूप पहली बार छायावादी कविता में नारी को प्रेयसी का ऊँचा स्थान प्राप्त हुआ।" (उपर्युक्त, पृ० 46)। छायावाद व्यक्ति-स्वातन्त्र्य की भावना का परिणाम था और उस भावना का सम्बन्ध स्वातन्त्र्य-आन्दोलन से था, इसका स्पष्ट प्रमाण वे छायावादी कविताएँ हैं, जिनमें स्पष्ट रूप में सामाजिक संघर्ष और राष्ट्रीय-मुक्ति-चेतना की अभिव्यक्ति हुई है। नामवरजी के शब्दों में, "बुद्धिजीवी मध्यवर्ग के नेतृत्व में भारतीय जनता ने अपनी राजनीतिक और सामाजिक स्वाधीनता के लिए जो

संघर्ष किया उसके कई पहलुओं को छायावाद ने सचाई के साथ प्रतिबिम्बित किया और यथाशक्ति उसे आगे बढ़ाने में भी योग दिया ।" (उपर्युक्त, पृ० 66) । अंग्रेजी में कल्पना की रोमांटिक कविता की सबसे बड़ी विशेषता बतलाया गया है । छायावादी कविता की कल्पनाशीलता भावुकताजनित थी और उस भावुकता को जन्म दिया था मानसिक स्वाधीनता ने । "छायावाद में जो 'हृदय सत्ता का सुन्दर सत्य' व्यक्त हुआ है और प्रकृति तथा नारी सौन्दर्य की जो सूक्ष्म रेखाएँ चित्रित हुई हैं, उन सबका श्रेय इसी स्वच्छन्द कल्पना को है।" (उपर्युक्त, पृ० 80) । इस कल्पना ने छायावादी कविता के रूप-विन्यास को भी प्रभावित किया और उसे पूरा बदल दिया । यह रूप-विन्यास द्विवेदीयुगीन कविता से भी भिन्न था और रीतिकालीन कविता से भी । द्विवेदीयुगीन कविता में जहाँ सादगी थी, वहाँ यह कविता अलंकृत थी । लेकिन इसकी अलंकृत रीतिकालीन कविता से भिन्न प्रकार की थी । "रीतिकाल और छायावाद की कविता के रूप-विन्यास का अन्तर अलंकारों की बहुलता और न्यूनता का नहीं, बल्कि उन अलंकारों के पीछे काम करनेवाली रुचि अथवा सौन्दर्य-भावना का है । एक के पीछे मध्ययुगीन रुचि है तो दूसरी के पीछे आधुनिक रुचि ।" (उपर्युक्त, पृ० 86) । छायावादी कविता में ब्रजभाषा के मुकाबले कोमलता उत्पन्न करने के लिए संस्कृत शब्दों की योजना की गयी, लेकिन ये शब्द भाव और कल्पना से रँगकर एकदम नवीन हो उठे थे । बाद में उसमें तद्भव शब्दों का प्रयोग भी होने लगा, जो कि लोकजीवन से स्वाधीनता-आन्दोलन के सम्बन्ध को देखते हुए स्वाभाविक था । इसके अलावा "छायावादी कवियों ने अलग-अलग एक-एक शब्द के संगीत पर ध्यान रखने के साथ ही सम्पूर्ण शब्द-संगति अथवा शब्द-गुम्फन के संगीत पर भी ध्यान रखा ।" (उपर्युक्त, पृ० 109) । आगे नामवरजी ने लिखा है : "छायावादी भावों ने यदि शब्दों को कल्पना से रंजित और मांसल बनाया तो अपने आवेग से उन शब्दों को एक विशेष ढंग के क्रम, सम्बन्ध और गति में भी ढाल दिया । इस तरह छायावादी **वाक्य-विन्यास** में भी परिवर्तन हुआ ।" (उपर्युक्त, पृ० 110) । जहाँ तक छायावादी कविता के छन्दोविधान का प्रश्न है, "छायावादी कवि के जिस हृदय-स्पन्दन ने वाक्य-विन्यास को प्रभावित किया, उसी ने वाक्य-विन्यास के माध्यम से छन्दोविधान का भी निश्चय किया । छायावाद का यह हृदय-स्पन्दन मुख्यतः प्रगीत-भावना (लिरिसिज्म) थी । छायावादी छन्दों में से अधिकांश का निश्चय प्रगीत-भावना ने किया ।" (उपर्युक्त, पृ० 115) । नामवरजी ने मुक्त छन्द को भी छायावादी 'स्वच्छन्द भाव की तर्कसंगत परिणति' कहा है । इस ब्यौरे से यह स्पष्ट है कि छायावाद की विभिन्न प्रवृत्तियाँ व्यक्ति-स्वातन्त्र्य की जनवादी चेतना की ही अभिव्यक्ति है । नामवरजी के शब्द लेकर कहें तो "यह एक केन्द्र पर बने हुए विभिन्न वृत्तों

(Co-centric circles) का समुदाय है।" ('आधुनिक साहित्य की प्रवृत्तियाँ', पृ० 15)। लेकिन चूँकि छायावादी कविता मध्यवर्ग की कविता थी, इसलिए अनिवार्य रूप से उसमें अन्तर्विरोध मिलते हैं। एक ओर यदि उसमें व्यक्ति-स्वातन्त्र्य की चेतना है तो दूसरी ओर एक तरह की असामाजिकता भी; एक ओर यदि उसमें असीम की आकांक्षा है तो दूसरी ओर रहस्य-लोक में पलायन की प्रवृत्ति भी, एक ओर यदि उसमें प्रकृति के प्रति नयी सौन्दर्य-दृष्टि है तो दूसरी ओर प्रकृतिवाद भी; एक ओर यदि उसमें नारी के प्रति समानता का भाव है तो दूसरी ओर उसे अप्सरा या देवी बना देने की चेष्टा भी; एक ओर यदि उसमें सामाजिक और राजनीतिक परिवर्तन के लिए संघर्ष है तो दूसरी ओर भविष्य की स्पष्ट कल्पना का अभाव भी और एक ओर यदि उसमें उच्च आदर्शों में निष्ठा है तो दूसरी ओर यथार्थविमुखता भी। इसी तरह रूप-विन्यास, शब्द-योजना, छन्दोविधान आदि में भी हम छायावादी कविता में प्रगतिशील और प्रतिक्रियावादी दोनों प्रवृत्तियाँ पाते हैं। शुक्लजी ने उसकी लाक्षणिकता का स्वागत करते हुए भी उसकी अतिशयता के लिए उसकी आलोचना की थी। 1930 ई० के बाद जब छायावाद का अन्तर्विरोध बहुत तीव्र हो गया तो "उसके गर्भ से प्रगतिवाद के नवीन जीवन्त काव्य का जन्म हुआ।" छायावाद के सकारात्मक तत्त्वों को रेखांकित करते हुए नामवरजी कहते हैं: "छायावाद का स्थायित्व उसके व्यक्तिवाद में नहीं, उसकी आत्मीयता में है; काल्पनिक उड़ान में नहीं, आत्म-प्रसार में है; समाज भीरुता में नहीं, प्रकृति-प्रेम में है; प्रकृति-पलायन में नहीं, नैसर्गिक जीवन की आकांक्षा में है; आवेगपूर्ण भावोच्छ्वास में नहीं, संवेदनशीलता में है; सौन्दर्य की कल्पना में नहीं, सौन्दर्य की भावना में है; स्वप्न में नहीं, स्वप्न की वास्तविक आकांक्षा में है; अज्ञात की जिज्ञासा में नहीं, ज्ञान के प्रसार में है; आदर्श में नहीं, यथार्थ में है; कल्पना में नहीं, वास्तविकता में है; दृष्टिकोण में नहीं, दृष्टि में है; उक्ति-वैचित्र्य में नहीं, अभिव्यंजना के प्रसार में है।" ('छायावाद,' पृ० 144-45)।

'छायावाद' में नामवरजी ने छायावाद की सामान्य प्रवृत्तियाँ तो दिखलायी ही हैं, छायावाद के प्रमुख चारों कवियों—प्रसाद, निराला, पंत और महादेवी—की विशिष्टताओं पर भी प्रकाश डाला है। यहाँ यह स्वाभाविक जिज्ञासा होती है कि छायावाद की ठीक-ठीक व्याख्या वही क्यों कर सके, जबकि छायावाद के अपने आलोचक पं० नंददुलारे वाजपेयी और डॉ० नगेन्द्र थे? इसका कारण स्पष्ट है। वह यह कि मार्क्सवाद की समाजशास्त्रीय और द्वन्द्वात्मक दृष्टि केवल नामवरजी के पास है। स्वभावत: उन्होंने सामाजिक विकास-क्रम में छायावाद को ठीक-ठीक देखकर उसके सकारात्मक और नकारात्मक, प्रगतिशील और प्रतिक्रियावादी दोनों पक्षों को पहचाना। इसी से उन्होंने छायावाद को न मात्र द्विवेदी-युग की

प्रतिक्रिया माना, न परवर्ती काव्य-विकास को छायावाद की प्रगतिशील विरासत से वंचित करने के प्रयास को अनदेखा किया। उनका यह कथन ध्यातव्य है कि "छायावाद द्विवेदी-युग का ऐतिहासिक विकास है और इस प्रकार छायावाद हिन्दी साहित्य की परंपरा की एक महत्त्वपूर्ण कड़ी है।" ('आधुनिक साहित्य की प्रवृत्तियाँ', पृ० 46)। इधर डॉ० रामविलास शर्मा ने द्विवेदी-युग और छायावाद के अन्तस्सम्बन्ध की ओर जो संकेत किया है ('महावीरप्रसाद द्विवेदी और हिन्दी नवजागरण'), उससे इस विचार की पुष्टि हुई है। 'छायावाद' निश्चय ही अत्यन्त तीक्ष्ण दृष्टिवाले मार्क्सवादी आलोचक की कृति है जिसमें हमें छायावादी कविता का गम्भीर और सूक्ष्म विश्लेषण देखने को मिलता है। नामवरजी ने छायावादी काव्यवस्तु और काव्यरूप दोनों का सापेक्ष रूप में पूर्णतर विश्लेषण तो किया ही है, उसका सामाजिक मूल्यांकन भी किया है।

ऊपर कहा जा चुका है कि छायावाद के बाद हिन्दी कविता का विकास प्रगति और प्रयोग की दिशा में हुआ। रघुवंशजी-जैसे आलोचक प्रगतिवादी कविता को यथार्थवादी कविता नहीं मानते। उनका यह कथन हम देख चुके हैं : "प्रगतिवादी कविता 'कुत्सित समाज-शास्त्री आलोचकों' के प्रभाव से वर्ग-संघर्ष तथा सामाजिक क्रांति का अयथार्थ स्वर भरती रही है। अधिकतर प्रगतिवादी कवि अपने देश के सामाजिक यथार्थ से अपरिचित रहकर रूस तथा चीन की सामाजिक क्रांति के गीत गाते रहे हैं।" इसके विपरीत "प्रयोगशील और बाद में नया कहलानेवाले साहित्य, के बारे में उनकी यह राय है कि "इसने अपने युग-जीवन के संपूर्ण यथार्थ को ग्रहण किया।" नामवरजी का मत उनसे एकदम भिन्न है। उन्होंने छायावाद के बाद के साहित्य में यथार्थवाद के विकास की दृष्टि से प्रगतिवादी धारा को सर्वाधिक महत्त्व दिया है : "प्रगतिवाद के इन बीस वर्षों का इतिहास साहित्य में स्वस्थ सामाजिकता, व्यापक भावभूमि और उच्च-विचार के निरंतर विकास का इतिहास है, जो केवल राजनीतिक जागरण से आरंभ होकर क्रमशः जीवन की व्यापक समस्याओं की ओर, आदर्शवाद से आरंभ होकर क्रमशः यथार्थवाद की ओर और यथार्थवाद अथवा नग्नयथार्थवाद से आरंभ होकर क्रमशः स्वस्थ सामाजिक यथार्थवाद की ओर अग्रसर होता जा रहा है।" ('आधुनिक साहित्य की प्रवृत्तियाँ,' पृ० 86-87)। उनके अनुसार, "ऐतिहासिक दृष्टि से प्रयोगवाद उत्तर छायावाद की समाज-विरोधी अतिशय व्यक्तिवादी मनोवृत्ति का ही बढ़ाव है।" (उपर्युक्त, पृ० 130)। उन्होंने प्रयोगवाद के विचार-धारा-विरोध को चिह्नित किया है और कहा है : "प्रयोगशील जीवन-दृष्टि की दूसरी विशेषता है सत्य के लिए निरंतर अन्वेषण। जहाँ किसी पूर्व-निश्चित 'वाद' से बचने की कोशिश है वहाँ सत्य का निरंतर अन्वेषण अनिवार्य हो जाता है और जाहिर है कि यह अन्वेषण हरएक को स्वयं करना पड़ेगा। इस प्रकार प्रयोगशीलता 'व्यक्तिगत अन्वेषण' की वस्तु है।"

(उपर्युक्त, पृ० 132)। 'व्यक्तिगत अन्वेषण' का मतलब है बुद्धि का निषेध और अनुभव का भरोसा। नामवरजी ने आगे कहा है : "विचित्र बात है कि विज्ञान के साथ संबद्ध देखकर प्रयोग को कविता के क्षेत्र में 'बौद्धिकता' का आंदोलन कहना शुरू किया गया, जबकि वास्तविकता यह है कि प्रयोगशीलता नितांत अनुभव-परक जीवन-दृष्टि है।" (उपर्युक्त)। कोई ताज्जुब नहीं कि जिस तरह 'व्यक्तिगत अन्वेषण' की परिणति अनुभवपरकता में हुई उसी तरह अनुभवपरकता की परिणति क्षणवाद में। "आगे चलकर जो क्षणवादी विचारों की व्यापक उद्घोषणाएँ हुईं, उन्हें आरंभिक प्रयोगशील जीवन-दृष्टि का ही बढ़ाव समझना चाहिए।" (उपर्युक्त, पृ० 134)।

'कविता के नये प्रतिमान' (1968) में नामवरजी ने छायावादी भाव-धारा के स्थान पर यथार्थवादी कविता के रूप में नयी कविता को स्थापित करने का प्रयास किया है। यह नयी कविता प्रयोगवादी कविता तक ही सीमित नहीं है। इस पुस्तक में उन्होंने 'नयी कविता' को एक व्यापक संज्ञा मानकर प्रगति और प्रयोग उसकी दो प्रवृत्तियाँ मानी हैं। डॉ० रामविलास शर्मा ने भी नयी कविता में प्रगतिवादी, प्रयोगवादी, अस्तित्ववादी, अकवितावादी आदि सभी कविताओं को समेटा है ('नयी कविता और अस्तित्ववाद')। इसी तरह प्रो० चंद्रबली सिंह भी नयी कविता की दो मुख्य धाराएँ मानते हैं—पुनर्रचनावादी और विघटन-वादी ('माया', भारत 1965 विशेषांक)। नयी कविता में प्रगति और प्रयोग की दोनों प्रवृत्तियों को समाविष्ट करने का एक अन्य आधार भी है। वह यह कि हिन्दी में नये साहित्य के पीछे अंग्रेजी के जिस 'न्यू राईटिंग' आन्दोलन की प्रत्यक्ष या परोक्ष प्रेरणा थी उसमें भी प्रगतिशील और प्रयोगवादी दोनों प्रकार के रचनाकार सम्मिलित थे। नामवरजी ने 'प्रतिमान' में लिखा है : "नयी कविता से आशय प्रगति और प्रयोग दोनों के कल्पित कगारों को तोड़ती हुई समग्र नयी काव्यधारा से है।" (पृ० 67)। यहाँ 'कल्पित' से मतलब यह नहीं है कि नयी कविता में इन दो धाराओं का अस्तित्व ही नहीं है, बल्कि यह है कि उनका पार्थक्य आत्यंतिक नहीं है। छायावादोत्तर काल में एक तरह की यथार्थवादी कविता, सीमित और आत्मनिष्ठ दृष्टि से ही सही, प्रयोगवादी कवियों ने भी लिखी। नामवरजी के अनुसार छायावादोत्तर काल में हिन्दी कविता में यथार्थ-वाद का जो विकास आरम्भ हुआ उसका श्रेय प्रगतिवाद को है। 1936-37 के काल के बारे में उनका कहना है : "इसी दौर में प्रगतिशील साहित्य का आंदोलन पैदा हुआ, जिसका जोर सबसे ज्यादा यथार्थवाद पर था। प्रगतिशील साहित्य की इस यथार्थवादी भूमिका की उपेक्षा करके 1938 के संक्रमण-युग को समझना असम्भव है। तथ्य है कि हिन्दी कविता को उस समय जो कवि नया मोड़ देने का प्रयास कर रहे थे, वे चाहे 'तार-सप्तक' में संकलित हुए हों या उससे बाहर रहे

हों, सभी किसी-न-किसी रूप में उस प्रगतिशील चेतना से अपने आपको सम्बद्ध अनुभव करते थे। उल्लेखनीय है कि स्वयं 'तार-सप्तक' की योजना भी दिल्ली के जिस 'अखिल भारतीय लेखक सम्मेलन' (1942) के दौरान बनी वह वस्तुतः 'प्रगतिशील लेखक संघ' का ही आयोजन था।" ('कविता के नये प्रतिमान,' पृ० 90)। प्रगतिवादी कविता की वह यथार्थवादी धारा क्या परवर्ती काल में लुप्त हो गयी? 'प्रतिमान' का महत्त्व इस बात में है कि उसमें उक्त धारा को, जो प्रयोगवादी धुन्ध में थोड़ी देर के लिए ओझल हो गयी थी, आँखों के सामने ला दिया गया है।

छायावादोत्तर कविता का मुख्य स्वर यथार्थवादी है, लेकिन ऐसा नहीं है कि स्वच्छन्दतावादी तत्त्व उसमें से एकदम समाप्त हो गये थे। स्वाधीनता-प्राप्ति के बाद कविता में स्वच्छन्दतावाद का नवोत्थान हुआ। 'दूसरा सप्तक' में अज्ञेय ने 'व्यक्ति-सत्य' को 'वस्तु-सत्य' की दिशा में विस्तृत करने की अपेक्षा रागात्मकता के द्वारा 'तथ्य' को 'सत्य' बनानेवाला जो सिद्धान्त प्रस्तुत किया था, उसके बारे में नामवरजी ने लिखा है: "अज्ञेय के इस काव्य-सिद्धान्त की नवीनता यह है कि इसमें बड़े कौशल से 'तार-सप्तक' की परम्परा को आत्मनिष्ठ मोड़ दे दिया गया। 'वस्तु-सत्य' निःशेष हो गया 'तथ्य' में और फिर वह 'तथ्य' भी 'रागात्मकता' के अधीन होकर अपनी रही-सही वस्तु-निष्ठता खो बैठा। अन्वेषण की जो राह बाहर की ओर जा रही थी वह सहसा अन्दर की ओर मुड़ गयी।" (उपर्युक्त, पृ० 95)। स्वच्छन्दतावाद के इस नवोत्थान का कारण था देश में पूँजीवादी जनतान्त्रिक शासन की सुस्थिरता और उसके चरित्र के सम्बन्ध में व्यापक भ्रम। "इस वातावरण में जो भी विसंवादी स्वर निकला अपने आप डूब गया। सृजनशीलता का जादू ऐसा चला कि किसी भी प्रकार के 'आलोचनात्मक' स्वर के लिए गुंजाइश न रही। केदारनाथ अग्रवाल, नागार्जुन, त्रिलोचन ही नहीं मुक्तिबोध की आवाज भी इस 'सृजन-क्षण' में डूब गयी।" (उपर्युक्त, पृ० 96)। लेकिन व्यवस्था के प्रति यह भ्रम अधिक दिनों तक बना नहीं रह सका और पूँजीवाद का अन्तर्विरोध तेजी से उभरकर सामने आने लगा। नामवरजी ने मुक्तिबोध का महत्त्व स्थापन करते हुए कहा है: "इस युग का श्रेष्ठ एवं सार्थक कृतित्व वह है जो इस 'भ्रम' से कम से कम ग्रस्त था अथवा एकदम मुक्त था। तात्कालिक वातावरण में उस कृतित्व का महत्त्व भले दबा रह गया हो, किन्तु इतिहास के न्याय से बचना असम्भव है। मुक्तिबोध के कृतित्व का महत्त्व इसी भ्रम-मुक्ति में है, जैसा कि बाद के पुनराविष्कार से प्रमाणित हुआ, मुक्तिबोध भ्रम के इस लम्बे दौर में सतत जाग्रत रहे।" (उपर्युक्त, पृ० 97)। यहाँ यह प्रश्न किया जा सकता है कि क्या मुक्तिबोध में स्वच्छन्दतावादी तत्त्व नहीं हैं? इस सम्बन्ध में ज्ञातव्य है कि नामवरजी रघुवंशजी की तरह भावुकता या रोमानीपन-मात्र के विरोधी नहीं हैं।

रघुवंशजी के मत से भावुक कवि तटस्थ और वस्तुनिष्ठ हो ही नहीं सकता, जिसे सम्पूर्ण प्रगतिशील कविता मिथ्या सिद्ध करती है। वह एक हद तक बौद्धिकता पर बल देती है, पर भावुकता का पूरा निषेध नहीं करती। नामवरजी ने पहले ही प्रयोगवादी अतिशय बौद्धिकता की आलोचना करते हुए कहा था : "यथार्थ के आग्रह से कोरी भावुकता और सरलता को छोड़ना एक बात है लेकिन भाव-प्रवणता को एकदम तिलांजलि देकर हर समय शुष्क बौद्धिक व्यायाम करते रहना बिल्कुल दूसरी बात है—इससे यथार्थ-दर्शन की जगह एक दूसरे प्रकार की अवास्तविकता की सृष्टि होती है।" ('आधुनिक साहित्य की प्रवृत्तियाँ,' पृ० 154)। इस प्रकार उन्होंने रोमानीपन का विरोध वहीं किया है, जहाँ वह यथार्थदृष्टि को धुंधला बनाता है। मुक्तिबोध की सर्वाधिक प्रसिद्ध कविता 'अँधेरे में' जो एक आशा से भरा हुआ स्वप्न है, उसके बारे में उन्होंने कहा है : "कहने की आवश्यकता नहीं कि 'अँधेरे में' में जो रोमांटिक स्वप्न है उसका आधार अपने युग में विकासमान उत्थानशील शक्तियों का बोध है।...इस दृष्टि से मुक्तिबोध को रोमांटिक भी कहा जा सकता है किन्तु यह रोमांटिकता गोर्की के शब्दों में 'क्रान्तिकारी रोमांटिकता' या 'वीरत्व-व्यंजक रोमांटिकता' है।" ('कविता के नये प्रतिमान', द्वितीय संस्करण, पृ० 267-68)।

'प्रतिमान' में नामवरजी ने कविता के जिन नये प्रतिमानों को रेखांकित किया है, वे यथार्थवादी कविता के प्रतिमान हैं। इन प्रतिमानों पर उन्होंने प्रगतिवादी और प्रयोगवादी इन दोनों धाराओं के कवियों की परीक्षा की है और उसमें प्रायः सर्वत्र प्रगतिवादी कवियों को खरा तथा प्रयोगवादी कवियों को खोटा पाया है। उन्होंने लिखा है : "**कविता के नये प्रतिमान** के केंद्र में मुक्तिबोध हैं।...इस पुस्तक का आधार यह धारणा है कि नयी कविता में मुक्तिबोध की स्थिति वही है जो छायावाद में निराला की थी। निराला के समान ही मुक्तिबोध ने भी अपने युग के सामान्य काव्य-मूल्यों को प्रतिफलित करने के साथ ही उनकी सीमा को चुनौती देकर उस सर्जनात्मक विशिष्टता को चरितार्थ किया जिससे समकालीन काव्य का सही मूल्यांकन सम्भव हो सका।" (उपर्युक्त, पृ० 10)। मुक्तिबोध के अलावा उन्होंने नागार्जुन और त्रिलोचन को भी यथास्थान उद्धृत किया है और प्रयोगवादी कविता से उनकी कविता की श्रेष्ठता दिखलायी है। मुक्तिबोध की काव्य-भाषा के बारे में नामवरजी ने कहा है : "इसमें एक रीतिबद्ध भाषा की चमक लालित्य, प्रसन्नता आदि गुण भले ही न हों, किन्तु वह प्राणशक्ति असंदिग्ध है जो सृजनशीलता की अनिवार्य शर्त है। भाषा की इस प्राणशक्ति का संघर्ष भाषा के नाटकीय प्रयोग से है और कहना न होगा कि मुक्तिबोध की प्राणवान काव्य-भाषा उनके प्राणवान कथ्य की प्रतिध्वनि है।" (उपर्युक्त, पृ० 118-19)। एक ओर मुक्तिबोध की 'चंबल की घाटी में' और 'अँधेरे में' जैसी कविताएँ हैं और दूसरी ओर

अज्ञेय की 'असाध्य वीणा' जैसी कविता। नामवरजी कहते हैं : " 'असाध्य वीणा' की भाषा में आश्चर्यजनक रूप से छायावाद और रीतिवाद जैसे दो विरोधी छोर एक बिन्दु पर मिलते दिखायी पड़ते हैं। कहना न होगा कि एक ही निष्प्राण चेतना भाषा से लेकर भाव के स्तर तक—कथन से कथ्य तक आद्योपांत व्याप्त है। भाषा की यह अशक्यता नैतिक अशक्यता का पर्याय है। इस प्रकार 'असाध्य वीणा' का मौन अपनी सारी वर्णन-चातुरी, नाटकीयता और शब्द-प्रयोग-सम्बन्धी सतर्कता के बावजूद आधुनिक परिवेश के साथ एक समझौते का सूचक है।" (उपर्युक्त, पृ० 120)। 'सपाटबयानी' के प्रतिमान पर उन्होंने केदारनाथ सिंह और सर्वेश्वरदयाल सक्सेना की कविताओं का विश्लेषण कर दिखलाया है कि नयी कविता का प्रयोगवादी धड़ा बिम्बवाद के प्रभाव में कविता में बिम्बों को आवश्यकता से अधिक महत्त्व देता रहा है और उनका संयोजन भी कविता में कुशलता से नहीं कर सका है। इसके विपरीत नागार्जुन और त्रिलोचन की ओर संकेत कर उन्होंने कहा है : "जहाँ तक मूर्तिमत्ता का प्रश्न है, वह तथाकथित 'बिम्बवादी' काव्य-सिद्धान्त को अपनाये बिना भी सम्भव है, जैसा कि कुछ प्रगतिवादी कहे जानेवाले कवियों की सफल काव्य-कृतियों में दिखायी पड़ता है।" (उपर्युक्त, पृ० 130)। जैसा कि हम देख चुके हैं, नामवरजी ने प्रगीतात्मक काव्य-संरचना की अपेक्षा नाटकीय काव्य-संरचना को यथार्थवाद के अधिक अनुकूल माना है। यह नाटकीय काव्य-संरचना वैसी लम्बी कविताओं में देखने को मिलती है, जैसी लम्बी कविताएँ मुक्तिबोध ने लिखी हैं। अज्ञेय-जैसे कवियों की 'असाध्य वीणा' जैसी कविताएँ लम्बी होने के बावजूद संरचना की दृष्टि से वर्तुलाकार हैं, जो कि आत्मपरक कविताओं की विशेषता है। विसंगति और विडम्बना एक प्रकार की यथार्थवादी कविता का निश्चित प्रतिमान है। प्रयोग-वादी कवियों की कविताओं में जहाँ विसंगति और विडम्बना 'सिनिसिज्म' का पर्याय हो जाती है, वहाँ प्रगतिवादी कवि इस बात में विश्वास करते हैं कि "बुद्धि के हाथों इस स्थिति पर काबू भी पाया जा सकता है।" "मुक्तिबोध की 'चंबल घाटी में' और 'अँधेरे में'-जैसी भयावह त्रासदीय रंग की नाटकीय कविताओं के अन्तर्गत काले बादलों को चीरकर बिजली की कौंध के समान हल्के-फुल्के संक्षिप्त प्रसंग झलक जाते हैं, जिनसे विडम्बना के सर्जनात्मक उपयोग का गहरा एहसास होता है।" (उपर्युक्त, पृ० 174)। अनुभूति के द्वन्द्वजनित तनाव की कसौटी पर भी मुक्तिबोध ही खरे उतरते हैं, अज्ञेय-जैसे कवि नहीं, जबकि 'तनाव' को उन्होंने भी महत्त्व दिया है। लेकिन "अज्ञेय की दृष्टि में जहाँ मानसिक तनाव" प्रमुख है, वहाँ "मुक्तिबोध का तनाव दुहरा है : एक ओर अपने परिवेश के साथ, दूसरी ओर स्वयं अपने अन्दर। किन्तु अन्ततः ये दोनों तनाव परस्पर-सम्बद्ध हैं।" (उपर्युक्त, पृ० 193)। नामवरजी के अनुसार इन दोनों कवियों की कविताओं

में तनाव-सम्बन्धी इन दोनों दृष्टियों की परिणति दो रूपों में हुई है। मुक्तिबोध की कविताओं में "आज के परिवेश की जो दहशत-भरी तस्वीर उभरती है उससे स्नायु-तन्तुओं के टूटने या रक्तचाप बढ़ने का खतरा पैदा हो सकता है" (उपर्युक्त, पृ० 192), जबकि "अज्ञेय की इधर की रचनाओं में भाषा-भाव से लेकर लय, स्वर और संरचना सभी स्तरों से उस तनाव का लोप हो गया है। तनाव का स्थान ले लिया है एक थकान-भरी शान्त मुद्रा ने।" (उपर्युक्त, पृ० 194)। जहाँ तक ईमानदारी की बात है, वह प्रगतिशील कवियों में ही मिलती है, प्रयोगवादी कवियों में नहीं। प्रयोगवादी कवि तो ईमानदारी को वस्तुनिष्ठता से मुक्त कर अनुभूति की प्रामाणिकता का रूप देने में लगे रहे। परिवेश की वास्तविकता के चित्रण को नामवरजी ने कविता का अन्तिम नया प्रतिमान कहा है। इस दृष्टि से उन्होंने मुक्तिबोध के काव्य-संसार की तुलना रघुवीर सहाय और श्रीकांत वर्मा-जैसे कवियों के काव्य-संसार से की है और मुक्तिबोध को उस इतिहास-बोध से युक्त बतलाया है, जिसका रघुवीर सहाय और श्रीकांत वर्मा में अभाव है। इसकी चर्चा प्रसंगवश ऊपर हो चुकी है। साही के बारे में उन्होंने कहा है : "विजयदेव नारायण साही का काव्य-संसार अपनी ऐन्द्रजालिकता में मुक्तिबोध के समान होते हुए भी वास्तविकता के गर्द-गुबार से काफी दूर तथा अधिक निजी और स्वतः सम्पूर्ण है।" (उपर्युक्त, पृ० 231)। यहाँ यह ज्ञातव्य है कि नामवरजी ने छायावादोत्तर हिन्दी कविता में यथार्थवाद का निरूपण करने के क्रम में अपनी दृष्टि प्रगतिवादी कविता तक ही सीमित नहीं रखी है, बल्कि प्रयोगवादी कविता में चित्रित यथार्थ पर भी विचार किया है और उसकी सीमाओं को समझते हुए उसे यथोचित महत्त्व दिया है। लूकाच ने अपनी पुस्तक 'द मीनिंग ऑव कंटेपररी रियलिज्म' में पूँजीवादी यथार्थवाद के दो प्रकार बतलाये हैं : आलोचनात्मक और आधुनिकतावादी। प्रयोगवादी कविता में आलोचनात्मक यथार्थवाद के तत्त्व प्रचुर मात्रा में हैं। मार्क्सवादी आलोचक के लिए उन पर दृष्टिनिक्षेप करना आवश्यक था। नामवरजी ने उसी क्रम में रघुवीर सहाय, श्रीकांत वर्मा और साही की कविताएँ उद्धृत कर उनका विश्लेषण किया है और उनके सकारात्मक पक्षों को उजागर किया है। यह उनका उदारतावाद नहीं, बल्कि उनकी संकीर्णता से मुक्त आलोचना-दृष्टि का प्रमाण है।

छठे दशक के बाद हिन्दी में जो कविता लिखी गयी वह 'युवा कविता' के नाम से जानी जाती है। यह 'मोहभंग' या फिर 'मोहविहीनता' की कविता है। तात्पर्य यह कि छठे दशक में नयी कविता में जो स्वच्छन्दतावाद का नवोत्थान दिखलायी पड़ा था, यह कविता प्रकटतः उसके विरुद्ध यथार्थवाद की दिशा में कदम बढ़ाती है। नामवरजी ने इस कविता पर भी टिप्पणी की है। उनके अनुसार इस कविता के भी दो रूप हैं। उसका एक रूप वामपंथी झुकाववाला है और

दूसरा नकारवादी झुकाववाला। नकारवादी झुकाव अकविता और अमरीकी बीट कविता के प्रभाव में लिखी गयी कविता में देखने को मिलता है और वामपंथी झुकाव वामपंथी राजनीति से प्रभावित कविता में। इन दोनों प्रकार की कविताओं के मूल में पूँजीवादी व्यवस्था और उसका बढ़ता हुआ प्रभाव ही है। नकारवादी झुकाववाले कवि तो मध्यवर्ग से आनेवाले कवि हैं ही, नामवरजी के मत से वामपंथी झुकाववाले कवि भी मध्यवर्ग से ही आनेवाले कवि हैं। इसका परिणाम यह हुआ है कि इस दौर की वामपंथी कविता मध्यवर्गीय या निम्न-पूँजीवादी मनोवृत्तियों की शिकार है। मार्क्सवादी आलोचक होने के नाते नामवरजी ने इस कविता को उसकी त्रुटियों से मुक्त करने की दिशा में सार्थक प्रयत्न किया है। उन्होंने इस कविता के रचयिताओं को लेनिन की पुस्तक 'उग्रपंथी कम्युनिज्म : एक बचकाना मर्ज' की याद दिलायी है और वामपंथी भटकावों से मुक्त होकर मार्क्सवादी-लेनिनवादी दृष्टिकोण अपनाने पर बल दिया है। उन्होंने ये दोनों ही बातें लिखी हैं : "निर्विकल्प विरोध की राजनीति··· राजनीतिक जीवन में अराजकता को जन्म देती है" ('आलोचना,' जुलाई-सितं०,' 68) और "एक अदूरदर्शी जीवन-दृष्टि साहित्य को भी ज्यादा दूर नहीं ले जा सकती।" ('आलोचना', अप्रैल-जून, '70)। पहली बात अकारवादी झुकाववाले कवियों के प्रसंग में कही गयी है और दूसरी बात उग्र वामपंथी कवियों के प्रसंग में। इसके अलावा नामवरजी ने यह भी कहा है कि ये दोनों प्रकार के कवि भी मूल में रोमानीपन के शिकार रहे हैं—पहले प्रकार के कवि पतनशील रोमांटिसिज्म के और दूसरे प्रकार के कवि 'क्रांतिकारी रोमांटिसिज्म' के। निम्न-पूँजीवादी मनोवृत्ति से ग्रस्त उग्रवामपंथी कवियों के 'क्रांतिकारी रोमांटिसिज्म' की तुलना मुक्तिबोध के क्रांतिकारी रोमांटिसिज्म से नहीं की जा सकती, क्योंकि मुक्तिबोध का रोमांटिसिज्म सामाजिक यथार्थ के गहरे बोध से सम्पृक्त है।

जैसा कि हम देख चुके हैं, नामवरजी ने कविता के साथ-साथ कहानी में भी दिलचस्पी दिखलायी है। नयी कविता की तरह ही उन्होंने नयी कहानी पर भी आलोचनात्मक ढंग से विचार किया है, जिसका प्रमाण 'कहानी : नयी कहानी' (1966) नामक पुस्तक में संकलित समय-समय पर लिखे गये उनके निबन्ध और टिप्पणियाँ हैं। हिन्दी में नयी कहानी 'दूसरा सप्तक' (1951) से आरम्भ होने वाली नयी कविता के कुछ बाद आरम्भ हुई। सन्दर्भ बहुत कुछ नयी कवितावाला ही था, यानी 'प्रगति की आशा' बँधानेवाला स्वातन्त्र्योत्तर भारत, लेकिन नयी कहानी में यथार्थ की चेतना अपेक्षाकृत अधिक थी। नामवरजी ने लिखा है : "धीरज का बाँध अभी एकदम न टूटा था। पीड़ा-भरी प्रतीक्षा इस काल की कहानियों का मुख्य स्वर है···। वैसे, कोई चाहे तो इस भाव-बोध को भी रोमांटिक कह सकता है, किन्तु इनमें जीवन का जो गहरा पीड़ा-बोध है वह हर तरह की

तीव्र रोमांटिक भावनाओं से सर्वथा भिन्न है।" ('कहानी : नयी कहानी', पृ० 227)। नयी कहानी की यथार्थ-चेतना ने स्वभावतः नयी कहानी के रूप को परम्परागत कहानी से भिन्न कर दिया। उन्होंने काफी पहले इसे लक्ष्य किया था: "कहानी में जो चीज पहले कथानक नाम से जानी जाती थी, उसमें कहीं न कहीं कोई परिवर्तन हुआ है। इसे यों भी कह सकते हैं कि कथानक की धारणा (कंसेप्ट) बदल गयी है। किसी समय मनोरंजक, नाटकीय और कुतूहलपूर्ण घटना-संघटन को ही कथानक समझा जाता था और आज घटना-संघटन इतना विघटित हो गया है कि लोगों को अधिकांश कहानियों में 'कथानक' नाम की चीज मिलती ही नहीं। इसी को कुछ लोग 'कथानक का ह्रास' कहते हैं। परंतु वास्तविकता यह है कि ह्रास कथानक का नहीं, बल्कि 'कथा' का हुआ है और जीवन का एक लघु प्रसंग, प्रसंग-खंड, मूड, विचार अथवा विशिष्ट व्यक्ति-चरित्र ही कथानक बन गया है, अथवा उसमें कथानक की क्षमता मान ली गयी है। जो छोटी-सी बात पुराने कहानीकारों के लिए अपर्याप्त थी, उसी को नये कहानीकारों ने कहानी के लिए पर्याप्त मान लिया है और फिर उसके भीतर से उन्होंने कहानी के कथानक की विभिन्न सिम्तों का विकास किया है।" (उपर्युक्त, पृ० 20-21)। आगे भी उन्होंने चढ़ाव-उतारवाले कथानक की ओर संकेत करते हुए कहा है : "पाठक को अपनी ओर खींचने का यह पुराना साधन हाथ से निकलते ही कहानीकार ने अन्य साधनों की खोज की। कभी उसने अत्यन्त मार्मिक प्रसंग-खंड की संवेदनीयता का सहारा लिया, तो कभी किसी झकझोर देनेवाले विचार-स्फुलिंग का। इस तरह नये कहानीकार ने अपने अभीष्ट विचार की अभिव्यक्ति के लिए अत्यन्त प्रभावशाली तथा साभिप्राय घटना-प्रसंग का उपयोग किया, जिसकी सारी शक्ति आद्योपांत व्याप्त उद्देश्य में है। ऐसी कहानियों में अंत तक जाते-जाते संपूर्ण कथानक एक सारगर्भी विचार के रूप में झंकृत हो उठता है।" (उपर्युक्त, पृ० 22)। नयी कहानी की एक विशेषता नामवरजी ने सांकेतिकता बतलायी है। उनके शब्दों में, " 'प्रभावान्विति' कहानी में उतनी पुरानी है जितनी स्वयं आधुनिक कहानी। किन्तु प्रभाव की संपूर्ण अन्विति को सांकेतिक बनाने का श्रेय एकदम नयी कहानी को है। नयी कहानी संकेत करती नहीं, बल्कि संकेत है।" (उपर्युक्त, पृ० 42)। ऐसी सांकेतिकता नयी कहानी में वातावरण-निर्माण द्वारा सम्भव हुई है : "अभीष्ट विचार या भाव को सांकेतिकता प्रदान करने के लिए नये कथाकारों ने प्राय: कथानक और चरित्र के स्थूल उपादानों से ध्यान हटाकर 'वातावरण' पर दृष्टि केन्द्रित की है। 'वातावरण' शब्द काफी व्यापक है : इससे प्रकृति का भी बोध हो सकता है और शहर, कस्बा, गाँव वगैरह के भीतरी जीवन का भी। पिछली पीढ़ी के कहानीकार वातावरण का चित्रण कभी कहानी को सजाने के लिए करते थे तो कभी यथार्थ

का रंग देने के लिए। किन्तु नयी कहानी वातावरण अलंकरण-मात्र नहीं है बल्कि अन्तःकरण है।" (उपर्युक्त, पृ० 42-43)।

लेकिन नयी कहानी की वस्तु और रूप-सम्बन्धी विशेषताओं का निर्देश करते हुए नामवरजी ने उसकी सीमाओं को नहीं भुलाया और नयी कहानी के आरम्भ से लेकर अन्त तक वे उनकी ओर भी स्पष्ट शब्दों में संकेत करते रहे। आंचलिक कहानियों के पहले दौर में ही उन्होंने कहा था : "इन किशोर कहानीकारों के पास एक ही चीज की कमी है और वह है पैनी सामाजिक दृष्टि। लोकजीवन का मुग्ध चित्रण अपने-आपमें कोई बहुत ऊँची चीज नहीं है और न साध्य ही। इस सामग्री के आधार पर जागरूक पाठकों का मन ज्यादा देर तक बहलाया नहीं जा सकता!" (उपर्युक्त, पृ० 22-23)। बाद में उन्होंने राजेन्द्र यादव की कहानी 'छोटे-छोटे ताजमहल' के विश्लेषण द्वारा नयी कहानी की उस प्रवृत्ति की आलोचना की, जिसमें यथार्थ को जटिल रूप में नहीं, बल्कि भावुकतापूर्ण ढंग से सतही रूप में चित्रित किया जाता था। उक्त कहानी के सम्बन्ध में उन्होंने कहा है : "कहानी से स्पष्ट है कि उसके चरित्र सम्बन्ध टूटने की कल्पना या घटना से इतने अभिभूत हैं कि उस पर भावुकतापूर्ण ढंग से सोचने लगते हैं; वे एक दुखद घटना के 'प्रभाव' में जी रहे हैं, 'कारण' में जाने की क्षमता नहीं है।" (उपर्युक्त, पृ० 160)। नामवरजी का स्पष्ट मत है कि "कहानी को व्यापकता तब मिलती है जब एक व्यक्ति की अनुभूति को 'समस्या' के रूप में उपस्थित किया जाता है और समस्या का वस्तुगत सामाजिक कारण बताया जाता है—चाहे यह कारण नितांत सांकेतिक ही क्यों न हो।" (उपर्युक्त, पृ० 190)। इसका सम्बन्ध कहानीकार के ऐतिहासिक परिवेश-बोध और उससे निर्मित दृष्टि-बिन्दु से है। 1957 में नामवरजी ने कहा था : "प्रश्न यथार्थ-खंड के नये-नये पहलुओं को उभारने का ही नहीं है; बल्कि उस यथार्थ खंड को घेरनेवाले व्यापक परिवेश की ओर संकेत करने का भी है। स्वीकार करना चाहिए कि इन कहानीकारों को छोटी-छोटी अनुभूतियों के चित्रण में जितनी उपलब्धि हुई है, उतनी ऐतिहासिक परिवेश की दिशा में नहीं (हुई) है। इस परिवेश-बोध के ही अभाव में कभी-कभी कथागत संवेदनाएं नितांत काल्पनिक प्रतीत होने लगती हैं और किसी महत्त्वपूर्ण बात की कमी से कहानी का समस्त रूपाकार शिल्प-चमत्कार होकर रह जाता है।" (उपर्युक्त, पृ० 59-60)। 1965 में, जबकि नयी कहानी का दौर समाप्त हो चुका था, वे इसी निष्कर्ष पर पहुंचे : "जिस 'अनुभववाद' के सहारे इस पीढ़ी ने पुरानी प्रतिष्ठाओं के विरुद्ध विद्रोह किया, वह ज्यादा आगे ले जाने की क्षमता नहीं रखता। एक वैज्ञानिक जीवन-दृष्टि के बिना कोरा 'अनुभववाद' जल्दी ही कुंठित होकर वस्तु-स्थिति से समझौता करने के लिए लाचार हो जाता है।" (उपर्युक्त, पृ० 234)। ऐतिहासिक परिदृश्य-बोध के अभाव में ही नयी

कहानी का विकास न हो सका। नयी कहानी के प्रमुख रचनाकारों को लक्ष्य करके नामवरजी ने कहा है : "आज हिन्दी कहानी की दुनिया में 'सामाजिकता' का सबसे ऊँचा शोर मचानेवाले इसी 'पर्सपेक्टिव' की पहचान के अभाव से ग्रस्त हैं। इसीलिए वे कभी सूक्ष्मातिसूक्ष्म अनुभव-तंतुओं का लम्बा जाल बुनकर रह जाते हैं और कभी आधुनिक सभ्यता के स्थूल उपकरणों का ब्योरेवार सूचीपत्र प्रकाशित करके अपने कृतित्व की इतिश्री समझ लेते हैं। कमलेश्वर की नयी दिल्ली-सीरीजवाली नयी कहानियाँ, राजेन्द्र यादव की 'प्रतीक्षा'-जैसी कहानियाँ और राकेश की 'ग्लासटैंक', 'फौलाद का आकाश', 'सेफ्टीपिन' आदि कहानियाँ इसी प्रकार के 'नेचुरलिज्म' अथवा 'तथ्यवाद' की कोटि में आती हैं।" (उपर्युक्त, पृ० 236-37)। लेकिन इन बातों का यह मतलब नहीं है कि नामवरजी ने जिस नयी कहानी की वस्तु और रूप के क्षेत्र में अनेक उपलब्धियाँ गिनायी हैं, अन्ततः उसे उन्होंने रद्द कर दिया है। नयी कहानी के उनके मूल्यांकन का निचोड़ यह है : "चूंकि ज्यादातर लेखक शहरों और गाँवों के निम्न-मध्य-वर्ग की उपज हैं और हर लेखक का जोर साहित्य-रचना में निजी अनुभव पर है, इसलिए रचनाओं की विषय-वस्तु के साथ ही दृष्टिकोण का भी निम्न-मध्यवर्गीय सामाजिक स्थिति की सीमा से सीमित हो जाना अनिवार्य है। वैसे, आज समाज में इस वर्ग की जो स्थिति और ऐतिहासिक भूमिका है, उसको देखते हुए इस वर्ग का सचेत लेखक प्रखर 'आलोचनात्मक यथार्थवादी' साहित्य की सृष्टि कर सकता है। कहना न होगा कि नयी कहानी की परम्परा में सामाजिक आलोचना का यह स्वर काफी प्रबल रहा है।" (उपर्युक्त, पृ० 231)।

कुछ लोगों ने नामवरजी की कहानी-सम्बन्धी आलोचना की यह कहकर आलोचना की है कि उसमें असंगति है और उन्होंने कहानी की आलोचना में भी कविता के प्रतिमानों का प्रयोग किया है। 'कहानी : नयी कहानी' में निर्मल वर्मा के कहानी-संग्रह 'परिन्दे' की समीक्षा भी संकलित है। उक्त दोनों ही बातें उसी समीक्षा को ध्यान में रखकर कही गयी हैं। नामवरजी पर असंगति का आरोप यह कहकर लगाया गया है कि वे 'परिन्दे' की समीक्षा में अपनी कहानी-सम्बन्धी मान्यताओं के विपरीत चले गये हैं। उनकी मान्यताएँ ये रही हैं कि "कहानीकार की सार्थकता इस बात में है कि वह अपने युग के मुख्य सामाजिक अंतर्विरोध के संदर्भ में अपनी कहानियों की सामग्री चुनता है" और "जागरूक कथाकार की हर कहानी उसके सामाजिक संघर्ष की दिशा में एक कदम होती है···।" निर्मल वर्मा के 'परिंदे' नामक संग्रह की कहानियों में प्रेम, प्रेमजनित अवसाद और अकेले-पन, मध्यवर्गीय सम्बन्धों के तनाव और विघटन, संवेदन-शून्यता, निराशा आदि का चित्रण हुआ है और यह चित्रण व्यक्ति की समस्या के रूप में हुआ है, सामा-जिक समस्या के रूप में नहीं। ऐसी स्थिति में नामवरजी द्वारा उनकी कहानियों

को नयी कहानी के 'आदर्श' के रूप में प्रस्तुत करना कहाँ तक उचित था ? इस संबंध में यह बात ध्यान में रखी जानी चाहिए कि सामाजिक समस्या का चित्रण भी कहानी में व्यक्ति के माध्यम से ही सम्भव है और जैसा कि लूकाच ने ही कहा है, सामान्य-चरित्र का मतलब औसत चरित्र नहीं, बल्कि समाज की क्रियाशील वस्तुनिष्ठ शक्तियों से निर्धारित चरित्र है। ('द मीनिंग ऑव कंटेपररी रियलिज़्म,' मर्लिन प्रेस लिमिटेड, 1969, पृ० 122)। निर्मल वर्मा के सारे व्यक्ति-चरित्र हमारे समाज में पूंजीवाद की जो शक्तियाँ क्रियाशील हैं उन्हीं से निर्मित हैं। इस प्रकार उनका भी एक सामाजिक सन्दर्भ है। यह बात और है कि वह सन्दर्भ उनकी कहानियों में स्पष्ट नहीं है। ऐसी स्थिति में यदि नामवरजी ने उनकी तारीफ की तो इसका मतलब यह नहीं है कि वे सामाजिक यथार्थवाली कहानियों को छोड़कर व्यक्तिवादी और कलावादी कहानियों की तारीफ करने लगे। अपनी समीक्षा में उन्होंने बार-बार यह संकेत किया है कि निर्मल वर्मा के पात्रों का प्रश्न 'सम्पूर्ण मानव-नियति' से जुड़ जाता है। क्या इस 'नियति' का कोई सामाजिक अर्थ है, या यह 'दैव' अथवा 'भाग्य' का पर्याय है ? दूसरी बात यह कि नामवरजी ने निर्मल वर्मा की कहानियों की तारीफ खासतौर से इसलिए की थी कि उनमें नयी-पुरानी कहानी की, जिनमें सामाजिक कहानियाँ भी शामिल हैं, रूढ़ियों से छुटकारा पाने का सार्थक प्रयत्न किया गया था। उन्होंने 'सामाजिक संघर्ष' का विरोध नहीं किया था, बल्कि उसे 'स्थूल' रूप में कहानी में चित्रित करने का विरोध किया था। क्या यह बात गलत है कि ढेर सारी सामाजिक संघर्षवाली कहानियों में समस्या को पात्रों की 'गहन आंतरिक समस्या' का रूप नहीं दिया गया ? 'गहन आंतरिक समस्या' पर बल देने का मतलब 'तथ्य' को छोड़कर मात्र 'भाव' में खो जाना नहीं, बल्कि समस्या को विश्वसनीय और जीवन्त रूप में उपस्थित करना है। दूसरे, यदि कहानी कलाकृति है तो उसमें प्रभावान्विति का महत्त्व रहेगा और तब कहानी का कोई विशेष अवयव स्वतन्त्र रूप में नहीं, बल्कि प्रभावान्विति के माध्यम से ही पाठकों पर अपना प्रभाव अंकित करेगा। "निर्मल की कहानियों में प्रभाव की गहराई इसीलिए है कि उनके यहाँ चरित्र, वातावरण, कथानक आदि का **कलात्मक रचाव है**। कलात्मक रचाव स्वयं रूप के विविध तत्त्वों के अन्तर्गत, फिर वस्तु और रूप के बीच तथा स्वयं वस्तु के अंतर्गत। पात्र अलग इसलिए याद नहीं आते कि परिस्थितियों के अंग हैं।" ('कहानी: नयी कहानी', पृ० 69)। 'परिंदे' की कहानियों की यह विशेषता नयी कहानी की एक उपलब्धि थी, जिसे नामवरजी ने ठीक ही रेखांकित किया था। उन्होंने उनकी प्रशंसा जिन अन्य बातों को लेकर की, वे थीं निर्मल वर्मा का कलात्मक संयम और उनके द्वारा प्रयुक्त 'शुद्ध' या नया गद्य। कलात्मक संयम वस्तुतः निर्मल वर्मा में सर्वत्र दिखलायी पड़ता है। भावुकता से लेकर उसके चित्रण तक में। उनकी

भाषा के कवित्व की ओर नामवरजी ने जो संकेत किया है उसके साथ ही हमें उनके इस कथन को भी देखना चाहिए : "इन कहानियों को पढ़ते समय एक नये गद्य से परिचय होता है— अपने प्रयोजन के लिए बनाया हुआ लेखक का अपना गद्य। संभवतः कहानी का गद्य इतना संवेदनशील तो पहले कभी न था। या तो भावोच्छ्वसित गद्यकाव्य था या नितांत कामकाजी ! 'परिंदे' को देखकर लगता है कि भाषा के क्षेत्र में जो काम इतने दिनों में प्रयोगशील नयी कविता भी न कर सकी उसे अंततः कहानी के गद्य ने कर दिखाया। छोटे-छोटे संवादों में उभारी हुई 'पिक्चर पोस्टकार्ड' कहानी संभवतः इस गद्य के निखरे हुए आधुनिकतम रूप को प्रकट करती हैं।" (उपर्युक्त, पृ० 68)। इस उद्धरण में अन्तिम वाक्य खास तौर से ध्यातव्य है, क्योंकि उसे अनदेखा करके ही यह कहा गया है कि नामवरजी ने निर्मल वर्मा के गद्य की प्रशंसा इसलिए की है कि वह अत्यन्त 'कवित्वपूर्ण' है। निर्मल वर्मा के गद्य में कवित्व है, पर उसका 'निखरा हुआ आधुनिकतम रूप' वह है, जो 'पिक्चर पोस्टकार्ड' के छोटे-छोटे संवादों में देखने को मिलता है! नामवरजी पर कहानी की आलोचना कविता के प्रतिमानों पर करने का जो आरोप लगाया गया है, वह जैसा कि ऊपर संकेत किया जा चुका है, उनकी 'परिंदे' की समीक्षा को सामने रखकर ही। कहानी की आलोचना में कविता की आलोचना के प्रतिमानों का सर्वथा निषेध सम्भव नहीं है, जैसे कि कविता की आलोचना में साहित्य अथवा कला के दूसरे रूपों के प्रतिमानों की पूर्ण उपेक्षा नहीं की जा सकती। नामवरजी ने लिखा भी है कि "नयी कहानी को कहानी-कला की अपनी विशेषता के साथ ही सम्पूर्ण साहित्य के मान और मूल्यों के सन्दर्भ में देखने की आवश्यकता है...।" (उपर्युक्त, पृ० 39)। 'कहानी-कला की अपनी विशेषता' यहाँ पुनः ध्यातव्य है। नामवरजी पर लगाया गया आरोप निराधार है, क्योंकि उन्होंने अपनी पुस्तक की भूमिका में ही यह स्पष्ट कर दिया है कि "हिन्दी आलोचना जो अभी तक मुख्यतः काव्य-समीक्षा रही है, कविता से इतर कथा-नाटक आदि साहित्य-रूपों का विधिवत् विश्लेषण करके ही अपने को सुसंगत एवं समृद्ध बना सकती है।" उनकी कहानी-सम्बन्धी आलोचना इस दिशा में न केवल 'प्रयास' है, बल्कि वह हिन्दी की कहानी-सम्बन्धी आलोचना की विशेष रूप से और हिन्दी आलोचना की सामान्य रूप से एक उपलब्धि है।

नामवरजी की आलोचना-शैली मार्क्सवादी है और उसी के अनुरूप वह पूर्ववर्ती आलोचना के उन सभी औजारों को काम में लाती है, जो आज भी साहित्य की व्याख्या और मूल्यांकन की दृष्टि से उपयोगी हैं। उनकी आलोचना हिन्दी की प्रगतिशील आलोचना की महत्त्वपूर्ण कड़ी है। स्वभावतः वह आचार्य रामचन्द्र शुक्ल और डॉ० रामविलास शर्मा की विरासत को समेटकर चलती है। नामवरजी की आलोचना की भाषा 'सामान्य भाषा' का ही उन्नत रूप है, पर उसमें

शास्त्र-ज्ञान और तज्जनित गम्भीरता छिपी हुई है। उसमें सादगी और पैनापन तो है ही, गजब की हार्दिकता है, जो साहित्य के प्रति उनकी गहरी आत्मीयता की देन है। हिन्दी में पिछले दिनों आलोचना में सृजनात्मकता की बहुत चर्चा हुई है। नामवरजी की आलोचना शास्त्रीय आलोचना की तरह व्यवस्थित, सांगोपांग और तार्किक परिणतियों तक जानेवाली और सृजनात्मक आलोचना की तरह मौलिक और नवीन है। वह दोनों आलोचना-प्रणालियों के दोषों से मुक्त है, यानी न उसमें शास्त्रीय आलोचना की रूढ़िग्रस्तता और सरणिबद्धता है, न कथित सृजनात्मक आलोचना की अव्यवस्था और आत्मनिष्ठता। हिन्दी की मार्क्सवादी आलोचना का एक अंश खण्डनमण्डनपरक रहा है। नामवरजी ने उसके विपरीत आलोचना में 'सहयोगी प्रयास' को महत्त्व दिया है, जिसमें "आलोचक अपनी निजी प्रतिक्रिया के साथ ही स्वयं आलोच्य कृति को भी सामने रखते हुए समानधर्मा पाठकों एवं आलोचकों को विचार-विनिमय के लिए जैसे निमंत्रित सा करता है ताकि मूल कृति के गिर्द निर्मित विभिन्न प्रतिक्रियाओं के द्वन्द्व से सामान्य निर्णय तक पहुँचना सम्भव हो सके।" इस 'सहयोगी प्रयास' का उदाहरण है 'कविता के नये प्रतिमान' तथा 'कहानी : नयी कहानी'। आलोचना में नामवरजी ने अनेक बार बातचीत की शैली का भी प्रयोग किया है, जिससे हिन्दी-आलोचना पुस्तकों से निकलकर व्यावहारिक जीवन के बीच खड़ी हुई है। यह चीज हमें 'ज्ञानोदय' (1963) में प्रकाशित उनकी 'नयी कविता पर क्षण भर' शीर्षक लेखमाला तथा 'कहानी : नयी कहानी' की टिप्पणियों में दिखलायी पड़ती है। उनकी आलोचना की इन सारी विशेषताओं के मूल में उनकी यह मार्क्सवादी मान्यता है कि आलोचना को समसामयिक अर्थात अधिक-से-अधिक व्यावहारिक होना चाहिए। जैसे साहित्य कोई जीवन से कटी हुई वस्तु नहीं है, वैसे ही आलोचना भी अधिक-से-अधिक प्रासंगिक होकर ही सार्थक होती है। नामवरजी ने छायावाद पर जो आलोचना लिखी है, वह भी सम-सामयिक बोध को ही प्रखर बनाने के लिए। नयी कविता या नयी कहानी-सम्बन्धी उनकी आलोचना निश्चित रूप से हमारे समसामयिक जीवन-बोध को समृद्ध बनाती है और उसे सही दिशा में निर्देशित करती है। कहने की आवश्यकता नहीं कि रूढ़ियों और संकीर्णताओं से मुक्त और मार्क्सवादी आलोचना के सम्मुख उपस्थित चुनौतियों का सामना करनेवाली उनकी आलोचना स्वातन्त्र्योत्तर भारत में जड़ सूत्रवाद और संकीर्णतावाद से मुक्त होकर विकसित होने और फैलनेवाले कम्युनिस्ट आन्दोलन की साहित्यिक अभिव्यक्ति है।

सन्दर्भ ग्रन्थ-सूची

भारतेन्दु हरिश्चन्द्र

1. **भारतेंदु-ग्रंथावली** (पहला भाग), संकलनकर्ता तथा सम्पादक ब्रजरत्नदास, काशी नागरी प्रचारिणी सभा, प्रथम संस्करण, सं० 2007 वि०
2. **भारतेंदु-ग्रंथावली** (तीसरा भाग), प्रथम संस्करण, सं० 2010 वि०, (शेष उपरिवत्)

प्रेमघन

1. **प्रेमघन-सर्वस्व**, (द्वितीय भाग), सम्पादक श्री प्रभाकरेश्वर प्रसाद उपाध्याय श्रौर श्री दिनेश नारायण उपाध्याय 'साहित्यरत्न', हिन्दी साहित्य सम्मेलन, प्रयाग, प्रथमावृत्ति, सं० 2007 वि०

पं० महावीरप्रसाद द्विवेदी

1. **सुकवि संकीर्तन**, गंगा-पुस्तकमाला-कार्यालय, लखनऊ, प्रथमावृत्ति, सं० 1981 वि०
2. **श्रालोचनांजलि**, इण्डियन प्रेस लिमिटेड, प्रयग्रग, प्रथम संस्करण, 1928 ई०
3. **साहित्य-संदर्भ**, गंगा-पुस्तकमाला-कार्यालय, लखनऊ, सं० 1985 वि०
4. **समालोचना-समुच्चय**, रामनारायण लाल—पब्लिशर श्रौर बुकसेलर, इलाहाबाद, प्रथम बार, 1930 ई०
5. **विचार-विमर्श**, इण्डियन प्रेस लिमिटेड, प्रयाग, 1931 ई०
6. **रसज्ञ-रंजन**, साहित्यरत्न भंडार, श्रागरा, चतुर्थ संस्करण, 1939 ई०
7. **साहित्य-सीकर**, तरुण भारत ग्रंथावली, दारागंज, प्रयाग, ग्यारहवीं बार, 1949 ई०

8. **संचयन,** संकलनकर्ता श्री प्रभात शास्त्री, साहित्यकार संघ, प्रयाग (पुस्तक में संस्करण तथा प्रकाशन-वर्ष का उल्लेख नहीं)
9. **संक्षिप्त साहित्यालाप,** खड्ग विलास प्रेस, बाँकीपुर (पुस्तक में संस्करण तथा प्रकाशन-वर्ष का उल्लेख नहीं)

मिश्रबन्धु

1. **हिन्दी-नवरत्न,** गंगा-पुस्तकमाला-कार्यालय, लखनऊ, द्वितीय संस्करण, सं० 1981 वि०

पं० पद्मसिंह शर्मा

1. **पद्मपराग** (प्रथम भाग), सम्पादक पारसनाथ सिंह, भारती पब्लिशर्स लिमिटेड, मुरादपुर, पटना, प्रथम संस्करण, सं० 1986 वि०
2. **पद्मसिंह शर्मा के पत्र,** सम्पादक बनारसीदास चतुर्वेदी और हरिशंकर शर्मा, आत्माराम एंड संस, दिल्ली-6, 1956 ई०
3. **बिहारी सतसई : तुलनात्मक अध्ययन,** ज्ञानदीप प्रकाशन, 2004, मल्कागंज, दिल्ली-7, पंचम संस्करण, 1967 ई०

पं० कृष्णबिहारी मिश्र

1. **मतिराम ग्रंथावली,** गंगा-पुस्तकमाला-कार्यालय, लखनऊ, प्रथम संस्करण, सं० 1983 वि०
2. **देव और बिहारी,** प्रकाशक उपर्युक्त, चौथी बार, 1965 ई०

लाला भगवानदीन

1. **बिहारी और देव,** (पुस्तक में प्रकाशक तथा प्रकाशन-वर्ष का उल्लेख नहीं; लेखकीय भूमिका के नीचे 'संवत् १९८३ वि०, काशी' अंकित)

आचार्य रामचन्द्र शुक्ल

1. **चिंतामणि** (पहला भाग), इण्डियन प्रेस लिमिटेड, प्रयाग, 1950 ई०
2. **चिंतामणि** (दूसरा भाग), सरस्वती मन्दिर, काशी, सं० 2002 वि०
3. **रस-मीमांसा,** काशी नागरी प्रचारिणी सभा, चतुर्थ संस्करण, सं० 2023 वि०
4. **गोस्वामी तुलसीदास,** नागरी प्रचारिणी सभा, काशी, दशम संस्करण, सं० 2027 वि०
5. **जायसी ग्रंथावली,** काशी नागरी प्रचारिणी सभा, तृतीय संस्करण, सं० 2003 वि०

6. **सूरदास**, नागरी प्रचारिणी सभा, वाराणसी, सातवाँ संस्करण, सं० 2030 वि०
7. **हिन्दी साहित्य का इतिहास**, काशी नागरी प्रचारिणी सभा, संशोधित और परिवर्धित संस्करण, सं० 2002 वि०

पं० नन्ददुलारे वाजपेयी

1. **हिन्दी साहित्य : बीसवीं शताब्दी**, लोकभारती प्रकाशन, इलाहाबाद, संशोधित एवं परिवर्धित संस्करण, 1970 ई०
2. **आधुनिक साहित्य**, भारती भण्डार, इलाहाबाद, चतुर्थ संस्करण, सं० 2022 वि०
3. **नया साहित्य : नये प्रश्न**, विद्यामन्दिर, ब्रह्मनाल, बनारस (पुस्तक में संस्करण तथा प्रकाशन-वर्ष का उल्लेख नहीं)
4. **राष्ट्रीय साहित्य तथा अन्य निबन्ध**, प्रकाशक उपर्युक्त, प्रथम संस्करण, 1965 ई०
5. **प्रकीर्णिका**, अनुसन्धान प्रकाशन, आचार्य नगर, कानपुर, प्रथम संस्करण, 1965 ई०
6. **आधुनिक काव्य : रचना और विचार**, साथी प्रकाशन, सागर, प्रथम संस्करण, 1963 ई०
7. **प्रेमचन्द : साहित्यिक विवेचन**, हिन्दी भवन, जालन्धर और इलाहाबाद (312 रानी मण्डी, इलाहाबाद-3), 1956 ई०
8. **जयशंकर प्रसाद**, भारती भण्डार, प्रयाग, संशोधित संस्करण, सं० 2015 वि०
9. **कवि निराला**, वाणी-वितान प्रकाशन, ब्रह्मनाल, वाराणसी, प्रथम संस्करण, 1965 ई०

डॉ० नगेन्द्र

1. **आस्था के चरण**, नेशनल पब्लिशिंग हाउस, दिल्ली, प्रथम संस्करण, 1968 ई०
2. **रस सिद्धान्त**, प्रकाशक उपर्युक्त, प्रथम संस्करण
3. **सुमित्रानन्दन पंत**, साहित्यरत्न-भण्डार, आगरा, परिवर्धित एवं संशोधित अष्टम संस्करण, सं० 2014 वि०
4. **आधुनिक हिन्दी नाटक**, नेशनल पब्लिशिंग हाउस, दिल्ली, नवीन संस्करण, 1970 ई०
5. **साकेत : एक अध्ययन**, साहित्यरत्न-भण्डार, आगरा, पंचम संस्करण, सं० 2009 वि०
6. **विचार और अनुभूति**, नेशनल पब्लिशिंग हाउस, दिल्ली, दूसरा संस्करण

7. **आधुनिक हिन्दी कविता की प्रवृत्तियाँ**, प्रकाशक उपर्युक्त, तृतीय संस्करण, 1966 ई०
8. **कामायनी के अध्ययन की समस्याएँ**, प्रकाशक उपर्युक्त, प्रथम संस्करण, 1962 ई०
9. **काव्य-बिम्ब**, प्रकाशक उपर्युक्त, प्रथम संस्करण, 1967 ई०
10. **नयी समीक्षा : नये सन्दर्भ**, प्रकाशक उपर्युक्त, प्रथम संस्करण, 1970 ई०
11. **भारतीय सौन्दर्यशास्त्र की भूमिका**, प्रकाशक उपर्युक्त, प्रथम संस्करण, 1974 ई०
12. **शैली विज्ञान**, प्रकाशक उपर्युक्त, प्रथम संस्करण, 1976 ई०

डॉ० हजारीप्रसाद द्विवेदी

1. **विचार और वितर्क**, सुषमा साहित्य मन्दिर, जवाहरगंज, जबलपुर, प्रथम संस्करण, सं० 2002 वि०
2. **विचार और वितर्क**, साहित्य भवन लिमिटेड, इलाहाबाद, दूसरा संस्करण, 1954 ई०
3. **हमारी साहित्यिक समस्याएँ**, अभिनव प्रकाशन लिमिटेड, पटना, द्वितीय संस्करण 1949 ई०
4. **अशोक के फूल**, सस्ता साहित्य मण्डल, नयी दिल्ली, द्वितीय संस्करण, 1950 ई०
5. **विचार-प्रवाह**, हिन्दी-ग्रन्थ-रत्नाकर (प्राइवेट) लिमिटेड, हीराबाग, बम्बई-4, द्वितीय संस्करण, 1963 ई०
6. **साहित्य-सहचर**, लोकभारती प्रकाशन, इलाहाबाद, 1976 ई०
7. **सूर साहित्य**, हिन्दी-ग्रन्थ-रत्नाकर लिमिटेड, हीराबाग, बम्बई-4, संशोधित संस्करण, 1956 ई०
8. **कबीर**, प्रकाशक उपर्युक्त, पाँचवाँ परिवर्धित संस्करण, 1955 ई०
9. **हिन्दी साहित्य की भूमिका**, प्रकाशक उपर्युक्त, सातवाँ संस्करण, 1963 ई०
10. **हिन्दी साहित्य**, उत्तमचन्द कपूर एण्ड संस, देहली, 1952 ई०

डॉ० रामविलास शर्मा

1. **संस्कृति और साहित्य**, किताब महल, इलाहाबाद, द्वितीय संस्करण, 1953 ई०
2. **प्रगति और परम्परा**, प्रकाशक उपर्युक्त, प्रथम संस्करण, 1948 ई०
3. **प्रगतिशील साहित्य की समस्याएँ**, विनोद पुस्तक मन्दिर, आगरा, प्रथम संस्करण, 1954 ई०

4. **लोकजीवन और साहित्य**, प्रकाशक उपर्युक्त, प्रथम संस्करण, 1955 ई०
5. **स्वाधीनता और राष्ट्रीय साहित्य**, हिन्दी प्रचारक पुस्तकालय, बनारस, प्रथम संस्करण, 1956 ई०
6. **भाषा-साहित्य और संस्कृति**, किताब महल, इलाहाबाद, 1959 ई०
7. **आस्था और सौन्दर्य**, प्रकाशक उपर्युक्त, प्रथम आवृत्ति, 1883 शकाब्द
8. **साहित्य : स्थायी मूल्य और मूल्यांकन**, अक्षर प्रकाशन प्रा० लि०, दिल्ली-6, प्रथम संस्करण, 1968 ई०
9. **प्रेमचन्द**, सरस्वती प्रेस, बनारस, प्रथम संस्करण, 1941 ई०
10. **प्रेमचन्द और उनका युग**, मेहरचन्द मुंशीराम, दिल्ली-6, द्वितीय संस्करण, 1955 ई०
11. **निराला**, शिवलाल अग्रवाल एण्ड कम्पनी (प्रा०) लिमिटेड, आगरा, तृतीय संस्करण, 1962 ई०
12. **निराला की साहित्य साधना** (द्वितीय खण्ड), राजकमल प्रकाशन प्रा० लि०, दरियागंज, दिल्ली-6, प्रथम संस्करण, 1972 ई०
13. **भारतेन्दु-युग और हिन्दी भाषा की विकास परम्परा**, प्रकाशक उपर्युक्त, प्रथम परिवर्धित संस्करण, 1975 ई०
14. **भारतेन्दु हरिश्चन्द्र**, प्रकाशक उपर्युक्त, 1966 ई०
15. **आचार्य रामचन्द्र शुक्ल और हिन्दी आलोचना**, प्रकाशक उपर्युक्त, 1973 ई०
16. **महावीरप्रसाद द्विवेदी और हिन्दी नवजागरण**, प्रकाशक उपर्युक्त, प्रथम संस्करण, 1977 ई०
17. **केदार : व्यक्तित्व एवं कृतित्व**, सम्पादक श्रीप्रकाश, परिमल प्रकाशन, इलाहाबाद-2, प्रथम संस्करण, 1970 ई० ('कला के प्रति अद्भुत ईमानदार कवि' शीर्षक निबन्ध)

प्रो० नलिनविलोचन शर्मा

1. **दृष्टिकोण**, पुस्तक भण्डार, पटना, प्रथम संस्करण, 1947 ई०
2. **मानदण्ड**, मोतीलाल बनारसीदास, पटना-4, प्रथम संस्करण, 1963 ई०
3. **साहित्य का इतिहास दर्शन**, बिहार राष्ट्रभाषा परिषद्, पटना, प्रथम संस्करण, सं० 2016 वि०
4. **हिन्दी उपन्यास : विशेषतः प्रेमचन्द**, ज्ञानपीठ प्राइवेट लिमिटेड, पटना-4, प्रथम संस्करण, 1968 ई०
5. **दिनकर और उनकी काव्य कृतियाँ**, सम्पादक प्रो० कपिल, इभा प्रकाशन, मुंगेर, सं० 2000 वि० ('कुरुक्षेत्र' शीर्षक निबन्ध)
6. **छायावाद और प्रगतिवाद**, सम्पादक प्रो० देवेन्द्रनाथ शर्मा, ग्रन्थमाला

कार्यालय, पटना-4 (पुस्तक में संस्करण और प्रकाशन-वर्ष का उल्लेख नहीं—'प्रगतिवाद की मान्यताएँ' शीर्षक निबन्ध)

7. **श्रीकृष्ण-अभिनन्दन ग्रन्थ**, सम्पादक दिनकर, श्रीकृष्ण-अभिनन्दन समिति, मुंगेर (बिहार), सं० 2005 वि० ('मानवता, साहित्य और विज्ञान' शीर्षक निबन्ध)
8. **चतुर्दश भाषा-निबन्धावली**, बिहार राष्ट्रभाषा परिषद्, पटना, प्रथम संस्करण, 1957 ई० ('हिन्दी-भाषा और उसका साहित्य' शीर्षक निबन्ध)

डॉ० रघुवंश

1. **साहित्य का नया परिप्रेक्ष्य**, भारतीय ज्ञानपीठ, काशी, प्रथम संस्करण, 1963 ई०
2. **समसामयिकता और आधुनिक हिन्दी कविता**, केन्द्रीय हिन्दी संस्थान, आगरा-5, प्रथम संस्करण, 1972 ई०
3. **शुक्लोत्तर समीक्षा**, सम्पादक डॉ० वासुदेवनन्दन प्रसाद, अनुपम प्रकाशन, पटना-4, प्रथम संस्करण, 1978 ई० ('शुक्लोत्तर समीक्षा : सांस्कृतिक नव्यालोचन' शीर्षक निबन्ध)

डॉ० नामवर सिंह

1. **इतिहास और आलोचना**, नया साहित्य प्रकाशन, इलाहाबाद, 1962 ई०
2. **छायावाद**, सरस्वती प्रेस, बनारस, प्रथम संस्करण, 1955 ई०
3. **आधुनिक साहित्य की प्रवृत्तियाँ**, लोकभारती प्रकाशन, इलाहाबाद, तृतीय संस्करण, 1964 ई०
4. **कहानी : नयी कहानी**, प्रकाशक उपर्युक्त, प्रथम संस्करण, 1966 ई०
5. **कविता के नये प्रतिमान**, राजकमल प्रकाशन, प्राइवेट लिमिटेड, दरियागंज, दिल्ली-6, प्रथम संस्करण, 1968 ई०